러시아한인 독립전쟁

러시아한인 독립전쟁

초판 1쇄 인쇄 2022년 5월 10일
초판 1쇄 발행 2022년 5월 26일

저 자 박 환

발행인 윤관백
발행처 선인

디자인 박애리
편 집 이경남 · 박애리 · 이진호 · 임현지 · 김민정 · 주상미
영 업 김현주

등 록 제5-77호(1998. 11. 4)
주 소 서울시 양천구 남부순환로48길 1, 1-2층
전 화 02)718-6252/6257
팩 스 02)718-6253
E-mail sunin72@chol.com

정 가 39,000원
ISBN 979-11-6068-710-1 93910

러시아한인 독립전쟁

박 환

선인

책을 내며

1992년 1월 초 처음으로 러시아와 카자흐스탄을 방문하였다. 러시아지역을 보다 잘 이해하고 싶다는 나의 학문적 열정 때문이었다. 그곳에서 잊혀진 수많은 새로운 독립전쟁의 영웅들이 있다는 것을 절실히 깨달을 수 있었다. 러시아한인 독립전쟁 연구의 시작은 이렇게 이루어졌다.

2022년. 연구를 시작한 지 만 30년. 그동안 다양한 연구서와 답사기, 사진첩 등을 간행했고, 그 연속작업의 일환으로 그동안 책에 담지 못한 내용들을 정리하여 『러시아한인 독립전쟁』이란 제목으로 엮어 보았다. 고려인의 위대한 항일운동의 특징과 상징성이 바로 '독립전쟁'이라고 생각했기 때문이다.

이 책은 모두 6장으로 나누어져 있다. 먼저 러시아에서 활동한 여러 군상의 혁명가들을 3가지 유형으로 나누어 보았다. 문창범, 유진률, 김학만, 최봉준 등과 같이 러시아 국적의 독립운동가들, 류인석, 이범윤 등과 같이 대한제국의 부활을 꿈꾸며 국내에서 온 인사들, 정재관처럼 미국에서, 여운형, 김공집처럼 중국에서 온 운동가들이 그들이다. 이들에 대한 분석을 통하여 러시아에서 활동한 다양한 유형의 독립운동가들을 새롭게 조명해 보고자 하였다. 특히 이 가운데 블라디보스토크 민회 지도자인 김학만에

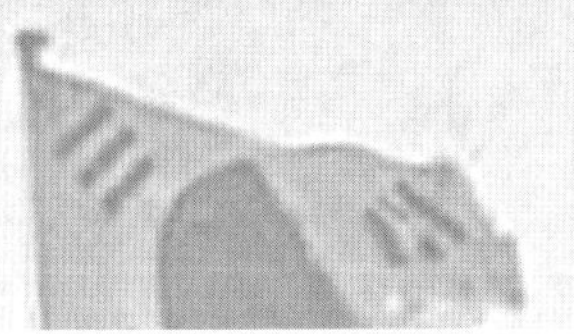

대하여는 학계에서도 처음 조망하는 인물로 주목된다.

다음으로는 독립운동기지인 이만 라불류 농장, 러시아 독립운동의 성지 신한촌에서의 항일운동, 3·1운동과 대한국민의회, 그리고 러시아동포들의 민족의식 고취에 기여한『애국혼』등을 통하여 러시아지역 항일운동의 단면을 살펴보고자 하였다. 특히 라불류농장은 만주지역의 백서농장과 궤를 같이하는 것으로 학계에 처음 소개되는 것이다.

아울러 일제의 가장 대표적인 한인탄압의 상징인 1920년 4월 참변의 기록을 정리해보고자 하였다. 특히 대표적인 인물인 최재형에 주목하였다. 또한 4월참변 이후 독립운동계의 엇갈린 선택, 친일과 항일의 경계선에 선 모습을 심도 있게 밝혀보고자 하였다.

끝으로 러시아와 중앙아시아에서 만난 독립운동가와 그 후손들에 대한 이야기들을 조망하였다. 특히 타쉬켄트 한국교육원의 설립에 대한 검토는 고려인 교육의 개척적 진행과정을 보여줄 수 있다는 측면에서 특별한 의미가 있다고 보여진다.

1992년 이래 수십 차례 러시아와 중앙아시아를 다니며 많은 분들께 큰 도움을 받았다. 고려학술문화재단 설립자이신 장도빈의 아들, 장치혁 회장을 비롯하여 유영대, 양대령과 블라디보스토크의 송지나, 박유은, 이창준, 장원구, 외교부의 이석배, 송금영, 김세웅, 박상태, 박관석 등 수많은 외교관들, 국가보훈처의 이선우, 최기용, 김정아, 노경래, 독립기념관의 임공재, 카자흐스탄 국립대학의 이병조교수, 재외동포재단 김봉섭, 철도전문가인 안병민박사님 등 수 없는 은인들이 있다. 아울러 문와짐, 조경재님 등 고려인들과 사할린 동포들의 은혜 또한 잊을 수 없다. 그동안 도와주신 수많은 분들께 큰 절을 올린다.

끝으로 가족과 5월 화사한 봄날 회갑을 맞은 장은미님께 이 책을 바칩니다.

2022년 5월 문화당에서
청헌 박 환

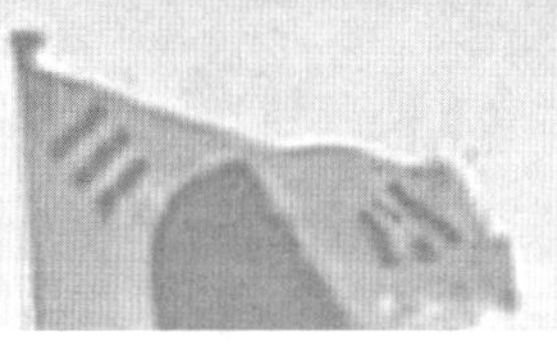

차례

제1장

새롭게 부활하는 러시아 국적 독립운동가들

지워진 러시아 독립운동 대통령, 문창범

머리말

러시아지역의 대표적인 역사학자 계봉우는 그의 저서 『꿈속의 꿈』 상(上)에서 러시아 국적 한인들에 대하여 다음과 같이 언급하고 있다.

> 러시아에 입적한 원호(元戸)의 밖에 여호(餘戸)와 외품자리의 명칭을 가진 사람들이 또한 있었다. 여호라는 것은 농촌이나, 도시에서 가족을 데리고 살림하면서도 러시아에 입적하지 않은 그들의 명칭이요, 외품자리라 하는 것은 자기와 자기의 그림자밖에는 더 없는, 돈을 벌면 고향으로 돌아간다는 노동자들의 명칭이었다. 원호에서는 그 전토를 여호에게 주어 소작하거나, 외품자리의 아재비를 이용하여 부유한 생활을 형성할 뿐 아니라, 아령(러시아: 필자 주)말에 능한 사람들은 '뽀드라지끄'로 되어 자기의 동족인 노동자의 힘을 착취하는 거기에서 더욱 부유하였다. 말하자면 단체적으로 노동임금을 얻어서 공부를 다시 계속하려는 중령(중국) 나재거우의 사관학생들을 빼림이 군용공장에 팔아먹은 김병학과 같은 뽀드라지끄가 드물지 않았다. 아령(러시아) 말이라고는 한 마디도 모르는 우리 노동자들이 그런 놈들에게 피와 땀을 공급하면서도 각 방면으로 받은 모욕과 학대는 다 형언할 수가 없었다.
> 여호와 외품자리의 사이에는 단체적 행동이 생기게 되었나니, 각 도시에서는 보따리장사의 단체인 색중(色中)을 조직하고 접장(接長)이라는 직임자가 강한 놈은 억제하고, 약한 놈은 붙들어 주는 등의 행정권을 가지었으며, 금광이나 어장에서는 적으면 20~30명, 많으면 백여 명의 작동생[結義]를 무엇는데, 거기에는 장형(長兄)이 있어 환난의 구제·풍기(風紀)의 교전·우애(友愛)의 돈독에 특히 주의하였다. 원호에서는 그와 반대로 각사(社: 지금의 面)에 도소(都所)를 설하고 로에(面長)을 공천하여 모든 사무를 집행하였다. 만일 색중과 작동생의 단체가 해외에 나온 우리 동포

의 자치기관이라면 도소는 아령(러시아) 관헌의 보조기관으로 된 초급 관청이었다. 원호와 여호가 이렇게 서로 대립하게 된 까닭은 어디에 있는가? 한마디로 말하면 그 까닭은 원호가 여호와의 통혼까지 거절하는 그런 계급적 차별을 놓은 거기에 있었다.

그렇다 하여 원호에는 우리가 숭배할만한 인물이 없거나 하여서는 안 된다. 닭이 천 마리면 봉황이 하나 있다는 셈으로 그들 중에도 인물이 있었다. 이를테면 이범윤의 의병을 편성하였으며, 일본에 망명한 박영효와의 연락을 취하던 최재형, 한족회를 창설하였으며 국민의회의 의장으로 되었던 문창범은 과연 숭배를 받을 만한 인물이었다. 상해 가정부의, 각 원 속에 하나는 재정총장으로, 그 다음 하나는 교통총장으로 피선된 것은 그들의 인물이 어떻다는 것을 평가하여 주는 것이다. 그리고 여자계의 인물로는 김쓰딴게비츠를 말하여야 되겠다. 그는 누구의 충동을 받는 일도 없이, 자체에 아무 관계되는 일도 없이, 말하자면 김병학의 옳지 못한 행위에 격분되어 재판소에 기소(起訴)까지 하여 삐림이 공장에 팔린 사관학생들을 해방하였으며, 10월혁명 후에 건설되었던 하바로프스크 혁명정부의 외교위원으로 있으면서 한인사회당(韓人社會黨)을 조직하는 일에 열심히 하였다. 아령(러시아)에 있는 우리 민족 속에서 첫째의 볼셰비키를 찾는다면 그를 반드시 엄지손가락에 꼽아야 할지니 그가 백파의 손에 사형을 받은 것은 까닭이 없지 않음을 알아야 한다.

원호와 여호를 물론하고 그들의 사상변동은 두 시기로 나누면 좋겠다. 첫째의 시기는 보호조약(을사늑약, 1905)이 세상에 나타난 그때부터 합병(강제병탄, 1910)의 전날까지로 하고, 둘째의 시기는 합병(강제병탄, 1910)된 그때부터 세계 제1차 대전이 일어나던 그 전날까지로 할 것이다. 어느 것이든지 오래는 계속되지 못하였지만, 『포조일보(浦潮日報)』·『대동공보(大東公報)』·『대양보(大洋報)』와 같은 신문이 서로 그 꼬리를 이어 간행되며 또는 미주로서 나온 정재관·이강이 국민회라는 비밀단체를 각 지방에 설립하였나니, 이것은 제1기에 속한 것이요, 원동총독 곤다찌와 월송(이종호)과의 배가 서로 맞아서 권업회를 조직하되 그 총회는 해항(블라디보스토크)에 두고, 지회는 각 지방에 다 설립하여 엄연히 자치단체의 직권을 행사하며 또는 『권업신문』을 간행하여 독립사상을 고취하였나니, 이것은 제2기에 속한 것이다. 조선이란 것이 무엇인지 생각도 못하던 원호의 가운데에서 최재형과 문창범 같은 인물이 나와서 독립운동에 헌신한 것은 우연히 된 일이 아니었다. 그들은 이동휘·안중근·윤해 그런 수많은 애국지사들의 성의에도 감촉된 것이 적지 않았겠지만 『권업신문』의 주필이던 단재 신채호·옥파 김하구, 치타 『정교보(正教報)』의 주필이던 춘원 이광수 그런 수많은 배일문사들의 붓끝에도 충동된 것이 또한 적지 않았었다.

라고 있듯이, 계봉우는 러시아국적 한인들 가운데 문창범(바실리 안드레예비치 문 Василий Андреевич Мун), 최재형, 김 스탄게비치 등을 대표적인 독립운동가로서 높이 평가하고 있다.

1919년 4월 17일 재블라디보스토크 총영사가 외무대신에게 올린 〈불령 조선인의 동정에 관한 건〉을 보면, 그중 문창범에 대하여 다음과 같이 보고하고 있다.

> 조선인 사이에서는 문창범을 대통령이라 부르고, 김하석을 총사령관이라 부르고 있는 듯하다. 문창범은 조선인 청년들 사이에서 한때 눈부신 활약을 떨쳐 촉망받고 있음이 인정된다.[1]

라고 있듯이, 문창범은 1919년 3·1운동 당시 러시아 연해주 조선인 사이에 대통령이라고 불리울 정도로 대중적 지지를 받고 있던 독립운동가였다. 1919년 4월 17일자 〈독립운동에 관한 건 국외 제32보)〉에도,

> 현재 블라디보스토크에는 문창범을 비롯한 노인단의 중요 인물들이 집중하고 있는데, 저들은 한편으로 항상 체포를 두려워하여 그 거처를 극히 비밀리 하고 있다. 문창범을 조선인들은 대통령이라 작명(綽名)하고 있다.[2]

라고 있듯이, 문창범을 조선인들은 대통령으로 부르고 있다. 아울러 조선일보 1921년 12월 2일자에서도 문창범을 "배일조선거두"로 호칭하고 있다.

문창범은 러시아지역을 대표하는 대한국민의회의 의장으로서, 그리고 1919년 상해에서 조직된 대한민국임시정부의 교통총장에 임명될 정도로 큰 비중을

---

* 본고의 작성에 있어서 자료는 국사편찬위원회의 홈페이지에서 많은 도움을 받았다. 문창범의 임시정부 참여와 공산주의와 관련된 부분은 필자의 무지함으로 상당 부분 반병률교수와 임경석교수의 선구적이며 탁월한 업적에 의존하였음을 밝혀둔다.

1 국사편찬위원회,『한국독립운동사자료』 36, 1919년 4월 17일, 불령조선인의 동정에 관한 건.

2 국사편찬위원회,『한국독립운동사자료』 36, 1919년 4월 9일 조선인의 독립운동에 관한 건.

차지하고 있던 인물이었다. 즉, 그는 최재형, 김 스탄게베치와 더불어 러시아에 귀화한 한인들 가운데 독립운동을 전개한 대표적 인물인 것이다. 그럼에도 불구하고 문창범은 그동안 학계의 주목을 별로 받지 못하였다. 그에 대한 본격적인 논문이 한편도 없다는 점이 이를 단적으로 보여주고 있다고 해도 과언이 아니다. 이에 문창범에 대하여 주목하고자 하는 것이다.

본고에서는 우선 문창범의 출생과 러시아로의 이주, 그리고 구한말 연해주에서의 계몽운동, 1910년대 권업회 활동, 러시아 혁명 후 3·1운동 참여와 대한국민의회 활동, 대한민국임시정부 참여 문제 등에 대하여 전반적으로 살펴보고자 한다. 특히 그가 러시아에 귀화한 한인이란 측면에 주목할 것이다. 이는 그동안 등한시 했던 러시아지역 한인 독립운동의 한 단면을 밝히는데 도움을 줄 수 있을 것으로 보이기 때문이다.

1. 구한말 연해주에서 계몽운동에 참가하다

문창범은 1870년 함경북도 경원군 유덕면 죽기동에서 출생하였으며, 8세 때인 1877년경 아버지를 따라 러시아 연해주 우스리스크(니코리스크) 인근 쁘질로프카(한국명 육성촌)마을로 이주한 인물이었다.[3] 쁘질로프카는 1869년 4월에 형성된 마을로, 1878년 당시 173가구 799명이 살고 있었다. 문창범은 할머니, 아버지 문광열(안드레이), 어머니, 3살 많은 누나 등과 함께 였다.[4]

문창범의 학력에 대하여는 별로 알려진 바가 없다. 그러나 그는 국한문 등에도 능했던 인물로 생각된다. 이인섭이 작성한『망명자의 수기』, 〈치따서 문창범을 만내서〉에,

3 『국외용의조선인명부』, 246쪽.

4 박 발렌친, 『남우수리지역의 첫 한인이주민 기족-자유와 희망의 땅 제3부』, ㈜ 발렌친, 우수리스크, 2013, 59-60쪽.

> 문창범씨는 한문으로 된『益世報』,『申報』를 들고서 관계치 아니하고 알아보던 것을 심상치 아니하게 보고 감탄하였다.
> 그 이튿날부터는 오성묵 동지와 같이 그들을 방문하였는데, 그들 3인(문창범, 박창은, 오성묵-필자주)은 구면이었다. 문창범이는 국학문으로 출판된 신문을 잘 낭독하면서 자기가 상해임시정부에 가서 리승만 대통령을 만났는데, 얼굴이 지긋하게 생긴 인물이 영어를 잘 아는 것 외에는 보잘 것이 없다고 하였고, 상해를 떠나 중국 상선에 앉아서 제주도를 지날 적에 지었다는 한문시 풍월 한수를 자필로 써 놓았다.[5]

라고 있듯이, 그는 국한문 신문을 잘 낭독하고, 한문시도 지울 정도의 인물이었던 것이다.

문창범은 중국과 한국, 러시아의 국경지대에 살면서, 계봉우가 작성한 〈아령실기〉(독립신문, 1920년 3월 13일자)에

> 三. 뽀드랴치크
> 이것은 러시아어인데, 어떠한 작업장에 일하는 사람을 모집하여 주거나 또는 어떠한 관청, 어떠한 군대에 물품을 공급하는 사람을 일컫는 말이다.(중략) 이로 인하여 松上營의 文昌範 黃까피돈. 地新墟의 韓益星, 孟山洞의 韓光澤, 花發浦의 金泰國, 金斗瑞, 蔡斗星, 李仁伯은 다 軍隊의 뽀드랴치크로 財産을 聚得하엿고 海參崴의 金秉學은 砲台와 家屋의 建築으로 致富한 事가 有하나 成敗가 頻數한 中에 昨富今貧의 嘆이 업지 아니하다

라고 있듯이, 러시아 군대의 뽀드랴치크(청부업자)로 많은 재산을 모을 수 있었다. 아울러 소고기청부상[6] 그리고 질 좋은 아편이 많이 생산되고 있던 니코리스크 인근 육성촌을 중심으로 거주하면서[7] 아편의 생산관리를 통하여도 많은

5 한국정신문화연구원,『한국독립운동사자료집-홍범도편』, 1979, 237쪽.
6 불령단관계잡건 시베리아부 2, 1911년 3월 16일 조선인동정에 관한 정보전달의 건.
7 박강,「러시아 이주 한인과 아편문제」,『한국민족운동사연구』53, 2007, 129-140쪽.

재산을 모은 인물로 알려져 있다.[8]

독립운동가 회고록인 〈김관수-의병대〉에서는 아편과 관련하여 문창범에 대하여 다음과 같이 기록하고 있다.[9]

> 육성토호 문창범이라는 자가 지방 행정당국과 밀약하고 약담배 재배업을 하는데 전권을 가지고 벌금이니 세금이니 하고 농민들에게서 수다한 현금과 아편을 걷어서 졸지에 부자가 되고 안하무인으로 행세하게 된 결과라는 것이 한심한 사실이었다.

한편, 러시아로 이주하여 많은 재산을 모은 문창범은 재력가로서 러시아연해주 지역의 학교 및 민족언론 발전에 기여하였다. 해조신문의 기사들은 문창범이 연해주 지역 학교설립과 교육에 깊은 관심을 갖고 있었음을 보여주고 있다. 즉, 문창범은 리포어 명동학교의 찬성원으로, 그리고 영안평(시넬리니코보) 동흥학교 설립 등에도 크게 기여한 것으로 보도되고 있다.

해조신문 1908년 4월 9일자에서는 〈東校漸興〉이라는 제목하에,

> 취풍(다시안재) 영안평(시넬리니코보) 등지에 학교를 설립함은 이미 기재하였거니와 해지에 안준현, 문창범, 김승현, 김형석, 안민학, 강말진, 김민환 제씨가 금액을 다수 의연하고 교사(校舍)를 확장하매 학도가 운집하고 부근 제동에 노소가 무불찬성 한다더라.

라고 있고, 해조신문 1908년 4월 18일자에도 〈秋風美風〉이라는 제목하에,

> 취풍(다시안재) 각처에 거하는 안준현, 문창범, 김승연, 김형석, 김민환, 안자현 제씨가 발기하여 취풍(다시안재) 각사에 거류하는 동포가 그 곳 야회에 친흥한 것과 야

---

8 국사편찬위원회, 『대한민국임시정부자료집』 별책 5, 95권 국민대표회의 Ⅰ〉 러시아문서관자료〉, 대한민국 상해임시정부의 현황 전반에 관해 안공근의 4월 29일자 구두 보고에서 안공근은 문창범을 과거에 백정이었고, 아편 농장의 소유자라고 언급하고 있다.

9 김규면, 『老兵 金規勉 備忘錄』에서는 문창범을 아편대왕이라고 칭하고 있다.

편연 흡취하는 것과 술로 생업하는 제반 폐습을 모두 끊어버리고, 학교를 확장하며 농업과 상업에 전력하여 공한한 땅에 식묵하기로 규칙을 정하고 상년 겨울부터 실시하다 점차 취서된다 하니, 이로부터 강동에 전일 폐습은 점점 가고 아름다운 사업이 날로 흥왕되니 이와 같이 열심 진취하면 몇 해 안에 큰 효력을 가히 보겠더라.

라고 있고, 해조신문 1908년 4월 22일자에는 〈다전재〉라는 제목하에,

고금 천하 만 년과 동서 누만 리에 허다한 역사를 열람컨대 희유한 종종 사업이 하나로 희유한 인물 가운데로 말미암지 아니함이 없도다.
이러므로 하늘이 무슨 희유한 사업을 일으키고자 하실진대 먼저 영질한 사람을 이 세계에 보내시니 저 덕국(독일)과 서사국(스위스)을 볼지어다. 오늘날 무한한 영광이 어찌 우연히 이룬 배리오. 이는 유림척로(빌헬름 텔)와 비사맥(비스마르크) 같은 희유한 인물에 고심 열성으로 제조함이라.
슬프다. 이제 우리 나라의 형상을 비유컨대 독한 병이 고항에 든 지 세구연심하여 안으로 창자가 썩고 밖으로 전신이 불수되어 실 같은 호흡이 가슴 아래에 있는 듯 없는 듯하여 심상한 의원의 눈으로 보면 다만 할 수 없다 탄식할 뿐이며, 또 설혹 무슨 용렬한 방문을 시험할지라도 도리어 기진한 생명만 재촉할지니 불가불 화타, 편작 같은 희유한 상지의 재조라야 가히 집중도 바로할 것이요, 시약도 맞게 하여 소생키도 기필할지라.
그러므로 오늘날 우리 동포 중에 나라를 사랑하는 여러 군자들이 나라를 위하여 무한히 애쓴 것은 마음에 얼마큼 감사하고 얼마큼 찬성하는 바이나 별로히 희유함이 있다 함을 듣지 못하였으니 어찌 하루 몇 번씩 낙심치 아니하리오. 쓸데없이 해외 절역에서 피눈물로 스스로 탄식할 뿐이라.
시재시재로다. 하늘이 순환한 운명을 우리에게 내려 주심으로 벽력 같은 무슨 소리가 하늘 동편으로부터 취한 자와 잠든 자를 일체로 경성하여 일조일석에 쾌락한 정신을 뇌수에 부어 넣었으니 이는 곧 우리에 사랑하는바 최봉준 씨에 고심 열성으로 좇아 일어난 해조신문이라. 뜬 눈을 다시금 씻고 일편을 다 보지 못하여서 대통 같은 흉금이 창해같이 쾌활함을 깨닫지 못하여 한번 무릎을 치고 크게 소리하여 가로대 사천 년 우리 고국 결단코 말지 아니할진저.
볼지어다. 저 태양이 삼억 일천여 만 리 밖에 있지마는 그 뜨거운 기운이 땅을 태워 만물을 발생케 하나니 이와 같이 해조신문에 단단한 정신이 우리 일반 동포에 피를

> 끓이는 불이라 할지라. 이 어찌 하늘이 명령하신 바가 아니며 우리 대한 인민 된 자가 뉘 아니 경하하리오. 우리는 더욱 씨로 더불어 일층이나 더 밀접한 감화가 있도다. 연전에 우리 동흥학교를 창설할 때에 씨가 김학만, 문창범, 차석보 제씨로 동력 합심하여 우리 일반 청년으로 하여금 문명 정도에 나아가게 한지라. 이러므로 천단한 학문과 용렬한 변재를 돌아보지 아니하고 다만 감사한 마음으로 이에 축하하노라.
> 김형석

라고 있다.

아울러 문창범은 해조신문이 1908년 5월 26일 제75호로 폐간되자, 유진률, 차석보 등과 함께 대동공보를 발간되는데도 일정한 기여를 하고 있음을 알 수 있다.[10] 나아가 대동공보의 발간이 러시아 주 정부로부터 허가되자, 문창범은 1908년 8월 15일 제1차 발기인 총회에 참석하여 간행을 지지하였다. 이러한 내용 들은 미주에서 간행된 『신한국보』 1910년 6월 14일자 〈大東共報계 刊歷史 ●등〉에,

> 본보가 재정의 곤란과 기타 소요를 인하여 아력 거년 十二月 十一日부터 정간됨은 이왕 광고하였거니와 아력 一月 十一日에 본사 고주 총회를 본 거류민 회관내에 열고 본보를 다시 발간하기로 결의하고 활자급 기계주인 차석보 씨에게 교섭하여 계약서를 정하였는데 그 계약 내용은 원가 二千三百五十여 원의 활자급 기계를 四十七 고본으로 본사에 양도하되 만일 신문이 속히 발간치 못하면 활자급 기계를 원주가 도로 가져가기로 함이라. 당일 본항 풍파를 인하여 계간할 기망이 없었으며 또 三月 十七日에 본보 관내에서 고주 총회를 열고 최재형 차석보 문창범 三씨가 각 百元씩 내기로 담부하고 다시 발간하기를 결의하였다가 주필의 관계로 여간 충돌이 있어 그 의논을 파함이 본항 청년 十여 인이 금月 一일에 본보 관내에 회동하여 본사의 일체 책임을 당하매 구 고주라도 다시 의연을 내지 아니하는 경우에는 고주의 권리가 없기로 결의하였는데 차씨는 전 계약과 같이 활자급 기계를 본사에 맡겠더라.

10 공립신보 1908년 10월 21일자 〈海港의 신문 발기〉

라고 있는 것이다.[11]

그러나 문창범은 당시 국경지대에서 전개되고 있던 의병운동에 대하여는 연해주지역의 대표적인 부호인 최봉준과 마찬가지로 부정적인 태도를 보였다. 1910년 3월(음력)에는 추풍 자피거우에서 국내진공작전을 준비하고 있던 홍범도가 문창범, 안준현, 최순경, 김가 휘하의 250여명에게 구금되었다가 러시아군 사령관이 보낸 카자크 병사 8명에 의해서 풀려나기도 했던 것이다. 이에 대하여 독립운동가 회고록인 〈김관수-의병대〉에서는 다음과 같이 기록하고 있다.

> 1905년 후 수청·보시예트(포시예트) 지방에서는 조선인 의병대를 조직하여 가지고 조선 함경북도에 나가서 일본 강점자들을 반항하여 1909년까지 용감하게 투쟁하였는데, 수이푼 구역 원호촌 토호 문창범 기타들은 조선 인민의 전설적 영웅 홍범도 의병대 운동을 방해하며 심지어 그들을 살해하려고 하는 만행까지 감행하였다.

또한, 1910년 일제에 의해 조선이 강점된 직후인 〈11월 9일 이후 블라디보스토크 지방 배일 조선인에 관한 정보〉에 따르면,

> 1. 이범윤(李範允)의 호송에 대하여
> 이범윤은 11월 7일 오전 11시 15분, 열차에서 2인의 헌병 호위대에 의하여 "이르크츠크"로 압송되었다. 동인은 러일전역 중 공로가 있다고 인정되어 러시아 정부로부터 특별히 1개월에 100루블을 급여한다고 전해졌다. 이것은 동인 등이 "이르크츠크"에서 특별히 생계를 꾸릴 길이 없어 특별히 의식을 관급(官給)한다는 의미가 아니라는 사실을 취조 중이다.
> 1. 10월 20일 "니코리스크"에서 체포된 조선인 중에는 박의만(朴義萬), "아브라암", 김(金) 씨의 성을 가진 사람이 있었고, 김(金) 씨는 같은 지역의 조선인 중 유력한 자라고 한다.

11 신한민보 1910년 5월 11일자 〈대동공보 반갑다〉에서도 문창범이 대동공보를 후원하고 있음을 알 수 있다.

> 박의만(朴義萬)은 별지의 보고에 의하면 박도헌(朴都憲)이라고 한다. 도헌(都憲)은 촌장으로서 연추(烟秋) 최재형(崔才亨) 등, 즉, 추풍 "코르사코프카"(조선인은 허우(許偶)라고 한다)에 박(朴) 사장이라는 자가 있었고, 적지 않은 토지(地所: 토지)를 가진 부유한 사람이었고 조선인 사이에서 신용도 있었다. 이 자에 대하여 취조 중이다.
> 상기의 "니코리스크"에서 체포된 6인은 모두 귀화인으로 문창범(文昌範)[최봉준(崔鳳俊)의 심복이 건아(乾兒)임]의 무고에 의하여 체포되었다. 크게 분개하여 이에 대한 반대 소송을 제기하였다.[12]

라고 있는 것이다.[13]

문창범의 이러한 태도는 일제의 압력과 회유, 그리고 사업상의 불이익, 아울러 독립운동에 있어서의 방법론의 차이 등이 작용한 것으로 보인다.

2. 권업회에 참여하고, 대한독립선언서에 서명하다

1910년 일제에 의해 조선이 강점된 후 연해주 한인사회의 민족운동자들은 보다 현실적이고도 장기적인 독립운동 방략을 구상하게 되었다. 그리하여 당시 20만 명에 가까운 대규모 한인사회를 바탕으로 1911년 12월 19일 블라디보스토크 신한촌에서 권업회를 조직하게 되었다. 이때 권업회를 대표하고 실질상 운영 책임자가 되는 의사부 의장에는 이상설, 부의장에는 이종호가 선임되었다.

권업회의 목적은 연해주 한인사회의 이익을 증진시키는 '권업'(경제) 문제와 독립운동을 강력히 추진하는 '항일'(정치) 과제를 결부시키는 양면전술을 취하면서 최종적으로는 독립을 달성하는 것이었다. 권업회는 중앙조직을 완비한

12 排日朝鮮人ニ關スル情報(安昌浩, 李甲 等 李相卨과 會見)[憲機제2418호 ; 1910.12.6] (『日本外交史料館資料』)

13 不逞團關係雜件-朝鮮人의 部-在西比利亞 2 〉露領 秋豊 및 블라디보스토크지방 暴徒 상황 1911년 5월 30일

뒤, 곧이어 연해주 전역에 걸쳐 지회를 설치하였다. 대표적인 지회로는 우수리스크·하바로프스크·니콜라예프스크·흑룡강·이만을 들 수 있다. 문창범은 권업신문 1913년 7월 20일자 〈권업회 정기 총회〉에,

> 권업회 금년도 하반기 정기총회는 예정과 같이 아래 지난달 三十일에 해 회관 안에서 개회하였는데 회원 七十여 명이 출석하였고 각 지회 중 소왕령지회(니콜스크 우수리스크지회) 대표자 문창범, 장생일 양씨와 영안평(시넬리니코보)지회 대표자 이영생 제씨가 출석하여 의결사항을 당일에 마친 후 폐회하고

라고 있듯이, 1913년 6월 30일에는 하반기 정기총회에 우수리스크 지회의 대표로서 참석하고 있으며, 또한 권업신문 1914년 1월 11일자 〈소왕령(니콜스크 우수리스크) 권업회 총선거〉에,

> 권업회 소왕령(니콜스크 우수리스크) 지회에서는 지난 三일에 선거총회를 열고 임원 총선거의 결과 회장 김야곱프, 부회장 김시약, 총무 안미학, 재무 김려직, 서기 한창근, 김삼흔 (의원제겸), 의원 문창범, 장성일, 김도엔디, 검사원 황두진, 김발세니, 박뜨로핌, 박와실리, 김이반, 교육부장 문창범, 실업부장 김인학, 종교부장 김빅홍 제씨더라.

라고 있듯이, 1914년 1월에는 우수리스크지회의 의원 겸 교육부장으로 선출되기도 하였던 것이다. 아울러 그는 권업신문 1월 11일자 〈이갑 씨 신병 치료비 의연청구서〉에서 볼 수 있듯이, 독립운동가 이갑의 신병치료비 청구서 발기인으로도 참여하여 동지의 안위를 살피는 일에도 적극 나서고 있었다. 또한 권업신문 1914년 4월 26일 〈특별광고〉를 통해, 한인의 러시아이주 50주년 행사에 러시아지역 귀화한인의 대표이며, 한인이주 150주년기념 최고 지도자인 최재형과 함께 100루블을 희사하고 있음을 알 수 있다.

권업회 시절 문창범의 정치적 성향에 대하여 살필 수 있는 기록은 거의 없

다. 다만 이인섭이 적성한 〈최고려 자서전을 연구하다 나의 소감〉에,

> 이상설은 이범윤 문창범과 상의하여 한말 러시아사관학교에 파견되어 공부하고 있던 자들을 시베리아 각지 헌병대에 통역으로 근무케 하였는데, 이들을 거의 기호파 인물들이었다 한다.

라고 있는 것을 통하여 볼 때, 문창범은 당시 기호파들과 가깝게 지냈던 것 같다. 그런데 당시는 기호파가 구덕성을 비롯하여 여러 청년들이 헌병대에 근무하고 있는 이점을 활용하여 서도파와 북도파 인사들을 탄압하고 있던 시점이었다.[14]

한편 문창범은 만주 길림에서 배포된 대한독립선언서에[15] 만주·러시아령 지역 한인독립운동의 중심인물 39명과 함께 서명한 인사로도 주목되고 있다. 문창범과 함께 서명한 인물로는 김교헌·김동삼·조소앙·신규식·정재관·여준·박찬익·박은식·이시영·이상룡·윤세복·이동녕·이세영·유동열·이광·안정근·김좌진·김학만·이대위·손일민·최병학·신채호·허혁·박용만·김규식·이승만·조성환·김약연·이동녕·이종탁·이동휘·이탁·이봉우·박성태·안창호 등 당시 해외 독립운동을 이끌었던 다수의 독립운동가들을 들 수 있다.[16]

3. 러시아지역 임시정부, 대한국민의회 의장이 되다

1917년 2월 러시아혁명이 발발하자 한인들은 한인사회의 결집을 위해 대규모 회의를 소집하였다. 대회를 소집한 목적은 러시아령 한국인사회의 자치

14 반병률, 『성재 이동휘일대기』, 101~102쪽.
15 不逞團關係雜件-朝鮮人의 部-在歐米 3 〉 大韓獨立宣言書(戊午獨立宣言書, 1919. 2).
16 대한독립선언서(1919.2)

적 대표기관을 창설하는데 있었다. 문창범은 최재형 등과 함께 9명의 발기인 가운데 한 사람으로 참여하였다.[17]

대회는 그해 5월 21일부터 30일까지 우수리스크시에서 개최되었으며, 전로한족회중앙총회라는 상설적 중앙기관을 조직하였다. 이 단체는 러시아 귀화 한국인이 그 중심이 되었다. 대회결의 중에는 한국어신문을 간행하는 문제도 포함되어 있었다.[18] 우수리스크시에 신문사를 설립하고 일주일에 2회씩 발간하기로 결정했다. 이 결정에 따라 발간한 신문이 청구신보인데, 창간호는 7월 7일에 발간되었다. 이 신문은 전로한족회중앙총회의 기관지였으며, 따라서 귀화인의 의견을 충실히 반영하는 것이었다. 문창범은 최봉준, 전 보리스 등과 함께 창간위원으로 선출되었다.[19]

볼셰비키 혁명이 발발한 직후인 1917년 12월, 러시아령 연해주의 한인들은 우수리스크에서 귀화인, 비귀화인 모두가 참여한 전로한족회중앙총회를 개최하였다. 이 총회에서는 중앙기관인 7명의 의원으로 구성된 의원회를 두고, 이 의원회에서 회장, 부회장을 선출하였는데 이때 문창범은 회장으로 선출되었다. 문창범은 함북 출생으로 어려서 부모를 따라 러시아령으로 이주하여 자수성가로 상당한 재산을 모았던 적도 있으며, 최재형과 더불어 한인사회에 양대 인물로 추앙받던 인물이었다. 그렇기 때문에, 문창범이 회장으로 선출된 것은 귀화인과 비귀화인 모두에게 적합한 인선이었다. 또한 문창범은 1917년 8월 우수리스크에서 이동휘, 유동열, 양기탁 등 러시아령 간도의 유력한 독립운동가

17 不逞團關係雜件-朝鮮人의 部-在西比利亞 6 〉露領 韓人協會에 관한 건 1917년 6월 4일. 한편 1917년 4월 중순경 이동휘는 러시아 헌병대의 한인정탐 구덕성에게 체포되어 블라디보스토크 군감옥에 수감되었다. 독일정탐, 중동철도 파괴공작의 주도인물이란 혐의었다. 이동휘의 체포는 일본이 사업상의 이해관계를 갖고 있는 원호인 부호들을 협박한 결과로 보고 있다(반병률, 『성재 이동휘일대기』, 130~131쪽)

18 임경석, 『한국사회주의의 기원』, 역사비평사, 2004, 55~57쪽.

19 박환, 『러시아지역 한인언론과 민족운동』, 경인문화사, 2008, 225~231쪽.

7,8명을 초치, 러시아인 볼셰비키가 참석한 회의에서 볼셰비키 세력과의 제휴의 필요성을 주장하기도 하여, 비귀화인 지도자들과도 협력관계에 있었다.[20]

전로한족회중앙총회는 1918년 6월 13일 우수리스크에서 지방대표와 각 단체대표 130여명이 참석한 가운데 제2차 총회를 개최하였다. 대회개막에 앞서 극동 소비에트 정부 수상 크라스노쇼코프가 축하연설을 하였다. 그는 러시아령 한인들과 볼셰비키의 협력을 역설했다. 이 연설에 대해 참석자들은 만장의 박수갈채로 응답했다. 그러나 원호인 세력의 지도자로 꼽히는 전로한족회중앙회장 문창범은 크라스노쇼코프의 소비에트 정부에 대하여 내심 불만이었다. 이 박수갈채가 "크라스노쇼코프의 현 지위에 대한 경의에서 나온 것이지 반드시 과격파의 주장을 찬성한다는 표현은 아니다"라는 부정적인 반응을 보였다고 한다.[21]

2차총회는 비귀화, 귀화한인의 대부격인 이동휘와 최재형을 명예회장으로 추대하고, 회장에 문창범, 부회장에 윤해를 선출하였다. 또한 대회에서는 자유만세, 러시아혁명만세, 사회주의 만세결의와 한인의 정치적 중립을 선언하였다. 정치적 중립을 선언한 것은 시베리아의 정치적 상황의 불확실성과 귀화인과 비귀화인의 정치적 입장을 절충한 결과라고 보여진다.

그러나 1919년 말에는 시베리아 정치정세에 대하여 문창범 등 대부분의 러시아지역의 한인들은 백위파 군사정권의 붕괴를 환영하는 입장이었다. 문창범은 1919년 10월 28일 『독립신문』기자와의 인터뷰에서 다음과 같이 말하고 있다.

> 옴스크정부는 장차 멸망되고 과격파의 세력이 확대케 되리라. 그 이유는 이러하다. 코착이 자기세력을 수립하기 위하야 타종족인 일본군대를 이용하야 동류(同類)인

20 반병률, 「대한국민의회의 성립과 조직」, 『한국학보』 46, 1987, 126~133쪽.
21 임경석, 위의 책, 75쪽. 반병률, 「대한국민의회의 성립과 조직」, 『한국학보』 46, 134~135쪽.

과격파를 파결코저 하며(중략)시베리아 인민은 장차 옴스크 정부를 전복하고 과격파 군과 악수하야 일본을 구축코져 한다. (중략) 불원(不遠)에 일병은 시베리아에서 세력이 업시되고 막대한 해(害)를 당하리라. 우리 한인은 근일(近日) 일병의 무한한 학대를 당하니 옴스크정부가 변경되는 날이면 북대륙(北大陸)에 활동이 용이하게 되리라

그리고 혁명정부가 우리의 독립운동을 지원해 줄 것을 기대하고 있었다. 이것은 문창범이 1919년 12월에 일본에서 추방되어 상해로 온 러시아혁명군 장군 알렉세이 포타포프(Aleksei Potapov)에게[22] 쓴 다음의 편지 속에서도 찾아볼 수 있다.

문창범이 포타포프에게 보낸 협조문
포타포프 장군님께

우리는 정의와 공평의 권리에 따른 귀하의 정책을 존중합니다. 우리는 귀하의 사상이 세계의 악을 상대로 승리를 거둘 것이며, 각 민족과 개인의 평화를 유지해 줄 것이라 확신합니다. 귀하께서 이미 인지하고 계시듯이, 지금 우리 한국인들은 잔혹한 일본식 군국주의로 인해 상당한 고초를 겪고 있습니다. 우리는 더 이상 일본인들의 노예가 되지 않을 것이며, 기꺼이 귀하의 사상을 따르면서 군국주의나 잔혹함 같은 세계의 모든 악에 대항할 것입니다. 이에 우리는 귀하께 부탁을 드리오니 고통 받는 우리 인민에게 도움을 주시기 바랍니다. 우리는 노동자 농민 정부의 정책에 따라, 우리가 처한 모든 상황과 요구를 만족시킬 수 있는 방안을 작성했습니다. 귀하께서는 이 방안을 귀국 정부에 발송하여 주시기 바라오며, 귀국 정부가 우리의 조건이 무엇인지 인지할 수 있도록 조처를 취해주시기 바랍니다.
귀하의 안녕과 세계 평화의 승리를 기원하고, 간청하면서 이만 줄이옵니다.

문창범
블라디보스토크 주재 대한국민의회[23]

---

22 독립신문 1920년 3월 1일자
23 대한민국임시정부자료집 별책 5, 95권 국민대표회의 I 〉 러시아문서관자료〉 2) 문창범이 포타

문창범은 1920년 1월 20일에도 포타포프장군에게 다음과 같은 협조문을 발송하여 협조를 바라고 있다.

문창범이 포타포프에게 보낸 협조문
상해, 1920. 1. 20

포타포프 장군에게
귀하께 본 서신을 올리면서 우리의 사업을 어떻게 실행할 것인지에 대한 귀하의 지원을 요청하오며, 우리에게 많은 조언을 부탁드리옵니다.
오늘날 우리 한국인들은 일본의 잔혹한 정책에 무력한 상태입니다. 우리는 더 이상 일본의 노예처럼 착취당하는 상황을 인내하지 않을 것입니다. 우리는 우리의 독립을 되찾아 자유의 숨을 쉬고야 말겠다고 굳은 마음으로 결심했습니다. 지금까지 우리는 오랜 기간 동안 국가 없이 지내왔으며, 독립을 준비하기 위해서 우리의 계획을 실행할 수 있는 장소도 없었습니다. 귀하께서 알고 계시듯이 우리는 강화회의에 청원서를 제출했으나, 아무런 결과가 없습니다. 동맹국 측도 국제연맹도 우리를 돕지 않을 듯합니다. 우리는 우리의 행동으로 나아가야만 합니다. 그러나 우리의 과업을 실행할 수 곳은 어디에도 없는 듯합니다! 상해, 블라디보스토크 그리고 만주에 이르기까지 모든 곳에서 일본의 방해로, 우리를 체포하던가 아니면 살해합니다! 우리는 임시정부, 국민의회, 일부 집단 그리고 분리된 지도자 형태 등 다양한 방법을 시도하고 있습니다만, 실행이 불가능합니다. 현재 우리는 우리의 모든 힘을 이용하여 귀하의 정책에 따르고자 합니다. 또한 귀하와 함께 협력하여 우리 공동의 적을 공격할 것입니다. 우리에게 충고해주시기 바라오며, 우리가 시베리아에서 계획 중인 것의 내용을 담고 있는 각서를 동봉하오니, 조항들을 살펴보아 주십시오. 성가시게 해드려 죄송합니다.
이렇게 심히 고통을 받고 있는 인민들에게 도움을 주시기 바라며, 삼가 줄입니다.

경백(敬白)
서명 : 대한국민회의 대표 문창범
대한국민회의 회원 한형권
대한민국 임시정부 외무총장 한군부, 장건상[24]

포프에게 보낸 협조문
24 대한민국임시정부자료집 별책 5, 95권 국민대표회의 I 〉 러시아문서관자료〉 3) 문창범이 포타

이에 대하여 포타포프 장군은 러시아 혁명정부 외무인민위원회에 문창범 등 대한국민의회와 대한민국임시정부가 혁명군의 지지를 호소한 문건들을 제출하여 한인독립운동을 지지해 줄 것을 전달하고 있다. 소비에트 지지를 호소한 서신들의 요약문을 보면 다음과 같다.

한민족의 항일투쟁에 대한 소비에트 지지를 호소한 대한민국 임시정부 서신들의 요약문

[발신] 포타포프

[수신] 러시아 사회주의연방공화국 외무인민위원회

[작성일자] 1920년 11월 25일

금년 11월 25일 포타포프가 제출한 한국 문서 목록

1. 대한민국 상해임시정부 국무총리 이동휘는 레닌(Владимир Илич Ленин)에게 발송한 서신에서
   1) 레닌께서 그에게 전문을 발송해 주신 것과 한국 인민들에게 나타내주신 동정에 감사의 뜻을 표시하였음.
   2) 인사말과 함께 자본주의적 제국주의에 대응한 투쟁에서의 승리를 기원하였음.
   3) 극동에서의 정황에 관해 레닌에게 보고드릴 수 있는 전권을 포타포프(Алексей С. Потапов)에게 위임하였으며, 포타포프가 한국정부에게 제안한 정책 프로그램 및 대일 항쟁의 주요 행동 계획에 대한 승인을 확인했음.
   4) 한국 인민의 고난스런 투쟁에 대한 강력한 지원을 레닌과 소비에트 정부에게 요청했으며, 레닌께서 한국의 해방과 한국 인민의 자결권에 동의하심을 확신한다고 표명하였음.

2.
   1) 대한민국 상해임시정부가 작성하여 문서의 형태로 제시한 정책 프로그램 및

포프에게 보낸 협조문

일본 압제로부터 한국 인민의 해방운동계획과 관련하여, 포타포프 장군에게 통보한 대한민국 상해임시정부의 요청은 지령에 의거하여 실행되었음.

2) 한국의 적 일본을 상대로 공동 투쟁을 수행하기 위하여 러시아와 시베리아에 체류 중인 한국 인민들을 통합하려는 목적에서 포타포프 장군을 초빙하여 전권을 부여함.

3) 소비에트 러시아가 한국 인민에게 강력한 원조를 제공하는 것에 대한 희망, 극동에서의 조속한 평화정착에 대한 믿음 그리고 러시아 인민과 한국 인민 모두의 상호 행복을 위한 우정 등이 표명되어 있음.

3. 대한국민의회는 소비에트 정부에게 전달한 호소문에서 한국 인민의 역사와 일본인들의 현 정책, 일본의 압제 치하에서 한국 인민이 겪고 있는 고통 등을 열거하고 있으며, 한국 국내를 비롯하여 중국, 일본 그리고 러시아 영토에 거주 중인 한국계 주민들이 포타포프의 역할에 감사하고 있음을 표명함. 또한 본 의회는 한국의 해방과 자결권을 위한 한국 인민의 투쟁을 소비에트 정부가 강력하게 지원해 달라고 요청하고 있음.

4. 한국 인민에게 원조를 제공하는 것과 관련하여 소비에트 정부 앞으로 청원서를 발송했으니, 포타포프가 이에 협력해 줄 것을 대한국민의회가 부탁함.

5. 대한국민의회와 대한민국 상해임시정부 사이에서 발생한 오해를 포타포프의 배석하에 해결할 것, 그리고 대한국민의회와 대한민국 상해임시정부의 업무를 공동 통합하기로 문서로써 합의함. 대한국민의회의 대표는 의장 문창범과 회원 한형권(韓馨權)이며, 대한민국 상해임시정부의 대표는 외무총장 장건상(張建相)임.

6. 대한국민의회와 대한민국 상해임시정부의 공동 사절단 그리고 러시아에 거주 중인 한인 대표들과 한국에서 도착한 한국인 대표단은 위대한 한국 시인이 집필한 붉은 혁명의 기치에 대한 시(詩)를 러시아어로 번역하여 포타포프에게 헌사함.

7. 대한민국 상해임시정부가 포타포프의 모든 지령을 실행에 옮기도록 러시아에 체류 중인 한국 대표들에게 하달한 모든 명령문.

8. 한국, 중국, 일본 그리고 러시아 극동 지역에서 포타포프의 활동과 관련된 다양한 종류의 신문, 사진 촬영물을 비롯한 여타 자료들.

9. 문서 왕래를 위한 암호.[25]

25 대한민국임시정부자료집 별책 5, 95권 국민대표회의Ⅰ 〉 러시아문서관자료 〉 7) 한민족의 항일투쟁에 대한 소비에트 지지를 호소한 대한민국 임시정부 서신들의 요약문

아울러 포타포프 장군은 1920년 3월 1일자 독립신문 〈俄國 第一革命의 勇士 포타포프장군의 담화와 약력〉에서도,

「나는 귀국의 독립운동에 참가하기를 약하노라. 나는 귀국민이 일본정부의 철쇄를 단하고 자유를 득하려는 대운동을 위하여 전심력을 경주하여 원조하기 약하노라」

라고 하여 한국독립운동을 지원할 것을 약속하고 있다.

한편 1919년 2월 여운형이 상해의 신한청년당의 파견으로 만주를 거쳐 러시아로 건너와, 문창범 등 러시아지역 한인 독립운동가들과 파리강화회의 대표 파견문제와 동지규합, 자금조달, 독립운동의 중앙기관 수립 문제 등 다양한 주제에 관하여 논의하였다.[26] 그런데 여기에서 의견 차이를 좁히지 못하고 결국 거리감이 생겼다. 여운형·이동녕·조완구 등은 독립운동을 끌어갈 중앙기관이 무력단체가 아니라 외교활동을 펼쳐야 하므로 국제도시인 상해에 두어야 한다고 주장했고, 이와 반대로 문창범은 남공선·김립 등과 함께 효과적인 독립운동을 위해서는 동포가 많이 살지 않는 상해보다 수십만 동포가 살고 있는 러시아지역이 적당한 곳이라고 목소리를 높였다.[27]

1919년 2월 25일 우수리스크에서 전로한족회중앙총회를 중심으로 러시아령, 간도 및 국내의 대표들이 모여 전로국내조선인회의가 개최되었다. 이 회의는 새로운 국제정세에 대응하여 러시아령과 중국령내 한인들의 의사를 집약하게 위한 것이었다. 이 회의에서는 독립선언서의 작성과 발표, 만세운동을 비롯한 독립운동 방략의 수립, 그리고 이를 추진할 주체로서 대한국민의회를 조직하는 것들을 의논하였다. 이 회의에서 문창범은 김치보, 김하석, 장기영 등과 함께 대한국민의회 조직을 발기하였고, 대한국민의회는 전로한족회중앙총

26 『여운형조서』 2, 1929년 7월 18일
27 朴啓周, 『대지의 성좌』, 1963, 329-330쪽.

회를 확대 개편하는 형식으로 조직되었다. 그리고 1919년 3월 17일 대한국민의회의 명으로 독립선언서를 내외에 발표함으로써 대한국민의회의 성립을 공식적으로 선포하였다. 이 조직은 국내외를 통하여 임시정부의 성격을 띤 최초의 조직으로서 의미가 크다고 볼 수 있다.

대한국민의회에서는 의장에 전로한족중앙총회 회장인 문창범, 부의장에 김철훈, 서기에 오창환을 선출하였다. 문창범은 의장으로서 대한국민의회의 권위를 대내외적으로 대표하여 대외적인 문제와 내정, 외교를 관장하는 최고 책임자였다. 러시아령의 한인들은 문창범을 대통령으로 별칭하였다.[28]

4. 연해주 3·1운동을 주도하다

문창범은 1918년 12월 국내에서 만주를 거쳐 온 이춘숙(李春塾)을 만나 동경유학생과의 연락문제, 파리강화회의 대표 파견 문제 등 독립운동 전반에 대하여 논의하였다. 이어 동경유학생들로부터의 통신연락이 있었고, 동경유학생 대표가 직접 러시아령에 와서 이와 같은 문제로 문창범을 만나기도 하였다.[29]

1919년 1월 초 러시아 중동철도 연선지방으로부터 집결한 한인 2백여명이 우수리스크에서 우수리스크한족회 대회를 개최하고 시국에 대한 협의를 한 후 한족대운동회 명목으로 태극기를 내세우고 시내를 행진하였는데, 주둔 일본군은 이 시위를 해산하고 태극기를 압수하였다. 이 시위를 주도한 한인들은 전로한족회중앙총회 회장인 문창범, 안정근. 박두우 등이었다.[30]

28 반병률, 「대한국민의회의 성립과 조직」, 『한국학보』 46, 145-149쪽.
29 반병률, 위의 논문, 143쪽.
30 不逞團關係雜件-朝鮮人의 部-在西比利亞 7〉 [獨立示威運動에 관한 건] 1919년 3월 19일. 반병률, 「3·1운동 전후 러시아 한인사회의 민족정체성 형상과 변화」, 『한국근현대사연구』 50, 2009년 가을, 114쪽.

이어 문창범 등 러시아령의 독립운동세력은 소약국회의에 참가하고 있던 박용만을 지원하는 한편, 파리강화회의에 대표를 파견하기도 하였다. 파견 대표는 문창범이 최재형 등 핵심간부들과 논의한 결과, 1919년 1월 27일 전로한족회중앙총회 상설의회에서 윤해와 고창일을 파견대표로 내정하였다.

파리강화회의 파견대표로 이동휘·최재형·문창범 등 '수령급(首領級) 인사'들을 파견하려던 당초의 계획이 윤해·고창일로 교체된 것은 러시아지역 독립운동세력의 파리강화회의에 대한 전망과 밀접한 관련이 있다고 보여진다. 당시 전로한족중앙총회 회장으로서 파견대표 선정과정에서 주도적인 역할을 한 문창범의 다음과 같은 발언에서 그 논리적 근거를 찾을 수 있다.

> 파견 당시 여러 가지 설이 있어서 나와 최재형·이동휘 등도 그 후보자로 헤아려졌지만, 당시 파리에는 세계 각 방면으로부터 한인대표자를 파견하는 모양이었기 때문에 러시아령에서의 파견자도 다만 그들간에 끼여 일을 함께 할 수 있다면 족한 것으로, 요컨대 우리의 의사를 발표함에 그쳐 우리 희망의 성패 여부는 반드시 우리 대표자의 책임으로 돌아올 것이 아니다. 따라서 영어·프랑스어 등 외국어를 해득하고 다소 교육이 있어 세계의 정세에 통하면 가하였다.

또한 문창범은 대표파견운동의 결과에 대하여도 열강들이 일본과 전쟁을 하면서까지 한국의 독립문제를 관철시키지 않을 것이라고 판단하고 있었다. 이에 파견대표의 활동도 결과적으로는 실패로 끝날 것이라고 예상하였다. 즉, 문창범은 블라디보스토크 일본영사 키토(木藤)과의 인터뷰에서,

> 우리는 당초부터 세계와 일본의 입장에 비추어 파리사절이란 것을 결과로 예상하였다. 만약 평화회의에서 우리의 志願을 채용하여 일본에 대하여 한국독립허가를 강요하여도 일본이 그것을 받아들이지 않고, 干戈를 採하여 항거함에 당하여 열국이 과연 병력을 가지고 일본을 압복하기까지 한국을 위하여 진력할 결심이 있겠는가, 그것은 묻지 않아도 자명한 이치이다"

라고 하였다 한다.[31]

국내에서 3·1운동이 전개되자 러시아지역에서 1919년 3월 17일 오전 대한국민의회 의장 문창범은 우수리스크에서 독립선언서 발표식을 거행하였다. 문창범은 특히 니코리스크 코르사코프카 거리에 있는 동흥소학교에서 만세운동을 주도하였다. 이에 일본헌병대는 물론 수비대와 러시아 군대도 출동해서 점차 해산되었다.

그리고 동일 오후에 블라디보스토크로 와서 독립선언과 시위운동을 지휘하였다. 당일 한인상점들과 학교들은 모두 문을 닫은 상태에서, 오후 3시경 한인 2명이 대한국민의회 의장 문창범, 부의장 김철훈 명의의 러시아어, 한글독립선언서를 일본정부에 전해달라는 요청서를 첨부하여 일본영사관에 전달하였다. 이와 동시에 러시아 관청과 11개국 영사관에도 선언서를 배부하였다.[32]

독립선언서는 회장 문창범, 부회장 김철훈, 서기 오창환의 명의로 되어 있을 뿐만 아니라 선언서 끝부분에 "오인(吾人)은 2천만의 조선국민의 명(名)에 있어서 그 완전한 주권이 하등의 제한없이 부흥되어질 것을 요구하고 그 모국(母國)에서의 독립과 주권과 재보(財寶)를 반환할 것을 요구하는 바이다"라고 하여 정부 당국자의 이름으로 독립을 요구하고 있다. 즉 이 독립선언서는 대한국민의회의 간부명의로 된 '독립승인요구서'라고 볼 수 있다.

오후 4시에는 신한촌 집집마다 태극기를 게양하였고, 대한국민의회 주최로 2만여 명의 동포들이 참여한 가운데 독립선언식을 거행하였다. 해가 진 오후 6시부터는 문창범의 지휘로 청년, 학생들이 시내로 몰려가 자동차 3대와 마차 2대에 분승하여 태극기를 흔들고 독립선언서를 뿌리며, 과감한 가두시위를 전개하였다.[33] 이에 일본총영사는 러시아요새사령관과 연해주 장관에게 문

31 강덕상, 『현대사자료』 27, 205쪽.
32 不逞團關係雜件-朝鮮人의 部-在西比利亞 7 〉 한국독립운동에 관한 건 1919년 3월 18일.
33 반병률, 「3·1운동 전후 러시아 한인사회의 민족정체성 형상과 변화」, 116-117쪽.

창범의 체포와 한인의 시위운동 금지를 요구하였다.[34]

한편 1919년 러시아지역에서 3·1운동 이후 이동휘가 적극적으로 무력양성활동을 전개하자 문창범은 김치보 등 원로들과 함께 적극적으로 자금 지원활동을 전개하였다. 특히, 문창범은 최재형으로부터 대한국민의회의 사범학교 설립자금을 독립운동자금으로 전용했다고 해서 비판을 받을 정도였다.[35]

또한 문창범은 대한국민의회를 중심으로 국제연맹회의에 참가할 한인대표 김규식(金奎植)을 위한 여비모금 및 〈한족의 신임과 후원〉을 표시하기 위한 100만인 서명의 신임장 작성을 위한 활동을 전개하였다. 대한국민의회 의장 문창범은 대한국민의회 훈춘지회장 이명순(李明淳)과 공동성명으로 1919년 8월 3일자로 김규식에게 휴대케 할 신임장은 18세 이상 남여 모두가 참가하도록 하였던 것이다.[36]

5. 대한민국임시정부 교통총장에 선임되다

3·1운동을 전후하여 조직된 대표적인 정치적 실체는 대한국민의회와 상해임시정부이다. 전자는 1919년 2월 25일 니코리스크시에서 조직된 것이고, 후자는 같은 해 4월 11일 상해 임시의정원에 의해 성립된 것이다. 이 두 정부는 대외적으로 실질적 정부로서 기능하기 위해서는 통합이 불가피하다는 점을 서로 인정했다. 그리하여 양자사이에 통합을 위한 교섭이 개시되었다. 대한국민의회의 문창범 등 지도부는 1919년 4월 29일 블라디보스토크 신한촌 한민학교에서 의원총회를 열었다. 이 집회에는 문창범, 최재형 등 상설의원 23명이 모

34 不逞團關係雜件-朝鮮人의 部-在西比利亞 7 〉 한국독립운동에 관한 건 1919년 3월 18일, 不逞團關係雜件-朝鮮人의 部-在西比利亞 7 〉 露領在住 鮮人의 독립운동에 관한 건 1919년 3월 26일

35 러시아령 조선인의 독립운동에 관한 건(국사편찬위원회, 『한국독립운동사』 36, 1919년 5월 5일)

36 반병률, 「대한국민의회와 상해임시정부의 통합정부 수립운동」, 『한국민족운동사연구』 2, 1988, 104쪽.

였다. 이 회의에서는 상해임시정부에 대한 승인문제가 의제로 올랐는데, "잠장승인"하되 그 정부가 러시아령으로 이전한 후에 비로소 일치행동을 하기로 결정하였다.[37] 이어서 대한국민의회는 전원교섭원 원세훈을 상해로 파견하였다.[38]

대한국민의회와 상해임정의 통합분위기는 6월 파리강회회의가 종결되고 10월에 워싱톤에서 개최예정인 국제연맹회의에 대한 대책을 수립, 추진하는 과정에서 무르익어 갔다. 상해임정이 국제연맹회의 파견대표로 김규식을 선정하자, 문창범이 중심이 된 대한국민의회는 적극 지지하였다.

문창범은 국제연맹회의에 참가할 한인대표 김규식을 위한 여비모금 및 〈한족의 신임과 후원〉을 표시하기 위한 100만인 서명의 신임장 작성을 위한 활동을 전개하였다. 대한국민의회 의장 문창범과 대한국민의회 훈춘지회장 이명순의 공동명의로 된 8월 3일자 경고문에 따르면, 김규식에게 휴대케 할 신임장은 18세이상의 남여 모두가 참가하되, 지방의 사정에 따라서는 지방민 전부의 서명이 곤란한 경우에는 그 대표자만 서명하고, 나머지는 기명케 하였고, 완성된 신임장은 8월 25일까지 국민의회로 송부하게 하였다. 대한국민의회의 문창범이 중심이 된 신임장 서명운동은 러시아령, 훈춘지역에서 뿐만 아니라 러시아령에서 문창범과 협의한 후 8월 23일 북간도로 귀환한 국민의회 북간도지부장 구춘선, 유예균에 의하여 북간도지역에서도 전개되었다. 한편 문창범은 이동휘와 함께 국내진입 독립군을 후원할 목적으로 18세이상 30세미만의 청년을 대상으로 군정사후원회와 일반 유지를 대상으로 애국단을 북간도와 훈

37 不逞團關係雜件-朝鮮人의 部-在西比利亞 8 〉[上海臨時政府 승인문제 토의 결과와 李東輝 등의 군사훈련에 관한 건] 1919년 4월 30일, 不逞團關係雜件-朝鮮人의 部-在西比利亞 8〉 독립운동에 관한 건, 1919년 4월 30일

38 김정명, 『조선독립운동』 3, 원서방, 1966, 33쪽, 『조선민족운동사(미정고)』1, 고려서림, 1989, 281-282쪽.

춘, 국내 등지에 조직하였다.

임시정부와 임시의정원, 대한국민의회 전권의원 원세훈 간의 교섭은 8월 중순 경에 마무리되었다. 임시정부는 5개항의 통일안을 작성하여 현순과 김성겸을 전권위원으로 러시아 연해주로 파견하였다. 통일안의 골자는 앞서 언급한 정부를 폐지하는 대신, 국내에서 13도 대표 명의로 공포된 한성정부의 법통을 계승하기로 했다. 문창범 등 대한국민의회 지도부는 정부통일안을 심의하기 위하여 1919년 8월 30일 블라디보스토크에서 의원 총회를 개최하였다. 그리고 결국 대한국민의회는 해산을 결의하였다

그 후 대한민국임시정부의 직책 중 국내외의 연결 등을 담당하는 가장 중요한 직책 중 하나인 교통총장에 선임된 문창범은[39] 취임하기 위하여 상해에 갔으나, 상해임시정부 측이 약속대로 정부를 해산치 아니하고 임시정부를 개조하는 입장임을 확인하게 되었다. 이에 문창범은 상해임시정부 측의 개조조치에 대한 항의표시로 내각 취임을 거절했다. 문창범의 거부 태도는 적어도 10월 말까지 계속되었다.[40] 문창범은 취임거부이후에도 자신을 공식문서상에 교통총장으로 기재하고 있는 상해임시정부 측을 비난하였다. 한편 문창범은 대한국민의회의 입장에 반해 11월 3일 상해임시정부 국무총리에 취임한 이동휘와[41] 심히 반목하게 되었다.[42] 이동휘는 문창범을 설득하였으나 문창범은 "민의에 부합되지 않는 정부의 각원에 열(列)됨은 본의가 아니라"하고,[43] 결국 문창범은 상해임시정부에의 불참을 선언하였다.[44]

39 독립신문 1919년 9월 4일, 不逞團關係雜件-朝鮮人의 部-在西比利亞 8 〉鮮人의 행동에 관한 건 , 1919년 4월 29일자

40 독립신문, 1919년 11월 4일자

41 반병률, 「대한국민의회와 상해임시정부의 통합정부 수립운동」, 『한국민족운동사연구』 2, 111-112쪽.

42 반병률, 『성재 이동휘일대기』, 210-214쪽.

43 국사편찬위원회, 『한국독립운동사』3, 399쪽.

44 不逞團關係雜件-朝鮮人의 部-在西比利亞 9〉 文昌範의 近況에 관한 건, 1920년 1월 16일.

한편 문창범은 1920년 2월 15일 대한국민의회의 부활을 선언하기에 이르렀다. 이 과정에서 나타난 한인사회당과 대한국민의회의 분열은 한인사회주의운동의 분열로 이어졌다.[45] 한인사회당은 이동휘의 대한민국임시정부 국무총리 취임과 더불어 활동무대를 상해로 옮겼으며, 1921년 5월 상해파 고려공산당을 창립했다. 반면 대한국민의회는 연해주 4월참변 이후 아무르주로 활동무대를 옮긴 후 이르쿠츠크에서 생성된 공산주의그룹과 결합하여 역시 1921년 5월 이르쿠츠크파 고려공산당을 창립하였다.

상해임정과의 통합문제로 상해에 가 있던 문창범은 북경에서부터 동행한 박용만, 유동열, 신채호, 김영학, 고창일 등과 함께 1920년 4월 17일 블라디보스토크에 도착하였으나,[46] 일제의 연해주지역 한인탄압 사건인 4월 참변으로 연해주에서의 항일운동이 불가능하다고 판단하였다. 결국 1920년 4월 일제의 연해주 토벌을 피해 문창범 등 대한국민의회 간부들은 아무르주로 이동하였다. 대한국민의회 관계자 20여명이 아무르주의 수도인 블라고베센스크시에 도착한 것은 그해 5월말 경이었다.[47] 대한국민의회는 대외를 정비한 후[48] 한때 아무르주 한인공산당과 협력했다. 그러나 임시정부지지 문제로 이 단체와의 협력문제는 오래가지 못하였다, 블라고베셴스크에서 불화를 겪은 대한국민의회는 알렉세예프스크(자유시)에서는 성공을 거두었다. 아무르주 한인의회는 대한국민의회를 최고 정부기관으로 승인한다고 결의하였다. 나아가 자신이 관할하고 있던 한인부대의 지휘권도 인계할 것을 결정했다. 그 무장부대는 자유시에 주둔하고 있던 1개 대대병력이었다.

---

45 임경석, 위의 책, 137–138쪽.

46 上海在住 韓人獨立運動者의 近況[1921년 10월 14일자로 朝鮮總督府 警務局長이 外務省亞細亞局長에 통보한 要旨](『韓國民族運動史料』中國篇)

47 독립신문, 1922년 12월 23일자

48 조선인의 행동에 관한 건(『한국독립운동사』 36, 1921년 1월 20일

문창범이 중심을 이룬 대한국민의회의 정치노선의 변화는 1920년 9월 15일 아무르주 블라고베센스크에서 사회주의로의 방향전환을 공개적으로 표현하는 선언을 하는데서 절정을 이룬다.[49] 이 선언에 문창범을 비롯하여 원세훈, 김하석, 김기룡 오창환 등 7명이 서명하였는데, 대한독립만세와 전세계 사회주의만세를 함께 고창하고 있다.[50]

한편 상해를 떠나 러시아령으로 돌아오던 도중 문창범은 북경에 들러 처음부터 반(反)상해임정의 입장에 있던 박용만과 처음으로 만나 군사통일의 필요성을 논하였다. 북경의 박용만과 신채호 등 반임정파와 대한국민의회의 제휴는 이때부터 시작되었으며, 후일 군사통일회의 및 국민대표자회에서의 창조파의 태동이 여기에서 시작된 것이라고 볼 수 있다.[51]

문창범은 1923년 6월에는 상해 임시정부에서 소집한 국민대표회에 참가, 창조파에 속하여 활동하는 등 독립운동을 계속하였다. 한편 문창범은 러시아가 공산화된 이후에는 소비에트 러시아를 지지하며, 독립운동을 추진하였다. 소위 독립기념일의 재외조선인의 동정에서[52], 3·1운동발발 5주년을 기념하는 문창범이 모습을 살펴볼 수 있다.

> (2) 니콜리스크(尼古里斯克)지방 (3월 5일 외무차관 전보 요지)
> 니콜리스크 조선인 노농위원회(勞農委員會)는 2월 28일 공회당에서 제4회 혁명기념제를 개최하고 문창범(文昌範) 등 조선인이 일어나 일본을 공격하고 굴레를 벗어나기 위해서는 소비에트 러시아에 의존하지 않을 수 없다는 취지를 말하며 더욱 기세를 올렸다. 다음날인 3월 1일은 조선인민회(朝鮮人民會) 부근에 기념문을 세우

---

49 윤상원, 「시베리아내전의 발발과 연해주 한인사회의 동향」, 『한국사학보』 41, 고려사학회, 2010, 296-297쪽.

50 임경석, 위의 책, 289쪽.

51 반병률, 「대한국민의회와 상해임시정부의 통합정부 수립운동」, 『한국민족운동사연구』 2, 117쪽.

52 국사편찬위원회, 『한국독립운동사』 36, 1923. 3. 13.

> 고 불온 표어를 조선어로 적고 붉은 천으로 장식하고 여기에 적기 및 구 한국국기를 게양하였다. 또 조선인 가옥에는 강제적으로 적기 및 구 한국국기를 걸도록 하여 응하지 않는 자에게는 50엔의 벌금을 부과하기로 하여 모든 조선인을 중국촌 부근의 광장에 집합시킨 후 수뇌부들은 독립의 필요를 역설한 후 시위를 시작하여 군혁명위원회(軍革命委員會) 및 국가보안부(國家保安部) 등에 이르러 산회하였다. 이곳 군혁명위원회(軍革命委員會) 대표는 이 행렬에 대하여 일장 연설을 행하며 혁명을 고취하였다. 또한 당일은 일본어와 조선어로 된 선전문서를 살포하였다.

라고 있듯이, 문창범은 조선의 독립을 위해서는 러시아에 의존하지 않을 수 없다고 주장하고 있다.

그러나 1929년 제9차 원동변강당대회에서 종파투쟁을 하는 한인공산주의자들과 투쟁할 것이 결정되자, 국민의회 계열로 비당원이었던 문창범은 토호로 인정되어 추방되었다고 한다.[53]

맺음말: 문창범의 역사적 성격

문창범은 1917년 러시아혁명이후 연해주지역의 대표적인 지도자로서 중요한 위치에 오르게 된다. 그는 니코리스크에 기반을 두고 귀화, 비귀화인 등 모든 한인들의 신임을 받고있는 인물이었다. 그러므로 전로한족회중앙총회 회장에 이어 대한국민의회 의장에 선출되기에 이른 것이다. 이로써 문창범은 명실공히 러시아지역 한인을 대표하는 인물로 부상하였던 것이다.

문창범은 러시아혁명 후인 1917년 8월 볼셰비키와의 타협을 주장한 바 있다. 그리고 일본군의 시베리아 출병이 임박한 시점인 1918년 7월에는 이동휘 등 한인사회당 세력과 제휴하여 볼셰비키 세력의 지원을 받는 의용대 조직을 추진한 적도 있었다. 또한 문창범은 전로국내조선인회의의 결의에 따라 선전

53 반병률, 『성재 이동휘일대기』, 범우사, 1998, 421-422쪽.

부장인 이동휘를 중심으로 추진하게 된 독립군양성을 위한 군자금 모금에도 진력하였다.

문창범은 3·1운동 후 상해에 임시정부가 수립되자 자신의 가까운 측근인 원세훈을 상해에 파견하여, 상해임시정부와 대한국민의회의 통합을 시도하였고, 양측의 합의에 따라 1919년 8월 30일 대한국민의회의 해산결의를 선언하였다. 그 후 자신도 교통총장에 취임하고자 상해에 갔으나, 상해 임시정부 측이 해산치 않고 개조함에 머물렀기 때문에 입각을 거부하고 러시아령으로 돌아와 대한국민의회 조직을 재건 정비하여 유력한 반임정세력을 형성하였다.

문창범의 사망에 대하여는 잘 알려져 있지 않다. 일차적으로는 1934년 10월에 상해에서 일제가 보낸 첩자에게 독살당했다는 설이 있다. 문창범의 조카인 문광일이 해방 후 독립운동가에게 들었다고 전한다.[54] 다른 일설은 1938년 러시아에서 옥사하였다는 설로, 육성촌에서 소학교를 졸업하고 1931년에 작가 조명희로부터 조선문학을 배웠던 최 예까쩨리나 미하일롭나(한국명 최금순, 1918년생)가 쓴 "륙성촌에 대한 회고"에 있는 다음과 같은 기록에 근거한다.

> 문창범은 장사하기 좋아하는 사람이었다. 륙성촌의 학교나 교회는 모두 다 그의 지도하에 지어졌다고 한다. 그는 큰 부자로 니꼴스끄-우쑤리스크에서 구역집을 짓고 살앗다 한다. (중략) 문창범은 1938년 감옥에서 이질을 하다가 60세를 지나서 세상을 떠났다 한다. 그는 "약담배가 조금만 있었으면 살겠는 것을 약담배가 없어서 죽게 되었다"고 한탄하며 죽었다고 한다

정확한 시기는 알 수 없지만, 1937년 강제이주시 중경의 대한민국임시정부에서 러시아지역 한인독립운동가들의 체포소식을 확보하였고, 외무부장 조소앙의 이름으로 소련타스사 주중특파원에게 피금되어 있는 57명의 러시아지역

54 1977년 3월 3일 문참범의 동생인 문창락의 아들인 문광일이 해방 후 지청천 장군으로부터 들었다고 주장.

한인지도자들의 명단과 이들의 석방을 요구하는 서한을 보냈는데, 그중에 문창범이 포함되어 있는 것으로 보아, 문창범은 1937년 이후 사망한 것이 아닌가 한다.[55] 삼천리 8권 1호(1936년 1월 1일 발행) 〈내외정세〉에서도 당시 문창범을 시베리아에 살고 있는 80세를 바라보는 사람의 한 사람으로 언급하고 있음을 통해서도 그가 1936년경에도 생존해 있었음을 짐작해 볼 수 있다. 그가 사망한 장소에 대하여는 〈리인섭의 편지〉(1968년 2월 5일 김세일에게 쓴 편지)에,

> 문창범이는 연해주가 해방된 후에 처음에는 소황령있다가 추풍 육성에서 쏘베트기관을 1924년에 다시 조직할 시에 3차를 토호들이 반대하는 음모를 하였고, 토호를 청산할 시에는 아카노프카라는 러시아촌에 가서 있다 체포되어 소황령 감옥에서 사망하였오[56]

라고 하여 문창범이 우수리스크 감옥에서 사망하였음을 전하고 있다.

55 조소앙, 『소앙선생문집』, 삼균학회, 1979, 491쪽.
56 한국정신문화연구원, 『한국독립운동사자료집-홍범도편』, 1995, 24쪽..

러시아 한인언론의 숨겨진 주역, 유진률

머리말

유진률(兪鎭律), 유가이 니콜라이 페트로비치에 대하여 1909년 12월 10일 하얼빈 총영사관은 〈배일적 한인에 대한 조사의 건〉에서 다음과 같이 보고하고 있다.

> 함경북도 경흥 출생이며, 러시아에 귀화하여 니콜라이 페트로비치 유가이라고 한다. 대동공보의 발행인이다. 블라고베센스크의 신학교를 졸업하였다. 연령은 35,6세. 윤일병, 러시아의 前職 군인 미하일로프 등과 서로 결탁하고 대동공보를 경영한다[1]

라고 적고 있듯이, 1909년 당시 유진률은 러시아에 귀화한 한인으로, 블라디보스토크에서 간행되고 있던 한글 민족지 대동공보의 발행인으로서 주목된다. 특히 그는 러시아어에 능통한 윤일병(尹一炳)과 미하일로프 등과 가까운 인물로 묘사되고 있다.[2]

---

1 국사편찬위원회, 『한국독립운동사자료』 7, 1978, 221-223 쪽.

2 『한국독립운동사자료』 7권, 안중근편Ⅱ,二. 辯護士 關係件, 高秘發 第一九號, 高秘發 第一九號, 隆熙四年(一九一〇) 一月 八日., 內部 警務局長 松井茂, 統監府 總務長官 署理 石塚英藏 앞.
유진률과 가까운 인물들인 미하일로프와 윤일병에 대한 기록을 보면 다음과 같다.
露國人 미하이로프에 관한 조사사항은 별지와 같으므로 이에 통보하나이다.
블라디보스토크 在留韓人이 경영하는 대동공보사장 露國人 미하이로프는 한국에서 러시아어 교사였다는 설이 있으나 조사하였더니 다음과 같다고 한다.
미하이로프는 明治三十七年(1904년-필자주) 日露戰爭 당초 헌병대 사령관으로 블라디보스토크에 와서 오로지 일본군의 정황정찰에 임하였던 자로서, 尹煜이란 尹一炳은 이때 露都 유

『한국독립운동사자료』(국사편찬위원회, 1978) 266쪽을 보면, 유진률이 미하일로프와 가장 친밀했음을 다음과 같이 언급하고 있다.

미하일로프와 가장 친밀하며, 대동공보는 주로 유진률의 경영에 속하며 약간 출자하고 있는 것 같다. 주필 겸 사장이라고 말할 수 있는 지위에 있고, 러시아에 귀화하여 니콜라이 페드로비치 유가이라 칭한다. 신문사내에서 기거하나 동인은 조선가에 2개의 가옥을 가지고 있다고 한다. 유진률은 한국 민회에 늘 출석하며 또 청년회원으로 동회원의 牛耳를 잡고 있는 것 같다. 청년회는 1908년 11월의 조직이며, 젊은이들의 결사로 볼 것이며, 현재 회원은 300여명이 있다고 한다. 국권회복을 목적으로 하는 결합이다. 그리고 동인은 두만강 대안 경흥출신이라고 한다

특히 유진률은 러시아의 대표적인 귀화한인으로 부호이며 독립운동가인 최재형과 같이 함북 경흥 출생으로 최재형이 가장 신임하는 인물로도 알려져 있다. 특히 일본 측에서는 유진률을 안중근의사 의거의 배후의 인물 중 한 명으로 파악하고 있다. 즉,『통감부문서』(국사편찬위원회, 2000) 10권, 217쪽에 따르면,

군부의 내정 종합보고 이첩건(1909년 12월 26일)
오늘까지 내정한 결과 종합하건데, 이번 사건은 이곳 대동공보사의 이강, 유진률, 러시아 수도 재류 이범진, 미국인 헐버트, 미국의 공립회파인 스티븐슨 살해자 등의

학중이었으나 미하이로프를 따라 같이 블라디보스토크로 와서 군사정찰에 종사하여 나타났을 때는 그 선봉에 속했다고 한다.
전쟁강화 후 미하이로프는 정황정찰을 위해 곧 일본으로 갔고 다시 한국으로 전임되어 京城·평양에서 오래 潛在하고 陽德으로부터 元山을 거쳐 북한으로 이전하여 偵察을 하고 그 임무 종료, 퇴직 후 변호사를 개업하여 스스로 한국인보호로써 任하고, 일면 露國 고등정찰로서 同國 관헌의 뜻을 받아 韓人들을 조종을 하고 있었다는 評이 있다.
本年 4월 대한매일신보사로「베데르」사망의 報가 있자, 대동공보의 한인을 모아 추도회를 열고, 그 때 京城에는「베데르」, 블라디보스토크에는 내가 있어 한국보호를 天職으로 하며 外人으로서 한국에 동정하는 자는 나와「베데르」二人 뿐이라고 연설하고 기념비건설비라 稱하고 참집자로부터 醵金하여 대한매일신보사로 보낸 일 및 露領 폭도에 총기를 주선한 자도 同人이라는 소문이 있다.
블라디보스토크 在留韓人은 痛切히 미하이로프를 신용하고 同人이 한국보호의 天職을 위해 사망한 영국인「베데르」와 연령을 같이 하는 것도 一奇라고 尊敬하고 있다고 한다. 연령은 本年 三十八歲라 한다.

교사에서 나온 것이라고 생각됨(하략)

라고 적고 있듯이, 안중근 의거에 관여한 것으로 추정하고 있는 것이다. 뿐만 아니라 유진률은 1910년 8월 일제의 만행을 전 세계에 알리는 성명회 선언에 서명한 8,624명 가운데 한 사람으로서도[3] 중요한 역사적 위상을 차지한다. 그럼에도불구하고 지금까지 학계에서는 유진률에 대하여 검토한 바 없다.

따라서 본고에서는 유진률에 대하여 살펴보고자 한다. 먼저 유진률의 출생과 러시아어 통역관으로의 활동을 살펴보고, 이어서 그동안 알려지지 않았던 『독립신문』에 투고한 그의 글을 통하여 유진률의 사상에 보다 접근해 보고자 한다. 다음에는 러시아 블라디보스토크를 중심으로 한 그의 언론활동을 해조신문, 대동공보, 대양보 등을 중심으로 밝혀보고자 한다. 이러한 작업은 러시아 국적의 조선인의 활동의 한 모습을 밝히는 작업의 일환이라고 하겠다.

1. 대한제국의 러시아어 통역관

유진률은 함경북도 경흥에서 1875년에 출생하였다. 경흥은 두만강 인근 지역에 있는 마을로 일찍부터 러시아와 교역 등 교류가 활발한 대표적인 지역이었다.[4] 그러므로 그는 일찍부터 러시아와 친근하였을 것이고 또한 러시아인들과 접할 기회도 많았을 것으로 보인다. 그 후 그는 러시아로 이주하여 조선과의 국경지대인 아지미에 살고 있었다.[5] 아지미는 1872년에 한인들에 의하여 건설된 마을로 상아지미와 하아지미로 나누어져 있다. 마을은 아지미강 기슭을

3 윤병석, 「성명회 선언서의 의의」, 『국외한인사회와 민족운동』, 일조각, 1990, 214-229쪽.
4 고승희, 「19세기 후반 함경도 변경지역과 연해주의 교역활동」, 『조선시대사학보』 28, 2004, 175-183쪽.
5 국사편찬위원회, 『한국독립운동사자료』, 12, 1983, 651쪽.

따라 펼쳐저 있으며, 강 양쪽으로 띄엄띄엄 초가집이 지어진 형태로 전체 길이는 10 베르스타(10,67km)였다. 마을에는 예배당, 학교, 군초소(병사 12명)등이 있었다고 한다.[6]

박영철이 1919년 8월 블라디보스토크를 다녀와서 쓴 여행기에서도[7] 아지미에 대하여 언급하고 있어 아지미 촌을 이해하는데 도움을 주고 있다.

西伯利亞 조선인교육

이주 조선인의 교육상태는 일반 在住露人의 교육 보다도 勝하다. 遏弖河유역의 코삭크촌에 在住하는 조선인으로 문자를 모르는 사람은 한아도 없었다. 도처마다의 조선인촌락에는 반듯이 1, 2개의 학교가 있었다. 또는 유아원도 있었다. 일즉이 前露국의 감찰관이 岩婁河를 측량할 제 露人을 사용하여 보았는데, 露人은 모다 무식하였지만 조선인은 그러지 안었다. 彼等은 모다 교육이 중요함을 알고 있어서 금전을 앗기지 아니하고 학교던지, 교원이던지 다 완비하고 있었다. 연해주의 阿枝尾촌에서 새로 종교학교를 설립할 때 건축비 1만 6천 留 중 露國에서 보조한 것은 겨우 2천5백 留였고, 남은 1만 3천 5백 留는 조선인의 기부금으로 되였었다. 조선인 자제는 모다 열심으로 공부하였다. 교원 중에도 조선인이 많었다. 조선인 학교중 야소교의 관할을 受하는 것은 단지 3교에 불과하였고 그 외에는 조선인 독단으로 발기하여 설립한 학교들이었다. 露國정부는 別段 새로히 학교를 세우려고는 아니하고 다만 旣設한 학교에 원조를 할 뿐이었다. 여자학교는 2교 잇을 뿐이오, 그 외는 다 남녀混同한 학교였다.

---

6 보리스 박, 니콜라이 부가지 지음, 『러시아에서의 140년간』, 시대정신, 2004, 78쪽.
『한국독립운동사자료』 17, 17권 의병편Ⅹ, 隆熙 四年(1910·明治 四三), (三) 三月, 咸鏡道, 左記. 咸鏡北道警察部長, 警視 陣軍吉內部 警務局長 松井茂 앞.
유진률과 아지미와의 연관관계는 다음의 기록에서도 찾아볼 수 있다. 일본 측에서 1910년 3월 유진률 등의 동향을 파악한 기록을 보면 다음과 같다.
대안 폭도의 近狀은 左記와 같으므로 玆에 보고한다.
10. 대동공보 경영자인 李剛, 유진률과 金起烈, 趙尙元의 徒는 어떠한 계획을 하고 있는가를 內偵한 바, 梁成春殺害 後 社內에 不和를 초래, 舊 一月 三日頃부터 신문의 발행을 休止하였다 한다. 그 원인은 浦鹽 부근의 유력자가 동정을 寄하지 않는 결과 드디어 자금에 결핍을 가져와 중지한 것으로 李剛, 俞鎭律, 金起烈 等은 현재「 아지미 」의 居宅에 돌아갔고 趙尙元은 지금 아직 浦鹽에 잔류하고 있으나 하등의 계획을 하지 않고 있는 것 같다.
7 『삼천리』 제10권 제10호, 「海蔘威에 단여와서」, 1938년 10월 1일, 필자 朴榮喆

라고 있듯이, 아지미지역은 교육열이 활발했던 곳임을 짐작해 볼 수 있다. 그러므로 1910년 9월에는 아지미 출신 김 아력세이가 러시아 까잔대학교에서 법학을 전공하고 졸업하였는데 한인가운데에는 처음 있는 일이었다.[8]

유진률은 일찍이 러시아에 귀화하여 그의 이름은 니콜라이 페트로비치 유가이라고도 한다. 그는 전직 연추지역의 도헌(都憲)이었던 것으로 알려지고 있다.[9] 그러므로 그는 러시아의 지방관 즉, 우리 한국의 군수와 같은 직분을 맡은 적이 있었다고 한다.[10] 그런데 안중근은 그가 노령 시지미의 도헌으로 있던 일이 있다고 하고, 시지미는 연추에서 블라디보스토크로 오는 도중 101리가량 되는 곳으로 인구는 수천 호라고 증언하고 있다.[11]

한국 측 기록에 보면, 유진률은 일찍부터 조선에서 러시아어 통역관으로 일한 것으로 보인다. 그러나 그가 언제 러시아로 이주하여 러시아어를 공부하였는지에 대하여는 정확히 알 수 없다. 다만 블라고베센스크에서 러시아 정교 신학교를 졸업한 것으로 단편적으로 알려지고 있는 정도이다. 그가 1896년에 경흥에서 통역관으로 일하고 있는 점으로 보아 그는 러시아어에 능통한 조선인이었음 을 짐작해 볼 수 있다.

『독립신문』 1897년 9월 7일자 잡보 〈아라샤 해삼위 근쳐 연츄 각 디방이 이십 이샤인데〉에,

---

8 미국에서 발행되고 있는 『신한국보』, 1910년 9월 13일자에 〈韓人의 法律學士〉라는 제목하에,
"아령(러시아령) 아지미거 김아력세 씨는 아라사(러시아) 내지 까잔대학교에서 법률 전문을 졸업하고 수일 전에 해항에 내도하였는데 법률 졸업은 아령(러시아령) 한인 중에 처음 있는 일이며 또 인격이 준수하고 학식이 고명하다는 칭송이 자자하다더라."
라고 있는 것이다. 아울러 아지미가 구한말에 큰 지역이었음은 준창호의 대리점이 아지미에 있었음을 통해서도 짐작해 볼 수 있다.

9 국사편찬위원회, 『한국독립운동사자료』 7, 1978, 227쪽.

10 위와 같은 책, 450쪽.

11 국사편찬위원회, 『한국독립운동사자료』 6, 274-285쪽.

> 러시아 해삼위 근처 연추 각 지방이 이십 이사인데 우거 하는 조선 사람이 이천여 호 중에 일천 사백 오십 칠호는 러시아 백성이 영위 되고 육백여 호는 러시아 백성이 못된 까닭은 술 먹고 잡기 하고 행사 부정한 연고라 러시아 백성 된 일천 사백 오십 칠호 사람들이 돈을 수렴 하여 학교 일곱을 설시 하고 학도를 팔 세 부터 십 세 못된 아이들을 뽑아 공부 시키는데 지금 일곱 학교에 학동 도합이 이백 사십 오명이라 대개 학동 중에 행사 부정 하면 학교에서 쫓아내고 단정한 학동만 십육 세 까지 공부 시켜 졸업한 후에 관 중 학교에 보내어 중학교 졸업 후에 일곱 학교 훈장 노릇도 하고 본 지방 각 촌 서기생 노릇도 하고 월급은 사 년 간에 매 년 사백 원씩 주는데 학교비로 매 년 매 호에 사오원씩 수렴 하여 태서 각국 문명한 학문들을 힘써 공부들 한다는데 그 중에 최봉준씨와 유진률 양씨는 행사가 정직 하고 학문이 정밀하여 대접을 높이 받는다니 이런 사람들은 참 치사 할 만 하더라

라고 있듯이, 유진률은 최봉준(崔鳳俊)과 함께 연추지역의 대표적인 지성으로 벼슬을 하더라도 잘 할수 있을 정도의 인물로 알려진 것으로 보인다.

1898년 8월 러시아어 통역관 김홍륙(金鴻陸)이 종신 유배되고 그 후 처형되는 사건이 벌어졌다. 이 사건은 러시아어 통역관들에게는 큰 불안요인으로 작용했을 것으로 보인다. 김홍륙은 함경도 경흥(일설에는 단천이라고 한다)의 천인 출신으로 일찍이 두만강을 넘어 러시아 연해주에 거주하였다. 그 후 러시아에 귀화한 후 수도 상트페테르부르크로 이주해 그곳에서 생활하면서 러시아어와 프랑스어를 읽혔다. 그 후 러시아공사 K.베베르가 1884년 조로수호조약을 체결하기 위해서 서울에 부임할 때 통역으로 따라왔다가 그가 체임될 때 고종의 요청에 따라 궁중에 남게 되었다.

러시아세력이 조수처럼 밀려오던 1896년, 그는 고종의 러시아공사관 피신을 이범진, 이완용 등과 함께 도왔고, 이곳에서 국왕과 러시아공사와의 사이에 통역을 담당하였다. 이때 국왕은 김홍륙에게 외교교섭의 업무를 독점하게 하니, 그는 종횡으로 정권을 행사해, 국왕을 모시는 최고 수장인 내장원 시종이 되었다. 그 후 왕의 총애로 비서원장, 학부 협판, 귀족원경 등의 지위에 올랐다.

1898년 8월 사리사욕으로 전라남도 지도군 흑산도로 종신 유배되었고, 그 후 처형되었다[12]

김홍륙 사건이 있는 직후인 1899년, 대한제국 관보에는 유진률이 동년 8월 24일에 내장원(內藏院) 종목과(種牧課) 주사, 동년 8월 28일에는 궁내부 번역관보로 임명되었다라고 기록되어 있다. 이에 대하여 『독립신문』에서도 다음과 같이 보도하고 있다. 『독립신문』 1899년 8월 29일자 관보 〈팔월 이십오일 김명제는 참령을 임하고〉에,

> 김명제는 참령을 任하고 신태준은 원수부 군무국 부장을 임하고 조철희는 원수부 검사국 부장을 임하고 이석훈은 원수부 회계국 부장을 임하고 조시영은 중추원 의관을 임하고 신태영을 충주 우체사 주사를 임 하고 이장우는 개성 전보사 주사를 임하고 한기준은 한성 우체사 주사를 임하고 오병일은 농상공부 주사를 임하고 이재곤은 홍문관 부 학사를 임하고 유진률은 궁내부 번역관 보를 임하고 김동걸은 내장원 종목과 주사를 임하고 김석찬은 통신사 전화과 주사를 임하고 안재묵은 효창원 참봉을 임하고 백탁안은 삼정 검찰 사무 대원을 명하다

라고 하여, 유진률을 궁내부 번역관보로 임명하고 있는 것이다. 이처럼 유진률이 정부에 등용될 수 있었던 것은 1898년 독립신문에 실린 그의 글들이 정계에 알려진 것이 계기가 된 것이 아닐까 한다.

대한제국관보에서는 유진률이 1900년 1월 20일에는 궁내부 번역관, 1903년 4월 30일에는 주블라디보스토크 통상사무서(通商事務署) 서기생으로 임명되었음을 보여주고 있다. 아울러 경흥보첩(慶興報牒)에서는 1903년 7월 13일자로 유진률이 블라디보스토크에 도착하여 일을 보고 있음을 알려주고 있다.

1904년 5월 24일 탁지부대신 박정양(朴定陽)이 의정부참정(議政府參政) 조병식

12 조재건, 「세치혀의 출세와 비참한 최후, 한말 러시아어 통역관 김홍륙」, 『내일을 여는 역사』 32, 2008, 98-106쪽.

(趙秉式) 각하(閣下)에게 보낸 〈외부소관 해삼위통상사무서의 1903-1904년 두 해의 각종 비용 등을 예산 밖에서 지출해 달라는 청의서(外部所管海蔘蕨通商事務署七八兩年度棧貰及各費預算外支出請議書 第六十號)〉에 유진률의 이름이 등장하고 있는 것으로 보아 그는 1904년 5월에도 블라디보스토크에 있는 통상사무소에서 서기생으로 근무하고 있던 것으로 보인다.

外部所管海蔘蕨通商事務署七八兩年度棧貰及各費預算外支出請議書 第六十號

本年四月七日 外部大臣署理 第三十號와 五月 日 第四十二號照會로 海蔘蕨通商事務署棧貰及交接物品各項費二千六百七十五元八十五戔과 五月十六日 第四十五號照會로 本署自本年一月 至五月所有費額挪用條八百二十元을 并以算外請撥이온바 查該署가 際玆 露相爭ᄒᆞ야 暫行撤廢이오나 該已用各費을 不得不支出이기로 別紙調書를 從ᄒᆞ야 預備金中支出흠을 會議에 提出事.

預備金支出調書
一金三千四百九十五元八十五戔 紙貨
海蔘蕨通商事務署棧貰及各項費

內計
金二千六百七十五元八十五戔 七年二月至十二月各費
金八百二十元 八年一月至五月各費

另錄
三百元 書記生 俞鎭律 派駐日費 一月起 五月止
四百元 棧貰 二月起 五月止
六十元 雇人費 一月起 五月止
六十元 厨子月料 一月起 五月止
合八百二十元
度支部大臣 朴定陽

議政府參政 趙秉式 閣下
光武八年五月二十四日

위와 같은 기록을 통해 볼 때, 유진률은 1896년부터 러시아어 통역관으로서 중앙과 지방 그리고 블라디보스토크에서 활동한 러시아에 정통한 인물이라고 볼 수 있다. 특히 유진률은 1899년에는 학생들을 권면하는 장학금을 출연함으로써 주목을 받고 있다. 즉, 『황성신문』 1899년 4월 11일자에서는 〈의조권학(義助勸學)〉이라는 제목하에,

> 일전에 興化學校에서 月終시험을 經하였는데, 주야학 우등이 8인이니, 주학에 이종화 등 4인이오, 야학에 이덕진 등 4인인데 頒賞式은 유진률씨의 의조물로써 행하였다니 유씨의 권학하는 心을 참 치하할만 하더라.

라고 있는 것이다. 그가 출연한 흥화학교는 1898년 11월 5일 특명전권공사로 미국과 유럽 여러 나라를 둘러보고 온 민영환(閔泳煥)에 의해 외국어와 선진기술 보급 등을 목적으로 설립되었다. 설립 초기 주·야학 과정을 개설하고, 입학시험을 통해 국·한문 해득자(解得者) 위주로 학생을 선발하였다. 초등교육보다는 중등교육을 목적으로 영어, 산술, 지지, 역사, 작문, 토론, 체조 등을 교육하였다.[13] 즉 조선의 문명화 근대화에 깊은 관심을 가지고 있던 유진률은 니콜라이 2세의 대관식에 참여했던 민영환이 세운 흥화학교에 지원을 하였던 것이 주목된다.

13 김형목, 「사립흥화학교(1898-1911)의 근대교육사상 위치」, 『백산학보』 50, 1998, 289-323쪽.

2. 『독립신문』에 투고한 문명개화론자

유진률은 블라디보스토크에서 독립협회에서 간행한 『독립신문』에 여러 번 글을 투고하고 있어 흥미롭다. 그의 글들이 『독립신문』 1면에 7차례 많은 분량이 실리는 것으로 보아, 당시 유진률이 차지하는 위상을 살펴볼 수 있다. 그가 투고한 날짜는 1898년 9월 19일 21일, 10월 15일 17일 18일, 11월 25일 26일 등이다. 1898년 당시 투고자 가운데 가장 많은 투고를[14] 한 인물이 바로 유진률이다. 그만큼 그는 『독립신문』에 많은 관심을 기울이고 있었던 것으로 보인다. 아울러 독립협회가 추구하고 있던 개화, 자주, 민권 등에 깊은 관심을 갖고 있던 인물이 아닌가 추정된다.

당시 유진률은 신문기사에서 보는 바와 같이, 블라디보스토크에 거주하고 있었다. 아마도 경흥에서 통역관 일을 하다 일시적으로 블라디보스토크에 가 있었던 것으로 보인다. 그가 블라디보스토크에서 서울에 있는 『독립신문』에 투고한 내용을 보면 다음과 같다.

먼저 주목되는 글은 1898년 9월 19일자 논설 〈유 지각한 친구의 글〉이다. 이글은 지각이 있는 친구의 글이란 뜻으로, 주최 측에서는 유진률이 의견서를 지어 독립신문사에 보낸 것이라고 밝히고 있다. 유진률은,

> 해삼위 우거 하는 유진률씨가 의견서를 지어 본사에 보냈기에 좌에 기재 하노라
> 세계 창조 된 후에 천 년 전 일이 이천 년 전 보다 다르고 또 이천 년 전 일이 삼천 년 전 보다 다르고 일이 이처럼 변하여 지금 칠천 년에 와서는 백 년 전에 기약지 못 하던 문명이 천하 각국 중에 오직 구미 양주에 빛나니 슬프다
> 세계 창조 시에 인종이 처음에 아시아에서 나서 오대주에 퍼졌거늘 어찌 함으로 아시아 사람은 구미 양주 사람들의 문명에 층하가 이다지 만하뇨. 다름이 아니라 서양

---

14 채백, 「개화기 한국사회의 신문매체 수용에 관한 연구-독립신문의 논설과 독자투고의 분석을 중심으로」, 『한국언론학회 연구보고서』, 1998, 235쪽.

> 사람은 부지런 하여 물론 무슨 일이든지 알지 못 하는 일이 있으면 수백 년이 지나도 그치지 아니 하고 이치를 궁구히 생각하여 격치 하는 까닭에 지식이 열려서 지금 문명 진보가 세계에 뛰어 낫고 아시아 사람은 한서 두 글자에 깊이 병이 들어 아는 것이 편안 한 것과 인순 하는 것뿐이라.

라고 하여, 서양 사람은 지식이 열려서 지금 문명 진보가 세계에 뛰어났고, 아시아 사람은 깊이 병이 들어 아는 것이 편안한 것과 익숙한 것뿐이라고 지적하고 있다. 이어서 유진률은,

> 한문에 깊이 병이 들었다 함은 한문을 못 쓸 글이라 하는 것이 아니라 자고로 한문을 공부한 사람이 무슨 이치를 숭상하여 세계에 뛰어난 일 한 것이 하나도 없고 한문 속에서 지금 하는 일이 죽도록 공부 하여도 시전 서전 논어 맹자 권이나 읽고 시부나 지으면 유식하다 하나 그 하는 일을 상고 하여 보면 새로 한문 속에서 정치 학문과 부국 술법은 하나도 없고 헛되이 청춘적 세월을 보내어 옛적 사기나 기록 할 따름이니 사기를 공부 하는 것이 왕사를 알면 지금 형편을 옛적에 비하여 보고 미래사를 조금 아는 지혜가 나는 고로 다만 내 나라 사기만 공부 할 것이 아니라 각국 사기를 공부 하여 어느 때에 어느 나라에서 무슨 일이 어떻게 결말이 난 것을 보아 그 좋은 일은 가히 취하여 본 받을 것이오 글은 일은 아무쪼록 국 중에 다시 생기지 아니하게 하는 것이 사기를 공부하는 효험이어늘 한문에 굳은 선배들은 서양 글을 야만의 글이라 하여 읽지도 아니 하고 썩은 나라 글만 읽어 옛적에 하던 일만 하니 무슨 지식이 나리오.

라고 하여, 한문에 굳은 선배들은 서양 글을 야만의 글이라 하여 '읽지도 아니하고 썩은 나라 글만 읽어 옛적에 하던 일만 하니 무슨 지식이 생기겠는가' 하고 통탄하고 있다. 이어서 유진률은,

> 비하건대 우물에 있는 호기가 대해 있는 줄을 모름이라 이제는 아시아 동방 삼국 중에 일본은 구미 양주에 문명을 힘써서 국부 민강 하여 위엄이 동서양에 떨치고, 청국은 남을 압제하다가 도로 압제를 밖에 되고, 대한이 갑오 이후에 우연히 좋은 기

> 회를 얻어 자주 독립 황제국이 되사 국 중에 신문들도 많이 생겨 전국 인민에게 듣도 보도 못 하던 지식을 열어 주며 선배들은 한서를 개간하여 문명 진보 할 이치를 공부하여 후생을 교육 하나 기실은 공효가 없으니 공효 없음은 백성의 그름이 아니요 관인들이 장정을 지키지 아니 하고 일을 아니 하는 까닭이라 지금 눈앞에 위급한 일이 있는 것은 세계 문명한 여러 강국이 이익을 다투는 때라 아시아주 십칠국 중에 여덟 나라는 구주 제강국의 속국도 되고 혹 보호도 입고 아홉 국 나라가 자주 독립국 중에 터키와 청국은 아직 어느 나라에 속국은 아니 되었으나 터키는 대한에서 멀리 있으니 더 말 할 것 없고 당금 목전에 있는 청국이 아법 영 덕 사국에 나누는 기틀을 주었으니 세계사기를 보면 이 일이 첫 번 일이 아니라 구라파에 파란국을 셋에 구주 제국이 난운 형편은 사기 본 사람들이 반드시 알지라 이제 청인이 옛적 일만 좋아하고 진보를 힘쓰지 아니 하다가 저 모양 된 것은 두 번 말 아니 하여도 다 알지라 청국이 저 지경을 당하면 잠잠 하고 있던 대한은 어찌 되리오.

라고 하여, 오늘날 현실은 세계 강국들이 이익을 다투는 제국주의 시대임으로 옛일만 좋아하고, 진보를 힘쓰지 않으면 청국에 이어 조선도 망할 것이라고 냉정하게 지적하고 있다. 또한 그는,

> 대한 관인들과 선배들은 잠을 깨어 진보를 힘써 보시오 대한에 수삼 번 와 보아도 선배들은 편당이오 벼슬 하는 이들은 권리 돋음이요 기외에 거류 하는 사람들은 십 분에 칠분이 벼슬 청촉뿐이라 .
>
> 대저 학교라 하는 것은 후생을 규모 있게 교육을 시켜 문명과 지식이 열리게 하는 곳인즉 진보에 급한 일이라 문명한 나라에서는 학교 설시하는 법이 상 중 하 삼등을 분간 하여 공부 하는 것이 정치학 병학 법률학 화학 의학 천문학 사학 (史學) 지리학 이재학(理財學) 상무학 산림학 기계학 농학과 외국 언어와 기외 열어 각 학문을 상 중 하 삼등에 분별 할 뿐이오 대한처럼 외국 언어 배우는데 일 아 영 법 학교를 각기 설 하고 층하 있음은 없는지라 정부나 학부에서 층하를 만든 것이 아니로되 일어 배우는 사람은 일본 개화 좋다 하고 러시아어 배우는 선배들은 러시아 개화가 좋다 하고 영어 배우는 선배들은 영국 개화가 좋다 하여 자기에 권리를 스스로 높여 층하를 만들고 서로 흉보며 편당이 되었으니 어찌 한 임금의 적자가 일어 하리오 물론 어느 나라 언어를 배우든지 좋은 것만 취하여 본을 받을 것이어늘 언어 배우는 나라만 자세하면 내 나라에 무슨 이로움이 있으리오 (미완)

라고 하여, 제국주의 열강 시대에 잠에서 깨어서, 진보에 힘쓸 것을 역설하고 있다.

즉, 유진률은 당시 『독립신문』에서 일반적으로 언급하고 있듯이, 서양은 문명, 문명한 나라로 인식하고 동양은 야만, 미개화한 나라라는 인식을 갖고 있었다. 아울러 그는 문명은 교육을 통하여 달성될 수 있다고 인지하고 있었다. 그러므로 기본적으로 "야만은 사람의 천품이 본래 야만이 아니라 교육을 받디 못해서" 야기된 상태라고 인식하기 때문에, 문명화의 핵심을 교육으로 보고 있다. 또한 유진률은 『독립신문』에서 일반적으로 보이고 있는 바와 같이, 서양학문이 문명의 학문이고, 동양학문은 야만의 학문임을 각인시키기 위해 끊임없는 대조의 화법을 구사하고 있다.[15]

이어서, 『독립신문』 1898년 10월 15일자 논설 〈개탄론〉에서는,

<u>유진률씨가 원래 유 지각한 대한 동포로 러시아 해삼위 근처에 이거 하여 살면서 글을 지어 본사에 보냈기에 좌에 기재 하노라</u>

어느 신문을 본즉 해삼위에 대한 인민이 거류 하는 자가 수십만(十万) 구가 되는 고로 해지에 관원을 파송 하여 보호할 일로 정부에서 회의 하여 관원 파송하기를 결정이 될 듯하다 하기에 대강 아는 대로 신문 보시는 제 군자에게 말씀 하오리다.
40년 전에 러시아에서 애훈 약조에 흑룡강변 좌편과 해삼위 등지 두만강 어구 까지 청국 땅을 얻었는데 그 때에 대한에 권력 있는 사람들이 권력 없는 사람들을 천대 하며 때리며 욕 하며 부리기를 금수같이 부리며 심지어 한 나라, 임금의 적자요 동포이건마는 형제를 종이라 하고 매매 하며 벼슬 하는 관인들은 시골 사람이 힘을 들여 농사를 지어 一년에 자기의 식구먹을 만큼 만들어 놓으면 어진 법률로 생명 재산을 보호할 생각은 추호도 없고 이런 사람을 큰 죄인으로 알고 탐재할 생각만 배 속에 가득 차서 각색 죄를 잡아 불효라고도 하며 윤기를 범 한다고도 하여 잡아다가 가두기

15 길진숙, 「독립신문, 매일신문에 수용된 문명/야만 담론의 의미 층위」, 『국어국문학』 136, 2004, 338-340쪽.

> 도 하며 으르기도 하며 주리도 틀며 불로 짖으며 여러 가지로 몹쓸 악형을 하여 나중에는 그 사람들이 탕패가산 하도록 만들어 주며 또 양반은 돈 있는 사람들을 불러다가 돈을 취하여 쓰고는 갚을 생각은 전혀 아니 하고 만일 빚을 재촉할 지경이면 도로 이심히 여겨 원이나 어사에게나 관찰사에게나 부탁 하여 그 사람을 기어이 거지를 만드니 돈푼 있는 사람들은 다른 사람이 곤욕 당 하는 것을 보고 저도 당할까 하여 각기 위태함을 면 할 길을 찾을 새 혹 서울 와서 재상에게 돈을 주고 등을 대어 만일 이런 화단을 당 하면 구원 하여 달라하며 혹 압제 받은 사람들은 千량 생기는 원을 三万량도 바치고 하여 충군 애민할 생각은 전혀 없고 듣고 보는 것이 모두 탐관오리뿐이라 그것을 본 받아 기어이 원수를 갚으려고 다른 동포에게 탐재 하여 해를 끼치니 어찌 백성이 알기를 위하며 부자 되기를 원 하리오 그런 양반과 관인의 구습이 갑오 이후에 나라 법률이 경장 하였다 하여도 오늘날 까지 밋뿔이가 썩지 아니 하고 있으매 백성들이 도탄에 들어 본국에서는 압제를 견딜 수 없어서 생도 길을 찾을새 혹은 청국으로도 가며 혹은 러시아에서 새로 얻은 땅으로 가는지라

라고 하여, 조선에서의 압제를 견딜 수 없어 살길을 찾아 백성들이 중국, 러시아로 새로운 땅을 찾아 이주하였음을 밝히고 있다. 그 가운데 그는 청국보다는 러시아 정부에서 우리 한인들에게 은혜를 베풀어 주어 한인들이 러시아에서 편안하게 살게 되었음을 다음과 같이 밝히고 있다. 즉,

> 청국에 간 사람들은 청국 인민들에게 압제는 받으나 대한 관인들처럼 재물을 빼앗지는 아니 하기에 거류 하나 청국 법률도 야만의 법률이라 어찌 악한 법률 밑에서 백성이 살기를 바라리오 나중에는 러시아로 많이 이사 하였고 러시아에서는 대한 백성들이 관인의 학정과 양반의 압제를 이기지 못하여 오는 줄을 알고 극진히 생명 재산을 보호 하여 주며 빈땅을 할급하여 농업을 일삼게 하니 수년을 시화 년풍 하다가 우연히 기사년 흉년을 망함에 대한 동포들이 도탄 중에 흉세를 만나 살 수 없으매 노인을 이끌고 아이를 없고 러시아에 대한 동포들이 있다는 말을 듣고 길이 메혀 러시아땅으로 들어 오나 수년 지은 농사가 어찌 족 하리오.
>
> 배가 주려 길에서 죽는 자가 날마다 백명에 가까움에 러시아 관인들이 그 정상을 불쌍히 여겨 정부에 말 하고 군량을 흩어 주린 백성들을 살리며 우마를 사 주며 농업을 시키며 동몽을 교육 시키며 인민을 층하 없이 대접 하고 어진 법률로 다스리니 대한

에 있을 때보다 인민이 요순적 풍속을 다시 만는 것 같은지라.
이 소문을 듣고 대한에 여러 백호가 러시아땅으로 연년이 이사 하니 지금 연추 추풍 수청 리퍼 도비허 망니허 사말니 등지에 농업 하는 백성이 도합 四千호나 되는데 일천팔백(一千八百) 九十一년에 러시아 황제께서 대한 인민들에게 칙령을 나리오사 본국으로 돌아가고자 하는 사람들은 돌아가고 러시아에 입적 할 자는 러시아에 있으라 하신즉 대한 신자의 마음이 되어 어찌 고국으로 돌아 가서 다시 국은을 입어, 성상 폐하께 충군 애국 하는 마음과 선영 분묘를 돌아 볼 마음이 아니 낫하나리오마는 관인에게와 세력 있는 양반들에게 압제와 위협을 받을까 두려워하며 한편으로는 러시아 황제의 은덕을 많이 입었는지라 거개 러시아 백성이 되고자 하는데 혹은 말 하되 본국에서도 구미 각국 문명을 힘써 진보가 된다 하니 필경 구습은 버리고 어진 법률로 인민을 다스릴 터이니 본국에 돌아가 오백(五百)년 선영에서 섬기던 임금의 신민이 될이라 하고 五十여호즘 대한으로 돌아 왔다가 불과 二三년 동안에 관인들에게 탕패 가산 하고 본국에 돌아온 일을 애탄히 여기고 (미완)

라고 하여, 한인들이 러시아로 이주하는 이유에 대하여 친러적인 시각으로 올바른 선택이라는 입장에서 서술하고 있다.

한편 유진률은『독립신문』1898년 11월 25일과 26일 양일간에 걸쳐 논설 〈유진률씨의 편지〉라는 제목 하에 2일 연속 연재하고 있다. 이것은 1898년 11월 4일에 있었던 독립협회 관련 구속사건에 대한 것이다. 즉, 1898년은 독립협회의 운동이 활발해졌을 뿐만 아니라, 이와 함께 정부의 탄압도 강화된 시기이다. 11월 4일에는 간부 17명에 대한 체포령이 내려져 대부분 구속되고 윤치호 등 일부는 체포되었던 것이다.[16] 유진률은 이에 대한 강한 비판을 제기하고 있다.

사람이 세상에 처 하여 말로도 싸움 하여 보며 힘으로도 싸우는 일이 비일 비재라 싸움을 좋아 하는 사람은 본이 천성이 싸우는 마음만 있어 그런 것이 아니라 하나님이 사람을 만들 때에 만물 중에 영혼과 신기한 의리를 주어 귀한 물건이 되게 하여 마음은 인의와 신과 지혜와 경계를 두고 쓰는 기계로 주셨건마는 그 기계에 안개처럼 덮

16 신용하,『독립협회연구』, 일조각, 1985, 99쪽.

인 물건이 있는데 그 물건인즉 욕심이라 욕심이 선한거와 악한 것 둘에 난우여 신령한 의리를 지키는 사람은 선한 일을 도와 옳은 사람이 되게 함에 광명정대 한 욕심이오 신령한 생각을 지키지 못 하고 굽은 길로 들여보내어 꾸부러진 학문만 숭상 할 지경이면 구분 일과 악한 것만 도와 글은 사람이 되게 하니 이는 사욕이라 그런 까닭에 옳은 것과 그른 것이 자연히 편당이 되어 싸움이 되는 것이라 세상 사람이 다 옳나다 글을 지경이면 옳은 것과 글은 것이 상지가 될 묘리도 없고 다툴 이치도 없건마는 꾸부러진 욕심 가진 사람이 일을 그릇 되게들 하는 까닭에 옳은 의리 가진 사람이 그 일을 보고 참지 못 하는지라 만일 어떤 사람이 가업을 돌보지 아니 하고 후주 잡기를 한다든지 재물을 헛되이 써 버린다든지 하면 그의 가속과 친구는 말고라도 지나가는 사람이라도 옳은 목적을 가지고 옳이 듣게 개유 하여 아무쪼록 깨닫게 하여야 옳은 목적의 직무오 그 사람의 가산도 지탱 하겠고 만일 옳고 그른 것을 분간 하면서도 남의 일 보듯이 하거나 개유 하여도 듣지 않는다든가 하면 나중에는 필경 패가 할지라 그런즉 옳은 것을 좇거드면 이롭고 그른 것을 좇으면 해로운 것은 자연한 이치라 서양 말에 옳은 일들은 일광 보다 더 밝다는 말이 있으니 뜻인즉 옳은 일이 면 꾸부러진 학문에 얼마큼 압제를 받다가도 언제든지 득승 한다는 말이라 사사 일도 이러하거든 하물며 일대 국사야 더 말 하리오 혹이 말 하대 나라가 망 할 때면 난민이 성하여 인심을 소동 하게 하고 정부를 반대한다 하니 이는 꾸부러진 의리를 가지고 무엇이 난민이 되고 무엇이 반대가 되는 이치를 분간을 못 하는 까닭이라 국가의 난민이라는 것은 정부에서 양법 미규를 가지고 인민의 생명 재산을 극진히 보호 하여 주며 인민의 지세 세입을 걷어 월급을 먹고 그 인민을 아무쪼록 사랑 하여 원통한 지경에 이르지 않도록 하는 데에 반대 하여야 난민이지 이것은 정부는 권력만 믿고 꾸부러진 사욕만 가지고 국가 토지와 강산은 어디로 가든지 구차할 지경을 당 하면 외국공 영사관에나 가서 남에게 의지 할 생각만 믿고

황상 폐하의 총명을 옹폐 하며 옳은 일 하는 사람은 반대 한다 하여 압제만 하며 난민이라고도 하며 익명서도 만들어 역적이라고도 하여 남을 해롭게 하여 잠시 내몸이리 할 것만 생각 하고

성상께 간 하니 기실은 기군망상 하는 사람들이 난신적자라 나라가 흥 하고 망 하는 것은 그 나라 백성들이 백성의 직무를 하고 아니 하는데 있는 것이라 만일 정부에서 위로 임금을 존경 하고 아래로는 백성을 사랑 하여 각각 제 직업과 생애가 있게 하여 안락 태평 하도록 법률 규칙을 만들거든 인민은 그 법률이 일 푼 일이라도 어김이 없이 시행 하도록 하여야 나라가 흥 하는 도리오 인민이 자기의 직무를 지키는 본색이

라 만일 정부에서 옳은 법률을 마련하여도 백성들이 그 법률을 시행할 생각을 아니 한다든지 정부가 옳은 목적은 버리고 사욕만 가지고 꾸부러진 일을 하여 자기의 직무는 아니 하고 자기 나라 자주 독립 하는 권리를 남을 주지 못 하여 애를 쓰는 것을 보고도 도무지 상관 아니 하고 남의 나라 정부 일 보듯이 하면 나라가 지탱하지 못 할 것이오 백성이 자기의 직무를 잃는 것이고 (미완)

라고 하고, 이어서 1898년 11월 26일 논설에서,

임금을 사랑 하는 마음이 내 목숨 사랑 하는 것만 못 한지라 그런즉 만일 정부에서 나라에 해로운 일을 하거드면 기어이 그른 일을 못 하도록 하여 백성들이 임금께 그 말씀 할 권리가 있은즉 만일 万명에서 六千명만 상소 하여 어찌 하니 신용 할 수 없다는 까닭을 분명히 대황제 폐하께 아뢰거드면 천하 만국이 중의를 가지고 일을 하는 터인즉, 대황제 폐하께옵서도 어지시고 공평 하사 중민이 좋아 하는 것을 좇으실지라 그런즉, 임금을 위하여 자기의 목숨을 버리면서라도 꾸부러진 일에는 반대 하여야 백성의 직무인즉 정부가 백성을 말미암아 된 것이오 백성이 정부를 위하여 난 것은 아니라.
근일에 대한 독립 협회 회원들이 충군 애국하는 목적으로 전국 二千万 동포를 대표하여 옳은 의리를 가지고 압제 정부에 학정을 밝히다가 기군 망상 하는 간세배에 참소를 입어 17인이 갇힌 바가 되매 만민이 더욱 충분 적절 하여 나라를 사랑 하는 마음이 목숨을 아끼지 아니 하고 풍찬 노숙 하며 정부의 위협과 함살지계를 받으면서도 옳은 죽음 되기를 원 함에 천고 청비 하사
대황제 폐하께옵서 지극히 홍대한 성덕으로 간소 함을 깨달으사 간세배를 물리치시옵고 17인을 무죄 방송 하옵시니 옳은 일이 일광보다 더 밝은 줄을 알겠고 대한 관민이 상합 하여 자주 독립 황권을 튼튼히 하여 중흥 하는 기초를 정 하는 듯 하니 17인 방송 된 것을 좋아 말고 간세배의 독한 약이
성총을 다시 옹폐를 못 하도록 하여 億万년에 대한 진보와 국부 병강이라는 말이 계세 상에 떨쳐 진함이 없게 하는 것이 백성의 직무라 옛 사람이 자제 일곱을 두었는데 그들이 합의하지 못 하여 매일 다투기만 함에 저희 아버지가 하루는 나무 일곱 가지를 한데 묶어서 자제들을 불러 주어 말 하되 너희들이 차제로 이 나무 묶은 것을 꺾으라 한즉 하나도 꺾는 자가 없는지라 그 다음에는 그 묶은 것을 풀어 한 가지씩 주며 꺾으라 하니 매 한 가지씩은 꺾기를 비란이 하는지라

> 그제야 아버지 자제들과 말 하되 너의가 만일 합심 하고 서로 도을 지경이면 이 나무 묶은 것과 같이 튼튼 하여 너의들을 수다할 사람이 해할 마음이 있더라도 해하지 못 할 것이오 만일 합의하지 아니 하고 다투기만 할 지경이면 각기 외로이 잔약 하여 나무 한 가지 꺾듯이 너의들을 사람마다 해 할 것이고 재물을 빼앗길지라 하였으니 백성만 합의하지 말고 관민이 합심 하여 백성은 정부를 믿고 정부는 백성을 사랑 하면 뉘가 감히 침범을 못 할 것이고 국권이 견고 할 것이오 관민이 분심인즉 국권이 미약 하여 엿보는 나라에 해를 당 할 것은 두 번 말 아니 하여도 알지라 세속에 왈 북은 칠수록 소리가 나고 물은 바람이 불수록 파도가 난다하니 정부가 백성을 압제 할 수록 억울한 마음이 끌어 오를지라 정부 제공이여 곡사 동락 호아 말로만 일을 말고 실상으로 양법 미규를 실시 하여 인민이 믿게 하고 생명 재산을 극진히 보호 하였으면 백성이 소동할 이치가 만무 할지라 우는 어린 아이를 밥을 주어 달래듯이 일을 하겠다고 말로만 하여 놓고 실시는 아니 하고 사욕만 탐 하여 압제만 할 지경이면 대한 위태한 사정을 대 하여 장탄 하노라 (완)

라고 하여, 유진률은 "정부가 백성을 말미암아 된 것이오, 백성이 정부를 위하여 난 것은 아니라" 고 하여 국가와 정부의 설립 목적이 국민을 위하는 데 있다고 인식하였다.

한편 흥미 있는 기사는 유진률이 서양요리를 할 집을 구하는 광고를 여러 차례 내고 있다는 점이다. 『독립신문』 1898년 12월 2일자 광고는 다음과 같다.

> 양요리 할 집을 구 하오니 가주(家主) 제공은 만일 집을 세로 주실 뜻이 있사옵거던 매 삭 세전이 얼마며 집 간수를 기록 하여 독립 신문사로 보내시되 집은 정동 근처나 다른 큰 길력에나 있으면 좋겠사옵고 벽돌집이나 벽돌집이 아니라도 집이 크면 좋겠소. 유진률

또한 『독립신문』 1899년 9월 28일 〈신문신셜〉에서는,

> 신문 신셜: 함경도 사람이 러시아 말을 통할 계책으로 큰 신문을 대한 경성에다 발행 할 주장을 하고 러시아 사정을 대한에 소개하기로 사무에 관계하여 권동수씨등이 기계를 상해로 무역하였다고 한보에 말 하였더라

이 신문 설시 한다는 말을 자세히 들은즉 권동수씨가 궁내부 번역관 유진률씨와 의논하고 신문 판을 대단히 크게 하기로 작정 하였으나 대한 국내에 있는 활판 기계들은 모두 작아서 그 신문을 박힐 수가 없다 하며 김익승씨의 살던 북송현 집을 권씨가 사서 신문사를 꾸미기로 하고 처음에는 관보과 책판에서 신문을 박히기를 의논하다가 관보 일이 호번하기로 그도 못 되고 어디 다른 책판에다가 간 일일 하여 이천(二千)장식 박히기로 하는데 한 달에 돈 二백원식주기로 하였다니 우리는 그 신문 사무가 어서 바삐 발달되기를 바라노라

라고 하여, 유진률이 러시아사정을 한국에 소개하는 신문을 간행하고자 하였다. 당시 유진률은 궁내부 통역관으로 일하고 있었다.

3. 『대동공보』의 발행인

1) 『해조신문』 아지미 발매소 책임자

1908년 국내에서 일제의 침략이 더욱 노골화되어 통감정치가 실시되고 있을 무렵 러시아 연해주 블라디보스토크에 살고 있는 동포들에 의하여 해조신문이 간행되었다. 이 신문은 러시아에 거주하던 한국인들이 만든 최초의 신문으로, 1908년 2월 26일부터 동년 5월 26일까지 3개월 동안 총 75호가 간행되었다.

비록 짧은 기간 동안 발행된 신문이기는 하지만 『해조신문』은 재러한인의 민족운동 발전에 일익을 담당하였다. 뿐만 아니라 국내에도 전달되어 동포들의 민족의식을 고양시키는 데에도 큰 기여를 하였다.[17] 이 『해조신문』의 발행에 유진률이 직접적으로 관여했다는 기록은 보이지 않고 있다. 유진률은 다만 『해조신문』 연추 아지미 발매소의 책임자로서 해조신문 창간호(1908년 2월 26

17 박환, 『 러시아지역 한인언론과 민족운동』, 경인문화사, 2008.

일) 본사특별광고에 언급되고 있다.

본보를 구람하시는 첨군자에게 편리함을 위하여 내외 각지에 본보 발매소를 설치하오니 첨군자는 기편근을 취하여 각 발매소로 첨구하심을 경요함.

다전재 안중현
시화재 최기선
소왕령(니콜스크 우스리스크) 김노몃지
허발포(하바로프스크) 박선달
니콜라엡스크 한교
출남 한명성
연추(크라스키노) 최재형
목커위 최동관
아지미 유진률
수청(파르티잔스크) 큰령 조순서
본국 각지 발매소
성진항 최운학
원산항 전승경
한성 대한매일신보사
인천항 축현 개신책사
평양 일신학교 김수철
개성 남문내 홍학서포
삼화항 축동 김원섭
재령읍 제중원 유몽택
안주읍 법교 김형식
순천읍 시무학교 강원달
중화읍 사립학교 이항직
선천읍 안준
발행 급 편집인 최만학, 듀고푸
발행소 해삼위(블라디보스토크) 한인 거류지 삼백사십사호
해조신문사

당시 언급되고 있는 인물들이 최재형을 비롯하여 각 지역을 대표하는 인물들인 것으로 보아 유진률 또한 연추 24사 가운데 하나인 아지미지역의 대표적인 한인으로서 판단된다.

2)『대동공보』의 발행인

유진률이 언론에 직접적으로 관여하게 된 것은『해조신문』이 폐간되고 최재형이『대동공보』를[18] 인수하면서 그와의 친분으로『대동공보』에 관여하게 된 것이 아닌가 추정된다. 다음의 기록들은 이를 이해하는데 도움을 줄 수 있을 것이다.

> 11. 兪鎭律
>
> 평안도인이라고 하나 鄕貫이 분명치 않다. 崔才亨의 가장 신용하는 자로 현재『대동공보』주필로 文章으로써 배일사상 고취에 任하고 있다.[19]
>
> 현재 공범자로서 체포 구금 중인 자 이외에 블라디보스토크 방면에 在留하는 한인 중 兇行에 관계하였다고 인정하는 자의 성명은 이미 이를 조사서에 揭記하고 아울러 그 경력도 槪記하였다. 그 위에 조사하였더니 崔才亨(崔在衡 或은 崔才衡 등으로 쓴 곳이 있으나 才亨이다)은 慶興 사람으로 노비의 자식이다. 露名은「벳테리 최」이며, 嚴仁燮은 崔才亨의 甥姪(女婿가 아니다)이며 露名은「벳테리 임」이다. 유진률은 평안도 사람이 아니고 崔等과 같이 慶興 사람으로 그 鄕貫이 같아 가장 친근하므로 兪를 拔擢하여『대동공보』주필이 되게 한 것이라 한다. 그리고 同人의 露名은「아데키세쓰」라고 한다.[20]

18『대동공보』는 구한말 연해주지역의 대표적인 한글 민족지였다(박환,『러시아지역 한인언론과 민족운동』, 경인문화사, 2008)

19『한국독립운동사 자료』7권 안중근편Ⅱ, 九. 伊藤博文 被擊事件 眞相調査 및 嫌疑者 搜査에 關한 件, 兇行者 及 嫌疑者 調査書, 第三. 共犯者라고 認定할 者의 經歷, 第三. 共犯者라고 認定할 者의 經歷

20『한국독립운동사자료』7권 안중근편Ⅱ, 九. 伊藤博文 被擊事件 眞相調査 및 嫌疑者 搜査에 關한 件, 兇行者 及 嫌疑者 調査書, 第二. 共犯者,

유진률은 『해조신문』이 폐간되자, 차석보, 문창범 등 35인과 함께 발기하여 신문 재간을 위하여 자금 모금 운동을 전개하였다.[21] 유진률은 대동공보사에서 주주총회를 열고, 임원을 선정할 때 발행인으로 선출되었다.[22] 유진률의 『대동공보』 발간을 주도하였음을 계봉우의 『아령실기』를 통하여도 짐작해 볼 수 있다.[23]

특히 러시아에 능통했던 유진률은 1908년 5월 28일자로 연해주(沿海州) 군지시(軍知事)에게 『대동공보』의 간행을 허락해 줄 것을 청원하였다. 그 내용을 보면 다음과 같다.

연해주 군지사 각하께 드림

연해주 남우수리강 아지민스카야의 농부이며 마트로스카야 6번지 24-2호에 거주하는 니콜라이 페트로비치 유가이 올림

청원서 각하께 삼가 부탁드리건데 블라디보스토크에서 발행하고 있는 한국어 신문인 최봉준이 출판하는 해조신문의 발행을 계속하기 위하여 제가 최가 소유하고 있는 인쇄소를 양도하는 것을 허락해 주십시오. 이 신문의 편집자는 퇴역 중령 콘스탄틴 페트로비치 미하일로프가 맡게 될 것입니다. 이 신문은 각하께서 허가한 종전의 원칙하에 『대동공보』(한국의 소식)라는 이름으로 발행될 것입니다. 본인과 미하일로프 중령의 신분 증명서를 첨부합니다. 양도와 신문 인수에 대한 전체적인 합의는 자필 서명으로 증명합니다.[24]

---

21 『공립신보』 1908년 10월 21일자 〈해항의 신문 발기〉

22 『신한민보』 1909년 4월 14일자 〈원동소식〉

23 『독립신문』 1920년 4월 8일, 아령실기 12. 7. 교육(속),
五. 신문잡지와의 교육 紀元4240年에 車錫甫氏의 주동으로 비로소 晨鐘이란 잡지를 石印刊行하다가 俄官의 금지를 당하고, 또 崔鳳俊氏는 활자를 구입하야 海潮新聞을 간행할새, 그 주필은 鄭淳萬, 張志淵, 李剛 諸氏가 계승담임하엿다가 그 이듬해에 至하야 사실로 인하야 정간되고, 또 兪鎭律氏의 主謀로 大同公報가 간행되야 李剛氏가 주필로 專務하엿고

24 ЕГО ПРЕВОСХОДИТЕЛЬСТВУ Господину Военному Губернатору Приморской Области(연해주 군지사 각하께), 연해주 남우수리강 아지민스카야 읍의 농부이며 마트로스카야 6번지 24-2호에 거주하는 니콜라이 페트로비치 유가이가 1908년 5월 28일자에 올

이처럼 유진률은 연해주 군무지사에게 『대동공보』를 간행할 수 있도록 호소하였고, 유진률의 청원이 있은 후 신문 간행이 허가되었다. 그 허가 내용을 연해주 내무부 제1부 제2과 과장이 확인한 것을 보면 다음과 같다.[25]

증명서

연해주 군지사(총독)에 의해 1905년 11월 24일 칙명에 따라 연해주 남우수리군 농부 니콜라이 페트로비치 유가이에게 발급한 것의 내용은 그에게 한인 거주지에 소재하는 개인 인쇄소에서 편집자 감독하에 블라디보스토크에서 오늘부터 신문 발행을 허가한다. 이 신문은 축제일 다음날을 제외한 매일 『대동공보』라는 이름으로 다음과 같은 목표를 가지고 발행된다. 첫째, 한국, 중국, 일본 그리고 여타 한인의 관심 대상이 되는 유럽국가들의 현안에 관한 기사, 둘째, 해외의 소식들, 셋째, 한국과 인접 국가의 뉴스 등을 게재할 계획이다. 정기 구독료는 1년에 5루블이며, 한 부당 가격은 5 코페이카이다. 상기 내용을 서명으로 증명하고 도장을 추가한다. 과장

신문의 간행이 허가되자 1908년 8월 15일(러시아력-이하 러력으로 약함)에 제1차 발기인 총회를 개최하였고,[26] 그 회의에서 유진률, 차석보, 문창범 등 35인의 발기로 신문을 간행하기로 결정하였다.[27] 그리고 『해조신문』의 사장이었던 최봉준으로부터 인쇄기, 활자 등 신문의 간행에 필요한 제반 기계를 구입하기 위하여 자본금을 모으기로 하였다. 그리고 9월 1일에 창간호를 간행하고자 하였으나 자금이 여의치 않아 지연되던 중 발기인 가운데 1인인 차석보의 담보로 최봉준으로부터 인쇄시설 등을 구입하여 [28] 1908년 11월 18일 그 창간호를

린 Прошение(청원서), 러시아 톰스크 문서보관소 소장.

25 М. В. Д. ВОЕННОМУ ГУБЕРНАТОРУ Приморской Области по Областному Управлению Отделение Ⅰ. Стол Ⅱ. 16 Марта 1910 No. 12163 Г. Владивосток (내무부 지방행정담당 연해주 군지사 제1부 제2과 1910년 3월 16일 12163번 블라디보스토크시)의 증명서 (톰스크 문서보관소 소장)

26 『대동공보』 1909년 6월 6일자 기서 〈討宿虎衡鼻〉

27 『공립신보』 1908년 10월 21일자 잡보

28 『대동공보』 1909년 6월 6일자 기서

간행하기에 이르렀다.[29]

신문사가 창립되자 『대동공보』사에서는 신문의 주요 간부를 임명하였다. 사장에는 활자 및 기계 구입에 노력한 차석보가, 발행인 겸 편집인은 유진률이, 주필은 윤필봉(尹弼鳳)이, 회계는 이춘식(李春植)이, 지방계는 박형류(朴馨柳), 기자는 이강(李剛), 발행 명의인은 러시아인 미하일로프(К. М. Михайлов)가 각각 담당하였다.[30], 즉 유진률은 『대동공보』의 발해인 겸 편집인으로서 중추적인 역할을 담당하였던 것이다. 한편 유진률은 블라디보스토크에서 청년돈의회(青年敦義會)에서 활동하였다. 이 회는 국권회복을 목적으로 1909년 4월에 창립된 단체로서 회장은 김치보(金致寶)가 담당하고 있었다.[31] 그리고 유진률은 약간의 자산이 있는 인물이었다. 그는 블라디보스토크 조선거리에 두채의 집이 있었으며, 200루블 정도를 융통할 수 있었다고 한다.[32]

여기서 특히 주목되는 점은 발행 명의인 겸 주필이 러시아인이라는 사실이다. 이것은 당시 러시아인의 한인 배척이 이루어지는 가운데 러시아군 휴직 중령으로서 당시 소송대리인으로 일하고 있었던 인물인 미하일로프를[33] 내세움으로써 러시아 당국과의 마찰을 피하고 보다 효과적으로 신문을 간행하기 위해서였을 것이다. 미하일로프가 『대동공보』에 관여하게 된 것은 유진률에 의해서인 것 같다. 유진률은 그와 가장 친밀한 인물로 파악되고 있는데,[34] 미하일로프는 자신이 안중근의 변호를 담당하기 위하여 여순으로 떠나는 1909년 11월 13일까지 발행명의인을 담당하였다.[35]

29 『대동공보』 1909년 5월 24일자 1면 참조
30 『倭政文書 甲九 在露韓人關係 明治 四十三年 自一月至九月』(이하 왜정갑구로 약칭) 1910년 1월 20일 보고
31 『왜정갑구』 1910년 1월 20일 보고
32 국사편찬위원회, 『한국독립운동사』 1, 1980, 978쪽, 980-981쪽.
33 위의 책, 980-981쪽.
34 위와 같음.
35 위의 책, 977-978쪽.

러시아 연해주에서 재정적인 여유가 있는 사람들은 대부분 러시아에 귀화한 인물들이었다. 최재형의 러시아 이름은 최 페차(Петя)이며,[36] 차석보는 니콜라이 미하이로위치 차가이이다.[37] 이들은 대부분 일찍부터 러시아로 이주하여 살던 인물들이 아닌가 한다. 최재형의 경우 9세에 연해주로 망명한 인물이었으며,[38] 이들이 대체로 『대동공보』의 운영을 맡았던 것이 아닌가 추측된다.

『대동공보』는 1908년 11월 18일 창간된 이후 재정적인 어려움에도 불구하고 꾸준히 간행되었으나 여러번 우여곡절로 인하여 정간되는 사태가 벌어졌다. 『신한민보』 1909년 4월 14일자 기사에서는 이에 대하여,

> 해삼위 동포의 이목으로 발간되는 신문은 아직껏 임자를 만나지 못하여 여러 번 발간하다가 여러 번 정간이 됨으로 우리가 심히 애닯게 알던 바더니

라고 하였다.

재정문제로 1909년 1월 20일에 신문이 간행된 이후 1달여 동안 신문이 간행되지 못하자[39]사주인 최재형, 유진률, 이상운, 박인협, 차석보, 고상준 등의 발기로 1909년 1월 31일 특별 고주회를 개최하였다. 이 회의에서 찬석한 70여명의 고주들은 『대동공보』를 다시 발간하기로 결정하고 앞으로 행할 일을 다음과 같이 공포하였다.

> 1. 본사에서 새로 선정한 임원은 사장에 최재형, 부사장에 이상운, 발행인에 유진률, 총무에 박인협, 재무에 이상운
> 1. 본사에서 고금을 거두는데 편의함을 위하여 매달 5원씩 나누어 받되 매달초 일일에 받게 한다.

---

36 독립유공자공훈록편찬위원회, 『독립유공자공훈록』 5, 806쪽.
37 『노령이주상태』, 166쪽.
38 독립유공자공훈록편찬위원회, 『독립유공자공훈록』 5, 806쪽.
39 『대동공보』 1909년 3월 3일자

1. 본사에서는 주필 미하일로프씨의 성의를 치하하기 위하여 본사 사장 이하 각 임원과 고주들이 모여 연회를 열고 씨를 청하여 치하하는 글을 써주다. 주필 미하일로프가 재정난을 알고 월급 100원을 받지 않고 명예로 시무
1. 본사에서 신문 기계와 잡물을 매입하였는데 기금은 차석보에게 대용하고 매달 백원씩 감보하기로 한다.[40] (맞춤법--필자)

3) 유진률과 안중근

유진률이 발행인이었던 『대동공보』는 안중근의거와 일정한 관련이 있는 것으로 알려져 있다. 안중근은 러시아 지역에서 의병활동을 전개한 인물로서[41] 『대동공보』사 사장 최재형이 회장인 동의회의 구성원이었다.[42]그리고 이등박문의 암살 모의가 『대동공보』사에서 이루어졌던 것이다. 즉 1909년 10월 10일 『대동공보』사의 사무실에서 대동공보사의 유진률, 정재관, 이강, 윤일병, 정순만, 우덕순(禹德淳) 등이 모인 가운데 이등박문의 암살을 위한 조직이 이루어졌다.[43] 그리고 그와 가까운 동료들이 『대동공보』사에서 일하고 있었는데, 특히 주필인 이강은 안중근과 의형제라는 설이 있을 정도였다.[44] 뿐만 아니라 안중근과 함께 의거에 참여했던 우덕순, 조도선(曺道先) 등도 『대동공보』와 관련이 있는 인물들이었다.[45] 그러므로 『대동공보』에서는 이 의거에 보다 특별한 관심을 보여 연일 대서 특필하였으며 주필인 미하일로프를 변호사로서 여순에 파견까지 하였던 것이다.[46] 또한 국내에서는 안중근의사에 대한 기사가 신속 정확히 보도되지 못한데 비하여 해외에 있던 이 신문에서는 이를 신속 정확하게

40 『대동공보』 1909년 3월 3일자 샤설
41 신용하, 「안중근의 사상과 의병운동」, 『한국민족독립운동사연구』, 을유문화사, 1985, 164-193쪽.
42 주한일본공사관 기록 1909년 安重根及合邦에 관한 서류(2) 12748
43 신용하, 위의 논문, 179-180쪽.
44 국사편찬위원회, 『한국독립운동사』 1, 981쪽.
45 위와 같음
46 『대동공보』 1909년 12월 5일자 〈제국통신〉

보도하여 그 사실이 내외에 널리 알려지게 되었다.

『대동공보』에서는 1909년 11월 18일자 외보 〈의사의 素性〉이라는 기사에서부터 1910년 5월 12일자 제국통신에서 안중근의 사형광경을 보도하기까지 체포시부터 사형에 이르는 동안의 안중근의 동향과 재판과정, 신문과정 등에 대하여 소상히 보도하고 있다.

안중근의 이러한 의거는 재러동포들에게 민족의식의 고취라는 측면에서 많은 영향을 주었다. 즉 대동공보사 또는 러시아 각 지역의 재러한인 사회 주최로 안의사 추도회가 개최되었다.[47] 그리고 연해주 지역에서는 유진률, 최봉준, 김병학(金秉學), 김학만(金學滿) 등에 의하여 안응칠유족구제회가 결성되기도 하였다.[48]

한편 1910년 일제에 의한 조선 강점이 더욱 현실화 되자 『대동공보』에서는 일제의 조선 강점에 반대하는 각지의 의견을 기사화하였다. 이처럼 활발한 언론 활동을 전개하던 『대동공보』도 일제에 의하여 1910년 8월 29일 조선이 강점당하자 1910년 9월 1일자를 마지막으로 러시아정부에 의하여 폐간되기에 이르렀다.[49] 마지막호에서 논설 〈今日〉을 통하여 『대동공보』에서는 일제의 조선 강점에 반대하였다. 그리고 칼을 잡으며 창을 메고 피를 흘려야 조선의 독립이 이루어질 것임을 주창하였다. 한편 『대동공보』 발행인이었던 유진률은 국내의 항일신문인 『대한매일신보』의 기자 임치정(林蚩正)과 편지로 교류하고 있었다.[50]

47 『대동공보』 1910년 4월 24일자 제국통신에 〈안중근추도회〉, 잡보에 〈안의사추도회〉 등의 기사가 보인다. 그리고 1910년 4월 24일 광고에서는 1910년 4월 26일 안중근추도회를 한민학교에서 개최할 것임을 공고하기도 하였다. 이외에도 안중근 추도회는 러시아의 각 지역에서 개최되었으며 이에 대한 기사는 『대동공보』에 자주 산견되고 있다.

48 『왜정갑구』 1910년 1월 20일 보고

49 연해주 지방행정 담당 제1부 제1과에서 1910년 8월 25일자로 블라디보스토크 경찰에게 보낸 문서, NO. 39325

50 국사편찬위원회, 『통감부문서』, 6권, 1999, 174쪽.

4. 『대양보』의 간행인

1) 『대양보』의 간행 추진

『대동공보』는 1910년 8월 러시아 관헌으로부터 발행금지를 통고받았다. 이러한 사실은 내무부 연해주 군지사 산하의 블라디보스토크시 지방행정담당 제1부 제2과에서 러시아력 1910년 8월 25일자 NO. 39325로 블라디보스토크시 경찰에게 보낸 다음과 같은 내용의 문서를 통하여 잘 알 수 있다. 즉,

> 군사규정 19조 14항에 근거하여 올해 8월 24일 22호로 나온 아무르연안 총지사의 명령에 따라 블라디보스토크에서 발행되는 한국어 신문 『대동공보』를 폐간시킵니다. 본인은 이 사실을 전하면서 각하께 편집 및 발행인에게 신문 발행 중단에 대한 서명을 의무적으로 하게 하고 이행치 않을 시에는 발행된 신문을 압수하고 그 이후 상황에 대하여는 본인에게 통보해줄 것을 제안합니다.[51]

라고 하여, 군사규정 19조 14항에 근거하여 러시아력 1910년 8월 24일자로 발표된 아무르연안 총지사의 명령에 따라 1910년 9월 1일 폐간되었다.[52] 이에 유진률은 러시아력 1911년 4월 26일에 자신의 명의로 군지사(軍知事)에게 다음과 같이 『대양보』간행을 위한 청원서를 제출하였다. 그 내용은 다음과 같다.[53]

> 본인은 각하께 삼가바라옵건데, 블라디보스토크시에서 이미 허락하신 인쇄소를 이용, "대양보"라는 제명의 한국어신문을 발행하도록 허락해 주십시오. 이름은 "큰 바다 소식"이라는 뜻이며, 이 신문의 편집은 제 개인의 책임하에 이루어질 것입니다.

51 Владивостокскому Полицийместеру(블라디보스토크 경찰에게), 내무부 연해주 군지사 지방행정담당 제1부 제2과 1910년 8월 25일 NO. 39325 블라디보스토크시, 톰스크 문서보관소 소장.

52 콘스탄틴 페트로비치 미하일로프도 1910년 2월 15일자로 연해주 군지시에게 『대동공보』가 폐간되었음을 보고하고 있다(Господину Военному Губернатору Приморской Области, 15 Февраля 1910 года)

53 (연해주 군지사 각하께), 한국 인쇄소 소유주 연해주 남우수리군 시디미 아디민스카야읍 농민 니콜라이 페트로비치 유가이의 청원서, 톰스크 문서보관소 소장.

아무르연안 지방 한국인 주민 사이의 한국어 신문 발행의 욕구는 매우 강렬합니다. "대양보"는 유일한 도덕 교육 및 진보적 경제 교육의 수단이 될 수 있을 뿐만 아니라 동시에 아시아 유일의 친러시아적 신문이 되어 간첩 활동과 무력에 기초하는 일본의 극동정책을 유럽의 문명세계 앞에 밝힐 수 있을 것입니다.
블라디보스토크시 1911년 4월 26일

즉, 유진률 등은 『대양보』가 아시아 유일의 친러시아적인 신문이 될 것이라고까지 주장하면서 군지사에게 신문 발행을 허락해줄 것을 요청하였다. 그러나 이에 대하여 러시아 당국에서는 아무런 회답이 없었다. 그것은 1910년 7월 4일에 일러양국 사이에 제2회 일러조약이 체결됨으로써 러시아가 일본의 한국 지배를 승인하였기 때문이었다. 또한 당시 러시아측은 일본측이 요구한 한인취체 및 일본인의 보호 요청을 허락한 상태였기 때문이었다.[54]

이에 그들은 러시아의 수도 상트페테르부르크에 사람을 파견하여 이갑(李甲), 이위종 등에게 협력을 요청하였다.[55] 중앙정부에서 어떤 교섭이 있었는지 알 수 없으나 그 결과 러시아력 1911년 5월 5일에 이르러 군지사로부터 신문발행 허가증명서를 얻게 되었다.[56] 그 내용은 러시아력 1905년 11월 24일 공포 칙령에 기초해서 우스리스크군에 거주하는 유진률에 대해서 러시아력 1911년 5월 5일부터 매주 일요일과 목요일 2회 조선어 신문 『대양보』를 인쇄해서 간행하는 일을 허가한다는 것이었다. 아울러 신문의 내용과 가격에 대하여도 규정하고 있다. 즉, 내용은 조선, 일본, 청국, 기타 조선인의 이해 관계가 있는 구주 제국의 시사문제, 외보, 조선 및 이웃나라의 잡보 등으로 제한하고 있다. 그리고 신문 가격은 1년에 4루블, 6개월에 2루블 50 코페이카, 1개월에 50 코페이

54 劉孝鍾, 「極東ロシアにおける朝鮮民族運動」, 『조선사연구회논문집』 22, 1985, 137-144쪽.
55 『노령이주상태』, 86쪽.
56 위와 같음.

카, 1부에 4 코페이카 등이었다.[57]

발행소는 신개척리에 신축하기로 하고 일부는 신문사로, 일부는 도서관으로 하기로 예정하였다. 그리고 건축비는 이종호와 최재형이 부담하기로 하고, 가옥 낙성에 이르기까지는 일번천(一番川) 정거장 앞 러시아소학교 2층(아무루스카야 89번지)을 빌려 사용하기로 하였다.[58] 그리고 신문의 명칭은 『대양보』라고 개칭하였으며, 러시아력 6월 1일자로 제1호를 발간하기로 결의하고 임원을 다음과 같이 선정하였다.

> 사장 최재형, 주필 신채호, 총무 차석보, 발행인 金大奎, 노문번역 유진률, 회계 김규섭, 서기 김만식, 集金係 이춘식[59]

명단에서 보는 바와 같이 유진률은 러시아어 번역을 담당하였다.[60] 신채호를[61] 제외하고는 대부분 『대동공보』에서 일한 사람들이 주류를 이루고 있다. 즉 『대양보』는 러시아의 귀화한인세력이 중심이 되어 간행하면서, 『대한매일신보』의 주필로 이름이 높았고, 당시 블라디보스토크에 체류하고 있던 신채호를 주필로 영입한 경우이다.[62] 그리고 이들은 이 지역의 한인단체인 청년근업회(靑年勤業會)의 기관지로서 이 신문을 발행하였던 것이다.[63]

『대양보』는 1911년 7월 16일 청년근업회와 권업회발기회가 권업회로 통합되

57 위의 자료, 87쪽.

58 국사편찬위원회, 『한국독립운동사』 자료 37, 2001, 3쪽.

59 「노령이주상태」, 87-88쪽, 독립기념관 한국독립운동사연구소에서 1990년, 1992년에 간행된 『도산안창호자료집(1)』, 『도산안창호자료집(3)』에 실린 편지 중, 유진률이 1911년 8월 23일자로 안창호에 부친 편지에 따르면 유진률이 발행인으로 되어 있다. 대양보 8호에는 편집 겸 발행인으로 되어 있다.

60 임원 선정의 경우 약간의 변동이 있을 수 있다. 최재형의 경우도 창간에 축전을 보내고 있는 것으로 보아 사장은 아니었던 것 같다(이호룡, 『신채호 다시 읽기』, 돌베개, 2013, 89쪽. 주 42번 참조).

61 신채호의 『대양보』에서의 활동에 대하여는 이호룡의 저서가 참조된다.

62 최기영, 「일제강점기 신채호의 언론활동」, 『한국사학사학보』 3, 2001, 203-205쪽.

63 독립기념관 한국독립운동사연구소, 『도산안창호자료집(1)』, 378-379쪽.

면서 권업회의 기관지로 기능하였다.『대양보』5호의 논설 제목이 〈권업회에 대하여〉인 것으로 보아 5호부터 권업회의 기관지로 기능하였을 가능성이 크다[64] 이때 유진률은 이종호와 함께 신문부에 임명되었다[65].

2) 유진률의 사퇴

『대양보』는 곧 발행인 겸 편집인에 유진률을 임명하고[66],『대양보』의 간행을 추진하였다. 그런데 미주 국민회 계열이며, 유진률과 가까이 지냈던 안창호계열의 백원보(白元甫)가 갑자기 경찰서에 구인되는 사건이 발생하여 1911년 6월 14일(러력 6월 1일) 에 그 첫 호를 발행하고자 하였으나 연기되어, 1911년 6월 18일(러력 6월 5일)에 창간호가 발행되었다.[67] 한글 신문인『대양보』는『대동공보』와 유사한 체제를 갖추었으며, 제1호에는 사설, 논설(창간에 있어 노령동포에게 고한다), 내국전보(러시아), 외국전보, 각국통신, 최근시사, 논설, 잡보, 대한통신, 만필, 기서 등으로 이루어져 있었다.[68]

내용은 일본의 정책을 비난하고, 민족의식을 고취시키는 것이었다. 현재 한글 원본은 남아있지 않고, 항일적인 기사들을 일본이 채록하여 일본어로 번역한 것만이 남아 있는데, 3호(1911.7.6.), 4호(1911.7.15.), 5호(1911.7.21.), 6호(1911.7.27.), 7호(1911.8.4.), 8호(1911.8.27.), 10호(1911.9.3.), 11호(1911.9.7.), 12호(1911.9.10.), 13호(1911.9.14.) 등이 그것들이다.[69] 이들 신문의 내용들에는 '금(金)과 옥(玉)"이라고 하여 한국사에 나타나는 인물에 관한 간단한 사화를 소개하고 있다. 그리고 "담총(談叢)"이라는 난에서는 내용은 알수 없지만 신설예전(申

64 이호룡, 위의 책, 92쪽.
65『권업신문』1912년 12월 19일자 〈권업회연혁〉.
66 국사편찬위원회,『한국독립운동사』자료 37, 3쪽.
67『노령이주상태』, 88-90쪽.
68 국사편찬위원회,『한국독립운동사』자료 37, 3쪽.
69 국사편찬위원회,『한국독립운동사』자료 37, 3-33쪽.

雪禮傳) 등을 실었다. 아마도 신채호가 담당하지 않았을까 추정하고 있다.[70]

『대양보』는 그 후 7호(1911.7.30.)까지 간행하다가 유진률과 이종호 사이에 의견 충돌이 생겨 휴간하게 되었다. 그 후 의견 조정으로 8월 27일 제 8호를 발간하기에 이르렀다. 또 9호는 8월 27일 목요일이 정기 간행일이었으나 2일 늦추어 국치일인 29일에 일제의 조선강점 특집호를 간행하였다. 주요 내용은 항일에 대한 것이었으며, 평소 300부 간행하던 것을 1400부를 간행하여 무료로 배부하였다. 그러나『대양보』는 13호를 내고 또 유진률과 이종호간의 의견 대립으로 인해 9월 14일 발행인 겸 편집인 유진률이 사직하기에 이르렀다.[71]

결국 유진률이『대양보』에서 퇴진하게 된 이유는 당시 블라디보스토크 지역의 세도가이며, 함경도 그룹과 가깝던, 이종호와의 갈등 관계 때문이 아닌가 한다. 즉,『대양보』 13호에 게재된 유진률의 글이 논조가 너무 과격하다고 하여 이종호가 문제를 제기한 것이었다. 유진률이 직접 이갑에게 보낸 편지 등에서 그 갈등의 일단을 짐작해 볼 수 있다. 유진률이 이갑에게 보낸 편지를 보면 다음과 같다.

> (1912년) 2월 25일
> 日昨에 惠函을 伏承하오니 입원 치료하시와 차도가 有하시다 하오니 일간 快復이 되섯는지 사모하오며 수만이 밧게 客을 지어 旅窓寒燭에 와신상담하시는 苦學이 何如하시옵나잇가? 망국노의 言이 이곳까지 及하야 安廣澤(안창호) 氏는 俄領에 잇는 동포를 영구히 이별한 듯하오며 대양보의 출간됨을 有始有終하기를 희망하신다 하얏사오나 亡國種의 찌꺼기로 더부러 일할 슈 도무지 업사오니 이 일을 장차 엇지하옵나잇가?

라고 하여, 유진률은 안창호가 연해주에 있는 한인들에 대하여 깊은 관심을

70 최기영, 위의 논문, 206쪽.
71 『노령이주상태』, 91쪽.

기울이고 있지 못함을 섭섭해 하면서, 안창호의 기대와는 달리 『대양보』를 끝까지 책임지고 일을 처리할 수 없음을 안타까워하고 있다. 이어서 유진률은,

> 令監에 近親한 李氏 本港에 勸業會를 組織하옵고 印許는 아직 밧지 못하야시나 已往 잇던 勸業會와 會台하고 規程을 새로 起草하며 會名을 고쳐 勸業會라 하얏기로 弟가 本이 已往 勸業會의 委托으로 大洋報의 發行之任을 거행하야 사옵기에 이 事勢를 따라 발행의 委任이 無效하기로 새로 조직된 勸業會에 이 事件에 대하야 발행의 勸을 엇더하게 조처할는지 公函을 送呈하얏삽더니 通知가 無하기에 其後 二次 편지하고 대양보를 희사하고 나아 갓사옵다가 지금 다시 발간되얏사오나 또 몃날에 無終할난지 알 수 엇사오며 일단 일을 보더라도 단체를 조직한다 하는 輩가 사회에 유익한 일은 조금도 돕지 아니하라 하고 編黨을 지어 지방적 관점에만 사투하려 하는 주선뿐이오니 일에 나아갈 생각이 도무지 업소이다.

라고 하여, 권업회, 근업회 등 회의 조직과 관련하여 이 조직들이 이종호를 중심으로 이루어지고 있으므로 『대양보』의 간행 업무를 중단하고자 하는 의지를 표명하고 있다. 그리고 유진률은 이종호, 김익용 등에 대하여 " 사회에 유익한 일은 조금도 돕지 아니하라 하고 편당(編黨)을 지어 지방적 관점에만 사투하려 하는 수선뿐이오니"라고 이들을 비판하고 있는 것이다.

유진률과 이종호의 갈등관계는 백원보, 황공도(黃公道) 등이 안창호에게 보낸 편지 등에서도 짐작해 볼 수 있다. 먼저 황공도가 안창호에게 보낸 편지(1911년 7월 18일, 음력)을 보면,

> 第二步에 僅業會를 台하야 신문을 차지하고 凡事에 제 主意로 하려다가 일반 청년의게 공격을 당하고 派黨의 苦計로 유진률씨를 꼬이다가 반동으로 當하야 數三週 신문 정간을 당하고 兪(진률) 氏가 (김)益庸을 自將擊之까지 하여시대 넉을 일코

라고 있듯이, 이종호, 엄인섭, 김익용 등이 근업회를 기초로 하여 신문을 차지하는 한편 함경도 출신인 유진률을 포섭하고자 하였다. 그러나 오히려 당하여

수삼주 동안 신문이 정간되었다. 또한 1911년 11월 21일자 〈백원보가 안창호에게 보낸 편지〉에,

> 신문(大洋)은 필경 更刊치 못할 勢이옵고 申(채호) 박사는 현금 당지를 離發하야 상해 등지로 前往코져 십분 작정이온데 포와(하와이)에셔 李恒愚 씨가 주필을 사면한다고 顧聘하는 書도 직접으로 有하오며, 弟는 미주에셔 신 박사로 爲하야 의결되엿다는 等 설을 전달하야 何境까지든지 원동에셔 書役에 종사케 아니되면 (북)미 · 포(하와이) 兩地間 擇去하기를 권고하얏사오나 신(채호) 씨는 耿介한 人으로 오제의 局小한 취지가 有할가 하는 의려로 所謂 당파로 사업 진취하는 곳에는 厭態가 有하오이다. 然이나 아즉 거취를 확정치 못하고 諸 방면 동정을 관찰하는 중이오이다.

라고 하여, 『대양보』를 재간행하기 어려운 상황임과 신문사의 신채호가 상해 등지로 떠나고자 함을 밝히고 있다. 아울러 유진률은 백원보를 통하여 『대양보』는 이종호 개인의 신문이니 후원하지 말 것을 다음과 같이 요청하고 있을 정도였다.

> 大洋(報)이 如此하옴에 유진률씨가 제에게 託語호되 도산(안창호)이 向者에 대양보를 위하야 이백貨 捐助 언약한 것은 아주 破約케 하라고 청탁이오니 該 이백원 연조하시겟다 작정한 것은 후일 당지 신문 소식을 因하야 可合케 하시옵소셔. 현금은 이종호의 개인적 신문뿐더러 신문 발간은 那時에 有할지 難期한 경우에 이백金式 虛付치 못하겟소이다.

유진률과 이종호, 양자 간의 갈등관계를 틈타 1919년 9월 블라디보스토크 일본총영사관의 통역관 키토(木藤)는 밀정 엄인섭에게 『대양보』의 활자를 절취하게 하였다. 그 이유는 『대양보』가 『대동공보』의 후신으로 1911년 6월 이래 맹렬히 배일을 고취시키어 조선인들에게 악영향을 끼치고 있다고 인식하였기 때

문이었다.[72] 이로 인해 『대양보』는 9월 17일에 정간되었으며, 결국 속간되지 못하였다. 그 결과 유진률은 대양보에서 사퇴하게 된다.[73]

한편 『대양보』에서는 유진률의 후임으로 러시아인 포랴노브스키, 듀꼬프, 판데레프(Панделев) 등 3명을 명예직으로 추천, 임명하고 다시 신문의 간행을 도모하고자 하였으나 이루어지지 못하였다. 왜냐하면 9월 17일 밤 약 15000개의 활자를 도난당하여 신문 발간에 차질을 빚어 결국 휴간할 수밖에 없었기 때문이었다.[74]

그러는 가운데 이종호에 의하여 권업회 발기회가 조직되었다. 그리고 신문사도 재정문제로 권업회로 넘어가게 되었던 것 같다. 블라디보스토크에서 활동하던 국민회 계열 인물 백원보가 1911년 6월 17일자로 안창호, 이갑 등에게 보낸 편지를 보면,

> 근일 이종호가 권업회를 설립한바 아즉 인허는 無하오나 從此得許도 有하겟다 하는데 其 목적은 농·상·공·학 四業을 실지로 행할 작정이오, 況且 신문사도 최씨네 삼숙질이 기부하겟다는 錢은 사개월 후에 出給된다 風傳이오, 신문사에 재정이 窘渴하야 정지되는 것보다 이종호씨로 합하야 견고케 하는 것이 可하다는 청년제씨의 의론이 유하야 勤業會와 권업회가 합하고 신문사도 이씨의 물이 거의 다된 듯 하외다.[75]

라고 하고 있다.

그 후 1911년 12월 19일 러시아의 인정하에 공식적으로 블라디보스토크 한민학교 내에서 권업회가 창립되자, 권업회에서는 신문부를 따로 두어 신문 간

72 불령단관계잡건 배일신문 『대양보』 활자 설취의 건(재 블라디보스토크 총영사관, 1911년 9월 22일), 국사편찬위원회, 『한국독립운동사』 자료 37, 30-31쪽.

73 불령단관계잡건 조선인부 재서비리아(3) 1912년 1월 19일 블라디보스토크 방면 재주조선인 최근 정보.

74 『노령이주상태』, 91쪽.

75 독립기념관 한국독립운동사연구소, 『도산안창호자료(1)』, 119쪽.

행의 의지를 보였다. 그리고 신문부 총무에 한형권, 부장 겸 주필에 신채호, 부원에 박동원(朴東轅), 이근용(李瑾鎔) 등을 임명하여 신문 간행을 준비하고[76], 1912년 2월 29일에 포랴노브스키, 포트스타빈과[77] 듀코프를 명예회원으로 입회시키는 한편 신문 발행인을 듀꼬프로 정하고 순무부에 『권업신문』의 허가를 청원하였다.[78] 아울러 동방학 연구소의 교수로서 한문과 한국어에 능한[79] 포트스타빈에게 이 작업의 지도 감수를 요청하였다.[80]

1912년 4월 4일(러력)에 개최된 1912년 제1회 총회에서는 교육, 종교, 농업 권장, 노동소개, 금융 등과 함께 신문 간행을 본년도 사업으로 정하였고, 그리고 동년 4월 7일(러력)에 『권업신문』 인가장을 러시아당국으로부터 접수하였다. 이제 『권업신문』은 그 간행을 위한 모든 구비조건을 갖추게 되었고, 마침내 1912년 4월 22일(러력) 『권업신문』 제1호를 석판 인쇄로 창간하였다.[81]

『권업신문』은 순한글로 간행되었으며, 1주일에 1회 일요일에 간행되었다. 편집은 듀꼬프가 담당하였으며, 주필은 『대양보』의 주필이었던 신채호가 담당하였다.[82] 그리고 하루에 1400부를 발행하였으며,[83] 당초 발행소는 블라디보스토크 신한촌 하바롭스크 거리 울리차 제 10호였으나[84], 1912년 12월에 하바롭스크 거리 울리차 20호로 이전하였다[85]

---

76 『노령이주상태』, 94쪽.
77 반병률, 「포트스타빈」, 『한국사시민강좌』 34, 일조각, 2004.
78 권업신문 1912년 12월 19일자
79 장지연, 『해항일기』 1908년 4월 9일자
80 권업회, 톰스크 문서보관소 소장
81 『권업신문』 1912년 12월 19일자
82 『권업신문』에는 신채호의 이름이 1912년 9월 8일자까지만 나옴.
83 М. И. Д. Императорское Японское Генеральное Консульство No.191. г. Владивосток Телеф. 550.(외무부, 블라디보스토크 일본영사관에서 1914년 8월 30일자로 연해주 군지사에게 보낸 전문, 톰스크 문서보관소 소장)
84 『권업신문』 1912년 5월 26일자
85 『권업신문』 1912년 12월 1일자

맺음말

유진률, 러시아이름 유가이 니콜라이 페트로비치는 구한말 러시아 연해주 지역 한인언론을 대표하는『대동공보』와『대양보』의 발행인으로서 주목된다.

유진률은 1875년 함경북도 경흥에서 출생하였다. 그는 러시아로 이주하여 연해주 조선과의 국경지대인 아지미에 살고 있었다. 한국측 기록에 보면, 유진률은 일찍부터 조선에서 러시아어 통역관으로 일한 것으로 보인다. 1896년에 경흥에서 통역관으로, 1899년 8월 24일에는 내장원 종목과 주사, 1899년 8월 28일에는 궁내부 번역관보로 임명되었고, 1900년 1월 20일에는 궁내부 번역관, 1903년 4월 30일에는 주블라디보스토크 통상사무서 서기생으로 임명되었다.

유진률은 블라디보스토크에서 독립협회에서 간행한 독립신문에 여러 번 글을 투고하고 있어 흥미롭다. 그의 글들이 독립신문 1면에 7차례 많은 분량이 실리는 것으로 보아, 당시 유진률이 차지하는 위상을 살펴볼 수 있다. 그가 투고한 날짜는 1898년 9월 19일 21일, 10월 15일 17일 18일, 11월 25일 26일 등이다. 1898년 당시 투고자 가운데 가장 많은 투고를 한 인물이 바로 유진률이다. 그만큼 그는 독립신문에 많은 관심을 기울이고 있었던 것으로 보인다. 아울러 독립협회가 추구하고 있던 개화, 자주, 민권 등에 깊은 관심을 갖고 있던 인물이 아닌가 추정된다.

유진률은『해조신문』이 폐간되고 최재형이『대동공보』를 인수하면서 그와의 친분으로『대동공보』에 관여하게 된 것이 아닌가 한다. 유진률은『해조신문』이 폐간되자, 차석보, 문창범 등 35인과 함께 발기하여 신문 재간을 위하여 자금 모금 운동을 전개하였다. 그는 대동공보사에서 주주총회를 열고, 임원을 선정할 때 발행인으로 선출되었다.

유진률이 발행인이었던『대동공보』는 안중근의거와 일정한 관련이 있는 것으로 알려져 있다. 안중근은 러시아 지역에서 의병활동을 전개한 인물로서 대동공보사 사장 최재형이 회장인 동의회의 구성원이었다. 1909년 10월 10일 대동공보사의 사무실에서 대동공보사의 유진률, 정재관, 이강, 윤일병, 정순만, 우덕순 등이 모인 가운데 이등박문의 암살을 위한 조직이 이루어졌다.

유진률은『대동공보』가 1910년 8월 러시아 관헌으로부터 발행금지를 통고받고, 1910년 9월 1일 폐간되자, 러시아력 1911년 4월 26일에 자신의 명의로 연해주 군지사에게『대양보』간행을 위한 청원서를 제출하였다. 그 결과 대양보는 간행되기에 이르렀고, 발행인 겸 편집인에 유진률이 임명되었다. 그 후 유진률은 이종호와의 의견 대립으로 1911년 9월 14일 사직하기에 이르렀다.

결론적으로 보면, 유진률은 러시아국적의 한인으로 개화사상을 갖은 인물이었다. 그는 조선이 개화하고 문명화되기 위해서는 교육이 중요하다고 인식하였고, 그 일환으로서 러시아지역 한인언론의 발전에 기여한 인물이 아닌가 한다, 즉 그는 조선인에 대한 계몽운동이 무엇보다도 절실하고 필요하다고 인식한 러시아국적의 한인으로서 근대적인 민족운동가였다고 볼 수 있겠다.

블라디보스토크 민회장, 김학만

머리말

김학만(金學萬)은 어떤 성품의 인물일까.?

1896년 10월 블라디보스토크에서 민영환과의 대화 장면에서 그 일단을 살펴볼 수 있지 않을까 한다. 권업신문 기관지, 『권업신문』 1913년 11월 2일자, 〈고기도 거품을 서로 불어〉에,

> 우리에게 간절한 김학만 씨는 일대국책으로 열국대사의 소임을 띠고 본항에 도착한 민충정공이 씨더러 물으되 그대는 어이하여 이곳에 와서 사느뇨. 씨가 강개하게 대답하되, 나도 본국을 사랑하지만은 세도인지 국책인지 하시는 양반들이 탐학한 수령방백을 부내어 살게 못하기루 이곳에 왔누라 하니 민충정이 무연하게 얼굴빛을 곰치더라 하오. 기자는 이런 일과 이런 말을 생각하면 지금까지 하염없는 눈물이 옷깃을 적시노라.

라고 있다.

또한 권업신문 1913년 10월 13일자 〈하여 봅시다. 말마오 사람 없다고〉에서도, 그의 성품을 짐작해 볼 수 있을 것 같다.

> 용천검의 서리빛이 사벽을 조요하여 호걸의 자태가 사람을 경동하는 김학만 씨는 찬상하기를 입에 끗지 아니하며,

아울러 다음의 기록도 김학만의 성품과 1919년 당시 파리평화회의 파견 인물 및 노선, 최재형, 박은식에 대한 평가 등을 큰 이해하는 데 도움을 준다. 조선인의 독립운동에 관한 건(『한국독립운동사』 36, 1919.4.9., 국사편찬위원회 간행) 〈노인동맹단〉에,

> 단원 박은식(朴殷植)은 본 단 서기 서상구(徐相矩) 집에 체재 중인데, (1919년) 4월 4일 봉밀산(蜂密山)에서 블라디보스토크로 온 김학만도 동거하고 있다. 동 단원들이 이른바 간부라 부르는 자들은 항상 서상구 집에 모여 논의하고 있는 모양이다.
> 김학만은 그 소유 가옥을 매각하기 위해 블라디보스토크로 왔다고 하지만 노인단(老人團)과 관계가 없지는 않은 것 같다. 김학만은 원래 무학(無學)이나 기억력이 좋아서 한 번 들은 것은 쉽게 잊어버리지 않으며, 고금(古今)의 역사에도 대략 통달했고 세계의 대세도 다소 논한 바 있다.
> 성격이 호탕하여 걸핏하면 사람들에게 욕설을 하는데, 이번에 블라디보스토크에 와서도 일찍이 이른바 평화회의 파견위원이라는 자에 대해 욕하면서, "윤해(尹海), 고창일(高昌一) 같은 미숙한 것들을 우리 민족의 대표자로 선임한 그 지방 동포의 무능함은 진짜 우습다."라고 운운했다.
> "그 지방에 있는 인물을 들자면 먼저 최재형(崔才亨)을 들지 않을 수 없다. 그는 애국의 의지가 강하고 세계 사정에도 밝다. 이동휘(李東輝)…(원본훼손)…윤해(尹海)·고창일(高昌一) 무리보다는 당연히 우수하다."

라고도 했다.

한편, 일본측 주요 불령조선인에 대한 조사보고의 건(『한국독립운동사』 36, 1921.12.10, 외무대신 백작 내전강재(內田康才), 1919년 12월 10일, 하얼빈 주재 총영사 산내사랑(山內四郞)에서도 다음과 같이 표현하고 있다.

> 1. 김학만
> 배일선인수령, 노인단장(老人團長)
> 주소는 부정확한데 때때로 블라디보스토크(浦潮)에 출입한다.

라고 하여, 김학만이 항일운동의 중심 인물이며, 1919년 12월에는 노인단 단장임을 기록하고 있다.

김학만은 1907년 5월 블라디보스토크 신한촌(新韓村)에서 계동학교(啓東學校)를 설립하여 교장으로 활동한 데 이어 1908년 명동학교(明東學校)·동흥학교(東興學校)·선흥의숙(鮮興義塾) 등 학교 설립과 운영을 적극 후원하였다. 아울러 그는 1907년 헤이그특사의 여비 1만 8000원을 정순만(鄭淳萬)과 함께 그곳 동포로부터 모금, 전달하였다. 1909년 10월 안중근의거가 있자, 안중근(安重根)의 구명 운동을 위해 자신이 20루블을 희사하는 한편 5백 루블을 모금, 변호비에 충당케 했고, 안중근의 유족을 계속 후원했다.

1910년에는 블라디보스토크 한인거류민회 회장으로 당선되어 1914년까지 활동하였으며, 같은 해 8월 경술국치 소식이 전해지자, 신한촌에서 이상설(李相卨)·류인석(柳麟錫)·이범윤(李範允) 등 6명과 함께 성명회(聲明會)를 조직, 취지서를 발표하면서 이른바 한일합방의 부당성을 각국에 호소하였다. 또한 이범윤 독립군부대 편성에 필요한 자금을 적극 후원하였다.

1911년 5월 항일운동단체인 권업회(勸業會)가 창립되자, 그해 12월 총재로 선임되었으며, 1911년부터 1918년까지 이상설 등과 함께 북만주 밀산현(密山縣) 봉밀산(蜂密山) 일대에 독립군기지 개척의 일환으로 한인정착촌인 한흥동(韓興洞) 건설사업을 적극 추진하기도 하였다. 이로 인해 1917년 9월 대동단결선언서(大同團結宣言書)와 찬동통지서를 받고도 봉밀산에 있던 탓에 서명하지 못하였다. 1919년 만주 길림에서 발표된 대한독립선언서(이른바 戊午獨立宣言書)에 서명하였다. 1921년 노인동맹단 단장으로 활동하였다.

이처럼 활발한 활동을 전개한 김학만은, 러시아 연해주 지역의 대표적인 신문인 『해조신문』 1908년 3월 27일자 〈本 社主 崔鳳俊(최봉준) 公 歷史論評(본사주 최봉준 공 역사논평) (속)〉에,

슬프다 본 기자가 본국에 있을 때 들은 바, 강동인물에 영웅삼걸이 있다 하는대, 삼걸은 누구냐하면 공과 김학만, 최재형 삼인이라 하는 고로 매양 한번 보기를 원하였더니 이제 다행히 이곳에서 공과 김공을 대한 즉, 이왕 역사는 물론하고 한번 접담함에 영걸에 이름이 실로 헛말이 아닌 줄을 가히 짐작하겠도다.

라고 있듯이, 최봉준, 최재형 등과 더불어 강동 영웅 3걸로 불리울 정도로 노령한인사회에서 저명한 인물이었다.

본고에서는 강동3걸의 한 인물임에도 불구하고 그동안 주목하지 못한 김학만의 전체적인 모습을 개략적이나마 정리하여 보고자 한다. 이를 통하여 최재형, 최봉준, 김학만 등이 중심이 된 러시아 연해주의 상황을 보다 구체적으로 밝히는 계기가 되기를 기대해 본다.

1. 출생과 국내에서의 활동

김학만의 생애에 대한 개괄적인 내용은 『동아일보』 1936년 4월 1일자에 실린 그의 사망기사에서 짐작해 볼 수 있다.

○ 豪放不羈의 人, 김학만氏

김학만씨는 端川 출생으로 조실부모하고 露領에 入去하여 해삼위의 老爺(民會長)로 있어 일 많이 한 정치적 인물이라 한다. 씨는 영웅이라면 영웅이고 忠士라면 충사고, 豪放不羈의 人이었다고 한다. 씨는 30여 년전 해삼위에 재직 시에 정치적, 경제적으로 동포의 구제가 컸었다고 하며, 지금으로부터 20년전 露國에 악질이 유행할 때에 돈 3천여 원을 投하여 다수의 동포를 귀국케 하였고, 露人과 동포 간에 쟁송사건은 每每히 동포에게 期利케 지도 후원하였다고 한다. 씨는 80세를 일기로 5년 전에 長逝하였다고 한다.

위의 기록을 통해 볼 때, 김학만은 그의 생애 중 가장 특징적인 것은 블라디보스토크의 노야(민회장)으로서의 활동이 아닌가 한다. 그는 특히 정치적, 경게적으로 동포구제에 큰 기여를 한 것으로 서술되고 있다. 즉, 1916년경 러시아에 전염병이 창궐할 때 사재 3천여원을 들여 동포들 다수를 귀국하게 하였을 뿐만 아니라, 러시아인과 동포들간에 소송이 있으면 동포들에게 편리를 제공하여 승소할 수 있는 후원자로서 그 역할을 다하였던 것이다. 이점은 강동3걸인 최재형, 최봉준과 차별되는 점이라고 할 수 있다. 즉 공통점은 3사람 모두 러시아 지역 한인의 지도자이며, 상인이자 교육의 후원자라는 점이라고 할수 있다 차별점은 최재형은 최봉준과 달리 김학만은 민회지도자로서 타국에 살고 있는 동포들의 현실적인 고통인 전염병으로부터의 해방문제, 법률문제 등의 해결에 기여한 인물이라도 평가할 수 있다.

1) 출생연도와 출신지역

김학만의 출생연도를 짐작해 볼 수 있는 기록은 상이한 기록들이 여럿 보여 혼선이 일고 있다. 다만 앞서 언급한 『동아일보』 1936년 4월 1일자에는 1931년 사망 당시 80세였음 을 언급하고 있다. 이를 통해 볼 때, 김학만은 1850년도 출생이 아닐까 추정된다.[1]

---

1 그러나 일본측기록에는 다른 기록들이 보인다.〈不逞團關係雜件-朝鮮人의 部-在西比利亞(10), ㅇ 鮮人의 행동에 관한 건(次官 : 1920. 8. 26), [해외의 한국독립운동사료(XIX):日本篇(6) 러시아 極東 및 北滿洲지역 排日鮮人 有力者名簿(국가보훈처, 1997) 256면] 1919년 12월 조사, ㅇ 金學萬(男, 36세 추정), 국적 : 歸化, 원적 咸鏡南道 端川郡, 주소 新韓村, - 無職(排日主義者), - 경력 및 언동, 1. 일찍이 勸業 總裁 또는 이상설의 부하가 되어 (중략) 林公使 암살사건에 참여한 경력이 있고, 동인은 중국 琿春縣 蜂密山에 이주하여 거주하고 있는데 독립운동 이래(1919년 3월) 블라디보스토크에 와서 거주하고 있음〉.라고 있어,1884년생으로 추정하고 있다. 그러나 이는 당시 김학만의 지위 등 기타 활동, 1921년 노인단 단장 등으로 선출된 점 등을 고려할 때 재검토의 여지가 있는 것이 아닌가 한다. 또한 [不逞團關係雜件-朝鮮人의 部-在滿洲의 部(1)에서는 다음과 같이 기록하고 있다.〈ㅇ 排日 朝鮮人의 動靜에 관한 건(間島總領事 : 1910. 11. 16), ▣ 別表, - 氏名 : 金學萬(약 40세), 露國 通譯, 현주소 : 浦鹽, 기타 참고사항 : 金滿家〉, 또한 『한국독립운동사』 자료 7권 안중근편Ⅱ〉 9. 이등박문 피격사건 진상조사 및 혐의자 수사에 관한 건〉에서도,〈金學萬 上流 無學이나 勢力이 있고 財產은 二萬 三十六·七歲 崔都憲의 親戚 民會의 有力者이다.〉라고 하여, 1909년 당시 36, 7세로 언급하고

김학만은 러시아 연해주와 국경을 가까이한 함경도 출신으로 일찍 러시아로 이주한 대표적인 인물로 알려져 있다. [不逞團關係雜件-朝鮮人의 部-在西比利亞(3), 〈10월 25일 이후 浦潮斯德지방 조선인에 관한 정보(블라디보스토크 通譯官 : 1911. 11. 15)〉]에,

3. 김학만은 浦潮지방에서 조선인 중 일찍이 이주한 자로, 수년 전에는 수만 円의 재산을 가지고 최봉준 및 烟秋의 최재형과 함께 조선인 사이의 존경을 받는 자이고, 다만 다소의 재기는 있으나 문자에는 밝지 못함.

라고 하여, 김학만이 블라디보스토크 조선인 중 이 지역에 일찍이 이주한 인물로 언급하고 있는 것이다. 그럼에도 불구하고 그의 국내에서의 인적 사항에 대하여는 잘 알려져 있지 않다. 일단 그는 함경남도 단천 출신으로 추정된다. 앞서 언급한『동아일보』1936년 4월 1일자와 [不逞團關係雜件-朝鮮人의 部-在西比利亞(10)]에,

○ 鮮人의 행동에 관한 건(次官 : 1920. 8. 26) [해외의 한국독립운동사료(XIX): 日本篇(6) 러시아 極東 및 北滿洲지역 排日鮮人 有力者名簿(국가보훈처, 1997) 256쪽] 1919년 12월 조사,

○ 김학만(男, 36세 추정), 국적 : 歸化, 원적 咸鏡南道 端川郡, 주소 新韓村, -無職(排日主義者). - 경력 및 언동, 1. 일찍이 勸業會 總裁 또는 이상설의 부하가 되어 (중략) 林公使암살사건에 참여한 경력이 있고, 동인은 중국 琿春縣 蜂密山에 이주하여 거주하고 있는데 독립운동 이래(1919년 3월) 블라디보스토크에 와서 거주하고 있음.

라고 하여, 김학만이 함경남도 단천출신이며, 귀화인임을 밝히고 있다.

있다.

김학만의 집안에 대하여 알 수 있는 기록은 거의 보이지 않고 있다. 다만 앞서 살펴본 『동아일보』 1936년 4월 1일자를 통하여, 조실부모한 인물로 러시아에 이주하여 자수성가한 부호자산가였음을 짐작해 볼 수 있다.

김학만이 러시아로 이주한 원인은 무엇일까. 이에 대한 궁금증은 다음의 기록을 통하여 유추해 볼 수 있을 것 같다. 『권업신문』 1913년 11월 2일자, 〈고기도 거품을 서로 불어〉에,

> 기자 이 말을 듣고 추연함을 이기지 못하여 가로대 여보시오. 부형님네 들이여 말씀이 과연 그러하오이다. 학교를 많이 설립한 최재형 씨의 역사를 들으니, 아이 때 학교에 다닐 때에 동지설 한풍에도 사바귀가 없어 맨발로 짚 한단을 안고 눈 위로 달음박질하다가 발이 정히 시리면 짚을 놓고 발을 문지르다가 다시 안고 달음박질하여 이렇게 다녔다오.
> 우리에게 간절한 김학만 씨는 일대국책으로 열국대사의 소임을 띠고 본항에 도착한 민충정공이 씨더러 물으되 그대는 어이하여 이곳에 와서 사느뇨. 씨가 강개하게 대답하되 나도 본국을 사랑하지만은 세도인지 국책인지 하시는 양반들이 탐학한 수령방백을 보내어 살게 못하기로 이곳에 왔노라 하니 민충정이 무연하게 얼굴빛을 곰치더라 하오. 기자는 이런 일과 이런 말을 생각하면 지금까지 하염없는 눈물이 옷깃을 적시노라.

라고 있듯이, 조선의 가렴주구와 학정 때문에 이주하였음을 민충정(민영환)에게 밝히고 있다.

2) 함경도 단천에서의 교육활동

김학만은 단천에서 교육활동을 전개한 것으로 보인다. 『황성신문』(1906. 4. 7)에,

> ○ 寄附金 士人 김학만 600兩 (외 명단 생략),
> 端川郡 私立學校 維新學校 薛泰熙·吳周爀 告白

이라고 하고 있다. 여기서 언급되는 오주혁은 러시아지역에서 활동하게 되는 독립운동가이다. 국가보훈처 독립유공자공훈록 〈오주혁〉에 따르면, 그는 함경남도 단천 출신으로 기록되어 있다. 또한 『황성신문』(1906. 12. 3)에,

> ○ 端川 維新學校 (중략) 대체로 維新學校는 곧 本郡人士 崔秉叔·김학만·薛泰熙 諸氏가 본군에 발기·창설한 것인데, 1899년 겨울에 崔氏가 학사를 자기 개인 집에 열고 스스로 教授를 담당하며 제반 경비는 극력 鳩聚하여 1902년 봄부터 學部에 승인을 청구하고 1903년 봄에 해당 군청 앞 講武堂 옛 관청을 買得하여 철거한 후 郡의 蓉城으로 옮겼고 재정이 아직 준비되지 못한 까닭에 재목을 쌓아둔 것이 1년여가 되어가도 건축할 계획이 없었고, 또 外兵의 짓밟음으로 인하여 더욱이 손쓸 도리가 없더니 (중략) (1905년-작성자) 前 主事 崔秉珍 씨가 동지 崔東宇 (외 명단 생략) 제씨와 該校 확장에 개연히 주의하여 (중략) 郡의 有志를 초대하여 말이 國家의 前途에 미쳐 悲憤慨切하니 한 마디 말이 사람을 감동시킴이 황금을 애석히 여기지 않아 당장 기부가 3,000여 냥에 이르렀다. 이에 이 학교의 基址는 郡의 東下里에 정하고 봄부터 役事를 시작하여 오늘에 이르러서도 아직 준공에 이르지 못했더니 (하략)

라고 하여, 김학만이 후에 『해조신문』에서 활동하는 최병숙과 더불어 유신학교 창설 발기인으로 활동하고 있음을 알 수 있다. 특히 최병숙은 〈재노령 한국교민노인동맹단의 독립청원서〉에도 서명한 인물이다. 아울러 김학만과 함께 〈排日鮮人의 林公使 암살음모 기획에 관한 건〉에도 관여하고 있다.[2]

2 不逞團關係雜件-朝鮮人의 部-在西比利亞 6
문서번호 朝憲密警 제41호
문서제목 排日鮮人의 林公使 암살음모 기획에 관한 건.
발신자 古海嚴潮(朝鮮駐箚 憲兵隊司令官)
수신자 幣原喜重(外務次官)
발신일 1918년 03월 02일
수신일 1918년 03월 05일

3) 러시아로의 망명과 귀화.

한인들이 개척한 러시아의 극동지방 중에서 가장 중요하다고 말할 수 있는 블라디보스토크는 1873년 개척리에 한옥 초가가 5개소 '남녀 25인이 있었으며 그 항내에 러시아선박 2척이 정박해 있었다. 그 이후 한인들의 거주지가 되었다.

김학만이 언제 블라디보스토크로 왔는지는 정확히 알수 없다. 다만 앞서 살펴본 바와 같이, 민영환이 니콜라이 2세 대관식을 마치고 귀국하던 1896년 10월 10일 블라디보스토크 도착시 그를 만난 것으로 보아 그 이전에 정착하였을 것으로 추정된다. 1910년 이후 연해주 당국이 질병을 문제삼아 한인들을 신한촌으로 이동시킨 후 김학만 역시 신한촌으로 이주한 것으로 보인다. 不逞團關係雜件-朝鮮人의 部-在西比利亞(2)에, 다음의 기록을 통해 살펴볼 수 있다.

○ 2월 24일 이후 블라디보스토크지방 在留 조선인 동정(블라디보스토크 通譯官 : 1911. 3. 9)
6. 居貿民會長 改選前의 內情: 現 居留民會長 김학만 (중략) 온후한 인물로 在留기간이 길다(37年). 露國官民의 신용도 있고, 신구 관습에도 익숙하므로 聲名이 높다. 부하인 자도 역시 그 유임을 권고하고 있고 (하략)

김학만은 최재형, 최봉준 등과 더불어 수만원의 자산을 가진 부호였고, 러시아로 일찍 이주하였으나 러시아에는 능통하지 못하였던 것 같다. 不逞團關係雜件-朝鮮人의 部-在西比利亞(3)에 1911년 10월 25일 이후 浦潮斯德지방 조선인에 관한 정보(블라디보스토크 通譯官 : 1911. 11. 15)에,

三. 김학만
김학만은 浦潮지방에서 조선인 중 일찍이 이주한 자로, 수년 전에는 수만 円의 재산을 가지고 최봉준 및 烟秋의 최재형과 함께 조선인 사이의 존경을 받는 자이고,

다만 다소의 재기는 있으나 문자에는 밝지 못함.

라고 하여, 다소 다소의 재기는 있으나 문자에는 밝지 못함이라고 언급하고 있다. 또한『한국독립운동사』자료 34권 러시아편 I〉 21. 고려민회의 다음과 같은 기록에서도 그가 러시아에 능통하지 못하였음을 짐작해 볼 수 있다.

4. 대표직은 한인들 사회에 존재하는 개별 분파들 사이의 투쟁의 결과에 따라 완전히 우연한 요소에 의하여 교체되고 있다. 예를 들어 니콜라이 니콜라예비치 김 혹은 니콜라이 루키치 최처럼 러시아 행정당국에 알려진 대표도 있지만, 심지어 러시아어를 구사하지 못하고 러시아당국에 전혀 알려지지 않은 김학만(金學萬) 씨와 같은 인물들도 대표직책을 맡고 있었다.

한편 블라디보스토크에 정착해 있던 김학만은 1911년 3월 이후 독립운동기지 건설을 위하여 밀산에 자주 왕래한 것으로 보인다. 더구나 1917년부터는 2년 동안 밀산현에 칩거하기도 하였다. 다음의 기록들은 그의 봉밀산에서의 활동을 짐작하게 한다.

[不逞團關係雜件－朝鮮人의 部－在西比利亞(2)
○ 蜂密山에 관한 정보 진달의 건(블라디보스토크 總領事代理 : 1911. 3. 22)
제2. 蜂密山의 인구 (중략) 一.
(1911년-작성자) 3월 13일 咸興丸으로 浦鹽에 온 조선인(156인)의 3분의 1(농업)은 모두 蜂密山으로 나아갔는데 이들은 浦鹽의 지주인 김학만 등의 주선과 지도에 의지한다고 한다. (3월 20일 정보)

위의 기록을 통해 보면, 1911년 3월 함흥환을 통해 블라디보스토크에 온 조선인 농민 52명이 김학만의 주선과 지도로 봉밀산으로 이동한 것으로 되어 있다. 아울러 김학만은 1919년 10월 당시에도 봉밀산과 계속적으로 관계를 맺고 있었다. 그러므로 그에게 대동단결선언서가 송부되어 왔음에도 불구하고 서명할 기회가 없었던 것이다.

[不逞團關係雜件-朝鮮人의 部-在西比利亞(6)

○ 不逞鮮人의 행동에 관한 건(블라디보스토크 派遣員 : 1917. 10. 6)

二. 在浦潮 조선인의 언동 (1917년-작성자) 9월 초순 경 해당 선언서(대동단결의 선언서-작성자)는 浦潮에 있는 김학만 (중략) 에게 송부되어 왔는데 김학만에 대한 몫은 최죽정 (중략) 등이 이를 열독했고, 김학만은 길림성 密山縣 蜂密山지방에 여행 중이므로 그의 歸來를 기다려 동지를 모집하고 협의한 후 의견을 회답하지 않으면 안 된다고 말하고 있고 (하략)

한편 봉밀산 지역에서 토지를 소유하고[3] 활발한 활동을 전개하던 김학만도 1917년 이상설의 사망이후 활동지를 블라디보스토크로 옮긴 것이 아닌가 추정된다.[4] 블라디보스트크에서의 노인동맹단 활동 등이 이를 반증해 주는 것으로 판단된다. 아울러 다음과 같은 기록들에서도 3·1운동 이후 블라디보스토크에서 거주하였음을 살펴볼 수 있다.

1. [해외의 한국독립운동사료(XIX): 日本篇(6) 러시아 極東 및 北滿洲지역 排日鮮人 有力者名簿(국가보훈처, 1997) 256쪽]

1919년 12월 조사

○ 김학만(男, 36年 추정), 국적 : 歸化 원적 咸鏡南道 端川郡 주소 新韓村 - 無職(排日主義者)

---

3 不逞團關係雜件-朝鮮人의 部-在西比利亞(13). ○ 鮮人의 행동에 관한 건(浦潮 總領事 : 1921. 12. 20), 二. 大韓獨立軍用票 발행에 관한 건, 중국령 密山縣으로부터 浦潮에 들어와 체재 중인 金學萬(귀화 조선인으로 일찍이 勸業 總裁 또는 李相卨의 부하가 되어 露探을 하고 林公使 암살사건에 참여한 경력이 있음)의 당지 모 조선인에게 들은 말에 의하면 (중략), 前記 金學萬은 密山에 토지를 소유 (하략)

4 不逞團關係雜件-朝鮮人의 部-在西比利亞(7) ○ 鮮人의 행동에 관한 건(블라디보스토크 總領事 : 1919. 4. 1) 조선인 등의 행동에 관해서는 누차 보도한 대로인데, 그 후의 정보는 다음 목록대로 보고 드립니다. ▣ 記 (중략), 金學萬은 2년 전부터 蜂密山에 틀어박혀 있어서 소식을 알 수는 없으나, 그도 본 단(노인동맹단-작성자)과 관계하여 조만간 블라디보스토크로 올 것이라는 설이 있다. 그는 전부터 아편을 즐겨서 신체가 극도로 쇠약해져 있으므로 과연 블라디보스토크까지 올 기력이 있는지 대개 의심하고 있다고 한다. (하략)

– 경력 및 언동: 일찍이 勸業會 總裁 또는 이상설의 부하가 되어 (중략) 林公使암살사건에 참여한 경력이 있고, 동인은 중국 琿春縣 蜂密山에 이주하여 거주하고 있는데 독립운동 이래(1919년 3월) 블라디보스토크에 와서 거주하고 있음.

2. 不逞團關係雜件–朝鮮人의 部–在西比利亞(7)
○ 鮮人의 독립운동에 관한 건(블라디보스토크 總領事 : 1919. 4. 9)
(一) 老人同盟團 (중략): 단원 朴殷植은 本團 書記 서상구 집에 체재 중인데, (1919년–작성자) 4월 4일 蜂密山으로부터 浦潮로 나온 김학만도 동 단원의 소위 간부라고 칭하며 항상 서상구 집에 집합하여 협의하고 있는 형적이 있음.
3. 不逞團關係雜件–朝鮮人의 部–在西比利亞(13)
○ 주된 不逞鮮人에 관한 조사보고 건(재만 민족운동가의 경력과 주소)(哈爾賓總領事 : 1921. 12. 10)
一. 김학만: 排日鮮人 수령, 老人團長, 주소는 일정치 않으나 때때로 浦潮에 출입함.

2. 블라디보스토크 조선인 거류민회 지도자

김학만에 대한 기록 중 중요한 것은 1902년 등장한다. 『고종시대사』 5집, 光武 6年 7月 10日, 앞서 지난 8日 外部大臣臨時署理 俞箕煥(유기환)이,

앞서 지난 8日 外部大臣臨時署理 俞箕煥이 「러시아」公使 「파브로프」에게 照會하여 海蔘蔵居住韓國人 金學萬 等의 報告에 따라 1867年(高宗4年) 계속된 歉荒으로 饑饉을 참지 못하고 해삼위 等地에 流離하고 있었던 韓人을 「러시아」政府에서 賙恤하여 性命을 保全할 수 있었으며 1891年(高宗28年)에 海邊軍務巡撫使가 海蔘蔵 西邊 14地段을 韓民이 居住토록 准與하고 房屋은 各自의 財産으로 建築케 하고 每年 1基址에 租稅 20元을 내게 하였는데 本年에 이르러 該 港官廳에서 基址를 返還하고 곧 遷徙할 것을 命한다고 하니 이들에 對한 恤護를 要望한다고 하였던 바, 이 날 「러시아」公使가 照覆하여 海邊巡撫使에 轉致하여 善處케 하겠다고 回答하여 오다.[5]

5 『舊韓國外交文書』 第18卷 俄案 1897號 光武 6年 7月 8日, 『舊韓國外交文書』 第18卷 俄案 1899號 光武 6年 7月 10日

라고 있듯이, 김학만은 일찍부터 블라디보스토크 조선인사회의 유지로서 활동하고 있는 것 같다. 특히 김학만은 1914년 정도까지 한인자치 조직의 지도자로서 활동하였다는 점이 주목된다.

김학만은 1910년 4월에 블라디보스토크 거류민회 회장에 당선되었다. 그리고 1911년에 신한촌민회에서 새로운 회장이 선출되기까지 회장으로 활동하였다. 『한국독립운동사』 18권, 의병편X〉 隆熙 四年(1910년)〉(3) 6월, 함경도〉 韓國駐劄軍參謀部의 다음의 기록이 참조된다.

> 김학만: 浦鹽에 있으며 韓人間에 勢力과 信望이 있고 今年 四月 同地의 居留民會長에 當選됨.

라고 있고, 이어서 1911년 민회 회장 선거와 관련하여 일본 측의 다음과 같은 보고가 있다.

> 1. 不逞團關係雜件-朝鮮人의 部-在西比利亞(2)
> ○ 12월 16일 이후 블라디보스토크지방 조선인의 동정(블라디보스토크 通譯官 : 1911. 1. 11)
> 十一. 在留朝鮮人會長 改選
> 露曆 1월은 朝鮮人民會長 改選期에 해당 (중략) 현 民長 김학만은 재선될 것으로 예상됨. (하략)
>
> 2. 不逞團關係雜件-朝鮮人의 部-在西比利亞(2)
> ○ 2월 24일 이후 블라디보스토크지방 在留 조선인 동정(블라디보스토크 通譯官 : 1911. 3. 9)
> 六. 居留民會長 改選前의 內情
> 現 居留民會長 김학만 (중략) 온후한 인물로 在留기간이 길다(37세). 露國官民의 신용도 있고, 신구 관습에도 익숙하므로 聲名이 높다. 부하인 자도 역시 그 유임을 권고하고 있고 (하략)

그러나 김학만의 당선은 전임 민회장이며, 세력가였던 최봉준의 반대로 문제가 발생한 것으로 보인다. 최봉준은 자신의 후임으로 김병학을 추천하였는데, 선거로 김학만이 당선되었던 것이다.

김학만은 1912년에도 계속 민장을 하고 있었음을 다음의 기록을 통해서도 짐작해 볼수 있다.

[勸業新聞(1912. 9. 8)] ○ 학교의 임원 선정
지나간 일요일에 한민학교에서 찬무회를 열고 교장 뽇스따빈씨와 민장 김학만 씨가 출석 합의한 결과 한문 교사는 김하구 씨가 피선되고 아문(러시아문) 교사는 강굴이 씨가 피선되었고 학감 일인을 더 두기로 하였는데 이상설 씨가 피임되었다더라.

한편 1914년 민회 회장은 김학만에서 김도여로 교체되었음은 다음의 기록을 통해 짐작해 볼수 있다.

[不逞團關係雜件-朝鮮人의 部-在西比利亞(4)] ○ 浦潮地方 在住 鮮人 상황 (1914. 1. 26
二. 民會 改選
浦潮鮮人民會長은 (1914년-작성자) 1월 改選期를 당했으므로 동월 18일 通常會를 열고 이를 거행했는데 그 결과는 다음과 같음. 金道汝 : 53표(당선) 김학만 : 42표 (외 명단 생략)

3. 구한말의 운동노선과 성명회 참여

1) 계몽 노선을 추구

김학만은 항일운동을 추구하는데 있어서 처음에는 최봉준과 같이 온건한 입장을 취하고 있었던 것으로 보인다.

[安重根資料集(국가보훈처, 1995) 제Ⅲ권 542면]

○ 韓人情態에 관한 건(浦潮總領事 : 1910. 1. 20) 一. 최봉준 일파와 排日過激派의 關係 최봉준·金秉學·김학만 등은 排日的 韓人 중 온화파에 속했으나 安(안중근-작성자) 유족에 대한 구호사업, 거류민회에서 排日的 행위에 찬조하는 각종 행위를 하는 등 과격파에 동조. 최봉준 등은 재류 한인 및 露國 양국인간에 신망이 두텁고 영향력이 크므로 엄밀 내탐 중임.

아울러 『한국독립운동사』 자료 7권, 안중근편Ⅱ〉 8. 이등박문 피격사건에 대한 국내외의 반향에 관한 건〉 淸機密發 第19號에서도 이를 짐작해 볼 수 있다.

淸機密發 第一九號

<明治四十三年(1910) 三月 三日>

三. 在「블라디보스토크」의 排日韓人中에는 近來 硬·軟 二派로 나뉘어 硬派는 大部分이 少壯氣銳의 徒로 大東共報 經營者인 李剛, 俞鎭律을 首班으로 金起龍, 趙省元, 鄭淳萬 等이 此에 黨하고, 軟派는 元浦鹽韓人民會長 楊成春 김학만 等으로 此等은 急激한 手段을 避하여 되도록 穩健한 方法에 依하여 排日의 目的을 達하고자 함에 있다.

라고 하여, 블라디보스토크 한인민회장을 역임한 양성춘과 같이 김학만은 대동공보 경영자인 유진률, 이강 등 강경파 등과 달리 온건한 방법에 의하여 항일의 목적을 달성하려고 하는 온건파였던 것이다.

즉, 김학만은 함남 단천 출신으로 블라디보스토크의 한민회장을 역임한 항일운동의 후원자이자, 온건한 독립운동가였다고 할 수 있겠다. 김학만의 이러한 온건적 경향은 최봉준과 맥을 같이하는 것 같다. 결국 김학만, 최봉준 등은 강경파인 최재형과 길을 달리하면서 최재형과 갈등을 보이고 있다. 다음의 기록들은 이를 짐작하는데 도움을 준다.

1. 한국독립운동사 자료 13 13권 의병편Ⅵ 〉七. 隆熙 三年(一九○九·明治 四二) 〉(二) 二月, 咸鏡道〉對岸 狀況 報告崔都憲의 浦鹽行

二. 嶺間(煙秋로부터 二里)에는 水靑으로로부터 온 暴徒(此를 水靑黨派라 稱한다) 十六名 또 煙秋內에는 李京化의 部下 四名이 있다. 同地 崔行倫家에 朴春成이 있다. 安應七은 崔五衛將家에 寓居하고 其外 十餘名은 此處 彼處에 있으나 一定한 場所가 없다. 右와 如히 水靑派는 三十餘名이다. 此水靑派는 最初 朴春成, 安應七韓, 起洙 等이 首領이 되어 水靑으로부터 連來하여 浦鹽으로 가 擧事할 心算이었는데 浦鹽의 有力者 최봉준 김학만 兩名의 拒絶하는 바가 되어 不得已 煙秋에 來한 것이다. 目下 勢力이 漸次 衰微하여 不遠에 解散하는 外에 다른 길이 없다.

九. 挾雜輩 排斥의 件
최봉준, 김학만 兩名은 協議하여 各村 人民中 有志者와 合하여 挾雜輩를 放逐하지 않으면 萬事가 좋지 않다 하고 排斥策을 計劃中이라 한다.

2) 성명회선언 참여

구한말 김학만은 류인석, 이범윤, 오주혁 등과 더불어 성명회 선언을 주도하였다. 이것은 가깝게 지내던 이상설과 협의하여 주도한 것이 아닌가 추정된다. 『독립신문』 1920년 3월 30일자에 실린 〈아령실기〉에 다음과 같은 기록이 있다.

(八) 聲明會
1910년 8월 29일 합병조약이 되었다는 소식이 俄領에 전달되매 일반 동포가 크게 분격하야 海參威 新韓村에서 류인석·李範允·김학만·吳周爀 諸氏가 聲明會를 組織하다. (하략)

「성명회 선언서」에는 국망을 앞두고 블라디보스토크를 비롯하여 연해주 각처로 망명한 류인석·이범윤·이상설·정재관·이남기 등 의병 또는 애국계몽운동자와, 김학만·김만겸(金萬謙)·유진률(兪鎭律) 등 현지 한인사회의 지도자가 포함된 총 8,624명에 달하는 민족운동자들의 서명록이 첨부되어 있다. 이들은 1910년 8월 초에 접어들면서 전문(傳聞)과 외신을 통해 일제의 조국 식민지 지배를 확정짓는 '한일합병'에 대한 소식을 접하였다. 그곳 민족운동자들은 이러한 비극적인 상황에 직면하여 거족적 국권수호투쟁을 전개시킬 새로운 전기를 만들고자 고심하였다.

연해주의 한인들은 1910년 8월 23일 블라디보스토크의 개척리 한민학교(韓民學校)에서 한인대회를 열어 성명회를 조직하였다. 그 목적은 '대한의 국민된 사람은 대한의 광복을 죽기로 맹세하고 성취한다'는 것이었다. 회명은 '적의 죄상을 성토하고 우리의 억울함을 밝힌다'는 의미의 '성피지죄(聲彼之罪) 명아지명(明我之冤)'에서 취하였다. 또한 주지는 광복을 위해 한민족의 모든 역량을 모으고 가능한 모든 수단을 동원하여 항일독립운동에 나아갈 때 민족의 시련을 극복하고 독립의 영광을 되찾게 된다는 것이었다. 그들은 성명회를 통하여 그 종지를 내외에 알리고자 하였다.[6]

4. 일제의 조선강점이후 민족운동

김학만과 이상설의 관계는 일본측의 다음과 같은 정보를 통해 짐작해 볼 수 있다. 김학만이 이상설의 부하가 되었다는 점은 흥미롭다. 김학만은 러시아 연해주 원호인 중 누구보다도 적극적으로 봉밀산 한흥동 독립운동기지 건설을 지지한 인물로 보인다.

不逞團關係雜件-朝鮮人의 部-在西比利亞(13)

○ 鮮人의 행동에 관한 건(浦潮 總領事 : 1921. 12. 20)

6 제16권 1910년대 국외항일운동 I -만주·러시아 / 제2장 러시아지역 민족운동 / 3. 성명회의 '한일합방' 반대투쟁

二. 大韓獨立軍用票 발행에 관한 건 중국령 密山縣으로부터 浦潮에 들어와 체재 중인 김학만(귀화 조선인으로 일찍이 勸業會 總裁 또는 이상설의 부하가 되어 露探을 하고 林公使암살사건에 참여한 경력이 있음)의 당지 모 조선인에게 들은 말에 의하면 (중략) 前記 김학만은 密山에 토지를 소유 (하략)

김학만의 무장투쟁적 성격은 다음의 기록을 통하여 짐작해 볼 수 있다.

[한국독립운동사자료(국사편찬위원회) 제34집 95~96쪽.
ㅇ 연해주의 군총독 각하께(국경수비위원 : 1910. 7. 21) (중략)

7월 10일자 1423호에서 제안된 결과로, 1905년에 이범윤 의병대에 속해 있다가 때때로 블라디보스토크로 추방되기도 하면서 얀치힌스크 읍에 거주하는 한인들 목록을 여기 각하께 보내드립니다. (중략) 블라디보스토크에서 거주하고 있던 한인 이범윤 (외 명단 생략) 등은 블라디보스토크 한인주민의 전권을 부여받은 김학만의 원조로 일본에게 반대하는 한인 빨치산 부대의 편성을 위해 블라디보스토크, 남우수리, 이만, 올긴 郡 등지에 살고 있는 한인들로부터 힘에 겨운 세금을 거두고 있다.
(중략)
조직의 일원이 된 모든 사람들은 서울출신으로 김학만을 제외하고는 모두가 친척관계이다. 속담에 "육친에 견줄만한 것이 없다"고 하듯이, 강제로 혹은 일본과 친밀한 관계에 있는 친일파의 입장에서 그들은 항상 친척과 자신의 일본인 보호자를 사모하며, 따라서 그들은 우리와 (북한 출신의 거의 모든 사람들은 여기에 살고 있다) 관계가 없으며, 러시아 국민과는 더욱 관계가 없습니다. 만일 特赦된다면, 우크라이나 정부를 핑계삼아 돈을 거둔 후 태연히 한국으로 탈주할 수 있다는 것은 그들에게는 남의 일이 아닙니다. 이 모든 한인들은 매일 밤낮으로 협의하기 위해 한인촌 김학만의 집 혹은 한인 이치권의 집에 모입니다. 이범윤은 한인촌 463호에 살고 있는데, 홍범도 역시 그곳에서 지내고 있습니다. 이상설은 베르흐네 뽈로그 거리 한인 이기연의 아파트에서 지내고 있습니다.

김학만은 1910년대 전반기 연해주지역의 대표적인 독립운동단체이자 자치단체인 권업회 회장으로 최재형 등과 함께 활동하였다. 권업신문 뿐만 아니라,

[백원보가 안창호에게 보낸 편지(1911. 12. 19)(독립기념관 소장)], 일본측 기록 등이 이를 입증해 준다. 아울러 김학만이 당시 신한촌 민회의 회장도 역임하고 있었음은 이 기록들에 산견된다.

1. [不逞團關係雜件-朝鮮人의 部-在西比利亞(3)
○ 조선인 근황 보고의 건(1911년 11월 이후 4개월간의 정보를 종합한 보고)(블라디보스토크 總領事 : 1912. 2. 9)
▣ 勸業會 任員(役員)錄 首總裁 : 류인석, 總裁 : 최재형·김학만 (외 명단 생략)

2. 권업신문(1912. 12. 19)
○ 권업회 연혁
(중략) 1911년 12월 6일에 한민학교 안에 조직총회를 열고 임원을 선거하니 의장 이상설 (외 명단 생략) 등 제씨요, 이외에 특별임원을 선거하여 수총재 류인석, 총재 이범윤·김학만·최재형 (외 명단 생략) 제씨러라. (하략)

러시아혁명 이후 항일투쟁을 모색하던 인사들이 계획한 또 하나의 사건이 강제적인 을사조약 체결의 주역이었던 당시 주(駐)북경공사 임권조(林權助)처단계획이었다. 치타에 있던 이강(李剛)과 백원보가 박영갑(朴永甲)을 통하여 블라디보스토크의 유지들에게 임권조처단계획을 제안하자, 김학만은 최병숙, 서상구·김치보(金致寶)·이형욱·강명호(姜明浩)·김선달 등과 비밀회합을 갖고 맹약하여 거사에 합의하고 안중근의 단지동맹 맹원인 조응순(趙應順)을 실행자로 결정하였다. 당초 계획에 따르면 조응순이 치타로 가서 백원보·박영갑과 논의한 후 북경으로 가서 단독 또는 백원보 등과 함께 7월 1일을 전후하여 임권조를 처단하기로 했다. 조응순은 여비 1,000루블을 모금하여 5월 4일 블라디보스토크를 떠나 하얼빈을 거쳐 치타로 갔다.

계획을 수립한 이들은 을사조약 강제체결 당시 임권조의 황실모독과 국권침해 행위를 매우 구체적으로 예시하며 통렬하게 비판한 "임공사(林公使) 참간장(斬奸狀)"이라고 할 「한국민족의 원수 임권조의 죄상」이라는 문건을 만들어 동지들간에 회람하였다. 이 계획의 주역인 조응순이 당시 일본밀정으로 활동하고 있는 엄인섭에게 보낸 비밀편지들을 통해 블라디보스토크 일본총영사관에서 이 계획의 전모를 파악하였다.

일본총영사관은 엄인섭과 그의 사촌 엄진국(嚴陳國)을 하얼빈까지 파견하고 엄진국으로 하여금 치타에 간 조응순 등을 감시케 하였다. 아울러 블라디보스토크 일본총영사관은 실행책임자로 선정된 조응순·백원보·박영갑의 소개와 인상착의 등을 비롯하여 정보사항을 조선총독·정무총감·외무부·관동도독부 경시총장·관동헌병대장, 봉천·천진·북경 중국주둔군 헌병장, 함흥·경성·의주헌병대장, 간도파견원 등에게 보내어 대비토록 하였다. 이후 확인할 수 없는 이유로 조응순은 유럽러시아로 가게 되고 임권조암살계획은 실행되지 못했다.[7]

당시 비밀회합에 참여했던 인사들이 모금한 자금은 김학만 200루블, 김치보 100루블, 최병숙, 100루블, 강명호 200루불, 이형욱 100루블, 김선달 200루블, 기타 유지인사 100루블 등이었다.[8]

---

7 『불령단관계잡건 조선인의 부 在西比利亞』 6
「林公使暗殺陰謀에 關한 件(1917년 5월 4일자)」·「排日鮮人의 林公使暗殺陰謀計劃에 關한 件(1917년 5월 22일자)」·「林公使暗殺陰謀에 關한 件(1917년 5월 8일자)」·「林公使暗殺陰謀에 關한 件(1917년 6월 20일자)」·「趙應順의 消息에 關한 件(1917년 6월 27일자)」·「本館發在支公使宛電報第23號(1917년 5월 22일자)」.

8 不逞團關係雜件-朝鮮人의 部-在西比利亞(6) ㅇ 林公使 암살음모에 관한 건(블라디보스토크總領事 : 1917. 5. 4)(중략) 浦潮에 재주하는 음모 참가자로 중요한 자는 다음과 같음. 金學萬·金致寶 (외 명단 생략).
不逞團關係雜件-朝鮮人의 部-在西比利亞(6) ㅇ 要注意鮮人表 進達의 건(哈爾賓總領事代理領事 : 1917. 5. 17) ▣ 要注意 人物調(1917년 4월말 조사), 씨명 : 金學萬, 현주소 : 浦鹽, - 비고 : 1917년 5월 제국의 요직 관헌 암살 결행자 결정. 위 모의에 참여한 자.
不逞團關係雜件-朝鮮人의 部-在西比利亞(6), ㅇ 排日鮮人의 林公使 암살음모 기획에 관한 건(朝鮮駐箚憲兵隊司令官 : 1918. 3. 2), 위 제목과 관련해 2월 15일 浦潮派遣員으로부터 左記 정보가 있어 내용을 통첩함. 崔秉琡(竹亭)은 2월 15일 우리 영사관에서 다음과 같이 얘기함. 林公使에 대한 음모를 기획한 사실로 나와 徐相矩·金學萬의 3인이 발기하여 趙應順으로 하여금 실행의 임무를 맡게 하였는데 (중략) 金學萬 (외 명단 생략) 등으로부터 약간의 여비를 조응순에게 제공 (하략)

5. 교육활동

김학만은 다음의 기사에서 볼 수 있는 바와 같이 최봉준의 뒤를 이어 블라디보스토크로 와 상업계에 종사한 대표적인 인물 가운데 한 사람이다 『황성신문』 1906년 09월 25일(大韓光武十年九月卄五日火曜) 광고, 咸鏡北道慶興人崔鳳俊이 早遭父에,

ㅇ咸鏡北道 慶興人 崔鳳俊이 早遭父喪ᄒᆞ고 本無祖業者로 年至十二歲에 以孑孑單身으로 不勝風樹之悲ᄒᆞ야 漂落於俄境에 異域風度ᄂᆞᆫ 耳目關係나 然而不改本心ᄒᆞ고 只懷雅度ᄒᆞ니 身雖在於異域이나 心常歸於本國이라. 及其長成에 有室有家而所爲計活은 爲商爲賈ᄒᆞ야 由來로 長於俄國之水土故로 剃髮付籍於俄國矣러니 年及四十五에 財成千百萬이라. 一日은 詠式微賦타가 聞杜宇聲ᄒᆞ고 歸心이如矢라. 還歸于本國城津港ᄒᆞ야 招致日本材工百人ᄒᆞ고 捐其五萬餘圓ᄒᆞ야 建其二層高臺ᄒᆞ니 上下之間이 六十餘間이오 外環商店이 百餘間이오 中處鉄庫ᄂᆞᆫ 六十餘間인ᄃᆡ 朱欄靑檻은 隱映於蒼山이오 粉壁瓊窓은 光耀於碧海로다. 靑鶴은 舞於南岫ᄒᆞ고 白鷗ᄂᆞᆫ 飛於東波로다. 天嶺은 在其西ᄒᆞ고 地靈은 鍾於北ᄒᆞ니 豈不壯觀이며 豈不讚美哉아. 今則昔者風樹가 托根於東土ᄒᆞ야 開花於北海라가 結實於本土ᄒᆞ니 人人欽誦之事也라. 故로 日本國人또 亦美大度巨量ᄒᆞ야 已現新聞이 非一非再오 韓國商民의 發明을 此人이 始ᄒᆞᆷ이로다.
<u>以韓國之人으로 僑于俄國者金學萬許仁學韓益星趙榮淳李尙云金밋씨(翼智)五六人도 從此人而到于本港ᄒᆞ야 連墻接屋而一遵此人之制度ᄒᆞ야 商業이 日日發達ᄒᆞ니 此亦一國之光紫오 萬商之基源이라 不勝感荷ᄒᆞ야 玆에 仰佈ᄒᆞᆷ</u>

吉州金基鍾 告白

라고 있고, 『大韓每日申報』 1906년 11월 03일(西曆一千九百六年十一月三日 土曜日) 잡보 崔氏事業에,

咸鏡北道 慶興居 崔鳳俊氏가 穉齡十二에 父母俱沒하고 亦無兄弟也라. 蓬轉他

> 域하야 歷覽各國風土者殆近 十餘年而卒業于商工학하야 以商取利者千百萬金이라. 以越鳥남枝之心으로 年전에 回來于本國城津港하야 建築洋制高屋六十餘間하고 以本港失業之인을 賜其資本에 勤勸商工하야 漸進發達之境하기 聞此風聲하고 各國周覽하든, 金學萬許仁學韓益星趙永淳李尙云金益之諸人이 各携巨財而來하야 建築廣屋에 擴張商業하며 使此一港人民으로 團體發達케하니 同人志業을 人多讚頌ᄒᆞᆫ다더라

라고 있음을 통해 짐작해 볼 수 있다.

그러나 김학만은 상업에만 관심을 기울인 것이 아니라 교육에도 깊은 관심을 표명하였다.

대한매일신보 1907년 10월 17일, 逍遙子가 적성한 기서, 〈聞善必揚〉에 다음과 같은 기록이 참조된다.

> 高山을 仰ᄒᆞ고 景行을 行ᄒᆞ나니 德을 好ᄒᆞᆷ은 秉彝攸同이언만 義을 行ᄒᆞᆷ은 其人이 何鮮고 惟咸北城津居崔鳳俊金學萬安九益崔載亨李大有諸氏가 能好能行하야 振家所有ᄒᆞ야 以興敎育ᄒᆞ며 以扶會社ᄒᆞ며 復有遠來同胞가 貧窮無托이여든 必日我其周之라하며 死亡無歸이여든 必日我其葬之라ᄒᆞ야 以其傾囷倒廩이 不計幾十百千貨라
>
> 人之爲善이 多有有爲로ᄃᆡ 諸氏ᄂᆞᆫ 其所博施가 必於遠朋ᄒᆞ니 非爲情素요 必於貧窮하니 非爲勢利也요 必於死者ᄒᆞ니 非爲後報也라 然則諸氏之意가 若何오 二千萬同胞를 視以一己而已라 全國同胞가 皆能如諸씨之心焉則我大韓이 其庶幾矣라 風聲所屆에 不◈廉頑立懦ᄒᆞ야 一言以表景仰ᄒᆞ노라

또한 김학만은 『황성신문』에서 확인할 수 있듯이, 1906년 4월 자신의 고향인 함경도 단천의 학교 설립에 기부금을 내고 있다. 『황성신문』 1906년 04월 07일 기사제목 寄附金 광고에 따르면 개인으로는 제일 많은 600량을 기부하고 있다. 또 『황성신문』 1906년 12월 03일(大韓光武十年十二月三日月曜) 논설 端川維新學校에 있듯이, 대표적인 창립 발기인 가운데 한 사람이다. 아울러 김학만

은 성진 지역에 있는 학교들에도 기부하고 있다. 『대한매일신보(大韓每日申報)』 1907년 11월 13일 광고 〈城津郡龍興新民學校義捐發起青年名錄〉에 5원을 의연하고 있다.

한편 김학만은 성진 출신으로 서울에 유학하는 학생들에게 장학금도 지급하는 모습을 보여주고 있다. 『황성신문』 1907년 5월 18일 광고 〈城津遊學生赴京時에 本郡有志紳士 申泰岳 金學萬 兩氏가〉에,

> ○城津遊學生赴京時에 本郡有志紳士 申泰岳 金學萬 兩氏가 痛快ᄒᆞᆫ 演說노 學業을 勸勉ᄒᆞ고 各出紙貨 十환 式ᄒᆞ야 學費을 義助ᄒᆞ엿기로 玆以廣佈홈 城津遊學生 等 告白

라고 있는 것이다.

한편 김학만은 최봉준 등과 더불어 성진학생들의 학비지원뿐만 아니라 블라디보스토크에도 학교설립에 적극적인 모습을 보여주고 있다. 『황성신문』 1907년 5월 29일 잡보 〈海參威特信啓東學校趣旨書〉에 "發起人 崔才亨 李東國 金學萬 崔鳳俊 韓益成 車錫輔 安九益"라고 하여 최재형과 더불어 발기인으로 활동하고 있다.

한편 블라디보스토크에서 간행된 해조신문에서도 김학만이 교육활동에 참여한 기사가 산견된다. 해조신문 23호, 1908년 3월 24일 明東校益進, 4월 2일자 啓校成績, 4월 5일자 王嶺設校, 4월 7일자 書籍捐助, 4월 11일자 廣告, 4월 21일자 大韓學校義捐錄, 4월 22일자 다전재, 4월 30일자 鮮興將興, 4월 30일자 향림동 선흥의숙에 의연하신 씨명과 금액이 여좌함. 5월 23일자 광고 등이 그것다.

6. 계몽사상

최봉준이 사주였던 해조신문에는 김학만의 글들이 실려 있다. 이를 통해 구한말 김학만의 사상의 일단을 짐작해 볼수 있을 듯하다. 먼저, 해조신문 2호 1908년 2월 27일 김학만의 〈기서〉를 보기로 하자.

> 내가 비록 재조가 용우하며 품성이 노둔하여 백사가 다른 사람만 같지 못하나 오직 국가 사랑하는 마음은 다른 사람에게 가히 양두할배 없더니 세도가 점점 쇠하여 생존경쟁하는 시대가 이름에 국권이 타락하고 인종이 멸절하는 경우를 당하였으니 어찌 통곡유체함을 금하리오.
>
> 최 군 봉준(최봉준)은 세상의 유지한 신사라. 서로 마음이 같하고 뜻이 합하여 주소로 원원히 상종하더니 하루는 씨가 강개이 말하여 가로대 사람이 세상에 나서 의식주(衣食住) 세 가지(옷 입고 음식 먹고 거처하는 것)외에도 허다한 사업이 있으나 오늘날 우리 동포의 당한 형편을 살피건데 국가라 하는 사상이 전무하니 이는 다름이 아니라 듣고 보는 것이 없어서 그러함이니 교육과 문견을 어찌 하루나 이틀에 사람마다 알게 할 방법이 있으리오. 이는 사설상에 도저히 능치 못할 것이거니와 위선 신문이라 하는 것은 일반 인민을 개유하는 기초에 제임이 되는지라. 오늘날 힘쓸 것이 이에서 더함이 아니하고 씨가 경비의 다소를 불계하고 자본을 담당하여 한보관을 창설 할 새 어시에 협찬하는 유지제군이 씨의 지극한 공심에 감동하여 일심성력으로 불일성지함에 (해조신문)이라 이름하고 현판을 높이다니 장하다. 씨의 유지함이여 뜻이 있으면 일이 마침내 이룬다 하더니 과연 이것을 이름이로다 고어에 일렀으되 곧 알면 곧 행한다 하였으며 서양 모학자 말하여 가로대 무슨 일이든지 시작이 있고 내종이 있는 것이 귀하다 하였으니 내가 이 두 말로 씨에게 한번 말하고자 하노라.
> 우리들이 아국(러시아) 우수리(우스리스크) 지방에 산지 수십 년에 유지한 사람이 있어서 동포를 위하여 가르치기도 하였으며 의견을 베풀어 유지할 방침도 강구하였으되 오늘날 씨와 같이 일심성력으로 동포를 널리 위하여 눈과 귀를 열어주고자 하는 마음은 이 지방에 처음 있는 일이라. 어찌 칭송치 않으리오. 그러한 고로 나는 가로대 우리 동포들이 세계의 인격과 비례하면 조금도 내릴 것이 없는 중 북편 지방의 거생하는 동포는 그 천연한 품성이 강건하고 용단이 비상하니 만일 이러한 바탕으로

> 새로운 지식과 문견을 닦으면 장내 세계의 일등 인종되기 부끄럽지 않을지라. 이 같은 인격으로서 씨의 지극한 공심으로 성립한 새 문견을 날로 도와내면 씨의 공효가 어찌 어지방에만 그치며 또 어찌 우리 전국 동포에게만 그치리오. 세계의 유력한 이목이 되기를 믿노라. 그런고로 내가 씨에게 치하하는 바는 능히 알고 곧 행하는데 있고 또 씨에게 권면하는 바는 무슨 일이든지 시작이 있고 내종이 있는 것으로써 귀하다 하노라.
>
> 복주초부 김학만

라고 하여," 내가 비록 재조가 용우하며 품성이 노둔하여 백사가 다른 사람만 같지 못하나 오직 국가 사랑하는 마음은 다른 사람에게 가히 양두할배 없더니 세도가 점점 쇠하여 생존경쟁하는 시대가 이름에 국권이 타락하고 인종이 멸절하는 경우를 당하였으니 어찌 통곡유체함을 금하리오."하고 있다. 즉 김학만은 당시가 사회진화론에 바탕을 둔 생존경쟁의 제국주의시대임을 인식하고 교육과 견문을 통하여 실력을 양성해야 함을 강조하고 있던 것이다. 그런 그였음으로 이범윤 등 의병파와는 일정한 노선상의 대립이 있었던 것이 아닌가 한다. 이에 고종이 인장을 사용하여 군자금 등을 모집하는 이범윤과도 갈등이 있었던 것으로 추정된다. 해조신문 12호 1908년 3월 10일자 〈印章濫用〉에서 이를 짐작해 볼수 있다.

> 일작 본보 제구호에 본항에 거류하는 모씨가 의병에게 보조할 돈을 모집하노라고 리푸허로 편지하여 김창진 씨가 지화 一百三十원을 갖다 받쳤다 함은 이미 게재하였거니와 양력 본월 칠일에 전 간도관리사 이범윤 씨가 김학만 씨를 심방하여 말하되, 이 일이 당초에 자기가 김치보 씨와 조창호 씨의 하라고 하는 대로 한 것이요, 자기의 마음으로 한 것이 아닐뿐더러 그 돈은 받아서 유치하였노라하기에 김학만 씨가 말하되, 그는 그렇다 할지라도 영감이 서강을 떠났은즉 관리의 직책이 영감에게 있지 아니하거늘 소중한 인장을 자기의 도장과 같이 두고 쓰느냐고 한즉 이범윤 씨의 대답이 한국법에 인장을 아무 때라도 두고 편지에 쓴다고 하더라하니 참말인지.

라고 하고 있다.

한편 김학만은 해조신문 13호, 1908년 3월 12일자, 〈단체론(團體論)에 대하여 환영(歡迎)하는 동정을 표함〉에서 단결을 강조하고 있다.

> 본인은 일개 초부라. 세계 형편에 귀먹고 눈 어두워 듣고 보는 것이 적은 고로 지식이 천박하여 우리 나라 이 지금 비참한 지경에 빠지고 동포형제가 다 어육의 흑화를 당하되 무슨 구제할 방책이 없고 다만 주소로 쓸데없는 탄식만 마지아니하더니,
> 근일에는 아침마다 해조신문으로 좋은 벗을 삼아 이목을 밝히더니 일작에 연일 권면하신 바 단체를 합하는 것이 매일 문제라 한 논설을 읽으매 밝은 이유와 확실한 언론이 정당 통쾌하여 비록 우매한 소견에도 유연히 감동되는 사상을 금치 못하여 한 번 보고 두 번 보매 나라 사랑하고 동포 사랑하는 창자에 가득한 더운 정성을 붓 끝에 양양히 뿌렸으니 어찌 환영하는 동정을 표하지 않으리오.
> 대저 우리 나라가 오늘날 이 지경에 이른 것은 제일 근원이 백성의 단체가 못된 까닭이라. 가령 이왕은 물론하고 근 십년 동안으로만 말하더라도 독립협회가 일어났을 때에 인민 간에 서로 곡경하는 악습이 없고 이천만이 일심으로 단합하였으면 오늘날 나라 꼴이 이 지경이 아니 되었을 것이오. 을사년 신조약한 때에도 만약 정부에 여덟 대신만 일심으로 단체 되었으면 이등박문이가 아무리 군병을 몰아 대포로 위협하더라도 국권을 빼앗길리 만무한 것이오. 오조약 맺은 후에 국권이 타락하고 압제가 자심하매 유지한 신사들이 시국을 개탄하고 단체를 만들랴. 자강회를 조직하여 인심을 고동타가 해산을 당하고 칠조약이 성립되니 만약 자강회의 세력이 전국에 확장되었으면 어찌 칠적이 또 났으리오. 매국적 송병준은 일진회의 세력을 자뢰하여 국적의 괴수가 되었으니 나라를 흥하든지 망하든지 선악 간에 단체의 힘이 이같이 굉대한지라. 만일 우리 이천만 명이 오늘이라도 동심협력하여 일제히 단체가 되고 보면 천하에 두려울 것이 없을지라. 어찌 일본의 능모를 받으며 어찌 국권의 회복을 근심하리오.
> 설혹 내지 동포는 남의 속박을 받는 밑에서 아무리 단합코자 하더라도 자유로 할 수 없거니와 우리 목금에 오소리(우수리스크) 지방에 거류하는 동포로 말할지라도 또한 수십만 명에 지나니 만약 이 동포들만 서로 단체를 합하여 한 덩어리를 만들면 족히 속박 중에든 우리 동포를 건지고 당당한 우리 대한 제국의 국권을 찾아 자유행복을 누릴 것이요, 우리 나라도 세계 열강과 같이 문명 부강할 것이요, 우리들 이름도 또

한 천추만대 역사상에 빛날 것이니,
단체의 효력이 이같이 굉장한 것이라. 이러한 좋은 일이 우리들 합하고 합하지 아니한데 있으니 우리가 행코자 하면 되는 것이요, 극히 어려운 일은 아니거늘 어찌하여 행치 아니하겠는가. 우리들이 이 논설에 대하여 얼마쯤 감동하는 사상이 격발되어 중정에 솟아나는 말로 두어마디 동정을 표하노니, 슬프다. 우리 동포형제여. 오늘부터라도 애국성을 고발하여 단체를 합하고 한가지 나아가서 어서 바삐 독립가를 불러 보기를 깊이 바라나이다.

복주초부 김학만

즉, 김학만은 "우리 동포형제여. 오늘부터라도 애국성을 고발하여 단체를 합하고 한가지 나아가서 어서 바삐 독립가를 불러 보기를 깊이 바라나이다"라고 하여 독립을 위한 단결을 강조하고 있는 것이다. 당시 블라디보스토크에 있던 안중근 역시 일심단결을 주장하는 글을 해조신문에 기고하고 있다. 이것은 당시 단결이 동포사회에서 얼마나 중요한 화두였는지를 짐작해 볼수 있는 부분이다.

맺음말

김학만은 함남 단천 출신으로, 1850년생이 아닌가 한다. 『동아일보』 1936년 4월 1일자에는 1931년 사망 당시 80세였음을 언급하고 있기 때문이다. 조선의 학정으로 인하여 일찍 러시아 연해주로 망명한 김학만은 블라디보스토크의 민회 회장으로 활동하는 등 동포들의 자치기관에서 주로 활동하였다. 블라디보스토크의 민회장으로서의 활동은 그의 대표적 활동 가운데 하나가 아닌가 한다. 1916년경 러시아에 전염병이 창궐할 때 사재 3천여원을 들여 동포들 다수를 귀국하게 하였을 뿐만 아니라, 러시아인과 동포들간에 소송이 있으면 동포들에게 편리를 제공하는 등 후원자로서 그 역할을 다하였던 것이다. 이점은 강동3걸인 최재형, 최봉준과 차별되는 점이라고 할 수 있다.

김학만은 독립운동에 있어서 구한말에는 점진적인 방법론을 추진한 인물이라고 할 수 있을 것 같다. 특히 국내의 함경도 단천과 성진, 러시아 연해주 등의 학생들의 교육에도 심혈을 기울였다. 김학만의 이러한 온건적 경향은 최봉준과 맥을 같이하는 것 같다. 결국 김학만, 최봉준 등은 강경파인 최재형과 길을 달리하면서 갈등을 보이고 있다. 한편 구한말 김학만은 류인석, 이범윤, 오주혁 등과 더불어 성명회 선언을 주도하였다. 이것은 가깝게 지내던 이상설과 협의하여 주도한 것이 아닌가 추정된다. 한편 최봉준이 사주였던 해조신문에는 김학만의 글들이 실려 있다. 그곳에서 김학만은 교육과 견문, 그리고 단결의 중요성을 강조하고 있다. 이를 통해 구한말 김학만의 사상의 일단을 짐작해 볼수 있을 듯하다

1910년 일제의 조선강점이후에는 독립전쟁과 의열투쟁에도 관심을 기울이고 있다. 이상설과 함께 밀산에 독립운동기지를 건설하고자 하는 한편, 주북경공사 임권조林權助처단계획의 참여, 노인동맹단 회장 등으로 활동하였던 것이다. 아울러 그는 권업회 회장, 무오독립선언서 서명에도 참여하였다.

결국 김학만은 연해주 한인들의 생계과 생존을 위해 노력한 인물인 동시에 항일독립운동에도 기여한 러시아 국적 한인지도자였다고 평가할수 있겠다.

기록으로 보는 거부, 최봉준

머리말

최봉준(崔鳳俊)은 구한말 러시아 연해주 지역 한인사회의 대표적인 자산가이며 한인지도자로서 널리 알려져 있다. 그의 일생에 대하여는 그가 사망하자 블라디보스토크에서 간행된 『한인신보』 1917년 9월 30일자 〈최봉준씨의 별세〉에서 다음과 같이 압축적으로 보도하고 있다.

> 공은 체격이 위대하고 관후장자라. 일즉 강동에 오기는 여덟살에 그 어머니와 함께 두만강을 건너 연추에 와서 남의 겻간살이로 호된 고생은 공의 경험을 주었으며, 이십세쯤에는 자기 주먹으로 첫 언덕을 개척하고, 풍속을 설하며, 학교와 교당을 건축하고, 교육을 힘쓰며, 사십이상으로 영업에 착수하여, 갑진(1904-필자주)이후에 큰 자본을 모으고, 파산을 당하매 러시아사람들이 비평하되, 최의 망한 것이 고려사람이 망하였다 하였으며, 비록 영업 실패한 이후에도 남처럼 부패한 행동이 없고, 농촌에 침거하며 자녀의 교육에 힘쓰며, 항상 성경책을 본 일은 공의 특색이더라.

이어서, 최봉준의 러시아 한인사회에서 차지하는 비중에 대하여,

> 소왕령통신을 거한 즉, 최봉준씨는 추풍 허커우 본댁에서 아력 지난 11일에 세상을 따낫는데, 이는 강동사회의 참 불행한 일이로다. 씨의 역사는 강동쉰해에 중요한 사건으로 연관된 일이 많은데, 첫째 우리 신문계에 해조신문을 자비경영으로 창립한 시조임, 실업으로는 백만원 이상의 거래를 하며 화물선 준창호를 부리어, 내외국 항구에 상업지점이 즐비하였으며, 그밖에 사회의 공공사업에 힘쓴 일이 많았도다.

라고 하여, 언론계, 실업계 그리고 사회공공사업에서 그가 기여한 바에 대하여 언급하고 있다.

또한 『신한민보』 1917년 11월 1일자에서도, 〈백만동포의 슬픔, 원동의 큰 사람 최봉준씨가 長逝〉라고 하고, "여덟 살에 강동에 와서 58세에 세상을 떠나니 풍속도, 실업도, 신문도, 교육도 모두 그 손으로 창설, 우수리강 연안에 만리장성이 무너졌다"고 애도하고 있다.[1]

한편 『동아일보』 1925년 3월 27일자에서는 최봉준에 대하여 다음과 같이 기사화하고 있다.

> 건국이란 말이 있었다면, 조선의 건국위인이라 하니 하였으랴. 준창호란 기선을 가지고 亞港과 조서내지의 해운계를 처음으로 개척하던 최봉준씨. 노령에서 동포를 구하려 학교를 세우고, 신문사를 경영하고, 교회와 병원을 건설하고 이리하여 다년간을 숙식을 잊으면서 血誠을 다하던 씨. 위인이 간 곳은 行雲과 같이 踪跡조차 없으란 법이든가. 준창호는 일본에 팔려가 朝日丸이란 이름으로 엣날 주인을 추억하며 지낸다하며, 씨의 저택이던 성진 旭町 봉황루는 樓臺조차 形影을 감추고, 蓮池자리엔 塵芥置場이 드러앉았다. 崔班首를 부르던 행인의 소리도 차츰 드물어 진다니 지금 아아 영혼이 어디에 있는가?

즉, 최봉준은 조선의 건국위인으로 불리울 정도로 큰 기여를 한 인물로 표현되고 있다.

이처럼 최봉준은 러시아지역의 대표적인 한인 자산가로서, 러시아지역 한인사회의 여러 분야의 대표적 지도자로서 큰 영향을 끼친 인물로서 역사적으로 중요하다고 생각된다. 특히 구한말의 최재형이 연추지역을 대표한다면, 최봉준은 블라디보스토크를 대표하는 자산가였고, 전자가 무장투쟁을 대표하는 인물이었다면, 최봉준은 『해조신문』 간행 등 계몽운동을 대표하는 인물로서

1 『신한민보』 1918년 1월 17일 기사에 따르면, 최봉준은 추풍 허커우 정교당에 안장되었다.

평가되었다. 비록 최봉준은 상인이지만, 1910년 일제에 의하여 조선이 강점될 위기에 처하자 동지 624명과 함께 성명회(聲明會) 선언서에 서명하기도 하여 민족운동가로서의 면모도 일부 보여주고 있다.

그럼에도 불구하고 지금까지 학계에서는 최봉준에 대하여 전혀 주목하지 못하였다. 오히려 문학계, 언론계 등에서 상인으로서의 최봉준에 크게 관심을 기울였다.[2] 그러나 보니 역사적 사실과 배치되는 일부 내용이 사실인 것처럼 전해지는 경우도 있는 듯하다. 이에 본고에서는 최봉준에 대하여 기록을 통하여 역사적으로 밝혀보고자 하는 것이다.

먼저 최봉준의 출생과 자산가로서의 그에 대하여 밝혀보고자 한다. 이어서 교육활동과 『해조신문』 간행에 있어서 최봉준의 역할에 대하여 살펴보고, 마지막으로 최재형 등 의병파들과의 노선 갈등, 사업에 실패한 이후의 최봉준 등 그의 생애 전반에 대하여 알아보고자 한다.

결국 이 작업은 러시아 한인사회 특히 러시아로 귀화한 한인들 가운데 상인들의 삶과 노선 등에 대하여 밝히는 것의 일환이라고 하겠다.

1. 출생과 자본가로서의 성장

1) 출생과 성장

최봉준은 1862년 6월 20일(음력) 함경북도 경흥군 가난한 집안에서 출생하였다.[3] 최봉준의 러시아로의 이주는 1869년 기사년 대흉년이었던 시기였다. 어린 나이에 부모를 따라 지신허로 이주했던 최봉준은,

2 片雲生, 「窮北開發의 典型的 奇男子 崔鳳俊先生의 略歷」, 『青春』10, 新文館, 1919년 4월.

3 『한인신보』 1918년 7월 11일자 최봉준 전기

> 1868년(1869년의 잘못)기사(己巳)에 이르러는 본국 함경도 지방에 흉년이 크게 들거늘 그해 겨울에 기황(饑荒) 들어던 백성 수천호가 일시에 지신허로 내도하니 기왕에 우거(寓居)하던 몇십 호의 농작한 힘으로는 수천 인구를 구제할 방책이 없는지라. 그런고로 기황을 이기지 못하여 생명을 구제하매 극근득생(極僅得生)한 자 반분(半分)에 지나지 못하였다

라고 회상하고 있다. 그리고 『독립신문』 1920년 3월 4일자 계봉우가 쓴 〈俄領實記(三)〉에,

> 사, 鹿屯의 開拓 紀元四二○八年 乙亥에 慶興人 洪錫仲이 鹿屯올 開拓하고 그 近境되는 香山洞을 최봉준이 開拓하다

라고 있듯이, 두만강 인근 녹둔도 근처 향산동을 개척하였다. 즉, 겻간살이 하던 최봉준이 점차 성장하여 20세쯤 되어 새로운 개척에 나섰음을 짐작해 볼 수 있다.

최봉준의 생애에 대하여는 그가 사주(社主)로 있던 『해조신문』 1908년 3월 26일자와 3월 27일자에 잘 나타나 있다. 비록 약간 과장은 있을 수 있으나 사실적인 내용은 전체적으로 잘 나타나 있다고 보여진다. 1908년 3월 26일자 〈本社主 崔鳳俊 公 歷史(본 사주 최봉준 공 역사)〉에 따르면, 최봉준은 8세 시에 연해주로 이주하여, 지신허에 거처하였다. 그런데 몇 달이 지나지 않아 부친이 돌아가셔서 집안은 너무 기울어지게 되었다. 15세 시에 지신허를 떠나 추풍으로 이동하여 거처를 마련하고자 하였으나 마적들의 창궐로 19세 시에 연추 남방 향산동을 개척하기에 이르렀다. 이어서 1908년 3월 26일자 〈本 社主 崔鳳俊 公 歷史(본 사주 최봉준 공 역사)〉에,

> 장정의 힘이 있어 큰 농업을 자작하매 연연마다 산업이 늘어 二十一 세에는 성인의 예를 행하고 엄연히 가산의 모양을 이룬지라. 공이 비록 연소하나 풍력이 족히 각

부락을 영솔하여 풍속을 유지(維持)할 만한지라. 그런고로 그 부근 촌락에 인민들이 그곳으로 모여들어 일체 공을 의앙하여 지휘를 복종하므로 마침내 거류지 민장을 피선하여 노야지위에 수 삼년을 처함에 후주잡기와 난당패류를 엄절히 금즙하고 교량 도로를 수축하여 내왕에 편리케 하고 또한 큰 대천이 있어 연연 창릴하여 농사에 방해되는 것을 방축하여 농업에 편리케 하고 학교를 확장하여 교육을 열심 찬성하므로 인민이 감복하여 지금까지 공의 명덕을 칭송하는지라. 그런고로 또 새차에 승차하여 수 삼년을 지내면서 풍속을 정돈하여 안녕질서를 보전케 하니 이로부터 공의 명망이 원근에 전파하여 사람마다 최로야라 일커르면 모르는 자 없는지라.

공이 三十四세에 이르러는 다시 상업을 경영하여 연추령(크라스키노)에서 군부 용달(用達)업을 설시하여 三, 四년간 종사하다가 三十七세에 아·청(러시아·청) 양국의 전쟁이 일어나매 군사의 공급하기 위하여 전진까지 가서 무한한 고상을 지내고 돌아와 이듬해에 불행이 모친 김부인 상을 당한지라. 공이 기왕부터 우리 나라 사람이 상장과 제사 등 예절이 너무 번폐되고 쓸데없는 습관인줄 알고 매양 없애고자 하되 누백년 젖은 습관을 일조에 고치기 어렵더니 공이 친상을 당하매 자기부터 먼저 변하리라하고 이전 번폐한 예문을 일절 폐지한대 일로 좇아 동네사람이 그대로 준행하는 자 많더라.

三十九세에 비로소 [해삼위(블라디보스토크)]에 들어와 오늘까지 군부 용달을 놓지 않고 하는 바 기간에 또 아일전쟁(러일전쟁)이 일어나매 군용공급을 위하여 상업을 더욱 확장하니, 지금은 공의 재산이 부요하여 전국에 상업가로 제일 명예를 얻은지라. 본항에 준창호 상점을 크게 열고 연추(크라스키노), 성진, 원산 등지에 지점을 설립하며 상해(상하이), 연태(옌타이), 하르빈(하얼빈), 일본 각지에도 오, 육처 물화매매하는 상점이 있으며 또 대소 윤선도 수 삼척이 있어 내외국물화를 교통하며 본국인과 아·청·일(러시아·청·일본) 삼국인의 고용한 자도 수백여 명이 다 공의 자본을 우러러 생업하는 자도 수백여 명이요, 자녀도 또한 오, 륙남매가 있는데 모두 학교에 입학하여 중학교에 졸업한 자도 있고 가택도 四, 五처에 버려두었으며 오늘날 또한 문명 사업으로 본 신문사를 설시하고 인민의 지식을 개발하여 국권을 회복코자 목적을 삼으니 내두에 그 발달할 형편을 가히 알지라. (미완)

라고 있듯이, 최봉준은 생활이 점차 안정되자, 21세에 결혼을 하였다. 그리고 주민들의 추대로 거류지 민장에 피선되어 여러 해 동안 노야로서 그 역할을 다하였다. 『신한민보』 1918년 7월 11일자 〈최봉준전기〉에는 노야직을 마친 최봉준이 국내 서울에 다녀온 후 새로운 길을 모색한 것처럼 언급되고 있다.

> 선생이 관직을 사양하며 본집을 떠나셔 본국 경성을 유람하고 모든 감상이 일어났다.

즉 평소 농사에 종사하던 그가 상업이라는 새로운 길로 나선 데에는 그의 국내방문 경험이 큰 영향을 미친 것으로 보인다. 아마도 함경북도 지역에서 활발하던 러시아와의 무역에 눈을 뜨게 된 것이 아닌가 추정된다.

『함북대관』에[4] 따르면, 원래 최봉준은 블라디보스토크와 성진들을 왕래하는 사무역을 하였던 것 같다. 즉 당시 한국 정크선 약 45척이 블라디보스토크를 왕래하고 있었다. 이 배들은 척당 약 1천 파운드를 적재하였으며, 승객도 10명에서 30명씩 수송하였다고 한다. 그리고 당시 최봉준은 성진에서 사금광을 운영했다고도 전한다. 그런 가운데 최학만의 추천으로 러시아군납업을 하게 되었다는 것이다. 최봉준이 러시아 군납업을 하게 된 것은 네이포 최(崔鶴万) 덕분이라고 한다. 최학만은 경원출신으로서 상트피터스부르크 고등상업학교를 졸업하고 시베리아 정계의 지도적 인물이었다고 한다. 그는 니콜라이 2세의 대관식에도 참여한 인물로 알려져 있다.

최봉준은 34세시에는 연추지역에서 군대 용달업에 3-4년 동안 종사하였다. 그 후 1900년 의화단사건이 발발하자 이를 적극 활용하였다. 39세 시에 비로소 블라디보스토크로 근거지를 이동하여 군대용달을 하던 중, 1904년 러일전쟁이 벌어져 군용공급을 위하여 사업을 크게 확대하였고, 이를 계기로 큰돈을 벌 수 있게 되었다.

---

4 김성덕, 『함북대관』, 정문사, 1967.

『해조신문』 1908년 3월 27일자 〈本 社主 崔鳳俊 公 歷史論評(본 사주 최봉준 공 역사논평) (속)〉에,

> 슬프다 본 기자가 본국에 있을 때 들은바 강동인물에 영웅삼걸이 있다 하는대 삼걸은 누구냐하면 공과 김학만, 최재형 삼인이라 하는 고로 매양 한번 보기를 원하였더니 이제 다행히 이곳에서 공과 김공을 대한즉 이왕 역사는 물론하고 한번 접담함에 영걸에 이름이 실로 헛말이 아닌 줄을 가히 짐작하겠도다.

라고 있듯이, 최봉준은 김학만, 최재형과 더불어 강동 영웅 3걸로 불리울 정도의 인물이 되었다.

2) 자산가 최봉준

1910년 1월 20일 〈伊藤 公 사건 연루자 조사차 블라디보스토크 출장 중인 松井 大尉 復命書 송부 件〉 보고에 따르면[5], 최봉준이 자산가임을 다음과 같이 구체적으로 설명하고 있다.

> 최봉준 상류로 소고기商이며 귀화자임. 재산은 305,023 루블 정도로 한국인 중 제1등의 자산가이며 세력이 있음. 기선 俊昌號를 소유하고 北韓에서 生牛를 一手買入해 블라디보스토크의 군대 및 시중에 판매함. 民會 會頭이자 『大東共報』 현재의 출자 보조자로 보조액은 매월 300圓 정도라고 함.

또, 『대한매일신보』 1906년 8월 28일 광고 〈物貨大販賣廣告〉에,

> 本人이 城津港 各國居留地에 物貨大販賣所를 設施하고 上海香港海蔘威日本各地에 有名훈 綢緞洋木等上品物貨를 多數貿來ᄒᆞ고 或特約購入ᄒᆞ야 陰曆八月부터

5 『통감부문서』 7권〉 一. 安重根關聯一件書類 (哈爾賓事件書類 一~六, 伊藤 公遭難事件書類 一~四, 安重根及合邦關係事類 一~三, 하얼빈事件憲兵隊報告一~三)〉(337) [伊藤 公 사건 연루자 조사차 浦潮 출장 중인 松井 大尉 復命書 송부 건]

> 開市ᄒᆞ고 廉價放賣ᄒᆞ N)ᄉᆞ오니 國內紳商諸彦은 須至幾萬元어치라도 益益來購ᄒᆞ시기 務望이외다
>
> 城津港各國居留地 大販賣主人崔鳳俊

라고 있듯이, 최봉준은 성진항 각국 거류지에 화물대판매소를 설치하고, 상해, 홍콩, 블라디보스토크, 일본 등지의 유명한 상품들을 무역하였던 것이다.

최봉준은 러시아에 귀화한 이후 장사에 몰두하여 45세에 재산가가 되었음을 짐작해 볼 수 있다. 『황성신문』 1906년 9월 25일자 광고 〈咸鏡北道 慶興人 崔鳳俊이 早遭父〉에,

> 及其長成에 有室有家而所爲計活은 爲商爲賈ᄒᆞ야 由來로 長於俄國之水土故로 剃髮付籍於俄國矣러니 年及四十五에 財成千百萬이라

라고 하여, 많은 재산을 이루었다고 하고 있다. 그의 자산가로서의 성장 부분은 앞서 언급한 『해조신문』에 보다 상세히 언급되고 있다.

> 공이 三十四세에 이르러는 다시 상업을 경영하여 연추령(크라스키노)에서 군부 용달(用達)업을 설시하여 三, 四년간 종사하다가 三十七세에 아·청(러시아·청) 양국의 전쟁이 일어나매 군사의 공급하기 위하여 전진까지 가서 무한한 고상을 지내고 돌아와 이듬해에 불행이 모친 김부인 상을 당한지라. 공이 기왕부터 우리 나라 사람이 상장과 제사 등 예절이 너무 번폐되고 쓸데없는 습관인줄 알고 매양 없애고자 하되 누백년 젖은 습관을 일조에 고치기 어렵더니 공이 친상을 당하매 자기부터 먼저 변하리라하고 이전 번폐한 예문을 일절 폐지한대 일로 좇아 동네사람이 그대로 준행하는 자 많더라.
>
> 三十九세에 비로소 해삼위(블라디보스토크-필자주)에 들어와 오늘까지 군부 용달을 놓지 않고 하는 바 기간에 또 아일전쟁(러일전쟁)이 일어나매 군용공급을 위하여 상업을 더욱 확장하니, 지금은 공의 재산이 부요하여 전국에 상업가로 제일 명예를 얻은지라. 본항에 준창호 상점을 크게 열고 연추(크라스키노-필자주), 성진, 원

산 등지에 지점을 설립하며 상해(상하이), 연태(옌타이), 하르빈(하얼빈), 일본 각지에도 오, 육처 물화매매하는 상점이 있으며 또 대소 윤선도 수 삼척이 있어 내외국 물화를 교통하며 본국인과 아·청·일(러시아·청·일본) 삼국인의 고용한 자도 수백여 명이 다 공의 자본을 우러러 생업하는 자도 수백여 명이요

즉, 위의 기록을 통하여 볼 때, 최봉준은 1900년대 의화단사건 및 1904-1905년의 러일전쟁때 군대용달로 큰돈을 번 것으로 되어 있다. 다름 아닌 전쟁 특수를 통하여 자산가로 성장할 수 있었던 것이다. 특히 러일전쟁 당시에는 생우生牛의 물량이 크게 증가하였다.[6] 특히 최봉준은 물품 가운데 군인들의 대표적 먹거리인 생우의 납품을 통하여 이윤을 보았던 것으로 보인다. 일찍이 한인들은 러시아 군인들에게 생우 등을 공급하고 있었던 것이다.[7]

한편 최봉준의 대표적 사업은 해운업이었다. 그는 준창호를 통하여 무역 및 여객업을 추진하였다. 이 사업은 당시로는 획기적인 사업이었으며, 최봉준이 자산가가 되는데 큰 역할을 하였다. 준창호는 바로 최봉준을 상징하는 것이고, 최봉준은 곧 준창호였다. 나아가 준창호는 바로 한국인들의 자랑이기

6 『매일신보』 1920년 11월 8일 北鮮 生牛와 무역, 露領에 직접 수출

7 이해를 돕기 위해서는 우선 러시아 연해주와 함경도지역의 무역에 대하여 살펴볼 필요가 있다. 함경북도 지역의 성진, 단천, 명천, 갑산 등지에는 옛날부터 우수한 품종의 소들이 생산되는 곳이었다. 함경북도 지역의 소들은 블라디보스토크 간의 교역에 있어 주요한 물품이었다. 慶興稅關에 남아있는 자료에 의하면, 1892년에 1,469 두, 1893년에 1,432 두, 1894년에 1,686 두, 1895년에 2,347 두, 1896년에 2,588 두로 해마다 증가하고 있다. 이처럼 한국의 블라디보스토크로의 생우 수출은 해마다 증가일로를 거듭하여 가고 있었다. 예컨대, 블라디보스토크에 살고 있는 金秉學이 1901년에 城津港으로부터 실어간 소는 총 1,622 두란 기록이 있다. 또한 1901년에 한 관찰자가 몇몇 郡에 대해서 군마다의 生牛輸出頭數를 조사한 보고가 있는데, 그에 의하면 明川 1,100 마리, 鏡城 1,000 마리, 富寧 1,000 마리, 會寧·甲山·三水·茂山 등을 합쳐 5,000 마리로 되어 있다. 이러한 가운데, 원산에서 기선으로 직접 블라디보스토크로 수출하는 길이 열리게 되었다. 기선편에 의한 블라디보스토크 항로는 1901년에 개설되었다. 이 항로를 개설한 사람은 블라디보스토크에 거주하는 김병학이었다. 1901년 6월 이래로 김병학은 自家商用의 생우 수출을 목적으로 汽船을 도입하여 원산과 블라디보스토크 港間의 운수 항로를 개시하였다. 그 후 이 기선편 생우 수출사업을 인계한 사람은 바로 블라디보스토크의 최봉준이었다. 1910년 元山 성진으로부터 1월부터 10월 말에 이르기까지 노령에 수출된 생우는 5,606頭로 성진에 거주하고 있던 최봉준에 의해 취급되었다(고승제, 「연해주 이민사연구(1853-1945)」, 『국사관논총』11, 1990)

도 하였다. 그러므로 미주에서 발행되는 『공립신보』 1908년 6월 10일자에서도 〈환영 준창호〉라는 글을 실고 있으며, 『황성신문』 1908년 3월 8일자에서도 〈俊昌丸의 懽迎〉이라는 제목하에 논설을 싣기도 하였다. 한편 최봉준은 『신한민보』 1918년 7월 18일자에 있듯이, 북쪽에서 생산되는 몇억 마리의 명태를 남쪽 도시에 수송하기도 하였던 것이다.

『황성신문』 1907년 5월 14일 광고 〈本人이 一千四百餘噸 輪船 伏見丸을 永買來ᄒᆞ야 元山 城津 海港으로〉에서는,

> 本人이 一千四百餘噸輪船伏見丸을 永買來ᄒᆞ야 元山 城津海港으로 一週日에 一次式 來往ᄒᆞ옵는데 本人所用牛隻을 每朔에 千餘首式 買得ᄒᆞᆯ 터이오니 各處 牛商諸彦은 元山 城津 兩處로 牛을 持來多賣ᄒᆞ시고 三港來往客員도 多來搭上ᄒᆞ시믈 希望
>
> 城津 俊昌號 崔鳳俊 告白

라고 하여, 최봉준이 1,400여톤급 복견환(伏見丸)을 구입하여, 화물선 및 여객선으로 이용하게 되었음을 광고하고 있다. 『대한매일신보』 1908년 3월 7일자에서는, 〈한국륜선〉이라는 제목하에,

> 최봉준씨의 화륜선 복견환은 원래 일본에 입적하였더니, 지난 2월 17일에 일본에 청원하여 입적을 면하고, 한국 원산항에 입적하여 배이름을 준창호라 고치고, 원산 성진 해삼위에 왕래하는데, 최씨가 본국정신을 잃치아니한다고 사람마다 칭찬한다더라.

라고 하여, 최봉준의 주장으로 이름을 준창호라 하고 한국국적으로 하였음을 보여주고 있다.

그러나 최봉준의 사업은 1910년대 이후 점차 몰락의 길을 걷게 된다. 『권업

신문』 1912년 12월 15일 〈준창호가 일인의 소유가 되어〉에,

> 최봉준 씨는 수만원의 왜채를 청상치 못함으로 그 소유 상점 준창호를 일인이 집행하였다더라.

라고 있음을 통하여, 최봉준이 채무로 인하여 결국 준창호를 팔아넘기는 비운을 겪게 됨을 알 수 있다.[8]

최봉준의 몰락은 준창호를 통한 러시아로의 생우 수출의 격감이 그 원인 중 하나가 아닌가 생각된다. 1913년 4월 19일 『매일신보』 〈노령 수출 생우 감소〉에 따르면, 조선 북부지역에서 블라디보스토크로 수입되던 소의 수입 경로가 다변화 되는 모습을 볼 수 있다. 즉, 중국 산동성(山東省)으로부터 청도(青島) 등지를 경유하여 해로로 소의 수입이 증가하였다. 또한 하얼빈, 해랍이 지방으로부터 철도를 통하여도 이루어지게 되었다. 아울러 자바이칼 지방으로부터 동우(凍牛)가 유통되기도 하였던 것이다. 아울러 『매일신보』 1914년 8월 22일자 지방통신 〈함경북도 産牛組合〉에서도 함북지방의 경우 생우의 1년 거래 대금이 거만원에 달하고, 나라수입의 원천이 되었으며, 함북경제를 지배하는 금고였는데, 근래에 소 수출이 미미하고 부진함을 전제한 후, 만주방면에서 수출되는 소들과의 경쟁을 들고 있다.

『매일신보』 1920년 11월 8일자 〈北鮮 生牛와 무역, 露領에 직접 수출〉에서는 최봉준이 1911년 10월 폐업하였음을 지적하고 있다. 최봉준의 폐업은 결국 생우 수출의 양을 급격히 감소시켰다. 1910년 9,670, 1911년 12,636 두가 수출되던 것이 1912년에는 2,714두, 1913년에는 150두로 감소하였다. 한편 최봉준은

---

8 동아일보 1925년 3월 27일자 성진편에 따르면, 준창호는 일본에 팔려가 朝日丸이란 이름으로 불리우고 있다고 한다. 매일경제신문 1981년 7월 15일자에 따르면, 준창호는 1919년 일본 尼崎기선회사에 팔렸다고 한다.

블라디보스토크에 기와 굽는 제조소도 크게 하였다고 전한다.[9]

2. 현실인식과 교육활동

1) 문명개화적 인식

최봉준은 열심히 새로운 삶을 개척하면서도, 일면으로는 공부에도 정진하여 연추지역의 대표적인 지성으로 성장해 갔던 것으로 보인다. 1897년 9월 7일자 『독립신문』에, 〈러시아 해삼위 근처 연추 각 지방이 이십 이사인대〉에 있듯이, 최봉준은 유진률과 함께, "행사가 정직 하고 학문이 정밀하여 대접을 높이 받는" 인물로 높이 평가받을 정도의 인물로 성장하고 있다. 특히 최봉준이 서양 각국의 문명한 학문들을 힘써 공부하고 있는 모습을 보여주고 있다.

그리하여 최봉준은 1899년도에는 독립신문에 다음과 같은 글을 기고하고 있을 정도였다. 즉, 최봉준은 러시아 변방 국경지대에 살고 있는 청년이었으나, 국내 정치에도 관심을 갖고 있었으며, 조선이 서양과 같은 문명국이 되어야 한다고 하여, 문명개화를 강조하고 있던 것이다. 즉, 『독립신문』 1899년 4월 28일 〈유리한 말〉이라는 제목하에,

> 대한 사람으로 러시아 향산촌에 가서 사는 최봉준씨가 본사에 글을 지어 보내었기에 좌에 기재 하노라.
> 러시아 향산촌에 사는 최봉준이가 부질없는 말이 오나 대한 후생들을 위하여 두어 마디 말 하노라,
> 우리 본 나라 대한국 형편을 들으니 남녀 노소 간에 서양 인종과 동등이 될 날이 멀었사오니 첨 군자는 바삐 수치를 면 하게 하소서. 그대로 앉아서 태서 각국의 하대를 밖에 되오면 우리 같이 타국에 입적한 사람의 마음에도 너무 애석하여 이 말씀이

9 『신한민보』 1918년 7월 18일자

외다.

여러 십 년 전으로 말 하거드면 타국 사람이 하나도 대한에 나오지 아니하였고, 대한 첨 군자들도 타국에 가서 유람하여 본일이 없으니 그 때에는 자기나라 행습으로 일을 하였거니와 지금은 그때 세상과 다르니 대한 첨 군자 중에도 외국에 가서 유람하고 형편 물정을 들은 이도 만 할지라.
우리 대한이 타국에 수치 받는 것을 면 하려면 첫째 문명한 나라 학문을 힘쓸 것이니 첨 군자는 깊이들 생각하시와 지금부터라도 남녀간에 후생들을 八九세 넘기지 말고 문명한 나라의 각색 학문을 가르쳐 노았으면 사나이들은 배운 학문 가지고 본 나라 일을 할 터이니 정부 일이 취서가 되어 갈 것이오 벼슬 아니 하는 사람이라도 배운 학문이 있으면 자기의 생애가 염려 없은즉 그때에는 대한이 세계에 대접을 받을 터이요

여인들을 교육을 잘 시켜으면 대한 후생들에게 제일 근본인 것이 여인들은 사람의 첫 어사(御史)라. 사람이 남녀간에 세상에 남 처음 유하부터 양육을 잘못하여 八九세 되거드면 그후 부터는 암만 바로 잡아 잘 가르치려 하여도 애송 버들가지 꾸부러진 것을 불에 쪼여 곧게 펴는 것과 같아 당장에는 펴지나 좀 두거드면 도로 꾸부러질지라. 이것으로 비교하여 보아도 후생을 문명한 사람들을 만들려면 유하에 있을 때부터 잘못 양육하면 사람 되기를 믿을 수 없는지라. 사람마다 생각하기를 자기가 세상에 니시 당장에 히는 행실이 늙어 죽도록 잊히지 않고 어려서 세상 모를 때에 배운 행실은 쓸데 없는 줄로 아나 그렇지 아니 한 것이 五六세 七八세에 배운 행실이 늙어 죽도록 잊히는 법이 없으니 그 때에 훈계 하는 어사에게 달린지라 개명상에 유의 하시는 이들은 남녀를 분간하지 말고 학문 가르치기를 걱정들 하시오
근래에 대한 각 부에서 하는 일들이 세계 물정과 같지 않다고 말들이 만 하나 부득불 그럴 수밖에 없는 것이 몇 백 년 굴러 나려오든 구습으로 서양 개화 좋단 말만 듣고 개화 공부는 아니 하며 억지로 타국 문명한 개화국과 같으려 하니 침침 칠야에 거문 소를 쫓아 다니는데 소도 검고 밤도 어두우매 종야하도록 찾지 못 하고 나종에는 장시하여 무엇을 훔칠 마음도 나고 협잡할 마음도 두다가 비탈에서 큰 짐승을 만나 애쓰는 것과 같은지라 부끄러운 줄을 아시거던 담당 못할 일들을 대답들 말았으면 좋을 듯 하외다

라고 하여, 남녀 구분 없이 어릴 때부터 문명개화한 교육을 시킬 것을 주창하였다. 이는 차후 최봉준이 문명개화인 나아가 계몽운동을 주장한 인물로 나가는 단초를 보여주는 것이다. 또한 그가 여성교육에도 관심을 기울이는 모습의 단초를 찾아 볼 수 있다.

2) 교육의 중요성

문명개화에 깊은 관심을 갖고 있던 최봉준은 일찍부터 학교설립을 통하여 교육에 심혈을 기울였다. 『대한매일신보』 1906년 11월 20일자 잡보 〈博聞敎育〉에 보면, 최봉준은 성진 신평에서 학교 교장으로 활동하고 있다. 최봉준의 학교 교육은 국내에서 그치지 않고 러시아 연해주지역에서도 이루어졌다. 『황성신문』 1907년 5월 29일 〈海參威特信 啓東學校趣旨書〉에, 최봉준이 발기인 겸 서기 등으로 참여하고 있는 것도 이와 궤를 같이 한다고 볼 수 있을 것 같다.

아울러 최봉준은 이포에 명동학교가 만들어지자, 총감으로서 학교 발전에 기여하고 있다. 『해조신문』 1908년 3월 24일, 〈明東校益進〉에 있고, 『해조신문』 1908년 4월 18일자 〈명동학교〉에, 명동학교 교직원들이 최봉준에게 고마움을 표하고 있다. 한편 최봉준은 연추 향림동 선흥의숙 설립에도 최재형, 김학만 등과 함께 기여하였다. 『해조신문』 1908년 4월 30일자 〈鮮興將興〉에,

> 연추(크라스키노) 등지 향림동에 거하는 유지 신사 방성업, 최여진, 박상규, 한종건, 권장규, 김석하, 한기학, 한기욱 제씨가 국권이 타락하고 동포에 식견이 몽매함을 개탄히 여겨 성년 십이월분에 학교 창설하기를 발기할 새 권장규 씨는 특별히 교사일좌(校舍一座)와 전(田) 六日경을 연조하고 오영권 씨는 전 一日경을 연조하고 一동 첨원이 각기 다소 의연을 자원하여 학교를 설립하고 이름을 선흥의숙(鮮興義塾)이라고 하고 해삼위(블라디보스토크) 김학민 씨에게로 교사(敎師) 연빙하기를 청

> 한데 씨가 신사 김작 씨를 천송하매 씨가 열심 교수하여 남녀학도가 三十 명에 달하였는데 해 학생의 주야 향학지성과 좌우 반으로 토론하는 정황이 날로 진보되는데 학교 사무원들이 기 학교에 확장 유지할 방침을 강구하여 교장은 최재형 씨로 부교장은 김학만 씨로 찬성장은 최봉준 씨로 천망하였다더라.

라고 있고, 『해조신문』 1908년 5월 8일자 〈신영학교취지서〉에 보면, 역시 최봉준이 찬성장으로서 후원하고 있다.

『해조신문』 1908년 4월 12일자 〈挾私妨公〉라는 기사에,

> 원산통신을 거한즉 해항 모모인이 상의하고 우척(牛隻) 매매할 시에 매척에 돈 두량씩 받아 도로 청결비로 쓴다 칭탁하고 금춘부터 수봉하려 하므로 준창 주인 최봉준 씨가 마침 그곳에 나갔다가 그 일을 듣고 여러 신상에게 권고하기를 본지에서 우척의 분전을 이미 받들진대 그 돈을 다른 데 소용하지 말고 차라리 학교에 부쳐 교육비로 쓰는 것이 가한지라. 도로 청결도 위생에 급한 것이나 교육에 비하면 뒤에 하여도 무방하다 한데, 그 삼동 신사들과 대한협회와 여러 부로의 물론이 다 좋다 하여 그리하기로 협의가 될 듯하더니 그 중상회소 중에 이여천 씨 등이 반대하여 왈 우척에 수봉전으로 학교에 부치는 것은 각국에 없는 일이요, 청결비에 쓰는 것이 당연하다고 최씨에게 답함을 하였다니 동씨는 각국의 법칙을 어찌 아는지 학교와 도로와 비교하면 신후완급이 어떠한지 아는가. 이것은 디름이니라 그 돈을 가지고 청결한다 빙자하고 중간에 훌무려먹어도 남이 자세히 조사하지 못할 것을 만약 학교로 부속하면 저희들이 건몰할 수 없는 고로 한사 반대한 까닭이니 이 같은 만종만습으로 말미암아 나라가 이 지경이 되는 것이 실로 불쌍하도다.

라고 있듯이, 최봉준이 얼마나 교육에 깊은 관심을 보이고 있는지를 알 수 있다.

문명 개화론자였던 최봉준은 미주에서 활동하고 있던 안창호와 일맥상통하는 인물로서 파악된다, 따라서 최봉준은 안창호와 가까운 인물이었고, 최봉준은 안창호와 가깝게 지내고 싶어했던 것으로 보인다. 최봉준이 안창호에게 쓴 편지들을 보면, 병중에 있는 안창호에 대한 염려, 안창호의 거처를 알

지 못해 편지 한 장 나누지 못한 서운함을 표시하고 있다. 아울러 국내에 다녀온 사이 방문한 안창호를 만나지 못한 것을 못내 아쉬워하고 있다. 최봉준은 1913년 2월 14일자에서는 천진과 원산을 다녀온 최봉준이 조선 국내 사정을 전해주고 있다. 아울러 친안창호계의 이강(李剛), 이갑(李甲) 등의 안부를 전해주고 있다. 아울러 안창호 계열인 백원보(白元甫), 이갑 등이 안창호에게 보낸 편지에서도 최봉준에 대하여 언급하고 있다.

3. 언론활동-『해조신문』의 간행

최봉준은 러시아에서 최초로 한글신문을 간행한 인물이다. 그러므로 그는 러시아 지역 한인 언론사에서 주목할 만한 인물이라고 볼 수 있다. 최봉준은 『해조신문』 창간호(1908년 2월 26일) 〈발간하는 말〉에서,

> 서력 일천팔백육십삼년은 곧 음력 갑자지년이라. 우리 동포 십여 가구가 처음으로 이 아국(러시아)지방 지신허(치진헤)에 건너와서 황무지지를 개척하고 인하여 살음에 해마다 몇 십호씩 늘어가더니 일천팔백육십팔년 기사에 이르러는 본국 함경도 지방에 흉년이 크게 들거늘 그해 겨울에 기황에 들었던 백성 수천호가 일시에 지신허(치진헤)로 내도하니 기왕에 우거하던 몇 십호의 농작한 힘으로는 수천 인구를 구제할 방책이 없는지라, 그런고로 기황을 이기지 못하여 죽는 자 매일 몇 백명에 달하더니 그 때에 이 아국관헌(러시아관헌)으로서 양식을 주급하여 생명을 구제함에 근근 ●성한 자 반분에 지나지 못하는지라. 이에 남녀노소 이천명 가량이 연추(크라스키노) 각 지방과 추풍(수이푼), 수청(파르티잔스크) 각 지방과 허발포(하바로프스크) 사만리 각 지방으로 수 십호씩 나눠 살아 농업으로써 살기를 도모하더니 해마다 본국으로부터 내도하는 자 연속부절하여 호수가 수천에 달한지라.
>
> 이 나라에서 그때부터 심히 민망히 여기다가 일천팔백구십오년 을미에 이르러는 우리 동포의 인구와 호수를 제제히 조사하되 개중에 우거한지 오랜 호수와 적이 가산이 유여한 호수를 택하여 이 나라의 판적으로 들어가게 하니 입적한 호수가 대강 일천오백여 호 가량이오. 그외 인구는 일시 거류하는 인민으로 무시왕래하여 우금까

지 이르니 현금 각 지방에 거류하는 우리 동포가 무려 수십만 명이라.
그런즉 이 지방에 처음으로 우거하는 지는 벌써 사십여 년이오. 기차는 태반이 삼십 년에 지나니 알 수 없노라 삼, 사십년 간에 경영한 바 무슨 일이며 얻은바 무슨 이름인고. 옛사람이 가로대 의식이 족한 후에야 예절을 안다 하였으니 혹은 생애에 골몰하고 영리에 급급하여 나의 나라를 사랑하고 나의 몸을 보전하기에 생각이 미치지 못하였던가. 이제 이르러 생각하면 자기의 의무를 행하는 자 백 명 중에 한, 두 사람도 있지 아니하니 어찌 가히 탄식함을 이기리오.

우리가 이미 부모지국을 버리고 이 지방에 거류할새 동서양 각국 인종과 교섭이 빈삭한즉 우리에게 있는 권리를 일층 보전하고 우리가 행할 의무를 더욱 힘쓰면 우리의 사업이 날로 흥왕하고 치언의 치소를 가히 면할지나 손을 묶고 막연히 앉자 구습에 빠지고 고법만 숭상하여 새 세상 신공기를 마시지 아니하고 새 소식 신학문을 주의치 아니하면 비록 아무 때라도 남의 치소와 남의 수모를 면치 못하리로다.

이왕 삼, 사십년 성상은 꿈속같이 지내였거니와 내 두 형편을 궁극히 생각하여 금같은 시간을 헛되이 보내지 말고 청년들은 학업에 주의하고 농사하는 자는 농업에 주의하고 장사하는 자는 상업에 주의하여 각각 그 직책을 지키고 각각 그 의무를 행하여 문명한 나라의 인종으로 더불어 이 세계에 병립하기를 간절히 바라는 바요, 또 구라파(유럽) 인종은 우리 아세아(아시아) 인종보다 문명의 보무가 이미 나아갔고 지식의 정도가 이미 높았으니 다시 말할 것 없거니와 우리와 인종이 같고 글이 같은 일본 인종은 삼, 사십년 전까지도 이곳에서 우리와 같이 노동할 때에 넓은 옷을 입고 머리에 상투를 꼭지고 다니던 것을 보면 우리와 동등이러니 오늘날에 이르러는 구미 각국과 동등의 대우를 받고 또한 열강국과 자웅을 다투거늘 우리 나라는 우리의 문명제도를 본받아가던 일본에게 보호라 하는 더러운 칭호를 받으니 상하차등의 관계가 과연 어떠한고.

깊이 생각하여 볼지어다. 우리동포여 이것이 다 우리는 교주고슬로 고법만 지키고 구습만 숭상한 까닭이오. 저는 수시변통하여 자기의 의무를 행한 연고니 그 의무를 완전히 행하고 그 권리를 굳건히 보전함은 불필타구라. 오직 우리의 지식을 발달하고 우리의 견문을 넓힘에 있는 고로 본인이 분격하고 통한함을 이기지 못하여 본사를 창설하고 춘추의 직필을 잡아 원근 소식과 시비곡직을 평론 기재할 새 우리벗 유지한 제군으로 협심동력하여 오늘날 비로소 발간함을 얻으나 실로 천재의 한 좋은 기회라. 이 신보를 애독하시는 제군자는 이 기회를 잃지 말으시고 새 지식을 발달하며 새 견문을 넓히기에 힘을 쓰고 마음을 다하여 남의 치소와 남의 수모를 면하기로 힘쓸지어다.

최봉준

라고 하여. 새 지식과 새 견문을 넓히도록 하기 위하여 신문을 간행함을 밝히고 있다. 아울러 최봉준은 "우리의 문명제도를 본받아가던 일본에게 보호라 하는 더러운 칭호를 받으니"라고 하여 을사보호조약에 대하여 강력히 비판하는 목소리를 크게 높이고 있다.

언론활동의 중요성을 인식한 최봉준은 당시 최고의 지성이며 민족주의자인 장지연(張志淵)을 『해조신문』의 주필로 초청할 정도로 민족신문의 간행에 열정적이었다. 일본 측의 1908년 2월 20일 〈외국 신문 발행 기타 건〉의 다음 보고는[10] 이를 잘 보여주고 있다.

一. 블라디보스토크에서 발간하는 신문의 기자로서 장지연이 그 초빙에 응하였다는 것은 이미 보고한 바와 같다. 장지연은 그 후 원산에서 그 신문의 主宰 최봉준이라는 자와 회견하고 발간에 대하여 상의한 끝에 崔는 매년 1만圓씩을 향후 10년 간 그 사업에 투자하기로 하고 張志淵의 봉급은 그 희망에 맡기는 것으로 계약하여 張은 일단 귀경하고 이달 2일 블라디보스토크로 향하여 출발했다.
그 최봉준이라는 자의 사람됨을 듣는데 지금으로부터 10여 년 전 블라디보스토크항으로 건너간 이래 운영하던 운수업이 때를 만나 지금은 수십만의 재산을 지니게 되었으며 재류민 사이에서 중용되었다. 그러나 원래 無學文盲하고 사회의 대세를 아는 지식이 없는데, 이 신문 사업에 거액의 자금을 투자하는 것도 완전히 재류 한국인의 선동에서 나온 일이라고 한다. 현재 이곳에 재류하는 한국인은 수천 명에 달하며 많은 자가 러시아에 귀화했다고 한다.

10 『통감부문서』 5권〉二. 在露韓人發行 新聞紙並排日行動〉(2) 외국 신문 발행 기타 건.

그러나 위의 보고처럼 최봉준은 "無學文盲하고 사회의 대세를 아는 지식이 없는" 그런 인물은 아니었다. 1890년대 서울에서 간행된 독립신문에 투고할 만큼 식견이 있던 인물이었음을 짐작해 볼 수 있다.

1908년 2월 21일 일본 측은 〈한국어 신문 발행 계획에 관한 건〉에서[11] 신문 발간 상황에 대하여 다음과 같이 보고하고 있다.

> 當地 재류 한국인 중에 신문발행 기획을 하여 배일주의를 고취하려고 힘쓰고 있다는 것을 미리 듣고 있으므로 은밀히 탐색하였던바, 근래 別紙 취의서와 같이 『해조신문』을 발행하여 일반국민의 지식을 증진하고 국권의 회복을 도모하여 독립의 실효를 얻는 것, 본국과 열국의 상태를 널리 보도하는 것, 관청의 시달·법제·학술·농공상업 등에 관한 새로운 사실을 번역 보도하는 것, 취미 있는 담화를 게재하는 것 등의 주의 방침을 발표하여 널리 한국인 중에 구독자를 모집하고 있다고 합니다. 그리고 한편으로는 신문사에 충당하기 위하여 가옥을 건축하고 윤전기 1대를 설치하고 한국인 기사 1명을 고용해서 목하 발간 준비 중이며 귀화 한국인 최봉준은 매월 상당하는 자금을 보조한다고 약속한 모양입니다만, 아직 발간의 단계에 이르지는 못하였습니다.
>
> 위 신문은 오로지 한국인이 경영에 관계된 듯 하고 러시아인과 한국인 공동의 형적은 보이지는 않습니다. 아마 공동 운운의 소문은 귀화 한국인이 이에 가담하고 있는 것을 가리킨 것이라고 생각합니다. 또한 말을 전하는 기자 장지연과 金河琰은 社中에 있는지 없는지 알 수 없으므로 다른 사원의 행동과 함께 목하 탐색 중에 있습니다. 도대체 본지 발행에 관해 러시아 관헌이 과연 이를 인가할 것인지 아닌지, 원래 러시아는 극력 혁명사상의 彌蔓을 방어하는 데에 노력하기 위한 인쇄물 발행은 가장 엄중하고 그 수속이 용이치 않아서 발간이 지연되는 이유는 혹 다음과 같은 사정에 기초한 것이라고 생각됩니다. 가령 공식허가를 받아 발행한다고 할지라도 과연 영속하느냐 않느냐 이것 역시 재류 한국인의 상태에 비추어 의심하지 않을 수 없는 바 입니다. 그리고 또 본건의 되어가는 형편에 관해서는 다시 탐지를 마치고 통지하겠습니다만 위를 즉시 참고로 말씀드립니다. 敬具

---

11 『통감부문서』 5권 〉二. 在露韓人發行 新聞紙並排日行動〉(3) 한국어 신문 발행 계획에 관한 건.

최봉준은 다음의 발간 취지서에서 간행 목적을 보다 분명하게 언급하였다. 국권회복 도모와 민족정신 앙양이 신문간행 목적임을 천명하였다.

『해조신문』 간행 취지서

사람마다 자긔 심듕에 싱각ᄒᆞ기를 보고 듯지 안이ᄒᆞ야도 사람이면 사람의 직책을 다ᄒᆞᆫᄂᆞᆫ줄로 알아도 결단코 그럿치 안이홀 것이 있으니 보고 듯ᄂᆞᆫ것이 업스면 이 세상 만물 듕에 사람이 가장 귀ᄒᆞ다닐으지 못홀지니 가령 인종이 다른 두세나라 사람이 한 좌석에 참여ᄒᆞ야 이나라사람이 저나라 말을 못ᄒᆞ고 저나라사람이 이나라말을 못ᄒᆞ게 되면 그사람들의 마음 가운ᄃᆡᄂᆞᆫ 아모리 유자홀지라도 서로 실정을 비앗지못홀이니 말못ᄒᆞᄂᆞᆫ 벙어리를 면홀수업고 ᄯᅩᄒᆞᆫ 자긔의 나라말이라도 ᄇᆡ흐지 아니ᄒᆞ면 벙어리와 다름업ᄂᆞᆫ지라 이왕에 우리를 나흔 부모도 듯고 본 것이 업셔 벙어리를 면ᄒᆞ지 못ᄒᆞ고 우리ᄂᆞᆫ 락지지초에 유벽ᄒᆞᆫ 산듕과 무인지경에서 사오십세 ㉦도록 성장ᄒᆞ얏스면 듯고 본 것이 업시 엇지 말을 홀수 잇스며 말을 ᄒᆞ지못ᄒᆞᄂᆞᆫ자-엇지 자긔의 싱도지방을 ᄶᅵ다를 수 잇스며 ᄯᅩᄒᆞᆫ 금수와 무엇이 다름이잇스리오. 말은 그듕에 총명ᄒᆞ고 령각이 속ᄒᆞᆫ자ᄂᆞᆫ 사람이라 보고 듯ᄂᆞᆫ 일이 만흐면 만흘사록 아는 것이 한량업ᄂᆞ니 우리 어마니의 ᄇᆡ박씨 나온이후 ᄂᆞᆫ 사람이 ᄒᆞᄂᆞᆫ 일을 다 가라치어야 사람의 직책을 다ᄒᆞ되 우리 사업 듕에도 듯고 듯지못ᄒᆞᆫ 일이 잇기로 나라마다 국문을 만드러 됴흔 일만 ᄐᆡᆨᄒᆞ야 본나라말로 식세상에 낫하ᄂᆡ여 만히 보고 만히 들어 이세상의 지식 마흔사람이 되면 능히 세계 형편을 쇼연ᄒᆞ게 알고 우리들이 보지 못ᄒᆞ고 듯지못ᄒᆞ든 뎐화, 뎐보, 텰로, 류선 각종이 다 결문이 만흔 사람의 ᄌᆡ조와 의량으로 제조ᄒᆞᄂᆞ니 엇지 만히보고 만히 듯ᄂᆞᆫ 것을 우리형뎨ᄂᆞᆫ 성각지 안이ᄒᆞ시오

슯흐다 우리들이 이 아국 우수리디방에 온지 이믜 삼사십년이 되여도 우리의 힝지거동이 남의 나라인들의 힝위를 본밧지 못홈 업는 고로 몀국 인종의계 천ᄃᆡ를 밧ᄂᆞᆫ 것이 오ᄂᆞᆯ날 ᄶᅵ지 비일비ᄌᆡᄒᆞ며 이것이 다듯고 보지 못ᄒᆞᆫ 연고로 ᄯᅩᄒᆞᆫ 여간 보고 듯ᄂᆞᆫ다ᄒᆞᄂᆞᆫ 것이 자긔의 언변으로 ᄒᆞ지 못ᄒᆞ고 남의 언변을 빌여 ᄒᆞᄂᆞᆫ ᄭᆞ닭에 거즛말과 실지 업ᄂᆞᆫ 일이되ᄂᆞᆫ 고로 날마다 신문잡지에셔 세계형편을 명ᄇᆡᆨ히 아ᄂᆞᆫ ᄀᆡ명한 나라 사람의계 막심한 천ᄃᆡ 밧으니 이 설음을 싱각ᄒᆞ지면 엇지 통한치안이리오

우리 한국이 기국ᄒᆞ지 사쳔 여년이라. 이제 개발국 즁에 뎨일 몬저 문명ᄒᆞ엿든 인종으로셔 이러ᄒᆞᆫ 쳔ᄃᆡ를 밧ᄂᆞᆫ 것은 엇전 일인고 당금 형편은 살피지 안이 ᄒᆞ고 수습만 ᄃᆡ히기로 농사만 삼는 고로 우리형뎨를 위ᄒᆞ야 이 ᄒᆡ삼위항에 해죠신문이라ᄒᆞᄂᆞᆫ 보관을 설시ᄒᆞ고 슌국문으로 날마다 발간ᄒᆞᄃᆡ 각국 신문의 유리ᄒᆞᆫ 말과 각국 통신 년보와 이 세계형편이 날로 문명ᄒᆞ야 변ᄒᆞᄂᆞᆫ 일과 각국의 교재ᄒᆞᄂᆞᆫ 형편과 농공상업의 유익ᄒᆞᆫ 말과 사회와 H)인상의 시비곡직을 듯ᄂᆞᆫ ᄃᆡ로 기록ᄒᆞᆯ 터이니 각 디방에 거류ᄒᆞ시ᄂᆞᆫ 우리형뎨들은 본 신문을 다수히 ᄋᆡ독ᄒᆞ시여 벽한궁촌에 계신동포라도 이 세계 각국의 형편이 날로 변기ᄒᆞᄂᆞᆫ
소문과 날마다 ᄉᆡ소식을 알게 되면 ᄉᆡ계상의 유조ᄒᆞᆫ 논단은 날로 늘어가고 이왕의 무식ᄒᆞ던 농담잡설은 다 더러바릴지니 그런즉 남과 갓치 ᄉᆡ세상복을 눌여 남의 문명을 불어워ᄒᆞ지 안이ᄒᆞ면 본샤도 신문을 설치ᄒᆞᆫ 본의를 일우고 구람ᄒᆞ시ᄂᆞᆫ 쳠군자도 효력이 적지 안이ᄒᆞᆯ이니 남녀로쇼간에 본 신문을 바다보시고 귀를 기울여 날마다 ᄉᆡ소식을 드르시기 간절히 바라ᄂᆞᆫ바 이로소이다

一. 신문일흠은 ᄒᆡ죠신문이라 함
一. 일반국민의 보통지식을 발달ᄒᆞ며 국권을 회복ᄒᆞ야 독립을 완젼케ᄒᆞ기로 목뎍ᄒᆞᆷ
一. 복국과 열국의 소문을 너리 탐지ᄒᆞ야 날마다 발간ᄒᆞᆷ
一. 정치와 법률과 ᄒᆞᆨ문과 상업과 공업과농업의 ᄉᆡ문ᄌᆞ를 날마다 번역계재ᄒᆞᆷ
一. 국문과 국어와 자미잇ᄂᆞᆫ 이약이로 알기쉽도록 발간ᄒᆞᆷ
一. 실업상 진보의 기타 죠흔ᄉᆞ업에 발달을 위ᄒᆞ야 광고를 청ᄒᆞᄂᆞᆫ 일이 잇스면 상의계재ᄒᆞᆷ

융희이년 이월 일, 아력 일천 구백 팔년 월 일

일본 측은 1908년 3월 3일자로 〈한국어 신문 발행에 관한 건〉에서, 최봉준이 『해조신문』을 창간하였음을 다음과 같이 밝히고 있다.[12]

當地 재류 한국인 중에서 한글신문 발간 계획이 있다는 것은 지난달 21일자 諸 제40호로 말씀드렸는바, 위는 귀화 한국인 최봉준 주재 하에 『해조신문』이라 이름하

12 『통감부문서』 5권〉 二. 在露韓人發行 新聞紙並排日行動〉 (5) 한국어 신문 발행에 관한 건.

고 지난달 26일 그 제1호를 발간한 이래 매일(일요일과 祭日의 다음날 제외) 간행하고 있습니다. 참고를 위하여 동 신문 제1호와 제2호를 이에 보냅니다. 敬具

한편 해조신문의 발행 및 보급 특히 국내 보급의 경우 최봉준이 자신의 소유인 준창호를 이용하였다. 1908년 5월 7일자 〈『해조신문』 발행 및 보급에 관한 보고 건〉에 따르면,[13]

러시아 블라디보스토크에서 러시아인과 러시아로 귀화한 한국인이 공동으로 "해조"라는 신문을 발행하여 전면 한글판으로 편찬하고 러시아 영내와 본국의 한국인에게 구독시킬 목적으로 이미 50여 호를 발간하였습니다. 한국 내지에 반포하는 분량은 元山·블라디보스토크 간을 왕복하는 기선 준창호(선주는 귀화 한국인 최봉준이라는 자가 분명하고 아직 러시아에 귀화하지 않았음)으로 블라디보스토크로부터 귀항할 때 탑재해 와서 이곳에서 각 내지로 발송할 계획이므로 이곳 경찰서에서는 수입하자마자 즉시 검열을 해서 치안에 방해가 된다고 인정될 때는 內部에 전보를 쳐서 발매금지 할 계획으로 47호, 48호 2개호는 內部로부터 발매금지를 하였다는 취지를 이곳 경찰서에 전보가 있었습니다.

발매소는 京城과 각지에 설치되어 있으므로 이미 아실 것으로 생각되지만 참고삼아 최근 발매된 6부를 보냅니다. 敬具

라고 하여 이러한 상황을 잘 보여주고 있다.

최봉준은 일제의 압력 등으로 인하여 결국 해조신문을 폐간하게 되었다. 1908년 5월 27일 『해조신문』 폐간에 대한 정보 건에 따르면,[14]

러시아령인 블라디보스토크에서 "해조"라고 칭하는 일간신문이 발행되고 있는 상황은 5월 7일자 機密 제14호로 보고하여 두었는바, 그 신문은 同國에서 발매를 기도한 이래로 이미 수차례 발매, 반포가 금지되어 수지가 맞지 않을 뿐만 아니라 자본

13 『통감부문서』 5권 〉 二. 在露韓人發行 新聞紙並排日行動〉(10) [『해조신문』발행 및 보급에 관한 보고 件]

14 『통감부문서』 5권〉 二. 在露韓人發行 新聞紙並排日行動〉(13) [『해조신문』폐간에 대한 정보 건]

주(일설에 러시아 귀화 한국인 崔鳳俊이라고 말함)가 지인의 충고를 받아들여 드디어 폐간을 결정하고 인쇄기계를 소유자인 元山의 吉田秀次郎에게 돌려주기 위하여 어제 출범한 俊昌號에 탑재하였습니다.

위 보고말씀 드립니다. 敬具

라고 있고, 또한 〈『해조신문』 폐간에 대한 원산경찰서장 보고의 건〉과[15] 이미 보고한 5월 27일자 『해조신문』 폐간 건에 관하여 원산경찰서장으로부터 다음의 보고가 있었다.

『해조신문』경영자는 러시아에 귀화했다고 칭하며 현재 블라디보스토크에 거주하는 한국인 최봉준으로, 그는 러일전쟁 후 갑자기 수십만원의 자산을 얻어 북한 지방의 生牛를 블라디보스토크로 수입하는 것을 업으로 삼았다.

一. 崔는 元山에 살고 있는 회송업자이며 前『北韓實業新報』 소유주였다. 吉田秀次郎과는 친밀한 사이였으므로 吉田으로부터 신문기계와 활자를 양수하여 완전히 자신의 상업상 기관으로 『해조신문』을 발행하기에 이르렀다.

一. 崔가 초빙한 『해조신문』의 기자는 崔의 평소 의지에 반하여 신문 상에 자주 정치적 기사를 게재하여 치안을 방해하는 일이 있었는데, 崔는 어째서인지 이를 저지할 수 없는 사정이 있는 것 같고, 근래에 이르러서는 신문을 발행한 일을 오히려 후회하고 있는 듯하다.

一. 원산경찰서장은 崔의 근친으로 崔가 소유한 기선 준창호의 사무장 朴應相과 만났을 때에,『해조신문』 기사가 왕왕 국가안전에 해가 된다는 뜻을 말하고, 朴에게 崔의 반성을 촉구하라고 하자, 朴은 이를 승낙하였다.一. 기타 朴은 블라디보스토크항에 항행하여 지난날 27일 또 준창호로 원산에 입항하였다. 그의 말에 따르면 崔는 크게 반성하는 바 있어 5월 25일 신문을 폐간하게 되었다고 한다.

위 보고합니다.

또한 해조신문사의 폐간과 관련하여서는 신문사 직원인 박영진의 1908년 7

15 『통감부문서』 5권〉 二. 在露韓人發行 新聞紙並排日行動〉(14) [『해조신문』폐간에 대한 원산경찰서장 보고의 건]

월 9일 다음과 같은 진술이 있어 참고된다.[16]

京城 南部 苧洞 9통 2호 평민 朴永鎭 당시 32세
본인 체포의 사실은 이미 보고한 바 그 조사에 대한 진술 요령을 다음과 같다.

一. 나는 議政府 官報와 일진회 회보발행소『大韓日報』(일찍이 한글 신문발행시대) 廣文社 등에서 植字, 文選 직무에 종사하며 乙巳年(지금으로부터 4년 전) 5월 대한매일신보사에 들어가서 文選에 종사하던 중 작년 1907년(隆熙元年) 음력 12월 22일 황성신문사의 文選 柳九用의 소개로 張志淵과 만났다. 張은 이번에 러시아령 블라디보스토크港에서 배일주의 신문을 발간하여 국권회복에 공헌하려고 한다. 국가를 위하여 함께 이 사업에 진력하기 바란다고 간절히 희망했다. 따라서 이에 찬동하여 블라디보스토크港행을 결심하고 여권은 원산항에서 금 4圓으로 타인의 것을 매수하여 금년 1월 27일 도항하였다.

一. 해조신문사는 블라디보스토크港에 재류하는 부호 최봉준이 경영하는 사장으로, 崔萬學은 총무, 王昌東는 기계 담당, 일본인 大竹次郎, 고문으로 러시아인 쥬코프라는 자가 있다. 금년 음력 2월 1일 張志淵은 주필, 자기는 文選으로 함께 입사한 이후 한국에서 일본세력을 구축하려는 목적으로 항상 과격한 붓을 놀린 결과 본국에서 발매 반포를 금지 당하였으며, 이 때문에 신문사는 재정에 타격을 입었는데 게다가 출자자인 崔鳳俊도 역시 더 이상의 관계 유지를 거절하여 금년 음력 4월 28일 결국 어쩔 수 없이 廢刊함에 따라 이번에 귀국하였다 운운.이상과 같이 그의 귀국 목적에 관해서는 블라디보스토크에서 활로를 얻지 못한 관계로 귀향한 것이 틀림없으며 하등 기획은 없는 것 같으나 여전히 조사 중이다.
위 말씀 보고합니다.

즉, 최봉준의 해조신문 폐간은 일제의 압력으로 인한 재산상의 손해, 국내 및 일본 등지와의 무역 및 여객 수송 등 사업상의 어려움이 결정적인 원인이 되었던 것 같다. 최봉준은 기본적으로 상인이었고, 따라서 그의 민족운동상

16 『통감부문서』 5권〉 二. 在露韓人發行 新聞紙並排日行動〉(18)₩『해조신문』사원의 申供

의 한계는 자연스러운 결과였을 것이다. 비록 그렇다고 하더라도 상인임에도 불구하고 한인의 지도자로서의 그의 역할을 충분히 평가받을 수 있을 것으로 판단된다.

4. 노선 변화: 최재형, 이범윤 등 의병파와의 관계

최봉준의 상인으로서의 한계는 의병운동이 쇠퇴해가던 시절, 최재형과 이범윤 등과의 관계속에서 더욱 여실히 드러난다. 사업가였던 최봉준은 블라디보스토크를 중심으로 국내의 성진, 원산 등 여러 지역과 일본, 상해, 홍콩 등지와 지속적인 사업을 전개하는 입장이었다. 기본적상인이었던 그에게 있어서 의병운동의 지속적인 전개와 군자금의 요청은 참으로 힘든 요구였을 것이다. 그런 가운데 그는 일본을 지지하는 발언을 할 수밖에 없는 입장에 내 몰리기도 하였을 것으로 보인다. 그러므로 구한말에 있어서 최봉준의 활동은 민족운동사적 시각과 더불어 보다 다양한 각도에서 검토해 볼 필요가 있지 않을까 판단된다.

1) 최재형, 이범윤 등과의 갈등

최봉준은 1908년 의병들이 국내진공작전을 전개하자 국내를 상대로 무역업에 종사하던 입장에서 상당한 어려움이 있었던 것 같다. 그러므로 최봉준은 의병들을 비난하기 시작하였다. 즉 그는 1908년 12월 상순부터 연추에 와서 최재형, 이범윤 등에 대하여 그들의 운동에 대하여 비난하였던 것이다. 아울러 이범윤에 대하여는 러시아 관헌에게 호소하는 한편 이범윤을 숙박시킨 연추 「고미사리」(役所의 名)의 한국인 통역 모씨를 부당하다고 비난하였다.[17] 최봉

17 국사편찬위원회, 『한국독립운동사-자료 13』, 1909년 1월 19일, 201쪽.

준의 이러한 입장은 1909년 7월 8일의 일본측 첩보 보고의 글을[18] 통해서 살펴볼 수 있다.

> 釜山·블라디보스토크(浦潮) 간의 해운업에 종사하는 거상으로서 일찍이 블라디보스토크에서 신문을 발행하며 배일행동을 하고 있다고 하는 최봉준은 慶興警察署 관내의 恒常洞 對岸에 있는 러시아령 약 3리 되는 곳에서 지난달 13일 다수를 모아 다음과 같은 의미의 연설을 하였는데, 청중들은 크게 감동한 것 같습니다.
> "한국인 혹은 일본인에게 반대하거나 또는 한국인 당국자에게 반목하는 자가 있다고 하지만, 나의 소신대로 한다면 결코 반대하거나 반목해야 할 이유가 있을 수 없소. 시험 삼아 무엇 때문에 일본인에게 반대하며, 무슨 까닭으로 우리 당국자에게 반목하느냐고 물으면 滿場의 여러분은 아마 그 이유를 상세하게 답변할 사람이 없을 것이오. 나는 일본에게 그 은덕을 감사하고 있소. 왜냐하면 일본은 우리나라를 순전한 독립국답게 하기 위하여 일청전쟁과 러일전쟁에서 거금의 戰費와 무수한 인명을 희생시켰을 뿐만 아니라 그 후 계속하여 우리나라의 개선과 발전을 위해 극력원조하고 있음을 확인하였기 때문이오.
>
> 이러한 恩國에 대하여 여러분은 물론 원수라고 이르는 느낌을 갖지 않는다고 하더라도 시세를 오해하고 있는 자가 水靑·煙秋·블라디보스토크 방면에 있소. 그들은 스스로 '의병'이라고 칭하지만 사실은 名義를 의병으로 빙자한 폭도들에 불과하오. 보시오, 저들의 행동을! 작년 이후 각 촌에 그 비용으로 거액의 금품을 모집하여 인민들의 고혈을 짜낼 뿐만 아니라 하나도 국가의 행복을 증진시킨 것이 없소. 특히 저들의 西水羅 사건과 같은 것은 오히려 양민들을 해한 것이 아니오? 오늘날의 日·韓 양국은 서로가 의지하는 관계이므로 입술이 없으면 이가 시린 것과 같소. 그렇다면 일본에게는 감사하다는 뜻을 표하고 우리 당국자에게는 그 시설에 찬동하는 것은 사람의 도리상 당연한 것이라 말하지 않을 수 없소. 나도 이러한 관점에서 항상 절대적으로 의병을 반대하여 당국자와 협의를 끝내고 신속하게 이들을 토벌하여 진압하지 않을 수 없음을 확신하게 되었소. 그러므로 여러분도 저들 의병의 감언이설에 속아 넘어가지 말고 각자가 그 생업에 노력하기를 깊이 바라오"라고 운운하였습니다.

18 『통감부문서』 3권〉六. 在露韓人〉(10) [부산·블라디보스토크 간 해운업자 최봉준의 친일 연설 내용 보고 件]

즉, 위의 글에서 보는 바와 같이 최봉준은 자신을 일본의 은의에 감사하는 자라고 하고, 의병을 폭도로 규정하는 한편 의병을 토벌하고 일본국에 대하여 항상 감사의 뜻을 표하여 국민복리를 도모해야 함을 강조하고 있다.

한편, 최봉준은 대중연설에서 한발 짝 더 나아가 최재형의 의병에 대한 원조요구는 절대로 받아들일 수 없다고 하면서 이를 러시아관헌에게 신고하기에 이르렀던 것이다. 그리하여 양인간의 알력은 더욱 심화되었다. 나아가 최봉준은 김학만, 차석보, 이영춘(李永春) 등과 협력하여 의병활동을 적극 반대하는 한편, 신문에 의병의 요구에 응하지 말 것을 광고하였다. 또 의병이라고 칭하는 자가 있으면 즉시 그의 주소와 이름을 신문에 싣겠다고 하는 등 주민들을 위협하는 듯한 모습을 보여주고 있다.[19] 이에 1909년 7월경 최봉준과 김학만은 최재형과 적대적인 관계에 놓이게 되었다.[20]

최봉준 등이 최재형 등과 갈등관계임을 다음을 통해서도 살펴볼 수 있다. 1909년 2월 13일 〈慶興對岸 러시아령의 폭도 정황 보고 건〉은[21] 최봉준과 최재형의 갈등 관계를 여실히 보여주고 있다.

> 3. 블라디보스토크에 있는 최봉준은 1월 상순 煙秋에 와서 崔都憲과 회합한 끝에 언쟁했다고 함. 또 이범윤과 격론하고 李를 죽일 것이라 선언하였고 한편으로는 러시아 관헌에게 그의 폭동을 호소했다고 함. 따라서 이범윤은 목하 煙秋에서 도주하여 블라디보스토크로 향했다고 하지만 그는 블라디보스토크에도 재주할 수 없을 것이라고 함.
>
> 또 최봉준은 煙秋 고미사리(관청명)의 통역 某(한국인이며 이름 미상) 에게 말하기를 "그 이래 어째서 이범윤을 숙박시키는가. 매우 부당하다. 그들 때문에 한국인의 상공업에 방해를 받고 또 한국과의 교통이 두절된 것은 전적으로 폭도가 그렇게 한 것"이라고 함.

19 국사편찬위원회, 『한국독립운동사-자료 15』, 1909년 7월 10일, 164쪽.
20 국사편찬위원회, 『한국독립운동사-자료 15』, 1910년 7월 14일, 167쪽.
21 『통감부문서』 10권〉 九. 헌병대기밀문서 —〉 (141) [慶興對岸 러시아령의 폭도 정황 보고 건]

1909년 3월 24일 〈이범윤, 崔都憲, 洪範道 등의 소식〉에,[22]

5. 폭도 축출 계획, 블라디보스토크에 사는 최봉준·김학만 및 煙秋의 金國甫 등이 협력하여 각 촌의 有志者에게 일을 계획하여 신원불명의 무리와 무직의 잡배를 축출하도록 운동 중이라고 한다.

6. 煙秋 부근 일반의 賊情
前記와 같이 水靑에서 煙秋로 온 자가 30여 명 있다. 그중 16명은 嶺間(煙秋 북쪽 약 20리)에 있다. 또 李京化의 집에 4~5명이 있다. 崔行倫의 집에도 朴春成이 있고, 崔 五衛將의 집에 安應七이 있다. 그리고 10명 정도는 거처가 일정하지 않고 朴春成·安應七·韓起洙는 현재 활동의 주창자이지만 최봉준·김학만 등 때문에 방해를 받고 있으며 또한 인민의 반대를 받고 있다고 한다.

라고 있고, 1909년 5월 19일 〈러시아령 블라디보스토크 방면에 파견한 密偵의 정보 통보 件〉을[23] 통하여서도 최봉준과 최재형 갈등 관계를 파악할 수 있다.

7. 블라디보스토크에서의 정황 : 최봉준은 러시아 관헌에게 신고하여 말하기를, 崔都憲의 원조 요구는 절대로 받아줄 필요가 없다고 하였기 때문에 두 사람 사이의 알력이 가장 심하다고 한다. 또한 최봉준은 김학만·車石甫·李永春 등과 협력해 열심히 폭도에 반대하기 때문에 모든 신문에 광고해서 절대로 폭도의 요구에 응할 수 없다고 하며 그 시비를 설명하고 있다. 또 의병이라 칭하는 자가 있으면 즉각 그 주소, 성명 등을 신문에 광고하여 인민에게 주의를 주고 있다고 한다. 이상.

1909년 5월 20일 〈러시아령 블라디보스토크 방면에 파견한 密偵의 정보 통보 건〉[24] 에서도 최봉준과 최재형의 갈등관계를 보고하고 있다.

---

22 『통감부문서』 6권〉 一. 헌병대기밀보고〉 (211) 李範允, 崔都憲, 洪範道 등의 소식
23 『통감부문서』 6권〉 一. 헌병대기밀보고〉 (341) [러시아령 블라디보스토크 방면에 파견한 밀정의 정보 통보 件]
24 『통감부문서』 6권 〉 一. 헌병대기밀보고〉 (342) [러시아령 블라디보스토크 방면에 파견한 密偵의 정보 통보 件]

5월 7일까지 얻은 믿을 만한 밀정의 정보는 다음과 같다.
1. 블라디보스토크의 상황 : 최봉준의 配下에서의 비폭도파와 同地에서의 폭도 등과는 끊임없이 쟁론을 하여 서로 집회 연설하며 그 죄를 적발하고 자주 폭행을 하기에 이르렀다. 그리고 현재 정세로서는 비폭도파가 우세한 것 같다.

1909년 7월 27일자 〈韓·露 국경 지방의 反日 폭도 정황 보고〉에서는[25] 최봉준과 최재형을 원수지간으로 표현할 정도였다.

7월 8일까지 알 수 있었던 밀정의 각 정보를 종합하건대 아래와 같다.
9. 블라디보스토크의 최봉준 및 김학만은 폭도에 반대하여 현재 崔 都憲과는 원수지간의 상태라고 한다.

의병운동에 대하여 부정적이었던 최봉준은 의병의 중심인물인 이범윤이 자금 제공을 요청하자 역시 이를 거부하였다. 1908년 12월 8일 〈러시아령 및 청국 영토 내 匪徒의 근황에 관한 정보 건〉에 다음과 같은 기록이 있다.[26]

러시아령 및 청국 영내에서의 근황에 관하여 다음 정보가 있다.
2. 수괴 李範允은 근래 崔才亨과 불화가 일어나 하는 일마다 의사가 합치하지 않을 뿐만 아니라, 同人은 전날 블라디보스토크에 재류하는 한국인 최봉준을 방문하여 자금의 지출을 교섭하였으나 받아들여지지 않아 烟秋로 돌아갔다. 이후 李範允은 안으로는 휘하에게 위신이 떨어졌고, 밖으로는 재류민 사이에서 성망을 잃어, 이제는 그의 강제적인 요구에 응하는 자가 없어 賊徒의 급식이 점차 窮迫의 상황에 있다고 한다.

2) 최봉준의 계몽노선

최봉준이 최재형, 이범윤 등 무장투쟁 노선을 지지하는 세력과 갈등관계에

25 『통감부문서』 6권〉一. 헌병대기밀보고〉(525) [韓·露 국경 지방의 반일 폭도 정황 보고]
26 『통감부문서』 5권〉 七. 李範允一件書類〉 (59) [러시아령 및 청국 영토 내 匪徒의 근황에 관한 정보 件]

있다고 하여, 최봉준이 친일적인 행위를 한 것으로 보이기에는 어려운 기록들이 다수 보이고 있다. 최봉준이 친일연설을 한 것으로 알려진 1909년 7월 8일, 같은 날 《(478) 최봉준의 행동》이란 보고에서[27], 최봉준의 근황에 대하여 일본측은 다음과 같이 상세히 보고하고 있다. 즉,

1. 러시아로 귀화한 블라디보스토크의 豪商 최봉준(주의인물)은 이달 22일 자기 소유의 선박 俊昌號로 元山에 왔다가 26일 同船으로 블라디보스토크로 돌아갔다.

2. 崔는 元山에 체재 중에는 일본인 여관 大東館에 숙박하며 同館에서 상업상 관계가 있는 한국인, 일본인과 3~4회 사업상에 대해 회담한 외에 딱 한 번 자신의 元山支店(韓人街)에 갔을 뿐으로 별로 의심할 만한 행동을 확인하지는 못하였다.

3. 崔가 元山에 온 용무에 관해서 들은 바에 의하면 崔의 元山支店長인 金班首가 블라디보스토크로 수출해야 할 한우를 다수 매입하였지만 돈이 없기 때문에 崔에게 송금을 전보로 부탁하였더니 元山 第一銀行에서 인출하여 지불하라는 뜻의 答電이 있었기 때문에 金은 즉시 은행으로 갔지만 은행에서는 崔 본인이 아니면 지급할 수 없다고 거절하였기 때문에 金은 재차 崔에게 그 취지를 타전하였으므로 元山에 오게 된 형편으로 다른 용무는 없는 것 같다. 그리고 이번에 매입하여 블라디보스토크에 수출한 소는 270頭이다.

4. 이달 19일 元山의 『매일신문』는 崔의 元山 방문에 대해 別紙와 같은 기사를 실었는데 본인은 크게 이를 분개하며 심히 유감이라는 뜻을 말하고, 또 元山理事官을 방문하여 러시아로부터는 일본 탐정이라 듣고, 일본으로부터는 러시아 탐정이라는 말을 들으니 유감천만이라는 뜻을 전하였다.
또 崔는 "러시아로 귀화한 것은 상업상의 표면적인 귀화일 뿐이지 내실은 일본인을 환영하며, 自家에 채용하고 있는 사용인은 모두 일본인이었으나 러시아 측에서 일본 탐정이라고 말하기 때문에 해고하게 되었다. 그리고 일본으로 귀화하

27 『통감부문서』 6권 〉 一. 헌병대기밀보고〉(478) 최봉준의 행동

기를 희망하고 있기 때문에 조만간 東京으로 이주할 것이다."라고 말했다.

5. 崔는 원산에 체재 중인데, 일본인 여관에 숙박하며 되도록 한국인과 접하는 것을 피하고 있다. 또한 조만간 일본에 귀화하여 東京으로 이주하겠다고 말하는 것은 排日黨이기 때문에 일본인에게 親日黨인 것처럼 생각하게 하기 위한 책략일 것으로 추측된다.

6. 다소 블라디보스토크 부근의 사정에 능통한 한 한국인의 말에 의하면 崔의 형 某(이름 미상)도 성질이 완고하며 양민을 해치고 불법적인 금전을 탐하여 많은 재산을 축적하여 러시아령 연추 부근에 거주하면서 면장과 같은 역할을 하며 폭도에게 편의를 제공하고 있다고 한다. 이상.

아울러 별지에서는 〈元山『每日申報』 소재 上件 최봉준에 관한 기사 拔抄〉라고 하여 원산에서 발행되는 매일신보에 소개된 최봉준 관련 기사를 수록하고 있다. 이를 보면 다음과 같다.

최봉준이 오다 (귀화 러시아인=러시아 탐정이나 배일의 두목)

최봉준이란 러시아(露西亞)로 귀화한 한국인이며 當地를 기점으로 하는 준창호의 소유주이다. 성진에도 家財가 상당히 있는 그가 현재 거주지인 블라디보스토크에도 몇 십만, 거의 백만으로 헤아려지는 재산을 가지고 있으며 한국과 러시아 국경에서 연해주에 이르는 그의 세력은 굉장한 것이다. 露日戰爭 때 러시아군에 의해 일시에 재산이 늘었으며 어쨌든 현재도 러시아군과 밀접한 관계를 가지고 있다는 소문을 여기에서 갑작스레 발표할 수는 없지만 거의 사실인 것 같다. 그는 일찍이 배일주의 신문을 블라디보스토크에서 발행하여 몇 십 번이나 그 발매를 금지 당하자 결국 폐간하더니 잠시 후에 누군가의 명의로 또다시 발행하여 현재도 열심히 배일주의를 고취시키고, 통감정치를 방해하고 있으며 또 폭도의 나머지 무리를 블라디보스토크에 모아놓고 이들에게 금품을 준 것도 사실인 듯하다. 블라디보스토크의 일본인에게 항상 폭행을 가해 놓고도 모른다, 그런 적 없다고 말해왔었지만 어찌되었든 주의해야 할 인물이다. 이런 최봉준은 22일 준창호로 원산에 올 예정이라는 秘報를 우리

신문사가 얻었다. 적절히 그들이 元山에 오는 행동에 대해 주의해야 할 것이다.

라고 하여, 최봉준을 러시아탐정이나 배일의 두목으로 지칭하고 있다. 그리고, 1909년 10월 11일 〈블라디보스토크 한국인의 근황보고서 송부의 건〉을 보면,[28]

1. 韓人居留民會의 개조
위 民會는 露日戰爭 후 점차 정연해지는 조직을 보게 됨으로써 이제까지 배일파의 두목이라고 볼 수 있는 楊成春이라는 자가 다수의 과격당에게 추대되어 民長이 되었지만, 지난번 한국인촌 啓東學校에 재류 중인 한국인들이 대회를 개최하면서 새로운 韓人居留民會라는 것을 설립하여 러시아 관헌의 인가를 받기로 하고 귀화 한국인 崔鳳俊을 民長에, 同 金秉學을 부회장에, 그 외에 평의원 22명, 서기 1명을 선임하여 교육, 위생, 여권, 러시아 관아에 諸 청원서의 제출과 교섭 등의 사무를 취급하게 되었습니다.
이것을 한편으로 보면 여기까지 일부 과격한 배일파가 점차 그들의 鋒鋩과 검을 거두어들이면서 온화하고 착실한 무리들이 저들의 여론을 대표한다는 관점이 있지만, 이곳 한국인 사이에 가득 차 있는 배일의 열기가 하루아침에 두려워서 조심할 리가 없고 또 崔·金 2명과 같은 이도 결코 이들을 非排日派로 인정할 점이 없어 그 내정을 탐색하건대, 사나키타에서 생활이 풍요롭지 못한 재류 한국인들의 갹출금으로 유지되는 위 民會의 유지경영이 곤란하기 때문에 재력과 신용이 있는 사람을 나오게 하여 민회에 진력시키게 된 것입니다.
생각건대 자유항 철폐 후에 일반 商況의 부진은 저들의 생업에까지 영향을 미치게 하여 왕왕 생계 곤란에 곤궁한 자가 발생하였습니다. 특히 시베리아(西伯利亞) 내지에서 혹은 고용주에게 축출되거나 혹은 예년과 같이 겨울철 결빙기 전에 그들의 從業地에서 철수해 오는 자가 속속 이곳으로 몰려오는데, 그중 지난번에 모국에 귀환하였다가 영구히 본국을 떠나 러시아에 귀화하게 된 무리들은 오늘날 모국으로 귀환하는 것을 좋아하지 않아 이곳에서 직업을 구하려 해도 이곳에서의 저들의 수요는 이미 과잉상태이므로 일반 청국인과 한국인을 배척하는 소리와 함께 여전히 한국인촌에서 당분간 徒食 또는 여객 행세 등의 상태로 있을 수밖에 없게 되어 생계가 더

28 『통감부문서』 3권〉 六. 在露韓人〉(14) 浦潮의 한국인의 근황보고서 송부의 건.

욱 곤란하게 되었습니다. 지난 7~8월에 일반 한국인들은 마침내 그들의 對러시아 관계에 있어서 유일한 중개소인 一民會의 경비마저 지출할 수 있는 여유가 없게 되자 이곳 한국인(귀화인)들의 수령격인 崔·金 2명도 이곳 한국인 중 유수의 재산가이자 러시아 관민 간에 신용이 있기 때문에 그들의 聲望과 金力으로 民會의 쇄신을 도모하려 한 것 같습니다. 그리하여 위 民會의 존재에 대해서는 아직까지 러시아 관헌의 인가를 얻지 못하였다고 합니다.

라고 하여, 일본 측은 최봉준이 양성춘楊成春에 이어 한인거류민회 민장으로 활동하고 있음을 지적하면서 최봉준을 배일파라고 보고하고 있다. 또한 다음의 일본 측 보고서에서 보는 바와 같이, 민장인 최봉준이 계동학교 증축에 있어서 건축비 중 600루불을 기부하여 신규로 교사를 건축하게 되었음을 밝히고 있다.

2. 한국인 소학교
설립에 대해서는 이미 러시아 관헌의 허가를 받았습니다. 당초 啓東學校를 증축하고 다른 소학교들도 합병할 예정이었지만 부지가 협소하므로 시에 청원하여 새로이 토지를 차입할 필요가 있어서 崔 民長이 건축비 중에 600여 루블을 기부한 결과 신규로 校舍를 건축하기로 되었으며 현재 그것은 계획 중에 있습니다. 민회에서는 그 경비로서 재류 한국인과 내왕 한국인으로부터 응분의 의연금을 받기로 하였고 또 기타 재원을 찾아보기로 의결하였습니다.

1909년 10월 22일 〈블라디보스토크 在住 주의인물 최봉준에 관한 건〉 에서는[29] 다음과 같이 최봉준을 주의 인물로 지목하고 있다.

위 사람은 이달 12일 오전 8시부터 일본으로부터의 돌아오는 길에 咸興丸으로 元山에 寄港 상륙하여 동일 오후 8시 40분 咸興丸에 승선해서 城津으로 향했다. 元

29 『통감부문서』 6권 〉一. 헌병대기밀보고〉 (756) [블라디보스토크 在住 주의인물 최봉준에 관한 건]

山 상륙 중에는 元山 中里 자기의 支店에 이르러 한국인 유력자의 방문을 받았다. 지난달 元山 매일신문사 주최의 블라디보스토크 관광단원은 블라디보스토크에서 대우를 받은 답례로 동 단원이었던 사람들로부터 元山 東洋軒에서 저녁식사 초대를 받았다. 그리고 별로 의심스런 행동을 보지 못했다.

附記 : 최봉준의 자식은 東京에 유학 중이라고 한다.

더욱이 일본의 밀정 보고에 따르면,[30] 최봉준은 고종 및 러시아지역의 항일독립운동을 돕고 있는 것으로 파악되고 있다.

러시아령 블라디보스토크 부근에서 北間島 및 咸鏡道를 시찰하고 최근에 귀경한 한국인의 말에 의하면 그 방면의 정치운동은 아래와 같다고 한다.

1. 폭도 수괴 류인석은 北間島에 있는데 그의 밑에 모여 있는 자는 재작년 이래 소요를 일삼아 오던 폭도 수괴들로서 이범윤·李瑋鍾도 가담하고 朴正彬도 금년 음력 2월경에 갔다고 한다.
2. 그는 지금도 역시 국권회복을 위해 폭도를 북방에서 일으키고자 밤낮으로 모의를 짜내고 있다고 한다.
3. 태황제는 작년 겨울에 밀사를 러시아 極東總督에게 보내고, 금년 봄에도 역시 동 총독한테 3,000圓의 여비와 마패를 휴대한 밀사를 보냈다고 한다. 이 밀사는 極東總督에게 부탁하여 은근히 러시아로부터 국권회복의 원조를 구하기 위함이라고 한다.
4. 러시아는 현재 소총의 개량을 서두르기 위해 廢銃은 무료로 한국인에게 대여하는 일이 있다고 한다.
5. 이런 정치운동에 소요되는 모든 비용은 블라디보스토크에 있는 崔鳳俊, 同人과 형제의 의를 맺고 있는 崔 某 두 사람이 대부분을 지출하고 있으며 또한 한국에서 원조를 하는 자가 있다고 한다.
6. 러시아는 표면상 한국에 대해 보호를 부여하지 않았으나 이면으로는 이주농민에게는 무료로 토지를 대여하고 정치운동에도 원조를 주고 있기 때문에 그들의 행

30 『통감부문서』 6권>一. 헌병대기밀보고>(821) [블라디보스토크 및 북간도 함경도 방면의 정치활동 상황 보고]

동은 자유라고 한다.

7. 러시아는 일본과의 再戰을 기도하고 소총의 개량을 서두르는 한편, 비행기를 제조하고 신식 소총은 100만 정에 한하여 照星에 檢微鏡(?)을 부착하게 된다고 한다. 이상의 상황으로 한국으로부터 배일사상을 가진 무리가 속속 이주하고 주요 폭도 인물들도 그 땅에 모여들고 있다고 한다. 이상.

3) 안중근과의 관계

안중근은 최재형, 최봉준 등에 대하여 부정적으로 평가하고 있다.[31] 〈旅順監獄에서의 安應七 제3차 진술내용〉을 보면 다음과 같다.

1909년 11월 29일 旅順監獄에서 境 警視의 訊問에 대한 安應七의 제3회 공술 요지는 아래와 같다.

12. 최재형은 부자이기 때문인지 우리를 경멸해 어떤 일에도 상담에 응하지 않는 인물이다. 그는 매우 인색해서 의연금도 남들과 같이 내지 않았다. 나와는 의견이 맞지 않았고 嚴仁燮도 인간관계가 나빴는데, 崔는 嚴의 행동이 품행이 추잡함에 분개해 굳이 돌보지 않기 때문에 嚴은 항상 崔를 욕하고 있었다.
13. 金起龍은 착실하나 마음에 겁이 많아 의병의 행동 따위는 할 수 없는 사내이다. 편지를 써주거나 또는 심부름에 사용되거나 하는 정도로 과격한 惡心을 가진 자는 아니다.
14. 최봉준은 블라디보스토크에서 부자이다. 의병 이야기를 나눌 수도 없다. 겁이 많은 사람으로 자신의 생명과 돈을 사랑하는 것 외에는 아무 것도 안중에 없는 인물이다.

필경 兩 崔·嚴 등과 같이 일본에 대한 一進會처럼 러시아 앞에서 一進會를 하는 놈들에 불과한 것이다. 특히 嚴과 같은 자는 러시아령에서 태어나 러시아어에 능통하고 러시아인을 위해 생활하는 자이기 때문에 조국을 생각하는 정이 극히 희박하다.

---

31 『통감부문서』7권〉 一. 安重根關聯一件書類 (哈爾賓事件書類 一～六, 伊藤 公遭難事件書類 一～四, 安重根及合邦關係事類 一～三, 하얼빈事件憲兵隊報告一～三)〉 (274) [旅順監獄에서의 安應七 제3차 진술내용]

兩 崔와 같은 자는 땅을 바꾸어 생각하면 알 수 있을 것이다. 러시아령에서 호흡하며 돈도 있고 집도 있으니 모두 러시아인의 덕택이 되기 때문이다.

1910년 1월 20일 〈伊藤 公 사건 연루자 조사차 浦潮 출장 중인 松井 大尉 復命書 송부 건〉 보고에 따르면[32], 최봉준을 다음과 같이 설명하고 있다.

최봉준 상류로 소고기商이며 귀화자임. 재산은 305,023 정도로 한국인 중 제1등의 자산가이며 세력이 있음. 기선 俊昌號를 소유하고 北韓에서 生牛를 一手買入해 블라디보스토크의 군대 및 시중에 판매함. 民會 會頭이자『大東共報』현재의 출자 보조자로 보조액은 매월 300圓 정도라고 함.

1909년 10월 26일 안중근이 의거를 일으키자 대부분의 한인들은 이를 지지하였다. 최봉준 또한 안중근 의거를 찬양한 것으로 보인다. 1910년 3월 3일자 〈러시아령 재류 배일 한국인의 동정에 관한 보고〉에서 이를 살펴볼 수 있다.[33]

1. 러시아령에 있는 한국인들은 伊藤 公의 흉변으로 배일 한국인의 대성공이라고 揚言하며 安重根을 한국인 중 드물게 보는 豪膽家라 해 칭찬하고 의연금과 같은 것도 의외로 좋은 성적을 올려 약 1만圓을 모집했다고 합니다. 그리고 年少氣銳한 청년들은 그 偉功을 선망해 자기 역시 어찌 安重根에게 뒤질 것인가라는 기개를 가지고 더욱더 志氣가 격분해 근래 한층 더 배일열을 고조시키는 정황이 있습니다.
2. 폭도의 수괴 李範允과 崔都憲, 嚴仁燮 등은 오랫동안 떨치지 못한 배일열이 安重根의 흉행사건으로 갑자기 높아졌기 때문에 이 기회를 이용해 이 때 동지를 규합해 豆滿江 연안의 한국인·일본인 부락을 습격하고자 지금 이에 요하는 무기, 탄약, 그 밖의 제반 비용을 조달 중이며, 지금으로부터 한 달 전에는 李範允이 하바롭스크에 자금 조달을 위해 갔다가 며칠 만에 돌아와 지금 노우키에프스크에서 오로지

32 『통감부문서』 7권〉 一. 安重根關聯一件書類 (哈爾賓事件書類 一~六, 伊藤 公遭難事件書類 一~四, 安重根及合邦關係事類 一~三, 하얼빈事件憲兵隊報告一~三)〉 (337) [伊藤 公 사건 연루자 조사차 浦潮 출장 중인 松井 大尉 復命書 송부 건]

33 『통감부문서』 7권〉一. 安重根關聯一件書類 (哈爾賓事件書類 一~六, 伊藤 公遭難事件書類 一~四, 安重根及合邦關係事類 一~三, 하얼빈事件憲兵隊報告一~三)〉 (355) 러시아령 재류 배일 한국인의 동정에 관한 보고

그것을 계획 중이라고 합니다. 그리고 한국인 사이에서 유명한 豪商인 블라디보스토크의 韓人民會長 최봉준과 니콜라이 니콜라이비치 金과 같은 자도 그 거사에 찬동해 다소의 출금을 했다고 합니다.

5. 파산 후에도 동포들을 위해 노력

최봉준은 사업이 실패한 이후에도 한인사회의 발전을 위하여 기부활동을 전개하였다. 즉, 『권업신문』 1913년 12월 21일자 〈본 지회 의연 광고〉에 보면, 24원을 기부하고 있다. 또한 『권업신문』 1914년 2월 8일자 〈총회에 참여한 대표원〉에, 연추지회 대표로 활동하고 있다. 『권업신문』 1914년 2월 15일자 〈활자는 샀소〉에, 200원을 『권업신문』에 기부하고 있다. 한편 최봉준은 우수리스크에서 간행되는 『청구신보』에도 많은 힘을 기울였다.[34]

『권업신문』 1914년 1월 18일 〈특별 광고〉를 보면. 최재형 등과 함께 한인이주 50주년의 발기인으로 활동하고 있다. 또한 『권업신문』 1914년 2월 15일자 〈사랑하는 동포에게 간절한 말씀이요〉에서도 다음과 같이 동포들을 위하여 간절히 호소하고 있다.

> 우리 입적된 한인의 패스포트나 브롱겔레트를 서로 교환함은 우리 가슴에 칼 박는 문제 뿐 아니라 후 자손까지 죄를 끼치는 것이오니 깊이 생각하고 크게 주의하시오.(중략)
> 사랑하는 동포들이여. 왕사는 물론하고 이후부터는 이 문제를 깊이 생각하여 아무리 곤궁하며 이익이 태산같이 있을지라도 패스포트나 벨에태를 서로 교환하지 말고 혹 다른 사람이 이런 일을 할 지라도 서로 간절히 권고하여 말게 하며 만일 듣지 아니하거든 심지 관청에 교섭하여 그 사람을 벌에 처할지라도 이것이 우리 한인의 마땅한 직분이며 또 한인의 영원한 행복을 유지케 함이니 일반 우리 한인 된 자는 깊이 생각하며 크게 주의할 바로다.

34 『신한민보』 1918년 7월 18일자 최봉준전기

> 우리 한인계에 이 문제로 인하여 나의 항상 미안하던 바더니 금번에 잠시 본항에 왔다가 러시아 관청에서 이 문제로써 의논이 있는 소식을 듣고 나의 경경한 회포를 마지못하여 여러 동포에게 간절히 권면하오니 깊이 생각하고 크게 주의할 지어다.
>
> 최봉준

여권과 관련하여서는 최봉준은 일찍부터 염려하고 있었다. 1909년 10월 15일 일본 측 보고, 〈러시아 재류 한국인 노동자의 상황 및 블라디보스토크 시찰보고서 제출 건〉으로 보면 다음과 같다.[35]

> 一. 여권매매에 관한 건
> 저들이 러시아에 귀화하였다고 하는 최봉준이 지난번 來廳했을 때의 담화 중에도 어떻게 이를 구제할 편법이 없겠는가라고 물어온 데 대하여 블라디보스토크에서 한국인들이 여권 교부를 요구할 경우에는 일본영사관에 와서 사정을 具申하고 교부신청을 할 수 있으므로 별다른 지장이 발생하는 일은 없을 것이라고 대답해 두었지만 이것은 실제로 현재의 처지에서는 기우에 불과한 것으로 사료됨.

『신한민보』 1918년 7월 18일자 〈최봉준전기〉에 따르면, 추풍으로 1917년 봄에 이사하였다가, 9월 15일에 이질에 걸려 신음하다, 동월 25일 밤에 사망하였다. 『신한민보』 1918년 1월 17일 기사에 따르면, 최봉준은 추풍 허커우 정교당에 안장되었다고 한다.

맺음말

최봉준은 1862년 6월 20일(음력) 함경북도 경흥군 가난한 집안에서 출생하

35 『통감부문서』 3권〉六. 在露韓人〉 (15) [러시아 재류 한국인 노동자의 상황 및 블라디보스토크 시찰보고서 제출 건]

였다. 그리고 가난을 못이겨 1869년 기사년 대흉년시기 러시아 연해주로 이주하면서 그의 러시아 생활은 시작되었다. 즉 최봉준은 러시아로 이주한 초창기 인사이며, 러시아에 귀화한 인물이다. 특히 그는 러시아 연해주를 대표하는 상인이며, 한인지도자이며, 계몽운동가이기도 하였다. 그는 1917년 9월 15일에 이질에 걸려 동월 25일 밤에 사망하여, 추풍 허커우 정교당에 안장되기까지, 58세의 생애의 대부분을 러시아에서 지냈다. 최재형의 일생을 몇 가지 분야로 나누어 볼 수 있을 것 같다.

우선 그는 상인이었다. 상인 가운데서도 거상이었다. 국내와 무역업을 전개했고, 여객업도 하였다. 특히 그 가운데서도 주목되는 것은 준창호라는 1,400톤 배를 구입하여 한국의 대표적인 해운업자로서, 한국의 해운업을 본격적으로 개척한 인물로서도 주목된다. 아울러 그는 상업 가운데서도 군대용달업을 한 인물로서, 러일전쟁을 통하여 큰돈을 번 인물이기도 하였다.

둘째, 최봉준은 상인이지만 자신만의 이익을 추구하지 않았다. 한인지도자로서의 역할에도 충실하였던 것으로 평가할 수 있을 것 같다. 그는 그의 상업상의 중심지였던 국내의 성진, 해외의 블라디보스토크 지역 등을 중심으로 학교 교육 및 신문 간행뿐만 아니라 한인이주 60주년 행사 등 다양한 사업에 참여하여 후원하는 모습을 보이고 있다. 특히 그는 1910년 사업이 망한 이후에도 사망하는 1917년에 이르기까지 비록 찬조액수는 줄어들었지만 그의 정성을 최대한 보태기 위해 노력하였다.

셋째, 최봉준은 사업가로서 일정한 한계는 있었지만 민족운동에도 참여하는 모습을 보여주고 있다. 『해조신문』의 간행, 학교의 설립 등은 계몽운동의 차원에서 민족운동의 한 면모가 아닌가 한다. 아울러 그는 성명회 선언에도 참여하고 있다. 그러나 그의 이러한 민족운동 참여는 사업가로서의 한계를 보여주고 있다. 또한 연추지역의 사업가로서 무장투쟁을 지지 했던 최재형과는 비교되는 일면이 있다. 그럼에도 불구하고 그는 한인지도자로서 러시아 및 국내의 많은 조선인들로부터 존경받는 인물로서 남아 있다. 시대적 상황 속에서 상인으로서의 역할을 어느 정도 충실히 한 인물이 아닌가 한다.

제2장

대한제국의 재건을 꿈꾼 독립운동가들

류인석 연구의 새로운 방향
-러시아 연해주 지역을 중심으로-

머리말

의암 류인석은 한국을 대표하는 의병장이다. 그러므로 그에 대한 다양한 연구는 일찍부터 이루어져 상당히 많은 부분들이 밝혀지게 되었다.[1] 처음에는 국내를 중심으로 한 연구가 점차 만주 지역으로 그리고 러시아 연해주지역의 활동 등이 심층적으로 밝혀져 류인석의 국내외에서의 활동 또한 상당부분 연구가 이루어졌다. 특히 러시아지역의 경우 윤병석, 유한철, 이상근 등에 의하여 개척적으로 이루어진 것을 토대로 박민영에 의하여 집대성되었다고 볼 수 있다. 아울러 최근에는 문화콘텐츠와 스토리텔링 분야 역시 새롭게 시도되고 있다.[2]

본고에서는 기존의 연구 성과들을 중심으로 류인석 연구의 새로운 방향 등을 제시해 보고자 한다. 그 이유는 기존의 선학들에 의하여 많은 부분들이 연구되어 있어 필자가 별도의 주제를 새로 발굴하여 연구하기가 간단치 않기 때문이다. 의병규칙, 『우주문답』, 13도의군, 성명회, 권업회 등 류인석의 저작과 주도 단체, 그리고 류인석의 러시아 연해주지역에서의 노정 등이 심도 있게 연구되어 있기 때문이다. 다만 김두성과 류인석의 관계, 이범윤, 최재형 등 주요

---

1 김희곤, 「의암 류인석 연구의 성과와 전망」, 『의암 류인석의 생애와 대일의병항쟁의 재조명』, 2015, 제16회 의암 류인석 순국100주년 추모 국제학술회의.

2 이학주, 「의군도총재의 의병이미지 선양을 위한 스토리텔링과 문화콘텐츠」, 『한국독립운동사연구』55, 독립기념관, 2016.

지도자들과 류인석, 안중근과 류인석, 류인석의 문인들 등 비교사적 접근 등에 대한 연구들이 필요하다고 생각되나, 현재 필자의 능력으로는 아직은 어려운 상황이 아닌가 판단된다.

본고에서는 류인석 연구의 앞으로의 방향에 대하여 사료를 중심으로 몇 가지 제안해 보고자 한다. 간단한 것들은 아니지만, 앞으로 연구를 위하여 함께 생각해 보면 좋을 듯하기 때문이다.

첫째는, 새로운 문헌 발굴의 필요성이다. 일차적으로 러시아 연해주 극동문서보관소 소장 자료를 생각해 볼 수 있을 것 같다. 아울러 러시아, 중앙아시아 지역의 고려인들의 기록에 나타나는 류인석에 대해 조사해 보는 것도 류인석을 새롭게 조망하는데 도움이 되지 않을까 한다. 다만 본고에서는 일차적으로 이 부분에 대하여만 언급해 보고자 한다.

둘째, 류인석 관련 사진 및 영상자료의 수집 정리이다. 1990년 러시아와 국교 수교이후 많은 학자들과 방송국들이 러시아 연해주를 답사, 조사하였다. 그러한 과정에서 류인석의 항일유적지를 비롯하여 많은 부분들을 촬영하였다. 그러나 이러한 자료들이 하나로 체계적으로 정리되지 못하고 있다. 이 부분에 대하여도 미리 준비가 있어야 할 듯하다. 왜냐하면 류인석을 보다 효과적으로 알리는데 영상콘텐츠가 무엇보다도 중요하다고 생각되기 때문이다. 더구나 젊은 세대들은 영상세대라고 할 수 있을 정도로 영상에 익숙해져 있음은 주지의 사실이다.

셋째, 류인석 부대의 무기, 군자금 등에 대한 연구가 이루어지면 좋을 듯하다. 의병 부대 특히 국내진공작전과 의병의 양성 등에 있어서 중요한 부분은 무기와 군자금 등인 것 같다. 군자금의 경우 류인석 연구에 있어서 간헐적으로 언급되고 있으나 사용한 무기의 종류 및 수량, 구입방법 등에 대한 연구는 전혀 없는 것 같다. 류인석은 기본적으로 의병장이었으므로 그의 사상과 더불어 무기, 군자금 관련 부분이 지금보다는 보다 연구되어야 할 것이다.

넷째, 류인석과 관련된 주요 인물들을 비교사적으로 검토할 필요가 있다고 생각된다. 구한말 러시아 연해주 지역의 주요 지도자는 최재형, 이범윤 등이다. 이들과 류인석과의 상호관계 등에 대하여 심층적으로 파악할 필요가 있을 것이다. 지금까지는 안중근과 관련하여 김두성의 실체 부분에 집중된 연구가 이루어졌다.

다섯째, 류인석 문인들의 다양한 이념, 활동에 대하여도 연구할 필요가 있다고 생각된다. 물론 류인석은 유학자였으므로 그의 제자들 가운데는 유학적 전통을 계승한 인물들이 많은 것은 자연스러운 귀결이다. 그러나 류인석의 훈도를 입은 제자들 가운데에는 대한광복회의 화사 이관구처럼 공화주의 계열의 인물도 있고[3], 만주지역 조선혁명당의 현정경처럼 민족적 사회주의자가 된 인물들도 있다.[4]

1. 블라디보스토크 극동문서보관소

1) 현재 보관 중인 한인관련 자료 현황

극동문서보관소는 1923년 러시아 연해주가 공산화되면서 극동혁명위원회가 연해주 문서국 설립을 결정함에 따라 설립되었다. 1943년 2차세계대전 당시 전쟁의 피해를 우려하여 문서보관소를 톰스크로 옮겼다가 구소련이 붕괴된 이후인 1992년부터 극동문서보관소로 개칭하고, 1993년부터 블라디보스토크로 재이전하고 있는 중이다.[5]

3 박영석, 『화사 이관구의 생애와 민족독립운동』, 선인, 2010.
4 황이슬, 「현정경의 민족운동과 그 향배」, 『한국민족운동사연구』88, 2016.
5 반병률, 「러시아극동지역 한국학관련 기관과 한인자료현황」, 『역사문화연구』20, 2004.6. 한국외국어대학 역사문화연구소. 142-143쪽.

극동문서보관소에는 극동지역에서 활동했던 한인들에 대한 대부분의 기록이 보관되어 있다. 특히 러시아의 경우 문서를 국보로 여길 정도로 문서의 중요성이 일찍부터 인식되어 왔으므로 극동지역의 한인들에 대한 기록들이 생생히 보관되어 있는 것이다. 1722년 문서에서부터 1953년 문서에 이르기까지 총 4129개의 문서군에 약 50만종에 달하는 문서들을 소장하고 있는 것으로 알려져 있다.[6] 특히 1860년대부터 1940년 이전의 문서는 거의 완벽하게 남아 있는 것으로 전해지고 있다.

극동문서보관소는 원래 블라디보스토크에 위치하고 있었다. 그러나 1943년 일·소전쟁의 가능성이 제기되자 소련당국은 문서보관소를 시베리아의 오지인 톰스크로 이동하여 문서를 KGB로 하여금 관리하도록 하였다. 이에 따라 그동안 톰스크의 문서는 러시아의 일부학자들에게만 공개되어 왔다. 그러던 중 1992년 극동문서보관소를 블라디보스토크로 옮기기로 결정하였다. 그 이유는 문서를 효과적으로 연구, 관리 할 수 있는 인력이 블라디보스토크에 있기 때문이었다. 현재 이 방침에 따라 1993년부터 블라디보스토크 주청사 옆에 자리잡고 있는 연해주 문서보관소로 톰스크의 문서들이 이동 중에 있다. 현재 톰스크의 문서 중 75%가 블라디보스토크로 이동되어 왔으나 그 중 40%만이 정리되어 있는 실정이므로 문서열람에 있어서 일정한 한계를 보이고 있다. 앞으로 언제 톰스크의 문서들이 블라디보스토크로 모두 이동되어 정리될 지는 러시아의 경제사정 등으로 미루어 볼 때, 당분간 불가능한 것이 아닌가 짐작된다. 그러나 우리가 유의해야 할 점은 앞으로 공개될 자료들에 류인석관련 자료들이 다수 있을 가능성이 있다는 점이다.

현재 극동문서보관소에 소장되어 있는 자료 중 열람이 가능한 것은 다음과 같다.

6 위와 같음.

ㄱ. 연해주폰드(1867-1917)(폰드번호: 1번): 13개의 오피스(목록철).
ㄴ. 블라디보스토크 시위원회 폰드(1875-1922)(폰드번호: 28번): 5개의 오피스.
ㄷ. 블라디보스토크 의회 폰드(1875-1922)(폰드번호: 159번): 1개의 오피스.
ㄹ. 동시베리아 위원회 폰드((1882-1884)(폰드번호: 701번): 1개의 오피스.
ㅁ. 연해주 총독문서 폰드(1884-1917)(폰드번호: 702번): 7개의 오피스.
ㅂ. 아무르총독문서 폰드(1858-1917)(1858-1917)(폰드번호: 704번): 8개의 오피스.
ㅅ. 소련근로자대표위원회 폰드(1926-1928)(폰드번호:P-2413): 4개의 오피스
ㅇ. 극동혁명위원회 폰드(1922-1924)(폰드번호:P-2422): 1개의 오피스
ㅈ. 블라디보스토크 동방대학 문서 폰드번호 226

위에서 보는 바와 같이 극동문서보관소에는 현재 한인이주관계, 한인귀화관계, 1905-1917년까지 한인의 독립운동, 1923년 이후 사회주의 건설기의 한인 등에 대한 자료가 집중되어 있다. 특히 이들 자료 가운데 한인이주와 독립운동 관련 자료는 1번 폰드에 집중되어 있다. 이 부분에 대하여는 일찍이 박보리스 교수가 열람한 바 있으며, 최근에는 모스크바 대학에 있는 박종효 교수, 고려학술문화재단이 조사하였다. 그 밖에 원동 지역 폰드가 블라디보스토크에 와 있으나 아직 미정리상태에 있다고 한다. 한편 사진 자료도 다수 소장되어 있으나 언제 촬영되었으며, 사진속의 인물이 누구인지 파악하기 어렵다고 극동문서보관소 관계자는 밝히고 있다.[7] 그러나 지금까지 극동문서보관소에서 사진자료들이 공개된 적은 한번도 없다. 다만 블라디보스토크에 있는 아르세니예프박물관에서 한인관련 사진들이 공개되었다.

7 극동문서보관소 소장 한인관련 러시아어자료 해제는 2004년 고려학술문화재단에서 출판한 『러시아 국립극동역사문서보관소 한인관련자료해제집』, 2004에서 최덕규에 의하여 상세히 이루어진 바 있다. 본 해제 역시 러시아어자료는 위의 책을 주로 참조하였다.

2) 류인석관련 국한문 자료 현황 및 내용: 연해주 총독문서(1번 폰드)

폰드 1번의 경우에는 성명회, 홍범도, 박기만, 이종호, 이범윤 자료, 『해조신문』·『대동공보』·『대양보』 등 한글신문, 한인 러시아이주 50주년 기념행사, 1917년 당시 연해주에 거주하는 한인들의 수와 직업 현황, 안중근, 대한인국민회, 러일전쟁 당시 한국측 간첩, 최관흘 등 기독교 전교 및 러시아의 대응 관련 자료 등 다수의 한인 관련 자료와 한인의 러시아로의 이주와 귀화에 대한 자료 등을 포함하고 있다. 이들 가운데 류인석 자료는 다음과 같다.

ㄱ. 성명회 취지서(융희 4년, 1910년 8월)(1-11-73-179)
ㄴ. 취지서 사고(융희 4년, 1910년 8월 일 성명회) 류인석, 리범윤, 김학만, 차석보, 김좌두, 김치보(1-11-73-182)

ㄱ. 성명회 취지서(융희 4년, 1910년 8월)(1-11-73-179)
슬프다. 해외에 거류하는 우리동포여. 동포는 한번 머리를 들어 우리 조국 한반도를 돌아보며 한번 뇌를 기울여 우리동포 조선족을 생각할 지어다. 저 화려한 삼천리 강산은 우리 시조 단군의 세전물이 아니며 신성한 2첨만 민족은 우리시조 단군의 혈손이 아닌가. 우리의 사랑하는 바도 이 한반도 이 조선족이며 우리의 공격하는 바도 이 한반도 이 조선족이라. 낫고자하여도 가히 낫즐수 없으며 떠나고자 하여도 가히 떠날 수 없는지라. 이럼으로 우리는 차라리 2천만의 두뇌를 능히 베어버릴지언정 우리 조국은 잃어버리지 못할지며, 차라리 우리의 생명은 능히 바칠지언정 타족의 노예는 되지 못할지로다. 그러한대 저 한악무도한 왜적이 만근 수십년이래로 저의의 일시 강력을 믿고 우리의 황실을 핍박하며, 우리의 정부를 위협하여 1차에 외교를 늑탈하고 재차에 내정을 간섭하여 우리의 독립주권을 침해하며, 우리의 부모형제를 학살하며 우리의 가옥토지를 강탈하여 우리로 더불어 하늘을 같이 하지 못할 원수를 지음은 우리동포 가운데 누가 마음이 아프며, 이가 떨리지 아니하리오. 그러나 우리가 오늘까지 인묵(忍黙)한 태도를 가짐은 일면으로 우리의 실력을 양성하며, 일면으로 저의의 회개를 희망함이오, 결코 저의의 관천영지(貫天盈地)한 죄악을 용서함이 아니어늘 저 정의를 알지 못하며, 인도를 멸시하는 왜적은 그 악을 더욱 베풀어 소위 합방문제를 또 창도하여 우리의 국기까지 꺽고자 하며, 우리의 역사까지

불노코자 하며, 우리의 민적(民籍)으로 하여금 저의의 노안(奴案)으로 삼고자 하는도다.

오호통재라. 동포여 동포여 오늘도 가히 참을가 이 문제도 가히 용서할가 이 문제는 우리 대동역사의 최종 문제가 아닌가. 우리 대한동포의 무장(武裝)을 입을 날도 오늘이며, 피를 뿌릴 날도 오늘이도다.

그러나 일은 차서가 있으며, 때는 선후가 있을 뿐 아니라 오늘 20세기 국민의 행동은 세계 열국의 여론에 의지치 아니함이 불가한지라. 고로 먼저 열국 가운데 우리 나라와 일직 교호(交好)의 동맹을 맺은 나라에 대하여 왜적의 불법 무도한 사실과 및 합방 반대의 의견을 문자로 통하여 그 오신 오해를 풀며 또 열국의 광명정대한 여론을 구하여 왜적의 죄를 성토함이 우리동포의 제1차 급행할 일이라 이를지도다.

사세가 이와 같음으로 분이 갖고 뜻이 같은 동포의 의론이 한때에 발하여 지난 음력 7월 13일 해삼위 한인 거류지내에 다수한 동포가 회집하여 성명회를 조직하고 러시아 청국 각지에 재류하는 여러동포에게 공포하오니 조국을 사랑하며 동족을 사랑하는 우리동포여. 급히 힘을 모으며, 소리를 같이 하시오. 동포에게 바라는 바는 다만 뜻을 같이 하며, 소리를 같이할 뿐이요. 동포의 없는 흠을 구함이 아니오니 어서 빨리 찬성하여 우리의 목적을 달하며 우리의 부끄러움을 씻게 하소서. 아 주저하지 말지어다. 우리 사랑하는 동포여, 아 지체하지 말지어다. 우리 사랑하는 동포여

찬성하는 동포의 주의할 일

1. 해삼위 이외에 재류하는 동포에게는 의연금을 정하지 아니함.
1. 찬성하시는 이는 본회에서 보낸 편지에 성명을 쓰고 그 아래 착함이나 혹 도장을 누름
1. 성명과 착함은 각국으로 가는 장서에 후록할 것이니 정확하고 분명하게 하시오.
1. 일을 다 진행한 후에는 여러 동포에게 통지하기 위하여 장서의 본문과 및 기타 사실을 신문으로 공포함

隆熙 四年 八月 日

류인석 리범윤 김학만

차석보 김좌두 김치보

1910년 일제에 의하여 조선이 강점되게 되자, 연해주 지역에 살고 있는 한인

들은 성명회를 조직하여 이에 항거하였다. 이러한 성명회에 대한 연구는 지금까지 학계에서 윤병석에 의하여 집중적으로 이루어졌다. 그러나 성명회 취지서 원본은 지금까지 일본어본은 있었으나 한글원본은 입수되지 못하였다.

3) 류인석관련 러시아어 자료 현황 및 내용: 연해주 총독문서(1번 폰드)

류인석 관련 자료를 〈별첨〉으로 제시하면 다음과 같다.[8] 여기에는 류인석에 대한 체포관련 문건, 13도의군 관련, 류인석이 발급한 증명서, 서약서 등이 있다.

〈별첨〉 류인석 관련 러시아어 자료 현황

〈표 1〉 이범윤 외 3인에 대한 체포명령서

발신	블라디보스토크 경비대장
수신	블라디보스토크 경찰서장
생산연월	1910년 8월 27일
소장처	Ф.1.Оп.10.Д.326.Л.13-13об.
자료해제	블라디보스토크 경비대장(Начальник Владивостокского Охранного Отделения)은 경찰서장에게 한인촌 459호에 체류 중인 조선인 이범윤, 홍범도, 류인석과 김학만을 체포하여 구치소에 수감할 것을 지시한 명령서.

〈표 2〉 이범윤 외 3인을 체포하기 위해 단행된 가택수색 보고서

발신	블라디보스토크 제 2지구 경찰지서장
수신	1910년 8월 27일
생산연월	블라디보스토크 경비대장
소장처	Ф.1.Оп.10.Д.326.Л.14-15об.
자료해제	블라디보스토크 제 2지구 경찰지서장이 블라디보스토크 경비대장의 명령에 따라 한인촌 459호를 수색하고 그 결과를 보고한 공문. 제 2지구 경찰지서장은 명령서에 따라 오후 2시에 한인촌 459호에 대한 가택수색을 실시했다. 방이 2개인 이 집을 수색한 결과, **이범윤을 비롯한 3인은 그 곳에 없었고** 책 몇 권과 이 집의 주인 윤일평(Юн-Ил-Пион)의 도장이 찍혀있으며 끈으로 묶인 가방이 있었음을 보고하고 18건의 압수품 목록을 첨부하였다.

8 최덕규, 『러시아 국립극동역사문서보관소 한인관련자료해제집』, 고려학술문화재단, 2004.

〈표 3〉 이범윤외 3인에 대한 체포명령서

발신	블라디보스토크 경비대장
수신	블라디보스토크 경찰 제 3지구 지서장
생산연월	1910년 8월 27일
소장처	Ф.1.Оп.10.Д.326.Л.17-17об.
자료해제	블라디보스토크 경비대장이 연해주 군무지사의 지시에 따라 1910년 8월 27일 블라디보스토크 제 3지구 지서장에게 한인촌 463호에 체류중인 이범윤, 홍범도, **류인석**, 김학만을 체포하여 경찰 구치소에 수감할 것을 지시한 체포명령서.

〈표 4〉 이범윤, 류인석 등의 체포를 요청한 청원서

발신	박상연, 김성세, 한군필, 천상린
수신	연해주 군무지사
생산연월	1910년 8월 29일
소장처	Ф.1.Оп.10.Д.326.Л.62-62об.
자료해제	청원서 작성인 4명(박상연,金成世,韓君筆,천상린)은 연해주 군무지사에게 블라디보스토크에 거주하는 이범윤, 이상설, 홍범도, 김좌두(Ким-Цуа-Ду), **류인석 등이 노령지역의 한인들로부터 의병활동에 필요한 자금을 강제적으로 징수하고 있음을 고발하고 이들의 체포를 건의한 청원문을 발송하였다.** 청원문에 따르면, 이범윤은 최근 5년간 블라디보스토크 거주하면서 항일운동을 주도한 애국자인 것은 인정하지만 자신의 심복들을 시켜 매년 자금을 모집하고 있기 때문에 그의 행동은 현지인들의 원성을 사고 있다는 것이다. 블라디보스토크 지역의 한인 대표 김학만의 전폭적인 지지 하에 한인 1인당 1루블씩 매년 7만 루블 이상을 모금한 이범윤은 이 돈을 의병활동에 지출하지 않고 개인적인 용도로 쓰고 있으며 마치 자신이 프리아무르주 총독의 지시에 따라 행동하는 것처럼 선전하고 있다는 것이다. 따라서 이는 마치 한인들의 항일 의병활동이 러시아 총독의 지휘를 받는 것처럼 보여질 수 있으며 이 소문이 확산될 경우, 일본과의 외교적 마찰까지 야기될 수 있다고 지적했다. 게다가 이범윤의 의병조직에 친일성향의 동방대학 강사 김현토, 통역관 구덕생, 윤일병이 가담하고 있는 바, 이범윤이 대규모의 의병활동비를 모금하여 도주할 것이라는 소문까지 회자하고 있다는 것이다. 김학만을 제외한 이범윤 일파들은 현지인이 아니라 서울에서 온 사람들이며, 그들의 친인척이 모두 서울에 거주하고 있기 때문에 러시아 정부의 깃발아래 의병활동 자금을 모아 서울로 도주할 것이 분명하기에 이들을 체포해야 한다. 이들은 매일 밤낮으로 김학만 또는 한인촌 613번지 이치권의 집에 모여 회의를 하고 있다. 이범윤의 체류지는 한인촌 463번지이며 이곳에 홍범도 역시 같이 기거하고 있다고 알리고 이들의 검거를 요청한 투서형식의 탄원서.

〈표 5〉 독립운동 지도자 7인을 이르쿠츠크주로 추방을 제의한 건

발신	연해주 군무지사
수신	프리아무르주 군관구 참모부
생산연월	1910년 10월 20일
소장처	Ф.1.Оп.10.Д.326.Л.72,72об.73,74,74об,79,79об,
자료해제	러시아 내무성은 한일합방 선포에 즈음하여 계엄령을 선포하고 노령지역의 독립운동가들에 대한 대대적인 검거에 나섰다. 이 같은 조치는 한일합방에 자극 받은 노령지역 거주 한인들이 이 지역거주 일본인들의 재산과 생명을 침해할 적극적인 행동을 미연에 방지하기 위함이었다. 1910년 8월 27일 블라디보스토크 경비대장의 제 57호 명령에 의거하여 블라디보스토크 제 3구역 경찰서는 한인촌 459번지에 체류한 이범윤, 홍범도, 류인석, 김학만의 검거에 나섰다. 그러나 이들을 검거하지 못한 경찰은 함초시(Хам-Цо-Си)를 비롯 3명의 한인들을 검거하였다. 이같은 대규모 검거작전이 펼쳐진 결과 김화도, 안한주, 이규풍, 이범석, 권유산, 이강, 이치권을 비롯한 42명의 독립운동가들이 체포되었다. 이 가운데 참모부 통역관 이상설(И-Сан-Се)과 상기 7인을 제외한 여타 한인들은 8월 30일 석방되었다. 그리고 이상설 역시 10월 1일부로 석방하기로 결정하였다. 그러나 상기 7인은 항일운동 지도자들인 바, 연해주 군무지사는 한일합방에 반대하는 한인들의 행동을 저지시킬 것을 지시한 내무성의 명령에 따라 이들을 여타 지역으로 추방할 것을 프리아무르 군무지사에게 상신하였다. 동일한 내용의 공문 초안이 문서말미에 첨부되어 있다.

〈표 6〉 독립투사들로부터 압수한 서류, 편지 목록들을 러시아어로 번역한 문서

발신	
수신	
생산연월	1904–1910년
소장처	Ф.1.Оп.10.Д.326.Л.86–93
자료해제	독립운동 지도자들의 가택 수색시 압수한 82건의 서류 및 편지들을 러시아어로 번역한 압수서류목록. 주요 문건들은 다음과 같다. №1. 라즈돌노에(Раздольное)지역의 대동공보 구독자 명단 №4. 의병 총사령관 류인석이 강택희에게 발급한 증명서 №18. 국민회 회원 명단: 산사우(Сансау)부락에 거주하는 국민회 회원 20명의 명단, 중편사우(Дюнпенсау)부락 거주 회원 16명의 명단, 한찬(Ханчан)부락 거주 회원 9명의 명단 №24. 의병단체 동의회(Доныуонхой) 회원 24명의 명단 №35. 성명회 회장 오주혁(О-Дю-Хек)의 직인이 찍힌 증명서. 오주혁은 남택삼(Нам-Так-Сам)에게 성명회의 설립취지와 활동방향을 설명하는 권한을 부여한다는 내용의 증명서를 발급하였다. №37. 1910년 9월 1일 성명회(Сонг-мен-хой)회장 오주혁은 한일합방에 반대하기 위해 회람문을 발송하고 라즈돌노에 부락의 한인들에게 이 단체의 가입을 촉구하였다. 그리고 회람문에 대한 설명을 위해 사람을 파견한다는 내용을 첨부하였다. 이밖에도 153명의 성명회 회원 명단과 1904년도에 작성된 동 단체의 경비지출 내역서 등이 있다.

〈표 7〉 노령지방의 항일 독립운동 지도자들에 대한 동향파악 보고서

발신	블라디보스토크 위수사령관
수신	연해주 군무지사
생산연월	1910년 10월 27일
소장처	Ф.1.Оп.10.Д.327.Л.7-9об.
자료해제	블라디보스토크 위수사령관은 1910년 4월 5일 연해주 군무지사의 명령으로 폐쇄된 한인신문의 편집인들이 일본인 암살계획을 수립하였다는 첩보를 입수한 후, 이 테러단체에서 활동하는 한인들에 대한 수사를 시작하고 그 결과를 군무지사에게 보고하였다. 위수사령관의 보고에 따르면, 블라디보스토크소재 한인들의 항일단체는 이범윤, 홍범도, 류인석이 각각 지휘하는 3개 부대로 이루어져 있다. 니콜스크-우수리지역에서 압수된 편지에 의하면, 이들은 7월 3일 150명의 의병이 참가한 야유슈카(암밤비)집회에서 군사단체인 창의서를 조직하고 13도 총사령관으로 류인석을 선출하였으며 이범윤, 이상설등을 간부로 임명하였다. 이 집회를 통해 개별행동을 하던 3개 부대는 류인석을 중심으로 통합체를 구성할 수 있었다. 홍범도, 김화도, 이상설은 노령지방의 한인들로부터 강제로 군자금을 모금하여 의병활동을 벌이고 있으며 여기에 동방대학 강사 김현도, 참모부 통역관 구덕생, 유일병, 이민복 등이 가세하고 있다. 이범윤의 검거명령을 받고 수사하던 중 이범윤은 중국으로 피신하였기에 검거에 실패하였으나 그 대신 이강, 김화도, 이규풍 등 29명의 동조자들을 검거하였다. 또한 이범윤과 홍범도에게 숙소를 제공했던 유덴가이(Ю-Ден-Гай)를 체포하고 그들 가운데 6명은 이르쿠츠크로 추방하였다. 그러나 홍범도와 이범윤을 추적하면서 위수사령관은 과연 이들을 체포해야할 당위성에 대해 의문을 제기하였다. 왜냐하면 이들이 블라디보스토크의 공공질서를 저해하고 있다는 근거는 희박하기 때문이었다. 그럼에도 불구하고 위수사령관은 조병훈으로부터 압수한 러시아 관리 암살을 지시한 편지에 이름이 거명된 박의만(바실리 박), 김병연(아브람 김), 김현토의 조속한 추방은 필수적이라 건의했다. 그의 견해에 따르면, 프리아무르주에 거주하는 일본인들의 생명과 재산이 한인의병들로 인해 위협받을 경우, 우호적인 러·일관계 수립을 저해할 수도 있다는 것이다. 이에 블라디보스토크 위수사령관은 만일 한인들이 질서를 파괴하고 테러라는 극단적인 방법을 포기하지 않을 경우, 류인석을 비롯한 항일 독립운동 지도자들을 체포할 것임을 연해주 군무지사에게 보고하였다.

〈표 8〉 창의서에 대한 재정적, 물적 지원을 호소하는 격문

발신	박예섭, 박치익, 이종화, 안종섭, 차자직(Ча За-Диги) 이윤종 등
수신	
생산연월	1910년 7월
소장처	Ф.1.Оп.10.Д.327.Л.10
자료해제	창의서에 대한 재정적, 물적 지원을 호소하는 이 격문의 내용은 다음과 같다. 연해주 거주 모든 한인들에게 다음의 사실을 알린다: 민족단체 창의서의 총사령관이자 13도 군사령관으로 류인석 선생을, 창의서 대표로 이범윤을, 부대장으로 이남기(Ли-Наш-Кый)를, 훈련교관으로 이상설을 선출하였다. 일본군과의 전투에 필요한 재정 및 병참지원과 창의서의 회원으로 가입해줄 것을 호소한다. 우리는 수 천년 동안 선하게 살아온 우리의 삶을 일본이 유린할 경우, 이를 좌시하지 않을 것이다. 우리의 활동에 각별한 관심을 보여준 자들은 기록으로 남길 것이고 그 후손들에게 훈장을 수여할 것이다.

〈표 9〉 항일운동 지도자 5인의 서약서

발신	
수신	
생산연월	융희 4년 8월
소장처	Ф.1.Оп.10.Д.327.Л.12
자료해제	항일운동 지도자 5인은[류인석, 이범윤, 김좌두(Ким-Заду), 김학만, 김치보(Ким-Чибо)]는 다음의 사항을 서약하였다. 오늘부터 우리는 대한(Тай-Хай)이라는 두 글자를 더 이상 보지도 듣지도 못할 것이다. 우리는 이미 우리황제의 신민이 아니며 우리 정부기구에 대해서도 더 이상 듣지 못할 것이다. 우리 조선인들은 슬픔에 잠겨 눈물 흘린다. 대한강토가 일본의 것이 되며 조선인들이 과거의 적들의 신민이 되는 것을 어찌 볼 것이며 이를 어찌 참아낼 것인가. 일본인이 우리의 황제가 되는 꼴을 어찌 볼 것인가. 조선인들은 눈물 흘린다. 우리의 눈물이 핏물이 되고 우리의 뼈가 흙이 되게 하소서. 우리가 이 모든 것을 참아낼 수 있을까. 우리는 자신의 권리를 끝까지 옹호해야만 한다. 이에 우리는 일본의 불법행위를 세계만방에 알리는 것이 우리의 사명이라 생각한다. 이를 위해 보다 많은 서명을 받아내야 하며 서명사업을 위해 요원들을 파견시켰다. 또한 우리는 모든 정열을 바쳐 소중한 조국을 구출하는 사업에 민족적 차원의 지원을 호소할 것이다. 그리고 우리는 어느 한 순간도 일본의 신민이 되지 않을 것이며 일본 거주 등록증을 받지도 않을 것임을 맹세한다. 만일 일본 거주 등록증을 받는 자가 생길 경우, 우리는 그를 우리의 형제로 간주하지 않을 것이며 이유여하를 막론하고 이를 저지할 것이라는 내용의 서약서.

〈별첨〉에 보이는 자료 가운데 특별히 주목되는 것은 13도의군 창립 관련이다. 13도의군의 성립은 국망 직전 러시아지역에서 활동하던 의병과 계몽운동 세력이 총집결하여 조국을 구하고자 하는데 그 역사적 의미가 있다. 그러므로 학계에서도 일찍부터 주목하여 왔으며 이에 대한 연구가 활발히 전개되었다. 특히 최근에는 반병률, 박민영 등이 창립장소에 대한 의견들을 제시하고 있는 가운데 〈표 7〉의 『노령지방의 항일 독립운동 지도자들에 대한 동향파악 보고서』(1910년 10월 27일자)자료는 주목되는 것이라 할 수 있다.

본 문서에서는 13도의군의 설립 날짜, 설립 장소, 역사적 의미, 류인석의 계획 등을 보여주고 있어 흥미롭다. 문서는 1910년 10월 블라디보스토크 방위 책임자가 연해주 군무지사에게 보낸 것이다. 여기에 따르면,

> 한인들은 3파로 나누어 일본에 반대하는 적대적인 행동을 하고 있다. 그들 가운데 중심에는 블라디보스토크에 살고 있는 이범윤, 니콜스크 우수리스크와 블라디보스토크에서 활동하는 홍범도, 그리고 류인석이 있다. 이들 3인의 부대는 국내외에서 활동하고 있다. 그들은 지난 7월 8일 야유쉬카(암밤비 마을)에서 150명이 빨치산이 참여한 가운데 대회를 열었다. 나중에 니콜스크 우수리스크에서 나온 편지를 본 결과 이들은 군대 조직인 창의소를 발기하였다. 13도 창의대장에 류인석, 회장에 이범윤, 부대대장에 이남기, 훈련대장에 이상설을 선출하였다. 7월 8일 회의에서는 작은 부대들과 일본을 반대하는 모든 부대들을 합쳤다. 그전에는 지금까지 이범윤, 홍범도, 류인석이 지도자로 활동했으며, 상호간에 연대성이 없었다. 앞서 언급한 류인석의 작전계획은 국내의 여러 항구에 불을 지르고, 북쪽지방에서 빨치산 활동을 재개하며, 각도에 항일전단을 살포하고 모든 일에 한국인의 단결을 호소하는 것이다

라고 하고 있다.

이를 통하여 알 수 있는 새로운 사실은 다음과 같다. 우선 13도의군의 설립 장소를 짐작해 볼 수 있다. 이번 러시아자료에는 그 위치가 야위시카(암밤비)라

고 하고 있다. 설립 장소에 대하여는 윤병석, 반병률, 박민영 등 학계의 다양한 연구가 있다.

두 번째, 13도의군은 그동안 분열 상태 놓여 있던 의병조직을 통일했다는 데 큰 의미를 부여할 수 있다. 1909년 10월 26일 안중근 의거는 러시아지역의 항일열기를 더욱 고양시켰다. 그 결과 이듬해 4월(음력 3월 8일)에는 우수리스크의 박기만 등을 중심으로 안중근 추도회를 개최하려는 움직임도 있었다. 이러한 안중근 의거의 영향은 러시아지역 항일독립운동 세력의 통합에 큰 기여를 하였을 것으로 보인다. 러시아 측 기록은 "7월 8일 회의에서는 작은 부대들과 일본을 반대하는 모든 부대들을 합쳤다. 그전에는 지금까지 이범윤, 홍범도, 류인석이 지도자로 활동했으며, 상호간에 연대성이 없었다."라고 기록하고 있는 것이다.

세 번째는 류인석 의병의 작전계획이 구체적으로 적시되어 있는 점에서 그 의미가 있다고 하겠다. 류인석의 작전계획은 국내의 여러 항구에 불을 지르고, 북쪽지방에서 빨치산 활동을 재개하며, 각도에 항일전단을 살포하고 모든 일에 한국인의 단결을 호소하는 것이다.

지금까지 이처럼 구체적으로 류인석 의병의 활동 계획이 적기되어 있었던 점이 없었다는 점에서 본 자료는 중요한 의미를 갖는 것이라고 할 수 있다.

암밤비에서 13도의군을 조직한 류인석 등은 다음과 같은 호소문을 발표하며 동포들의 참여를 촉구하였다.

> 우리는 현재 연해주 지역에 살고 있는 모든 한국인들에게 우리의 민족적인 조직인 창의소(군사조직)를 조직했음을 알린다. 우리는 이 조직에 13도의군 책임자로 류인석, 이범윤, 이남기, 이상설 등을 선출하였다.
>
> 이 소식을 전 한국민들에게 전하면서 우리의 의로운 일에 협조를 호소한다. 군자금과 식료품 등 일본과 결전을 앞두고 필요한 것들을 도와주기 바라며, 또한 창의소

회원으로 가입하기 바란다.
일본인들이 수천명의 선량한 우리동포들을 살육하고 있는데 우리는 이대로 손을 놓고 앉아 있을 수 있겠는가 생각해보라.
군자금을 낸 사람은 모두 책에 기록될 것이며, 이들의 후손들은 언젠가 포상받게 될 것이다.

박 야센블리, 박치익, 우뿌뿌네리, 이종하, 안종섭, 차지진, 이윤종
1910년 7월

2. 재중앙아시아 지식인 박일의 회고

박일은 연해주에서 태어나서 그곳에서 중등교육을 받았으며, 1937년 당시에는 레닌그라드에서 사범대학을 다녔고, 그 이후에는 카자흐스탄 공화국에서 카자흐스탄대학 철학과 교수로, 해방 후에는 소련파의 제4진으로 1946년 여름 북한에 입국하여 김일성대학 부총장을 역임한 인물이다. 또한 김일성에게 맑스 레닌주의 이념을 교수한 인물로 널리 알려져 있다.

필자는 1992년 1월 중앙아시아 카자흐스탄 공화국의 수도 알마티(현재 수도는 누루술탄)를 방문하여, 박일과 대담을 가질 기회를 가졌다. 그리고 동년 5월 박일이 서울을 방문하였을 때 그와 이야기할 수 있었다. 그 중 1937년 강제이주 부분에 류인석과 관련된 부분이 있어 이를 인용해 보면 다음과 같다.[9]

(1) 1937년 중앙아시아로의 집단이주
계속해서 한가지 다른 자료를 말하겠습니다. 해삼위에 있는 고려 사범대학을 크질오르다에 실어왔습니다. 그래서 크질오르다에 사범대학을 열었습니다. 그런데 그것이 1937년 10월 초순입니다. 1938년 2월에 이 대학을 닫았습니다. 그러니 할 수 없이 교수들도 많이 퇴직했습니다. 해삼위 사범대학, 고려사범대학은 1932년에 개

9 박환, 「재러지식인 박일의 회고」, 『러시아한인민족운동사』, 탐구당, 1995.

교했습니다. 1936년에 제1회 졸업생이 나왔습니다. 제2회 졸업생은 졸업장을 받지 못한 사람이 많았습니다. 실제로는 1회 밖에 못했습니다. 그래도 그 사람들이 큰 일을 많이 했습니다. 조선 학교에서 교원으로 일했습니다. 문헌상으로 증명되지 못한 저의 입장으로 하는 말입니다.

1908년에 서울서 류인석이라는 학자가 조국을 떠나면서 자기가 가지고 있는 서적을 가져왔다고 합니다. 그 당시는 제정 러시아시대죠. 그는 신한촌에 와서 임시 군관 조선정부까지 조직한 사람입니다. 홍범도도 같이 일했습니다. 1937년에 해삼위에 고려사범대학을 이주시킬 때 그 서적을 같이 가져왔지요. 몇천권인지 지금 그것은 알 수 없습니다. 국립 도서관에 문의했으나 대답도 안이 합니다. 1938년 2월에 크질오르다에 옮겨 온 것을 없애 치웠지요. 그 서적은 어떻게 되었는가. 사범대학을 닫기 위해서 상부 기관에서 총장으로 러시아 사람을 파견했습니다. 리낀이라는 유태인이었습니다. 그는 사범대학 청사에서 화부로 있던 케마우바이라는 카자크 영감에게 조선책을 없애 치우라고 명령했습니다. 그런데 그 대학에서 화학 교수로 일하던 이병국, 레닌그라드 국립사범대학을 졸업한 선생은 아침에 시간이 있으나 없으나 대학에 일찍 나오는 습관이 있었습니다. 하루는 카자크 영감이 책을 태우는 것을 보고 그가 무엇이냐고 물었더니 총장의 지시로 3일째 태우고 있다고 하였습니다. 그는 돈을 줄 것이니 시장에서 장작을 대신 사다가 태우라고 하였다. 그는 지도자가 말하니 그랬지 옳지 못한 것을 알고 있었습니다.

그는 그책을 알마아타에 있는 교육상에게 보냈습니다. 이것이 1938년 2월 중순이올시다. 1938년 3월 중순에 알마아타 교육성에서 이 책을 받았습니다. 이 이야기를 이병국선생으로부터 1948년 2월 말에 알마타에서 들었습니다.[10]

그러나 박일교수가 언급한 류인석의 책들에 대하여 고송무교수는 그의 저서『쏘련의 한인들』(이론과 실천, 1990)에서,

5.2. 알마-아따의 한국 도서들

카작스탄의 수도 알마-아따 시에는 뿌쉬낀 명칭 국립도서관이 있는데 여기에는 한국 장서라고 따로 목록이 작성되어 있다. 이 도서들은 카작스탄에서 최근에 구입한 것이 아니고 기구한 운명을 거쳐 현 도서관에 보관되게 된 것이다. 이 도서들이 걸

10 이와 관련하여서는 고송무,『쏘련의 한인들』, 이론과 실천, pp. 155-158 참조하시오

> 어온 길은 중앙아시아 고려사람들이 걸어온 길과 같이 극적인 것이다. 이 도서들에 대해서는 1951년 모스크바에서 사온 「쏘련과학원 동방학연구소 단편통보」에 박일 선생의 글로 소개된 바 있다. 이에 따르면 알마-아따 도서관에 있는 한국 도서들은 분량이 2,500권 정도 되며 질적인 면에서 모스크바나 레닌그라드에 있는 한국학 장서들보다 다양하다고 한다. 이러한 이유로 이 도서는 세계적 의미를 지닌다고 한다.
> 책은 한국에서 출판된 것과 제정러시아, 그리고 뒤에 쏘련에서 나온 책들로 되어 있다. 한국책들은 18-20세기에 출판된 것들로 박일 선생은 크게 네 종류로 분류하고 있다. 첫째가 한문서적으로 여기에는 맹자, 논어, 대학, 시경, 서경, 예기 등, 즉 주로 사서 오경류 책들과 유교 및 불교 관계서적들이 속한다. 둘째는 백과사전류로 『문헌비고』가 특히 관심의 대상이 된다고 한다. 쏘련에서는 초기 한국학학자였던 뀨네르(N.V.Kyuner,1877-1955)가 『문헌비고』에 맨 먼저 주의를 돌렸다고 한다. 알마-아따 도서관에 있는 『문헌비고』는 한국 이회의 지역에서는 세 번째로 드문 것으로 알려져 있다. 『문헌비고』는 본디 조선왕조 영조 때 중국의 『문헌통고』를 본떠 홍봉한 등이 편찬한 것으로 고종 때 다시 증보를 했다. 알마-아따의 『문헌비고』는 19세기에 다시 펴낸 본이라 한다.
> 세 번째 부류에는 한국역사 관계서적들이 들어가며 네 번째에는 문학분야 책들이 속하는데 400여 권 정도 된다고 한다. 이들 가운데에는 1878년에서 1899년 사이에 출판된 서적들이 포함된다 한다. 이들 이외에도 1908년까지 출판된 어려 종류의 우리말 신문이 들어 있는 것으로 알려져 있다. 이 가운데에는 『권업신문』도 있다고 한다.

라고 하여, 박일교수의 글을 소개하면서도, 류인석에 대하여는 언급하고 있지 않다. 앞으로 류인석과 이들 책에 대한 검토가 요청된다.

3. 『노병 김규면의 비망록』

김규면은 신민회, 신민단, 한인사회당 그리고 봉오동전투에서 활동한 만주, 러시아지역의 대표적인 독립운동가이다.[11] 그는 자신의 저서에서 러시아 연해

11 오세호, 「백추 김규면의 독립운동기반과 대한신민단」, 『한국근현대사연구』 82, 2017. 2022년

주 지역에서 중심적으로 활동한 인물들에 대하여 기술하고 있다. 그 가운데 류인석과 동시대에 함께 활동한 최재형, 홍범도, 이범윤에 대한 기술을 먼저 살펴보자.

1. 최재형은 북조선 함북 경원군 출생인데 농노의 아들이다. 8세 시에 자기 부친과 함께 연해주 보세트 구역에 망명하여 왔다. 이것은 19세기-60년대이다. 부친과 함께 농업도 하며, 어업도 하며, 부두건축 노동도 하다가 장성한 후 로서아(러시아) 입적민이 되어서 다른 고려인들과 같이 부락생활 하였다. 점점 고려인 망명 이주민이 증가되어 아즈미, 씌즈미, 연추, 마라바스, 살라반스크, 두 세 구역에 고려인 촌락이 수천 호이었다. 최재형은 도소회장(면장)으로 수십 년 일하는데 신망이 많았고 남도소 개척사업과 교육 사업에 로서아(러시아) 문화교육에 주창자이고, 청년교양 사업과 봉건사회 구습 풍습을 폐지하고 문명 사업에 선진자이었다. 짤시애에 원동 고려인 대표로 니콜라이제오 대관식에 참여했고, 일본에 망명한 고려 혁명자들을 방문하였고, 또는 1906. 7. 8 북선 의병운동에 적극적으로 후원하였고, 17년 2월 혁명 후 즉시로 연해주 거류 고려족 연합총회를 소집하여 고려족 총회를 창립하고, 총회장은 최재형이 피선되었다. 그래 붉은 주권 밑에서 연해주 고려인민은 통일적, 조직적으로 잘 준비하여 진행하는 중에 1918년 말 1919년 초의 연해주 북도소 니콜리스크 아편장사 구룹빠(그룹) 거두들이 고려족 총회를 점령하고 총회장은 문창범 아편대왕을 선거하고 부회장 기타 주요임원은 다 투기업 영웅들이었다. 최재형은 김좌두 등과 같이 빨치산 조직운동에 연락 방조 후원하고, 고려족 총회 행동을 조종하지 못하였다.
최재형은 소비에트와 조선의 애국자이고, 진정한 혁명자이고, 원동 고려인에게 혁명적 선진적 인물이다. 붉은 주권의 적극 지지자이었다. 그래 일본정탐국은 언제나 비혁명자와 혁명자를 똑바로 정탐하여 아는 것이다. 1920년 4월 정변 날에 최재형이를 붙잡아다가 학살하였다. 일본제국주의자는 악독하고도 영리한 것이다. 아편장사꾼들은 매수할 수 있지만, 최재형 같은 애국지사들은 매수할 수는 없으니 학살당하는 것이다.
최빠사는 최재형의 둘째 아들이다. 원동 빨치산 운동에 조맹선, 박그레고리와 같이 독립단 군대 영솔하고 빨치산 전쟁에 참가하다가, 원동해방 후로 해군함대

김규면에 대하여는 오세호의 박사학위논문이 있다.

포병대장으로 근무하였다.

11. 홍범도는 북선 평안도 평양 출생이다. 조선이 합방(강제병탄) 전 함경북도 의병운동이 극성한 때에 홍범도는 삼수, 갑산 등지에서 일본 군대 연락병들을 습격하는데 명성이 있었다. 그러자 지원군들 모여드니 부대적으로 행동하게 되었다. 홍범도는 백발백중의 명포수이고, 부대적 편성지도 능력은 없는 중세기 무사와 같은 장군이다. 그러자 일본 군대의 수색부대가 삼수, 갑산 등지를 침입한다. 형세불리하였다. 두세 사람 명포수로 산짐승 잡듯이 일본군 연락 교통병을 북청, 함흥으로 갑산산골로 내왕하는 것을 습격하기는 편리하였지만, 부대로 출동하기는 불편리하였다. 뿐만 아니라 수색대에 붙잡힐 수도 있었다. 그래서 이병채와 두 사람이 연해주 Новокиевск(노보키예브스크)로 피신하여 왔다. 1919년 3월 운동(3·1운동)이 조선에 발발할 때에 홍범도는 조선에 가서 일본군과 싸우겠다고 결심하는 것을 간도 "국민회"에서 군인 한 부대를 홍범도 명의하에 주었다. 간도 "국민회"에서 박경철을 참모장으로 지정하여 주었다. 한 달 후에 박경철은 탈퇴하여 훈춘구역 "신민관" 군사부에 와서 한경세, 신우여, 이승조 등과 함께 일하였다. 그리고 홍범도는 군인부대와 간도에 있다가 마침 봉오골 전쟁(봉오동전투)에 참가하였고, 그 후 백두산 뒤에 갔다가 일본군 간도 토벌시에 남만, 북만 산으로 피란하여 자유시에 왔다가 자유시 토벌(자유시참변)에 군대들이 무장해제 당한 후 홍범도는 단신으로 Шумяцкий(슈마츠키)에게 대접 받으면서 모스크바까지 행세하면서 자유시 토벌이 유감이 없는 듯 시키는 대로 말하며 돌아다니는 것이었다. 슈마츠키 일파는 홍범도를 조선독립군의 총지휘자처럼 떠들어 소개하면서 자기들 범죄사변을 완화시키려고 홍범도의 변호비판을 요구하는 충동이었다. 홍범도가 영솔하고 자유시에 왔던 부대는 우수문 나게리에서 석방되어 "인"에서부터 백당 숙청전쟁에 참가하였다. 홍범도 개인은 원동 빨치산 전쟁엔 직접 참가한 일이 없다.

12. 이범윤은 한국정부의 관리사로 간도거류 조선인민을 관리하라는 임무를 가지고 두만강변에 주재하고 있었다. 일로전쟁(러일전쟁)시에 로서아(러시아)편에 가담하여 싸웠고, 1906~1908년 북선 의병운동에 활동하였다. 그때 한국 대사 이범진이 페테르브르그에서 자살하면서 자기의 재산 수만 원과 유서를 최재형에게 보내었다. 내용은 : "국권회복 운동에 쓰라고" 신신부탁하였다. 그래 최재형이는 그 돈을 받아가지고 의병부대 조직에 착수하여 이범윤 부대 무장준비와 안중근 부대 무장준비와 전제익 부대 무장준비에 도와주어서

1906~1908년 북선 의병운동이 시작되어 경원 신아산, 신전원, 경흥 홍의골, 회령 홍산동, 중태골, 경성, 명천 등지 의병대 전쟁이 확대되었다.
그리고 1919년 독립운동 시기의 군대를 모집하여 제1선 부대를 허근(허재욱)에게 맡겨서 간도로, 두만강 상류연안으로 파견하고 그나마 부대는 연해주에서 확충하면서 붉은 빨치산 부대와 연계를 취하고 있었다. 간도에서 허근이 영솔하고 자유시에 왔던 부대는 무장해제한 후 감금되어 있다가 석방되어 원동해방전쟁에 적극 참가하였고, 허근이는 모스크바까지 가서 울고 다니었다. 자유시 토벌에 의군부 군인이 더 많이 죽었다고 한다. 이범윤 자신은 늙은 몸으로 빨치산 전쟁에 직접 참가 못하였으나 그의 군대 일부분은 빨치산 운동에 희생분투하였다.

위에서 보는 바와 같이, 김규면은 최재형, 홍범도, 이범윤에 대하여는 각각 개별 항목을 두고 각각의 특징을 중심으로 평가를 하고 있다. 그러나 류인석에 대하여는 별도의 항목을 두지 않고 조맹선을 언급하는 가운데 다음과 같이 서술하고 있다.

13. 조맹선은 "독립단"의 제3차 수령이다.
"독립단" 군대 조직자 첫 수령인 류인석은 남선 경상도 유림학자이다. 별호는 의암이다. 그는 "독립단" 의병운동 당시에 연해주 바라바스(바라바위-필자)에 와서 있으면서 당시 권업회, 『해조신문』 있을 때에 당지에 있는 운동자들과 시국문제를 토의하는 일도 있었다.
유의암(류인석) 선생이 사망한 후 "독립단" 군대 둘째 수령은 이석대이다. 이석대는 백두산 장백부에 근나거하고 활동하였다. 이석대는 부대를 영솔하고 평안도 운산금광에서 금덩이를 운반하는 차 보호병들을 습격하고 운반 금덩이를 탈취하였다. 그 금덩이를 당일에 재운하지 못하고 후일 다시 재운하게 되었다. 너무 커서 경편히 재운할 방법을 연구하느라고 시일이 지체되었다. 그래서 포위에 붙잡혀 죽었다. 그 다음 조맹선이 독립단 군대의 총지휘자가 되었다. 1918년 10월 혁명 후부터 조맹선은 붉은 주권나라로 오기로 원하였다고 한다. 그래서 1919년에 일부분 비무장 군인들을 연해주로 보내었다. 그 군인들이 오는 길에 북만주 할빈(하얼빈) 지대에서 호르바트 부하 고려인 장교들이 붙잡아 자기들 부대에 편입시키었다. 그래 그 다음에 보내는 부대들을 할빈(하얼빈) 중동선(K.B.ЖД)으로 경유하지 말고 훈춘 상부로, 동령현 지방으로, 연해주로 이동하게 하였다. 그래서 둘째 번 이동부대는 동령현 상부 우잔으로 넘어서 고로지꼬브지방 장재촌에 당도하였다. 그 지방 자위단에서 토벌하여 죽은 자, 상한 자 십여 명이었다.

장백부에서 조맹선은 그 소문 듣고 본부대를 데리고 연해주 추풍 자피거위로 채영 부대를 찾아 왔다. 조맹선은 채영 동무와 합작하여 진퇴를 같이 하면서 고르지꼬브에서 흩어진 군인들도 모아오고 하얼빈 호르바트 군대에 붙잡히어 있는 군인들도 유인하여 도망하여 오게 만들고 다시 편제하여 조맹선의 지도하에 부사령들은 박그레고리와 최빠사를 지정하였고 "한인사회당" 지도하에서 빨치산 운동에 일치동작하기로 하였다. 채영 군대와 합동하여 일본 토벌군을 구축하는 전쟁에서 조맹선 독립단 군인이 둘 전사하였다.(자피거위 곡식 밭에서) 조맹선 선생은 늙은 몸으로 여러 해 동안 고생과 병을 이기지 못해서 만우치나에서 사망하였다. 그의 평생 애국주의 사상과 류의암(의암 류인석) 선생으로부터 3대로 투쟁하던 의병운동은 붉은 빨치산으로 합동되었고 류인석(의암), 이석대, 조맹선 3대 계승한 애국주의는 국제주의로 합류되었다. 그이들은 정직·개결한 지사요, 혁명자들이다.

즉, 김규면은 류인석 등을 "류인석(의암), 이석대, 조맹선 3대 계승한 애국주의는 국제주의로 합류되었다. 그이들은 정직·개결한 지사요, 혁명자들이다"라고 하여, 정작 개결한 지사요, 혁명자들이라고 높이 평가하고 있다. 그럼에도 불구하고 김규면은 류인석의 활동은 단독항목으로는 설정하고 있지 않다. 이 점은 김규면이 사회주의계열의 독립운동가이기 때문이 아닌가 판단된다.

4. 조창용의 『백농실기』

조창용(趙昌容, 1875-1948)은 경상북도 영양 출신. 1906년 7월 사립국민사범학교를 졸업하고, 이듬해 8월서울에서 황성국민교육회에 가입하여 간사원으로 교육구국운동에 종사하였다.

1908년 1월 장지연(張志淵)과 함께 노령 블라디보스토크로 가서 한민학교 교사로 취임하여 교포자녀들에게 민족의식과 독립사상을 교육하였으며,『대동공보』의 사원이 되어 사회계몽활동을 활발히 전개하였다. 같은 해 5월 한민학교 교사를 사퇴하고 장지연과 함께 상해로 가서 대동회관(大東會館) 서기로 활동하였으며,『대동보(大東報)』를 발간하다가 7월 귀국, 박은식(朴殷植)·유근(柳瑾) 등을 만났다가 일본경찰에 붙잡혔으나 11월에 석방되었다. 1909년 12월 장지연의 주선으로『경남일보』의 사원이 되어 민족의식 고취에 노력하였다.

1912년 4월 대종교에 입교하여, 포교사로 선임되어 북간도 일대를 순회하면서 대종교운동을 통한 독립운동에 심혈을 기울였다. 1918년 일본경찰에 붙잡혀 잔혹한 고문을 당한 뒤 정신착란증이 발생하여 병사하였다.

조창용이 쓴 본항유람록(本港遊覽錄, 무신년(1908) 3월 일 블라디보스토크(海港)에 있을 때)에 류인석이 대한 다음과 같은 언급이 있다.

> 본 항구는 한국 함경도 사람이 많이 살지만 성질이 같지 않고, 요즈음에서 서울 사람이 많이 와서 거주한다. 원래 살던 사람들은 옛날 문화는 적고 예절은 없으며, 음식은 혹은 한국 음식을 혹은 서양 요리를 먹고, 거처는 모두 양옥이다. 혼인는 혹은 러시아 사람과 혹은 청나라 사람과 하는데 빈인(貧人) 등이 대부분이다. 동족을 친애하는 마음은 매우 간절하다. 일록을 잃어버린 까닭에 다 기록하지는 못한다.
> 본 항구 동양학교(東洋學校) 교실 안에서 한밤 중에 어떤 사람이 돌입하여 본교의 교사 김현토(金玄菟) 씨를 쏘아 죽인 까닭에 일시 항구 내가 술렁거렸다. 이 때 와서 거주하는 한인이 대략 20만이었다. 취풍(取豊), 송왕령(宋王嶺), 연추(延秋) 등의 땅이다. 취풍(取豊)은 흔히 추풍(秋風)으로 표기되던 수이푼인 듯하다. 송왕령(宋王嶺)은 수이푼의 중심지인 우수리스크에 있으며 송황령(宋皇嶺)이라고도 표기된다. 송나라 황제가 구금되었던 곳이라는 뜻이다. 연추(延秋)는 두만강과 가까운 곳에 있었는데, 지금의 그라스키노 근방이다. 그 밖의 여러 곳은 만여 리에 걸쳐 이어지는데, 허발령(許發嶺) 이남은 옛날 삼한의 땅이다. 오늘날 이른바 하얼빈(哈爾

> 賓)이 이 곳이다. 허발령(許發嶺) 위에 남이(南怡) 장군의 국경표비(國境表碑)가 있다. 옛날 중국의 현도(玄菟), 낙랑(樂浪)의 땅이었는데, 당나라 태종과의 싸움에서 삼한의 명장 양만춘(楊萬春)이 싸워 뺏은 땅이지만, 삼한이 점차 쇠함에 또 청나라에 귀속되었다가 이제 러시아의 영토가 되었다.
>
> 이 때 한인 가운데 떠돌다가 머물러 사는 사람이 많았다. 이범윤(李範允), 유산림(柳山林), 안응칠(安應七) 등이 옛날 한국의 어사관마패(御史官馬牌)로 한국의 칙사라고 거짓으로 칭하고 백성의 재산을 탈취하였는데, 노야 김학만(金學萬), 민장 양성춘(楊成春) 씨가 거류순사(居留巡使)에게 명하여 즉시 이 세 사람을 잡아들이라 하였는데, 이범윤(李範允)과 안응칠(安應七)은 달아났다. 유산림(柳山林)은 즉시 학교 안에 잡아들여 심하게 때려 뼈가 부러지는 등 거의 죽을 지경에 이르렀다. 그 행장 안에 있던 문부를 조사한 즉 과연 그러하였다. 유산림(柳山林)은 늙은자 이기 때문에 즉시 방면하고, 그 외 다수는 러시아 경청(警廳)에 갇혔다.

위에 언급되고 있는 "유산림"은 류인석으로 판단된다. 다만 그럴 경우 류인석은 1908년 3월 블라디보스토크에 체제하고 있는 것이 된다. 앞으로 보다 신중한 검토가 필요할 듯하다.

맺음말

지금까지 학계에서는 류인석의 문집인 의암집 및 일본측 기록 그리고 러시아지역의 답사 등을 통하여 류인석에 대하여 연구를 진행하여 왔다. 그 결과 많은 성과들이 이루어진 것은 주지의 사실이다. 필자는 이번 논문을 통하여 몇가지 의견을 제시하고자 하였다.

우선 러시아 연해주 블라디보스토크에 있는 극동문서보관소 소장 류인석 관련 자료들을 보다 적극적으로 발굴해 보자는 것이다. 극동문서보관소에는 류인석의 의병활동, 체포, 13도의군 성립, 권업회 관련 등 다양한 자료들이 소장되어 있기 때문이다. 이와 아울러 사진 및 영상자료의 수집 또한 필요함을 강조하였다.

아울러 민족적 공산주의자 김규면의 비망록과 조창용의 백농실기, 전 김일성대 부총장 박일 교수 등의 기록에 보이는 류인석에 주목하고자 하였다. 즉, 다른 사람들의 눈에 비친 류인석에 대하여도 관심을 기울이고자는 취지에서이다.

그러나 앞서 언급한 이러한 부분들은 류인석을 연구하는데 기초적인 작업은 아니라고 생각된다. 류인석을 연구하는데 가장 기본적인 것은 주지하는 바와 같이, 의암집이다. 그럼에도 불구하고 의암집이 적극적으로 활용되고 있지 못한 것 같아 안타깝다. 앞으로 국역 의암집이 보다 적극적으로 학계에 제공될 필요가 있다고 생각한다. 왜냐하면 이 자료가 류인석을 연구하는 가장 소중하고 기초적인 자료이기 때문이다. 혹시 저작권문제가 해결된다면 의암학회, 춘천문화원, 제천문화원 등 류인석관련 기관 홈페이지에 원본과 번역본을 함께 올릴 필요가 있다고 생각된다. 아울러 검색기능도 함께 갖추어 진다면 더욱 이용에 편리할 것으로 보이며, 류인석 연구를 한 단계 끌어올리는데 기여할 수 있을 것으로 판단된다.

한편 젊은 연구인력을 보다 적극적으로 발굴, 지원할 필요가 있을 것 같다. 최근의 연구성과 및 발표자들을 보면 대체로 한정되어 있는 느낌이다. 이 부분은 류인석 연구에만 한정된 것은 물론 아니다. 그러나 그럼에도 불구하고 이에 대한 적극적인 노력이 기울여져야 할 것으로 보인다.

류인석의 연해주지역 활동지 비정

머리말

의암 류인석은 주지하는 바와 같이 구한말 및 일제시대에 조국을 지키기 위하여 투쟁을 전개했던 대표적인 의병장으로 널리 알려져 있다. 특히 그는 국내는 물론 만주, 러시아 등지에서도 활발히 대일투쟁을 전개하였던 것이다.

1905년 이후 러시아 연해주에는 국내외의 애국지사들이 거의 망명해 올 정도로 민족의 지도자들이 집결하여 항일 국권 회복을 위해 활동하였다. 그 중 류인석도 1908년 연해주로 망명하여 1914년 중국으로 망명할 때까지 6년 동안 연해주에서 13도의군 편성, 성명회 조직, 권업회 조직 등 국권 회복을 위한 많은 활동을 하였다.

류인석이 1908년 연해주로 망명하여 처음 도착한 곳은 블라디보스토크였다. 그는 곧 연추(크라스키노-현재) 중별리로 이동하였다. 그곳에서는 이범윤과 최재형이 의병 활동을 하고 있어, 이들과 합류하기 위해서였다. 또한 연추 중별리는 일찍이 한인 마을이 형성되어 있어 의병 활동을 하고자 하는 한인 지도자들에게 인적·물적 자원이 되었기 때문이다.

류인석은 1909년 중별리를 떠나 서계동으로 처소를 옮겨 갔으며, 그해 3월에 시지미로, 8월에 맹령(바라바시-현재)으로 이동하였다. 그후 1910년 6월 21일 '13도의군'이 편성되자 재피거우(梓溝)에서 도총재(都總裁)에 추대되었다.

학계에서는 1990년 러시아와 국교를 수교한 이후부터 류인석의 발자취를 찾기 위하여 많은 노력을 기울여왔다. 윤병석교수와 그의 제자인 독립기념관의 박민영 박사[1], 그리고 외국어대학교의 반병률 교수[2] 등은 그 대표적인 학자라고 볼 수 있다. 특히 윤병석교수는 개척적인 역할을 담당하였다.[3] 박민영 박사는 연추, 재피거우 등 여러 유적지를 답사하고 이를 학계에 소개하고, 전체적으로 체계화하였다고 볼 수 있다. 아울러 필자 역시 1990년대 초부터 연해주 지역을 답사하여 그 결과물을 몇 권의 책으로 간행한 바 있다.[4] 그러나 이국땅에서의 현장을 객관적으로 조명한다는 것은 결코 쉬운 일이 아님은 답사를 진행해본 사람들이라면 누구나 공감하는 부분일 것이다. 개척적인 답사 결과가 그 뒤 새로이 조명된 것은 13도의군의 창립지인 재피거우가 그 대표적인 경우가 될 것이다. 지금은 바라바시 부근 마루문카강 유역으로 추정하고 았다[5].

류인석의 연해주 지역 활동지 비정은 의암의 활동을 보다 입체적으로 잘 이해하는데 가장 중요한 부분 중의 하나가 아닌가 한다.[6] 특히 논쟁이 되고 있는 부분들에 대한 것들은 그러하다. 기존의 연구 성과를 중심으로 이 부분에 대한 필자의 견해를 밝혀보고자 한다. 다만 재피거우, 시지미 등에 대하여는 박민영 등의 기존의 연구가 있고,[7] 필자가 특별한 견해를 갖고 있지 못하므로 논의에서 제외하였다. 필자의 능력의 제한으로 논의하지 못함을 송구스럽게 생

1 박민영, 『만주연해주 독립운동과 민족수난』, 선인, 2016.
2 반병률, 「러시아에서의 민족운동의 자취를 찾아서」, 『한국사시민강좌』33, 2003.
3 윤병석, 『한국독립운동의 해외 사적탐방기』, 1994.
4 박환, 『박환교수와 함께 걷다 블라디보스토크』, 아라, 2014.
박환, 『박환교수의 러시아한인유적답사기』, 국학자료원, 2008.
박환, 「연해주지역」, 『국외독립운동사적지 실태조사보고서』8, 국가보훈처, 독립기념관, 2008.
5 『국외독립운동사적지 실태조사보고서 –중국 화북지역과 러시아 연해주 지역』12, 국가보훈처, 독립기념관, 2012, 148–149쪽.
6 류인석의 활동지 비정에 대한 대표적인 연구로는 엄찬호의 선구적인 업적이 있다. 엄찬호, 「柳麟錫의 遼東지역 활동지 비정에 대한 연구」, 『毅菴學硏究』 제7호, 2009.
7 『국외독립운동사적지 실태조사보고서 –중국 화북지역과 러시아 연해주 지역』12, 국가보훈처, 독립기념관, 2012.

각한다. 필자의 작업 역시 시행착오의 연속일 것 같아 두려움이 앞선다.

1. 연추지역

1) 연추 중별리에 대한 연구성과

연추지역에 대한 공식적인 설명은 독립기념관 홈페이지와 독립기념관에서 시행한 실태조사보고서(2012년 간행)에 따르면 다음과 같이 언급되고 있다.

(1) 독립기념관 국외독립운동사적지 홈페이지
제목: 한말 의병운동의 근거지 상얀치헤
연해주 하산군 추카노브카 마을 북쪽 4km 지점

현지

Приморской Край, Хасанский район, 4 км к северу от посёлка Цук аново

역사적 의의 : 구한말 러시아 지역에서 활동하던 항일의병들의 근거지
설명: 구한말 러시아 지역 항일의병의 근거지 가운데 한 곳이며, 한인들의 생활 무대였다. 지금까지 한인들의 생활공간이 구체적으로 발견된 곳이 거의 없는 편이므로 이곳의 한인들의 생활유적은 중요한 의미가 있다. 아울러 얀치헤 지역은 구한말 의병운동의 중심지였다.
상(上)얀치헤 마을은 조선 이주민들에 의해 1876년에 건설되었다. 이곳은 얀치헤 강 상류분지에 있었으며 1부류 한인 80가구와 2부류 한인 18가구로 이뤄져 있었다. 마을에는 군 초소(병사 12명)가 있었는데 이것은 마을이 중국과의 거의 최 접경지대에 있기 때문이다. 이곳 토질 또한 자갈이 많이 섞여 있었기 때문에 농작물 수확은 하(下)얀치헤 보다 낮은 수준이었다.이곳에는 현재 한인 마을이 존재하였음을 보여주는 기와 · 연자방아 등이 남아있으며, 한인들이 농사를 지었을 것으로 추정되는 평지가 널리 퍼져 있다.
(2)『국외독립운동사적지 실태조사보고서』12권(독립기념관, 2012년 간행)
제목: 독립운동근거지 하연추

현주소: 하산군 추카노프카 마을 일대
현재상태: 연추 가운데서도 가장 비중이 큰 독립운동근거지였던 중연추(중별리)는 아직까지 체계적인 조사가 진행되지 못하였고, 확실한 자리도 비정하기 어려운 상황이다.
국외독립운동 근거지로서 연추가 지닌 역사적 의의를 고려할 때, 러시아 군 당국의 공식적인 승인과 협조를 받아 연추 세 마을에 대한 체계적이고 종합적인 조사를 진행해야 할 필요가 있다고 판단된다.

위의 기록을 통해 볼 때, 류인석이 활동했던 중별리에 대하여는 위치비정이 제대로 이루어지고 있지 못함을 짐작해 볼 수 있다.

다만 독립기념관이 추정하는 상연추의 경우 필자는 그곳을 중별리로 보고 있다. 독립기념관의 견해는 필자가 작성한 답사보고서에 근거한 것이므로,[8] 이번 기회에 이를 중별리로 시정하고자 한다.

2) 연추지역 중별리에 대한 쟁점

연추(얀치헤)의 경우 상별리, 중별리, 하별리 등이 존재한 것으로 보인다. 하별리(하연추)의 경우는 행정중심지로 러시아 지역의 대표적인 민족운동가인 최재형의 거주지였고, 한인들의 주로 사는 민간지역이라고 볼 수 있을 것 같다. 현재의 지명은 추카노브카로 러시아마을이 존재하고 있다.

중별리의 경우 하별리에서 15리 정도 떨어져 있는 지역으로 이 지역에는 이범윤, 류인석 등 독립운동가들이 근거하고 있던 지역이라고 볼 수 있다. 현재에는 폐허화되어 있어 기와장 맷돌 등이 산견된다. 상별리는 중별리 북쪽에 위치하고 있으며, 인구수도 제한된 것으로 보인다.

연추지방 중별리는 의병의 중심기지였으므로 의병운동사 연구에 있어서 매

8 박환, 「연해주지역」, 『국외독립운동사적지 실태조사보고서』8, 국가보훈처, 독립기념관, 2008. 58-59쪽.

우 중요한 곳이다. 그러나 이곳은 현재 폐허화되어 있고, 국경수비대 관할 지역이라 민간인 출입이 통제되고 있다.

연추 중별리의 중요성은 『재외동포사』 8(국사편찬위원회, 2008)에 「연추 중별리와 안중근」이라는 제목 하에 상세히 수록하고 있다.

> 연추 중별리는 최재형, 안중근, 류인석, 이범윤 등 대표적인 의병장들이 활동하고 있었다. 그리고 연추 가운데서도 중별리가 한인 민족 운동자들의 활동 중심지였다. 중별리의 정확한 위치는 아직 밝혀지지 않고 있으나 크라스키노에서 직선 거리로 북쪽으로 3킬로미터 떨어진 추카노보 마을 일대로 추정된다.
> 반병률 교수는 추카노보 마을의 동장이 현재의 추카노보 마을이 과거 '하얀치헤'였다는 것을 재확인하여 주었다고 하였으며, 추카노보 마을 입구의 수하야 강가에 교회와 학교가 있었던 곳을 그냥 '얀치헤'라고 불렀다고 증언한 내용을 소개하고 있다.
> 2003년 8월 답사 때 송지나 교수는 크라스키노는 언덕 위에 위치하고 있어 이곳 사람들이 베르흐네 얀치헤라고 불렀으며, 그 반대로 아래쪽에도 마을이 형성되었는데 아랫마을을 니즈네에 얀치헤라고 불렀다. 언덕 위에 있으니 상별리, 언덕 아래에 있으니 하별리라고 불렀다고 하였다. 현재 추카노보 마을은 니즈네에 얀치헤 일 것이다.
> 블라디보스토크 러시아 국영 극동역사문서보관소에서 수집한 1928년 하산 지역(포시에트 지역) 지도에 의하면, 지도상에 상·중·하얀치헤가 표기되어 있다. 현재는 추카노보 마을만 존재하기 때문에 상·하얀치헤만 거론되지만 중얀치헤에도 분명히 마을이 있었다. 중별리가 중얀치헤일 것이다.
> 당시 연해주 중별리는 일제의 침략으로부터 국권을 회복하고자 뜻을 같이한 의병의 지도자들이 모여 활동하던 중심지였다.

위의 설명은 조금 혼돈이 된다. 단적으로 말하면, 연추 중별리를 추카노브카로 볼 것인가, 아니면 그 북쪽에 있는 마을로 볼 것인가로 요약할 수 있다고 판단된다. 박민영은 그의 논문에서는 추가노보마을을 중별리로 보고 있다. 그런데 2012년에 간행된 『국외독립운동사적지 실태조사보고서』에서는 앞으로 중별리에 대한 조사와 검토의 재검토의 필요성을 제기하고 있다.[9] 필자도 원칙론적인 측면에서 연추지역에 대한 전반적인 재조사의 필요성에 동의한다. 다만 지금까지 알려진 자료와 답사의 경험으로 볼 때, 독립기념관에서 상연추로 추정한 지역이 중별리일 것으로 판단된다.

3) 중별리는 어떤 곳일까.

학계에서는 중별리를 의병운동의 중심지로 언급하면서도 이 지역의 구체적인 면모에 대하여는 아직 밝히지 못하고 있다. 이에 앞으로의 답사, 조사를 위한 기초자료로서 중별리에 대한 몇몇 기록들에 대하여 살펴보고자 한다. 다만 중별리에 대한 것은 이범윤에 대한 것이 중심이고 류인석의 자료는 거의 언급되고 있지 못한 형편이다. 류인석의 시로는 다음이 전해지고 있다.

> 지금은 어떤 날이며 여기는 어디인가
> 하물며 칠순 나이에 병든 노임임애라
> 아들 조카 마주보니 근심은 다시 급해지고
> 고향땅 돌아보니 아픔은 끝이 없다
> 차가운 산 녹여버릴 붉은 해는 솟아나고
> 늙은 매 기운차게 큰 바람 일으키네
> 경물도 오히려 날 때, 모습 지니고 있나니
> 한잔 술로서 억지로 마음을 달래누나[10]

중별리에 대하여는 일본측 기록들에 보다 상세히 언급되고 있다. 다음의 자료가 참조된다.

---

9 『국외독립운동사적지 실태조사보고서 -중국 화북지역과 러시아 연해주 지역』12, 국가보훈처, 독립기념관, 2012, 140쪽.

10 박민영, 「류인석의 국외항일투쟁 노정(1896-1915)-러시아 연해주를 중심으로」, 『한국근현대사연구』26, 2003, 167쪽.

인구수 및 호수

『한국독립운동사 자료』 39권 중국동북지역편 Ⅰ, 〈당관(當館) 암기촉탁(岩崎囑托)이 제출한 노령 연추방면 시찰복명서 송부의 건〉

(16) 공신(公信) 제206호(受第28079號)
명치43년(1910년 필자주) 12월 1일
재간도 총영사 永瀧久吉
외무대신 백작 小村壽太郎 殿
첨부제목
○ 별지 복명서
이곳에 일본인 거주자는 겨우 5호이다. 靑木善市· 萩原三郎· 有田와 아들(以上 상점) 坂本金次(시계공) 藤田清五郎(서양식 세탁소). 朝鮮人은 수십년래의 이주, 그 호수와 인구는 자못 많다.

마을명	호수	인구
昌岺	40	240
中別里	230	1,215
番地	30	125
下別里	300	1,820
上別里	170	535
陸城	500	2,530

위의 기록을 통해 보면, 1910년 당시 중별리에는 230호, 인구는 1,215명이, 하별리에는 300호, 1,820명이, 상별리에는 170호, 535명이 살고 있는 것으로 되어 있다. 이를 통해 보면, 중별리는 상별리보다는 큰 지역이고, 하별리보다는 작은 지역이 아닌가 추정된다.

4) 국내에서 중별리로의 이동경로

다음의 기록은 1910년 강원도 출신인 함익섭(咸益燮)이 연추 중별리를 다녀온 후 체포되어 일본에 의해 취조받을 당시의 취조문서이다.

『한국독립운동사 자료 17』 17권 의병편X〉 융희 4년(1910, 명치 43〉(一) 1월, 함경도〉 제4회 조서 강원도 通川郡 養元面 新興洞 平民 農業 咸益燮 38세

문: 당신이 융희 3년(1909년) 8월 16일 강원도의 향리를 출발하여 露領 中別의 사무소로 갔을 당시 어떤 지역을 왕부하고 숙박하였는지 그 지명 지명 및 숙박기일을 구별하여 진술하라

답: 본인이 강원도의 자댁을 출발한 후의 숙박지 및 월일은 좌와 같음.

一. 八月 十六日 自宅 出發

一. 八月 十七日 江原道 通川郡 歙谷洞 舊鷄洞에서 一泊

一. 八月 十八日부터 八月 二十日까지 元山에서 三泊

一. 八月 二十一日 南越丸 船中

一. 八月 二十五日 雄基에 上陸 一泊

一. 八月 二十六日 慶興 前江渡에서 一泊

一. 八月 二十七日 露領 初峙洞에서 一泊

一. 八月 二十八日 露領 郎時上舷去南에서 一泊

一. 八月 二十九日 露領 木湖(포시에트--필자주)에서 一泊

<u>一. 九月 一日부터 八日까지 露領 煙秋 中別 李範允 事務所에 滯在</u>

一. 九月 九日부터 十二日까지 木湖 滯在

一. 九月 十三日부터 十六日까지, 煙秋 中別로부터 約 十里 떨어진 村落의 朴言房宅에 滯在

一. 九月 十七日부터 十一月 一日까지, 李範允 事務所에 滯在

一. 十一月 二日부터 十一月 八日까지, 淸國 兩峙關 申泰俊宅 滯在

一. 十一月 九日 慶興警察署에 감

一. 十一月 十日부터 十一月 十二日까지, 雄基에 滯在

一. 十一月 十三日부터 十四日까지, 泰盛丸 船中

一. 十一月 十五日 西湖津에 上陸 咸興으로 옴.

위의 기록을 통해 보면, 함익섭은 강원도 자택을 8월 18일 출발하여 원산--웅기--경흥-포시에트를 거쳐 9월 1일 연추 중별리에 도착하고 있음을 알 수 있

다. 소요기일은 13-14일 정도임을 짐작해 볼 수 있다.

5) 중별리에 대한 다양한 정보

(1) 이범윤 사무소

다음은 중별리의 이범윤 사무소와 그의 활동에 대한 것이다. 여기서 함익성은 이범윤이 사무소에서 무장투쟁을 준비하고 있음을 언급하고 있다.

『한국독립운동사 자료』 17 17권 의병편X〉 隆熙 四年(1910·明治 四三)〉 (一) 一月, 咸鏡道〉 內亂陰謀에 關한 件 報告

기사제목:內亂陰謀에 關한 件 報告

咸興警察署長 警部 阪井勳警務局長 松井茂 앞
內亂陰謀에 關한 件 報告

暴徒의 英將인 李範允이 洪範道李振哲李昇鎬申泰俊 등과 서로 共謀하여 日本政府의 壓迫을 逸脫할 目的으로 內亂反逆을 企圖하고 現在 露領 中別이라 稱하는 要所에 本部를 設置하여 多數의 部下를 樞要의 地에 分派하고 一面 軍用金의 募集에 從事하며 武器購入을 計劃하여 后日에 軍事를 일으킬 陰謀의 內情에 關하여 咸益燮이라는 者가 當署에서 陳述한 事實은 別紙 調査寫本과 如하며,

同人은 李範允의 事務所에서 參謀 李振哲이 發行한 金 一百圓의 支拂命令 手形을 携帶하고 陰曆 十一月 十五日 咸興으로 와서 咸興郡 州南面 中里 醫業 周明奎宅에 이르러 金 一百圓을 要求하였으나 其 目的을 達成하지 못하고 또 咸益燮은 李範允이 發行한 檄文 二通을 携帶하였으며 其 中 一通은 江原道에서 自身이 이를 發表하고 通川郡 內의 財産家를 說得하여 武器購入資金 募集에 努力하고 다른 一通은 同郡 新興里 居住인 朴鍾赫과 同郡 佳野洞 居住인 李周植 二名에게 交付하야 軍用金의 募集을 하게 할 計劃임을 自白하였음.

(2) 안중근의거에 대한 반향

〈第二回 調書〉
江原道 通川郡 養元面 新興洞

平民 農業 咸益燮 三十八歲

안중근의거에 대한 반향

一. 伊藤公의 兇變은 自己가 中別의 李範允의 事務所에 滯在 中에 들었으며 그 消息은 宋鶴嶺의 洪範道로부터 그의 部下 安應七이 殺害하였다는 通知를 보내왔음.

一. 伊藤公의 兇變은 九月 十五日(陽曆 十月 二十八日)에 들었음.

一. 宋鶴嶺은 鐵道沿線으로 「하르빈」에 接하고 있는 地域이라는 것은 들었지만 中別과의 距離가 얼마나 되는지는 알 수 없음.

一. 中別의 事務所로 伊藤公 兇變의 通知가 到達하자 部大將 李範允 總務長 李昇鎬이하의 同志들은 대단히 滿足하고 기뻐하는 情況으로 萬歲를 부르며 열열히 歡喜의 소리를 질렀음.

안중근 의거는 위의 기록을 통하여 살펴볼 수 있는 바와 같이, 의거가 있은지 이틀 후인 1909년 10월 28일에 소식이 전해졌고, 이범윤 의병들에게 매우 기쁜 소식으로 인식되고 있다.

(3) 중별리 의병 조직과 중별리의 위치

중별리의 의병 조직과 주요 인물들

一. 中別의 事務所에서는 李昇鎬가 總務長이 되고 宋鶴嶺의 洪範道 기타 數個所에 散在해 있는 各 部將들과 恒常 連絡을 取하며 書面 또는 緊急을 要하는 事件은 特別히 사람을 派遣하는 등하여 가장 嚴密한 行動을 取하며 相互의 事情을 通報하고 있었음.

一. 中別의 視務所(李範允의 本部) 밑에 各 司令長을 두고 있는 바 散在하여 있는 場所와 司令長의 氏名은 左와 같음.

一. 大洞司令長 李光達 三十七八歲, 慶興으로부터 四十里地點

一. 신봉지司令長 李尹桀 三十七八歲, 慶興으로부터 四十里(李는 平安道 出身)

一. 上別里司令長 吳某 三十五六歲, 中別로부터 十里

一. 蓮出羅在司令長 不明, 中別로부터 四十五里

上記한 外에 水清宋鶴嶺安方非 등의 各 所에도 司令長이 있으나 其 氏名 및 中

別과의 距離는 알 수 없음.

위의 기록들을 볼 때, 상연추는 중연추로부터 10리정도 떨어져 있는 지역이 아닌가 추정된다.

一. 中別의 本部에는 언제나 李昇鎬, 鄭南敎, 崔峙明, 裵炳燮, 金士烈의 數名이 待期하고 있었음.
一. 中別의 本部를 떨어진 約 五百米地點에 官房이라고 稱하는 一戶를 따로 設置하고 鄭大將 李範允은 常時 同所에서 起居하고 있었으며 同所에는 金砲先生이라고 稱하는 本이 全州李氏 出身으로 李某라 하는 年齡 六十歲 이상의 老人이 一名 同居하고 있었음.
一. 李範晋은 中別을 떠난 지극히 遠距離에 있는 地方에 있다고 들었으나 其 地名은 알 수 없으며 同人은 李範允과는 六寸親戚이라고 들었음.
一. 金砲先生은 키가 五尺五六寸으로 顔色은 하얗고 코는 뾰죽하고 머리카락은 점고 上下수염이 있음. 外出時에는 恒常 말을 타고 往來하고 있었음. 本年 陰曆 十月 二十五日 中別을 떠나 蓮出羅在로 간다고 말하고 外出하였는데 내가 同地를 出發할 때까지 돌아오지 않았음. 用件은 不明
一. 上別里의 司令所에는 吳司令長 外에 金參領(金仁洙인 듯)도 함께 있었음.
一. 李範允 等의 同志의 服裝은 모두 韓服이었고 其 中에 通譯 金某(鏡城 出身) 및 金參領은 洋服을 着用하고 있었음.

위의 기록에는 이범진이 이범윤의 6촌이라고 하나 이는 사실과 다르다. 판편 중병리에 있었던 이범윤이 한복을 입고 있다는 내용은 흥미롭다 그의 특징을 잘 보여주는 것이 아닌가 추정된다.

중별리의 위치

一. 中別은 露領으로서 煙秋로부터 十五里 떨어진 小部落으로 露西亞人은 살지 않고 韓人만의 部落임. 家屋은 大多數가 草家이고 約 二十戶 정도임.
一. 中別은 相當히 오래 前부터 韓人이 移住한 部落임.
一. 中別에는 露西亞人은 좀처럼 오지 않고 가끔 他地方으로 가는 者가 經由할 뿐임.

一. 中別은 慶興으로부터 本道로 八十里 샛길로 七十里距離에 位置함.
一. 中別에서는 李範允 其他 重要人物 數名은 徒食하고 있지만 其他의 人員은 同所로부터 約 四十五里 떨어진 木湖(포시에트-필자주)라는 港口로 벌이를 나가고 있었음.

위의 기록은 중별리의 위치를 상세히 입체적으로 표현하고 있다.

2. 우수리스크, 추풍지역

1) 柳亭口

유정구는 류인석이 1911년 음 1월에 거주하였던 곳으로 봉밀산 근거지 설립과 관련하여 중요한 지점이라고 판단된다. 블라디보스토크--우수리스크를 거쳐 봉밀산이 있는 흥개호로 가는 길목에 있는 조선인마을이기 때문이다. 당시 지도상으로 보면, 무치나야역 북쪽에 위치하고 있다.

일본측 기록에 보이는 유정구를 보면 다음과 같다.

1911년 3月11日이후 浦潮斯德地方 朝鮮人動靜(實業敎育, 耶蘇敎傳道, 國民會支會建設 等 · 崔寬屹 · 安定根 · 蜂蜜山)[憲機제594호 ; 1911.3.24](『日本外交史料館資料』)

헌기 제 594호
1911년 3월 24일
3월 11일 이후 블라디보스토크(浦潮斯德) 지방 조선인의 동향

최관흘

약 10일 전 유정구(柳亭口)로부터 돌아왔다. 유정구(柳亭口)는 니코리스크의 북방에 있는 정거장으로 조선인 약 60호가…(원본판독불가)…의 목적으로 약 2주간 체류하고 돌아왔으며,

류인석(柳麟錫)

동인은 작년 11월 이래 블라디보스토크항(浦港)에 거주하고 있으며…(원본판독불가)…유정구(柳亭口)를 거쳐 3월 8일 다시 봉밀산에 갔다.

봉밀산(蜂密山)

동지(同地)는 청령(淸領)에 있고, 노령과 인접하여 있으며, 중국은 당지에 이민을 조집하고 있는 곳이다. 이미 보고한 바와 같이,…(원본판독불가)…향후의 근거지로 만들려고 하는 듯 하나, 동지가 청령에 속하여 우리나라는 범인 인도를 청구할 수 있는 범위 내에 있음으로 노령에 있…(원본판독불가)…오히려 위험을…(원본판독불가)…. 근래 노령 정부의 조선인 취제가 엄중하게 되고 또한 노령에 있는 서을 필요로…(원본판독불가)…노령 내에…(원본판독불가)…안창호(安昌浩) 등은 예수교의 포교에 힘을 다하여 이를 자신이 입족하는 기초로 하려고 하는 것 같다.

위의 기록 중 류인석 부분을 보면, 즉, 류인석이 1910년 11월 이래 블라디보스토크에 거주하고 있다는 점, 그리고 1911년 3월 8일 유정구를 거쳐 다시 봉밀산에 갔다는 점을 보여주고 있다. 이로 보아 류인석은 봉밀산에 몇 차례 다녀온 것 같다.

유정구는 위의 기록에 따르면, "유정구(柳亭口)는 니코리스크 북방에 있는 정거장으로 조선인 약 60호가"라고 하고 있다. 최관흘 목사가 이곳에 거주한 것으로 기록하고 있다.

다음의 1911년 5월 30일자 일본측 기록에도 유정구에 대한 것이 보인다.

1911년 5月 30日이후 블라디보스토크地方 朝鮮人情報(安昌浩 新聞發刊 等) [憲機제1156호 ; 1911.6.14](『日本外交史料館資料』)

헌기(憲機) 제1156호 제285호

1911년 6월 19일 접수

1911년 6월 14일

5월 30일 이후 블라디보스토크지방 조선인 정보 토리이(鳥居) 통역관 보고

(중략)

7. 목사 최관흘(崔寬屹)

6월 1일 목사 최관흘(崔寬屹)이 키도(木藤) 통역관을 방문하여 약 3시간 동안 논의한 것 중 중요한 사항을 기재하면 다음과 같다.

1) 최관흘(崔寬屹)이 말하길, 개척리 이전에 대하여 머물고 있는 집에 어려움이 있고, 아울러 블라디보스토크는 생활비가 많이 들어 시골로 가고자 한다며 가족을 라즈돌리노예의 아내가 알고 있는 지인 곁으로 보내도록 하였다.

2. 최관흘(崔寬屹)은 앞서 '하바로프스크, 이만, 유정구(柳亭口), '연해주' '니코리스크 지역을 여행하였다.

3. 최관흘(崔寬屹)이 말하길,

유정구(柳亭口)에서는 조선인의 호수가 40호가 있고, 모두 철도 인부로 …(원본판독불가)…에서 일하고 있다. 류인석(柳麟錫)은 이 지역에서 이전한 조선인 부락에 있고 그 처자와 살고 있다고 한다. 그들은 모두 조선식 유생으로 머리를 묶고 관을 쓰고 살고 있으며, 오늘날 …(원본판독불가)…

비고

'니코크스크의 북쪽지방 '에프게니에프카'역 부근에 큰 제분소가 있고 유정구(柳亭口)는 이 지역을 지칭하는 것이다.

위의 기록 중 최관흘의 류인석에 대한 언급이 주목된다. "조선식 유생으로 머리를 묶고 관을 쓰고 살고"있다고 하고 있다. 위 기록에 따르면, 류인석은 1911년 5월경 유정구에 머물고 있었음을 알 수 있다.

한편, 독립기념관 홈페이지 『국외독립운동사적지 러시아 연해주편』에서는 다음과 같이 유정구에 대하여 설명하고 있다.

현주소: 연해주 우수리스크시 북방 70km 떨어진 시베리아철도 연변의 무치나야역 부근

그리고 그 역사적 의의에 대하여 다음과 같이 설명하고 있다.

역사적 의의:

류인석 의병장이 일시 머물던 곳으로 연해주에서 봉밀산으로 들어가는 길목에 있던 정거장

설명:

민족학교인 흥수학교가 설립되어 있었다. 블라디보스토크에서 경술국치를 맞이한 류인석은 1911년 1월(음) 블라디보스토크를 떠나 유정구(류정커우, 柳亭口)로 올라가 잠시 머문 뒤 같은 해 2월(음력) 곧 운현(현 크레모보)로 이거하였다. 유정구 이거는 국치 전후 국내외 민족운동자들에 의해 추진되던 북만주 봉밀산蜂密山 독립운동근거지 건설계획과 연계되어 있는 것으로 보인다. 유정구는 류인석이 그동안 전전해 오던 아무르만 좌안의 남우수리구역에서 벗어난 우수리스크 북방에 위치해 있었다.

일제는 정보기록에서 유정구의 위치에 대해 다음과 같이 기록하였다. “유정구는 니콜리스크 북방 하바로프스크 선로상의 한 정거장으로 봉밀산에 이르는 길목이다.” “유정구는 니콜리스크 북방 두 번째 정거장임. 한인 약 60호.” 이를 통해서 볼 때 유정구는 우수리스크에서 하바로프스크로 연결되는 시베리아철도의 두 번째 역이 소재한 마을로, 한인 60여호가 거주하고 있었으며, 북만주 봉밀산으로 연결되는 길목에 있었음을 알 수 있다. 일제의 니콜리스크 주재 영사가 1922년 1월 6일 자국의 외무대신에게 보고한 「조선인 촌락 및 인구 조사 보고서」에 따르면, 유정구가 ‘체르니코프카 부근 선인 호수 인구 조사표’에 포함되어 있는 정황으로 보아 체르니코프카 인근에 있던 한인 마을로 파악된다. 이 자료에는 유정구의 한인 호수는 68호이며, 전체 인구가 288명인데, 모두 비귀화인으로 기록되어 있다.

현재 상태:

유정구 한인 마을의 거점 도시로 판단되는 체르니코프카는 우수리스크에서 서북방으로 70여km 떨어져 있는 시베리아철도 연변 마을이다. 우수리스크와 체르니코프카 중간에 크레모보(운현) 마을이 위치해 있다. 현지에서 생장한 주민을 만나지 못한 관계로 현지 탐문을 통해서는 유정구(류정커우)의 마을 위치를 확인할 수 없었다. 다만, 유정구가 역 소재 마을이라는 기록을 유추하여 체르니코프카 마을 부근에 근접해 있는 무치나야(‘뭇가’는 밀가루를 의미함) 역 일대에 점재한 마을을 합리적으

로 비정해 볼 수 있을 것 같다.

시베리아 철도 연변의 유정구가 북만주 봉밀산을 내왕하는 거점 마을인 점에 따라 항카호 일대에까지 여정과 지형을 조사한 결과, 유정구에서 항카호에 이르는 길은 산지가 거의 없는 평원지대로 낮은 구릉지에는 늪지가 많아 통행이 쉽지 않다.[11]

일본외무성자료, 일제의 니콜리스크 주재 영사가 1922년 1월 6일 자국의 외무대신에게 보고한 「조선인 촌락 및 인구 조사 보고서」에 첨부된 지도에는 무치나야역 북쪽에 유정구의 위치가 잘 나타나 있다.

무치나야역은 하바롭스크로 가는 시베리아 횡단열차가 정차하는 곳이다. 우수리스크와 스파스크 중간지점이며, 우수리스크에서 기차로 1시간 반 정도 소요되는 곳이다. 독립기념관의 경우 자료는 확인했으나 지도는 미처 확인하지 못한 것 같다. 한편 유정구는 독립군의 무기운반 루트 가운데 한 곳이기도 하였다.[12]

2) 雲峴

운현은 러시아 연해주 어느 지역인지 알 수 없다. 독립기념관(박민영)은 운현의 위치에 대하여, 〈연해주 우수리스크시 북쪽 35km 떨어진 시베리아철도 연선의 크레모보 부근〉이라고 규정하고 다음과 같이 설명하고 있다.

역사적 의의:

류인석이 1911-1913년 2년 동안 거주했던 곳 설명 류인석은 1911년 2월(음) 유정구를 떠나 雲峴으로 갔다. 그의 많은 저작 가운데 백미로 평가되는 말년의 역작

11 『국외독립운동사적지 실태조사보고서 -중국 화북지역과 러시아 연해주 지역』12, 192-193쪽.

12 『한국독립운동사 자료 43 43권 中國東北地域篇 V』 間島地方不逞鮮人團ノ武器移入狀況其他ニ關スル件(1920년 8월 24일) 鳥蘇里沿線方面ヨリ汪清縣奥地々方ニ入ルモノ
鳥蘇里沿線方面ヨリ汪清縣奥地方面ニ搬入スヘキモノハ鐵路「ニコリスク」ヲ經由シ之ハ「スパースカヤ」柳亭口驛方面ヨリ陸路國境驛「ポグラエーチナヤ」附近ニ出テ巧ニ國境ヲ越エ屯田營通路又ハ三岔口經由大鳥蛇溝路ニ出テ綏芬河源ニ遡リ汪清縣奥地羅子溝地方ニ入ルモノトス

인 『우주문답』을 저술한 곳도 이곳에서였다. 현재 운현이 어디에 있던 지명인지는 단정할 수 없지만, 운현이 '구름'과 '고개'를 훈차訓借한 한자식 지명이라고 단정해 보면 자료상의 '구름을령'이라는 지명을 운현으로 합리적으로 비정할 수 있다. '구름(을)령'은 곧 러시아식 지명으로 '이폴리토프카'이며, 이곳은 현재 우수리스크-하바롭스크 가도 상에 있는 '크레모보'에 해당한다. 그리고 이폴리토프카는 우수리스크-하바롭스크 철도가 지나는 연선에 있는 크레모보 마을의 역명이기도 하다. 이런 정황을 고려해 볼 때, 류인석이 1911년 2월(음)부터 1913년 1월(음)까지 비교적 오랜 기간인 2년 동안 거주하였던 운현은 오늘날의 이폴리토프카 역이 있는 크레모보 일대의 한 마을로 추정할 수 있다. 류인석의 「연보」에 의하면 운현은 깊은 산중으로 수림 속에 처소를 정했다고 한다. 또 「증사산급제소우贈史山及諸少友」라는 시의 서언에서 "둔전屯田의 예에 의하여 운현雲峴이란 곳에서 나무를 베고 땅을 개간하였다. 우사산禹史山이 그 일을 주관하고 백경환白慶煥·이석기李錫基·김국현金國鉉·김두운金斗運·한봉섭韓儀卿鳳燮·강철묵姜益明喆?·이중희李重熙·석진재石鎭哉·강기복康基復 및 아들 제춘濟春이 그 일을 맡아 하였다. 그들은 본래 모두 직접 농사를 하지 않았기 때문에 이 일은 더욱 어렵고 힘들어 애쓰는 일은 이루 형언할 수 없으나 궁핍을 구제하는 기반의 일이 되어 일을 중지할 수 없다."라고 한 구절로 보아도, 운현이 산중인 정황은 짐작할 수 있다. 그리고 운현 처소를 읊은 「운현소거雲峴巢居」라는 시에서는 운현의 산중 모습을 다음과 같이 묘사하고 있다. 집을 지으니 나무가 많이 보이고 爲巢多木見고개에는 항상 구름이라 有峴常雲存하늘이 詩書案으로 들어오고 天入詩書案산은 禮義村을 열었도다 山開禮義村

현재상태:

크레모보 제1마을은 구 거주지이며, 제2마을은 군부대가 주둔해 있는 곳이다. 크레모보 제1마을에 이폴리토프카 역명이 그대로 남아 있다. 이 일대는 주로 평원지대로 주위에 수림이 우거진 낮은 구릉지대와 산지가 군데군데 펼쳐져 있다. 특히 크레모보 마을 입구의 도로 건너편에는 정동방으로 3~4km 떨어져 봉우리가 뾰족한 해발 450미터 정도의 야산이 있는데, 정황상 이곳이 류인석의 거주지였을 개연성이 커 보인다. 현지 탐문에서는 그곳에서 성장한 토착 현지인을 만날 수 없었기 때문에 과거 한인 마을의 정황을 확인하지 못하였다. 운현이 크레모보 일대라는 데까지 위치를 비정하였으며, 추가 현지조사와 문헌조사를 통해 운현의 위치를 더 구체

> 적으로 확인할 필요가 있다.[13]

라고 하여, '구름(을)령'은 곧 러시아식 지명으로 '이폴리토프카'이며, 이곳은 현재 우수리스크-하바롭스크 가도 상에 있는 '크레모보'에 해당한다는 것을 근거로 들고 있다.

한편 레닌기치 1990년 4월 3일자, 강상호의 회고기, 〈솔밭관 빠르찌산부대〉에,

> 1922년에 그로데꼬워와 한까이구역에 주둔했던 솔밭관 빠르찌산들은 신우영의 지휘하에 이와놉까, 구름령(이뽈리똡까)전투에서 많은 희생을 내면서 붉은 군대와 협력하여 승리를 쟁취하였다.

라고 있고, 권희영은 그의 논문 「1920년대 연해주지역의 독립운동과 신한촌」[14] 90쪽에서,이를 그대로 인용하고 있다. 이에 주목하여 박민영은 구름령을 이뽈리토프카로 단정하고 있다.

그러나 이폴리토프카는 개인이름 또는 그루지아의 마을이름 등이라고 알려지고 있다. 어원상으로도 그런 의미는 없는 것이라고 전문가들은 증언하고 있다.[15] 그러므로 이 설명은 기본부터 성립하지 않는 것은 아닐까?.

그렇다면 운현은 어디일까. 필자의 생각으로는 운현은 거리 위치상 유정구와 구별할 필요가 없는 곳에 위치해 있는 것이 아닌가 한다. 유정구에 속해 있는 지명이라고 하기에는 작은 지명의 곳이라고 추정된다. 그래서 박민영도 다음과 같이 언급하고 있는 것이 아닌가 한다.

> 류인석의 「연보」에 의하면 운현은 깊은 산중으로 수림 속에 처소를 정했다고 한다.

---

13 『국외독립운동사적지 실태조사보고서 –중국 화북지역과 러시아 연해주 지역』,12, 188–189쪽.
14 권희영, 『한국과 러시아:관계와 변화』, 국학자료원, 1999.
15 모스크바 대학 역사학박사인 배은경 박사와 블라디보스토크 거주 극동연방대 석사이며, 지역 전문가인 박유은선생으로부터 자문을 받았다.

> 또 「증사산급제소우贈史山及諸少友」라는 시의 서언에서 "둔전屯田의 예에 의하여 운현雲峴이란 곳에서 나무를 베고 땅을 개간하였다. 우사산禹史山이 그 일을 주관하고 백경환白慶煥· 이석기李錫基· 김국현金國鉉· 김두운金斗運· 한봉섭韓儀卿鳳燮· 강철묵姜益明喆?·이중희李重熙· 석진재石鎭哉· 강기복康基復 및 아들 제춘濟春이 그 일을 맡아 하였다. 그들은 본래 모두 직접 농사를 하지 않았기 때문에 이 일은 더욱 어렵고 힘들어 애쓰는 일은 이루 형언할 수 없으나 궁핍을 구제하는 기반의 일이 되어 일을 중지할 수 없다."라고 한 구절로 보아도, 운현이 산중인 정황은 짐작할 수 있다. 그리고 운현 처소를 읊은 「운현소거雲峴巢居」라는 시에서는 운현의 산중 모습을 다음과 같이 묘사하고 있다. 집을 지으니 나무가 많이 보이고 爲巢多木見고개에는 항상 구름이라 有峴常雲存하늘이 詩書案으로 들어오고 天入詩書案산은 禮義村을 열었도다 山開禮義村

그러므로 일제도 유정구와 운현을 구별하지 않고, 류인석이 운현으로 이거한 뒤에도 계속 유정구에 있는 것으로 파악하고 있다. 즉,

> 류인석은 의연하게 유정구에 있으며, 동지는 인심이 한가지로 모두 배일사상이 견고해 능히 유를 보호하고 있고(조헌기, 제2037호, 1911년 9월 14일자, 8월 29일 블라디보스토크지방 조선인동정(2))

라고 하여, 1911년 8월에도 류인석이 유정구에 있는 것으로 파악하고 있다.

아울러 일본외무성기록 1912년 1월 12일자, 작년 12월 하순 블라디보스토크 조선인에 관한 첩보에서도,

> 동인은 목하 유정구에 있으며, 이번에 권업회의 수총재에 천거되었던 것은 前記한 것과 같고, 동인에 대해서는 때때로, 조선에서부터 그 무리들이 돈으로 가지고 옴으로써, 생활에는 크게 곤란하지 않은 까닭이다. 그러나 금년 초 가을경 류인석은 사람을 본국으로 파견해 금 17,700루불을 가져오게 했다.

라고 있음을 통해서도 류인석이 1911년 12월에도 유정구에 있음을 확인 할 수

있다.

3) 木花村

목화촌은 류인석이 1913-14년 연해주에서 마지막으로 살았던 마을이다. 1913년 음력 2월 류인석은 운현을 떠나 목화촌으로 이거하여, 13도의군에서 장의군총재를 맡았던 이남기李南基의 집에서 지냈다. 이듬해 그는 목화촌을 떠나 서간도로 망명한다. 박민영은 중동선 갈렌키역 부근에 있던 러시아식 지명인 마와카에프카에서 마와카를 음차한 지명이라고 하고 있다.

박민영은 일본측의 다음의 기록을 제시하고 있다.

1919년 9월 18일 〈선인행동에 관한 건〉

최근 니코리스크 부근의 한인마을을 여행한 밀정의 정보에 의하면, 니코리스크 서쪽 고레니키 정거장(한인은 "호레니츠카"라고 부름. 니코리스크에서 하얼빈에 이르는 철도선로로서 니코리스크에서 33露里 떨어져 있음)부근에 는 러시아인촌 근처에 삼삼오오 點在한 조선인 수십호가 있음. 조선인은 이 일대를 자우오다라고 주름. 이전에 러시아의 목마장이 있었으므로 이와 같이 칭하게 된 것이다. 그 안에 南夕村이라고 불리우는 한 마을에서 밀정은 경성군 어랑면의 崔龍男(27-8세)이라는 자와 만났는데, 촌인들이 뒤이어 와서 최는 의병모집을 위해 왔다는 뜻을 우리 밀정에게 말하였다. 또 동지 북방의 한인마을인 속칭 목화촌, 개척리(다분히 러시아지명으로는 '마와카예프카'일 것임)에 있는 한일제, 홍진우, 최태익, 이영익, 신우경 등이 배회하는 독립군을 위함 이라고 칭하고 모든 마을 68호에서 매호당 20루불의 의연금을 강제로 거두어 이에 응하지 않는 자에 대하여는 국가를 위해 총살을 해야 된다는 등을 말하고 이에 권총을 꺼내 협박 强徵 했다고 함.[16]

박민영은 목화촌은 우수리스크에서 만주로 들어가는 중동선철도를 따라 우수리스크 서북방 30km정도 떨어진 곳에 있는 갈렌키역 인근에 한 마을로

16 박민영, 위의 논문, 177쪽.

규정하고 있다.[17] 즉, 박민영은 이를 근거로 『국외독립운동사적지 실태조사보고서 -중국 화북지역과 러시아 연해주 지역』, 국가보훈처, 독립기념관, 2012, 184쪽에서 다음과 같이 서술하고 있다.

> 그동안 목화촌은 목허우(포시에트)로 비정해 왔으나, 최근 일제의 정보기록에서 중동선 칼렌키역 부근에 있던 러시아식 지명인 '마와카예프카'에서 '마와카'를 음차한 지명임을 확인하였다(중략)[18]

그러나 일본측이 1921년 9월에 그라데고보 부근 조선인부락위치조사 지도에 따르면[19], 보다 정확한 지점을 확인할 수 있다. 일본측 자료에서 언급하고 있는 개척촌 등이 목화촌 북쪽에 지도상에 보이고 있다.

맺음말

류인석은 구한말부터 1910년 전반기까지 러시아 연해주지역에서 활발한 항일투쟁을 전개하였다, 블라디보스토크 개척리에 도착한 이후 구한말에는 주로 의병활동을 중심으로 의병의 중심기지인 연추 중별리, 서계동, 시지미, 재피거우 등에서 활동하였다. 그 중 특히 연추 중별리는 동의회의 중심지였고, 재피거우는 13도의군이 창립된 곳으로 주목된다.

1910년대 류인석은 우수리스크 인근 유정구, 운현, 목화촌 등지에서 활동하였다. 그 중 유정구는 1910년대 북만주 봉밀산 독립운동기지 건설의 이동로로 중요한 지점으로 주목된다. 이는 류인석의 봉밀산 독립운동 기지건설과

17 『국외독립운동사적지 실태조사보고서 -중국 화북지역과 러시아 연해주 지역』12, 184쪽.
18 박민영, 위의 논문, 176쪽.
19 일본외무성자료, 일제의 니콜리스크 주재 영사가 1922년 1월 6일 자국의 외무대신에게 보고한 「조선인 촌락 및 인구 조사 보고서」에 첨부된 지도(不逞團關係雜件-朝鮮人의 部-在西比利亞 13, 조선인촌락 및 인구조사서 송부건)

일정한 연맥을 갖고 있음을 의미하는 것이기 때문이다. 유정구, 운현, 목화촌 등지는 추풍 4사를 중심으로 한인들이 다수 거주하는 곳으로 만주와도 인접한 지역적 특성을 갖고 있다.

필자는 이번 위치 비정을 통하여 몇 가지 점을 언급할 수 있을 것 같다.

첫째는 류인석의 러시아 연해주 활동지에 대한 본격적인 답사와 검토를 제시하고자 한다. 연추 중별리로 추정되는 지역은 현재 러시아 국경수비대가 관할하는 지역으로 통제구역이다. 블라디보스토크 총영사관의 사전 협조를 통하여 본격적인 조사가 필요할 것으로 판단된다.

둘째, 러시아 및 일본측 지도의 확보이다. 현재 유정구, 목화촌 등지는 박민영의 선구적 연구에 의하여 그 위치가 비정되고 있다. 그러나 일본측 지도에 보면 유정구와 목화촌은 지도상에 그 위치가 분명히 나타나 있다. 이를 확인한 것은 이번 논문의 최대의 성과라고 할 수 있다. 그러나 국사편찬위원회에서 제공하는 일본외무성기록에는 지도가 여러 면으로 나뉘어져 있어 전체적인 모습을 파악할 수 없다. 아울러 원본 지도는 칼라색상으로 되어 있으나 국사편찬위원회에서 소장하고 있는 자료는 흑백으로 되어 있어 입체적으로 파악하는데 일정한 제약을 주고 있다. 앞으로 일본외무성 자료 수집을 통하여 이 자료의 확보가 필요하다고 판단된다.

사료로 보는 고종의 대리인, 연해주의 이범윤

머리말

이범윤(李範允)은 1900년대부터 1930년대까지 만주와 러시아에서 항일운동을 전개한 대표적인 인물이다. 즉 이범윤은 1903년에도 간도관리사로 임명되어 재만동포의 권익옹호를 위하여 중국과 대항하여 투쟁하였으며, 1904년 러일전쟁 당시에는 충의대(忠義隊)를 조직하여 러시아군과 함께 항일전쟁을 하였고, 1906년 이후에는 러시아로 망명하여 러시아 지역의 대표적인 의병으로 항일의병을 전개하기도 하였던 것이다. 그리고 1910년 8월에는 성명회(聲明會) 선언서에 발기인으로 참여하여 조선합방의 부당함을 전 세계에 호소하였다. 이에 일제는 이범윤을 러시아 당국과 교섭하여 강제로 이르크츠크로 유배보내기도 하였던 것이다. 이범윤은 이에 굴하지 연해주로 돌아온 후에도 계속 항일전을 전개하는 한편 만주지역으로 이동하여 광복단, 신민부 등에서 계속적인 항일전을 전개한 인물이었던 것이다. 즉 이범윤은 만주지역의 항일영웅인 김좌진 장군과 홍범도 장군 보다 항일운동의 선배였을 뿐만 아니라 항일운동의 기간이나 활동상에 있어서 그들에 못지않은 항일운동가였다. 더욱이 그는 만주지역에 거주하는 동포들의 권익 신장을 위하여도 크게 노력했던 운동가였던 것이다. 그럼에도 불구하고 그에 대한 자료가 제대로 없어 이범윤에 대하여는 별로 알려지지 못하였다.

본고에서는 이범윤을 전체적으로 연구하기 위한 일단계로서 우선 러시아 연해주에서의 이범윤에 대하여 알아보고자 한다. 일차적으로 정제우의 이범윤의 러시아 연해주에서의 의병활동에 대한 연구가 기초적인 토대가 될 것이다. 그러나 이 연구는 주로 일본측 자료들을 중심으로 이루어져 있어 일면 장점과 단점을 갖고 있다. 이에 본고에서는 그동안 사용되지 않은 러시아 극동문서보관소에서 소장되어 있는 자료들을 중심으로 이범윤의 실체에 접근해 보고자 한다.

우선 이범윤의 가계에 대하여 검토해보고자 한다. 네이버 및 일반 학자들도 이범윤과 이범진을 형제로 인식하고 있는 경우가 허다하기 때문이다. 사실상 이 두 사람은 먼 친척일 수 있는 있으나 형제는 아니기 때문이다. 다음으로는 러시아에서 이범윤을 어떻게 인식하고 있었는가를 밝혀보고자 한다. 러시아 측 자료들에서 이범윤은 왕족 또는 이범진과 형제 등으로 인식하고 있기 때문이다. 이것이 이범윤의 자가발전에 의한 것인지, 잘못된 정보인지 등에 관심을 기울여 보고자 한다. 아울러 안중근의 이범윤에 대한 인식 등 우리 측에서의 이범윤에 대한 인식도 아울러 살펴보고자 한다.

그 다음으로는 러시아 극동문서보관소에 보이는 이범윤 자료들에 대하여 살펴보고자 한다. 이는 러시아 연해주에서의 이범윤의 활동을 이해하는 초석이 될수 있을 것으로 보이기 때문이다.

1. 이범윤의 가계: 이범윤과 이범진은 형제인가?

우리가 흔히 접하는 『한국민족문화대백과사전』 〈이범윤〉을 보면, 이범윤을 훈련대장 이경하(李景夏)의 아들로, 이범윤과 이범진을 친형제로, 이범윤을 동생으로 서술하고 있다.

이범윤(1856년(철종 7) ~ 1940년)
본관은 전주(全州). 아버지는 이경하(李景夏)이며, 법부대신 및 주로공사(駐露公使) 이범진(李範晉)이 그의 형이다.

그러나 사실, 이범윤은 1856년 경기도 고양군 숭인면에서 출생하였다. 전주이씨(全州李氏) 광평대군파(廣平大君派) 내 임정부정공파(臨汀副正公派)로 그의 부친은 병하(柄夏)이며, 그의 동생은 범달(範達)이고, 처남은 김병건(金炳健)이다. 이범윤의 양자는 이범달의 아들 이억종(李億鍾)이며, 이억종의 아들은 이계성(李揆星)으로 현재 강원도 강릉시에 거주하고 있다.[1]

한편 이경하는 광평대군파내 정언부정공파(定安副正公派)로 그의 아들은 이범승(李範升)과 이범진이다. 그러나 그 중 이범승은 생부가 국하(國夏)로서 양자이다. 이범진은 두 아들을 두었는데 큰 아들이 기종(璣鍾)이며, 작은 아들이 이위종(李瑋鍾)이다.[2]

이범진은 세종대왕의 다섯째 아들인 광평대군 여(璵)의 후예이다. 이범진이 속한 광평대군파는 노론계의 밀성군파(密城君派)·경창군파(慶昌君派), 소론계의 덕천군파(德泉君派)와 함께 전주이씨 가문 내에서 조선 후기부터 한말 시기까지 명망가를 다수 배출한 유명한 가문이었다. 이러한 광평대군파에서 문무관의 청직과 판서급 이상의 요직을 다수 배출한 벌열 가계는 선조대에 문과를 거쳐 사헌부장령을 지낸 이향(李逈)의 후손들이었다. 이들은 상당수가 사마시

1 이범윤은 세종(世宗)의 5남(男) 광평대군(廣平大君)을 중시조로 한 전주이씨 18세손(世孫)으로 부(父) 병하(柄夏)와 모(母) 장수 황(黃)씨 사이에서 1856년 5월 3일(음력 3. 29) 서울 동대문구 신설동(당시 고양군 숭인면)에서 삼남일녀(三男一女)중 맏아들로 태어났다. 자(字)는 여옥(汝玉). 그의 선대(先代)는 서울에서 세거(世居)하고 그의 5대조(代祖) 덕화(德華)가 통덕랑(通德郎)(문산계(文散階))을 한 후 그의 대까지 벼슬한 흔적이 없다.2) 그의 학업 과정은 알 길이 없으나 성장하면서 선대(先代)에 성혼(成渾)·이이(李珥)의 문인(門人)이었음을 보아 그도 전통학문인 유학을 연마하였을 것으로 판단된다(정제우 , 연해주 이범윤 의병」, 『한국독립운동사연구』11, 독립기념관 한국독립운동사연구소, 1997)

2 오영섭, 「을미시변이전 이범진의 정치활동」, 『한국독립운동사연구』,25 2005, 34쪽.

와 문과를 거쳐 고위급 청요직을역임했는데, 그중에서도 이범진의 7대조이자 영조대에 영의정을 지낸 이유(李濡, 1645~1721)의 자손들이 가장 두드러진 활약을 보였다. 당시 이유의 자손들은 서인- 노론계의 중추인사인 송시열(宋時烈)·민진원(閔鎭遠) 등과 친밀한 관계를 유지하며 노론정권의 일익을 담당했다. 실제로 이유는 송시열의 제자로서 영조대에 좌의정을 지낸 권상하(權尙夏)와 처남-매부의 관계를 맺기도 하였다. 이후 이유의 후손들은 순조·헌종·철종대에 우의정을 지낸 이지연(李止淵, 1777~1841), 이조판서를 거친 이기연(李紀淵)(1783~1858) 등을 비롯하여 다수의 고위급 문관들과 무관들을 배출하였다.

1909년 러시아 연해주 국경수비대에서는 이범윤을 한국 왕의 친척 또는 황세자라고 인식할 정도로 이범윤을 높이 평가하고 있다. 특히 러시아지역의 대표적인 귀화한인 최재형과 비교하여 그의 신분적 특징을 묘사하고 있다. 이를 보면 다음과 같다.

『한국독립운동사 자료』 34권, 러시아편 I〉 14. 연해주의 군총독 각하께
내무부 비밀
남우수르스크 크라이
국경수비위원회
1909년 2월 6일 연해주의 군총독 각하께
54호
노보키예프스크(프리모르스크 주)
전신주소 : 노보키예프스크

여기에 3233호 서신에 답하면서 제가 수집한 자료에 따라 오블라스치에서 현재 반일운동 한인반란군의 지도자들이 다음과 같은 형편에 처해있음을 각하께 보고합니다.

작년에 한인 정치망명가인 이범윤과 이전에 얀치힌스크 읍의 볼로스치 촌장이던 표트르 최는 처음에 자금, 무기를 모으고 반란군을 조직하는 등 잠깐 동안 함께 활동

하였지만, 큰 성공을 거두지는 못하였습니다. 작년 말에 모든 부대는 여러 방면으로 흩어졌고, 부대를 조직한 사람들은 자금문제로 인하여 서로 분쟁을 하였습니다. 그런데 여기에는 몇몇 다른 원인도 가세되었습니다. 그런 원인 중의 하나는 그들의 정신적인 기질과 사회적인 배경이 현저하게 달랐다는 점을 들 필요가 있습니다.

이범윤은 혈통상 한국의 귀족(양반)인 이씨 가문출신인데, 현재 이 귀족가문으로부터 한국의 지배왕조가 기인합니다. 한국의 모든 유명가문은 서로 친척이라고 생각하고 있기 때문에 한국에서 보존되고 있는 친족원리의 잔재에 기반하여 이범윤은 황제의 친척으로 생각되고 있으며, 외국의 신문들은 그의 활동에 관하여 드물게 보도할 때 그를 마치 황세자로 부르고 있습니다. 그는 특히 상해를 통하여 일본인들에 의하여 퇴위 당한 황제인 이희(李熙)의 정파와 비밀접촉을 하고 있으며, 활동적이고 가문 좋은 사람으로서 한인들 사이에서 영향력을 행사하고 있습니다.

그런데 표트르 최는 다름 아닌 종의 아들로서 한인들이 보기에는 가장 낮은 신분의 사람입니다. 그러나 그는 강한 성격을 가지고 있으며, 지혜롭고 빈틈없는 사람입니다. 그는 볼로스치의 촌장이었기 때문에 여러 가지 의심쩍은 방법으로 큰 재산을 모았고, 통상 자기 밑에 있는 얀치힌스크의 한인들을 엄하게 다스리고 있으며, 우리로부터 받은 훈장으로 인하여 자신에 대하여 부유하고 영향력 있고 중요한 사람이라는 인식을 가지고 있습니다. 그는 출생이 비천하고 명성이 미심쩍기 때문에 일본인들에 대항하여 한인들이 봉기를 일으키도록 우리 영내에서 선동하는 한인 귀족들과 결합할 가능성이 없었습니다.(하략)

국경수비위원 서명

1910년대 권업회 관련 기록에서는 이범윤과 이범진을 사촌 형제로 인식하고 있음을 보여주고 있다.

『한국독립운동사 자료』 34권 러시아편 I〉 20. 권업회

권업회

8. 협회의 규정은 전년도 11월 10일 연해주의 주지사를 대신하여 부지사인 모노

마호프(M.B.Мономахов)에 의하여 승인되었고, 사회단체 등록장부에 59호로 기입되었다. 협회가 창립될 무렵에는 그 회원이 300명에 이르렀는데, 전체 회의 이후에 그 수가 증가하고 있으며, 현재 회원수가 어느 정도에 이르렀는지 아직 알려져 있지 않다.

9. 협회의 구성원으로서 그 주요 활동가로 12월 6일의 전체회의에서 선출된 인물들은 다음과 같다.

원로의장 : 류인석(柳麟錫)
부의장 : 김학만(金學萬, 전 대표), 최(П.С.Цой, 노보키예프스크 출신), 이범윤(李範允, 전 페테르부르그 공사인 이범진의 사촌형제)

위의 기록에서 보는 바와 같이, 이범윤은 권업회의 부의장으로서 활동하고 있는데, 그에 대하여 사촌형제라고 적시하고 있음을 알 수 있다. 이를 통하여 러시아 측에서는 이범윤을 이범진의 동생, 또는 사촌형제로 인식하고 있었음을 짐작해 볼 수 있다.

2. 이범윤에 대한 평가와 인식

1) 이범윤에 대한 안중근의 인식

안중근은 체포된 후 그가 만난 러시아 연해주지역에서 활동한 운동가들에 대하여 다양한 평가를 하였다. 그리고 이 평가는 일반인들이 독립운동가들을 평가하는 기준이 되기도 하였다. 안중근의 이범윤에 대한 평가를 들어보기로 하자.

『한국독립운동사 자료』 7권 안중근편Ⅱ〉10. 安重根 및 共謀嫌疑者에 대한 신문에 관한 건〉境 警視의 訊問에 대한 安應七의 供述(第一回)
明治42년(1909) 11월 26일 旅順 監獄에서 境警視가 安應七을 訊問한 供述

六. 李範允은 再昨年(1907년-필자주) 十一月頃「블라디보스토크」의 同人宅에서 만났으나 意見이 맞지 않으므로 해서 義兵을 일으키는데도 行動을 같이 한 일이 없다.

八. 壹萬圓을 李範晋으로부터 崔才亨을 거쳐 軍資金으로 送付해 온 것을 李範允·李瑋鍾과 나 三人이 使用한 일은 없고 또 果然 送付해 왔는지 아닌지 모른다. 或은 왔다고도 말하고 或은 오지 않았다고도 말해 眞僞도 알지 못한다.

즉, 안중근은 이범윤에 대하여 블라디보스토크 이범윤의 집에서 만났으나 의견이 맞지 않았다고 언급하고 있다. 당시 나이로나 집안, 직책 등으로 보아 이범윤에게 안중근은 젊은 청년 정도로 인식되었을 것으로 보인다. 안중근의 거 소식을 들은 이범윤은 크게 기뻐하였다.

안중근이 이범윤에 대하여 부정적인 인식을 갈은 것은 그가 친러적인 인사였기 때문으로 파악된다.『한국독립운동사 자료』 7권 안중근편Ⅱ〉 10. 安重根 및 共謀嫌疑者에 대한 신문에 관한 건〉 境 警視의 訊問에 대한 安應七의 供述(第三回), 明治四十二年(1909) 11월 29일 監獄에서 境 警視의 訊問에 대한 安應七의 제3회 공술요지는 다음과 같다.

八. 同地에서 消息을 들으니 李範允이 義兵大將이라는 것을 들었으므로 屢次 서로 往來하며 意見의 交換을 했으나 同人은 우리와는 意見이 合致하지 않는 점이 있었고 그가 露國에 대해 取하는 態度는 本國에 있어서의 日本에 對하는 一進會와 같은 것으로「露西亞 一進會」이다. 같은 一進會的 態度를 取함에 있어서는 차라리 日本의 一進會가 될 것이다. 무엇이 괴로와서 露國의 一進會가 될 理由가 있겠는가.

라고 하고 있는 것을 통하여 짐작해 볼 수 있다. 아울러 안중근은 이범윤이 군주제를 주장하는 인물이었으므로 그에 부정적인 입장을 견지한 것이 아닌가 한다. 같은 자료에서 이상설을 평한 부분에서 이를 살펴볼 수 있을 것 같다.

十五. 李相卨은 今年 여름「블라디보스토크」에서 처음으로 만났다. 同人의 抱負는 매우 크다. 世界 大勢에 通해 東洋의 時局을 看破하고 있었다. 李範允 따위는 萬人이 모여도 相卨에는 미치지 못한다. 同人의 義兵에 대한 觀念은 義兵을 일으키나 韓人은 日本의 保護를 받는 것을 기뻐한다고 伊藤이 中外에 宣傳하고 있는데 그것은 決코 기뻐하는 것이 아니라는 反證으로서는 굳이 나쁘지 않을 것이다. 그러나 東洋人間에 不和를 招來하여 人心의 一致를 맺지 못하게 되면 東洋의 平和가 스스로 破壞되는 것을 우려한다고 말하고 있었다.

數回 面會하여 그의 人物을 보니 器量이 크고 事理에 通하는 大人物로서 大臣의 그릇이 됨을 잃지 않았다.

이를 통하여 볼 때, 이범윤은 조선의 관리로서 군주제를 지지하며, 세계 대세에는 어두운 인사가 아니었나 추정된다.

이범윤은 그의 활발한 의병활동에도 불구하고 러시아 측으로부터도 부정적인 평가를 받고 있었다. 이를 액면 그대로 믿을 수는 없지만 이범윤의 일면을 살펴볼 수 있지 않을까 한다.

『한국독립운동사 자료』 34권 러시아편 I〉 25. 연해주의 군총독 각하께

내무부 비밀

남우스르스크 크라이

국경수비위원회

1910년 7월 21일 연해주의 군총독 각하께

375호

노보키예프스크 (연해주)

전신주소 : 노보키예프스크

7월 10일자 1423호에서 제안된 결과로, 1905년에 이범윤 의병대에 속해 있다가 때때로 블라디보스토크로 추방되기도 하면서 얀치힌스크 읍에 거주하는 한인들 목록을 여기 각하께 보내드립니다.

국경수비위원서명

연해주 군총독 각하

블라디보스토크에서 거주하고 있던 한인 이범윤, 이상설, 홍범도, 김좌두와 류인석 등은 블라디보스토크 한인주민의 전권을 부여받은 김학만의 원조로 일본에게 반대하는 한인 빨치산 부대의 편성을 위해 블라디보스토크, 남우수리, 이만, 올긴군(郡) 등지에 살고 있는 한인들로부터 힘에 겨운 세금을 거두고 있다.
이범윤은 진정한 애국자일지 모르지만 증오 이외에 그의 공적은 아무런 가치도 없다. 이범윤은 5년간 러시아에서 지내면서 자신의 통역관과 지지자들을 통하여 매년 돈을 거두어 완전히 자기 개인적 이익을 위하여, 또한 다수의 측근자의 부양을 위해 사용하였다. 돈은 단지 아무르주 한 곳에서만, 거의 일반적으로 한인 개개인들로부터 1루블씩 몇 번해서 총 7만루블 이상 징수되었으나, 빨치산 사업에는 1코뻬이까도 사용되지 않았다. 지금은 한국의 병합이 이루어졌기 때문에, 상기한 모든 한인들은 한인들 사이에 애국심을 불타오르게 하기 위해, 마치 그들이 아무르총독의 명령에 따라 행동하고, 일본에 대항하는 빨치산 부대의 결성을 위해 돈을 거두는 것처럼 소문들을 퍼뜨리고 있는데, 그러한 소문들은 만일 일본에게 알려지면 외교적인 사건을 야기할 수도 있을 것이다.

현재 행해지고 있는 금전상의 무거운 세금은, 흡사 빨치산 결성을 위한 듯하지만, 특히 현재 풍년도 아닌 우리 한인들에게 도움이 되기는 극히 어렵다. 준비하고 있는 조직에 김현토(동방연구소 강사), 구덕선(블라디보스토크 요새 본부 통역관), 윤일병(블라디보스토크/우수리철도 헌병경찰서 통역관), 이민복, 이규풍 등 한인 친일파들이 개입되었다는 소문이 퍼지고 있는데, 그들은 일본정부로부터 한국에서 일본에 대항하여 행동했던 모든 관계자들의 특사를 기대하고, 애국심을 핑계로 상당한 거액을 거두고 나서 모두 한국으로 도주하려 하고 있다.

상기한 것에 대해 보고하면서 우리의 억압적인 상황을 깊이 고려하시어 악의 근원을 근절하기 위한 대책을 강구해주시기를 각하께 간청 드립니다. 비록 이 조직이 애국적이라 할지라도, 소수의 한인으로는, 요컨대 잔인한 호랑이의 입에 빈손으로써 투쟁하는 격이기 때문에, 해악 외에는 아무것도 기대할 수 없습니다.

조직의 일원이 된 모든 사람들은 서울출신으로 김학만을 제외하고는 모두가 친척관계이다. 속담에 "육친에 견줄만한 것이 없다"고 하듯이, 강제로 혹은 일본과 친밀한 관계에 있는 친일파의 입장에서 그들은 항상 친척과 자신의 일본인 보호자를 사모하며, 따라서 그들은 우리와/북한 출신의 거의 모든 사람들은 여기에 살고 있다/ 관계가 없으며, 러시아 국민과는 더욱 관계가 없습니다. 만일 특사(特赦)된다면, 우끄라이나 정부를 핑계삼아 돈을 거둔 후 태연히 한국으로 탈주할 수 있다는 것은 그들에게는 남의 일이 아닙니다. 이 모든 한인들은 매일 밤낮으로 협의하기 위해 한인촌 김학만의 집 혹은 한인 이치권의 집에 모입니다.
이범윤은 한인촌 463호에 살고 있는데, 홍범도 역시 그곳에서 지내고 있습니다. 이상설은 베르흐네 뽈로그 거리 한인 이기연의 아파트에서 지내고 있습니다.

서명자 : 朴尙榮(박상영) 金成世(김성세) 韓君筆(한군필) 쳔샹린(천상린)

위의 기록을 보면 이범윤은 애국자를 사칭한 인물로 여겨진다. 그러나 이 기록은 이범윤의 반대파인 박상영, 김성세, 한군필, 천상린 등의 일방적인 주장일 수도 있으므로 신중한 검토가 요청된다.

2) 이범윤에 대한 일본측의 인식

1907년 당시 이범윤에 대한 인식은 다음의 기록을 통해 짐작해 볼 수 있을 것 같다.

『통감부문서』 3권〉 6. 在露韓人〉 (3) 前 間島管理司 이범윤에 관한 건
문서제목:(3) 前 間島管理司 李範允에 관한 건
문서번호: 機諸第五號
발신일: 明治四十年五月十四日 (1907년 05월 14일)
발신자:在浦潮 貿易事務官 野村基信
수신자:統監府 總務長官 鶴原定吉

전 間島管理司 李範允은 露日戰爭 중 北間島에 있으면서 부하들인 黨類 500여 명을 불러 모아 부르기를 '私砲'라고 하고 미리 황제로부터 하사받은 마패를 옹위하면서 서한을 러시아군에게 통하여 소재지에서 약탈과 살상을 마음대로 행하였다.

평화가 회복된 후에는 間島에 체류할 수 없게 되자 부하들을 인솔하고 러시아령인 沿海州에 들어가서 당시 滿洲軍 총사령관인 리네비치 장군을 방문하여 전쟁 중 자기의 노력에 대한 보수로써 토지를 급여해 줄 것을 출원하였지만, 장군은 黑龍江沿道 총독의 권한 내에 속하는 것이라고 하면서 이에 응하지 않았습니다. 때문에 다시 총독을 방문하고는 같은 청원을 제출하였지만, 총독 역시 이 일은 沿海州 軍務知事의 권한이라 위임하면서 보기 좋게 거절하므로 다시 軍務知事를 면회하여 여러 차례 호소한 바 있었으나 결국 받아들여지지 않았습니다.

어쩔 수 없이 黨類들을 인솔하고 노우키에프스크를 본거지로 삼고 각자 그들의 생업에 취업하기로 하였지만, 원래 평소 놀기만 하고 게을러서 기탄없이 행동하는 무리들로서는 쉽게 생업에 종사하지 못하고 함부로 폭력을 휘둘러서 양민들을 괴롭혔으므로 同國人들로부터 심한 지탄을 받게 되었으나 제재력에 빈약한 한국인들의 사회에서는 저들과 같은 포악한 상태에 대해서는 어쩌지도 못하고 할 수 없이 수수방관하면서 그들이 하는 대로 맡겨두는 형편이었습니다.

그런데 근자에 와서 李는 그 수족과 같은 부하인 嚴仁涉(귀화한 러시아인)과 기타 몇 명을 대동하고 當港에 와서 別紙와 같은 광고문을 이곳 한국인들의 거리에 게재하고 스스로 말하기를, "황제의 밀칙을 휴대하였다고 해도 만일 일본정부의 처치에 찬동하며 가담했다고 인정되는 자는 貴賤老幼의 차별 없이 이들에게 폭행을 가하여 심하게는 그 결과 죽음을 맞이한 자도 있었다"고 하였습니다. 상황이 이와 같다면 거류 한국인 사이에서는 두려워하며 어떻게 해서라도 저들을 영원히 이 지방에서 퇴거시키고자 하였지만, 후한이 두려워서 누구도 감히 이 일의 계획을 담당할 자가 없는 상태입니다. 그런데 李·嚴 등은 모든 폭행을 마음대로 행한 후 이곳의 운동은 일단락된 것으로 생각되었는지 며칠 전에 노우키에프스크로 돌아간다고 말하고 이곳을 출발하였다가 도중에 다시 이곳으로 되돌아와서 지금도 계속 체류 중입니다.

李의 포악한 행동에 대하여 뜻있는 2~3명의 한국인은 지금 자못 이와 같은 일에 분개하면서 어떻게 해서라도 저들을 제지할 방책을 강구하려고 현재 면밀하게 계획 중이라고 합니다.

위를 참고삼아 보고합니다. 敬具.

明治45년 5월 14일
在浦潮 貿易事務官 野村基信 印
統監府 總務長官 鶴原定吉 殿

위의 기록을 통해 보면, 일본측은 이범윤의 항일운동을 “포악한 행동”으로 인식하고 있다. “전 간도관리사 이범윤은 러일전쟁 중 북간도에 있으면서 부하들인 당류(黨類) 500여 명을 불러 모아 부르기를 ‘사포(私砲)’라고 하고 미리 황제로부터 하사받은 마패를 옹위하면서 서한을 러시아군에게 통하여 소재지에서 약탈과 살상을 마음대로 행하였다”라고 하고 있듯이 이범윤이 러시아에서 약탈과 살상을 마음대로 행하고 있다고 인식하고 있다.

3. 이범윤: 러시아 극동문서보관소 소장 자료들

러시아 블라디보스토크에 있는 극동문서보관소에는 이범윤에 대한 국한문 자료들이 소장되어 있다. 이들 자료들을 보면 다음과 같다.

1) 통문通文(1908년 8월 20일 관리사 이범윤)(1폰드-11오피스-73젤로 -20리스트)

아뢰올 말씀은 대황제폐하께옵서 북간도관리사 책임을 맡기옵기에 담당하옵고 해삼위순문사와 교섭하고 각지에 창의소를 설치하며, 대한독립을 회복할 터이니 강동의 여러 동포들은 주의하여 조국을 회복하오.
先陵도 대한강산이오, 인종도 대한인종이니 아무리 타국서 나고 포식한들 엇지 조국을 모를이오. 차후로 홍범도를 의병대장 겸 수금사무를 맡겨 諸處로 파송하니 물론 아라사 임격지인하고 재정과 총탄환을 극력 보존하되 안일지연하고 순문사와 교섭하여 거행시킬 터이니 여러 동포들은 동심협력하오,
성사후 一起 고국으로 돌아가 고관대작으로 살터인데 어찌 피하리오. 천만년이라도 황인종이지 엇지 백인종이 되리오. 모조록--
1908년 8월 20일 관리사 이범윤

2) 이범윤이 문창범에게 쓴 편지1908년 8월 24일)(1-11-73-68)

이범윤이 우스리스크에 거주하고 있는 문창범에게 의병전쟁에 필요한 군자금 모집에 협조를 구하는 글이다. 이범윤은 간절히 군자금 의연을 요청하고 있다.

3) 이범윤이 쓴 편지(1910년 4월 초 8일)(1-11-73-24)

하물며 살피옵건데 건강하시온지 문안드리오며, 저는 예전과 다름없이 잘 지내고 있습니다. 필시 염려해주신 덕택이라고 생각합니다. 다름이 아니라 일전에 귀편에서 틈(허물)이 있은 것은 최근에 편지 내왕이 있어 대강 짐작할 바이어니나와 누가 옳고 그른 것은 일삼아 증습할 때가 아직 못된 것은 座下께서도 통촉하실 바이기로 더 번설치 아니하고, 다만 긴급한 사정으로 신탁하는 바인데, 5월 20일 내로 월강시킬 것을 실상 피치못할 모양입니다. 이전에 서강과 서태령에 몰래 서로 약속하기를 적지에 사람을 투입하는 것을 주선하였더니, 방금 일본과 청국사이에 흔단으로 지체할 수 없는 중, 러시아 관헌과 청나라 관헌이 신신이 부탁하기를 엇지하던지 급히 渡江케 하라. 만일 도강하면 우리도 그저 방관만 할 것이 아니오니, 속히 도강하라하고 또 우리의 형편으로도 시각이 급한 사유가 있사오니, 아무쪼록 좌하께서 이시기를 일치말게 극력 주선하되 일절 번설치 말고 주선 하옵소서. 만일 금번에 위기되오면, 장래 여망도 끝날 것이니 널리 생각하시와 낭패없이 조처하심을 고대하나이다.

경술 4월 초 8일 생 리범윤 상(인)

위의 자료는 러시아 한인의병의 국내진공작전의 긴박감과 생생한 모습들을 보여주는 것이다. 1908년 이후 의병운동이 쇠퇴해 가는 가운데 국내로 도강하여 항일전을 벌이겠다는 강한 의지를 보여주고 있다.

4) 이범윤이 발행한 빙표憑票(사포대관련, 1910년 음력 3월)(러시아어 및 국한문)((1-11-73-19)

憑票

我私砲器械을 秘密輸運할時 所經道路에 無論俄韓人하고 善爲斗護하야 無至妨碍케함을 望함

庚戌 陰 三月 日
管理使 李範允 인

위의 자료는 이범윤의 의병부대인 사포대가 무기를 비밀리 운반하는 것을 방해하지 말고 도와줄 것을 요청하는 문서이다.

5) 이범윤의 군자금 영수증(1909년 7월 28일)

6) 이범윤의 청원서(702-4-763)

ㄱ. 이범윤이 연해주 총독에게 올린 어업 허가원에 대한 청원서(1912.4.9)
ㄴ. 이범윤이 연해주 총독에게 청원서의 번역이 잘못되었음을 알리는 글(국한문)
ㄷ 연해주총독의 지시편지.
ㄹ. 한인협회 조직에 대한 연해주 총독대리의 지시(1910.3.30, 702-4-763-83~88)

ㄱ. 이범윤이 연해주 총독에게 올린 어업 허가원에 대한 청원서(1912.4.9)(704-4-763-12)

연해주총독께
1905년 러일전쟁 당시 한국왕의 명령에 따라서 저는 러시아부대들과 함께 일본군에 대항하여 전투를 하였습니다. 그리고 저는 러시아군인들에게 많은 도움을 주었고, 항상 일본군대의 동향과 인원에 대하여 러시아측에 보고하였습니다.
러일전쟁이 끝나자 한국이 러시아를 도울 필요가 없어졌습니다. 그러므로 러시아법에 따라 720명의 한국인 군인들과 무기를 모두 러시아측, 러시아의 장군 아니시모프와 참모장 따라까노프에게 바쳤습니다.
그 후 저는 연추에 살게 되었습니다. 그러나 돈이 없어서 계속 한국으로부터 돈을 지원받았습니다. 그러나 일본이 한국을 강점한 이후에는 한국에서 돈을 받지 못하게 되었습니다. 그래서 저는 총독님께 부탁을 올리게 되었습니다. 제가 먹고 살 수 있도록 하바롭스크 지역에 있는 물고기가 많이 잡하는 꾸르꼼 강을 저에게 임대해 주십시오. 저와 저의 부하들이 고기를 잡으면서 먹고 살게 해주십시오. 왜냐하면 저희는 한국으로 돌아갈 수 없기 때문입니다.

1912년 4월 9일 노보끼예브스크 이범윤

ㄴ. 이범윤이 연해주 총독에게 청원서의 번역이 잘못되었음을 알리는 글(702-4-763-25)

허벌포(하바롭스크-필자주) 도백 아문에 물슬일노 소지할 때에 한문으로 적은 지명을 아라사말로 번역이 잘못된 모양이오니 허발포 상농평 사는 최사용을 불너서 그물슬 일홈을 물으시면 자세히 아실 터입니다. 아라사 말로 번역하여 올리시옵소서.

李範允 인

ㄷ. 연해주총독의 지시내용(702-4-763-25)

이범윤은 한국말로 썼는데 러시아로의 번역이 잘못된 것 같다. 특히 하바롭스크의 임대장소의 경우 그런 지명이 하바롭스크에는 없다. 조사할 것을 지시한다. 다시 번역하도록 하라.

4. 일제의 조선 강점 이후의 이범윤의 동향-생계 방안의 촉구

1) 1912년 이범윤이 연해주 총독에게 보낸 청원서

본 자료는 1910년 8월 이르크츠크로 유배당한 뒤 1911년 6월에 석방된 이범윤이 자신의 생존을 위해 러시아측에 보낸 청원서이다. 이를 통해 당시 항일투쟁을 전개했던 이범윤 세력의 어려움을 짐작해 볼 수 있다.

『한국독립운동사 자료 34』 34권 러시아편 I 〉 31. 니콜라이 르보비치 각하께

프리아무르스크 군관구 참모장

No. 352

1912.4.20

하바롭스크시

러시아에 대한 충성을 거듭 증명한 자로서 자신의 청원을 거절하지 않기를 부탁드리는, 러·일전쟁기 일본에 대항했던 전(前) 한국군 대장(?) 이범윤의 청원을 동봉하여 보내오니 각하의 재량을 바랍니다.

프리아무르스크 총독 각하
러일전쟁기 일본에 대항하던 전 한국군 대장 이범윤, 노보끼에프촌 거주

청원서
1905년 러·일전쟁기에 한국의 황제께서 일본에 반항하는 움직임을 보이고 있다는 소식을 듣고서, 저는 지체 없이 러시아 부대와 함께 도처에서 귀국의 부대를 따르면서 원조하고 일본과 충돌함으로써 운 좋게도 작으나마 공적을 세우게 되었습니다. 게다가 우리의 곤란한 사정에도 불구하고, 저는 일본군대의 정황에 대한 정보를 입수하기 위하여 부하를 파견하였고, 입수한 일본의 계획들을 거듭 러시아 부대에 보내주었습니다.
그러나 러일평화협정의 체결로 말미암아 우리나라의 세력은 모든 의미를 잃고 일본의 지배를 받게 되었으므로, 앞으로 무언가 실행할 아무런 가능성이 없어졌습니다만, 귀국의 힘을 입어, 저는 720명의 우리 군대와 함께 러시아 영토에 들어와 우리가 가지고 있던 소총은 러시아 부대에게 보관을 위탁함으로써, 제일 먼저 귀국의 적법한 요구를 이행하였고, 둘째로는 의심을 면하였습니다. 전술한 사정에 대해서는 제2 C.C. 사단장 아니시모프(Анисимов) 육군중장 , 제2 C.C.사단 참모장 타라까노프(Тараканов) 육군대장, 네르친스끄 까자끄 연대 전(前)제1사령관 파블로프(Павлов) 육군대장 등이 잘 알고 있습니다.
그 후 저의 조국인 한국에서 얻고 있는 자금으로 노보끼에프스끄 지방에서 살았으나, 1910년 8월 저도 모르는 이유로, 저는 러시아 당국에 억류되어, 동 당국의 감시 아래 이르꾸츠크에 머물렀는데, 각하의 조치 덕분에 1911년 6월에 방면되었습니다.
제가 감시로부터 벗어난 이후, 최근에 저와 제 부하들은 저희 일가 친척으로부터 받던 이전의 자금을 잃게 되었는데, 그 이유는 한일병합에 있었으며, 그러한 이유로 제 부하와 저는 현재 생존관계에 있어서 매우 곤란한 처지에 있으므로, 저와 제 부하들이 어로행위를 할 수 있도록 하바롭스끄에 위치한 끄냐진(Князин) 강의 지류인 "끄루곰(Кругом)"강 어로구역을 저희에게 임차해 주실 것을 각하께 삼가 부탁드립니다. 그것에 의해 저희는 생활비를 벌어야합니다. 우리에 대한 일본 권력의 강력한 박해 앞에서, 저도 제부하도 이미 조국 한국으로 되돌아가는 것은 여하한 가능성이 없기 때문에, 향후 우리의 생존에 대한 모든 희망은 각하에 달려있습니다.
각하께 바라옵건대 저의 기대에 호의있는 배려를 저버리시지 말아주십시오.

조속한 시일 내에 관대한 결정을 받기를 바랍니다.

1912년 4월 9일. 연해주 노보끼에프스크촌. 신청인 李範允
확인 : 지국장
대조 : 계장

5. 러시아 측 자료를 통해 본 이범윤의 활동

1) 이범윤 의병활동

본 자료는 1908년 5월부터 1909년 1월까지 이범윤의 러시아 연해주에서의 활동을 살피는데 도움을 주는 중요한 것이다. 이를 살펴보면 다음과 같다.

(1) 『한국독립운동사 자료』 34권 러시아편 I〉 1. 바실리 예고르비치 각하께

내무부 비밀
남우수리스크 크라이
국경수비위원
1908년 4월 5일
185호
노보키예프스크 (연해주)
전신주소 : 노보키예프스크
수신 : 베.에. 플루구
연해주 군총독지사
작년 말에 심지어 일본군 부대와 공개적으로 충돌했던 한인 반란군이 북한 지역에서 다소 성공적인 활동을 벌인 결과, 노보키예프스크에 있는 한인 정치망명자들 집단은 술렁거렸습니다. 그들은 전에 간도의 한국인 대표였으며 지난 전쟁에서 아니시모프 장군부대 휘하에 있던 한인민병대의 책임자였던 유명한 이범윤의 예하에 있습니다.
놀켄 남작(아마도 토볼스크 주지사인 듯하다)의 조카딸과 결혼하였으며 전에 페테르부르그에 한국공사의 아들인 블라디미르 세르게예비취 리(이위종)가 자기 장인과 함께 그곳으로부터 이곳으로 왔습니다. 리씨는 파리에서 교육을 받았습니다. 그의 말에 의하면 그는 헤이그 회의에서 한국을 지지하도록 활동을 벌인 유명한 한국대표단의 일원이었습니다. 이들 외에도 전직 한국정규군과 40명에 달하는 전직 의병대원들도 있습니다. 그들에게는 자금과 정해진 행동계획이 있습니다. 어디로부터 그들에게 돈이 왔는지 나는 알지 못하지만, 사람들은 1만루블을 얀친히스크의 전직 촌장이던 최가 기부하였다고 말하고 있습니다.

3월말에 이범윤이 전직 서울의 황제근위대 대위였던 김훈수와 함께 나타나서 일본인들에게 적극적으로 대항할 목적으로, 한인 의병대원들에게서 전쟁 후에 압수한 소총을 돌려달라고 간청하였습니다. 나는 확실한 답을 하지 않고 소총이 베.에스.스트렐코보이 제2사단의 참모장인 아니시모프 장군 관할하에 있다고 구실을 둘러댔는데, 나는 그 즉시 아니시모프 장군에게 이범윤의 요청에 대해 말해주었습니다. 이범윤은 다른 날 아니시모프 장군과 약속하고 나타났는데, 다음과 같은 취지의 답변을 들었습니다. 즉 우리는 일본인들과 모든 분쟁을 종결짓게 된 포츠담에서의 평화협정을 체결했으므로 어떠한 경우라고 할지라도 한인 반란군을 공식적으로 지원할 수 없습니다. 한인 망명자·애국자들은 여기서 성공을 거두지 못하자 우리 영역, 그리고 이웃한 만주에서 비밀리에 소총을 구입하기 시작하였습니다.

나에게 알려진 바로는 일본인들에 대한 그들의 적극적인 대항계획은 훈춘 푸두툰스트보와 간도를 거쳐 동으로는 튜멘·울라 강 상류로부터(두만강 산악지역의 서쪽 경사면에) 산악과 삼림지역에 머물고 있는 상당한 수의 한국반란부대를 맞으러 나간다는 것입니다. 그들은 무산 시를 장악하고, 만약 거기에서 성공하면 회령 시를, 그리고 투멘 강 상류를 전체적으로 장악하는 것을 궁극적인 목적으로 잡고 있습니다. 이곳에서 그들은 간도의 한인거주민들, 그리고 일본인들의 파렴치한 행동방식으로 인하여 이미 충분히 분노한 중국인들을 의지할 것을 생각하고 있다고 추측할 수 있겠습니다.

몇몇 자료에 의하면, 한국에서의 반란운동은 일정한 세력을 확보하고 있고, 일본인들에 대항하여 전국민적인 전쟁을 조직하는 것을 궁극적인 목적으로 하여 점차로 체계화되고 있다고 판단할 수 있습니다. 더구나 이 운동이 북한지역에서 일정한 세력을 갖고 있다는 것은 다음의 사실들이 지적해주고 있습니다. 갑산 시를 반란군이 공개적으로 장악하고 그 부근에서 일본군 부대와 전투를 벌인 사실, 두만강 산악지역의 삼림에서는 경성처럼 위쪽 지역까지 대규모 도당이 준동하고 있는 사실, 이곳에서 일본군대가 강화되고 치윤·찬(우리의 새 지도에 따르면 탄쪼니 혹은 동체니) 부근에 일본군을 위한 거점이 조성된 사실 등이 그것인데, 이런 것들에 대해서 저는 한국·만주국경에 관한 보고서에서 그 때마다 보고하였습니다. 그 외에도 몇 가지 징후로 보아 한인 애국자들이 간도에서 중국관헌의 호의를 누리고 있다고 추측할 수 있습니다. 중국관헌은 오늘날까지 이 지역을 두고 일본인들과 논쟁을 벌이고 있는데, 이것은 알려진 바대로 이곳과 만주 전체에서 중국인들이 일본인들에 대하여 가진 고래의 국민적인 민족주의적 증오심을 불러일으켰습니다.

한인들은 정치적으로 재능이 없고 조심성이 없으며 경박하기 때문에 어떤 것도 엄격한 비밀로 지키지 못하고 있습니다. 그리하여 아마도 일본인들은 의심할 여지없이 원동지방 전역과 마찬가지로 노보키예프스크에도 있는 자기들의 첩자들을 통하여 노보키예프스크의 한인망명자들 부대의 활동에 대하여 알게 되었습니다. 얼마 전에는 이곳에 사람들이 말하기를 일본인 첩자라는 두 명의 한인이 외국으로부터 도착하였습니다. 그들은 이곳에 있는 망명자들에 의하여 억류되어 고문을 당한 다음, 짐작컨대 이웃에 있는 중국국경으로 끌려갔는데, 소문에 따르면 아무런 증거가 없는데도 불구하고 총살당했다고 합니다.

저는 이 사건에 대하여 조사하도록 지방경찰서장에게 통보하고, 사형 사실을 부인하는 이범윤에게 그의 지지자들과 함께 앞으로는 우리 영토에서 행정조치나 지시를 내리지 못하도록 명령하였습니다. 경찰서장이 이 비밀스런 사건을 제대로 조사해낼지는 아직 말할 수 없습니다. 이곳에 있는 한인들은 상호간에 음모와 심지어 적대수작을 심하게 꾸미기 때문에 진실에 도달하기가 어렵습니다.

각하께 상기사실을 보고 드리면서, 알려진 바처럼 자기들의 이익을 방어하기 위하여 어떤 일도 주저하지 않는 일본인들과의 관계에서 정치적인 실책과 아둔함을 저지르지 않기 위하여 이 미묘한 문제에 어떻게 처신해야할지 저에게 지침을 내려주시기를 부탁드립니다. 만약 한국에 총영사가 있어서 제가 그를 통해 외무부의 훈령을 받을 수만 있다면 좋겠지만, 현재 그는 서울에 없습니다. 페테르부르그에 있는 그에게 서신을 보내는 것도 염려스러운 이유는 그가 아마도 이미 한국으로 출발했을지 모르기 때문입니다. 북경에 있는 러시아공사는 이 문제에 아무런 관계도 없습니다. 게다가 이 문제는 고위정책범주에 관계되기 때문에 바로 외무부로부터의 훈령이 요구됩니다. 설마 외무부는 이위종 씨가 놀켄 남작과 함께 자금을 가지고 이곳에 나타난 원인을 알지 못하지 않을 것입니다.

제가 보기에는 노보키예프스크의 망명자들의 활동에 공식적으로는 전혀 가담하지 않으면서도 그 활동을 보고도 못 본 척 하는 것이 좋을 것 같습니다. 일본인들은 결코 우리에게 친구가 아닙니다. 그들은 우리를 해치려고 칼을 갈고 있고, 일본에 있는 우리 혁명가들·망명자들을 비호하며, 대체로 무지몽매한 일본인들보다 더 총명하고 준비된 첩자로서 우리 기관과 필요한 인물에 용이하게 침투하는 그들을 활용하고 있습니다. 그 외에도 러시아와 일본 사이에는 정치적인 활동가와 범죄자들을 인도하는 협정이 체결되어 있지 않습니다. 우리는 어떠한 외교적인 문제가 발생하는 경우에 언제나 변명하고 발뺌할 구실을 가지고 있는 것입니다.

2. 『한국독립운동사 자료』 34권 러시아편 I〉 3. 프리아무르스크 주 군총독에게 보낸 전문 해독

국경수비위원이 프리아무르스크 주의 군총독에게 보낸 전문해독
1908년 5월 4일

당신의 615. 일본의 정보는 사실이 아닙니다. 노보키예프스크에는 어떤 한인 무장도당도 조직되어 있지 않습니다. 모든 병영은 군인들에 의하여 장악되어 있습니다. 나의 185번에 의하여 외무성의 훈령을 요청합니다. 227 스미르노프
해독함 :
촉탁관리 /서명
이범윤과 이(이위종) 두 사람은 쓸데없는 골칫거리를 피하고자 이전처럼 중국의 오랜 무질서가 판치고 있는 이웃 만주로 그들의 활동근거를 옮기라는 나의 제안에 대하여 노보키예프스크에서 그들이 두 달보다 적게 머무르겠다고 말하였지만, 어디로 옮겨갈 것인지는 말하지 않습니다. 오는 여름 동안에 얄루 강과 튜멘 강 상류에 있는 북동부의 깊은 삼림지역에서 유혈극이 전개되리라고 추측할 수 있습니다.
깊은 존경심을 가지고 삼가 아룁니다.
서명

3. 『한국독립운동사 자료』 34권 러시아편 I〉 4. 연해주의 군총독 각하께
내무부 비밀
남우수리스크 크라이
국경수비위원회

1908년 5월 14일 연해주의 군총독 각하께
241호
노보키예프스크 (연해주)
전신주소 : 노보키예프스크

제가 보낸 240호 전문에 보충하여 각하께 다음과 같이 보고 드립니다. 서울관리로서 한인망명자들 중 중심인물인 이범윤은 40~50명에 달하는 자원자 부대와 함께 우리 영토로부터 훈춘 푸두툰스트보로 떠났습니다. 반란군은 필요하다고 생각한대로 그곳으로부터 튜멘·울라 강의 상류를 따라 숲과 산악지역으로 갈 것입니다.
두 번째 인물인 블라디미르 리는 블라디보스토크에 있습니다. 그들은 일본인들과의 싸움을 위하여 페테르부르그로부터 1만루블을 받았지만, 정확히 누구로부터 받았는지는 명확하지 않습니다. 돈은 과거에 얀친스크의 촌장이던 최의 이름으로 전달되었기 때문에 흡사 그가 상기한 돈을 희사했다는 이야기에 대한 구실이 되었습니다.
훌륭한 무기를 갖춘 한인 자원병들은 특히 수찬스크 지역에서 나타났습니다. 한인들은 모든 지역에서 무기를 희사하고 있습니다. 자원병들은 노보키예프스크가 아니라 우샤고우 마을(바라바슈보다 남쪽에 위치함) 근처에 있는 한인촌과 훈춘 푸두툰스트보 지역에서 무리를 이루었습니다. 이 지점은 중국당국에 복종하지 않고 자유로운 훙후즈 거주민들에 의하여 산과 숲이 장악되어 있기 때문에 그들에게 편리하게 생각되었습니다. 중국인들은 일본인들을 증오하기 때문에 모두 반란군 편이 되어있으며, 한인반란군은 이 만주지역에서 중국당국의 암묵적인 협조하에 활동하고 있다는 정보가 있지만 확인되지는 않았습니다.
튜멘-울라와 얄루-쯔잔 강 상류에서의 한인들의 봉기는 성공적으로 진행되고 있습니다. 3주전에는 무산 시 부근에서 일본군 부대가 궤멸되었으며, 도시 자체는 반란군에 의하여 장악되었습니다. 오늘 또다시 받은 정보에 의하면, 2주전에 삼수(Сам су) 시 근처에서 150명으로 된 일본군부대가 전부 궤멸 당했고, 얄루 강을 따라 뗏목을 가지고 채벌된 목재를 수송하기 위하여 일본인들이 세워놓은 산 속의 시설들이 전부 파괴되었다. 일본인들은 북청으로부터 상기 지역으로 군대를 이동시켰습니다.
반란군이 성공을 거둠으로써 우리 지역과 만주국경지대에 있는 한인망명자들은 크게 고무되었습니다. 우리 지역이 황량하고, 만주와의 접경지역이 지세가 험하고 방어할 수 없기 때문에, 우리는 소규모 무장부대가 한국으로 침투하는 것을 중단시킬 수 없습니다. 그 부대들은 못지 않게 황량하며 드문드문 한인들이 거주하는 훈춘 푸두툰스트보를 거쳐서, 절망에 빠져있고 몹시 분개하고 있는 한국독립군을 지원하기 위하여 북한지역으로 들어가고 있습니다.
국경수비위원 서명

4. 『한국독립운동사 자료』 34권 러시아편 I〉 6. 연해주의 군총독 각하께
내무부 비밀
남우수리스크 크라이
국경수비위원회
1908년 6월 19일 연해주의 군총독 각하께
297호
노보키예프스크 (연해주)
전신주소 : 노보키예프스크

5월 12일 672호 암호전문에서 기술된 요구를 이행하기 위하여, 우리 국경에서 한인 이주자들 사이에 반일운동이 비록 약화된 정도이기는 하지만 여전히 계속되고 있음을 각하께 보고 드립니다. 이 운동은 우리 공민들이거나 국경지방에 있는 사람들이거나 일본인들에 의하여 잔혹하게 억압받고 강탈당하고 있는 자기 조국에 동정심을 가지고 있는 모든 한인 거주민들에 의하여 지지 받고 있습니다. 한국 북부지역에 있는 한인봉기자들의 계획이 아주 성공적으로 진행되고 있으므로, 이런 공감분위기는 지속되고 있습니다. 한국내의 일본인들과 그들의 동조자들은 무자비하게 죽임을 당하고 있으며, 대규모 봉기군은 소부대와 초소만이 아니라 상당한 병력을 가진 일본군부대를 소탕하고 있습니다. 한국의 북부와 서부에는 몇몇 도시가 봉기군에 의하여 장악되고 있으며, 5월초에 일본군에 의하여 격퇴된 튜멘-울라 강 상류의 무산시는 지금까지 반란군 수중에 있습니다. 회령 시로부터 부대를 파견하여 반란군에게서 그 도시를 탈취하려던 일본인들의 시도는 격퇴 당했습니다. 이 모든 일은 한국인들의 사기를 드높이고 있고, 그들은 만주 동부와 우리 지역에서 자금을 모으고 무기를 구입하는 일을 수행하고 있습니다.
저의 강력한 주장, 그리고 러시아 정부가 러시아 국경에서의 반일운동을 허락할 수 없다는 지침에 의하여, 이곳에서 선동행위를 하던 지도자들인 이범윤과 블라디미르 리는 동조자들과 함께 이미 오래전에 노보키예프스코예를 떠났습니다.
이곳 포시에트스크 구역에는 총 몇 명만이 남았습니다. 제가 아는 한, 그들의 활동

은 블라디보스토크, 수찬스크, 수이푼스크 구역에 집중되어 있습니다.
얼마 전에 블라지미르 리가 이전에 얀치힌스크의 촌장이던 표트르 최를 방문하고자 이곳으로 왔습니다. 저는 이 사실을 알고 그에게 추방위협을 하면서 즉각 떠나라고 말하였고, 그는 이를 수행했습니다. 저는 포시에트스크 경찰서장에게 최를 소환하여 그가 러시아 공민으로서 한인애국자들의 활동에 개입하지 말도록 설명하게끔 지시하였습니다. 그는 자신의 사기꾼적인 기질대로 위선적인 태도를 취하여, 일에 부정직하게 관여하여 돈을 갈취하고 자기 용도대로 사용하였습니다. 그가 자신의 사기꾼같은 책략 때문에 암살 당할 것이라는 소문이 저에게도 전해지고 있습니다.
국경수비위원 서명

5. 『한국독립운동사 자료』 34권 러시아편 I〉 8. 프리아무르스크 총독의 암호전문 사본
1908년 7월 9일 69/671호
프리아무르스크 총독의 암호전문 사본

114 ……(암호로) 지방행정관청은 오래전부터 한인 망명자들의 활동에 관심을 기울여왔는데, 관청의 주장에 따라 이범윤과 그의 동료들은 이미 5월초에 노보키예프스크를 떠나, 알려진 바에 의하면 훈춘 푸두툰스트보의 산악지역에 은신하고 있다.
그럼에도 불구하고 우리 영역에서 그들이 활동을 재개하지 못하도록 하기 위하여 남-우수리스크 군의 책임자는 한인 무장당파의 선동과 결성을 허용하지 발 것을 지시하고, 세관에는 한국국경을 통과하여 운반되는 무기를 압수하라고 명령하였다. 그리고 마침내 한국국경 자체에 카자크 부대가 배치되었다. 이 모든 조치는 소규모의 개별 한인 부대가 만주로 침투하지 못하도록, 그리고 그 지세(地勢)가 험하고 국경이 보호받지 못하므로 거기로부터 한국으로 침투할 수 없도록 보증하고 있다. 러시아 공민들이 패거리에 가담했다는 소문은 말할 것도 없이 근거를 갖고 있지 않지만, 조사는 될 것이다. /서명./ 마르토스
사실임 :
서기 서명

6. 『한국독립운동사 자료』 34권 러시아편 I〉 13. 남우수리스크 크라이의 국경수비위원에게 보낸 보고서

비밀
1909년 1월 30일
한국어 통역관 9등문관인 팀(Тим)이
남우수리스크 크라이의 국경수비위원에게 보낸 보고서 사본

저에게 3233호로 전달된 서신을 읽고 영광스럽게도 각하께 다음사항을 보고 드립니다. 작년 여름에 이범윤이 표트르 최(최재형)와 함께 조직하여 북한지역으로 진격한 한인 의병부대는 일본부대와 작은 전투를 벌인 후에 탄환이 부족하여 흩어졌습니다. 일부는 간도 지역으로, 일부는 훈춘 관구로 도망갔고, 많지 않은 이들만 이곳으로 귀환하였습니다. 이 이후에 이범윤은 자금이 없어서 새로이 부대를 조직할 수는 없었지만, 그럼에도 불구하고 대부분의 한인들은 이범윤의 활동을 칭찬하고 있고 그의 행동을 올바르다고 하며 경의를 표하고 있습니다.
얼마의 시간이 지난 후 일본당국이 그를 수소문하여 암살하려고 첩자들을 고용했으며 이 일을 이루는 사람에게 1만루블을 건내 주겠다고 약속하였다는 소식이 이범윤에게 전해졌습니다. 이범윤은 목숨의 위협을 느끼고는 때로는 블라디보스토크로, 때로는 중국영토로, 때로는 상(上) 얀치헤로 숨어 지내야 했습니다. 최근에 그는 이곳저곳으로 숨어 지내면서 대부분의 시간을 옮겨 다니는데 보냈습니다.
표트르 최는 아마도 자신의 이름을 역사에 남기고 동족으로부터 영예를 얻기 원하여 이미 이범윤과 별개로 독자적으로 활동하기 시작하였으며, 대리인들을 선발하여 자신의 편지를 가지고 수찬과 수이푼 지역에 보내어 새로운 부대조직을 위한 자금을 모금하였습니다. 여러 한인 거주지로부터 즉각 헌금이 거두어졌습니다. 의병대원들이 전하는 말에 따르면 표트르 최는 전 기간에 1만루블 이상을 거두는데 성공했다고 합니다. 그는 이 돈으로 무기와 탄환을 구입하기 시작했습니다. 지금 그와 의병대원들에게는 100정 이상의 무기가 있으며, 의병대 부대원은 200명 이상으로 구성되어 있습니다. 그 중 일부는 하(下)얀치헤와 그 버터 제조소에 살고 있으며, 일부는 바라노프스크에, 다른 일부는 지신허에 살고 있습니다. 뒤에 말한 두 지역에서는 사격훈련이 실시되고 있습니다.
이범윤 부대의 몇몇 의병대원들은 빈곤을 참아내면서 최의 부대로 넘어왔고, 나머지 사람들은 거주증을 얻을 돈도 없고 서류가 없다고 하여 경찰의 추적을 받을까 두려워하여 사벨로프스크, 훈춘, 그리고 간도로 달아나서 모집에 관한 소식을 얻을 때까지 그 지방 한인들에게서 임시로 살고 있었습니다. 게다가 그들은 여러 농촌 마을

에서 최의 부대원이라는 증명서를 보여주지 못하는 사람들 이외에 이범윤 부대원출신을 아무도 받아주지 않는다는 공고를 보고는 어쩔 수 없이 중국 영토로 도망해야했습니다. 이런 일로 인하여 지금 최와 이범윤 양파 사이에 심한 불화가 일어났습니다.

얼마 전에는 얀치헤 마을에서는 이범윤의 나이든 스승의 아파트를 습격한 사건이 일어났습니다. 많은 사람들은 이 일이 최 파의 소행이라고 귓속말을 나누고 있습니다. 왜냐하면 이범윤 파의 사람들은 자기 지도자의 스승에 대한 습격을 결행할 이유가 없을 것이기 때문입니다. 또한 최의 의병대가 한국으로 원정을 떠나기 전에 이범윤을 급습하여 그와 그의 측근 여섯 명을 죽일 계획이 있다는 소문도 있습니다. 최의 의병대원들은 언급된 인물들을 죽임으로써 한인들로부터 칭찬을 얻고, 대 조직가인 표트르 최에게 영광과 영예를 얻기를 기대하고 있습니다. 얼마 전에 최는 필경 무기와 다른 탄약을 구입하러 블라디보스토크 시로 떠났습니다.

서신에서 언급된 농민인 엄인섭은 작년 여름까지 이범윤 밑에서 통역으로 있었는데, 하얼빈과 하바롭스크로 가서 싼값에 무기를 구입한다는 등의 다양한 구실을 들어 그로부터 총 1천루블을 사기를 쳐 빼냈습니다. 그리고 그는 이 돈을 카드놀이와 방탕생활로 낭비하고 말았습니다. 엄인섭은 이범윤에게 더 이상 돈이 없음을 알고는 이제 최편으로 넘어왔습니다. 작년 12월에 최는 자매쪽을 통하여 친척이 되는(엄은 최의 자매의 아들이다 : 원문) 엄에게 수찬스크 지역으로 가서 자금과 무기 및 군대의 필요를 위한 다른 것들을 모으라고 위임하였습니다. 사람들은 그가 이미 상당한 기부금을 모았으며, 게다가 살인을 저질렀기 때문에 법정의 추적을 받을까 두려워하여 알려지지 않은 곳으로 은신했다고 말하고 있습니다. 지방 거주민들의 말에 따르면, 엄인섭은 속이기와 카드놀이에 아주 능한 사람이며, 방탕하다고 합니다. 그는 합법적인 아내 이외에도 몇 명의 첩을 데리고 있습니다. 그의 품행은 아주 좋지 않습니다.

이 보고서는 통역인 팀(С.Тим)이 썼습니다.

내용은 사실과 부합합니다.

국경수비위원 서명

제3장

미주와 중국에서 온 독립운동가들

정재관: 미주의 공립협회 총회장에서 러시아의 혁명가로

머리말

정재관(鄭在寬, 1880-1922)은 미국에서 공립협회 총회장, 공립신보 주필, 신한민보 주필 등을 역임한 1900년대 미주지역을 대표하는 민족운동가였다. 그런 그가 1909년 국민회 원동특파원으로 파견되어 1922년 시베리아에서 순국할 때까지 10여 년 동안 러시아지역의 항일운동을 주도하였던 것이다. 즉, 그는 1909년에는 대동공보 주필, 안중근의거 계획참여, 1910년대에는 러시아지역의 대표적인 독립운동단체인 대한인국민회 시베리아지방총회를 조직하는 한편 권업회 부회장으로 활동하기도 하였다. 또한 1910년에는 국망에 임박하여 성명회 조직에 참여하는 한편 그 기초위원으로 활동하였다. 1914년 1차 세계대전이 발발하였을 때에는 러시아군 1등병으로 참전하였으며, 러시아 혁명 후에는 3·1운동 및 강우규 의거에도 일정한 영향력을 행사하기도 하였다. 또한 1920년부터 순국할 때까지는 러시아 연해주 수청에서 김경천 등과 항일운동을 전개한 러시아지역의 대표적인 항일운동가였던 것이다. 그러므로 1921년 12월에 보고한 일본 측 기록에서는[1] 정재관에 대하여,

한인신보사 사장 역임, 배일의 거두임

1 불령단관계잡건 재시베리아부 1921년 12월 10일 주요 불령선인에 대한 조서보고의 건.

라고 하고 있다. 또한 일본 측 정보기록들에서 정재관의 항일운동에 대하여 깊이 있게 다루고 있다.[2] 즉,

> 鄭載寬 38세, 현주소:노령 소성(현재 빠르티잔스크) 원적: 京城
> 혹은 鄭在寬이라고 하며, 러시아귀화인
> 이갑파의 영수, 일찍이 하얼빈에 있을 때에 공립회라는 배일단체를 설립, 블라디보스토크 대동공보 객원, 블라디보스토크 성명회문서 제술원, 권업회 교육부장, 同 의사부 부의장, 동 부회장, 동 총무였고, 고안중근유족구조를 위해 설립된 공동회의 사무를 맡았을 때 會金 3,4천원을 사사로이 소비한 후 대한인정교보 기자로 있은 후 자바이칼주에 가서 항상 이갑, 안창호등과 함께 "사회파"라는 단체를 결성하여 한국 독립쟁취를 위한 활동을 전개함.
> 1914년 11월 그의 반대파에 의해 일본 첩자로 고발당해 〈블라고베센스크〉에 있을 때에 러시아 경찰에 끌려갔으나, 2주후에 석방됨. 같은 해 12월 치따에서 격렬한 발언을 하고 한인들을 선동하고 국권회복의 기초를 마련한다는 미명하에 기부금을 강제로 모으고, 치안방해의 혐의 등으로 고발되어 이강 등과 함께 러시아 헌병에 체포되었으나, 1915년 1월 22일 석방됨.

라고 하고 있는 것이다. 또한 정재관과 함께 수청에서 창해청년단을 조직하여 활동했던 김규면은 그의 이력에 대하여 『김규면비망록』에서 다음과 같이 언급하고 있다.

> 황해도 재령출생이다. 일즉이 북미주 산푸란쓰크 류학하였다. 조선망국정부 고문관 미국인 수지분이 오란정거장에서 전명운이와 육박전하는 순간에 장인환이 총살한 사건에 직접 선도자로 미주에서 망명하여 원동연해주에 와서 당시의 권업회사업과 해조신문사업에 한형권, 리종호, 신채호 등과 함께 활동하였으며, 의병대장 김두성의 부하 안중근중장이 하얼빈정거장에서 이등박문을 총살한 사건에 직접 참모자이고 그 후는 "신민단"조직 부위원으로 활동하면서 "신민단" 유격대장 강우규가 경성 남대문정거장에서 재등총독을 포격한 사건에 직접 조직자이다. 강우규 기태 대원들

2 재불령단관계잡건 배일선인명부 제1호, 1915년, 〈정재관〉

은 석왕사에서 맡은 책임들을 준비케 하고 원산에 최자남이와 경흥에 김병하는 운반 련락원으로 조직하였다. 그 다음부터는 "한인사회당"군사부위원으로 수청일대의 빨지산 고려민 부대, 조직, 지도, 사업에 마지막까지 분투하다가 풍한서습에 병으로 죽으면서 신체를 화장하여 달라고 유언하였다. 그래 빨지산 일동은 정재관동무를 통나무가리 불속에 장례하였다. 별호는 해산(海山) 그리고 그곳을 정재관골이라고 기념하였다. 그의 자식들은 그의 형이 와서 다리고 재령고향으로 나갔다.

즉, 정재관을 안중근과 강우규 의사 의거의 실질적 배후인물로 언급하고 있다.

정재관은 이처럼 미국에서 온 이후 러시아지역에서 활발한 항일투쟁을 전개하였다. 그런 그의 항일운동은 미주지역과 밀접한 관련을 갖고 있는 것이다. 그는 러시아에 온 이후 미주 국민회, 대한인국민회 등과 밀접한 관련을 맺으면서 안창호, 이강 등과 연계하면서 활동을 끊임없이 전개하였던 것이다. 즉 그의 러시아에서의 활동은 미주지역의 대표자로서의 활동이라고 하여도 과언이 아니다.

이처럼 정재관은 초기 미주지역의 한인민족운동, 1909년 이후 러시아지역의 한인민족운동, 미주지역의 한인독립운동단체와 러시아지역 항일운동과의 상호관계를 이해하는데 있어서 대단히 중요한 인물이다. 그럼에도 불구하고 정재관에 대하여는 학계에서 별로 주목하지 못하였다.

이에 본고에서는 정재관의 미주에서의 활동과 러시아에서의 활동에 대하여 다루고자 한다. 이를 통하여 정재관의 역사적 위상을 올바로 밝혀보고자 한다.

1. 미국에서의 활동

정재관은 1880년 5월 22일 황해도 황주군(黃州郡) 청수면(淸水面) 원정리(遠井里) 78번지에서 출생하였다.[3] 호는 해산(海山)이다.[4] 그의 초기 기록에 대하여는 현재 알려진 바가 거의 없다. 동아일보 1922년 4월 3일자에서 공민 나경석이 〈해삼편신(海蔘片信)〉(公民) 〈정씨순직〉에,

> 씨는 원래 황해도 황주군 遠井里사람으로 성품이 강직관후하고 용감 인자한 이로 경성관립사범학교에 재학하였다가 20년 전에 하와이에 이거하여 즉시 미국본토에 입하야 신한민보 주필로 한인지방총회장을 겸하고 있을 때에 전한국 외부고문으로 있던 미국인 스티븐슨을 장인환이 상황에서 총살하는 그 전야에 스티븐슨이 상항 샌프란시스코 여관에서 도착하여 우선 권총의 징계를 하였다 합니다.

라고 있는 것을 통하여 그가 황주군 원정리 출생이며, 경성관립사범학교에 재학하다가 1903년경에 하와이로 이주하였음을 알 수 있다. 정재관의 하와이 이주 경위에 대하여는 알려진 바가 없다. 한인의 하와이 이주는 1902년 12월부터 1905년 4월까지 약 2년 반 동안 7,226명이 계약 노동자로 이주하면서 이루어진 것으로 알려지고 있다. 그 후 하와이 한인들은 1904년경부터 미국 본토로 이주하기 시작하였다.[5] 1903년 11월 2일 하와이에 도착한 그는[6] 곧 샌프란시스코로 이동하여 유학하였다고 전해진다.[7] 정재관은 안창호와 함께 공립협회를 창립했다. 이 단체는 1905년 4월 5일 항일운동, 동족상애 등을 내세워 샌프란시스코에서 조직된 민족운동단체이다. 이 단체에서 정재관은 1906년 5월부

---

3 정재관 공적조서(국가보훈처 소장), 정재관의 둘째 며느리 김복희와의 면담에서 청취.(2003년 8월 23일)

4 독립신문 1923년 5월 2일자

5 김도훈, 「공립협회(1905-1909)의 민족운동연구」, 『한국민족운동사연구』, 1989, 7-11쪽.

6 하와이세관의 기록에 정재관은 당시 24세이며, 결혼을 했고, 한국에서의 마지막 거주지는 황해도 황주, 타고온 배는 korea호, 도착일자는 1903년 11월 2일로 되어 있다.

7 『김규면비망록』

터 1907년 4월까지 서기로 일하였으며, 1907년 4월부터 1908년 2월까지는 총무로서 회장 안창호를 보필하였다. 그리고 정재관은 1908년 2월부터 1909년 1월까지는 총회장으로 활동하였다.[8] 한편 1905년 11월 20일 기관지로 공립신보를 창간하였다. 특히 그는 1907년 4월 26일(제2권 1호)부터 〈활판인쇄〉체제를 갖추면서 편집인 겸 발행인으로 활동하였다. 그는 제2권 창간호 논설에서 독립전쟁을 통하여 국권을 회복한 후 공화정 수립을 내세웠다.[9] 정재관은 공립신보의 편집인으로 활동하면서 수많은 논설을 써 미주지역 한인사회의 민족의식 고취에 크게 기여하였다.

한편 정재관은 1908년 2월에는 신한민보가 창간되자 주필로 일하였으며, 1908년 3월 22일 샌프란시스코 한국교민대표 최유섭(崔有涉). 문양목(文讓穆). 이학현(李學鉉) 등과 함께 조선의 외교고문 스티븐스를 방문, 친일성명서 내용을 추궁하며 격투를 벌이기도 하였다. 그의 이러한 활동에 대하여 동아일보 1922년 4월 3일자에서 공민 나경석이 〈해삼편신(海蔘片信)〉(公民) 〈정씨순직〉에,

> 20년 전에 하와이에 이거하여 즉시 미국본토에 입하야 신한민보 주필로 한인지방총회장을 겸하고 있을 때에 전한국 외부고문으로 있던 미국인 스티븐슨을 장인환이 상황에서 총살하는 그 전야에 스티븐슨이 상항 샌프란시스코여관에서 도착하여 우선 권총의 징계를 하였다 합니다.

라고 하여, 대한제국 고문관 스티븐슨의 처단에 관여하고 있음을 보여주고 있다.

스티븐스는 일본정부의 명령으로 도미하여 반한적 발언을 하였다. 이에 정재관은 공립협회의 최유섭, 대동보국회의 문양목, 이학현 등과 함께 공립협회와 대동보국회의 총대(總代)로 선정되어 스티븐스가 숙박하고 있는 페아몬트

8 김도훈, 위의 논문, 15쪽.

9 공립신보 1907년 4월 26일 논설 〈慶賀第 2年還〉

호텔로 파견되었다. 스티븐스가 그의 반일적 행위에 대하여 반성하지 않자 정재관 등은 격분하여 그를 구타하였다.[10] 정재관은 스티븐스를 공리(公理)의 적으로 규정하였다. 그러므로 그는 장인환, 전명운의 의거를 자유전쟁으로 인식하였던 것이다.[11]

2. 러시아에서의 활동

1) 러시아 연해주로의 파견

미주 국민회에서 이강, 김성무 등을 러시아 연해주에 파견하여 국민회 지회 조직이 활발히 이루어지자 국민회 본부에서는 이 지역의 조직을 보다 확장하기 위하여 정재관, 이상설 등을 미국에서 파견하였다. 이에 대하여 신한민보 1909년 6월 2일자 국민회보에서는,

> 위임장
> 위는 아령 원동각처에 주지한 우리 동포를 규합하여 단체를 고결하며 본회의 종지를 창명하여 목적을 관철케 함이 현시의 급무인바

라고 하여 러시아 지역에서 국민회의 이념 전파의 중요성을 지적하고 이어서,

> 본 회원 이당은 덕망이 귀중하고 경륜이 탁월하여 나라를 근심하고 동포를 사랑하는 열심과 성덕이 가히 우리 회의 표준을 지을지라. 그럼으로 원동방면의 일체 회무를 전권행사케 하기 위하여 본회의 대표원을 추정하노니 왕재 욱재하여 중망을 극부할지어다. 융희 3년 5월 1일
> 국민회 북미지방총회장 최정익
> 국민회 하와이지방 총회장 정원명

10 공립신보 1908년 3월 25일 별보 助傑爲虐 참조.

11 공립신보 1908년 4월 1일 논설 〈일본은 자유의 적이요 수지분은 공리의 적이라〉.

라고 있듯이, 1909년 5월 1일 정재관과 이상설에게 원동방면의 일체 회무를 전권행사케 하기 위하여 국민회의 대표원으로 이들을 임명한다고 하고 있다. 이들의 원동파견은 대단히 중요한 의미를 지닌다고 할 수 있다. 이상설은 헤이그 밀사로 널리 알려진 인물이며, 정재관은 공립협회시부터 이 단체의 핵심인물이었던 것이다. 특히 정재관은 공립협회의 서기, 총무, 총회장 등을 거친 핵심인물로서, 공립신보의 사장 겸 주필도 역임한 인물이었던 것이다.[12] 이처럼 중요한 인물들을 파견한다는 것은 그만큼 원동을 중요시 생각했기 때문일 것이다.

그러나 원동에 도착한 이상설은 정순만(鄭淳萬)과 함께 미주의 국민회가 조선을 거부하고 신한국을 건설하려 한다고 생각하고 이들과의 대열에서 이탈하고 말았다.[13] 그러므로 러시아 원동지부의 조직은 정재관, 이강, 김성무, 전명운, 한사교,[14] 등에 의하여 추진되었다. 그들은 원동 독립군의 근거지를 만들기 위한 군사행동의 부대 사업으로 태동실업주식회사를 설립하였다. 그러나 이 사업은 마적의 행패로 안정성이 없어 실패하고 경비만 소모하고 말았다.[15]

한편 정재관은 블라디보스토크에 온 이후 이강과 함께 만주를 순행하며 러시아와 만주 등지에 지방회 조직을 구축하기 위해 전력을 기울였다.[16] 이에 러시아 지역의 국민회 조직 활동은 더욱 활기를 띠게 되어, 1909년 11월 초에는 13개 지회를 성립하기에 이르렀다.[17] 그리고 1910년 5월 국민회가 대한인국민회로 발전할 때까지 러시아 지역에는 20개의 국민회지회가 조직되었다.

12 최기영, 「미주교포의 반일언론:공립신보·신한민보의 간행」, 『대한제국시기 신문연구』, 일조각, 1991, 207쪽.

13 이광수, 『나의 告白』, 춘추사, 1948, 89-90쪽.

14 김원용, 『재미한인오십년사』, 1959, 106쪽.

15 윤병석, 「미주한인사회의 성립과 민족운동」, 『국외한인사회와 민족운동』, 일조각, 1990, 339-342쪽.

16 불령단관계잡건 재만주부 명치 45년 7월 17일 배일자행동기타에 관한 건. 정재관이 연추를 거쳐 하얼빈에 가 학교와 신문사설립을 추진하고 있음을 보여주고 있다.

17 신한민보 1909년 12월 22일 원동소식

연해주에 온 정재관은 구한말 러시아 연해주에서 간행된 대동공보의 주필로 일하였다.[18] 특히 그는 안중근 의거에 관여했음이 주목된다. 1909년 10월 10일 대동공보사의 사무실에서 대동공보사의 유진률, 이강, 윤일병, 정순만, 우덕순 등과 함께 이등박문의 암살을 계획하였다.[19] 또한 정재관은 미주 국민회에서 추진한 독립군 기지 개척사업에도 참여 하였다. 즉 그는 국민회에서 설립한 태동실업주식회사의 대리인으로서 봉밀산의 토지를 구입하였다. 그리고 그는 이강, 김성무 등과 함께 개척사업의 주무로 활동하였다.[20]

1910년 8월 국망이 가까워워자 연해주에서 활동하고 있던 독립운동가들은 성명회선언을 발표하여 세계 각국에 일본의 조선 강점의 부당함을 알리고자 하였다. 이에 8월 17일 밤 김익룡(金益龍), 최병찬(崔丙贊), 류인석, 김학만 기타 중요한 인사 한인 10여명이 이범윤 방에 모여서 합방문제에 대하여 열국 정부에 전신(電信)으로서 탄원서를 발송할 것을 결의하였다. 18일 오후 3시 한민학교 내에서 약 150여명의 한인을 소집해서 전날 밤 결의를 발표하고 일동의 동의를 구해서, 협의의 결과 새롭게 성명회라는 조직을 만들었다. 그리고 전신 대신에 문서를 만들어서 일본이외의 각 조약국에 발송할 것을 결의하고, 이범윤, 류인석, 차석보, 김학만 외 4명을 이사로 하고, 정재관, 유진률 외 2명을 기초위원으로 하였다. 그리고 이범윤이 기초해서 그 대요를 대동신보사에서 인쇄해서 각지에 배부하고, 일반 조선인의 동의를 구하고자 하였다.[21]

---

18 재불령단관계잡건 시베리아부 한인근황보고의 건, 1910년 8월 18일자

19 신용하, 「안중근의 사상과 의병운동」, 『한국민족독립운동사연구』, 을유문화사, 1985, 179-180쪽. 정재관의 안중근 의거관련은 다음의 논문에 상세하다. 이태진, 「안중근의 하얼빈의거와 고종황제」, 『영원히 타오르는 불꽃:안중근의 하얼빈 의거와 동양평화론』, 지식산업사, 2010.

20 이명화, 「1910년대 재러한인사회와 대한인국민회의 민족운동」, 『독립운동사연구』 11, 1997 참조.

21 불령단관계잡건 재시베리아부 1910년 8월 20일 일반합방문제에 관한 열국정부에 탄원서를 제출하는 재노령한인등의 계획에 관한 건.

2) 대한인국민회 시베리아지방총회

1910년 2월 10일 미주의 국민회에 샌프란시스코에 본부를 둔 대동보국회(大同保國會)가 참여하게 됨에 따라[22] 국민회는 해체되고 1910년 5월 10일 대한인국민회로 발전하였다. 그리고 이 단체는 미주는 물론 멕시코, 러시아 등지에도 조직을 갖춘 해외한인들의 자치기관으로서 또한 독립운동의 중추기관으로 활동하게 되었다.[23] 이처럼 국민회가 대한인국민회로 발전하자 러시아 지역의 국민회 지부도 대한인국민회의 원동지부가 되었다. 한편 이러한 때에 안창호, 이종호(李鍾浩), 신채호(申采浩) 등이 중국 청도(青島)에서 회담을 개최한 후 블라디보스토크에 도착하였다. 이들의 도착은 러시아 지역 국민회의 활동과 러시아 지역 한인독립운동에 중요한 계기를 만들게 된다.

안창호는 1910년 7월 경 블라디보스토크에 도착하였다. 그는 여기서 먼저 도착한 이갑, 이강 등을 만났다. 그리고 1908년 3월부터 그곳에서 기반을 잡고 있던 이강의 집에 머물면서 길림으로 갈 준비를 하고 있었다.[24] 그러던 차에 1910년 8월 29일 망국 소식을 접하였다. 그런데다가 동시에 이종호가 농지 개척에 투지할 것을 주저하기 시작하였다.[25] 이것은 앞으로의 운동계획에 큰 차질을 초래하는 것이었다. 왜냐하면 밀산(密山)지역 땅의 구입비용을 이종호가 내기로 하였기 때문이었다. 만약 이종호가 이를 거절한다면 길림 계획은 수포로 돌아갈 수밖에 없었던 것이다.

이러한 때에 정재관은 안창호와 함께 인심수습, 국민회 확장, 기독교전교 등의 비용에 충당하기 위해서 1910년 11월 3일 각 금광소재지에 갔다.[26] 한편 정

22 최기영, 「구한말 미주의 대동보국회에 대한 일고찰」, 『수촌박영석교수화갑기념논총』, 1992, 1343쪽.
23 윤병석, 위의 논문, 296쪽.
24 곽림대, 「안도산」, 『한국학연구』4, 인하대학교 한국학연구소, 1992, 208쪽.
25 주요한, 『안도산전서』, 샘터사, 1967, 117쪽.
26 불령단관계잡건 재시베리아부 명치43년 11월 17일, 조선인에 관한 정보송부의 건.

재관은 1911년 당시 생활비로 미국으로부터 매월 300 루블을 받았다.[27]

정재관은 기독청년회 청년들에게도 깊은 관심을 보였다. 이 단체의 중심인물은 러시아에 귀화한 한인들이었는데, 그는 안창호, 이갑(李甲), 이강, 유동열, 김치보, 김성무, 유진률, 이종호, 김희선 등 국민회 관계 인사들과 함께 찬성원이 되어[28] 단체를 후원하였다.

한편 정재관 등 미국에서 온 국민회 계통 인물들의 활동은 일부 재러한인의 반발을 초래하였다. 우선 일찍부터 러시아 지역에 거주하여 토착세력을 형성하고 있던 함경도파의 반발을 들 수 있다. 또한 정재관 등 국민회 계열은 운동 방법론에 있어서도 의병파 등과 대립을 보이게 되었다. 1910년 일제에 의해 조선이 강점된 후 서울파인 이범윤 등 의병파들은 동년 9월 러시아 당국에 의해 이르크츠크로 유배를 당하였다. 그러나 그들은 1911년 5월 풀려나 다시 블라디보스토크로 돌아왔다.[29] 이들은 조국의 광복을 위해 즉각적인 무장투쟁을 전개하고자 하였다. 그러나 국민회 계통은 실력을 양성하여 독립투쟁을 전개하고자 하였던 것이다. 그러므로 양파간에 알력이 생기게 되었다. 그리하여 이르크츠크에서 돌아온 이범윤 등은 이들에 대하여 위험한 행동을 가하고자 하였다.[30] 이처럼 연해주 재러한인 사회의 함경도파, 서울파, 의병파에 의해 소외당한 평안도, 계몽운동계열인 국민회 계열은 러시아 측으로부터도 기독교 전도 문제와 관련하여 주시를 받게 됨에 따라 더 이상 연흑룡주지역을 중심으로 활동하기 어려운 분위기였다.

이에 정재관, 이강 등은 혹시나 불미스러운 일이 생길까 하여 하바롭스크

---

27 불령단관계잡건 재시베리아부 명치44년 3우러 2일 배일조선인생활비 出所에 관한 보고의 건.

28 조선주차헌병대사령부, 『명치45년 6월조, 노령연해주 이주조선인의 상태』, 110-111쪽.

29 박 보리스 드미트리예비치, 「국권피탈 전후시기 재소한인의 항일투쟁」, 『수촌박영석교수화갑기념논총』, 1992, 1080-1081쪽.

30 「1911년 8월 7일자로 이강이 안창호에게 보낸 편지」,『도산안창호자료집』(1), 10-11쪽; 「1911년 7월 25일자로 이강, 정재관이 안창호에게 보낸 편지」,『도산안창호자료집』(1), 12-13쪽.

와 불개미스크를 경유하여 1911년 9월 10일 자바이칼 지역인 치따로 이동하였다.[31] 1911년 9월 치따에 도착한 이강, 정재관 등은 동년 10월 이곳에 대한인국민회 시베리아지방총회를 조직하였다.[32] 그리고 동년 12월에 각 지방회에 통고문을 발송하였다.[33] 이에 1912년 2월 15일 미주의 중앙총회에서는 시베리아총회 임시사무소를 치따에 두고 정재관, 이강 등으로 하여금 정식총회 조직에 관한 사무를 담당하게 하였다.[34]

정재관은『대한인정교보』에 간행에도 참여하였다. 그는 창간호시에는 기술인으로 참여하였으나 권업회의 교육부장으로 가게 됨에 따라 [35] 정교보에서는 중요한 역할을 담당하지 못하였다.

3) 권업회

러시아 연해주에서는 연해주 순무사와 블라디보스토크 헌병사령관 쉐르바코프(P. П. Щербаков)등이 나서서 함경도파의 이종호 등에게 당시 경쟁적 관계에 있던 이상설 등 서울파와의 화해를 주선하였다. 러시아 당국은 권업회의 조직이 한인의 대표기관이길 원하였던 것이다.[36] 이에 평소 1910년 일제의 조선강점 이후 효과적인 항일투쟁을 위하여 연합의 필요성을 느껴오고 있던 함경도파와 서울파도 이를 계기로 권업회의 조직에 합의하였던 것 같다. 이에 권업회의 조직을 추진함에 있어 재러한인 모두의 대동단결을 추진한 권업회에서

31 「1911년 9월 10일자로 백원보가 안창호에게 보낸 편지」,『도산안창호자료집』(1), 157쪽; 1911년 9월 12일자로 이강, 정재관이 안창호에게 보낸 편지,『도산안창호자료집』(1), 14쪽.

32 김원용, 앞의 책, 111쪽.

33 「1911년 12월 20일자로 이강이 안창호에게 보낸 편지」, 안(1), 51쪽.

34 신한민보 1912년 3월 18일. 1913년에도 미주 대한인국민회 본부에서는 시베리아총회를 정식으로 인준하고 있지 않다. 이에 이강은 정식으로 인준해 주지 않는다면 독립하겠다는 의사를 표명하고 있다.(1913년 1월 15일자로「이강이 최정익과 안창호에게 보낸 편지」,『도산안창호자료집』(1), 70쪽)

35 권업신문 1912년 12월 19일.

36 『도산안창호자료집(1)』, p. 173. 1911년 12월 29일자로 백원보가 안창호에게 보낸 편지.

는 치따에 있던 평안도파에게도 권업회의 참여를 요청하였다. 그리하여 서울파의 중심인물인 이상설이 정재관에게 다음과 같은 편지를 보내기에 이르렀다.

> 청국 혁명 풍조에 감상을 得하야 조국참상을 애통하는 동시에 통일단합을 擧成코져 하는데 俄領당파는 鄭某 李某의 所爲라 하니 우선 同席議事하야 세인의 誣惑함을 벽파할 줄로 自認하고 如是 仰告하오니 속히 束裝來駕云云[37]

또한 함경도파인 김익용 등도 평안도파로서 블라디보스토크에 남아 있던 백원보에게 친절을 표하여 정재관 등이 권업회에 참석할 것을 요청하는 등 권업회가 한인의 대표기관으로서 모양을 갖추기 위하여 노력하였다.[38]

권업회 창립총회에서는 임원을 선거하였는데, 의장 이상설, 부의장 이종호, 총무 김익용, 한형권, 재무 김기룡, 서기 이민복, 의원 이범석, 홍병환(洪炳煥), 김만송(金萬松) 등이었다. 즉 이종호, 이상설 등이 중심이 되어 권업회를 조직하였다. 이외에 특별임원을 선거하였는데 수총재에 류인석, 총재에 이범윤, 김학만, 최재형, 최봉준 등이었다.[39] 그리고 주요 부서의 장을 임명하였는데 교육부장 정재관, 실업부장 최만학, 경용부장(經用部長) 조창호, 종교부장 황공도(黃公道), 선전부장 신채호, 검사부장 윤일병, 통신부장 김치보, 응접부장 김병학, 기록부장 이남기(李南基), 사찰부장 홍범도, 구제부장 고상준 등이었다.[40] 즉 정재관은 교육부장으로 활동하였던 것이다. 또한 그는 〈1912년 4월 4일 제1회 총회시의 임원개선〉에서는 부의장으로, [41] 〈1912년 12월 30일 본회 임원 총선거〉에서는 교육부장으로, [42] 〈1913년 10월 6일 특별총회〉에서는 총무로[43], 〈1914년 1월

37 『도산안창호자료(1)』, p. 56, 1912년 2월 12일자로 이강이 안창호에게 보낸 편지.
38 『도산안창호자료집(1)』, pp. 173-175, 1912년 3월 9일자로 백원보가 안창호에게 보낸 편지.
39 권업신문 1912년 12월 19일자 참조.
40 권업신문 1912년 12월 19일자
41 권업신문 1912년 12월 19일자
42 권업신문 1913년 1월 19일자
43 권업신문 1913년 10월 26일자

19일 정기총회〉에서는 부회장으로 각각 선출되어 권업회에서 중요한 역할을 담당하였던 것이다.

권업회가 창립된 후 얼마 지나지 않아 이종호가 이상설과 정재관을 이용하고자 한다고 하여 이들의 사이가 나빠지게 되었다. 특히 이종호와 이상설의 관계가 좋지 않았으며 이에 정재관은 1912년 5월 다른 곳으로 이동하고자 하였다.[44]

4) 1914년 제1차 세계대전 발발 이후

1914년 12월초 자바이칼 치따시에 있던 정재관, 이강 등 7인은 국민회의 명의 하에 배일을 부르짖어 러시아헌병대에 투옥되었다. 이들은 1915년 1월 22일 모두 석방되었다. 정재관은 1월 23일 치따시를 출발하여 기차로 하얼빈을 경유하여 니코리스크에 2월 4일 도착하였다. 다시 니코리스크를 출발하여 2월 7일 블라디보스토크에 도착하여 신한촌 함동철(咸東哲)집에서 기거하면서 8일 수청에 도착하였다. 정재관의 말에 따르면, 그들 독립운동가 7인이 구속된 것은 옛날 대한정교보사 사주 러시아귀화인의 밀고에 의한 것이라고 한다.[45]

1916년 이후 완전 침체상태에 빠진 한인 민족운동계는 대한인국민회를 포함하여 거의 활동을 중단하였다. 대한인국민회의 지도자라고 할 수 있는 정재관은 귀화하기 위한 수단으로 전쟁에 자원 입대하였고, 이강은 치타주(州) 한인 정교선교사단 산하에서 교리문답을 담당하는 등 종교에 전념하였다.[46]

1917년 러시아혁명이후 정재관의 모습은 1918년에 나타난다. 1918년 7월 21일 정재관은 항일운동가 39명과 함께 니코리스크에 모여서 일본군이 시베리

44 『도산안창호자료(1)』, 1912년 5월 12일자로 백원보가 안창호에게 보낸 편지, 179쪽.
45 불령단관계잡건 재시베리아부 1915년 2월 24일 재치타시 이강과 정재관 등의 방면.
46 이명화, 위의 논문

아에 출병했을 때, 우리민족은 귀화인 비귀화인을 막론하고 일본군의 군사행동을 방해하기로 결의하였다. 그리고 정재관은 무기와 군자금을 마련하기 위하여 이강, 이민복(李敏馥), 임보혁(林保赫), 정익수(丁益洙) 등과 함께 이르크츠크 독일 첩보본부로 갔다고 한다.[47]

한편 1918년 정재관은 블라디보스토크에서 간행된 한인신보 사장으로 일한다. 한인신보는 일본 측이 러시아당국에 대하여 "현하 구주전(歐洲戰) 개전 당시 제국정부의 요구에 따라 연해주 군무지사로부터 금지명령을 받은 신문으로 권업신문이란 것의 후신이며, 한일합방 전부터 계통적으로 계속되어온 배일선인의 기관지이다"라고 지적하고 있는 것처럼[48] 민족의식 고취에 기여하였던 신문인 것이다. 한인신보에서는 창간 당시에는 국제정세를 고려하여 항일적인 기사를 싣지 않았으나 1917년 8월 29일 국치일을 맞이하여 우리들의 편지라는 제목 하에 임시 특집호를 간행하여 민족의식 고취에 기여하였다.[49] 한인신보는 1918년 10월 경 사장에 김병흡(金秉洽)을 대신하여 정재관이 취임하였고,[50] 총무에는 조상원이, 서기에는 지건(池健)이 활동하였다.[51] 그리고 정재관은 사장에 취임한 후 가옥건축과 활자구입을 목적으로 러시아돈 2만여원을 모집하여 우선 가옥 건축에 착수하고, 또한 각 지방에 의원을 파송하여 3만여원의 예산을 모집하고자 하였다.[52]

---

47 국가보훈처, 북만주 및 러시아 불령단 명부, 〈정재관〉

48 국회도서관, 『한국민족운동사료(3·1운동편)』 3, 55쪽.

49 1917년 9월 13일 일한병합 기념일의 상황

50 김하구는 윤해에게 편지를 보내어 정재관을 한인신보사 사장으로 추대하는 것과 관련하여 정재관이 자금 3만원을 얻어서 크게 활동한다는 조건으로 사장 취임을 승낙했다고 밝히고 있다.(1918년 10월 16일 한인신보에 관한 건)

51 신한민보 1918년 12월 5일

52 신한민보 1919년 1월 16일

5) 3·1운동이후

1919년 3·1운동 당시 만주와 노령에 독립운동단체가 중심이 되어 대한독립선언서를 발표할 때에는 39명의 동지들과 함께 이에 서명하였다. 한편 1920년 3월 1일, 신한촌에서는 3·1운동 1주년을 맞이하여 대한국민의회, 노인동맹단 등 약 20개 단체가 참여한 가운데 만세운동기념식이 전개되었다. 이들 단체들은 모두 정오에 모여 국가를 부르고 회장인 이승교(李撥)의 식사에 이어 연설이 있었는데 정재관은 이홍삼(李興三), 조영진(趙永晋), 이의순(李義橓, 이동휘의 딸, 오영선의 처)[53], 채계복(蔡啓福, 채성하의 장녀), 적십자 대표 김모녀(某女) , 김득수(金得秀, 기독교청년회대표), 김경봉(金景奉, 운동구락부대표), 김한(金翰, 한인노동회대표), 한창해(국민의회 대표), 김진(한인사회당 대표), 김광언(金光彦, 학생단 대표)등과 함께 연설을 하였다. [54] 정재관은 "오늘의 독립선언기념회는 우리가 최후의 宣戰을 하는 날이다. 일반 동포들이 총과 칼을 가지고 일어나서 날마다 오늘부터 무기를 준비해서 상해임시정부의 명령을 받들어 행동하자"라고 외쳤다.[55]

한편 정재관은 1920년 3월경부터 수청지방을 중심으로 마적 토벌 등 일제와 대항하여 항일투쟁을 전개하였다.[56] 그 당시에 훈춘과 왕청 지방에서 신민단 단장으로 활동하던 김규면은 수청지방에 왔다. 이후 동지역에서 세력규합을 위해 노력한 정재관은 김규면, 박춘성(朴春成), 황석태(黃錫泰) 등과 공동으로 마적 방어를 표방하고 장정을 모집하고 병기를 준비하였다.[57] 그리고 단체 명칭을 창해청년단이라고 하였다. 이 단체에서 정재관은 참모장으로써 김규면

---

53 이의순은 1920년 3월 7일 개최된 노령부인독립회 일명 애국부인회 회의에서 회장에 선출되었다. 총무는 *崔好濟*, 재무는 함안나, 서가는 채계복 등이다(1920년 3월 12일 노령부인독립회에 관한 건)

54 1920년 3월 5일 한국독립선언기념회에 관한 건.

55 불령단관계잡건 재시베리아부 1920년 3월 5일 한국독립선언기념회에 관한 건.

56 독립신문 1923년 1월 17일 <수청 홍의적란실기>

57 위와 같음.

은 단장, 김경천은 총지휘관으로서 활동하였다. 정재관 등은 수청 지역을 3지역으로 나누고 각 구역마다 지휘관, 참모, 병사들을 배치하고, 은밀히 러시아 혁명군들과 결탁하여 시기를 기다리고 있다.[58]

당시 창해청년단 명예 단장이었던 김규면은 그의 비망록에서 창해청년단의 활동 상황에 대하여,

> 다른 편으로 소작인 고려농촌들에는 마적(홍후적)들을 파견하여 농민촌락들을 략탈, 파멸케 하였다. 1920년 하반기부터 1921년 상반기까지는 연해주에서 고려인빨지산부대는 일본군의 침입과 마적부대의 활동을 방지하는 전투에서 번번히 승리하였다. 촌락을 불지르고 략탈하던 코산파마적 7백여명은 수청지방 우지미, 허포수동, 석탄광에서 창해소년단부대의 토벌에 소탕되였다. 허포수동 농촌에 출병하였던 일본군대는 마적부대가 패주하는 바름에 다른 방면으로 퇴각하였다. 창해소년단부대 사령장은 김경천, 참모장은 정재관, 명예단장은 김규면이었다.[59]

라고 회고하여, 정재관이 1921년 상반기까지 창해청년단의 참모장으로서 일본군의 침입과 마적의 활동을 퇴치하는데 전력을 기울였음을 밝히고 있다.

한편 마적토벌에 성공한 창해청년단은 군정과 민정을 단행하였다. 김경천은 수청지역을 중심으로 군정(軍政)을 단행하였다. 그리하여 그 지역에 살고 있는 조선인뿐만 아니라 중국인, 러시아인 등도 통치 관할하였다. 그리하여 만일 중국인이나 러시아인도 관할구역을 벗어나 타 지역으로 이동하고자 할 때에는 김경천의 증명서를 소지하여야만 하였다. 그래야만 창해청년단의 수비구역 밖을 출입할 수 있었던 것이다.[60] 아울러 재러동포들의 안정된 삶의 기반을 마련하기 위하여 민정(民政)도 단행하였는데, 총책임은 정재관이 담당하였다. 정재관은 김경천을 도와 민정책임자로서 매년 매호마다 10원씩 걷어 들여 군자금

58 불령단관계잡건 재시베리아부 1921년 1월 노령에 있어서 불령선인의 상황.

59 『김규면비망록』, 266쪽.

60 동아일보 1922년 1월 24일 『노령견문기』「경천 김장군」(속).

으로 활용하였다. 그리고 러시아식 교육을 전폐하고 민족교육을 실시하였으며, 둔전병제도도 실시하였다.[61]

한편 정재관은 1921년 5월 경 노우오리도푸카에서 서쪽으로 약 10리(조선리) 떨어진 시베챠(西北廠)에 거주하면서도 항상 연미동(連味洞, 王八泡子)에 있는 학교에 출입하였다. 정재관은 이 학교설립 취지서를 작성하였다.[62] 이 학교는 뜻있는 청년들이 세운 학교였다. 교장은 박기현(朴基玄, 31세), 교사는 김극서(金極瑞, 25세) 등이 담당하였다. 김극서는 유지청년회 회장으로서 간도 명동학교를 졸업하였다.[63] 1921년 6월 당시 정재관은 김경천과 함께 동개척(東開拓) 인근지역에서 활동하였다. [64]

1921년 7월 이만에서는 한인무장유격부대들의 지휘관 회의가 개최되었다. 이 회의에 참가한 정재관은 김경천, 채영 등과 함께 대한의용군사회를 조직하기로 하였다. 그리고 이 단체의 주요 간부로는 김규면, 마용하(馬龍河), 김덕은(金德殷), 박 일리아, 박춘일(朴春日), 박영(朴英) 등이 각각 선출되었다.[65]

1921년 8월 정재관은 한창걸 등과 함께 한인혁명군을 조직하여 활동하였다. 이때 치따공산당과 밀접한 관련을 맺고 상호 협약을 체결하였다. 즉 한인혁명군과 치따공산당은 상호간 서로 돕기로 하고, 한인혁명군은 붉은 군대가 일본군과의 교전에 있어서는 물론, 적군과 백군의 전투에 있어서도 적군을 원조하기로 하였다. 적군 역시 한인혁명군이 조선국경을 넘어 공격할 때에 도와주기로 하였다. 치따정부는 한인혁명군에게 총기, 탄약, 군자금의 소요액을 보조하기로 하였다.[66]

---

61 동아일보 1922년 1월 24일자『노령견문기』「경천 김장군」(속).
62 불령단관계잡건 재시베리아부 1921년 6월 8일 蘇城방면의 상황에 관한 건.
63 불령단관계잡건 재시베리아부 1921년 5월 5일. 선인행동에 관한 건.
64 위와 같음.
65 김승화 저, 정태수 역,『소련한족사』, 대한교과서주식회사, 1989, 122쪽.
66 불령단관계잡건 재시베리아부 1922년 3월 14일 노령의 불령선인단과 공산당의 관계에 관한

정재관은 김준(金俊), 안영진(安永鎭) 등 및 여러 동지들과 협의하여 소자하(蘇子河)지방에서 한인총회를 조직하였다. 그리고 이를 바탕으로 거주민의 생활안정과 식산을 도모하는 일면 주민들에게 군사와 교육의 후원을 하게 하였다. 또한 간부로 총회장에 최학진(崔鶴進), 간부에 박문우(朴文友), 김석준(金錫俊), 강희덕(姜熙德) 등이 활동하였다. 그리고 전 지방을 12개 행정구역으로 나누어 각 구에 지방회를 설립하고 각 구에 소학교를 한 개씩 설치하여 만 8세 이상의 남여는 의무로 취학하게 하였다. 이것이 소자하지방의 신기원으로 평가되고 있다.[67]

맺음말

지금까지 미주와 러시아지역에서 활동한 정재관에 대하여 살펴보았다. 그의 민족운동의 특징을 살펴보는 것으로 결어에 대신하고자 한다.

첫째, 정재관은 구한말 미주지역에서 활동한 대표적인 민족지도자이며, 언론인 가운데 한 사람이었다. 미주지역의 대표적인 민족운동단체인 공립협회, 국민회 및 그 기관지인 공립신보, 신한민보의 중심적인 역할을 하였던 것이다.

둘째, 미주에서 활동하다 러시아로 와 독립운동을 전개한 인물 가운데 한 사람이다. 그와 같이 미주단체에서 러시아로 파견된 인물로는 이강, 김성무 등을 들 수 있다. 정재관은 이들과 함께 미주 국민회 등 조직을 러시아에 확산시키는데 크게 기여하였다. 국민회 지회 조직 및 대한인국민회 시베리아지방총회를 조직한 것은 그 대표적인 사례라 할 것이다.

셋째, 러시아지역의 항일언론 발전에도 기여하였다. 대동공보, 대한인정교

건.

67 독립신문 1923년 5월 2일자 〈소자하지방 정황 황욱〉.

보에서의 그의 역할은 이러한 점을 보여주고 있다. 그의 언론활동은 미주에서 공립신보, 신한민보의 경험이 토대가 되었을 것이다.

넷째, 미주에서 온 인물이기는 하였지만, 러시아에서 활동하던 함경도계열, 서울계열과도 일정한 협조관계를 유지하였다. 권업회 교육부장, 창해청년단 참모장으로서의 활동 등은 이를 보여주고 있다고 생각된다.

다섯째, 러시아에 귀화하여 러시아정부의 탄압을 피하며 효율적으로 독립운동을 전개하고자 하였다. 1차 세계대전 발발시 러시아군 입대, 치따에서 대한인정교 창립 및 참여 등은 그러한 그의 모습을 보여주는 것이라 생각된다.

여섯째, 정재관은 미주에서 온 인물이나 러시아지역에서 그곳의 주민들과 함께 하며 다시 미주로 돌아가지 않고 끝까지 투쟁하다 순국한 인물이다. 시베리아 수청 산골짜기에서 병마에 시달리며 병사한 그의 모습은 한 혁명가의 전형적인 모습을 그려보게 된다.

미주지역 독립운동계의 거물이었던 정재관. 혁명의 현장 러시아에서 와 활동하다 순국한 한 독립운동가의 한 사례로서 연구사적 의의가 크다고 생각되며, 민족운동가로서 높이 평가된다.

여운형과 3·1운동

-러시아 연해주 지역을 중심으로-

머리말

여운형은 주지하는 바와 같이 한국독립운동사에 있어서 진보적 민족주의를 상징하는 대표적 인물로서 높이 평가되고 있다. 아울러 여운형은 국내외의 3·1운동의 기획자로서도 중요한 의미를 갖는다. 그런 그가 국내 및 일본 등지에는 동지들을 파견하였음에도 불구하고 러시아 연해주지역의 경우, 1919년 2월 직접 방문하고 있다. 이는 혁명의 나라 러시아를 직접 보고, 많은 동포들이 살고 있는 연해주지역의 참여가 무엇보다도 중요하다는 인식에 바탕을 둔 것으로 판단된다. 사실 연해주의 경우 10만명에 가까운 동포들이 살고 있는 지역으로 만주와 더불어 만세운동의 중요한 기반이 되는 곳이다. 아울러 구한말에 동의회를 시작으로 1910년대에는 권업회, 대한광복군 정부 등이 조직되어 활발한 항일투쟁을 전개하였던 곳이기 때문이다. 여운형은 이런 연해주 지역의 방문을 통하여 동포들의 지지를 통하여 자금을 마련하고, 만세운동의 전개와 확산을 도모하고자 하였을 것이다. 아울러 파리강화회의 대표 파견 등에서도 큰 힘을 얻고자 하였을 것이다. 그럼에도 불구하고 학계에서는 러시아지역 3·1운동에서의 여운형의 역할과 의미를 간과하였다고 생각된다. 이에 본고에서는 여운형과 러시아지역의 3·1운동에 대하여 살펴보고자 하는 것이다.

본고에서는 신한청년당의 러시아 연해주로의 여운형 파견에 대하여 알아보고, 다음으로 연해주에서 여운형이 접촉한 인물 분석, 여운형의 활동 등을 살펴보고자 한다.

1. 신한청년당의 활동과 여운형의 연해주 파견

신한청년당은 1919년 1월 말 김규식을 파리강화회의에 대표로 파견하면서 본격적인 활동을 시작했다. 그 첫 움직임이 김규식의 활동을 지원하는 일이었다. 그래서 각지로 대표를 보내어 국제정세를 설명하여 파리대표의 활동을 위한 자금을 모으고 또 이를 후원할 국내외에 걸친 독립운동의 전개를 촉구하기에 이르렀다. 선우혁과 김철·서병호·김순애 등은 국내로, 장덕수는 국내와 일본으로, 그리고 여운형은 만주·노령으로 가서 각각 활동했다.

선우혁은 1919년 2월 10일경에 평북 선천에서 양전백(梁甸伯)을 만나 "상해에서 우리 동지가 김규식을 파리에 보내서 조선 독립의 청원을 할 것이니 조선에서도 그 비용을 모집하라."고 했다. 이어서 평북 곽산(郭山)에 있던 이승훈을 만나 앞서 양전백에게 말한 바와 동일하게 그의 용무를 밝혔다.

선우혁은 또 평양으로 가서 길선주(吉善宙)를 비롯하여 기독교의 유력 인사였던 강규찬(姜奎燦)·안세항(安世恒)·변린서(邊麟瑞)·이덕환(李德煥)·김동원(金東元)·도인권·김성탁(金聲鐸)·윤원삼(尹愿三)과 상인(商人) 윤성운(尹聲運) 등과 회합하여 운동의 전개 및 자금조달에 관한 협력의사를 약속받고 상해로 돌아갔다. 이들 기독교 인사들의 대다수는 선우혁과 더불어 신민회(新民會)에서 함께 활동했던 인물이었다. 한편, 김철은 서울로 와서 천도교측을 만났고 3만 원의 송금 약속을 받고 상해로 돌아왔다. 그리고 김순애는 부산항을 통해 귀국하여 그의 남편인 김규식의 파리행을 알렸다.

신한청년당은 국내와 일본에 장덕수를 파견했다. 그는 제1차에는 국내에, 그리고 제 2차에는 일본을 거쳐 국내로 파견되었다. 우선 제1차 파견은 김규식을 파리평화회의에 보내기 위해 급히 자금을 마련코자 부산에 잠입케 된 것으로, 그는 3천 원의 독립자금을 모집해 돌아왔다. 제2차 파견은 일본을 거쳐 국내로 들어가 이상재·손병희 등을 비롯한 다수의 국내 지도자들을 만나 3·1운동 봉기를 촉구하기 위한 것이었다.

한편 여운형은 신한청년당을 대표해서 간도(間島)와 노령·연해주로 파견되었다.[1] 여운형이 러시아 한인사회와 직접적으로 접촉하게 된 것은 3·1운동전야에 파리강화회의에 신한청년당 대표로 김규식을 파견하고 난 후이다. 여운형은 국내와 일본으로 신한청년당 당원들을 파견한 후 자신은 만주와 러시아 연해주의 한인지도자들과의 연락을 위해 상해를 출발하였다.

여운형이 시베리아를 택한 것은 혁명러시아가 진정한 의미에서 민족자결주의를 실천하고 있는지 어떤지, 재러동포들이 어떻게 독립투쟁을 재개하고 있는지 실제로 보기 위해서였다. 그는 러시아 거주 동포가운데, "사회혁명당에 속하는 자가 많고, 비사회주의자인 호르와트에 대해 관심을 갖는 자가 적으며, 오히려 과격파에 대해 동정하는 자가 많은" 현실을 들었기 때문에, 시베리아와 만주지역의 혁명정세에 관심을 가졌다.[2]

당시 블라디보스토크는 노령, 간도 지역 조선인 독립운동 지도자들이 모여 있었다. 러시아 혁명과 제1차 세계대전의 종전으로 노령지역의 독립운동계는 고무되어 있었255

다. 이미 1919년 1월 니콜리스크와 블라디보스토크에서 회의가 개최되어 파리강화회의에 대표파견 문제를 논의했고, 2월에는 윤해와 고창일이 파리를 향해 떠난 상황이었다. 곧이어 2월 말에는 니콜리스크에서 전로한족회 중앙총회를 중심으로 노령, 간도 및 국내 대표들이 모여 전로국내조선인회의를 개최

1 국사편찬위원회, 『한민족독립운동사 3권 3·1 운동』 〉 Ⅱ. 3·1운동의 태동과 폭발 〉 2. 신한청년당 〉 3) 신한청년당의 활동

2 강덕상 저, 감광열 역, 『여운형과 상해임시정부』, 선인, 2017, 88-89쪽.

했다. 여운형이 니콜리스크에 도착한 것이 바로 이때였다.[3]

2. 연해주에서 만난 사람들

여운형의 러시아지역에서의 활동은 다른 기록들을 통하여 살펴보기 어렵다. 다만 그의 신문조서에서 그 일단을 유추해 볼 수 있을 것 같다. 이를 보면 다음과 같다. 피의자 신문조서(『呂運亨調書』 2, 1929. 7. 18) 치안유지법 위반 피의사건에 대하여 1929년 7월 18일 경기도 경찰부에서 사법경찰 도순사(道巡査) 월천사랑(越川四郎)을 입회시키고 피의자에 대하여 신문한 내용이 다음과 같다.

> (문) : 당신이 조선의 독립운동에 참가한 동기와 일시 등은 어떠한가?
> (답) : 1919년 1월경부터입니다. 당시 세계대전(제1차 세계대전)이 끝나고 프랑스 파리에서 세계평화회의(파리강화회의)가 열려 민족자결 사상이 발흥했기 때문에 이 기회에 대표자를 파견하여 조선의 해방을 호소하고자 했던 것이 동기가 되어 이후 그 운동에 참가하게 된 것입니다.
>
> (문) : 그렇다면 당시 상황은 어떠한가?
> (답) : 1918년 11월 미국 대통령 윌슨의 대표 크레인이 상해에 왔습니다. 당시 중국인들의 환영회가 상해의 칼튼 카페에서 개최되었는데 모인 사람이 1천여 명이었고 나도 참석하였습니다. 그 자리에서 대표 크레인은, 이번에 파리에서 개최되는 세계평화회의(파리강화회의)는 각국 모두 중대한 사명을 띠고 있고 그 영향 또한 클 것입니다. 즉 각국 간의 감정·오해 등을 없애고 참된 세계평화를 초래하며, 또 피압박민족의 해방을 강조함으로써 피압박민족에게는 해방을 도모하기에 가장 좋은 기회가 될 것이기 때문에 중국에서도 대표를 파견하여 피압박의 상황을 설명하고 해방을 도모해야 한다는 취지의 연설을 하였습니다. 나는 이를 듣고 매우 감격하였기 때문에 환영회가 산회한 후 바로 크레인에게 면회를 요청하였습니다. 나는 지금의 연설을 듣고 매우 감동을 받아 우리들도 피압박민족으로 이 기회에 해방을 도모했으

3 정병준, 『몽양여운형 평전』, 한울, 1995. 28~30쪽.

면 하므로 대표를 파견하여 조선의 사정을 개진하고 각국의 동정을 얻어 해결했으면 하고 생각하고 있습니다만, 대표 파견에는 지장이 없겠느냐고 물었습니다. 그랬더니 그 사람은 지장이 없고, 이에 대해서는 자신도 충분히 도와줄 것이므로 대표를 꼭 파견하라고 하였기 때문에 나는 집으로 돌아와 바로 2통의 영문 청원서를 작성하였습니다. 그 취지는, 원래 조선은 4천년의 역사를 가지고 있고 동방문화에 큰 공헌을 해왔음에도 불구하고 불합리한 한일합병(韓日合併–강제병탄)에 의해 조선민족은 진로를 저지당하고 피압박 하에 침몰하기에 이르러, 지난 10년간 국제생활과 교섭이 끊긴 채 일본에게 유린당하였습니다. 그런데 이번 세계평화회의는 종래의 불합리와 불평등에 대하여 모두 해결한다는 것이므로 조선 문제에 대해서도 상당한 원조를 바랍니다. 원래 조선은 작은 나라지만 극동평화에 대해서는 중요한 지위를 점하고 있기 때문에 이번 세계평화회의에서 반드시 해결을 도모하여 조선이 다시 국제생활의 생명을 부활시켰으면 좋겠다는 의미였습니다. 이렇게 작성한 청원서 2통은 평론잡지『미루나트』의 주필인 미국인 미루나트에게 부탁하여, 만일 조선대표가 출석하기 불가능한 경우에 1통을 미국 대통령에게 다른 1통은 평화회의에 제출하기로 하였습니다. 이 청원서는 다시 신석우(申錫雨)·장덕수(張德秀)·조동우(趙東祐) 등과 협의하여 재상해 조선청년당(朝鮮青年黨) 총무 여운형(呂運亨)의 명의로 서명하여 제출하였습니다. 이어 북경에서 김규식(金奎植)을 불러 독립운동 계획을 세우고 우선 김규식(金奎植)을 파리 평화회의(파리강화회의)에 파견하기로 결정하고, 각기 부서를 정하여 독립운동 실행에 착수했던 것입니다.

첫째, 장덕수(張德秀)를 조선으로 파견하여 이상재(李商在)·손병희(孫秉熙) 등의 유력자와 협의케 하고 조선 및 일본의 각 명사로부터 운동에 대한 의견을 묻기로 하여, 나는 중국 각지의 조선인 상황을 시찰하고 아울러 독립운동에 참가할 것을 권유하기 위하여 길림 방면으로 출발하였습니다. 그리고 장춘에서 길림에 거주하는 여준(呂準)이라는 유력자에게 편지하여 조선독립의 의견을 묻고 또 동지에게 권유해 줄 것을 부탁해 두고, 나는 바로 블라디보스토크로 갔습니다. 블라디보스토크에서는 이동녕(李東寧)·문창범(文昌範)·박은식(朴殷植)·조완구(趙琬九)와 만나 지금이 독립운동의 가장 좋은 기회임을 말하고 여기에 참가토록 하였고, 그곳의 계획 준비를 정돈하고 나서 1919년 3월 15일 봉천으로 돌아왔습니다. 봉천에 와서 이미 조선 내에서 독립만세 사건이 발발했다는 소식을 듣고 급거 상해로 돌아왔습니다.

여운형은 중국인 아편상으로 가장하고 장춘행 기차를 탔다. 창밖에 내다뵈는 설원은 끝이 없었다. 혈기왕성한 젊은 투사의 가슴에는 만감이 오고갔다. 그러나 혁명적 낭만도 번개처럼 스치뿐, 미행하는 밀정이 있나 없나 정신을 감다듬으랴, 일본관헌의 눈치를 살피랴, 마음의 긴장을 단 일 초도 풀 수가 없었다.[4] 그는 장사꾼으로 변장하고 있었으나 만주에 들어서면서부터는 일경들의 취체가 심했다. 형사들의 눈을 피해 장춘에 도착하자 그는 심영구(沈永求)의 집에 묵으면서 그 무렵 길림에 있는 족숙 여준(呂準)에게 보내는 편지를 은밀히 전해달라고 부탁했다. 여운형은 편지에서 자신이 세운 신한청년당에서 파리강화회의에 조선 대표를 보냈다는 이야기를 하고, 이제 조국 독립의 호기가 찾아왔으니 열강들이 주목할 만큼 전 민족이 들고 일어나야 한다고 말했다. 또 그는 러시아 연해주의 우수리스크(소왕령)로 가서 그곳에 체류하고 있던 박은식(朴殷植)· 문창범(文昌範)· 조완구(趙琓九)를 만나 이 사실을 알리고 지금이 독립운동을 일으켜야 할 때라고 강조했다. 그러자 다들 기뻐하면서 일부는 장차 상해로 가겠다고 답했다. 여운형은 이동녕(李東寧)· 원세훈(元世勳) 그리고 그들과 함께 독립운동을 하던 이승복(李升復) 형제를 만나 사정을 알리고 다시 인근의 블라디보스토크(해삼위)로 갔다.

블라디보스토크 외곽에는 구한말 연해주로 이주한 한인들이 집단으로 거주하는 신한촌(新韓村)이 있었다. 여운형은 그곳 한인거류민단장 채성하(蔡成河)의 집에 머물며 강우규(姜宇奎) 등 그곳 동포들을 만나 독립운동의 방침 등을 협의하면서 그곳 대표 또한 파리강화회의에 보낼 것을 권고했다. 그는 만나는 사람마다 설득하고 연설했다. 그의 말은 동포들에게 희망을 주었고, 단호한 행동을 이끌어냈다. 마침내 그들은 러시아에 살던 동포들의 협의체인 전로한족회(全露韓族会)를 임시 국민의회로 개편하면서 여기서 전로한족회의 간부였던 윤해(尹海)와 고창일(高昌一)을 파리에 보내기로 결의했다.

---

4 이기형, 『몽양 여운형』, 실천문학사, 1984, 28~32쪽.

여운형은 니콜리스크와 블라디보스토크 지역에서 한 달가량 체류했는데, 그 이유는 그곳 동포들로부터 독립운동 자금을 모금하기 위해서였다. 조선의 독립이 가까워오고 있다는 여운형의 강연과 호소는 동포들의 뜨거운 호응을 얻었고, 그의 이름이 동포들에게 뚜렷이 각인되는 계기가 되었다. 그 사이 간도 쪽에도 연락이 되어 그곳 한인 자치기구 간민회(墾民会)를 세운 김약연(金躍然) 목사와 총무 정재면(鄭載冕) 목사 등이 블라디보스토크로 건너왔다.

그곳에 머무는 동안 여운형은 동포들로부터 볼셰비키 혁명군에 맞서는 백군을 지원하기 위해 파병된 미국·영국·캐나다 등의 다국적 연합군이 그곳에서 그리 멀지 않은 시베리아에 주둔해 있다는 이야기를 들었다. 언젠가 도움을 받을 수 있을지도 모른다는 생각에 3월 7일경 블라디보스토크를 떠난 그는 귀로에 그 연합군 사령부를 찾아갔다. 다국적 연합군의 총사령관은 체코 출신의 가이다 장군이었다. 여운형은 그를 만나 약소민족 해방에 대한 자신의 견해를 피력하고 조선도 독립을 실현하기 위해 이번 파리강화회의에 대표를 파견했다고 말했다. 독일이나 러시아 등 강대국의 그늘에 가려 오금을 펴지 못해온 체코의 가이다 장군은 같은 약소민족의 처지에서 동병상련의 감정을 느꼈음인지 여운형에게 매우 호의적이었다.

여운형이 감시가 심하다면서 귀로의 보호를 요청했더니 가이다 장군은 쾌히 승낙했다. 그는 가이다 장군과 이야기를 나누는 도중 미국 파견군에 설치된 도서관의 관장이 바로 자기가 금릉대학을 다닐 때 영어를 가르치던 클레멘트 교수라는 것을 알고는 그날 밤 한일합방 후 일본이 얼마나 악독한 정책을 써왔는가를 지적하고 다시 조선이 독립해야 하는 이유를 적은 선전문을 영문으로 작성한 다음, 그 영어 문안을 클레멘트 관장에게 수정받았다. 그리고 이를 유인물로 프린트하여 미국·영국·캐나다의 군사령부를 차례로 찾아다니며 전단지를 배포했다.

다음날 여운형은 가이다 사령관이 붙여준 조세프 한츠 부관을 따라 기차역으로 가서 군용 열차를 탔고, 3월 10일경 하얼빈에 도착한 뒤 가이다 사령관이 소개장을 써준 미군 의사 집에 유숙했다. 안전하다는 판단이 서자 다음날부터는 잠자리를 러시아인이 경영하는 여관으로 옮겼는데, 거기서 아편 밀매상을 하는 동포 한명성(韓明星)으로부터 고국의 거족적인 3·1운동을 전해 들었다.

3월 6~7일경 블라디보스토크를 출발한 후, 하얼빈의 러시아인이 경영하는 여관에 체재하던 중 아편 밀매자인 한명성을 만났다. 그때 조선에서 독립만세 사건이 일어나 들썩거리고 있다는 얘기를 들었다. 그보다 자세한 얘기는 다시 장춘에 와서 1박할 때 위혜림(偉惠林)이라는 자가 해주었는데, 그는 수만 명이 조선 내에서 소동을 일으켜 철도도 경계가 엄중하다고 했다. 나는 봉천에는 들리지도 않고 만세사건의 동기와 그 시비 등에 관한 상세한 내용을 듣기 위해 급히 상해로 갔다.

여운형이 만주·연해주를 방문한 성과는 다음과 같다. 첫째, 5만 엔의 독립성금을 모금했다. 둘째, 그가 상해로 돌아온 뒤 국내에서 3·1운동이 일어난 것이 알려지자 만주의 동포들이 3월 13일 용정촌에서, 연해주의 동포들이 3월 17일 니콜리스크에서 독립선언문을 낭독하고 시위를 벌였는데, 이러한 움직임은 그곳에 갔던 여운형이 동포들에게 강연을 하고 설득한 결과이기도 했다.

둘째, 3·1운동을 전후하여 북간도에서는 국민군회·북로군정서·대한독립군·서로군정서·대한의용군·광복군 총영 등이 조직되어 일본군과 교전을 벌이고, 1920년에는 홍범도의 봉오동전투와 김좌진의 청산리 전투에서 큰 전과를 올리게 되는데, 이들 독립군이 사용한 무기가 바로 시베리아에 파병되어 있던 다국적 연합군이 철수하면서 헐값으로 팔고 간 무기였다. 그들 다국적 연합군의 총사령관 가이다 장군이 조선에 대해 호의적인 생각을 갖도록 만든 것은 다름 아닌 여운형이었다. 가이다 장군은 귀국하는 길에 상해에 들렀는데 그때 여운형이 상해임정의 외교위원장으로서 감사패를 증정한 것은 만주의 독립군에게 헐값으로 무기를 매각해준 데 대한 고마움의 표시이기도 했다.[5]

필자가 판단하건 데, 여운형이 연해주에서 만난 주요 인물들을 보면 문창범, 정재관, 이동휘, 이동녕, 조완구, 박은식, 최재형 등이 아니었을까 한다. 이들 중 정재관을 제외한 인물들은 모두 상해임시정부와 인연을 맺게 된다. 이동녕, 조완구, 박은식은 일찍 상해로 이동하여, 대한국민의회로부터 비난을 받았다. 이동휘는 국무총리, 문창범은 교통총장, 최재형은 재무총장에 임명되었다. 한편 강우규가 여운형과 만났다는 이만규의 기록은 좀더 검토의 여지가 있어 보인다. 당시 강우규는 북만주 요하현에 있지 않았을까 추정된다.[6]

3. 여운형의 역할: 러시아 연해주지역 3·1운동의 전개

여운형의 러시아연해주 체류는 불과 1개월에 불과했으나 이후 그의 활동에 적지 않은 여파를 남겼다. 우선 여운형의 방문 당시 러시아 한인사회 역시 1918년 말 이래 파리강화회의 개최소식을 접하고 블라디보스토크의 신한촌민회와 니콜스크-우스리스크의 전로한족중앙총회를 중심으로 대표파견문제를 논의하고 이를 뒷받침하기 위한 자금 모집과 대책을 논의하고 있었다는 점이다. 그리하여 전로한족중앙총회 상설위원회(상설의회)를 중심으로 윤해와 고창일을 파리강화회의 파견대표로 선정하였으며, 이들은 1919년 2월 5일 '한인총대표'라 명시된 러시아어와 불어로 된 증명서를 소직하고 니콜스크-우스리스크를 출발하였던 것이다. 이러한 상황에서 여운형은 자금 모금 등에서 그다지 큰 성과를 거두지 못하였던 것이다.

---

5 정병준, 「중국 관내 신한청년당과 3·1운동」, 『국외 한인사회와 3·1운동』, 독립기념관 한국독립운동사연구소, 2018. 25-27쪽.

6 박환, 『강우규의사 평전』, 선인, 2010.

다음으로 당시 러시아 연해주에서는 전로한족중앙총회를 중심으로 노.중령 독립운동단체대표회를 소집하고 독립선언서 작성과 선포, 만세시위운동, 무장투쟁준비와 독립운동자금 등의 계획을 수립하고 이를 지도할 중앙기관 창설 작업을 진행하고 있었다는 점이다. 노.중령독립운동단체대표회에는 러시아 지역은 물론 서북간도와 국내로 파견된 단체와 지역대표들이 대거 참석하여 대한국민의회를 창립하고 전한민족의 대표기관을 자임하였다. 대한국민의회는 후일 상해에 조직된 임시정부와 중앙기관의 지위를 놓고 경쟁하게 되는 것이다. 대한국민의회는 함경도 출신이 절대다수를 차지하고 있던 러시아한인사회와 북간도를 지역기반으로 하고 있었던 데 비하여, 상해 임시정부는 기호출신 인물들이 주도하고 있었고 미주 한인사회를 지지기반으로 하고 있었던 것이다.

이러한 상황에서 여운형의 권고에 따라 대한국민의회의 상설의원으로 선출되어 있던 이동녕, 조완구, 조성환 등이 상해로 오게 되고 이들이 대한민국 임시정부 조직을 주도하게 됨으로써, 여운형은 후일 러시아 한인사회의 비우호적이며 비판적인 여론의 대상이 된 것이다. 이러한 러시아 한인사회의 평가는 후일 여운형의 일본방문과 임시정부 소비에트정부 파견외교원 파견과정에서 부정적인 요인으로 작용하게 되었다.[7]

7 반병률, 「呂運亨의 활동을 통해 본 上海 지역 초기 한인공산주의 조직의 형성과 변천에 대한 재해석, 1919~1921」, 『한국독립운동사연구』 45, 독립기념관 한국독립운동사연구소, 2013, 196~198쪽.

신흥무관학교 교원 출신, 재러한인 비행사 김공집

머리말

1910년 한국이 일제에 의하여 강점된 이후 많은 지사들은 조국의 독립을 위하여 중국본토, 만주, 러시아령, 미주 등 해외로 망명하여 독립운동을 전개하였다. 그 중 러시아 지역으로 망명한 인물들도 다수 있었다. 이동휘(李東輝), 홍범도(洪範圖) 등은 그 대표적인 인물들로 널리 알려져 있다. 그러나 그곳에서 활동한 운동가들 가운데에는 이름이 알려져 있지 않은 다수의 투사들도 있었다. 이들에 대한 발굴 작업은 운동사 전체의 올바른 이해를 위하여 선행되어야 할 작업이다. 그럼에도 불구하고 학계에서는 아직까지 이 부분에 대하여 힘이 미치지 못하고 있다. 이에 필자는 다수의 무명 운동가들에 관심을 갖게 되었으며 그 중의 한 인물인 김공집에 대하여 밝혀보고자 한다.

김공집(金公緝)은 모스크바에서 남쪽으로 99km 떨어진 셀프호프시 트롤트스키 사원에 있는 동포전사의 묘지에 수많은 러시아인 혁명투사들과 공동으로 매장되어 있었다. 묘비에는 김세잔이라고 러시아어로 되어 있으나 그의 한국 이름은 김공집이었다. 특히 다수의 독립운동가들이 육군이었다면 그는 공군, 그 중에서도 비행사였으므로 독립운동사에서 공군이 차지하는 위치를 파악해 볼 수 있다는 점에서 더욱 주목된다. 더구나 공군과 관련하여 학계의 연구성과가 별로 없다는 사실을 상기할 때 그에 대한 검토는 더욱 중요한 의미를 갖는 것이라고 할 수 있다.[1] 뿐만 아니라 더욱 우리의 주목을 끄는 것은 그가 신흥무관학교 교원으로 활동했었기 때문이다. 흥사단에 보관되어 있는 김공집의 이력서에는 다음과 같이 기록이 보이고 있다.

> 自紀元 四二四七年 至四二四八年 南滿州 奉天省 通化縣
> 기원 4247년부터 4248년까지 남만주 봉천성 통화현
> 自紀元 四二四七年 至四二四八年 奉天省 通化縣 新興學校 教員
> 기원 4247년부터 4248년까지 봉천송 통화현 신흥학교 교원

즉 위의 기록에 따르면, 김공집은 1차세계대전이 발발했던 1914년부터 1915년까지 신흥무관학교 교원으로 활동하였던 것이다. 김공집은 신흥무관학교 교원 출신으로서, 중국, 러시아 등지에서 활동했고, 1927년에는 비행사로서 훈련도중, 추락, 모스크바 근교에 매장되었다가, 1994년 국립현충원으로 이장되었다.

이 논문에서는 기존의 연구성과들을[2] 중심으로 김공집의 생애를 재정리해 보고자 한다

1. 민족의식 형성과 삼악학교 교원

1) 민족의식의 형성

김공집은 1896년 10월 25일 평안북도 정주군(定州郡) 덕언면(德彦面, 아이포면) 대산리(大山里) 511번지에서 출생하였다.[3] 그의 이름은 공집이며, 자는 세쟁(世

1 윤선자, 『권기옥-대한독립을 위해 하늘을 날았던 한국 최초의 여류비행사』, 역사공간, 2016; 김용진, 「비행사 출신 徐日甫의 생애와 무장독립운동」, 『한국민족운동사연구』104, 한국민족운동사학회, 2020; 洪允靜, 「獨立運動과 飛行士 養成」, 『국사관논총』107, 국사편찬위원회, 2005

2 윤선자, 「김공집의 독립운동」, 『한중인문학연구』 52, 2016.

3 김공집 호적등본

錚)이었다.[4] 그의 가족관계 및 어려서의 행적, 학력 등은 거의 알려져 있지 않다. 다만 흥사단 이력서에서 그 일단을 엿볼 수 있다.

故 第百七 團友 金公緝 履歷書
고 제107 단우 김공집 이력서
出生時 紀元 四二二九年(1896) 十月 二十五日
출생시 기원 4229년 10월 25일

出生地 출생지
平安北道 定州郡 阿耳甫面 大山里
평안북도 정주군 아이포면 대산리

居生地 거생지

自紀元 四二二九年 至四二四六年 出生地
기원 4229년부터 4246년까지 출생지
自紀元 四二四六年 至四二四七年 京畿道 竹山郡
기원 4246년부터 4247년까지 경기도 죽산군
自紀元 四二四七年 至四二四八年 南滿州 奉天省 通化縣
기원 4247년부터 4248년까지 남만주 봉천성 통화현

職業 직업
自紀元 四二三三年 至四二四○年 私塾
기원 4233년부터 4240년까지 사숙
自紀元 四二四○年 至四二四一年 本里小學校
4240년부터 4241년까지 본리 소학교
自紀元 四二四一年 至四二四六年 五山學校 中學部 卒業
4241년부터 4246년까지 오산학교 중학부 졸업
自紀元 四二四六年 至四二四七年 竹山郡 三岳學校 教員

4 白景濟, 『慶州金氏世譜全』, 平北 定州, 1933

기원 4246년부터 4247년까지 죽산군 삼악학교 교원

自紀元 四二四七年 至四二四八年 奉天省 通化縣 新興學校 教員

기원 4247년부터 4248년까지 봉천성 통화현 신흥학교 교원

自紀元 四二四八年 至四二四九年 定州郡 永昌學校 教員

기원 4248년부터 4249년까지 정주군 영창학교 교원

學藝 학예

地誌 普通學 지지 보통학

宗教 종교 耶穌教 長老派 야소교 장로파

團體 단체 十三道總幹部 五山俱樂部 13도총간부 오산구락부

最長技能 최장기능 地誌

所肯취미 運動 운동

家族 가족

父 洛行 五十八歲 農業 平北 定州郡 阿耳甫面 大山里

부, 낙행, 58세, 농업 평북 정주군 아이포면 대산리

母 金氏 六十一歲

모 김씨 61세

兄 昌緝 四十二歲 商業

형 창집 42세 상업

昌● 三十九歲 農業

창0 39세 농업

昌俊 二十九歲 農業

창준 29세 농업

弟 昌允 二十一歲 農業

동생 창윤 21세 농업

妻 金氏 二十五歲 農業

처 김씨 25세 농업

子 正玉(정옥) 五歲

자 정옥 5세

娣兄 三十二歲 出嫁 平北 定州郡 德彦面 三里

매형 32세 출가 평북 정주군 덕언면 3리
入團日 建國紀元 四二五三年 五月 二十七日 (상해)
입단일 건국기원 4253년 5월 27일

즉, 위의 기록을 통하여 김공집의 가족관계 등을 파악할 수 있다. 아버지는 김낙행, 어머니는 김씨이다. 농사하는 집안임도 짐작해 볼 수 있다.

학력도 살펴볼 수 있다. 향리에서 초등학교를 졸업했고, 중등학교는 오산학교를 다닌 것으로 되어 있다. 평북 정주에 있는 오산학교를 졸업하였다는 사실은 주목된다. 오산학교는 1907년에 남강(南岡) 이승훈(李承熏)이 세운 학교로서 민족교육의 요람이었다.[5] 그곳에서 민족지도자 여준(呂準) 등으로부터 교육을 받은 그는 점차 민족의식이 싹텄던 것 같다. 그리고 1913년에 제3회 졸업생으로서 이 학교를 졸업하였다.[6]

특히 여준은 오산학교 시절 학생들에게 많은 감화를 주었던 것 같다. 그때 감화를 입은 학생들 가운데 김공집, 김도태(金道泰) 등이 있었던 것으로 보인다. 오산학교에 부임한 여준은 수신 · 역사 · 지리 · 산술 · 대수 · 국가학 · 법학통론 · 한문 · 헌법대의 등을 맡아 가르쳤다. 여준은 이상설(李相卨) 등과 오랫동안 신학문을 연구하였기 때문에 오산학교 학생들에게는 경이의 대상이었다. 동서학문의 석학이기에 시골의 궁벽한 곳에서 견문이 좁은 학생들은 여준의 박학다식함에 끌리어 존경하면서 새로운 학문을 습득하는데 노력하였다. 밤에도 학생들은 그를 모시고 한자리에 모여 세계의 대세와 민족의 앞날에 대해 이야기를 들었다. 이광수(李光洙)도 여준이야 말로 평생 잊지 못할 분이라 하면서 다음과 같이 술회하였다 한다.

5 엄영식, 「五山學校에 대하여」, 『南岡 李承熏과 民族運動』, 남강문화재단출판부, 1988, 119쪽.
6 오산칠십년사편찬위원회, 『五山七十年史』, 1978, 163쪽.

> 내가 오산학교에 부임하였을 때 교원 중에서 가장 어른 되는 분은 呂準이었다. 그는 백발이 성성한 노학자로서 키는 작고 목소리는 크고 야무졌으며 높은 식견을 가진 애국지사로서 학생들에게 많은 감화를 주었다.[7]

2) 여준의 영향으로 삼악학교 교원으로 활동

여준은 경기도 용인출신으로, 평북 정주 오산학교에서 교편을 잡다가 북간도로 건너가 이동녕(李東寧)·이상설과 함께 서전서숙(瑞甸書塾)을 세워 후진 교육에 힘썼다. 1907년 헤이그에서 열린 제2회 만국평화회의에 파견되는 고종의 특사 이준(李儁)을 안내하여 간도에서 이상설을 만나게 하였다. 1912년 가을 통화현 합니하(哈泥河)로 옮겨 허혁(許赫)과 함께 부민단(扶民團)을 조직해 이주 동포의 자활과 교육을 맡아 보았다.[8] 또한 신흥학교(新興學校)의 유지·발전을 도모하기 위해 이탁(李鐸) 등과 신흥학교 유지회를 조직하여 독립군 양성을 시도하였다. 1913년부터는 신흥학교 교장이 되어 학교를 키우는 데 힘을 쏟았다. 1919년 봄 국외에 있던 서일(徐一)·김좌진(金佐鎭)·이상룡(李相龍) 등 39인과 무오독립선언서를 발표하였다. 또한, 남만주교포 이름으로 만국평화회의에 한국독립청원시를 제출하였으며, 당시 서간도의 부민단·자신계(自新契)·교육회의 3단체를 통합, 조직한 한족회의 간부로 활약하였다. 한족회의 산하 기관인 신흥학교를 통해 독립군 간부 양성에도 힘썼으며, 상해 임시정부의 인가를 얻어 서로군정서(西路軍政署)를 설립, 부독판(副督辦)으로 서간도 지방의 모든 독립운동을 통제, 주도하였다. 1920년 12월 임시정부 간서총판부(間西總辦部)를 설치하여 총판에 취임하였으며, 1921년에는 재만학생교과서편찬위원회의 위원장

7 김태근, 「呂準(1862~1932) 의 民族運動 硏究」, 아주대학교 교육대학원, 2005, 23쪽.

8 여준에 대하여는 최근 박성순의 집중적인 연구가 있다.
박성순, 「1919년 大韓獨立義軍府와 吉林軍政司 연구 – 呂準을 중심으로 한 신흥무관학교 세력의 활동상에 주목하여」, 『한국독립운동사연구』 68, 독립기념관 한국독립운동사연구소, 2019.
박성순,「1910년대 후반 呂準의 활동을 통해 본 부민단과 신흥무관학교 측의 동향」,『東洋學』74, 檀國大學校 東洋學硏究院, 2019.

이 되었다. 1922년 액목현(額穆縣)에 검성중학(儉城中學)을 설립하여 교장으로서 인재 양성에 힘썼고, 1930년 1월에는 김구(金九)를 비롯한 이동녕·지청천(池青天) 등과 함께 한국독립당을 재결성하여 강력한 항일투쟁을 전개하였다.1931년 일제의 만주침략 때 일본군과 싸우다가 후퇴하는 중국군에게 모진 매를 맞고, 장백산록(長白山麓)에서 요양하던 중 숨졌다.[9]

학교를 졸업한 김공집은 1913년부터 1914년까지 경기도 죽산군에 있는 삼악(三岳)학교에서 교원으로 일하였다. 이 지역출신으로 삼악학교를 설립한 여준의 요청이 있었던 것이 아닌가 한다.

이때 김공집과 함께 오산학교를 함께 졸업한 김도태도 여준의 초빙을 받아 삼악학교에서 교사로 일하였다. 김도태는 평안북도 정주 사람으로 3·1운동 당시 중앙지도체 인사 중의 한 사람이다. 1910년 오산학교를 졸업, 이듬해 경기도 삼악학교 교사가 되고,[10] 1912년 만주 신흥무관학교 교사가 되었다. 1913년 다시 오산학교로 돌아왔다가, 1916년 일본 정칙영어학교에 입학했다. 그 후 귀국하여 1918년 황해도 재령(載寧)의 명신중학교(明新中學校)에서 지리와 역사 교사로 재직하였다. 1919년 2월 상순, 최린(崔麟)·최남선(崔南善)·송진우(宋鎭禹) 등이 모여 거족적인 독립만세 운동을 계획할 때, 최남선이 기독교측의 인물과 교섭하기로 하고, 먼저 자기와 잘 알던 정주군 기독교(基督教) 장로교의 장로인 이승훈(李昇薰)에게 연락하기로 하였다. 이에 최남선은 2월 7일 현상윤(玄相允)으로 하여금 이승훈이 설립한 오산학교 경영을 핑계로 상경하도록 하라는 연락을 부탁하니, 현상윤은 정노식(鄭魯湜)의 집에 머무르고 있던 정주군 사람인 김도태에게 이 연락을 담당하도록 하였다. 이에 그는 2월 8일 서울을 출발하여 이튿날 정주에 도착하여 이승훈의 집으로 가던 중, 잘 알고 있던 오산학

9 『한국민족문화대백과사전』(여준(呂準)

10 『왜정시대인물사료』, 대한연감 4288년판

교 교사 박현환(朴賢煥)을 만나 이승훈이 선천(宣川)에 가고 없다는 사실을 알았다. 즉시 박현환에게 최남선의 연락사항을 알리고 선천에 가서 이승훈에게 연락하도록 하였다. 이런 연락을 받은 이승훈은 이 달 11일 급히 상경하여 최남선과 만나, 기독교측도 참가하는데 동의함으로써 3월 1일 거족적인 독립만세운동이 가능할 수 있었다. 그러나 김도태도 결국 체포되어 손병희(孫秉熙) 등 민족대표들과 함께 소위 보안법 위반 및 출판법 위반 혐의로 재판을 받았으나, 1920년 10월 30일 경성복심법원에서 증거 불충분으로 무죄 석방되었다. 1921년 휘문중학교(徽文中學校) 교사를 지냈고, 1945년 경성여자상업학교(京城女子商業學校) 교장에 취임, 재직 중 조선지리학회(朝鮮地理學會) 회장, 1949년에는 공군사관학교(空軍士官學校) 교수 등을 역임하였고 서울여상의 교장으로 여생을 마쳤다.[11]

한편 김공집은 여준이 교장으로 있던 신흥무관학교로 가 1914년부터 1915년까지 교원으로 활동하였다.[12] 이러한 점을 살펴볼 때, 김공집은 스승 여준으로부터 상당한 신뢰와 동지적 관계를 유지하고 있었던 것으로 보인다.

김공집이 교원으로 활동한 삼악학교는 경기도 용인시 처인구 원삼면 지역에 신교육 기관이 필요함에 따라 이 고장 유지 여준, 오태선, 오용근 등이 추진하여 1908년에 설립되었다. 대한매일신보 1908년 9월 19일자에,

> 竹山郡 遠三面 陵村 三岳學校는 이 마을 사는 呂準이 吳台善, 吳龍根 등과 협의하여 창설하였는데 같은 마을 사는 전 主事 吳恒善이 자기 집을 校舍로 기부했다고 한다.

라고 있듯이, 원삼면 죽능리에 거주하는 오항선이 자신의 사랑을 내어놓아 학

---

11 『독립유공자공훈록』 2, 1986, 김도태 조.『대한민국인사록』

12 『독립유공자 평생 이력서(』1991년 4월 3일 차손 金鍾根 작성), 〈동아일보〉 1927년 11월 4일자. 홍사단이력서

교가 설립되었으며, 이후 초가로 건물을 짓고 교육하였다. 학생 수는 알 수 없고, 교사는 여준, 오태선, 김도태, 김공집 등이었다.

삼악학교에서의 교육 과정은 보통학교 과정이었으며 암울한 시기에 신교육을 실시하였다는데 큰 의미를 가진다. 특히 독립운동가이며 교육자인 여준의 영향을 받아 오광선(吳光鮮, 1896~1967)은[13] 삼악학교를 졸업하고 독립군이 되어 많은 공을 세우고 광복군 국내 지대 사령관을 역임하였다.[14]

2. 신흥무관학교 교원으로 활동

1) 신흥무관학교 교원 시절과 여준

김공집에게 큰 영향을 준 여준은 신흥무관학교에서 중추적인 역할을 담당한 인물임은 주지의 사실이다. 김구 등 임시정부 계열의 인물들이 주로 활동한 한국국민당의 기관지 『한민』3호, 1936년 5월 25일자의 다음과 같은 기사를 통하여도 짐작해 볼 수 있다.

> 나라를 원수에게 빼앗기고 이를 다시 회복할 원동력을 배양하기 위하여 설립되고 또 그만한 실력양성의 성적을 나타낸 이 신흥학교가 처음에는 갖은 배척을 받아가면서 『강낭우리』(貯穀所)에서 거적자리를 펴고 시작하던 그 고심과 그 참담한 것을 회고하니 실로 강개무량하다. 이러한 처지에서라도 아동을 교육하여야 하고 투사를 양성하여야 한다는 당시 그들의 한 조각 그 붉은 마음—그 뜨거운 정성—그것밖에 그들에게는 아무것도 없었을 것이다. 이 학교에는 보통교육으로 하여 原班, 군사교육으로 하여 특별반을 두었고, 당시에 교무를 단임하였던 이는 장지순(張志順), 이규봉(李圭鳳, 軍事科) 이경0(李景●) 제씨라 한다.

13 김명섭, 「세계사에 빛나는 3대 독립운동가, 참 군인 오광선 장군」, 『한국사가 기억해야 할 용인의 근대 역사인물』, 노스보스, 2015.

14 『용인시사』1(용인시사편찬위원회, 2006), [네이버 지식백과] 삼악학교 [三岳學校] (한국향토문화전자대전)

> 삼원포에서 학교기초를 이루어 가지고 그 후에는 삼원포에서 70리 되는 합니하(통화)에 옮겨가서는 토지도 사고 주택과 교사도 건축하여 기반이 공고하여지고 규모도 확장되었는데 여기서부터는 여준, 윤기섭, 김창환(金昌煥), 이청천(李靑天), 양규열(梁奎烈), 이세영(李世永) 등 제씨들도 교무에 전력하였으며 이 학교의 출신이 약 팔백명이라 하고 성준영(成俊永), 김훈(金勳), 오광선) 이런 이들이 다 그 학교의 출신이라 한다. 만주 기타 각 방면에서 활동한 투사 중에는 이 학교 출신이 가장 많았을 것이다. 이러하니만치 적 일본도 이 학교를 여간 질시한 것이 아니다. 신민회에서 그런 계획만 세우고 아직 학교의 기초도 잡히기 전이지만 寺內(寺內正毅) 총독암살 사건으로 신민회원들을 잡아다 놓고는 『너희가 서간도에 무관학교를 설립하고 무관을 양성하였다가 美·日(미국·일본)전쟁이 되는 때에는 독립전쟁을 하려하였지』하고 每名에 일률적으로 심문하였다. 이러한 학교가 民國 三年 일인의 만주출병으로 인하여 폐교가 되었으니 그 遺恨됨을 무엇에 比하랴.

즉, 여준을 통화현 합니하 신흥무관학교를 언급하며 제일 먼저 언급하고 있는 것이다. 바로 이 여준의 가장 가까운 제자가 김공집이었고, 당연히 여준은 용인 삼악학교 교원으로 있던 김공집을 만주로 불러들였을 것이다.

또한 김원봉, 윤기섭, 김창환 등이 중심이 되어 활동한 조선민족혁명당의 기관지『앞길』 제11호(1937년 5월 10일) 〈혁명성지 순례〉, 간도 신흥학교 회억(回憶) - 熱血 健兒 屯田制로 羣山秋月에 讀兵書(8)에서도, 여준에 대하여,

> 이때에 內地로서 노소의 지도자들이 점차 도래하엿으니 그 중 허성산(許性山), 여준, 이탁(李沰), 김동삼(金東三), 이진산(李震山), 최중산(崔中山), 남정섭(南廷燮) 諸 선생은 가장 분투 노력하든 인사이다. 이에 우선 신흥학교 유지 찬성자를 규합하여 교육회를 조직하고 학교의 經營 발전에 협력할새 여준선생은 學校 校長으로 남정섭선생은 학교 경리로 이탁선생은 교육회 회장으로 각각 취임되어 일치 노력하매 학교의 전도는 점차 서광이 빛이엇다.

라고 하여 여준을 가장 분투하고 노력하던 인물 중 한 사람으로 언급하고 있는 것이다.

여준은 국권이 피탈되자 그 다음해 오산학교 교원을 그만두고 자신과 형의 가족을 이끌고 1912년 신흥무관학교가 세워진 통화현 합니하(哈泥河)에 도착하였다. 그리고 곧바로 신흥무관학교에서 교육활동을 전개하였다. 여준은 우선 1912년 이탁(李鐸) 등과 함께 신흥학교 유지회를 구성하여 재정상태가 곤란한 이 학교의 지원을 강구하여 서간도 각 지방에서 갹출하여 운영비를 충당하게 하였다. 또한 여준은 신흥무관학교에서 영어 등을 가르치다가 1913년에는 이상룡의 뒤를 이어 교장에 취임하여 실제 학교운영을 담당하였으며 학감으로는 윤기섭이 맡았다. 이때 신흥학우단이 조직되는데 1913년 3월 교장 여준과 교감 윤기섭 그리고 1기 졸업생인 김석, 강일수, 이근호 등이 발기하여 신흥학교의 졸업생과 재학생들이 중심이 되었다. 또 신흥학우단은 졸업생은 정단원, 재학생은 준단원으로 참여하였으며 처음에는 '옛땅을 회복한다'는 뜻을 가진 다물의 이름을 따 '다물단'이라고 하였다가 곧 신흥학우단으로 개칭되었다. 여준은 직책이 교장이었기 때문에 직접 이 신흥학우단에서 활동하였다기보다는 고문 정도로 후견인 역할을 하였던 것으로 보인다. 여준은 이 신흥무관학교 경영에 혼신을 다하였으며 사실상 학교 경영을 주관하다시피 하였다. 1916년 음력 10월 17일 양기탁이 안창호에게 보낸 서한에서 '李拓과 呂준 두 형님이 학교일을 주장하고 있다'고 하였으며, 왕산(旺山) 허위(許蔿)의 종질(從姪) 허발(許潑)의 딸로, 석주 이상룡의 며느리였던 허은(남편은 이병화)은 당시 여준의 학교에서의 모습을 다음과 같이 말하고 있다.

> 여운형씨의 7촌인 여준(호는 시당)씨가 이 학교의 영어선생이었다. 그는 체구는 작으마 하나 다부지게 생겼다. 추위를 안타서 다른 이들은 털모자를 쓰고 다녀도 그는 안 썼다. 큰오빠 말로는 신흥무관학교 다닐 때 여준 선생이 그렇게 모질다고 했다. 벌을 세워도 매섭게 세운다고 했다.

당시 교장 여준은 조회시간에 애국가 교가를 우렁차게 부르는 학생들 앞에서 두 눈에 뜨거운 눈물을 흘리곤 했다고 한다.[15]

1914-1915년의 신흥무관학교 상황을 알려주는 구체적인 기록들을 보이지 않는다. 다만 국외 신문 보도를 통하여 그 일단을 짐작해 볼 수 있다. 미주에서 간행된 국민보에는 1914년 4월 8일자 '신흥교우보를 위하여 중앙교육회를 조직' 보도. 1914년 4월 11일자 '신흥교우보 기자의 변경과 각 임원' 보도. 1914년 7월 11일자 '신흥교우보의 제일회 기념' 보도. 러시아 블라디보스토크에서 간행된 권업신문에는 1914년 7월 12일자에 '신흥교우보의 래도' 제5호 도착 소식을 보도. 신흥교우보에 실린 노래를 전재하고 있다. 신한민보 1914년 4월 16일자에서는 '신흥교우보 내도(來到)'의 단신을 게재하고 있다. 그 중 권업신문에 실린 노래는 김공집이 통화현 합니하에 교원으로 있을 당시 노래임으로 주목된다.

一십 전진하여 보세
二천만인 동족들아
三천리의 빛난 강산
四천여 년 지키다가
五조약(을사보호조약)이 체결되어
六대주로 성산되고
七조약(한일신협약)이 성립된 후
八방으로 유리하여
九사一생 겪어가며
十여성상 되었고나
百천만고 오직한만
千추국치 씻어보세
萬세방향 ●질려라

15 김태근, 위의 논문, 36-37쪽.

億조창생함을 ●●

국민보 1914년 4월 8일자의 〈신흥교우보를 위하여 중앙교육회를 조직〉은 당시의 신흥무관학교 상황을 살피는 데 도움을 주고 있다.

> 서간도에 헤어져 있는 우리 동포의 교육계에 대한 가득한 열성으로 말미암아 신흥교우보 (新興校友報)가 세상에 탄생된 것은 국민보가 이미 소리쳐 전한 바인 고로 일반 동포는 신흥교우보의 이름과 행적을 기념하며 찬양하여 영원이 잊지 아니할 듯.
> 신흥교우보의 제4호가 이제 본사에 도착한 고로 오래 그리웠던 얼굴을 다시 만나며 그 월보 의무화한 전정을 위하여 조직된 중앙교육회의 소식을 전하고자.
> 중앙교육회의 조직된 연원을 간략히 말하건대 서간도부로 형제의 협력 일치한 결과로 최초에 신흥강습소를 설립하고 소장 윤기섭, 학감 김창환 등 제씨의 모험분발하는 능력으로 인하여 몇 해의 성상을 지내오다가 작년 11월 14일에 이르러는 강습소를 유지할 목적으로 유지인사 49인이 회동하여 신흥교육회를 조직하고 회장 이석씨 이하 각 임원을 선정하며 회원에게 매년 60전의 의무금을 작정한 후 금년 2월 5일에 제1회 정기총회를 열 때에 회원은 벌써 400여 명에 달하였으니 석 달 동안에 회원은 십 배나 늘었고 회금은 500여 원에 달한지라. 인하여 그 범위를 확장하기 위하여 회명을 고쳐 중앙교육회라 하고 각 임원을 선정하여 크게 활동하기를 준비.

즉, 1914년 당시는 신흥무관학교가 어려움을 극복하고 새롭게 준비하던 시기였고. 이때를 맞추어 여준이 용인에 있는 김공집을 불러들인 게 아닌가 짐작된다.

『국민보』 1914년 7월 11일자. 〈신흥교우보의 제일회 기념〉에서 새롭게 활발하게 움직이는 신흥무관학교 상황을 살펴볼 수 있다.

> 조국 역사와 국문 연구로써 동포의 정신계를 환발.
> 인내력과 모험심으로 앞을 헤쳐나가기를 전력.

> 서간도에 거류하는 우리 민족의 쉬지 않는 혈성으로 뒤를 이어 발간하는 신흥교우보는 본보가 여러 번 소개한 고로 일반 동포는 응당 한가지로 기념하려니와 이제 그 잡지 제五호가 본사에 내착하였는데 세월이 어느덧 벌써 제一회 기념 축사가 가득히 게재되었더라.
> 이 잡지는 본래 삼 삭일(매월 음력 초하루-필자주) 차씩 발행하되 조국의 이전 역사를 많이 기록하며 또는 국문을 연구하여 새 글자를 쓰는 고로 동포의 정신계를 위하여 가장 큰 공효를 나타낼지며, 아직 주자를 배치하지 못하고 속사판을 사용하나 그 지면과 자획을 더욱 개량하여 전보다 일층 정미하며 일층 선명하더라.
> 출판자유와 언론자유의 복리를 누리는 하와이·아메리카 등지에 있는 동포들은 이 소식을 들을 때에 별로 흥치를 도울 것이 없이 범범이 생각할 듯, 그런고로 이에 그 잡지 끝에 기록한 "편집실 고백"이라한 중에서 몇 줄을 번등하여 여러 동포로 하여금 그 깊은 뜻을 깨닫게 하고자.
> 이번 제五호는 선명하게 하여 보려고 힘을 아니 쓴 것은 아니나 산 구석에 들어앉아 그 전에 쓰던 백로지도 구득지 못하였기 모든 것이 이 모양 되였구려.
> 두 말할 것 없이 첫째는 재정 부족, 둘째는 교통 불편, 셋째는 할말 다 못하는 것이 한탄이구려.

신흥무관학교의 1915년 모습은 일본측 정보기록을 통하여도 살펴볼 수 있다. 즉, 1915년 4월에 시행된 『국경지방시찰복명서』〈합니하 신흥학교〉에서 그 일단을 짐작해볼 수 있다. 특히 추가가에 이어 만들어진 1915년 당시 합니하의 학교 정황을 살펴볼 수 있다는 점에서 귀한 자료가 아닌가 한다.

> 합니하(哈泥河)는 몽고어 〈하르미호〉의 축약이라고 한다. 보통 〈하미호〉라 일컬어 합밀하(哈密河)의 자(字)를 부치는 일도 있다. 신흥학교의 소재지는 통화지방 8리여 소마록구(小馬鹿溝)의 이시영댁의 우측 고지이다. 김창환, 여준, 여규형(呂奎亨) 등이 교사로 있다. 그 밖에 중국인 교사 1명이 있다. 생도의 현재 수는 약 40명, 연령은 18, 19세로부터 24, 25세에 이르고 있으며, 청년 중 우수한 청년들만을 모았다. 교과는 지리, 역사, 산술, 이화(理化), 수신, 독서, 한문, 체조, 창가와 중국어 등으로서 특히 중국어에 중점을 두고 있다. 생도는 농사를 짓고, 실업에 힘쓰면서, 또한 학과를 수업하는 방식이다. 교복은 진하고 엷은 황색의 힐금(詰襟)의 자켓을

입었고, 모자를 썼다. 1915년 9월 21일 일행이 방문하였을 때에는 학교 앞의 전지(田地)에서 소를 끌고 담군(擔軍)을 지고, 조(粟)를 베며, 옥수수(玉蜀黍)를 따는 등 수확에 바빴다. 그 중에는 처와 함께 일하는 사람들도 있었다. 또한 강안(江岸)의 돌을 깨어 항(炕) 의 수리를 하려는 자도 있었다. 합니하 도선(渡舟)의 사공이 되어 있는 자도 있어다. 그리하여 이들 작업은 모두 제목제모(制服制帽)을 하고, 이와 같이 산간벽지에서 원기와 근면으로서 부지런히 자신의 일에 임하는 태도는 통상 한인들 사이에서는 발견할수 없는 것들이다. 그들 사이의 기개는 실로 사람들에게 깊은 감동을 줄 정도였다. 일행의 방문에 앞서 정(鄭)씨 성을 가진 보조원을 미리 보내어 조사단이 방문하려는 취지를 사전에 알려 주었다. 정보조원은 해가 질무렵에 이씨(이시영?)집에 도착하여 간청하여 1박을 하였다. 그러던 중 생도 20여명이 야밤에 침소에 돌입하여 혹은 차고, 혹은 찌르며, 욕을 하기를 "너는 무슨 이유로 일본인의 앞잡이가 되었는가? 빨리 무기를 갖고 우리와 함께 행동하라. 우리는 배우고 일하며, 스스로 의식을 해결하고 있다", "너는 돌아가서 일본인의 수족이 되어 사는 것보다는 깨끗이 이곳에서 죽어라, 설사 이곳에서 살아나간다고 하더라도 너의 생명은 장백부(長白府)를 무사히 통과하지 못할 것이다."고 하며, 마침내 감격에 겨워 울고, 소리치는 사람들이 있었다. 이를 통해 분위기의 일반(一斑)을 살펴볼 수 있다고 생각된다.

위의 기록을 통하여도, 여준이 신흥무관학교에서 김창환, 여규형 등과 더불어 교육활동에 종사하고 있음을 짐작해 볼 수 있다.

2) 중국 당안자료에 보이는 신흥무관학교(1914-15)

1915년 중국 당안은 당시 여준이 교장이 한인학생들의 운동회 개최 등 교장으로서 활동하고 있음을 보여주고 있다.

1. 통화현서 공문 한교(韓僑) 이호영(李護榮) 등 한교학당학생 운동회개최에 관한 청시(請示) 보고. 중화민국 4년(1915년-필자주) 4월 29일 문건번호 총 416호, 경찰사무소에서 제4구 구관의 보고를 현공서에 전해 올림.

2. 청시 보고를 올립니다.
중화민국 4년(1915년-필자주) 4월 26일 경찰4구 구관 정경춘(程慶春)이 보고에는 금년 4월 23일 현속 훈양보(訓養保) 한교 이호영, 이규봉(李圭鳳)이 전일 합니하(哈泥河) 사립학당은 모두 한교학생으로서 그 중 중학자격 학생은 60여 명이고, 소학 자격자는 20여 명 도합 80여 명인데, 교장 여준(呂準)은 금년 6월 2일 즉 을묘년(乙卯年: 1915년 필자주) 4월 20일에 이밀(二密), 횡도하자(橫道河子), 횡호두(橫虎頭), 만구자(灣溝子), 합마하(蛤螞河), 강산(崗山), 이도구(二道溝), 금두화락(金斗伙洛), 유하현 삼원보(三源堡) 등 처 한교학당 각 학생들을 소집하여 운동대회를 소집하고자 보호를 간청하였다는 상황을 구(區)에 보고하면서 시행여부에 대한 지시를 청시한다고 하였습니다. 이에 그에게 지시를 기다리라고 명함과 동시에 통화현공서에 보고를 올리오니 심의하시기 바랍니다.

통화현경찰사무소 소장 강존청江存清 (인)

또한 1915년 8월 10일자 중국 당안관 자료에서도 교장 여준의 활동을 살펴볼 수 있다.

〈보고-신흥강습학생에 관한 건〉 중화민국 4년(1915년) 8월 10일
도윤이 일본영사로부터 조선인 강원섭 등 부건에 기록된 각항 시항에 대하여 조사를 요구한
서한을 확인 비준한 건

현속 합니하 신흥강습소에 대하여 상세히 방문 조사한데 의하면, 강원섭(康元燮) 등 다수인은 모두 이곳에 온 적이 없으며, 이곳의 사람들은 모두 그들을 모른다고 하여 어떻게 조사하여야 할지 모르겠습니다.
다만 명령을 받고 신흥강습소에 대하여 조사하여 보니 본 강습소는 민국 원년(1911년 필자주) 7월에 성립하였으며, 의무(義務) 교장에는 여준, 교감에는 윤기섭이다. 교사로는 김창환, 성준용成駿用 등이 있으면 이들이 전문으로 조선인민 자제들을 가르치고 있다.
입소하는 학생자격은 10살 이상 25세 이하로서 반드시 신체가 건강한 자만이 합격

되며, 입교 후에는 수신, 국문, 외국어, 창가, 지리, 수학, 역사, 박물학, 물리학, 화학, 도화, 체조 등 과목을 가르치며, 졸업 연한은 3년으로 정하고 학비와 식비 등 비용은 없었고 모든 비용은 전부 학생들이 자부담으로 되어 있었습니다.
본 학교 학생은 민국 3년(1914년-필자주) 즉 대정 3년부터 현재에 이르기까지 도합 80명이었으며 학교의 학생 명단부를 검사해보아도 역시 강원섭 등 이름은 없었습니다. 그러나 본 사건은 교섭과 관련됨으로 다시 주변을 통하여 상세히 조사해 보았으나 모두 보지 못하였다고 하였습니다. 소장이 재차 조사해도 별다른 점이 없으므로 감독님께 보고 올리오니 심의하시기 바랍니다.

통화현공서에 삼가 보고 올립니다.
통화현 경찰소장 강존청(인)

한편 1914년 10월 16일자 당안자료에는 다음에서 보는 바와 같이 역사와 지리교육에 중점을 두고 있다. 김공집의 흥사단 이력에 따르면, 김공집은 "최장기능 지지(最長技能 地誌)"로 자신을 표현 했듯이. 지리에 밝은 인물이었다. 김공집은 신흥무관학교에서 당시 필요한 필요로 한 지리담당교사였을 것이다.

통화현공서 공함 제 호
중화민국 3년(1914년) 10월 16일
합니하 한인학당의 근래 동향조사에 대한 비밀보고에 관한 건
령에 좇아 조사, 확인한 상황을 보고 올립니다.

동변도윤겸안동교섭원(東邊道尹兼安東交涉員)의 지시에는 안동주재 일본영사의 서한에 의하면, 조선총독부 평양지방법원 검사가 보낸 정함(正函)에는 현재 통화현 본방(本邦) 거민 즉 조선인 의성잔(義成棧) 및 기타 4명에 대한 심문 사항 초본을 보내니 조사 처리하기 바란다고 하였다. 이에 본 서류를 교섭서를 통해 현에 전달하였으므로 상세히 조사하여 보고하라고 하였습니다.
본령을 받들어 소장은 본소 행정 굉원(股員) 두봉명(杜鳳鳴)에게 명하여 조사, 보고하도록 지시하였는데 그의 보고에 의하면 명령에 좇아 현성의 남관(南關)지방에 내려가 상세히 조사하였는 바, 한인 임필동(林必東-임면수 필자주)은 확실히 그곳에

의성잔을 개설하고 주숙과 한민들의 내왕을 생리(生理)하고 있었으며, 일찍 중화민국 3년(1914년-필자주) 즉 일본 대정 3년(1914년-필자주) 9,10월간에는 한인 강원섭(康元燮), 김영윤(金永胤), 오택의(吳宅儀), 장병훈(張炳勳) 등 4명이 주숙한 적이 없으며 기타 상황도 없었음(결여).

조사에 의하면 김찬종(金燦鐘) 김봉기(金鳳基)란 사람은 없었습니다. 그리고 유하현지사 공서의 서한에는 경찰사무소 및 각단에서 올린 종합 비밀보고에 의하면, 산하소속 제3보위단 지방에는 현재 한민들이 밤이 되면 한곳에 모여 군사체조를 조련하고 있으며 사술(邪術)에 젖어 양철(洋鐵)로 사람과 말, 총기 등 모양으로 잘라놓고 저주하고 있는데 고산가(孤山街) 양철 기름통(貯油桶)은 한인들이 구입하며, 2퇀지방에는 이미 쾌총(快銃)과 동포(銅炮) 등을 운반하여 왔다고 말하고 있었습니다. 그리고 두목은 한인 김파(金波)이며 총기관은 합니하 남쪽의 고려학당에 설치하였는데 때때로 2,3퇀 교련(불명)... 한인 남녀 모두가 농사를 버리고 일하지 않으며, 한문서적(韓文書籍) 등을 읽고 있다고 하였습니다.

이에 근거하여 조사하여 보니 한인들은 중화를 존중하여 모신지 이미 천백년이며 일한합병 후 떠돌다가 이곳에 온 자들인데 그들에 대한 거처는 평등하게 대하는 것이 인정을 다하는 것이라고 생각되며 상술한 보고에서 말하는 상황은 조금도 그 움직임이 없었음을 알 수 있었습니다.

그러나 그들의 종지(宗旨)가 무었인지는 아직 명확하지 않으므로 계속 증거를 조사하라고 명령하였습니다. 그리고 총기관이 있는 합니하는 귀측의 관할지방에 있으므로 우리산하 정탐들이 월경하여 탐방하는 것이 불편하며 또한 진상을 밝히기에도 용이하지 않으므로 바라건대, 서류에 기재된 각 내용에 대하여 상세히 조사해주기 바란다고 하였는데 합니하에 한국인 김파가 있는지 없는지, 그리고 고려학당에 이러한 기관을 설치하였는지 또한 이곳 거류한인들이 특별한 거동이 있는지 없는지를 조사하는 것은 외인들이 동난을 음모하는 것으로 이는 국제교섭과 연계되는 중대한 사건임으로 신속히 답복하여 처리할 수 있기를 바란다고 하였습니다.

이에 해당 소장은 적당한 대원을 선발, 파견하여 서류내에 제기된 각 사항들에 대하여 확실히 조사한 후 즉시 회보하라고 명하였습니다. 명을 받고 본소 한어번역원 도종현(陶宗顯)과 6구 경단을 보내어 비밀리에 조사하도록 하였는데 그들이 조사보고한 데 의하면 명을 받고 합니하지방에 가 엄밀한 조사에 착수하여 우선 목창(木廠)을 살펴보았는데 그 후 발병이 발생하여 길 걷기가 힘들어 당지의 장가점(張家店)에 주숙하였다 합니다. 장가점은 한인학당에서 불과 강 하나를 사이에 두고 있었습니다.

그날 밤 바로 해당학당 한인 이호영(李浩永)이 본 점에 와 술을 사고 있었는데 그와 한어(韓語)로 한담하였습니다. 그의 말에 의하면 그는 한국 왕경인씨(韓國 王京人氏)이며 현재 나이 33세이며 형제로는 7명이 있는데 일찍부터 이곳에 거주하였다. 큰 형은 집에서 놀고, 둘째 형 이영석(李永石), 셋째 형 이철영(李哲榮)은 원래 조선 관원이었으나 지금은 본인과 함께 이곳 학당을 관리하고 있다고 하였습니다. 그리고 번역원은 화인(중국인-필자주)인데 어찌하여 한어에 정통 한가고 물어 이전에 한국에서 오래동안 장사를 하였다고 답하였습니다. 그런데 오래동안 이야기를 나누었으나 그의 의심을 살 것 같아 학당의 종지에 대하여서는 문의하지 못하였습니다. 그런데 다행하게도 한인 이호영은 통역원에게 그들 학당을 참관할 것을 요청하였습니다. 이튿날 그곳에 가 모든 것을 상세히 조사하였는데, 학당 교원들은 실로 환영을 표하였습니다. 이곳에는 도합 육간(6間)으로 된 초가집(草房) 두 채가 있었는데 한 채는 숙사이고 한채는 강당이었으며 학생은 도합 63명이었습니다. 그들이 읽고 있는 서적들을 검열해보니 모두 중한(中韓) 각국의 역사 및 지리에 관한 것이었는데 대부분 한문서적(漢文書籍)이었고, 한어(韓語)로 된 서적 한 권이 있었으나 역시 한인역사에 관한 것이었습니다. 다른 상황은 발견하지 못하였습니다. 그리하여 한인 이호영에게 장래 학생들이 졸업한 후 어떤 활동을 하느냐고 문의하자, 그는 그들은 망국의 눈물을 머금고 이곳에 피난하여 왔으므로 자제들에게 흥망의 역사를 가르쳐 알릴 뿐 각자는 여전히 나름대로 생계를 도모할 것이며 다른 의사는 없다고 하였습니다. 그리고 통역이 현재 통화에는 일본영사관이 설치되어 있어, 무릇 한민이라면 금후 통일적인 보호를 받을 수 있을 것임을 알려주자 그는 영사관이 설치되던 말던 자신들과는 아무런 관계가 없다고 말하나 기색을 보아서는 매우 분노해하는 것 같았습니다. 또한 해당 학당에는 교수와 학생을 제외하고 별도로 한인장정들을 모집하여 문묵(文墨)을 연습하고 있었는데 이를 가르켜 그들은 노동이라고 하였으며 개학전 농망기여서 해산시켰다가 현재 다시 모집하려 하는데 좀 수상한 곳이 있었습니다. 해당 학당을 상세히 조사하여 보니 김파(金波)란 사람은 없었으며 양철을 훔쳐 사람과 말 모양으로 만들지 않았고 암암리에 사술(邪術)을 연습한 일도 없었습니다. 이곳이 필경 총기관인지 아닌지는 증거가 없기에 아직 확정하기 어려우나 본 사건이 중대함으로 재차 부근에서 이상이 없는지를 비밀리에 조사하였습니다. 그리고 제6구 구관 왕복순(王福順) 역시 상술한 내용과 같은 보고를 올렸습니다. 이에 계속 상세히 조사할 것을 명하였으며 제6단에서 보고가 올리오기를 기다려 별도로 보고 올리는 외

먼저 상술한 내용을 비밀리에 보고 올리오니 감독께서 심의하시기 바랍니다.

통화현 감독 번님께 삼가 올립니다.
통화현 경찰소장 강존청(인)

3. 중국 본토에서의 활동과 안창호, 흥사단

한편 1915년 김공집은 고향 정주로 돌아와 영창학교(永昌學校) 교원으로 1916년(20세)까지 근무하였다. 1916년 김공집은 일본으로 향하였다. 그리고 1917년까지 동경 정칙영어학교에서 영어를 공부하고, 이어 1918년(22세)까지 동경 경응의숙(慶應義塾)에서 이재과(理財科)를 공부하였다. 1918년 일본에서 귀국하여서는 상해로 건너갔고, 이듬해인 1919년 상반기에는 만주 안동현(安東縣)에 있었다.[16]

1919년 3·1운동이 발발한 후 김공집의 이력서에 의하면 1919년 하반기에는 경성(서울)에 있으면서 13도총간부(道總幹部)의 교통부 부장으로 활동하였다. 13도총간부는 1919년 음력 8월경 서울 가회동의 취운정(翠雲亭)에서 강택진(姜宅鎭)·박상목(朴尙穆)·박시묵(朴時默)·송병조(宋炳朝)·윤태선(尹泰善) 등이 군자금 모집을 목적으로 조직한 비밀결사였다. 즉 1919년 하반기에 김공집은 상해와 경성을 오가면서 독립운동을 펼치고 있었다.

1919년 11월 '대한임시정부 13도총간부' 명의의 부훈(部訓) 제1호는 13도총간부가 임정 산하조직임을 분명히 하였는데, 곧 일제에 탐지되어 13도총간부 관련자들에 대한 체포령이 내렸다. 그래서 1920년 2월 안창호가 경성으로 갈 것을 제안하였을 때 체포 명령 중이므로 갈 수 없다고 상하이에 있던 김공집은

16 김공집 흥사단이력서

거절하였다.[17] 한편 동년 9월 15일에는 만주 봉천(奉天, 심양) 소남문내(小南門內)의 천성(天成)여관에서 폭탄을 제조하다 사고로 숨진 전성인(田誠忍)과 밀접한 관련을 맺고 있었다.[18]1 전성인은 1919년 9월 중국 봉천성에서 구국모험단 소속으로 일제 고관 처단 및 관청파괴에 사용할 폭탄을 제조하다 폭발사고로 순국하였다. 일본측은 〈대정 8년(1919년) 9월 26일자 고경 제27512호, 봉천에 있어서 폭탄작렬사건〉에 대하여 다음과 같이 기록하고 있다.

> 봉천에 있어서 폭탄작렬사건 조사를 위하여 동지에 파견된 당 부원으로부터 다음과 같이 보고 있었다.
>
> **1. 변사의 장소 및 시일**
>
> 변사자 전성인(田誠忍)은 본적을 평안남도 용강군 삼화면(三和面) 충락리(忠樂里)에 둔 자로서, 변사의 장소는 봉천성내(奉天省內)의 소남문(小南門) 뒤 천성여관(天成旅館) 제3호실이다. 변사의 일시는 9월 15일 오후 6시 15분경으로서 폭탄 작렬의 원인은 아직 판명되지 않았으나 폭탄 제조 중 잘못하여 폭발한 것 같다.
>
> **2. 유류품(遺留品)의 소재**
>
> 제작된 폭탄 및 유류품을 놓아 두었던 장소는, 당시 중국관헌으로부터 다수의 관리들이 임검(臨檢)하고 각자 임의로 조사한다 하고 가지고 가 버렸기 때문에 명확하지는 않으나, 주위의 상황을 종합하여 고찰하건대 폭발한 실내는 사망자의 작업실이며 제작된 폭탄과 기타는 그의 옆방에 두어 둔 것 같다. 제작된 폭탄의 수량에 관해서는 혹은 134개라고 말하며 또는 23개라고도 말하여 판명되지 않았으나, 당시 이를 목격한 자들의 말에 의하면 23개인 것 같다. 중국 제일 경찰서에서 이를 보관하고 있으므로 우리 총영사로부터 인도를 받은 후에 조사할 작정이다.
>
> **3. 전성인(田誠忍)의 경력 기타**
>
> 전성인은 통화현인(通化縣人)이라고 자칭하며, 전일(田一) 또는 전의(田義)라고도 부르며 성인(誠忍)은 그의 아호(雅號)인 것 같으며, 또는 이군철(李君哲)·이철(李

17 윤선자, 위의 논문, 157-158쪽.

18 金正明, 『朝鮮獨立運動』Ⅱ, 原書房, 1967, 857-860쪽.

哲)이라는 가명을 가지고 있는 것 같다.

본인은, 2년전부터 봉천(奉天) 대동관(大東關) 장순공창직물회사(長順工敞織物會社) 주인 왕건영(王乾榮)이라는 자에 직공 감독으로 고용, 본년 음력 5월에 해고되어 음력 7월 26일부터 천성여관(天成旅舘)에 투숙하였다고.

(본인의 실형(實兄) 석형(錫亨) 및 석원(錫元)이라는 자는 본적지에 거주하고 있으며, 목하 당부(當府)에 있어서 조사 중임으로써 추후 경력 등이 판명될 것임)

전(田)의 유류품인 수첩에는 50여 명의 성명이 기재되어 있으며, 또 동인과 서면 왕복을 한 자 중 다음 자들은 본건에 관계한 혐의가 있다. (목하 당부(當府)에서 조사중)

경상북도 안동군 서후면(西後面) 금계동(金溪洞) 김연환(金璉煥)

평안남도 평원군(平原郡) 영유면(永柔面) 어은리(魚隱里) 임홍범(林洪範)

평안남도 평원군 숙천면(肅川面) 통덕리(通德里) 신두식(申斗湜)

(본인은 폭탄제조비를 제공한 것이 판명되었으나, 사건 발생 후 봉천으로부터 도주하였음)

4. 본건과 총독에 대한 흉행사건과의 관계

봉천에 있어서 폭탄사건과 경성 남대문역에 있어서의 총독에 대한 선인의 흉행사건과의 관계가 있나 없나는 아직 판명되지 않았다.

발송치

내각총리대신·각 성 대신·척식국장관·경시총감·군사령관·양 사단장·헌병대사령관·관동장관·관동군사령관

대정 8년(1919년) 9월 26일자 고경 제27513호

폭탄 발견의 건

봉천 출장 중의 당 부원으로부터 다음과 같은 보고가 있었다.

다음 상해 배일선인은 암살자 30명을 조선에 파견할 것으로 결정하여, 9월 18일 육로(陸路)로 조선에 향발한다는 정보를 얻어 봉천 헌병대·영사관·경찰서 및 경무서에 있어서 심양(瀋陽) 황고둔(皇姑屯)의 3역을 경계 중, 21일 오후 7시 35분 심양역 도착, 경봉선(京奉線) 객차 내에서 폭탄을 적재하고 있음을 발견하였다. 그 상황은 다음과 같다.

1. 폭탄의 개수는 8개로서 중국과자상자로 포장하여 과자상자 뚜껑을 열면 맨 윗 부분은 과자로 덮고 맨 밑에 폭탄을 깔았으므로 뚜껑을 열어 보지 않으면 꼭 과자상자 같으나 그 중량의 무게로 적발되었다.

발송처는 전회 보고와 같다.[19]

상해로 망명한 김공집은 1920년 당시 임시정부의 노동국 총판이었던 안창호와 긴밀한 연락관계를 맺게 된다. 그는 안창호와의 만남을 통하여 광동무관학교에 유학하며 특히 항해술(航海術)을 배우고자 하였다. 김공집은 이러한 자신의 생각을 1920년 2월 16일 이석(李錫)을 통하여 안창호에게 전하였으며, 안창호는 잘 주선해 주겠노라고 하였다.[20] 이 당시 광동정부의 법무총장인 서겸(徐謙)이 중국인과 동일한 조건으로 한국인도 무관학교에 입학할 수 있다는 것에 따른 것이었고,[21] 이에 따라 1920년 3월 12일 이전에 임시정부측에서도 광동에 14명이나 되는 유학생을 이미 파견하였던 것이다.[22] 그리하여 동년 3월 김공집은 오산학교 동기 동창인 박현환(朴賢煥), 그리고 김형균(金亨均) 등과 함께 광동으로 향하였다.[23] 당시 광동으로 유학하였던 한국인들은 처음에 영어, 독일어 그리고 권술(卷術) 공부를 배우고 다음에 항해학, 비행술, 육군학 등을 학습하였다.[24] 그러나 김공집 등은 일이 뜻대로 되지 않아 1920년 4월 말경 다시 상해로 돌아오고 말았다.[25] 그것은 중국인 웅월(熊鉞)이 한국학생들을 1도(匪徒)라고 신문에 게재하였기 때문이었다.[26] 1920년 6월 김공집은 다시 광동으로

19 『독립운동사자료집』9, 330-331쪽.
20 주요한편, 앞의 책, 651쪽.
21 위의 책, 658쪽.
22 위의 책, 667쪽.
23 위의 책, 671쪽, 691쪽.
24 위의 책, 667쪽.
25 위의 책, 691쪽.
26 위의 책, 700쪽. 윤선자는 안창호일기에 근거하여 김공집은, 자신이 한국학생대표로 熊鉞에 갔다가 말을 못하고 왔다고 안창호에게 보고하였다고 하고 있다(안창호일기 1920년 5월 7일자)

유학의 길을 떠났으나[27] 역시 여의치 않아 7월에 상해로 돌아오고 만다.[28]

한편 김공집은 상해에서 안창호와의 만남을 통하여 그로부터 흥사단의 취지를 듣고[29] 이에 찬동하여 1920년 5월 27일에 흥사단에 입단하기도 하였다.[30] 그와 흥사단과의 관련성은 앞서 언급한 〈고 제107 단우 김공집 이력서〉에서 단적으로 알 수 있다. 흥사단에 가입한 이후, 1920년 광동에서 돌아온 1920년 7월 이후 김공집은 상해에서 흥사단 활동을 전개하였다.[31] 그 후 1922년 사천성(四川省)에 있는 노주강무당(盧州講武堂)에 입학하였으나[32] 동년 사천성 군벌들간에 전투가 전개되자,[33] 직예성(直隷省)에 있는 한단(邯鄲)군사강습소에 입학하여 1기로서 졸업하였다.[34] 이와 관련하여 〈조선인에 대한 施政關係雜件 一般의 部 3, 北京 天津附近在住 朝鮮人의 狀況 報告書 進達의 件(1925년 03월 20일)〉에 김세쟁이란 이름으로 1922년에 다닌 것으로 되어 있다. 봉직(奉直)전쟁 전, 직예성 한단현에 주둔하고 있던 군대의 사단장 호경익(胡景翼)이 경영하는 무관학교였다. 1922년 전후 이 학교에 재학한 조선인은 김세쟁 외에 송호(宋虎), 박태열(朴泰烈), 임항(林恒), 장소영(張少英), 손두환(孫斗煥), 주복(周復), 이춘성(李春成), 정순(鄭順), 이동건(李東健), 김기만(金基萬), 성준용(成俊用) 등을 들 수 있다.

그 이후 김공집의 중국에서의 활동에 대하여 알려주는 자료는 남아 있지 않다. 다만 1927년 11월 4일자 동아일보에 실린 그의 사망기사에,

27 위의 책, 746쪽.
28 위의 책, 756쪽.
29 위의 책, 654쪽.
30 위의 책, 723쪽.
31 윤선자, 위의 논문, 166-167쪽.
32 白景濟, 앞의 책
33 『독립신문』 1922년 8월 12일자
34 金承學, 『韓國獨立史』, 독립문화사, 1965, 407쪽.

> 군은 금년 32세의 청년으로 평북 정주 출생으로 일즉이 오산학교를 졸업하고 동경에 류하다가 기미년 중국 상해로 건너가 활약하다가 그후 광동군관학교를 졸업하고 손문 생시에 광동군에 가입하여 실전에 참전한 일도 잇섯다. 재작년에 다시 먼 뜻을 품고 표연히 모스코로 가서 비행학교에 입학하여 비행술을 전공하는 중이더니 불행히 큰 뜻을 품은 채로 도라오지 못할 길을 떠나게 된 것이다.

라고 있는 점으로 보아 그는 그 후 다시 광동무관학교를 졸업한 후, 광동정부의 군인으로서 북벌전에 참여했었다. 김공집과 함께 모스크바에 간 박태하도 그와 비슷한 행로를 걸은 것이 아닌가 한다. 박태하에 대하여 독립신문 1922년 11월 18일자 〈我兩飛行生歸滬〉에,

> 작년 가을부터 광동에 가서 남방정부의 비행학교에 입학하야 비행술을 연습하던 朴泰河, 金震一 兩氏는 業을 맛츠기 전 許崇智의 北伐軍에 편입되여 종군하엿다가 이번 許軍의 福建戰爭을 經하고 얼마 전 同隊員들과 함게 상해에 來着하엿는대 兩氏는 모다 斯術에 特長이 잇서 實術練習의 日이 尙淺함을 불구하고 능히 飛揚하야 操縱하엿다 하는바 그들은 금후로도 同術을 전공하기로 결심하더라

라고 있음을 통해 볼 때, 김공집도 박태하와 같이 광동에 가서 남방정부의 비행학교에 입학하여 비행술을 연습하였던 것으로 보인다.

조선총독부 경무국에서 1926년 3월에 작성한 〈상해·남경·광동지방 불령조선인의 근상(近狀)』〉에서 광동지방에서 활동한 한인독립운동가의 일단을 살펴볼 수 있다.

> 광동지방
>
> 광동에 살고 있는 조선인의 수는 지금 약 180명이라고 하지만 이들 중에는 자주 이동하고 여러 번 광동으로 왕래하는 불령조선인이 포함되어 있다. 이곳에 정착한 자로는 몇몇 상인들과 약 100명의 학생이 있는데 黃浦軍官학교에 지금 약 80명, 기타 비행학교·廣東대학·培正중학교 등에 각각 수 명씩의 조선인 학생이 있다고 한다.

이들은 모두 학자금과 생활비 등을 관청에서 지급하고 있기 때문에 단지 학적만을 갖고 있을 뿐으로 등교하지 않고 거의 매일 하는 일없이 지내는 자도 있다고 한다. 이곳에는 예전에 廣東省韓人俱樂部(광동성한인구락부)라고 하는 불량조선인단체가 있었으나 지난해 8월 단체의 회비를 사적으로 소비한 사건 때문에 일단 해산되고 다시 한인회라는 것을 조직하여 金振一(김진일)이란 자가 이를 주관하고 회원은 수시로 만나서 不穩한 언사로 弄하고 더러는 각 지방을 돌아다니면서 독립선전을 하고 운동자금의 명목으로 자기의 생활비를 강제모금하고 있다고 한다. 따라서 이들 불령자로 성명이 판명된 자는 다음과 같다.

金奇濟(김기제, 평북 定州, 41~42세)·千炳一(천병일, 경남, 26~27세)·金世徵(김세징)·建武(건무)·金振一(김진일)·金仁國(김인국)·李君初(이군초)·李學淵(이학연)·孫範[손범, 중국이름 孫士敏(손사민), 경성 善隣상업학교 출신, 조선은행에 1년 정도 근무했다 함]·李炳圭(이병규)·權晙[권준, 본명은 權重煥(권중환), 경북 32세, 義烈團員]·金勳[김훈, 중국 이름 揚寧(양녕) 또는 揚令(양령), 함북]·車廷信(차정신, 일찍이 평양에서 살인전과가 있다 함)·孫斗煥(손두환, 황해도, 임시정부경무국장, 광동정부요인 蔣介石(장개석)과 親交가 있음. 最近 광동정치학교(廣東政治學校) 교장 副官小校에 임명되어 3등급을 급여 받았다 함)·李愰(이황, 義州 사람, 27세)·金兩作(김양작, 軍醫)·金思默(김사묵, 28~29세)·李承勳(이승훈,18~19세)·朴泰夏(박태하, 30세)·李春一(이춘일, 30세 쯤)·鄭尙鎬(정상호, 24~25세)·朴明濟(박명제, 32세)

이들은 다수가 變名을 쓰는 자가 많으므로 신원이 판명된 자는 겨우 權晙(권준)·孫斗煥(손두환) 2명 정도이며 기타 상해에 있는 呂運亨(여운형)·金元鳳(김원봉) 등은 종종 광동에 왕복하며 연락을 취하고 있는 것 같다.

의열단의 속사정에 대하여 앞서 말한 權晙(권준)이 작년 겨울에 어떤 조선인에게 말하기를 「단장 金元鳳(김원봉)이 상해에 있으면 신변의 위험이 많기 때문에 8월(1925년 8월임) 이후 단원 7~8명과 함께 광동으로 갔는데, 광동은 공산정부의 지배아래 있어서 만사가 안전함과 동시에 광동정부의 지원을 받는데도 매우 편리하다. 광동정부의 물질적 원조는 2~3개월 중이면 실현될 것이고 사업의 착수가 가능해질 것이다」고 말했다. 러시아 정부가 광동정부를 원조하고 있는데 관해서도 예를 들어 이야기한 후 장차 러시아·중국·조선 3국은 다 같이 공산 제도를 펼쳐 공동으로 일본제국에 대항할 것이라고 호언했다고 한다. 의열단에 대한 광동정부의 지원에 관해서는 사실 여부가 매우 의심스러우나 權晙(권준) 등 의열단원은 人蔘行商을 하며 각지를 여행하면서 居留 조선인에게 자금이라 하면서 금품을 강요하고, 혹은 중국인에게 동정을 강요하면서 겨우 생활해나가는 상황이라고 한다. 따라서 金元鳳(김원봉)은 금년 1월 이미 상해로 돌아갔으므로 '軍官'학교입학 등은 형식적인 것에 지나지 않고, 요컨대 지금 광동에 사는 조선인은 어떤 단체적인 활동의 행적이 드러나고 있지 않으나 그들 대부분이 직접행동파에 속하는 위험인물로 간주되므로 이 점에 대해 충분히 주목해야 할 것이다.

한편 김공집은 1923년에는 항주에서 활동하였던 것 같다. 1922년 3월 11일자로 상해일본총영사관의 〈상해재류선인 지나로의 귀화의 건〉에 김세쟁이란 이름으로 귀화자명단에 나오고 있다. 출신지는 평북 정주, 26세, 항주청년회학교 학생 등으로 나와 있다.[35]

한편 김공집의 귀화관련 자료는 『해외사료총서』 26권(광복 이후 재중 한인의 귀환 관련 사료Ⅱ, 화북지역편) 82. 한교 김규옥(金圭玉)의 남편 김명환(金明煥)의 귀화와 관련한 대전(代電)에서도 살펴볼 수 있다. 이를 보면 다음과 같다.

82. 한교 金圭玉의 남편 金明煥의 귀화와 관련한 代電
[발　신] 北平市政府
[수　신] 內政部
[연월일] 1946년 6월 22일
[번　호] 府警戶字第154號
[내　용]
남경 내정부에 올립니다.
경찰국의 보고에 따르면 한교 金圭玉이 2월 24일 "아버지 金世錚은 1922년 법률 규정에 따라 중국에 귀화를 신청하여 내무부로부터 허가를 받고 歸字第7261號 귀화증명서를 발급받은 사실이 있습니다. 현재의 남편 金明煥은 어려서부터 장래 데릴사위로 삼기로 하고 우리집에서 키웠고, 성년이 된 뒤 본인과 결혼하였습니다. 돌아가신 아버지께서는 생전에 지금 남편을 친자식처럼 여겼습니다. 그러하니 남편

35 不逞團關係雜件-鮮人의 部-在上海地方 4, 上海 在留鮮人 支那에의 歸化에 관한 件

김명환을 중국 국민으로 대우해 주십시오"라며 청원을 제기하였다 합니다.
조사 결과 김규옥은 김세쟁의 친딸인 것이 확인되었습니다. 따라서 법률 규정에 따라 중국 국적을 취득하고 중국 국민으로서의 권리를 누리는 것은 당연한다고 할 수 있습니다. 다시 그녀의 남편 김명환에 대해 조사해 보았더니, 치과의사인 그는 현재 북평시내에 치과의원을 개업 중에 있으며, 사변 후 북평에 왔으나 이적행위를 한 사실도 없고 여타 불법행위를 저지른 일도 없습니다. 김규옥의 청대로 김명환에게 귀화증명서를 발급해도 좋을지 본시정부에서는 결정할 수 없습니다. 이에 전하오니 전후 사정을 살피어 지시를 내리면 그대로 따르도록 하겠습니다.
北平市長 熊斌, 6월 22일.

4. 모스크바에서의 활동

1925년 김공집은 모스크바로 가 모스크바 비행학교에 입학하여 전투기 조종훈련을 받았다. 당시는 제1차 국공합작기로서 중국의 군인들이 소련에 유학을 하던 시기였다. 1923년 이후 손문(孫文)이 연소용공정책(聯蘇容共政策)을 추진함에 따라 1924년 제1차 국공합작이 이루어지고 소련과의 유대가 긴밀해짐에 따라 가능하게 되었던 것이다 .

우리는 김공집이 중국에서 비행기 조종사로 활동했다는 명확한 증거를 갖고 있지 못하다. 그러나 그가 모스크바 항공학교로 유학을 떠났다는 사실, 그리고 그 당시 모스크바 항공학교에는 중국 비행기 조종사 출신들이 입학하고 있었다는 점들로 [36] 미루어 보아 아마도 그가 중국에서 비행사였을 것으로 짐작하는 것이다.

이국 땅 모스크바에서의 김공집의 생활은 고독과 어려움 그 자체였을 것이다. 김공집은 그 외로움을 달래기 위해 국내 잡지사에 독자로서 투고도 하였다. 이는 『동방』잡지 8호(1926년 12월 01일〉 〈독자와 긔자〉에 실린 다음의 글

36 뒤에 언급할 박태하, 차정신, 장성철, 유철선 등의 경우에서 이를 짐작해 볼 수 있다.

에서도 짐작해 볼수 있다.

再讀三讀

弟는 去年 秋天에 內外蒙古를 거치어서 莫都에서 西南으로 千餘里되는 조고마한 成市에 잠기엇나이다. 무엇 남과 가티 기술이라도 조고마한 것 하나 베우려고 하니까 7,8년을 放浪하던 몸으로 좀 힘드나이다. 발서 배우기 始作한지 滿 一個年인데 두어가지 종류는 맛추엇스나 아직 두 가지가 남앗나이다. 한 일년 더 애를 써야 끄틀 볼까보오이다. 여하간 한 일년 동안은 快活할 生活을 하엿나이다. 벌서부터 消息에라도 알으켜 들이려 하엿스나 불편한 끄티 만하 이날까지 밀윗다가 꿈박게 꿈이라더니 참말 의외로 기다리고 바라던 「東光」을 밧고참으려야 참을 수 없서 이 글을 쓰나이다. 1年의 光陰이 빠르기도 하려니와 人事世態도 조차 만히 變하엿슬 것임니다. 兄들의 애쓰고 땀 흘린 결과를 이에 보나이다. 나는 「東光」을 밧고 이에 입마추엇나이다. 나는 첫 페지로부터 끗페지까지 再三 읽엇나이다. 「東光」 바든 날은 밥 먹기까지 이젓섯나이다. 「東光아 東光아 나는 네가 그치지 안코 이어 오기를 기다린다마는 나는 경우가 남과 달라 네가 다시 올똥 말똥하여 애만 쓰일 뿐이로다.」 繼續하여 볼 方法을 생각하나 代金付送法이 極難하오. 兄은 조흔 方法을 알으켜 주소서. 그러고 또 第1號로 4號까지도 될 수 잇스면 보내 주소서. 남아지 健康하시와 만흔 땀을 흘리소서 (南露一隅에서 金世錚)

위의 글을 통하여 김공집이 1925년 가을에 몽고를 거쳐 모스크바 셀프호프시로 이동하였음을 짐직해 볼 수 있다. 아울러 모스크바에서의 비행사 훈련생활의 단편을 짐작해 볼 수 있을 것 같다.

김공집은 1927년 7월에 모스크바 항공학교를 졸업하였다. 그리고 상급학교로 진학하여 모스크바 근교 셀프호프시에서 비행훈련을 계속하였다.[37] 이때 그와 함께 비행훈련을 받은 한국인으로는 박태하를 들 수 있다. 그는 1919년 상해로 망명한 이후[38] 김공집과 함께 안창호의 영향을 받은 인물로,[39] 1921년

37 1928년 1월 23일자로 박태하가 김공집의 외아들 金正玉(1914년생)에게 보낸 편지

38 위와 같음

39 주요한편, 앞의 책, 678쪽.

에는 광동에서 독립운동단체인 동양평화단의 일원으로 활동하였다.[40] 1921년 가을에는 광동정부 비행학교에 입학하였으며, 입교 중 허숭지(許崇智)의 북벌군에 참여하기도 한 인물이다.[41] 그 역시 1925년 김공집과 함께 유학하여 계속 모스크바에서 같이 공부하였던 것이다.[42]

김공집은 셀프호프시에서 비행도 중 기계의 고장으로 1927년 8월 31일 오전 8시 30분 비행기 추락으로 사망하였다. 그가 사망한 후 그의 동료인 박태하는 모든 장례 준비를 주도하였다.[43] 그리고 장례 후 국내에 있는 그의 아들 정옥군을 수소문하여 그에게 한통의 편지와 4장의 사진을 보내었다.[44] 편지에는 김공집과의 자신과의 관계, 사망경위, 훌륭한 사람으로 커달라는 부탁의 말과 함께 정옥군의 장래를 위해 매달 20원씩 보내겠다는 애절한 사연 등이 적혀 있었다. 특히 그는 편지의 말미에서,

> 내가 어느 때에 중국으로 가게 될런 지 알 수 없다. 중국의 시국만 좀 안정되면 나는 중국으로 가려 한다. 그리하면 군을 한번 만나보려 한다. 내가 매월 20원씩 보낼 터이니 그리 알고 있거라 혹 柚의 명의로도 부칠 것 같다.
> 조부모님과 어머님에게 안부 전해주기 바란다. 군 역시 항상 건강하기를 늘 바라며 빌 것이다.
> 1928년 1월 23일
> 박태하 씀

라고 하여 김공집에 대한 강한 동지애를 보이고 있다.

박태하가 보낸 4장의 사진은 김공집의 입관식, 장례 행렬(2장), 김공집의 비

40 김정명, 앞의 책, 456쪽.
41 『독립신문』 1922년 11월 18일자
42 박태하가 김공집의 외아들 김정옥에게 보낸 편지
43 위와 같음
44 편지의 사본과 사진의 원본은 국가보훈처 공훈심사과에 소장되어 있다.

석앞에서 박태하와 김공집의 러시아 부인이 함께 촬영한 사진 등이다.

1945년 조국이 해방된 직 후 그의 고향인 정주에서는 평북 정주군농회(定州郡農會) 주최로 그에 대한 추도식이 거행되었다. 이때 한 인사는 다음과 같이 그의 죽음을 추도하였다.

1. 사랑하는 우리청년 김공집씨여
장래 큰 포부 가슴에 품고 고국을 떠나
나그네 된지 아아 이미 10여년

2. 무심하다 하늘 별이 떠러짐이여
슬픈 소식을 멀리 드르니 긔막히누나
참말이더냐 아아 이웬말인가

3. 모스코의 넓은 벌판 하늘 공중에
외롭은 靈은 헤매일지니 멀기는 하나
이 강산에 와 아아 깊이 잠들라 [45]

맺음말

김공집은 평북 출신이나 오산학교 은사 여준의 영향으로 용인 삼악학교 및 신흥무관학교 교원으로 활동하였다. 이 점은 특히 용인 출신인 여준의 독립운동상에서의 영향력을 짐작해 볼 수 있다는 측면에서 더욱 중요하다고 평가할 수 있을 것이다.

여준의 제자인 김공집은 공군 조종사로서도 특별히 주목된다. 일제의 조선 강점 이후 한국인들은 조국을 되찾기 위하여 많은 고심을 하였다. 그 가운데

45 김공집군추도사 및 추도가(크리스천 헤럴드, 1991년 3월 8일자, 3월 29일자, 소련땅에 묻힌 조부찾아 반세기, 김종혁)

어떤 이들은 공군력을 키워야 일제를 물리칠 수 있다고 생각한 사람들도 있었는데, 안창호, 노백린(盧伯麟) 같은 이들이 그 예이다. 안창호는 1920년대 중국 상해에 있을 무렵 공군력의 양성을 위해 많은 노력을 하였다.[46] 그 이후 많은 한국인들이 비행기 조종술을 배우고자 하였다. 그러나 한국은 독자적으로 공군을 양성할 수 있는 입장이 못되었으므로 한국인들은 중국 비행학교에 입교하여 비행술을 공부하였던 것이다. 그리하여 1921년 가을 박태하, 김진일(金震一) 등은 광동육군항공학교에, 이영무(李英茂), 장지일(張志日), 이춘(李春), 권기옥(權基玉) 등은 1923년 4월 운남육군항공학교에 각각 입학하였다. 그리고 최용덕(崔用德)과 서왈보(徐日甫)는 북경 남원(南苑) 소재 단기서(段祺瑞) 군벌의 육군항공학교에 각각 다녔다. 그 외에도 장덕창(張德昌), 이기연(李基演), 민성기(閔成基), 정재섭(鄭再燮), 권태용(權泰用) 등을 들 수 있고, 이후 그들은 중국의 북벌전에 참전하였다.[47]

한편 노백린은 미국에서 공군력의 양성을 위해 노력하였다. 그는 앞으로의 승리는 하늘을 지배하는 자에게 있다고 확신하고 1920년 2월 20일 캘리포니아주 윌로우스에 비행사 양성소를 설립하였다. 그 결과 1920년 7월에는 1회 졸업생 27명을 배출하였으며, 1923년에는 11명의 졸업생을 배출하였던 것이다.[48]

그런데 한국인으로서 김공집처럼 중국에서 활동하다가 모스크바 항공학교에 유학한 인물은 그리 많지 않다. 현재 알려진 인물로는 김공집과 박태하가 최초의 인물들이 아닌가 한다. 그들은 1925년에 유학을 떠났고,[49] 그 후 2년이 지난 1927년 2월 차정신(車廷信, 車志一, 본명 金志一), 장성철(張聖哲), 유철선(劉

46 주요한편, 『新訂版 安昌浩全書』 소재, 1920년 안창호 일기에 다수 산견되고 있다.

47 한상도, 『在中韓人軍官學校硏究』, 1992년 건국대학교 박사학위청구논문, 1992, 114쪽. (한상도, 『한국독립운동과 중국군관학교』, 문학과 지성사, 1994)

48 독립유공자공훈록편찬위원회, 『독립유공자공훈록』 5, 1988, 562쪽.

49 박태하가 김공집의 아들 김정옥에게 보낸 편지, 『동아일보』 1927년 11월 4일자

鐵仙) 등이 모스크바 항공학교로 유학의 길을 떠났다.[50] 그들은 모두 황포군관학교를 3기로 졸업하였으며, 졸업 후 곧 광동항공학교에 진학한 인물들이다. 그 밖에 1921년 가을 광동정부 비행학교에 입학하여 교육을 받고 역시 항공국군사비행학교를 졸업한 김진일도 들 수 있다.[51]

1920, 30년대의 한국인들의 중국공군에서의 활동은 1940년대 광복군의 편성에 있어서 중요한 역할을 하게 된다. 1945년 3월에 임시정부 군무부가 성안, 임시 의정원에 제출한 〈한국 광복군 건군 및 작전계획〉중 한국광복군 비행대의 편성과 작전 부분의 작성을 가능하게 하였던 것이다. 1940년대 당시 중국공군에서 복무 중 또는 복무한 바 있는 비행사로서 최용덕, 이영무(李英武), 정재섭, 최철성(崔鐵城), 권기옥 등을, 기계사로서는 김진일, 장성철(張聖哲), 손기종(孫基宗), 이사영(李士英), 염온동(廉溫東), 왕영재(王英在) 등을 들 수 있다. 특히 이 가운데 최용덕은 중국 공군 대령 출신으로 광복군 총사령부의 참모처장으로 있었으며, 공군 소령 출신인 권기옥은 중국 육군대하교 교관으로 있었다. 손기종(소령)은 장개석 총통의 전용기를 정비 및 조종을 할 정도였다. 이 밖에도 김영재(金英哉), 김신(金信) 등은 중국 군관학교 재학 중이었다.[52]

---

50 『조선일보』 1927년 2월 25일자

51 한상도, 앞의 논문, 137쪽.

52 독립운동사편찬위원회, 『독립운동사』 7, 1976, 344-350쪽.

제4장

연해주에서의 민족운동 전개

1910년대 이만 라불류농장과 독립운동

-『권업신문』을 중심으로 -

머리말

1910년 일제에 의하여 조선이 강점당하자 러시아 연해주지역에서 활동하고 있던 독립운동가들은 이상설을 중심으로 중러 국경지대인 밀산 봉밀산에 독립운동기지 건설을 위하여 노력하였다. 이를 위하여 연해주에서는 김학만이, 미주에서는 김성무 등이 파견되었으며, 미주에서도 태동실업주식회사를 설립, 활동을 전개하였다. 이와 더불어 1910년대 전반기 권업회에서는 블라디보스토크에서 하바롭스크로 이동하는 철도역인 이만 근처에 농장을 건설하여 독립군 기지를 만들고자 하였다. 이만 지역에 대하여는 권업신문 1913년 4월 20일자 〈이만의 권업지회〉에.

> 권업회 이만지회는 지나간 三월 三십一일에 이만 부 내에 창립총회를 열었는데 부근 六, 七십리 경에서 十여 농평대표자가 출석하여 당석 회원은 六十七 인이고, 또 러국(러시아-필자주) 관리도 다수 내참하여 원만히 개회하였는데 시찰원 제씨의 격절한 연설이 있었고, 임원선거는 회장 주도심, 부회장 박대성, 총무 김이빤, 서기 강말뗌, 유희철, 재무 최우근, 의원 김낙연, 이병희, 이문수, 검사원 여자형, 김용희, 송자익, 제씨로 선정하였는데 원래 이만부의 관찰구역은 근 천리되는 광막한 지방으로 우리 사람 호수가 여러 천 호이며, 또 이만 고로 대는 무역이 점점 발달되어 장래에 가장 번성한 시장이 될만한 중요한 지방으로 겸하여 당지 러시아 관리의 비상한 동정으로 이만 권업지회의 장래는 십분 유망하다더라.

라고 있듯이, "장래에 가장 번성한 시장이 될만한 중요한 지방"이었다.

권업회에서는 러시아 정부의 도움을 받아 이만 라불류[1]지역에 농장을 건설하고 이를 바탕으로 독립군을 양성하고자 하였다. 권업회 라불류 농장은 『독립신문』 1920년 3월 30일, 「俄領實記 (九)」 〈권업회〉에,

> **九. 勸業會**
>
> 그 會의 名義로써 利滿 「라불유」라는 大地段을 總督 「곤닷지」의 認許로 領有權을 得하야 俄國에 入籍한 우리 同胞를 移住하게 하고 軍事敎育의 實施上 預定까지 有하엿고

라고 있듯이, 라불류 농장은 "러시아(俄國)에 입적(入籍)한 우리 동포(同胞)를 이주(移住)하게 하고 군사교육(軍事敎育)의 실시상(實施上) 예정(預定)까지 유(有)하였고"는 1910년대 러시아 지역의 독립운동 기지 건설을 위한 곳이었다고 할 수 있다. 그런 면에서 라불류 농장 건설은 1910년대 중국 밀산지역의 밀산무관학교, 한흥동 건설과 서간도 지역의 신흥무관학교, 백서농장 건설 등과 궤를 같이하는 것이라고 할 수 있을 것이다.

그럼에도 불구하고 지금까지 학계에서는 이에 전혀 주목하지 못하였다. 이에 본고에서는 권업회의 라불류 농장 설치 계획, 설치, 활동 등에 대하여 살펴보고자 한다. 이는 1910년대 독립운동기지건설의 외연의 확장과 내용을 보다 풍성하게 하는데 큰 도움을 주는 단초가 될 것이다.

1 라불유는 라우류, 나부유(羅扶遺), 놀리커우, 놀리허 등 여러 명칭으로 불리웠다. 본고에서는 라불유로 통일하여 칭하고자 한다.

1. 권업회의 농장설치 계획

라불류지역은 우리에게 생소한 지역이다. 그러나 이 지역은 만주, 러시아 지역의 대표적 독립운동가인 김경천 장군의[2] 수기인 『경천아일록』 〈1922년 1월 첫날〉에서도 찾아볼 수 있다. 김경천 부대가 주둔한 곳이기 때문이다.

> 나의 군대는 지나간 겨울 초부터 여러 차례 전쟁에 출전하여 인마를 정돈하고 새해를 나부유(羅扶遺)에서 맞는다. 나부유는 일명 놀리허라 한다. 이만에서 약 300여 리가 된다. 여름철에는 교통이 까르톤(kaptoh)까지 있는데, 까르똔체서 100리가 되므로 도로가 없고 교통왕래가 없다. 혹 목선으로 위험을 무릅쓰고 강을 거슬러 올라기기도 하나 연중 1차례도 있으나 마나 하다. 겨울철에 얼음이 얼면 썰매로 다니나 100리나 되는 먼 거리이므로 잘모 걷다간 눈 속에 쌓여 극심한 추위에 파묻힌다. 아, 어찌하여 나는 군대를 데리고 이 같이 산을 등진 깍아지른 계곡으로 왔는가. 천고에 이같은 고난이 다시 없으니라. 나는 이를 기록하지 못하겠다. 어느 문사, 어느 화가가 나를 따라와서 이것을 쓰며, 그릴까.
> 눈으로 지은 散兵壕, 지은 步哨舍! 실로 따뜻한 지방에 사는 사람은 그 모양을 상상치 못하리라. 이 부근의 땅은 사람은 드물고 단지 다어재, 질나까에서 겨울과 여름을 따라 혹은 물가에서 혹은 산간에서 어류를 잡아먹고 산다. 그러나 이번에 독립군이 오는 것을 알고 그들은 모두 산골짜기로 도망가고 있다.
> 기후도 극도로 춥다. 숨 쉬기조차 힘들다. 나도 도저히 이와같은 산골짜기에 있을수 없으므로 군대를 데리고 까르똔 마을로 나와 주군하였다.[3]

또한 김경천장군의 수기인『경천아일록』에서 이 지역에 대하여 다음과 같이 기록하고 있다.

> 나는 나부유에서 러시아군 교도대와 합하여 다시 군마를 정돈하였다. 나부유에서도 수십 리를 얼음 위로 들어가서 아무르계곡에 군마를 두고 잠시 얼음이 녹기를 기다

2 박환, 「재러한인 민족운동가 金擎天 연구」, 『한국독립운동사연구』 제12집, 독립기념관 한국독립운동사연구소, 1998

3 김경천, 『경천아일록』, 학고방, 2012, 131-132쪽.

린다.

아무르계곡의 질나까, 다어재 등은 여름 어간은 냇가에서 생활하고, 겨울 어간은 산짐승을 쫓아 살아가는 곳이니, 더할 수 없이 숨이 막히는 산계곡이다.[4]

만주 러시아에서 활동한 독립군들이 작성한 『독립군의 수기』(국가보훈처, 1995)[5]에서도 다음과 같은 기록을 찾아볼 수 있다.

1922년 5월 1일 노동절에 의용군은 제8차회의를 열고 건강한 군인으로 노동대를 편성하여 이만 라불유(놀리허)로 보낼 것을 결의하였다 아울러 군대안에 수족 동상자, 신병자들에게는 요양휴가를 주었다 . 군사당국은 둔전방침을 세우고 농사에 ...

라고 있듯이, 3·1운동 이후 무장독립군의 근거지로 이용되었던 곳이었다. 특히 둔전을 추진할 수 있던 지역임은 주목할 만한 사실이다.

권업회에서는 동포들의 새로운 삶의 터전과 동시에 독립군을 양성할 수 있는 근거지 마련을 기획하였다. 이에 권업회에서는 1912년 11월 11일 연해주 총독 곤다찌로부터 라불류지역 농작지를 인허받기에 이르렀다. 권업신문 1912년 11월 24일자 〈총독부에서 농작지를 권업회에 인허함〉에,

권업회에서 한인의 농업을 장려하며 학교도 설립하려고 이만근처 대신아채에 있는 농작지단을 러시아 극동 총독부에 청원하였더니 일전에 회부에서 인허하였다더라.

라고 보도하고 있는 것이다.

권업신문 1912년 12월 19일자 〈권업회 연혁〉에도,

4 위의 책, 130쪽.
5 『독립군의 수기』, 국가보훈처, 1995, 31쪽.

> 동월 십팔일에 이만 등지 「라우류」로부터 그 이상을 농작지로 허급한다는 이민국에 허가장을 받다.
> 동월 이십일일에 심사부에서 사무를 개시하다.
> 동월 이십오일에 농작지에 대한 농림규례와 고본단 규례를 발포하다.

라고 있듯이, 권업회에서는 1912년 11월 18일 이만 등지 「라우류」로부터 그 이상을 농작지로 허급한다는 이민국에 허가장을 받았다. 그리고 동월 21일에 심사부에서 사무를 개시하였고, 동월 25일에 농작지에 대한 농림규례와 자금모집과 활요 등을 규정한 고본단 규례를 발포하였다.

이어서 권업신문 1912년 12월 8일자 〈이만 농작지 인허된 일로〉에서는,

> 하바로프스크 총독부에서 이만 농작지를 권업회에 인허하여 줌은 본 신문에 이미 누차 보도하였거니와, 우리 해외 한인이 이일에 대하여 얼마나 기쁘겠느뇨. 땅 빼앗은 도적의 원수를 생각하면 더욱 땅 주신 이의 은혜에 눈물을 날릴만하며 살 곳 없는 동포의 정황을 돌아보면 더욱 살곳 얻은 소식에 춤을 출만하도다. 모든 한인들아, 손을 들어 이일에 찬성하여라. 이 일이 권업회의 일뿐만 아니니라. 마음을 합하여 이 일을 진행하여라. 이 일이 해삼위(블라디보스토크)의 일뿐만 아니니라. 잘만하면 곧 해외 한인전체의 행복이 될 일이니라.

라고 하여, 기쁨과 기대를 보이고 있다.

2. 라불류 농장의 추진- 고본단 모집

권업회에서는 라불류 땅을 개간하여 우리 동포의 집을 지으며 우리 동포의 밭을 일군다는 일념으로 농림규칙을 제정하며 고본금액(자본금-필자주)을 모집하고자 하였다. 이에 권업회에서는 권업신문 1912년 12월 15일 〈이만 농작에 대한 세 가지 경영〉에,

> 권업회에서 이만 농작지에 대하여 세 가지 방법을 결정하였는데 첫째는 권업회가 직접으로 자본을 내어 할 일, 둘째는 고본단을 조직하고 고본을 모집하여 할 일과, 셋째는 개인이 자유로 들어가게 할 일이라더라

라고 있듯이, 3가지 경영 방식에 대하여 논의하였다. 권업회에서는 그 중 두 번째 방안인 〈고본단을 조직하고 고본을 모집하여 할 일〉로 그 방안을 선택한 것으로 보인다. 이에 적극적으로 고본단에 응모할 것을 권유하였다. 권업신문 1912년 12월 15일 〈권업회 고본단 응모하실이에게 고함〉에서,

> 이만 농작지 인허를 얻음에 권업회에서 이 땅을 개간하여 우리 동포의 집을 지으며 우리 동포의 밭을 일궈 장래의 복지를 만든다고 일변으로 농림규칙을 제정하며 고본금액을 모집하니 오호라 오늘 이후로 우리 해외 한인이 큰 부락을 세워 소벌공의 자치제도 이행할 수 있으며 수임구리의 이상촌도 건설할 수 있을는지.

라고 하고 있다. 이어 권업신문 1912년 12월 15일자로 〈고본단 규례 발포〉를 다음과 같이 공지하고 있다.

> 권업회에서 이만 농작지에 대하여 세 가지 방침을 결정함은 별항과 같거니와 고본단 규례 四十一조를 발포하고 고본모집을 시작한다는데 자본 총액은 오만원 이하로 작정하고 고본은 매고에 二十원씩하여 三회로 나누어 제一회에 十원, 제二회에 五원, 제三회에 五원으로 작정하였다더라.

아울러 권업회에서는 권업신문 1912년 12월 22일 〈권업회 고본단 모집 취지서〉를 다음과 같이 발표하였다.

> 우리 동포 곧 없고 보면 누구를 위하여 우리 권업회가 있으며 누를 위하여 우리 고본단 모집이 있으리요. 동포들아 동포들아 깨진 배에 돛을 달고 무변대해를 건너가도 너와 나와 같이 가며 뛰는 말에 채찍을 더하고 춘풍화류에 구경 와도 나와 너와 같이 오자. 동포들아, 동포들아!!!

또한 권업신문 1912년 12월 29일자 〈농작지에 대한 평론〉에서도,

仙人 군자여

권업회에서 이만 근처 신한촌에 지단을 에고 명빈농사를 시작하기 위하여 지금 고본을 모집하는 중이라. 여태 이 지단에 대하여는 일반이 깊이 연구할 바라. 현금에 한인의 사정을 생각하면 무슨 여지가 있어 어디로 가면 발 디딜 곳이 있는가. 이러한 의회를 정하여 한번 ●●바 힘을 다하여 될수록 힘쓰는 것이 뜻있는 자의 당연한 일이거늘 근일에 들은즉 어리석은 의심과 망령된 비평이 혹 있다하는 도다. 이와 같은 비평하는 사람들은 ●●●이나 알었지 일이 무엇임을 모르는 사람들이라. 혹 의심하는 사람의 마음에 이 땅을 권업회에서 영위 가진바가 아니요, 다만 몇 해 기한으로 세를 얻은 것이 아닌가 할지나 좀뜻는 사람이면 이와 같은 말은 입 밖에 내지 않고 그 세로 얻은 기한 안에는 갈 곳 없는 사람들이 하루라도 안정할수록 주선할 것이요, 또는 권업회에서 땅을 얻은 것이 아니라 정부로서 이 위획정한 땅을 권업회에서 중간으로 이민하는 주선만 맡았다 하는 말과 같이 과연 권업회에서 주선만 할 뿐이라도 뜻있는 사람이고 보면 천재일시의 기회를 놓치지 말고 힘을 합하여 되게 하는 것이 옳거늘 이는 사실도 모르고 말만 좋아하고 일되는 것은 원치 않는 얕은 심법이라. 신문상으로 공포된 그 지단 허가글을 보아도 몇 회 한정으로 세준다는 말과 정부로서 예정한 지단에 그 이민시키는 주선만 권업회에 준다는 말은 한구절도 없이 이만 근처에 따우쮸로부터 그 이상에 가히 개간할 만한 곳은 다 허가하노라 할 뿐이라.

이는 이전에 개인의 힘으로 못하던 일을 돌연히 권업회에서 능히하였다하면 놀랍고 의심할 만한 일이나 사실로 권업회의 힘이 아니면 될 수 없는 것이요. 또 극동 총독이 권업회를 찬성하지 않으면 될 수 없는 것이라. 진실로 이와 같이 이전관계를 생각하고 혹 의심되는 생각이 났다하면 오히려 해혹될 날이 있겠거니와 ●한 일을 못되게 하자는 야심으로 발하였으면 인심은 과연 한심하도다.

우리는 아무리 하든지 안될 일이라도 될수록 하는 것이 우리의 본분이니 모든 의심을 다 풀어버리고 힘을 합하여 정성을 다하여 이와 같이 좋은 백리옥토를 잘 개간하여 장래에 무한한 복리와 희망을 도모할 뿐이요. 여러 가지 의심은 일되는 것만 보면 자연 해혹될 수 있을지니라.

라고 하여 고본단을 적극적으로 모집하고자 하였다.

3. 라불류 농작지의 입지조건과 농사의 시작

라불류 농장의 입지조건은 권업신문 1912년 12월 1일자 〈장래 한인의 복지〉에 잘 나타나 있다.

> 권업회에서 러시아 관청의 인허로 한인 동포들이 농작하여 먹을 땅을 얻었다 하는 바 본 신문도 깊이 러시아 관청의 한인에 대한 사랑이 비할데 없이 크고 넓음을 감사하며 권업회의 동포에 대한 정성이 특별한 결과로 이같은 복지 얻음을 찬성하여 벌써 전 호 잡보에 「총독부에서 농작지를 권업회에 인허함」이라고 제목하고 이만근체 대신 안채에 얻은 일을 공포하였거니와 이제 그 다 정황의 대량을 들은즉
> 제一에 토지가 광활하여 수천 호가 들만할 뿐더러 또 고옥한 땅인 고로 농사는 자연 잘 되리라 하며,
> 제二에 삼림의 재목이 훌륭하여 이를 채벌발매하면 이익이 적지 않을 터인데 더욱 그 땅에서 이만에까지 오는 길에 큰 강이 있어 재목을 수운하여 오는데 十분 편리하며,
> 제三에 금이 많이 나서 채굴에 종사하면 장래에 큰 이익을 얻으라 하며,
> 제四에 한인가옥도 그 근처에 아직은 몇 집이 못 되나 장래에 삼림이나 작벌하고 토지가 개간되면 대단히 번성하게 될 지며,
> 제五에 강물이 한복판에 내려가는 고로 어산물이 풍족하여 어업도 하기가 좋으리라 하더라.

또한 권업신문 1913년 1월 12일자 〈이만 농작지에 대한 이야기〉를 통하여 지역 현황을 보다 분명히 짐작해 볼 수 있다.

> 이만 라우류(놀리커우)에 사는 최두만 씨가 무슨 볼일이 있어 본항에 왔다가 우연히 권업회에 찾아가서 라우류 농작지에 대한 이야기를 하였는데 그 말의 대략을 좌에 게재하노라.
> 이번에 라우류에서 떠나 강 어름 위로 사흘 만에 이만정거장에 도착하였는데 첫날은 인가가 드물고, 다음날은 제련이 종종 있으며 그 강의 깊이는 옅은 데라도 한길은 넘고 넓이는 두만강 하류와 같은데 물속에 큰 나무가 넘어진 것이 혹 있음으로 조그마한 빠로호드가 다니려면 아마 힘을 들여야 될 터이나 사인 반재 같은 것은 잘 통

행할 지며 수세는 매우 평탄하나 구비가 많으며 여름에 물이 질 때에는 라우류서 아래로 二十리 상거되는 하성거우부터는 수재가 있지만은 라우류는 수재가 날 염려가 없으며 겨울에 눈 오기는 많이 오는 때에는 철척한 자이 나오나 금년에는 세 치가량이나 왔고 사방에 나즉한 산이 꼭 들어막아 바람이 부는 때가 없음으로 눈이 제자리에서 녹고 춥기는 여기만 못지않으나 바람이 불지 않음으로 심하지는 않으며 서리는 내 들어간 후 삼 년 동안에는 장 백로 후에 오더니 금년은 백로에 상강이 되었는데 운운이 매우 일찍 하다 하며 물 건너 신한채 골은 나무가 가득 들어서서 땅이 얼마나 넓은지 짐작할 수 없으나 라우류는 나무가 없고 바닥이 물쑥 밭에 갈이 섞였는데 땅을 파보면 철척 반자쯤은 진토요, 한자쯤은 보모래요. 그 벗은 잔자개가 깔렸는 고로 비가 사흘을 오다가도 그치기만 하면 길은 곧 똑똑하며 이왕 낡은 밭은 아라사(러시아) 일경으로 두 맥 가량이나 되며 곡식은 옥수수, 피, 기장, 보리, 채밀, 콩, 구밀, 감자 등 무엇이든지 잘되며 살림은 백재, 참나무 등속이 그중 많고 느릅도 있는데 나무 밭은 강에서 오리 안이며 뗏목은 한 떼에 마흔 두통씩 떼를 두어 내리며 산재는 돈피, 수피, 황갈피, 서피, 녹용, 인삼 등속이 나며 물고기는 통상 산이면 수가 많으나 가을에는 연어가 많이 오르며 인가는 라우류에서 한 오리 내려와 상수허재란 촌에 열 집이 있고 한 이십리 내려와 허성거우에 열아홉 집이 있고 그 아래는 큰 촌이 이어있다 하더라.

한편 권업신문 1913년 4월 13일자 〈시찰원의 전보와 이만 농작지〉에,

권업회 시찰원 일행이 이만 라쁘류 지단사건을 인하여 이만 지방으로 직행함은 별항과 같거니와 해일행이 이곳에서 떠난 익일에 당지에 도착되어 해지방 관청에 교섭한 결과 농호 들여보내는 일은 원만히 해결되어 아무 장애 없이 되었으니 지원 농호를 다수히 입송하라는 전보가 재작일에 본회에 도착되었는데 오래 유예 중에 있던 라우류 농작 착수는 이제부터 시작하게 되었더라.

라고 있듯이, 1913년 4월 라불류 농작이 시작되었다.

권업신문 1913년 4월 13일자 〈 농림원과 조사원 패송〉에도,

권업회 이만 라쁘류 농작지 농림위원 김창준 씨는 농작지에 전왕하여 농림사무를 처

> 리하기 위하여 작일 상오 十二시에 칭거우재 정거장에서 당지를 향하여 출발하였으면 전보에 이미 게재함과 같이 권업회에서 각 지방 호구조사는 먼저 이만 소관 여러 지방부터 시작하기로 내정되어 김락원 씨로 위원을 선정하여 금일에 출발한다는데 회원이 이만으로 직행하여 이만에서 체류 중에 있는 김하석 씨와 동반하여 조사에 착수할 예정이라더라.

라고 하여, 조사원이 김락원, 김하석, 김창준 등임을 밝히고 있다. 그 중 농작지 농림위원은 김창준이었다. 아울러 권업회에서는 적극적으로 농민들을 모집하였다. 권업신문 1913년 4월 13일자 〈布告〉를 보면 다음과 같다.

> 이만 라쁘류 농작지의 금년도 농작착수는 그 사이에 농호 들여보내는데 대하여 관청으로 여러 가지 관계되는 일이 있으므로 각 지방에 지원하는 농호가 많되 아직까지 이에 대한 처리를 시작하지 못한 바 요사이에 여러 가지 일이 원만히 해결되어 아무 장애 없이 되었으니 각 지방에 거류하는 동포 중 라우류에 들어가 농사하기 원하는 이들은 속속히 권업회에 청원하시옵소서. 단, 자원 농호 받는 규례는 새로 제정하여 다시 포고하겠사옵니다.

4. 농장 현황

농작현황은 권업신문 1913년 4월 20일자 〈라쁘류 농작지에 대한 장보〉에 보면 다음과 같다.

> 권업회 이만 라브류 농작지에 관한 모든 일이 구체적으로 해결되어 농작에 착수한다 함은 전호에 이미 게재하였거니와 이제 자세한 소식을 들은즉 종래에 라쁘류, 신한채 등지와 이만 이민국 사이에 관계되었던 사무 전부는 권업회로 인계되었고 개간, 이민은 물론하고 삼림 작벌도 다른 절차를 요구치 않고 다만 권업회의 의사대로 실행할 터이며 먼저 각처로부터 이사하여 들어간 열다섯 호와 다아재들은 전체로 권업회 관리 하에 돌아와 종후 라쁘류로 들어가는 인민은 이민국의 허가를 불요하고 다만 권업회의 인가장만 휴대하면 족하게 되었는데 금년도 농작은 시기가 이미 늦었음

> 으로 먼저 각처로 들어간 열다섯 호와 요사이에 모여 들어가는 열일곱호, 합 三十二호 외에 이만 지방으로부터 지원 이주자가 적지 않으나 금춘에 농사 시작할 호수는 대략 백 호 넘기가 어려울 듯하다더라.

라고 하여, 1913년에 농사에 종사할 총 호수는 대략 100호 정도임을 밝히고 있다.

아울러 권업신문 1913년 4월 20일자 〈이 일행은 라쁘류로, 박 일행은 본항으로〉에,

> 이만 체재 중에 있던 권업회 시찰원 一행은 그곳에서 시찰을 마치고 이종호, 김하석 양씨는 수원 몇 사람을 대동하고 지나간 월요일에 라쁘류로 들어갔는데 이만 강은 벌써 해빙이 되었으므로 ●문까지 (우리 나라의 수로 二백十리)는 마차를 타고 가며, 깔문새부터 라쁘류까지(동 六十리)는 도보로 가는데 약 三일 반이면 당지에 도착되리라 하며, 당지에 도착해서는 기간구역, 삼림채벌구역, 건축기지구역, 학사건축과 농호전접의 방편 등을 처리하고 약 十五일 안으로 회환 예정이라 하며, 박영빈 씨는 본회의 사무가 긴급함을 인하여 역시 지나간 월요일에 이만으로부터 소왕령(니콜스크 우수리스크)에 도착하여 지회를 방문하고 하루 지난 후 수요일 밤 六시에 본회에 도착하였더라.

라고 있어, 권업회의 중요인사인 이종호, 김하석 등이 농작 경영에 중요한 역할을 한 것으로 보인다. 김하석은 당시 이종호의 부하로서, 권업회에서 활동하고 있었다.

권업신문 1913년 4월 20일자 〈지방 파송원의 이동〉에서도

> 권업회에서 이만 지방 호구 조사원으로 예정하였던 김하석 씨는 라쁘류로 들어가고 농림위원으로 파송하였던 김창준 씨는 조사사무를 착수하였다 하며, 해 지방의 조사가 긴급함을 인하여 이설 씨로 다시 조사위원을 선정하여 아울러 본보 대금 수합과 본보 구람 권유와 고 이준공을 위하여 지방에서 의연한 상황 조사할 사 등을 맡아 가지고 재작일 오정에 이만 지방을 향하여 출발하였더라.

라고 하고 있다. 이설(李卨)은 신한촌에서 서점을 운영하던 독립운동가로 함남 안변 출신이다.[6]

또한 권업신문 1913년 11월 30일 〈이동휘 씨의 시찰행도〉에서,

> 권업회 지방 시찰 총대 이동휘 씨는 지난 二十四일 하오에 하바로프스크를 향하여 출발하였는데, 씨는 먼저 정회 중에 있는 하바로프스크 지회를 정돈하여 사무를 계속케하고 그 길로 이만 등지를 시찰하고, 또 도비허(아누치노) 빠스깨 등지에 가서 지회나 분사무소를 설립할 예정인데 대략 一개월 만에 회환되리라더라.

권업회 지방 시찰총대 이동휘가 이만 등지를 시찰하였음을 언급하고 있다.

권업신문 1913년 12월 14일 〈라부류 지단 일로〉에서는 다음의 인용문에서 보는 바와 같이 이종호와 (권업회 부회장) 한형권이 이만 이민국을 방문하여 농민들을 등록하고자 하였음을 알 수 있다.

> 권업회 이만 라부류 농작지는 그동안 여러 가지 사실을 인하여 대규모로 착수치 못하였던 바 요사이에 본항과 각 지방 유지 인사들이 이 일에 착수하여 영업과 이민을 함께 하기로 의논하여 본항에서 라부류 지단을 떼어달라는 청원이 八十여 호에 달하였으므로, 지난 금요일에 이종호, 한형권 양씨가 청원한 이들의 원호표를 가지고 이만으로 전왕하여 당지 이민국에 등록할 일로 출발하였더라.

당시 한형권은 권업회 부회장이었으며, 이종호는 권업회 검사원으로 일하고 있었다.[7]

한편 동포들의 이주를 적극 지원하는 개인도 있었다. 권업신문 1914년 3월 15일 〈채씨의 동족 사랑〉에서 이를 확인할 수 있다.

---

6 해외의 한국독립운동사료(XIX) : 日本篇(6) 『러시아極東 및 北滿洲지역 排日鮮人 有力者名簿』, 106면.

7 일제의한국침략사료총서 露領內 朝鮮人의 法律上 位置와 同國 官憲의 取扱方針 一件, 勸業會 1주년 기념회에 관한 보고, 1912년 12월 25일,

이만 류허재 로에 채한묵 씨는 원래 공익 사업에 대하여 힘을 다한 바, 요사이에 라부류에 이주하는 신호를 극히 보호하여 주며 또 관청에 갇힌 동포가 있으면 애 써 주선하여 주는 고로 씨의 동족 사랑하는 뜻을 일반 칭송한다더라.

또한 권업신문 1914년 8월 2일자 〈박씨의 이만행〉에는

권업회에서 이만●부류 ●●지에 이민할 일로 몇 곳에 출●를 지정함은 별항과 같거니와 라부류 이주에 대하여 이만 이민국에 교섭할 사건이 있으므로 이를 ●●하기 위하여 박●●씨를 ●송하기로 결정하여 금명간 출발할 예정이라더라.

라고 하여, 이만 이민국과 교섭을 위하여 권업회 서기 박영빈(추정-필자주) 파견하고 있음을 알 수 있다. 권업신문 1913년 7월 27일 〈라부류 농작 호황〉에서 보는 바와 같이,

四일전 이만 통신을 거한즉 권업회 소관 이만 라부류 지방 농작은 요사이 장마에 아무 손해없이 초곡이 매우 무성하여 풍등의 희망이 있다더라.

라고 하여, 장마에도 불구하고 손해 없이 농작이 호황 중임을 밝히고 있다.

또한 권업신문 1914년 1월 11일 〈라부류 농작지 경영〉에서는,

라부류 농작지에 ●단 떼어 달라는 청원에 대하여 八十八호는 이미 허가되었고, 라부류 이상에 황무지에 대하여 제한이 없이 청원을 받는 중이며, 또 이사하여 들어가는 농호의 편리를 위하여, 오는 봄에는 얼음 풀리는 대로 ●●선을 이만강에 띄우고, 이사군을 실어드리되, 이륜선은 다섯 해 동안을 쓸 터이라 하며, 농작지의 모든 사무를 처리하기 위하여 권업회에서 농림위원을 불일 기송한다더라.

라고 하여, 농작지의 활성화와 확대를 위하여 여러 편의가 제공되고 있음을 짐작해 볼 수 있다.

그러나 권업신문 1914년 1월 18일 〈이만 농작지에 대하여〉에서 살펴볼 수 있는 바와 같이, 농장의 활성화 작업은 생각대로 이루어지지 못한 것으로 보인다. 그러므로 권업회에서는 강한 격려와 독려를 요청하고 있다.

> 권업회 이만 농작지는 인허 맡은 지가 일주년이 이미 지났으며 고본단을 조직하고 고본을 모아 삼림을 작별하며 호지를 개간하여 작년 안에 적어도 몇백 일 경 땅을 개간하며 몇백 호를 이주할 것으로 믿었노라. 그러나 개간된 땅은 몇십 일 경에 지나지 못하며 이주된 농호는 몇십 호에 지나지 못하고 또한 고본단은 아무 말도 없이 일년을 쉬어 우리의 믿던 바와 바뀌었으니 어찌 이상한 일이 아닌가.
> 우리 동포가 각각 생활의 근거가 이미 잘 잡혀 이만 농작지가 아니라도 넉넉히 생활할 곳이 있어 그러함인가.
> 아니라, 아침에는 동에 하며 저녁에는 서에하여 이리로 향할지 저리로 향할지 방향이 아득하여 늙은 부모와 어린 자식을 데리고 도로에 서설하여 눈물을 흘리는 동포가 얼마나 많은가. 무슨 생활의 근거가 있어서 이만으로 향치 않으리오. 그러면 우리 동포가 공익 사업에 대하여 찬성하는 마음이 부족하여 그러함인가. 아니라. 우리가 항상 하는 말이지마는 공익 사업에 찬성 잘하기야 우리 동포가 어찌 남에게 뒤지리오. 그러면 무슨 장애가 많아서 그러함인가. 아니라. 세상에 일만 일이 장애가 없는 가운데서 성취한 일은 하나도 없나니라. 백 사람에 아흔 아홉 사람이 반대할지라도 한 사람의 기운이 굳건하며 정성이 진실하면 능히 이룰 수 있나니 어찌 사람마다 다 찬성하고 사람마다 다 낙종한 후에만 될 일이 있으리오. 이에 대하여 오직 두 가지 원인이 있으니 그 하나는 이왕에 모든 일이 여러 동포에게 믿음 뵈일만한 일이 없는 까닭이요, 그 둘은 주무 제씨의 성의가 부족하여 여러 사람의 힘이 잘 모이지 못한 까닭이라 하노라.
> 그러므로 어떤 지방에서는 지금까지 권업회에서 이만에 농작지를 얻었다는 말이 실말인지 거짓말인지하여 의심을 파치 못하는 곳도 있으며 어떤 지방에서는 권업회에서 이만 땅을 얻기는 얻었으나 그곳으로 갔다가 무슨 낭패나 없을까 의심하는 이도 있으며 어떤 지방에서는 상금까지 이 소식을 듣디 못한 곳도 있으니 아무리 몇만 몇천 호를 이주하여 평안한 생활을 인도하려 한들 알지 못하고야 어찌 모여오리오. 일이란 것은 한 두 사람의 힘으로 하기도 어려운 것이요, 또한 하루 이틀에 성취하는 것도 아니라. 반드시 여러 사람의 의견과 모든 힘으로써 몇 달 몇해를 두고 끝까지

지성으로 해야 쉬지 않고하여도 오히려 성공하기 어렵거든 하물며 일시 떠들다가 몇 날이 못되어 쉬면 어찌 될 일이 하나이나 있으리요, 이것은 다만 처음만 있을 뿐이요, 나중이 없이 한다는 말만 남을 뿐으로 그 실효는 도무지 얻지 못할 것이라. 연내에 해삼위(블라디보스토크)의 일을 생각하여 보면 이 일도 한다, 저 일도 한다하여 설계가 얼마나 많았으며 경영이 몇 번이나 있었는가. 이것이 가장 크게 경계할 바라 하노라.

그러나 몇몇 뜻있는 일들이 이 방면에 특히 주의한 고로 친히 가서 시찰하는 이도 있으며 농작 경영에 착수코자 하는 이도 있는 중에 마침내 몇백 리 옥토에 가히 한 번 큰 부락을 만들만 하며 산재와 농산물이 풍부한 것을 깨닫고 이어 삼림을 채벌하기로 자금을 모은다. 농호를 모아 단체하여 지단을 떼어 달라고 청원한다. 또 화륜선을 이만 강에 띄우고 이사군을 실어드리며 각종 물화를 운수하여 일변으로 공익사업에 찬성도 하며 겸하여 일대 규모로 농업을 시작하려 하니, 이로부터 일 년 동안 쉬이던 이만 사업은 점점 실행할 기초가 생겨 삼림을 채벌하며 토지를 개간하여 힘을 조금씩만 더하면 금년 안으로 적지 않은 한 부락이 일어나 이에 경영하는 사업이 확장되겠으니 해외 한인사회에 일대 복음을 전함이라 하겠도다.

아무리 좋은 일이라도 하지 않으면 쓸데 없는 것이라. 세상에 귀한 것이 많지마는 땅에서 더 귀한 것이 어디 있으며 하물며 우리는 조상의 지켜오던 땅을 잃고 수 만리 타국에 유리하여 의접할 땅이 없으므로 눈물로써 세월을 보내는 처지가 아닌가. 만일 이 땅을 하루라도 묵이면 이는 러시아 제국의 사람을 등짐이요, 또한 우리가 괴로우나 즐거우나 일시 한 곳에 모여 살 곳이 또나시 어니 있으리요, 옛 사람이 발하기를 하늘이 주는 복을 받지 않으면 도로 재앙을 받는다 하지 않았는가. 죽으나 사나 한 가지로 할 것은 제 동포끼리 속히 한 곳에 모여 생활의 근거를 예비하여 하루라도 편의함을 도모함이 마땅치 않은가. 뜻있는 동포들은 때를 놓치지 말지어다.

이제 권업회에서 이만하는 방법에 대하여 여러 가지로 편리할 방법을 정하겠으나 하여간 이리로 행할 뜻이 있는 이는 각각 몇 호씩 장만하여 권업회에 청원하여 지단을 떼어 가지고 그대로 들어가 흔한 목재로써 집 간이나 짓고 三, 四삭만 힘을 들이면 그 후부터는 아무 염려 없이 생활하게 될 터이니 무엇이 주저할 것이 있으며 또 상당한 자본이 있는 이는 삼림도 채벌하며 구차한 농호의 양식도 대어주며 그나마 여러 가지 상업도 하면 그에서 더 좋은 일이 어디 있으리오. 땅에 쓴 돈은 난봉날 일도 없으며 도적 당할 일도 없나니 무엇이 주저할 바 있으리오. 하물며 작년부터 유럽, 러시아로부터 극동으로 이사하여 오는 농민이 얼마나 많은가. 이로부터 우리의 생활할 곳이 점점 좁아지며 또한 이땅에 대하여 지난 해와 같이 몇십 호는 이주하고 말면 이 땅을 얻었다는 말은 허지에 돌아가고 마침내 아무 할 말도 없이 도로 내어놓게 될 것은 사실상 면치 못할 일이 아닌가. 살라고 준 땅에 살지 않고 무엇이라 말하리오. 뜻 있는 동포들이여 때를 놓치지 말지어다.

이러니 저러니하여도 살 곳 없는 우리로하여금 살 땅을 얻어 주는 것은 오직 권업회 뿐이라. 그러면 누가 이에 대하여 감복하지 않으며 또 이 일을 함에는 권업회 혼자 힘으로 어찌 성취할 수 있으리오. 권업회는 농림위원을 패송하여 러시아 관청에 소개도 하며 이사하여 들어가는 이의 모든 편리를 인도할 뿐이고 이같이 광막한 기백리 옥토를 잘 사용하여 장래의 복지를 만드는 것은 일반 동포에게 달린 것이라. 그러므로 이 일이 잘 되면 해외 한인 전체의 큰 복이 되며 영광이 될 것이요, 만일 이 일을 성취하지 못하면 다만 권업회의 수치 뿐 아니라 한인 전체의 수치며 불행이니 힘쓸지어다. 뜻 있는 동포들이여. 권업회와 힘을 합하여 금년 안에 라부류로부터 그 이상까지 몇백 몇천 날까지 한인의 땅을 일구며 여러 천 호 한인의 집을 지을지어다.

5. 라불류농장의 학교설치-독립군 양성

라불류의 학교설립은 계봉우의 〈이령실기〉에서 보는 바와 같이, 독립군양성과 밀접한 관련이 있는 부분이므로 우리의 주목을 끈다. 그러나 독립군 양성은 권업회의 비밀작업이었을 것으로 추정되므로 우리측 및 일본측 자료들이 거의 보이지 않고 있다. 앞으로 이에 대한 적극적인 조사와 검토가 이루어져야 할 것으로 보인다. 서간도 유하현 삼원포 등지의 신흥무관학교, 북간도 왕청현 나자구의 동림무관학교, 북만주 밀산 한흥동의 무관학교, 북만주 오운현 배달촌[8] 등의 추진과 궤를 같이하는 것으로 보이기 때문이다.

학교 설립에 대하여는 권업신문 1914년 1월 4일 〈라부류에 소학교 창설〉를 통하여 짐작해 볼 수 있다.

8 박민영, 「북만주 烏雲縣의 독립운동 근거지 倍達村 연구」, 『한국독립운동사연구』 72, 독립기념관 한국독립운동사연구소, 2020.

> 이만 라부류 농작지에서는 작년에 이사하여 들어간 동포들이 청년자제를 하루라도 공부 못 시키는 것을 특히 염려하여 八십여 명이 협의하고 학교를 창설하여 학교 유지와 제반 사무를 일심 협력함으로 잘 될 희망이 많은 중, 학교 창립당일에 회 지방에서 ●참한 제씨가 특히 이 학교의 유지를 위하여 四, 五원 혹 몇십원씩 의연한 것이 三십여 원에 달하였는데 아직 그 설비가 원만치 못한 것은 사실이나 장래 당지 교육설계에 적지 않은 기초가 잡혔더라.

라고 하여, 십시일반으로 학교건립을 위하여 노력하고 있음을 알 수 있다.

한편 권업회에서는 서기 박영빈을 파견하여 이민과 학교 건축하는 일을 적극 지원하였다. 권업신문 1914년 5월 9일 〈라부류에 분사무소〉에,

> 권업회에서 라부류 농작지에 이민에 관한 일과 학교건축할 일로 박영빈 제씨를 일삭 전에 당지로 패송, 전왕하였더니 박씨 일행은 당지에서 모든 일을 처리하고, 지난 목요일에 회환하였는데 당지 거류 동포들이 권업회 분사무소를 조직하고, 소장은 한두헌 씨로 간사원은 이주원 씨 등 十五 명으로 선정하여 이 사실을 총회에 보고하였더라.

라고 하여, 권업회 라부류 분사무소를 설치하였다. 소장은 한두헌, 간사원은 이주원 등 15명이었다.

아울러 권업회에서는 "총독학원"이라는 명칭의 학교를 건설하기도 하였다. 권업신문 1914년 5월 9일 〈라부류에 총독학원〉에,

> 라부류에 학교 설립할 일은 지단 인허를 얻음과 함께 경영하던 바나, 여러 가지 미비한 사정으로 이때까지 지체된지라. 이제 라부류에는 이민이 상당하게 되었으나 작년에 이만 농작이 부실하여 학교건축이 지금 준비하는 중 이 학교의 조직은 러시아의 학제로 일찍 극동에 없던 새 규모로 조직하는 고로 자연 시일을 허비하게 되어 규칙은 현금 기초 하는 중이며, 극동 총독은 이미 이 학교 이름에 대하여 자기의 이름을 허락하여 총독학원이라 명칭하였으며 ●●●●되는 ●●●● ●●●●●●● ●●●●●하겠더라.

라고 있는 것이다. 총독학원이란 명칭에서 짐작해 볼 수 있듯이. 이 학교는 러시아 연해주 총독이며, 권업회의 명예회원인 곤다찌총독의 적극적인 지지와 지원하에 이루어지고 있음을 유추해 볼 수 있다. 즉 러시아 정부는 귀화한 조선인들을 이용하여 황무지를 개척하고자 하는 의도임을 파악할 수 있다. 한편 조선인들은 러시아 정부의 계획을 역이용하여 새로운 삶의 터전을 마련하고 이를 통대로 군대도 양성해보고자 하는 상생의 논리를 추진하고자 하였던 것으로 보인다.

맺음말

1910년대 전반기 권업회에서는 블라디보스토크에서 하바롭스크로 이동하는 철도역인 이만 근처 라불류에 농장을 건설하여 독립군 기지로 만들고자 하였다. 라불류 농장 건설은 1910년대 중국 밀산지역의 밀산무관학교, 한흥동 건설과 서간도 지역의 신흥무관학교, 백서농장 건설 등과 궤를 같이하는 것이라고 할 수 있다는 점에서 특별히 중요한 의미를 갖는다고 할수 있을 것이다.

권업회에서는 동포들의 새로운 삶의 터전과 동시에 독립군을 양성할 수 있는 근거지 마련을 기획하였다. 이에 1912년 11월 11일 연해주 총독 곤다찌로부터 라불류지역 농작지를 인허받기에 이르렀고, 동월 18일에는 이만 등지 「라우류」로부터 그 이상을 농작지로 허급한다는 이민국에 허가장을 받았다. 이를 바탕으로 권업회에서는 동월 21일에 심사부에서 사무를 개시하였고, 동월 25일에 농작지에 대한 농림규례와 고본단 규례를 발포하였다.

권업회에서는 라불류 땅을 개간하여 우리 동포의 집을 지으며 우리 동포의 밭을 일궈 장래의 복지를 만든다는 일념으로 농림규칙을 제정하며 고본금액을 모집하고자 하였다. 이를 바탕으로 이상촌을 건설하고자 하였던 것이다. 그리고 1913년 4월부터 라불류 농작 개척을 본격화하였고, 이동휘, 이종호, 김락원, 김하석, 김창준 등이 담당하였다 1913년에 농사에 종사할 총 호수는 대략 100호 정도였다.

1913년 개척 초기에는 농작현황이 어느 정도 이루어졌으나, 권업신문 1914년 1월 18일 〈이만 농작지에 대하여〉에서 살펴볼 수 있는 바와 같이, 1914년에는 농장의 활성화 작업은 생각대로 이루어지지 못한 것으로 보인다. 그러므로 권업회에서는 강한 격려와 독려를 요청하고 있다.

라불류의 학교설립은 계봉우의 〈이령실기〉에서 보는 바와 같이, 독립군양성과 밀접한 관련이 있는 부분이므로 우리의 주목을 끈다. 그러나 독립군 양성은 권업회의 비밀작업이었을 것임으로 이에 대한 우리측 및 일본측 자료들이 거의 보이지 않고 있다. 앞으로 이에 대한 적극적인 조사와 검토가 이루어져야 할 것으로 보인다. 학교 설립에 대하여는 권업신문 1914년 1월 4일 〈라부류에 소학교 창설〉를 통하여 짐작해 볼 수 있다.

권업회의 라불류농장건설은 1914년 1차세계대전의 발발로 중지된 것으로 보인다. 권업회의 해산은 곧 농장의 해산을 의미하기 때문이다. 결국 라불류 농장건설은 계획대로 이루어지지는 못하였지만, 러시아 연해주 동포들도 1910년대 독립운동기지건설을 위한 노력을 전개하였다는 측면에서 높이 평가할수 있다고 판단된다.

독립운동의 성지 신한촌

머리말

러시아지역에서는 구한말부터 1920년대 전반기까지 활발히 독립운동이 전개되었다. 그중에서도 특히 블라디보스토크 신한촌은 한인독립운동의 기지로서 널리 알려져 있다. 러시아 지역의 한인 독립운동을 대표하는 권업회, 권업신문, 대한광복군정부, 한인신보사, 일세당, 대한국민의회. 노인동맹단 등이 이곳에 있었으며, 이동휘(李東輝) 등 수많은 한인 애국지사들이 신한촌에 거주하며 활동하였다. 또한 블라디보스토크 지역의 3·1운동이 이곳을 시발점으로 하여 이루어졌으며, 한민학교 등 신한촌에서 수많은 독립운동계획들이 수립되기도 하였던 것이다. 그러므로 이곳 신한촌은 가장 대표적인 독립운동 기지로서 일찍부터 학계의 주목을 받게 되어 신한촌 민회 등 이 지역의 독립운동에 대하여 조망하고자 하는 노력들이 있었다.[1] 그 결과 신한촌과 관련된 많은 새로운 사실들이 밝혀지게 되었다. 그러나 기존의 연구는 대체로 1차 세계대전 발발 이전의 신한촌 민회와 한민학교 그리고 1920년대 연해주 지역 전반의 한인활동 등에 대하여 밝힘으로써 신한촌을 중심으로 한 한인독립운동을 전반적이면서도 체계적으로 검토하고 있지 못하다고 생각된다.

---

1 신한촌을 주제로 한 기존의 연구로는 다음의 것들을 들 수 있다.
윤병석, 「연해주에서의 민족운동과 신한촌」, 『한국민족운동사연구』3, 1989; 정태수, 「국치 직후의 신한촌과 한민학교연구」, 『수촌박영석교수화갑기념논총』, 1992; 권희영, 「1920년대 연해주지역의 독립운동과 신한촌」, 『한민족공영체』 4, 사단법인 해외한민족연구소, 1996

이에 본고에서는 기존의 연구 성과를 토대로 신한촌을 중심으로 전개된 한인독립운동을 1911년 신한촌이 건설된 이후부터 1922년 일본군이 시베리아에서 철수하기까지를 다룸으로써 신한촌 지역 민족운동의 총체적인 모습과 아울러 변화하는 모습들을 살펴보고자 한다. 이를 위하여 우선 1910년대 전반기의 경우 한일합방 반대운동, 권업회 등에 대하여 밝혀보고자 한다. 그리고 이어서 1917년 러시아 혁명이후의 신한촌 세력의 동향에 대하여 파리강화회의 대표 파견문제, 한인신보의 언론활동, 재러동포들에 대한 민족의식 고취활동 등을 중심으로 알아보고자 한다. 아울러 신한촌의 3·1운동에 대하여도 검토해 보고자 한다. 끝으로 1920년 4월에 있었던 신한촌 참변에 대하여 알아보고 이어서 조직된 친일조직에 대하여도 살펴보도록 하겠다.

1. 1910년대의 항일독립운동과 신한촌

신한촌은 주지하는 바와 같이 제정러시아 당국이 콜레라 근절을 이유로 블라디보스토크 중심지에 자리잡고 있던 한인촌을 강제로 철거하면서 1911년 봄부터 블라디보스토크 시 외곽의 변두리지역에 건설된 한인 집단 거주지이다. 그 이후 이곳은 한인 독립운동의 근거지로서 그 역할을 다하였다. '한일합방' 반대시위운동이 1911년 이곳에서 전개되었으며, 권업회와 그 기관지 권업신문사 그리고 대한광복군정부가 이곳 신한촌에서 조직되었다. 본장에서는 이 부분에 대하여 살펴보도록 하겠다.

1) '한일합방' 반대 시위

1911년 봄 신한촌이 건설된 이후 이곳에서 최초로 전개된 항일운동은 1911년 8월 29일에 있었던 한일합방 반대운동이었다. 신한촌에 거주하는 한인들은 한일합방 1주년을 맞이하여 이에 반대하는 집회를 준비하였다. 이들은 우선 한글신문인 『대양보(大洋報)』 9호를 한일합방특집호로 1,400부를 간행하여 동포들에게 무료로 배부하면서 민족의식을 고취시켰다. 이 신문에서는 논설을 통하여 민족의식을 고취시키는 한편, 전의근(田義根)의 기서(寄書) 〈오늘은 어떠한 날인가〉를 게재하였고, 또한 통언(通言)으로 〈어제 밤의 꿈〉, 그리고 〈개인과 국가의 관계〉, 〈슬픈 이날〉, 〈부여민족의 통곡일〉 등의 글을 실어 합방의 부당함과 비통함을 서술하였다.[2]

또한 8월 29일 11시 한민학교에서 신한촌 거주 김학만(金學萬), 최웅(崔雄), 엄인섭(嚴仁燮), 오병묵(吳秉默), 조창호(趙昌浩), 김진(金振), 전의근, 이춘식(李春植), 허응(許應), 조장원(趙璋元), 김하석(金河錫) 등이 한일합방 모임 발기인 명의로 집회 광고를 하는 한편, 당일 각 점포를 폐쇄하고 휴업할 것, 남녀노소를 불문하고 점화하여 밤을 밝힐 것, 각 학교는 휴업할 것, 환소(歡笑), 무용(舞踊) 등을 하지 말 것 등 당일 주의사항을 전달하였다. 아울러 이종호(李鍾浩), 김익용(金翼瑢), 그리고 한민학교 교사 오병묵, 김하석, 김봉상(金鳳祥) 등이 교대로 합방의 부당성을 연설하였다.[3]

또한 오후 1시 한민학교 학생 및 다른 학교에 재학 중인 학생 등 약 250명, 그리고 기타 150명 등 총 약 400명이 모인 가운데 조선인들은 대오를 형성하여 행진하며 애국가와 독립가를 제창하였다. 아울러 신한촌 광장에서는 학교 교사 등이 교대로 연설을 하여 동포 및 학생들에게 민족의식을 고취시켰다. 또한 집회 광고에 게재된 것처럼 상인들은 점포를 닫고, 야간에는 점등하여 불을 밝히는 등 항일적인 면모를 보여 주었다. 또한 일본 상인 전중정길(田中定吉) 집에 돌을 투척하는가 하면, 사내(寺內) 총독(總督)을 죽일 것을 소리 높혀 외쳤

2 1911년 8월 31일 한국병합 일주년에 즈음한 당지 조선인의 행동에 관한 보고의 건(일본외무성 사료관 소장 자료, 432 2-1-2, 不逞團關係雜件 鮮人部 在西比利亞 이하 출처를 생략함)

3 1911년 9월 13일 병합기념일의 폭행과 金基陽의 살해

다.[4] 또한 간도총영사관 고용 통역인 김기양(金基陽)을 신한촌에서 체포하여 신한촌 부근 아무르만에 수장시키는 등 강한 배일의식을 보여주고 있다.[5]

2) 권업회

1910년 일제에 의해 조선이 강점된 후 망국민이 된 러시아 연해주지역의 동포들은 재러동포들의 권익과 조선의 독립을 위하여 1911년 12월 19일(러시아력 12월 6일) 블라디보스토크에서 권업회를 조직하였다. 이 단체는 한인들이 러시아에서 러시아당국의 공식인가를 받고 조직한 최초의 한인 조직으로서, 1911년부터 1914년까지 4년동안 연흑룡주 지역의 대표적인 재러한인의 권익옹호기관이자 독립운동단체로서 활동하였다. 아울러 동시기에 자바이깔 치따지역에서 조직된 대한인국민회 시베리아지방총회와 함께 러시아지역 한인 단체의 양대 산맥이었던 것이다.

1911년 12월 19일에는 블라디보스토크 신한촌 내 한민학교에서 권업회의 공식적인 창립총회가 개최되었다. 이 총회에서는 임원을 선거하였는데, 의장 이상설, 부의장 이종호 등이었다.[6]

권업회의 종지는 그 명칭에서 알 수 있듯이 재러동포에게 실업을 권장하며, 노동을 소개하고, 교육을 보급시키기 위한 것이었다. 이 단체가 명칭을 권업회라고 한 것은 일본의 방해를 피하기 위한 것이었었고, 사실상 이 단체는 독립운동기관이었다. 그러므로 권업회의 목적과 이념은 시베리아 한인사회의 이익을 증진시키는 권업(경제)문제와 항일운동을 강력히 추진하는 항일(정치)명제를 결부시키는 전술을 취하면서 끝내는 조국독립을 달성하고자 하는 데 있었

4 1911년 8월 31일 한국병합 1주년에 즈음하여 당지 조선인의 행동에 관한 보고의 건.
5 1911년 9월 13일 齊藤大佐 일행 중에 있던 조선인 金基陽의 살해 사건.
6 박환, 「권업회의 조직과 활동」, 『러시아한인민족운동사』, 탐구당, 1995, 120-126쪽.

다.[7]

권업회에서는 권업회의 목적과 이념을 실천해 나가기 위해서 교육부, 실업부, 경용부, 종교부, 선전부, 검사부, 통신부, 응접부, 기록부, 사찰부, 구제부 등을 두었으며, 1911년 12월 19일 창립이후 활발한 활동을 전개하였다. 그 대표적인 것으로 권업신문의 간행, 교육진흥활동, 한인의 자치활동, 토지조차와 귀화 등을 들 수 있다.[8]

한편 권업회에서는 1914년 러일전쟁 10주년을 맞이하여 러시아의 일본에 대한 복수심이 절정에 이르러 다시 개전할 조짐이 있자 대한광복군정부를 조직하고자 하는 한편[9] 한인들의 노령이주50주년 기념대회를 개최하고 그 시기를 이용하여 재러한인의 민족의식을 고취시키는 한편 군자금을 모금하고자 하였다. 그러나 동년 1차세계대전이 발발하여 이러한 시도는 실패하고 말았다.[10]

권업신문은 신한촌에서 발행된 권업회의 기관지이다.[11] 이 신문은 1912년 4월 22일(러)부터 1914년 8월 30일까지 약 2년 반동안 총 126호가 간행되었는데, 특히 국권회복과 민족주의를 그 간행 목적으로 하고있는 민족지로서 주목되고 있다.

권업신문은 순한글로 간행되었으며, 1주일에 1회 4면으로 일요일에 간행되었다. 그리고 그 체재는 논설, 각국통신, 전보, 본국통신, 잡보, 광고, 기서 등으로 이루어졌다. 특히 이 가운데 주목되는 것은 논설과 잡보인데, 논설에서는 권업회의 주장을, 잡보에서는 재러한인의 동향을 게재하고 있다. 그리고 권업

---

7 윤병석, 「1910년대 연해주지방에서의 한국독립운동」, 『국외한인사회와 민족운동』, 일조각, 1990, 185-186쪽.

8 윤병석, 앞의 논문, 199-206쪽.

9 윤병석, 위의 논문, 206-211쪽;반병률, 『성재 이동휘 일대기』, 범우사, 1998, 110-113쪽.

10 박환, 앞의 책, 138-142쪽.

11 「연해주의 군총독 각하께」, 『한국독립운동사』 자료 34 러시아편 1, 국사편찬위원회, 1997, 113쪽.

신문은 필사로 이루어져 있으며, 재정은 주로 이종호에 의지하였다. 그 밖에 기부금, 광고료, 구독료 등이 재원이 되었다. 권업신문에 참여한 주요 인물로는 신채호, 이상설, 윤해, 김하구, 장도빈 등을 들 수 있으며, 이들은 대부분 국내외에서 언론에 종사했던 인물들이었다.

신문의 내용은 크게 두가지로 나누어 볼 수 있다. 재러한인의 권익옹호에 대한 것과 민족문제에 관한 것이다. 전자와 관련하여서는 농작지 개척활동, 입적 청원활동 등을 들 수 있으며, 후자로는 재러한인의 계몽, 민족의식의 고취 등에 대한 기사들을 들 수 있다.[12]

권업신문에서는 무장투쟁을 강력히 주장하고 있지는 않다. 그것은 1910년 일제의 조선 강점 이후부터 1914년 제1차세계대전이 발발하기 이전까지의 시대적 상황과 러일관계, 연흑룡주 총독의 대조선인정책, 한국인들의 역량의 정도 등과 서로 관련이 있을 것이다.[13] 한편 권업회에서는 신한촌에 건립된 한민학교를 통하여 한인자제들의 민족교육에 박차를 가하였다. 이 학교는 개척리에 있던 계동학교를 개편한 것으로 1912년 3월에 신한촌에 신축되었으며, 러시아지역 민족운동의 요람이었다.[14]

이처럼 신한촌을 중심으로 활발한 활동을 전개하던 권업회와 권업신문 등은 1914년 제1차세계대전의 발발로 러일관계가 돈독해 지면서 그 활동이 중지되게 되었다.[15] 또한 러시아주재 블라디스톡 일본영사관에서는 신한촌을 중심으로 활동하고 있던 이종호, 이동휘, 이병휘, 윤해, 조창호, 김하구, 오주혁, 김

12 「권업신문에 관한 보고」, 『한국독립운동사』 자료 34 러시아편 1, 116-119쪽에는 권업신문 내용 중 항일적인 기사들을 모아 놓았다.

13 박환, 「권업신문의 간행과 내용」, 앞의 책 참조

14 정태수, 「국치 직후의 신한촌과 한민학교 연구(1910-1914)」, 『수촌박영석교수화갑기념논총』, 1992, 1171-1184쪽.

15 박환, 앞의 논문, 179쪽.

도여 등을 추방해 줄 것을 요청하였다.[16] 이에 신한촌을 중심으로 한 활동은 크게 위축되었다.

한편 권업회 등 한인독립운동의 근거지였던 신한촌은 일본인들이 이곳을 출입하는 것을 허락되지 않았다. 블라디보스토크 총영사관 야촌野村 영사의 다음과 같은 보고에서 이를 짐작할 수 있다.

ㄱ. 재블라디보스토크 미쯔비시 상사 대표 鎌田祐吉씨에 대한 사건.

1914년 5월 31일 鎌田祐吉 대표는 그의 보좌관 下田滋와 大隈興四郎과 함께 블라디보스토크시 부근에서 산책하던 중 신한촌을 걷다가 조선인 청년들이 던진 돌에 불의의 습격을 받았다. 곧이어 수많은 조선 군중들이 이들 무고한 일본인들을 에워싸고는 난폭한 짓을 저지르기 시작하였고, 그들 중 어떤 사람들은 下田滋의 지팡이를 빼앗아 그를 구타해 버렸다.[17]

ㄴ. 총영사관원 중의 한 사람에 대한 사건.

1914년 6월 16일 총영사의 통역관 키토씨는 가족과 함께 바다에 갔다가 때마침 19 베르스따 크기의 別莊地 오케얀스카야에서 개최된 조선인 한민학교 학생 등 150명의 운동회를 재미있게 보고 있었다. 그 때 그들 무리에서 조선인 청년이 그 통역관에게 불손한 어투로 말을 걸어왔고, 마침내는 제멋대로 난폭한 행동을 하기까지 하여, 그 때문에 키토씨는 부득이하게 곧바로 오케얀스카야에서 피하였다.[18]

ㄷ. 47세의 일본인 시모다 우메에 대한 사건

1914년 4월 27일 일본인 시모다 우메는 남편 에이타로와 두 친구와 함께 꽃을 꺽으려고 신한촌 근처의 아무르 강가로 갔다. 돌연히 거기에 있던 20명이 넘는 조선인 청년들이 그들에게 돌을 던져, 한 시간 동안 무의식 상태로 있었고, 그 때문에 시모다는 10일 이상의 치료가 요구될 정도로 아주 심한 상처를 입었다.

16 「1914년 8월 20일, 1914년 10월 28일 일본 블라디보스토크 총영사관에서 연해주 군총독각하께 보낸 편지」, 『한국독립운동사』 자료 34, 러시아편 1, 113-115쪽;122-125쪽.

17 「반일적 성향의 한인들의 언동에 대한 정보」, 『한국독립운동사』 자료 34, 러시아편 1, 103-105쪽;1914년 6월 30일 浦潮斯德 在留鮮人의 對邦人 태도에 관한 건.

18 「반일적 성향의 한인들의 언동에 대한 정보」, 『한국독립운동사』 자료 34, 러시아편 1, 103-105쪽;1914년 6월 30일 浦潮斯德 在留鮮人의 對邦人 태도에 관한 건.

ㄹ. 17세의 일본인 미사오 마츠유키에 대한 사건

1914년 6월 10일 일본인 마츠유키는 제1강(江)에서 모(某) 러시아인을 만나 유모로 일하기로 약속하고나서 신한촌 근처를 지나 시내로 들아오려고 할 때 돌을 든 조선인 청년들 측으로부터 불의에 습격을 받았고, 그 때문에 그녀는 이후 그와 같은 사건을 피하기 위해 부득이하게 그 일을 포기하였다.[19]

즉 한인들은 일본인들이 신한촌에 들어올 경우 이에 대하여 강력히 대응하였던 것이다. 또한 한인들은 신한촌민회를 조직하여 1911년 7월 2일 신한촌민회 평의원회 결의사항으로 일본인과 청국인의 상점을 신한촌에 개점하는 것을 금지하였다.[20]

2. 러시아혁명 이후 신한촌 한인세력의 향배[21]

1) 신한촌 민회세력과 파리강화회의 대표파견

1917년 러시아혁명 발발 이후 신한촌 세력들은 민회를 재조직하는 한편[22] 파리강화회의에 러시아지역 대표파견에 고심하는 등 활발한 민족운동을 전개하였다. 그리하여 1917년 10월 혁명이 닥아올 무렵 신한촌에 거주하는 러시

19 「반일적 성향의 한인들의 언동에 대한 정보」, 『한국독립운동사』 자료 34, 러시아편 1, 103-105쪽.

20 조선주차헌병대사령부편, 『노령연해주 이주선인의 상태』, 105-106쪽.

21 본장은 1999년 6월 18일 고려학술문화재단과 광복회가 공동주최한 「연해주 한인독립운동과 상해 대한민국임시정부」에서 필자가 발표한 「대한국민의회와 연해주 지역 3·1운동」 중 신한촌 부분을 주로 참고하였음.

22 신한촌 한인들은 1911년 6월 신한촌에서 민회를 조직하여 활동하였다(1911년 6월 28일보고, 6월 13일 이후 포조사덕 지방 조선인의 동정) 그러다 권업회가 조직되면서 갈등관계에 이르렀으며(1912년 3월 16일 보고, 2월 하순 포조사덕 지방 조선인의 동정), 결국 1913년 3월 15일 권업회에 부속되었다(권업신문 1914년 3월 22일, 잡보 권업회와 거류민회) 이 과정에서 李可順, 姜良五, 高明昊 등 민회세력들의 강한 반발이 있었다(1914년 3월 24일 浦潮發 정보, 권업회와 민회의 병합)

아에 귀화한 조선인 병사들은[23] 신한촌의 일부 나이 젊은 조선인들과 함께 「민정(民政)개혁과 노인배척」을 표어로 내걸고 신한촌 민회의 주도권을 장악하고자 하였다. 즉 9월 2일 그리고 9월 9일, 10일 양일간에 신한촌 한민학교에 모여 회장 이하 10명의 임원과 21명의 평의원을 선출하여 신한촌의 행정을 담당하게 하고, 새로운 민회 회칙을 제정하였다. 당시 그들이 선출한 신한촌 민회의 주요 간부는 회장 이형욱(李亨郁), 부회장 최 니꼴라이(현재 726연대 소속), 재무 윤능효(尹能孝), 서기 조장원(趙璋元. 726연대), 서기(러시아어) 박 이완(우수리스크 출신의 병사), 경찰부장 박 세미욘, 위생부장 채성하(蔡成河), 교육부장(겸) 최 니꼴라이, 심사부장 한 안드레이, 검사부장 이가순(李可順), 평의원은 최 니꼴라이, 강양오(군인), 한용현(韓龍鉉), 김진(金震), 윤능효, 조장원, 김철훈(金喆訓), 이가순, 박이완, 김병흡(金秉哈), 김태봉(金泰奉), 이형욱, 양(梁) 야코프, 엄인섭(嚴仁燮), 채성하 등이었다.[24]

1918년 파리강회회의와 약소국동맹회의 개최사실들을 일본신문을 통하여 파악하게 된 신한촌 민회세력들은 니코리스크에 있는 전로한족회 중앙총회와의 상호 협조하에 대표 파견 등을 논의하고자 하였다. 그리하여 대표로 김진을 선정하고 그를 니코리스크로 파견하였다.[25]

또한 1919년 1월 10일 신한촌 민회의 중심인물인 한용헌(韓容憲), 김치보(金致甫), 조장원(趙璋元), 지건(池健), 이범석(李範錫), 김하구(金河球) 등 10여명은 이형욱의 집에 모여 평화회의에 파견할 대표자 2명을 선출할 것을 계획하였다.[26] 아

23 귀화조선인으로서 군인들의 명단은 1918년 4월 20일 신한촌 배일선인의 경비단 조직에 관한 건에서 살펴볼 수 있다. 신한촌에 있는 귀화조선인 군인들은 일본군대가 블라디보스토크에 상륙하자 신한촌을 지키기 위하여 경비단을 조직하였다. 이 경비단은 김하구가 조장원, 강양오 등 군인을 격려하여 만든 조직이었다. 당시 참여한 귀화조선인 군인들은 51명인데 주요 명단을 보면, 金滙源, 강양오, 조장원, 李興雲, 채 니꼴라이 등이다.

24 1917년 10월 8일 조선인 近狀에 관한 보고의 건-신한촌에 있는 선인 병졸의 발호.

25 1919년 1월 20일 강화회의에 대한 선인운동에 관한 건.

26 국가보훈처, 『러시아극동 및 북만주지역 배일선인유력자명부』(이하 『배일선인명부』로 약함),

울러 신한촌 민회에서는 여하한 경로를 통하여 대표자를 파견할 것인가에 대하여도 고심하였다. 첫째로는 미국을 경유하여 파견하는 것이고, 두 번째 안은 시베리아 철도를 통하여 파견하는 것이었다. 전자는 일본을 경유해야 하므로 일본관헌에게 체포될 염려가 있었다. 후자의 경우는 러시아와 유럽을 연결하는 철도가 현재 막혀 있어 통과할 수 없을까 염려되었다.[27] 아울러 약소국회의에 참여하여 한국의 독립을 주장하였던 미국거주 박용만(朴容萬)을 돕기로 하는 한편 열국평화회의에서 한국독립에 힘 쓸 것을 결의하였다. 또한 그 여비를 준비함에 있어서 블라디보스토크와 니코리스크 측에서 분담하기로 하고, 블라디보스토크의 경우 조장원이 이를 담당하되 2만 5천루블을 모금하기로 하였다.[28]

또한 1월 19일 신한촌 조장원의 집에서 김하구, 김진, 장기영, 전일, 강양오, 김철훈, 지건, 엄인섭, 조장원 등 9명이 모인 가운데 회의를 개최하였다. 이 회의에서는 파리강화회의 전권위원이 블라디보스토크를 출발함과 동시에 일반조선국민의 명의로 선언서를 발표하여 한국의 독립을 전 세계에 포고하며 일본의 조선으로부터의 철퇴를 요구하고자 하였다. 또한 만약 일정한 기간내에 실행되지 않으면 일본에 대한 선전포고를 행하고 그것을 위해서 금일부터 특히 軍部를 설립해서 기회를 봐서 군대를 편성해서 개전을 준비하고자 하였다. 의병장으로서는 안중근 의사와 의형제이고, 일반조선인 사이에 널리 알려진 엄인섭을 추대하기로 하였던 것이다.[29]

1997, 윤능효조, 한용헌조 참조.

27 1919년 1월 7일 평화회의와 한국독립문제에 관한 건.

28 1919년 1월 27일 한국독립운동에 관한 건.

29 1919년 1월 27일 한국독립운동에 관한 건.

2) 한인신보와 신한촌

한인신보는 1917년 7월 8일 매주 1회 한글로 간행되었으며, 발행인 겸 편집인은 한 안드레이였고, 발행소는 블라디보스토크 신한촌 니꼴리스크거리 21호였다.[30] 한인신보 발행의 중심적인 역할을 한 한 안드레이는 1917년 당시 30세의 젊은이로 연추 출신이며 귀화한 한인이었다. 그는 러시아 중학 출신으로 일찍이 연추 촌민회 회장을 역임하였으며, 전로한족회대표자회 부의장이기도 하였다. 또한 한인신보사 발행인 겸 잡지 『애국혼』의 발행인이기도 한 그는 민족의식 또한 강하여 조선어를 공부하고자 하는 열성을 보인 인물로 알려져 있다.[31] 한인신보의 주필은 장기영(張基永), 김하구 등이 담당하였다.[32] 한인신보의 간부는 1917년 10월 경에는 사장 김병흡, 총무 김구, 서기 김진 등이었다. 김병흡은 만주에서 조직된 간민회 설립 발기인 이었으며, 신한촌민회의 회장으로서 덕망있는 자산가였다. 그는 한인신보사 총무를 거쳐 사장에 취임하였으며, 1918년 10월에는 이를 사임하여[33] 정재관이 대신 사장에 취임하였다.[34]

한인신보는 제1면에 논설, 전보, 제2면에 전보, 고국통신, 잡보, 본항시사, 중국시사, 제3면에 연재물, 광고, 제4면에 광고 등으로 구성되어 있다. 그 중 1면에 실려 있는 논설을 보면, 자녀의 교육, 양심, 생활, 위생 등 한인의 계몽과 관련된 내용과 단군과 관련하여 민족의식 고취에 대한 내용 등을 기술하고 있다. 또한 한인신보에서는 23호(1917년 12월 23일) 논설 〈각곳에 연종총회〉에서, 고려족중앙총회가 러시아 한인사회의 중심임을 강조하고 있다. 아울러 25호(1918년 1월 6일) 논설 〈새해의 첫 아침을〉에서는 고려족중앙총회의 주장인 민

30 『한인신보』 창간호(1917.7.8, 국사편찬위원회 소장)
31 『배일선인명부』, 한용헌조.
32 「아령실기」, 『독립신문』 1920년 4월 8일자
33 『배일선인병부』, 김병흡조
34 『배일선인명부』, 정재관조

족의 자치를 강조하고 있다. 그러므로 한인신보에서는 18호(1917년 11월 17일) 〈농민회 제2호에 투표하오〉에서, 고려인에게 자치와 토지와 기타의 권한을 인정하는 연해주 농민대표회에 선거할 것을 강조하는 글을 게재하고 있는 것이다.[35]

한인신보는 일본측이 러시아당국에 대하여 "현하 구주전 개전 당시 제국정부의 요구에 따라 연해주 군무지사로부터 금지명령을 받은 신문으로 권업신문이란 것의 후신이며, 한일합방전부터 계통적으로 계속되어온 배일선인의 기관지이다"라고 지적하고 있는 것처럼[36] 민족의식 고취에 기여하였던 신문이었다.

1918년 이후 발전을 도모하고 있던 한인신보는 1918년 윌슨의 민족자결주의 소식과 약소국동맹회의 소식 등을 동포사회에 알리는 등 민족의식 고취에 크게 기여하였다. 즉, 한인신보 12월 29일자에서는 대판매일신문大阪朝日新聞 12월 18일, 19일자에 실린 내용을 동포들에게 알림으로서 미주 동포들이 한국의 독립을 위하여 벌리고 있는 사업을 적극 홍보하고자 하였던 것이다. 또한 1919년 1월 12일 발간 한인신보에서는 〈자유의 신년〉이라는 제히의 김하구의 글을 실어 평화회의에서 한국은 반드시 독립한다고 주장하였다.[37] 아울러 3월 2일자 한인신보에서는 파리로 향한 윤해와 고창일이 기차로 파리로 향했는데 옴스크를 무사히 통과하였다는 전보가 있었음을 동포들에게 전하기도 하였다.[38]

35 박환, 「러시아지역의 한인언론」, 『재소한인민족운동사』, 국학자료원, 1998, 183-188쪽.
36 국회도서관, 『한국민족운동사료』(3·1운동편 3), (이하 국회 3으로 약함), 1979, 55쪽.
37 1919년 2월 7일 강화회의와 조선독립에 관한 건.
38 1919년 3월 7일 윤해 고창일 출발의 건.

3) 신한촌의 민족운동

신한촌에서는 1918년 8월 29일 국치일을 맞이하여 아침 일찍 민회의 명의로 인쇄문을 살포하고, 일반 조선인에 대해서 밥짓는 것을 금지하고 각 구장에게 엄중히 감시하라고 하고, 만약 밥을 지을 경우 그 집에 가서 조서를 작성하고, 25루불의 벌금을 부과하기로 하였다. 그리고 동일 오전 9시 한민학교 생도 수십명은 학교기를 선두에 세우고, 애국가를 부르고, 신한촌을 행진하였다.[39] 또한 1918년 12월 22일에는 이강의 주도하에 오전 11시 야소교 예배당에서 민족의식 고취 강연이 개최되었으며,[40] 1919년 1월 27일에는 해성(海星)의원 곽병규의 발기에 의하여 오후 7시부터 한민학교에서 이태왕 추도회가 약 300명이 참석한 가운데 개최되었다. 이 자리에서 장기영(張基永)은 이태왕에 대한 역사를 강의하였으며, 김일(金逸)은 연설을 통하여 재러동포들의 민족의식을 고취시키고자 하였다.[41]

한편 1919년 2월 1일 밤 신한촌 거주 독립운동가들은 민족의식 고취와 파리파견 대표의 비용을 마련하기 위해 한민학교에서 연극과 무도회를 개최하였다. 이 모임에는 오후 8시부터 시작되었는데, 약 300명의 관객이 참여한 가운데 성대히 배풀어졌다. 애국가를 시작으로 연극이 시작되었으며, 연극 내용은 105인 사건에 대한 것이었다. 연극을 마친 후 파리강화회의 대표자 파견 여비 약 800루불을 걷어 제공하였다.[42]

한편 1919년 3·1운동이전 신한촌 지역의 한인들의 민족적인 기개는 대단하였던 것 같다. 1918년 가을 어느날 일본 총영사 국지의랑菊池義郎은 신한촌을 방문하여, 조선인학교에 200루불을 기증했으나 여교사는 그 돈을 찢어 불속

39 1918년 9월 20일 일한합병기념일에 관한 건.
40 1919년 1월 7일 李剛來浦에 관한 건.
41 1919년 2월 24일 이태왕 흉거에 대한 재러선인의 언동.
42 1919년 2월 21일 강화회의와 조선독립운동에 관한 건.

에 던져버렸다고 한다.[43]

3. 3·1운동과 신한촌

노령지역의 독립운동가들 1919년 2월 25일 전로국내조선인대회를 개최하여 독립선언서 제작 및 선포에 관한 준비를 하는 가운데 3월 8일 육로로 러시아에 온 다수의 조선인들에 의하여 조선에서의 3·1운동 소식이 들려왔다. 이처럼 국내에서 3·1운동이 전개되었다는 소식이 전해지자 3월 8일 신한촌에서는 한국이 독립되었다는 장지(張紙)가 붙기도 하였다. 그러한 가운데 3월 10일을 전후하여 러시아과격파가 궐기한다는 항설(巷說)도 나돌아 신한촌은 술렁거렸으며, 일본과 러시아 당국의 경계가 삼엄한 분위기였다.[44]

신한촌에서의 3·1운동은 3월 17일 오후 4시경 시작되었다. 다수의 조선인이 모여서 대도(大道)에서 연설을 하고, 독립선언서를 배포하고 집집마다 국기를 게양하고 만세를 불렀다. 이에 일본측이 러시아관헌에게 제제를 요구하자 학생들은 삼삼오오 신한촌에서 시내로 집회장소를 변경하였다. 학생들은 점차 어두워져 안면을 식별할 수 없는 틈을 타서 시중에서 자동차 3대, 마차 2대에 나누어 타고 가도를 달리며, 구한국기를 차위에서 흔들며, 만세를 불렀다.[45] 이어 1919년 4월 3일 신한촌에 거주하는 동포 수백명은 대판조일신문 3월 29일자에 〈미국비행기 총독부에 폭탄투하〉라는 기사가 실린 것을 계기로 만세운동을 전개하기도 하였다.[46]

43 하라 테루유키, 러시아 연해주에서의 한인운동, 『소비에트 한인백년사』, 서대숙편, 태암, 1989, 25쪽.

44 국회 3, 37쪽.

45 국회 3, 240쪽; 1919년 3월 18일 한국독립운동에 관한 건.

46 국회 3, 162쪽.

3·1운동후 신한촌을 중심으로 다수의 독립운동단체들이 조직되어 활발한 활동을 전개하였다. 대한국민의회는 니코리스크에서 성립되었지만, 1919년 3월 14일 옴스크정부의 해산명령에 의해 합법성을 부인 당한 후 본부를 블라디보스토크로 이전하였다.[47] 1919년 3월 26일에는 블라디보스토크 신한촌 김치보의 집에서 46세이상 70세이하의 노인들을 중심으로 노인동맹단이 조직되었다.[48] 이 단체는 조직 이후 전단위원(傳團委員)을 두어 각 지방에서 회원을 모집하였다.[49] 아울러 5월 5일에는 이승교(李承喬), 윤용옥(尹容玉) 등 대표 7명을 선정하여 일본 천황 및 조선총독에게 보내는 상서 2통과 노인단 취지서 수백매를 가지고 국내 경성으로 파견하였다.[50] 또한 동년 8월에는 강우규(姜宇奎)를 파견하여 신임 총독 재등실(齋藤實)에게 폭탄을 투척하게 하는 등 활발한 활동을 전개하였다.[51] 또한 신한촌에서는 동년 5월 초 대한신민단이 본부를 신한촌으로 이전하여 활동하기 시작하였으며,[52] 7월에는 장도정(張道政), 김철훈, 조장원, 김필수(金弼秀) 등이 일세당(一世黨)이라는 비밀당을 조직하고, 일세당 주의와 결의사항을 발표하고 동지등을 모집하였다.[53]

그리고 1919년 11월에는 최재형, 허만수(許萬洙), 김좌두(金佐斗), 이용, 김하

47 반병률, 「대한국민의회의 조직과 활동」, 한양대 석사논문, 1986, 40쪽.

48 1921년 1월 노령에 있어서 불령선인의 상황 「노인단」

49 국회 3, 280쪽.

50 국회 3, 503쪽.

51 이정은, 「3·1운동을 전후한 연해주 한인사회의 독립운동」, 『한국독립운동사연구』 11, 독립기념관 한국독립운동사연구소, 1997, 136-138쪽.

52 신용하, 「대한신민단 독립군의 연구」, 『동양학』 18, 단국대 도양학연구소, 1988, 224쪽.

53 1919년 7월 15일 일세당 창립에 관한 건. 그 후 1920년 2월 5일 경 장도정, 김진, 전일 등이 강양오의 집에 모여서 조선인혁명당연합회 중앙위원회 一世黨의 주요 간부를 임명하였는데, 회장 장도정, 부회장 김 미하일, 의사부장 김진 등을 임명하였다. 그리고 1920년 3월 14일 오전 11시부터 신한촌 정교사원에서 총회를 열고 새로이 임원을 선정하였다. 회장 張道定, 부회장 김 미하일, 의사부장 김진, 부회장 이홍삼, 선전부장 전일, 노동부장 조장원, 재정부장 李永浩 등이었다.(1920년 4월 3일 한인사회당에 관한 건) 선전부장이었던 전일은 3월 3일경 일세당을 한인사회당 중앙총회로 개칭하고 임원을 새로이 선정하였다고 밝히고 있다.(1920년 4월 17일 불령선인 전일 취조 상황의 건).

석, 김규면(金奎冕), 김만겸 등이 최재형을 단장으로 하여 신한촌에 본부를 두고 독립단을 조직하여 활동하였다. 그러나 이 단체는 1920년 4월 최재형이 니코리스크 우수리스크에서 사살 된후 해산되었다.[54]

이처럼 3·1운동이후 민족의식이 고양된 동포들은 독립운동단체들을 조직하는 한편 친일파들을 처단하기도 하였다. 즉 1919년 5월 헌병보조원인 김용해(金龍海)가 신한촌에 거주하고 있는 자신의 의형(義兄)과 같이 놀며 음주를 하였는데 신한촌의 한인들은 이 사실을 알고 이들을 살해하려고 하였다. 또한 1919년 4월 18일에는 애겔세리드에서 일본군의 용달(用達)로 일한 강준수(姜俊秀)가 신한촌에 숙소를 정하자 그를 민회로 끌고와 구타하였으며, 4월 27일에는 조선인 일본 밀정을 김하석, 지건(池健), 서일화(徐日花), 이영(李榮) 등이 구타하는 등[55] 강한 항일의식을 보여주고 있다.

한편 1920년 1월 31일 연해주에서는 혁명파의 정변이 일어나 백위파 정권이 타도된 후 중간파 및 혁명파의 연립정권인 연해주 젬스트보 참사회 임시정부가 수립되었다. 이 정부는 이직 일본군이 도처에 주둔하고 있음에도 불구하고 한인 독립운동에 대하여 우호적인 입장을 취하였고 이에 한인독립운동은 다시 활기를 띠게 되었다.[56] 이러한 분위기에서 1920년 2월 23일 오후 1시 신한촌의 유지인사들은 각 단체 대표자회를 민회에서 개최하고 임시의장 조장원의 주도하에 협의할 결과 2월 27일부로 대한국민의회 의장 서리 한창해(韓蒼海)와 서기 대리 전일(全一)의 명의로써 통지서를[57] 각 지방에 발송하여 각 지방이 모

54 1921년 1월 노령에 있어서 불령선인의 상황.

55 국회 3, 502쪽.

56 임경석, 『고려공산당연구』, 1993년 성균관대박사학위청구논문, 83쪽;권희영, 「한인사회당연구」, 『한인사회주의운동연구』, 국학자료원, 1999, 137쪽.

57 통지서에 따르면 기념식 순서는 다음과 같다. 1. 開式, 國歌 2. 式辭 3. 독립운동약사 설명 4. 연설 5. 창가-소년건국가 6. 崇呼 만세 민국 민족 7. 폐회(1920년 3월 5일 한국독립선언기념회에 관한 건).

두 같은 날 같은 시간에 3·1독립선언기념회를 갖기로 하였다.[58] 그리고 이 계획을 추진하기 위하여 신한촌에서는 회장 이승교, 부회장 김루가, 지휘부장 장도정, 경찰부장 김필수(金弼秀), 재무부장 김치보, 응접부장 김 미하일 등을 선출하였다. 아울러 다음과 같이 시행하기로 결의하고 즉시 기부금 약 6만루불을 모금하여 준비에 착수하였다.[59]

1) 각호마다 태극기를 게양한다
2) 신한촌 정교사원 옥상에 만국기를 휘날리게 한다.
3) 각 단체는 團旗를 선두로 하고 단원은 각자 태극기를 휴대하고 정오까지 정교사원 앞에 竝列한다.
4) 독립문을 건축한다.
5) 야간에는 한민학교내에서 애국적 연극을 개최한다.
6) 시위운동 旗行列은 신한촌 내에서 행하고, 市中에는 나가지 않는다.
7) 당일 오전 列國 영사와 러시아임시정부 당사자, 각 신문사를 초대해서 茶菓를 饗應한다. 열국 영사와 러시아 관헌 및 각 신문사에 대한 안내장은 2월 25일 김만겸이 각각 배달한다.

1920년 3월 1일, 신한촌 식장에는 약 20개단체가 참여하였는데 이를 보면 대한국민의회, 노인동맹단, 한인사회단, 소년독립단, 기독교청년회, 한인노동단, 유위해(有爲會), 재조단(再造團), 동령일근회(東嶺一勤會), 대한부인회(대한부인독립단), 한국소녀회, 삼일여학교, 청년회(중국촌), 청년회(石幕洞), 운동구락부, 심류애 진명학교(三流涯震明學校), 한민학교, 한국적십자회, 기사단, 길성(吉城)친목회, 대진(大震)학교 등을 들 수 있다. 이들 단체들은 모두 정오에 모여 국가를 부르고 회장인 이승교(李撥)의 식사에 이어 이홍삼, 정재관, 조영진, 이의순(이

58 1920년 2월 28일 독립선언기념축하식 거행에 관한 건, 1920년 3월 5일 한국독립선언 기념회에 관한 건.
59 1920년 3월 5일 한국독립선언기념회에 관한 건.

동휘의 딸, 오영선의 처)[60], 채계복(채성하의 장녀), 적십자 대표여성 김모(某), 김득수(기독교청년회대표), \(운동구락부대표), 김한(한인노동회대표), 한창해(국민의회 대표), 김진(한인사회당 대표), 김광언(金光彦, 학생단 대표)등의 연설을 들었다. 그 후 이들은 러시아 군악대를 선두로 해서 각자 2열 또는 4열로 서서 신한촌을 행진하였다. 이후 러시아 관헌 및 열국 영사등과 신문사 주요 인물들이 참여한 가운데 블라디보스토크 시내 중심가에 있는 레스토랑에서 연회를 개최하였으며, 밤에는 한민학교에서 연극을 개최하였다.[61]

이처럼 신한촌을 중심으로 민족운동이 활발한 가운데 1920년 3월 11일에 신한촌에서 노인동맹단 회원 강문백(姜文伯)이 일본탐정의 혐의를 받고 사살됨과[62] 아울러 한인신보 주필 김하구 등이 폭행당하기도 하였다. 또한 동월 14일 일본탐정의 혐의로 신한촌에서 최(崔)모가 살해되었으며, 동월 14일에는 조합장 박병일(朴炳一)이 습격을 당하였고, 동월 15일에는 니꼬리스크 족립足立 대위의 통역인 김영철(金永喆)이 신한촌에 숙박 중 습격당하였다. 그리고 블라디보스토크 시내에서 김용식(金龍植)이 살해되기도 하였다.[63]

한편 1920년 4월 참변 이전에 신한촌에 있는 한인 학생들 사이에 한인신보사 주필이었던 김하구와 전 대한국민의회 부회장이었던 김철훈이 만든 다음과 같은 노래들이 학생들의 민족의식 고취에 크게 기여하였다.[64]

---

60 이의순은 1920년 3월 7일 개최된 노령부인독립회 일명 애국부인회 회의에서 회장에 선출되었다. 총무는 崔好濟, 재무는 함안나, 서가는 채계복 등이다(1920년 3월 12일 노령부인독립회에 관한 건)

61 1920년 3월 5일 한국독립선언기념회에 관한 건.

62 강백부의 본명은 姜宅熙이다. 전 北青鎭衛隊 副尉이다. 노인동맹단 대표로서 1919년 7월 독립청원서를 일본총영사관에 제출한 인물이다. 그후 영사관 직원과 2-3차 만난일이 있으므로 밀정이라고 독립운동가들 사이에 언급되었다(1920년 3월 20일 강백부 암살에 관한 건)

63 1920년 4월 5일 불령선인의 흉폭행동에 관한 건 중 밀정 형사 친일자 등으로서 불령선인으로부터 박해받은 자 조사표.

64 국회 3, 631쪽.

1. 제1호(김하구)

1절

불행한 우리동포여, 이 고초를 어이하련가
죄없이 받는 이 고초, 호소할 것 어디메뇨
天帝께 우리는 기도를, 라·라 받들자

2절

불행한 아 동포여, 이 고초를 어이 하련가
원수의 총과 검에, 我身을 殺傷할지라도
血淚를 뿌리자, 라·라 이를 받들 뿐이다.

3절

불행한 아 동포여, 이 고초를 어이 하련가
흉악한 刑臺에, 이 몸을 싣고
皮膚가 모두 찢어질 지라도, 라· 라 이 마음 변하지 않으리

4절

불행한 아 동포여, 이 고초 어이하련가
흐르는 혈루는 한강물로 변하고, 점푸로 이몸을 라·라 던져 보련다

제2호(김철훈)

1절

오도다 오도다 자유의 春光이
화려한 금수강산에 이를 잊을 수 있겠는가

2절

노예의 압박을 받는 민족이여
자유의 노래를 드높이 부르자

3절

雪寒江山에 묻힌 초목도
踊躍 기뻐하며 봄을 맞으리

4절

전진하세 전진하세 아 청년들이여
원수의 총검을 두려워하지 말고

5절

基督은 吾等의 大將이 되었도다.
겁낼 것은 전혀없고 승리뿐이다.

아울러 1920년 5월 경 신한촌 아이들은 임시정부에서 보내온 원수가를 즐겨 부르며 민족의식을 고취하였다.[65]

동포여 동포여 잊지말라 너의 원수를
단군의 혈손이 우리의 愛民
천오백년의 원수 너의 원수
故國의 대원수를 너는 잊지말라.
반만년이래의 조국과 자유
탈취한 원수 三生의 원수
산천리 금수강산의 良土를
왜노의 그 원수를 너는 잊지 말라.
부모형제 자손자매 등
일어너는 心情 솟는 치를 집결하여
차고 때리는 부릅 뜬 눈을 볼 때
천오백년 단군의 원수를 너는 잊지 말라

4. 1920년 4월 참변과 신한촌 독립운동의 쇠퇴

1) 신한촌 참변

1919년말에서 1920년초까지 시베리아 상황은 새로운 전환기를 맞이하였다. 널리 퍼진 빨치산운동과 볼세비키의 동진, 콜차크군대 내의 반란의 결과로 백색 정권은 전복되어갔다. 이에 일본사령부는 1920년 3월 블라디보스토크와

65 국회 3, 699-700쪽.

하바롭스크 등 연해주의 다른 도시에 있는 혁명수비대에 대한 전면적인 공세를 행하도록 비밀리에 명령하였다.[66]

1920년 4월 4일 밤 블라디보스토크에서 러시아군과 일본군이 충돌이 있자 일본군 헌병대사령부에서는 이 기회를 이용하여 독립운동가들을 억압하기 위하여 블라디보스토크 헌병분대장에게 신한촌에 있는 독립운동가들의 무기를 압수하고 아울러 독립운동가들을 검거하라고 지시하였다.[67] 이에 하사 이하 12명을 파견하여 5일 새벽 0시 20분부터 신한촌을 정찰하였다. 그후 전택(田澤)중위는 대서(大西) 보병 소위이하 21명의 제1소대와 근안(根岸) 특무조장 이하 21명의 제2소대를 출동대로 편성하는 한편 보병 1개소대 15명의 지원을 받아 오전 4시 신한촌에 침입하였다. 그리고 오전 5시 30분 적위군 48명을 무장해제시키고 신한촌의 모든 집들에 대해 가택수색을 실시하였다. [68] 이때 무장해제당한 러시아군은 일본관헌의 침입을 미연에 방지하기 위하여 3월 7일부터 신한촌에 특무조장(特務曹長)의 지휘아래 한민학교 내에 주둔하고 있었던 군인들이었다. 이중 5명은 하바롭스크 9번지에 위치한 장일(張一) 의 집에 있는 대한국민의회 사무소에 파견되어 대한국민의회의 경비에 임하고 있었고, 2명은 니꼬리스카야 14번지 이용준(李龍俊)집에 있는 한인사회당 사무소에 파견되어서 주야 경계를 하고 있었다. 그리고 나머지 30명은 때때로 신한촌을 경계하고 있었던 것이다.[69]

한편 일본군이 신한촌을 습격하였을 때 주요 독립운동가들은 이미 신한촌을 탈출한 뒤였다. 그러므로 그들은 체포를 면하였다.[70] 일본 측 기록에 따르면

66 하라 테루유키, 앞의 논문, 30-31쪽.
67 1920년 4월 27일 4월 4일 사변에 즈음하여 조선인에 대해서 행한 我軍의 조치에 관한 건.
68 1920년 4월 12일 노군 무장해제사건과 조선인과의 관계에 관한 건.
69 1920년 3월 20일 신한촌에 露兵주둔에 관한 건.
70 1920년 4월 12일 노군 무장해제사건과 조선인과의 관계에 관한 건.

신한촌 참변시 한인 60여명을 체포하였다고 한다.[71] 그리고 일본군은 한인들로부터 총 70정, 탄약 1만발을 압수하였으며, 한인들 또는 러시아군에 의하여 한민학교 1동이 불에 탔다고 밝히고 있다.[72] 그러나 김승화가 지은 『소련한족사』에는 300여명 이상의 한인들이 체포되었으며, 일본군은 체포된 사람들을 학교에 가두고 그 건물을 불태워 죽였다고 하고 있다.[73]또한 1920년 7월 이르크츠크에서 결성된 전로고려공산단체 중앙위원회의 기관지인 『동아공산』 창간호(1920년 8월 14일 간행)에서도 당시의 상황을 러시아어 신문 『끄라스노예 즈나야』를 인용하여 다음과 같이 서술하고 있다.

> 지나간 사월에 해삼항에 있는 일본군대에셔 러시아 사관들을 청하야 조약을 체결하자고 빙자하고 다수히 모인 뒤에 일본군사로 하여금 병영을 둘러싸고 사격을 가해 다수 러시아 군인을 살해하고, 그 중에 도망하여 생명을 구한 자외에는 사망을 면한 자 없으니 그뿐만 아니라 남녀노소를 불문하고 이와 같은 참상을 당하였다. 이러하기를 그날밤이 세도록 얼마나 포악하게 행하였던지 그 이튿날 아침에 큰 마당과 큰 거리에 죽엄이 산과 같으며, 육축도 많이 쓰러졌고, 집도 온전한 집이 하나도 없으니 그 참혹한 광경을 눈으로 볼 수 없으며, 신한촌에는 한민학교를 벤진을 부어 불지르고 한인계에 유지자와 청년을 다수 붙들어 갔으며, 일인 앞으로 전탄하는 한인은 기회를 만나듯 이 부도덕한 야만행동을 하는 일본놈을 도와 부모와 동생이 다 붙들려 가고 고독이 있는 어린 여자를 불러다가 여러 가지 형벌 노문료를 받았으며 그 항내에 보물과 상선 수십척까지 탈취하였다고.

71 신한촌 및 그 부근 마을에서 체포된 사람의 명단은 「1920년 4월 30일자 신한촌에서 체포된 사람에 관한 건」에 잘 나타나 있다. 이 자료에는 현재 취조 중인 자와 방면된 자로 나누어 기록하고 있고 각 인물을 체포일시, 체포장소, 주소, 씨명, 연령, 적요 등으로 나누어 파악하고 있다. 전자로는 김 게오르기, 김 세리게이, 채 스테판, 姜大鳳, 李成道, 劉永植, 劉漢初, 劉承烈, 李東蘇, 崔雄南, 卓千鶴, 채성하, 박 모이세이, 李奎豊, 咸世仁, 趙明和, 朱東涉, 吳聖女, 金在龍 등 19명을 들 수 있다. 후자로는 申景澤, 李昌洙 등 42명이다.

72 1920년 4월 27일 4월 4일 사변에 즈음하여 조선인에 대해서 행한 我軍의 조치에 관한 건;1920년 4월 12일 노군 무장해제사건과 조선인과의 관계에 관한 건.

73 김승화 저, 정태수역, 『소련한족사』, 대한교과서주식회사, 1989, 113-114쪽.

즉,『동아공산』에서는 적기를 인용하여 당시 일본군의 러시아군 무장해제 상황과 한인탄압 그리고 친일파의 발호 등에 대하여 묘사하고 있는 것이다.

또한 1920년 9월 26일 간행된『자유보』2호(대한국민의회발행)의「나의 지낸 사졍」(2)(필자 鐵兒)에서도,

> 희랍교당을 지나 한민학교 운동장에 다다라 치어다보니 굉장하던 그 집은 간 곳이 없고 다만 검은 재와 거츨한 굴뚝 4-5개만 남았을 뿐이다. 10년간 나의 몸을 용납하고 나의 마음을 위로하든 사랑하고 정다운 집을 이렇게 보는 나의 눈에는 뜨거운 눈물이 비빨과 같이 쏘다지고 나의 가삼에는 분하여 불길처럼 니러난다. 그 익일 일본이 발행하는 포조일보의 호의가 나돈다. 대형사령관의 포고라는 문제아래에 "지난 4일 열한시(저녁)경에 로군이 우리 제1병참사령부를사격하므로 우리는 그리말라고 버텼으나 종래 듣지 아니하므로 부득이 정당방위책을 썻노라" 하였으며, 또 그 신문 잡보란에 "한민학교를 불질음은 하등병들의 한 행위요, 사령관의 명령이 안임으로 그 군인을 엄중하게 벌하리라"하였다.

라고 하여 한인 300여명이 체포되었으며, 당시 한민학교가 불탄모습을 본 한인독립운동가의 애타는 심정을 소개하고 있다.

한편 일본군의 4월 공격시 세르게이 라조, 스비르체프, 스룰츠키 등 혁명군 지도자들은 백군에게 넘겨져서 기관차 화통에서 산채로 불태워졌는가 하면, 조선인들은 일본군에 의해 마음대로 처벌되었다.[74] 일본군들은 조선인 희생자들을 러시아 볼세베키 지도자들과 함께 묶어서 녹쓴 철도에 매달아 블라디보스토크 근처의 우리쓰만 바다에 던져 버렸다.[75]

독립운동의 근거지인 신한촌을 완전히 초토화시킨 일본총영관의 기토(木藤) 통역관은 이 기회를 이용하여 신한촌을 완전히 독립운동과 격리시키고자 하였다. 그리하여 그는 헌병분대장, 연해주 대장(隊長), 사령관 등을 방문하여 이

74 김승화 저, 정태수역, 위의 책, 113-114쪽.
75 하라 테류유키, 앞의 논문, 31-32쪽.

기회를 이용하여 신한촌에 헌병분견소를 설치하는 한편, 친일적인 민회를 조직하고자 하였다. 그는 민회의 중심적인 인물인 항일세력이 없는 틈을 타 친일적인 민회를 조직하고자 하였던 것이다. 특히 그는 이번에 체포된 인사들을 친일적인 민회의 신원보증과 청원에 의하여 석방시킴으로서 친일민회의 기반을 다지고자 하였던 것이다. 그리고 이러한 계획을 조선총독부에 건의하였던 것이다.[76]

2) 신한촌 참변 이후의 한인독립운동세력의 향배

신한촌은 1910년대 이래 독립운동의 기지로서 중요한 역할을 하였다. 그러다가 1917년 러시아 혁명이후 볼세비키와 연계되었으며, 한인신보 등 출판물 또는 연극 등의 영향으로 신한촌 주민들의 항일의식이 크게 고양되었다. 그러나 1920년 4월 신한촌 참변 이후 주요 독립운동가들이 신한촌을 탈출하였고, 무기 탄약 등과 출판용 도구 등을 압수당하는 한편, 독립운동조직이었던 신한촌 민회가 해산당하고 일본제국 영사관 감독하의 친일적인 민회가 조직되고,[77] 헌병파출소가 설치되면서 신한촌은 독립운동기지로서의 역할은 점차 약화되기 시작하였다.[78]

신한촌 4월 참변이후 1920년 4월 13일 신한촌 유지들은 민회를 조직하였다. 주요 간부를 보면 회장 조영진, 의사원 박대성(朴大成), 이설(李卨), 함서인(咸瑞仁), 이동환(李東煥), 이형욱, 서기 겸 일어통역 안인종(安仁鍾), 박장훈(朴長勳), 러시아어 통역 박대성, 재무 이설 등이었다.[79] 이중 함서인은 4월 참변시 체포되었다가 방면된 인물이며, 안인종은 간도지역의 순사출신이다. 그리고 다른 인

76 1920년 4월 12일 무장해제사건과 조선인과의 관계에 관한 건.
77 『자유보』 3호, 1920년 10월 3일, 「나의 지낸 사정」(3) 필자 鐵兒.
78 1921년 1월 21일 신한촌 상황에 관한 건.
79 1920년 4월 30일 신한촌 선인민회의 집합에 관한 건.

물들은 항일적인 인물들이었다. 일본은 점차 임원을 개선할 생각으로 이들로서 민회를 구성하였다. 아울러 차후에 만주 봉천(奉天)의 예를 따라 약간의 일본인 상담역과 고문을 둘 구상을 갖고 있었다.[80]

이후 일본은 신한촌 뿐만 아니라 블라디보스토크 전체 한인을 대상으로 하는 민회 설립을 계획하고 1920년 5월 23일 블라디보스토크 조선인 민회를 조직하였다. 사무소는 신한촌에 두었으며, 회장은 이상운(李尙雲), 부회장은 전병희(全秉熙), 의사원은 윤능효, 최만학, 학무원은 채성하 등이 담당하였다. 이 조직은 블라디보스통 총영사관과 러시아 관할 관원의 지휘를 받게 되어 있었다.[81] 아울러 일본영사관에서는 한인들을 강제로 민회에 가압하개 하였으며 가입하지 않는 한인들은 '난당(亂黨)'으로 몰아 탄압하였다.[82]

아울러 일본육군은 신한촌에 시료소(施療所)를 설치하여 민심을 회유하고자 하였다. 그리하여 4월 15일이래 이일에 열중하였으며, 해성병원 의사인 조선인 이해창(李敏昌), 김인국(金仁國) 등을 고용하여 진료에 임하게 하고자 하였다.[83] 그 후 계속 노력하여 1920년 5월 20일부터 하바로브스카야 거리에 있는 이형욱의 집을 빌려 개원하였다. 그리고 일요일과 휴일(祭日)을 제외하고 매일 오전 8시부터 오후 4시까지 진료를 하였다.[84] 한편 1920년 4월 10일 신한촌에 신한촌 헌병분견소를 개설하고 동일부터 신한촌에는 하바로브스카야 거리 민회사무소 앞에 헌병 준사관 1명, 헌병 9명이 파견 사무를 개시하였다.[85]

또한 일본군은 한인들의 경제적 문제를 해결해 줌으로써 환심을 사고자 하였다. 즉, 1920년 4월 신한촌 하바로브스카야 거리 제1호에 거주하는 김자경

80 1920년 4월 17일 조선인민회 창설의 건.
81 국회 3, 670쪽.
82 『자유보』 4호, 1920년 10월 17일발행, 〈연해주에 근일현상〉
83 1920년 4월 17일 신한촌에 군의 시료소 설치에 관한 건.
84 1920년 5월 10일 신한촌 시료소 설치의 건;1920년 5월 26일 신한촌에 施療所 개설의 건.
85 1920년 4월 17일 신한촌헌병분견소 개설의 건.

(金子敬)은 신한촌에 살고 있는 동포들이 식료문제로 어려움을 겪고 있음을 파악하고, 니코리스크에서 속(粟) 940 푸드를 구입하였다. 이 과정에서 일본군의 협조로 니코리스크에서 블라디보스토크까지 운임비를 면제받았다. 그 결과 4월 28일 오후부터 약 2할 정도 저렴한 가격으로 동포들에게 곡식을 판매하였던 것이다.[86]

한편 4월 참변 이후 일본의 직접적인 감시와 회유에도 불구하고 일부 신한촌 한인들은 계속해서 항일투쟁을 전개하였다. 1920년 5월 신한촌 거주 양주순(梁柱順), 윤병한(尹柄漢), 김태준(金泰俊), 김봉식(金鳳植), 심원회(沈遠回), 이동화(李東華), 장주섭(張周燮), 김병익(金炳益) 등 15명은 암살단을 조직하여 일본의 고관, 친일조선인, 군자금 출자에 응하지 않는 조선인을 암살하고자 하였다. 이들은 러시아인 이바노프로부터 총 100정, 폭탄 200개를 구입하여 우수리스크로 운반하기도 하였다.[87] 또한 추풍, 연추, 이만 각지에서 항일투쟁을 전개하기도 하였다.[88] 그러나 전체적으로 볼 때 1920년 4월 참변 이후 신한촌에서의 항일운동은 쇠퇴하였다고 할 수 있겠다.

맺음말

지금까지 신한촌과 한인독립운동에 대하여 살펴보았다. 이를 토대로 신한촌이 한인독립운동에서 갖는 위상을 언급함으로써 결어에 대신하고자 한다.

첫째, 신한촌은 블라디보스토크 지역, 러시아지역의 가장 대표적인 한인집단거주지로서 그 일차적인 의미를 갖는 다고 할 수 있다. 1920년 말의 경우 신한촌 거주 호수 및 인구는 총 1,289호, 5,414명이었다. 그 중 한인의 호수는 944

86 국회 3, 622쪽.
87 1920년 10월 21일 신한촌 한인 암살단에 관한 건.
88 『자유보』 4호, 1920년 10월 17일, 〈연해주에 근일현상〉

호, 3,775명으로서 다수를 차지하고 있다. 이처럼 신한촌은 다수의 한인들이 집단적으로 거주하는 지역으로서 이곳에 거주하는 한인들을 바탕으로 독립운동이 가능하였다고 생각된다. 바로 이곳에 거주하는 동포들이 3·1운동 등 한인시위운동의 중추세력이었고, 또한 파리강화회의 대표파견 및 군자금 제공의 원천이었으며, 이곳으로 망명 온 동포들의 경제적 문제를 해결해주고, 신한촌으로 피신해 오는 독립운동가들에게 은신처를 제공해주었던 것이다.

둘째, 신한촌은 1910년대 초부터 1920년 4월 신한촌 참변이 있기 전까지 러시아 지역 한인독립운동의 가장 대표적인 근거지였다. 그러므로 바로 이곳 신한촌에서 권업회, 권업신문사, 한인신보사, 노인동맹단, 일세당, 대한국민의회, 신민단 등 대표적인 항일조직들이 결성되었던 것이다. 아울러 수많은 항일운동가들이 국내외에서 이곳으로 몰려들어 독립운동을 계획하고 추진하였던 것이다.

셋째, 신한촌은 독립운동기지였을 뿐만 아니라 독립운동의 현장이기도 하였다. 3·1운동의 중심지가 이곳이며, 한일합방 반대시위 등이 이곳 한민학교 등에서 전개되기도 하였던 것이다.

넷째, 신한촌은 민족교육의 요람이기도 하였다. 한민학교는 그 대표적인 학교였으며, 이곳에서는 창가 등 다양한 교육을 통하여 학생들에게 민족교육을 실시하였다.

이처럼 러시아 지역 한인민족운동의 요람이었던 신한촌은 1920년 4월 신한촌 참변이후 친일적인 민회와 일본 헌병 초소 등이 설치됨으로서 독립운동의 중심지로서의 면모는 점차 쇠퇴하였다. 결국 블라디보스토크 신한촌은 1910년대부터 20년대 초기까지 러시아지역의 대표적인 항일운동기지라고 할 수 있으며, 만주지역의 명동촌, 유하현 삼원보 등과 같이 해외지역의 대표적인 독립운동기지라고 할 수 있겠다.

대한국민의회와 연해주지역 3·1운동의 전개

머리말

1905년 을사조약 체결이후 일제의 조선에 대한 침략이 노골화된 이후부터 1945년 해방에 이르기까지 국내외에서 민족운동이 활발하게 전개되어 왔다. 그 가운데 러시아지역에서의 민족운동은 1905년부터 1914년 제1차세계대전이 발발하기 전까지는 국내외민족운동을 주도했을 정도로 가장 활발히 전개되었으며, 3·1운동 전후 시기에도 다른 어느 지역에 못지 않게 활발한 움직임을 보였다. 그 결과 국내외 독립운동 세력 가운데 가장 빠른 시기에 대한국민의회라는 정부 조직을 만들었으며, 이를 토대로 3·1운동을 전개하는 등 한인민족운동사에 있어서 중요한 위치를 차지하고 있다. 이에 러시아지역에서의 민족운동은 학계의 주목을 받았으며, 특히 구소련의 몰락 이후 한국과 러시아 간에 문화적 교류가 활발해지면서 이 지역 운동사에 대한 많은 부분이 새롭게 밝혀지게 되었다. 그 가운데 대한국민의회와 3·1운동 부분은 반병률, 이정은 등에 의하여[1] 3·1운동의 발발과 대한국민의회의 성립, 중심인물, 독립선언서 등 그 전체적인 내용이 알려지게 되어 이 분야 연구에 크게 기여하고 있다. 그렇다고 하여 러시아지역의 3·1운동과 대한국민의회에 대하여 모든 것이 밝

1 반병률, 「대한국민의회의 성립과 조직」, 『한국학보』46, 1987년 봄호, 일지사; 반병률, 「노령에서의 3·1운동」, 『한민족독립운동사』3, 국사편찬위원회, 1988; 이정은, 「3·1운동을 전후한 연해주 한인사회의 독립운동」, 『한국독립운동사연구』11, 독립기념관 한국독립운동사연구소, 1997

혀졌다고 할 수는 없을 것 같다. 파리강화회의의 러시아지역 한인 대표 파견과 관련된 일련의 회의들과 대한국민의회의 조직 시기 및 과정, 3·1운동 발발 이전 재러동포들에 대한 민족의식 고취 문제, 그리고 3·1운동의 발발 지역 등에 대한 몇 가지 보완할 부분이 있다고 생각되기 때문이다.

이에 본고에서는 대한국민의회의 성립과 연해주 지역의 3·1운동에 대하여 다시 살펴보고자 하는 것이다. 이를 위해 우선 파리강화회의의 대표 파견 문제에 대하여 알아보고자 한다. 이 부분에서는 1919년 1월 초순 니코리스크에서 개최된 한인회의와 1월에 블라디보스토크 신한촌에서 신한촌세력들에 의해 개최된 회의 등에 대하여 집중적으로 밝혀볼 예정이다. 이를 통하여 파라강화회의 대표 파견 문제에 대하여 보다 심층적으로 파악할 수 있을 것으로 기대된다. 이어서 3·1운동 이전 재러한인 사회의 동향과 대한국민의회의 성립에 대하여 살펴보고자 한다. 전자와 관련하여서는 한인신보, 한족공보, 러시아어 신문 등 언론활동과 연극, 高宗추도회 등이 한인사회에 미친 영향에 대하여 밝히고자 한다. 그리고 후자에서는 대한국민의회의 성립시기와 주요 간부에 대하여 언급하고자 한다. 특히 대한국민의회의 성립시기와 관련하여서는 대한국민의회가 발급한 윤해(尹海)의 해외여행여권이 우리에게 많은 시사점을 제공해줄 수 있을 것으로 보인다. 끝으로 러시아지역에서 전개된 3·1운동에 대하여도 살펴보고자 한다. 이 부분에서는 특히 지금까지 상세히 알려지지 않았던 니콜라예프스크, 이르크츠크, 치타 등지에서도 3·1운동이 전개되었음을 밝혀 러시아지역에서의 3·1운동이 보다 광범위한 지역에서 이루어졌음을 살펴볼 예정이다.

결국 본고를 통하여 러시아지역 한인독립운동세력들이 파라강화회의 대표 파견에 얼마나 주도 면밀하였는가를 살펴볼 수 있을 것이다. 또한 대한국민의회 정부의 수립이 1919년 1월 경부터 추진되었으며, 윤해 등이 파리강화회의 러시아 한인대표로 파견될 당시에 이미 대한국민의회의 명칭과 의장, 서기, 의원 등 주요 직책이 확정되었음을 살펴볼 수 있을 것이다. 또한 러시아지역의 3·1운동이 연해주 지역뿐만 아니라 자바이칼주, 아무르주, 동시베리아 등 보다 광범위한 지역에서 전개되었음도 알 수 있을 것이다.

1. 파리강화회의 대표 선정과 러시아지역 한인민족운동

1) 1919년 1월 초순 개최된 니코리스크 회의와 파리파견 대표의 결정-미국에 대한 기대

제1차 세계대전이 종전되면서 윌슨에 의하여 전후 처리의 기본 원칙으로 민족자결주의가 발표되자 약소국지도자들은 이를 크게 환영하였다. 그리하여 파리강화회의에 크게 주목하는 한편 1918년 12월 초순부터 뉴욕에서 세계약소민족동맹회의 제2차 연례총회를 개최하여 약소민족자결주의 원칙에 따라 파리강화회의에서 약소민족을 독립시켜야 한다고 결의하고자 하였다. 이 소식에 접한 미주지역의 동포사회에서는 파리강화회의와 세계약소민족 동맹회의에 대표를 파견하여 조선의 자주 독립을 주장하고자 하였다. 이에 1918년 11월 25일 대한인국민회 중앙총회장 안창호는 임원을 소집하여 이승만, 민찬호(閔讚鎬), 정한경(鄭翰景) 등을 소약속국동맹회의에 참석자로 지명하고 정한경, 이승만을 파리행 대표로 임명하였다.[2] 또한 뉴욕에 근거지를 두고 있던 김헌식(金憲植)은 1918년 11월 30일 비밀리에 신한회 총회를 개최하고 미국 대통령과 국무부, 그리고 상하원에 제출할 결의 선언문을 작성하였다.[3] 그러나 이승

2 방선주, 「재미한인과 3·1운동」, 『한민족독립운동사』3, 국사편찬위원회, 1988, 484-485쪽, 499쪽.

3 방선주, 「김헌식과 3·1운동」, 『재미한인의 독립운동』, 한림대학교 아시아문화연구소, 1989, 321-322쪽.

만, 정한경 등 파리대표파견은 여권이 발급되지 못하여 실패로 돌아가고 말았으며,[4] 다만 제2차 소약속동맹회의에만 대표를 파견할 수 있었다. 즉 1918년 12월 4일 오후 뉴욕 맥알파인 호텔에서 열린 제2차 소약속국 동맹회의에 신한회에서 김헌식이, 그리고 대한인국민회에서 민찬호, 정한경 등 2명이 참석하였던 것이다.[5]

한편 미국에서 재미동포들의 활동이 활발해질 무렵인 1918년 11월경 러시아지역에 있는 동포들의 상황은 그리 원만하지 못하였다. 1918년 8월 이후 일본을 비롯한 연합국의 러시아혁명에 대한 무력개입으로 백위파정권이 득세하게 됨으로써 한인민족운동은 침체기에 빠져들게 되었기 때문이었다. 이에 러시아에서의 한인대표기관인 전로한족회중앙총회는 콜챠크가 시베리아에 대한 통치권을 장악하게 되는 1918년 11월에는 중앙체제를 변경하여 지방연합회 대표로 구성되는 한족상설의회(韓族常設議會)를 설치하였다.[6]

이러한 시기에 미국에서 활발한 활동을 전개하고 있던 미주 대한인국민회 중앙총회는 이승만, 안창호 등 대한인국민회 대표를 파리로 파견한다는 내용을 한족상설의회에 전달하는 동시에 파리에도 러시아지역 대표를 파견할 것을 요청하였다.[7] 당시 1차 세계대전의 종결과 더불어 한족상설의회의 경우도 언론 보도를 통하여 파리 강화회의소식을 접하고 있었다고 생각된다. 그리고 그들은 민족자결주의의 논리가 과연 우리 민족에게도 해당될 것인가 또는 우리 민족도 능히 이러한 민족자결주의를 의사로서 발표할 수 있을 것인가 등에 관하여 논의하였을 것으로 추정된다.[8]

---

4 이상일, 「3·1운동이후 재미한인 독립운동의 전개」, 『3·1운동과 열강의 반응』, 3·1운동 80주년 학술회의, 한국정치외교사학회, 26쪽.

5 방선주, 「재미한인과 3·1운동」, 490쪽.

6 반병률, 「대한국민의회의 성립과 조직」, 『한국학보』46, 140-141쪽.

7 국회도서관, 『한국민족운동사료』(3·1운동편 3)(이하 국회 3으로 약함), 1979, 49쪽.

8 1921년 5월 10일자 『동아공산』 제14호에 실린 김규찬의 「북간도고려인 혁명운동략사」를 보면

이처럼 침체기 속에 있던 한족상설의회에 미국 대한인국민회로부터의 윌슨의 민족자결주의에 대한 소식과 약소민족회의에 대한 소식은 어려운 가운데서도 한족상설의회가 독립운동을 새롭게 모색하는 계기를 제공해주었던 것이다. 특히 이 가운데서도 러시아 지역에서 활동하고 있던 대한인국민회 세력의 경우 미주 대한인국민회에서 연락을 받았을 것이고[9] 아울러 노령지역에서의 파리대표 파견 등에 대하여 많은 기대를 갖고 있었을 것으로 생각된다. 그러나 한족상설의회의 중심인물인 함경북도 출신 인사들은 파리대표파견과 정부조직 등을 염두에 두고 그들의 위상을 이 기회를 통하여 보다 확고히 다지기 위하여 비밀리에 자신들의 주도로 그 이후의 대표파견과 정국구도를 구상하였던 것으로 생각된다.[10] 그리하여 경파(京派)인 조완구(趙琓九), 이동녕(李東寧) 등과는 논의조차 하지 않았으며, 안정근(安定根) 등[11] 평안도파와는 일련의 의논이 있었으나 그들의 의견을 따르지 않았던 것이다.[12]

한족상설의회에서는 파리강화회의에 한인대표를 파견하기로 하였다. 특히 주목되는 것은 한족상설의회에서 중국과 노령지역이 연합하여 대표를 파견하고자 하였던 점이다. 즉 미국에서 이 소식을 접한 한족상설의회는 12월 상순 중국과 노령이 연합하여 대표를 파리강화회의에 보내어 독립을 요구하자는 통첩을 북간도(北間島)에 보냈던 것이다. 이에 북간도에서는 장동에서 비밀회의

북간도지역의 독립운동가들이 파리강화회의 소식을 듣고 이러한 생각들을 했다고 하고 있다. 이에 러시아 지역의 동포들도 비슷한 생각을 하였을 것을 추정된다.

9 당시 미주 대한인국민회 세력은 약간의 회원이 있는 정도로 별 세력을 갖지 못하였다. 대표적인 인물로는 정재관을 들 수 있다(1918년 10월 1일 재노령불령선인의 현황에 관한 보고의 건, 일본외무성 사료관 소장 자료, 분류번호 432 2-1-2, 不逞團關係雜件, 在西比利亞 朝鮮人部, 이하 언급 생략)

10 姜德相編, 『現代史資料』27, みすず書房, 1970, 173쪽.

11 안정근은 안중근의 동생으로 제1차세계대전시 러시아군에 입대하여 장교로 복무하였으며, 제대후 니코리스크에서 벼농사를 지어 크게 성공하였다(송우혜, 「독립운동가 안정근의 생애」, 『박영석교수회갑논총』, 1992, 750-756쪽).

12 姜德相編, 『現代史資料』27, 173쪽.

를 개최하고, 한족상설의회의 통첩에 동정을 표하고, 대표의 여비를 비밀히 모집하였다.[13]

미주에서의 한인들의 활동과 당시 국제정세에 고무된 한인들은 니코리스크 한족회 주관으로 1919년 1월 초순 노령과 동청철도연선지방(東淸鐵道沿線地方)에 거주하는 동포 200여명이 참석한 가운데 대규모 한인대회를 개최하였다. 이 모임에 참여한 중심인물로는 문창범(文昌範, 니코리스크 한족회 회장), 한영준(韓永俊, 러시아 육군 장교 출신, 니코리스크), 안정근(니코리스크), 원미항(元美恒, 러시아 육군 장교 출신, 연추), 안장근(安莊根, 穆陵縣), 박산우(朴山友, 스파스크) 등을 들 수 있다.[14]

문창범은 주지하는 바와 같이 한족상설의회와 니코리스크 한족회의 중심인물이고, 안정근은 안중근의 동생이며, 안장근은 안중근의 아버지인 안태훈(安泰勳)의 형인 안태진(安泰鎭)의 둘째아들이다.[15] 즉 니코리스크, 스파스크, 연추 등 러시아지역 대표와 만주의 목릉현 대표들이 그 중심을 이루고 있으며, 그중에서도 니코리스크 세력이 중심을 이루었다고 할 수 있다. 다만 여기에 지역적으로도 가까운 블라디보스토크 신한촌 민회 세력이 참여하고 있지 않은 것이 주목된다.

니코리스크 모임에 참석한 대표들은 미국에서의 재미교포들의 활동에 대한 보고를 듣고 니코리스크에서 비밀회의를 갖고 노령재류선인의 대표자를 프랑스로 파견할 것을 결정하였다. 즉, 전노령조선인 대표자로 이동휘(李東輝)를, 그리고 동청철도연선(東淸鐵道沿線)지방 대표로 백순(白純)을, 시베리아 귀화인 대표로 연추 한족회 회장 최재형(崔才亨)을, 그리고 조선 국내 대표로 상해에 있는 이용(李鏞)을 각각 선정하였던 것이다. 아울러 수행원으로 박상환(朴商煥)을

13 『동아공산』 14호 1921년 5월 10일자 김규찬이 쓴 <북간도고려인 혁명운동략사>

14 1919년 2월 8일 노령 목릉지방에 있어서의 선인의 독립운동에 관한 건.

15 송우혜, 앞의 논문, 751쪽.

결정하였다. 그는 간도(間島) 명동소학교(明東小學校) 교사출신으로 불어에 능통한 인물이었기 때문이다[16]

노령지역 대표로 이동휘가 선정된 것은 문창범 등 한족상설의회의 함경도 출신들이 세력의 반영이라고 할 수 있을 것이다.[17] 또한 당시 한족상설의회의 국제정세관과도 밀접한 관련을 맺고 있었던 것이 아닌가 한다. 일찍이 재러동포들은 독일과[18] 러시아 볼세비키에 대한 기대가 컸다.[19] 그러나 당시에는 재러한인들은 미국에 대하여 큰 기대를 갖고 있었던 것이다. 즉 재러동포들은 제1차세계대전에서 독일이 반드시 승리할 것이라고 믿고 전후 독일의 보호에 의해서 한국의 독립을 생각하였다. 그 결과 노령 또는 만주 방면에 있는 독일 탐정들과 밀접한 제휴관계를 맺고, 연합국측에 대항하고자 하였다. 그러나 독일이 패배함으로서 그 꿈은 사라지게 되었다. 이에 재러동포들은 미국에 기대를 갖게 되었다. 미국은 풍부한 물자와 재력을 가지고 제1차세계대전에 참여하여 중요한 역할을 담당하였다. 이에 재러동포들은 미국이야말로 약소민족의 구

16 국회 3, 49-50쪽.

17 문창범 세력으로 파악되는 인물로는 元世勳(함남 영흥), 김만겸(함북 경원), 고창일(함북 경원), 南公善(함남 원산), 윤해(함남 영흥) 등을 들 수 있다(국회노서관, 『한국민속운농사료(중국편)』(이하 국회 중국으로 약함), 1976, 357쪽), 윤해 및 고창일 공적조서, 국가보훈처)

18 1918년 8월 28일 노령 니코리스크 부근 배일선인의 행동에 관한 건에 따르면 다음과 같은 기록이 있다. 일본군이 블라디보스토크에 상륙하자 노령 니코리스크를 중심으로 하여 그 부근의 조선인들에게 항일의식을 고취하던 중심인물인 李興三, 金昌植, 高明守, 秦檀山(秦學新), 金相福, 崔秀吾, 崔鍾宇 등 수십명은 8월 12, 13일경 급히 이르크츠크, 饒河縣, 二哈賓, 愛琿縣, 楡樹縣 등으로 향하였다. 그들은 먼저 이르크츠크에 있는 독일첩보국에 교섭해서 자금을 구해서 앞서 언급한 각 지방에 흩어져 있는 조선인들을 규합해서 독립군의 후원에 의해서 연해주에 상륙한 일본군을 격퇴하고 신한국을 건설하며, 고려족의 독립을 계획하고 있다. 독일에 대한 기대를 보여주는 기록으로는 1918년 8월 14일의 시국에 관한 불령선인의 행동에 관한 건에서도 잘 나타나고 있다. 즉 1918년 7월 21일 니코리스크에서 독립운동가 39명이 모여 일본의 군사행동을 저지하기 위해 이르크츠크에 李剛, 李敏馥, 鄭在寬, 丁益秀, 林保赫 등을 파견하고 있음을 보여주고 있다.

19 洪範圖, 李範允, 李允, 全一, 劉尙爀, 柳東說 등은 러시아 볼세비키의 도움을 받아 시베리아에 출병한 일본군과 전투를 전개하고자 하였다. 특히 전일과 유동열은 각각 100여명을 이끌고 하바롭스크 부근에서 전투를 전개하여 30여명이 전사하였다고 한다. 또한 梁起鐸, 朱鎭洙, 金東愚, 金佐斗 등은 러시아 볼세비키와 상통하여 무기를 제공받고 있다(1918년 10월 2일 배일선인의 행동에 관한 건)

세주라고 믿고 미국에 기대를 걸었다. 한편 미국의 시베리아 출병과 관련하여 결국 미국과 일본이 전쟁할 것으로 기대하고 금후 일본을 제압할 수 있는 나라는 미국이라는 생각을 하게 되었다.[20] 이러한 가운데 니코리스크에 있는 한족중앙위원회에서는 미국에 있는 동지를 통하여 미국대통령의 후원을 얻을 것이라는 설이 유포되어 있었다. 그리고 또한 미국에서 활동하고 있는 박용만(朴容萬)은 블라디보스토크에 있는 장기영(張基永)에게 서신을 보내어 러시아에 있는 동지들이 미국군대의 용달(用達)이 가능한가를 타진하기도 하고, 한국에 있는 미국인 교회에서 최근 러시아 지역에 살고 있는 조선인들에게 전도를 하기 위하여 1명의 미국인 선교사를 블라디보스토크에 파견하려고 하는 의논이 있다는 등 미국에 대한 많은 기대감이 있었던 것이다. 그 결과 러시아지역 독립운동가들 뿐만 아니라 일반 동포들도 미국을 숭배하고, 미국에 의한 한국의 독립을 생각하고, 파리평화회의에서 미국대통령에 의한 한국독립제의가 있을 것으로 기대하였다.[21]

재러한인들의 미국에 대한 기대는 기독교를 신앙하고 있는 이동휘를 파리에 파견하는 것이 보다 효과적일 것으로 생각하게 하였을 것이다. 또한 이 회의에 참여한 인적구성도 그 한 요인으로 작용하였을 것이다. 이 모임에 참여한 인물들은 노령 각 지역과 목릉지역이 산재해 있는 기독교신자와 영국, 미국인이 경영에 관계하는 교회 소속의 학생들이었다. 즉, 기독교와 관련된 인사들이 주로 참여하였던 것이다. 이점 또한 이동휘가 노령지역의 대표로서 선정되는 데 한 요인으로 작용하였을 것으로 추측된다. 파리대표로 선정된 이동휘는 동청(東淸)철도를 거쳐 상해를 경유하여 파리로 갈 예정이라고 알려지기도 하였다.[22]

20 1918년 12월 2일 배일선인등 미국에 대한 의향 등에 관한 건.
21 1918년 12월 7일 배일선인의 미국에 대한 의향에 관한 건.
22 1919년 2월 5일 강화회의와 조선독립운동에 관한 건.

한편 최재형은 전시베리아에 거주하는 귀화인들에 의하여 추대되었다.[23] 즉 이 모임의 중심인물인 러시아 육군 장교출신인 귀화한인, 한영준, 원미하일 등이 주장하였을 것으로 생각된다. 그리고 이용의 경우는 함경도 출신으로서 부친 이준(李儁)에 대한 추모열기가 러시아지역에서 대단하였고, 헤이그밀사에 이어 파리강화회의에 이준의 아들이 참석한다면 홍보효과 역시 크지 않을까 하는 고려에서 그가 상해에 있음에도 불구하고 국내대표로 선정한 것이 아닌가 추정된다. 그리고 동청철도연선지방의 대표 백순의 경우는 대종교 세력의 지지와 목릉현에 거주하는 안정근의 입장이 고려된 것이 아닌가 짐작된다. 백순은 충남 논산(論山)출신으로 1909년 중 형사피고인 사건으로 북간도로 망명하여 활동하다가,[24] 1915년 10월부터 중동선(中東線) 해림참(海林站)에서 활동하였으며, 1918년 말경에는 밀산부(密山府)에서 대종교지도자로서 일하고 있었다.[25]

한편 니코리스크에 모인 사람들은 시국에 대한 협의를 마친 후 한족대운동회(韓族大運動會)라는 명의하에 태극기를 앞세우고 니코리스크 전역을 돌아다니며, 조선의 독립을 추구하였다. 이에 놀란 일본 군대는 이를 전원 해산시키는 한편 태극기를 몰수하였다. 그러자 한인들은 미군 군헌들에 교섭하여 태극기를 반환받게 되었다. 이러한 일이 있게 되자 미국에 대한 기대감은 더욱 고조되었으며, 파리강화회의에서 민족자결주의에 의해 독립될 수 있다는 확신

23 국회 3, 49-50쪽.

24 朝鮮總督府 警務局, 『國外における容疑朝鮮人名簿』, 246쪽.

25 독립운동사편찬위원회, 『독립운동사』4, 179쪽; 1918년 10월 1일 재러불령선인의 현황에 관한 보고의 건에서 백순을 대종교수령이라고 언급하고 있을 정도로 그는 대종교의 중심적인 인물이었다. 당시 대종교는 러시아의 블라디보스토크, 니코리스크, 만주의 간도, 밀산부, 小綏芬 지방에 그 교세가 강하였고, 각 지방에 관리자를 배치하였다. 블라디보스토크에는 高平, 니코리스크에는 李敏馥, 밀산부는 백순, 소수분은 秦檀山(秦學新)이 담당하였으며, 이들은 모두 유력한 독립운동자들이었다.

을 갖게 되었고, 또 이러한 말들을 동포들에게 선전하는데 열중하게 되었다.[26]

사태가 여기에 이르자 1918년 8월 이후 동부시베리아지역에 백계파가 우세하여 한때 침체기에 들어갔던 러시아지역의 한인 독립운동세력은 다시 적극적으로 독립운동을 전개하고자 하였다. 특히 재러동포들은 미국동포들과의 통신을 통하여 빈번한 연락관계를 맺고 활동하고 있었던 것이다. 즉 재러동포들은 재미동포들의 요청 및 투쟁방략에 따라 일본에 대한 투쟁을 전개하고자 하였다. 미주동포들은 재러동포들이 시베리아방면에서 일본군과 충돌해야 하며, 이때 동포 중의 일부는 비참한 최후를 맞이해야 한다. 그리고 이것으로써 미국군대 내에 동정을 일으켜 파리강화회의에서 이 문제가 제기되어야 한다. 이를 위하여 재러동포들은 분발해야 한다고 하였던 것이다. 아울러 재러동포들은 시베리아에 주둔하고 있는 미군들에게 종종 한인들의 절박하고 애처로운 사연을 말하여 미군들의 동정을 일으키고자 하였다.[27] 또한 니코리스크 한족회는 미군 육군 장교를 비밀고문으로 하여 각 지방회와 연락하여 세력을 증대시키고자 하였다. 또한 일본과 미국과의 개전설을 퍼뜨려 미국에 대한 강한 기대감을 보이고 있었던 것이다.[28]

지금까지의 검토를 통하여 니코리스크 회의에서는 파리강화회의 대표를 선정하였고, 시베리아에서 문제를 야기시켜 한국문제를 파리강화회의의 의제로서 채택되도록 하고자 하였으며, 한국의 독립과 관하여 재러동포들이 미국에 대해 상당한 기대감을 갖고 있었다는 사실을 알게 되었다. 또한 이러한 노령지역 한인들의 계획은 재마한인들과의 밀접한 관련성 속에서 이루어지고 있었다는 사실 또한 파악하게 되었다. 니코리스크 회의에서의 대체적인 결정 내용과 그 구상이 차후에 이루어지는 2월 7일 니코리스크회의와 2월 25일 회의를

26 1919년 2월 8일 노령 목릉지방에 있어서의 선인의 독립운동에 관한 건.
27 1919년 2월 8일 노령 목릉 지방에 있어서의 선인의 독립운동에 관한 건.
28 1919년 1월 27일 노령정보 휘보.

통하여 보다 구체화된다고 할 수 있겠다. 그런 의미에서 1919년 1월 초순에 니코리스크에서 개최된 회의는 러시아 지역에서 전개된 3·1운동과 관련하여 중요한 의미를 갖는 것이라고 할 수 있다.

한편 1919년 1월 초순의 니코리스크대회 이후 노령지역에 살고 있는 동포들은 미국에 대한 강한 기대감과 더불어 파리강회회의에서 한국은 반드시 독립할 것이라는 생각을 갖게 되었다. 이에 1919년 1월 12일에 발간된 한인신보에서 김하구(金河球)는 〈자유의 신년〉이라는 제목하에 평화회의에서 한국이 독립할 것임을 주창하였다.[29]

니코리스크 한족상설의회의 중심인물인 문창범 등은 그 후 파리 강화회의의에서의 러시아 한인 대표의 위상에 대하여 재검토하게 되었던 것 같다. 그들은 곧 파리파견 대표를 윤해(尹海)와 고창일(高昌一)로 변경하였다. 그것은 파리에 도착할 경우 윤해 등에게 평화회의, 국제연맹, 소약민족회의에 참여하되, 각처에서 온 국민대표와 합동동작하란 출발 당시의 명령[30] 을 통하여도 짐작해 볼 수 있다. 즉 문창범 등은 파리강화회의에 각 지역에서 많은 조선인 대표들이 참석할 것이며, 그 한 일원으로서 러시아 지역의 대표가 활동하는 것으로 인식하였던 것이다. 그리하여 문창범 등은 1919년 1월 15일 윤해와 고창일에게 규정된 서류와 여비를 주고 아울러 파리강화회의에 참석할 방도는 대표단이 상황에 따라 처신할 것을 통고하였던 것이다.[31]

---

29 1919년 2월 7일 강화회의와 조선독립에 관한 건.

30 국회 중국, 194-195쪽.

31 "DE COREE A PARIS EN DIX MOIS, par GO-TCHANR et YOUN-HAI, UN VOYAGE A LA JULES VERNE de Corée a Paris en Dioc Mois", Je sais tout(1920년 3월호, No.172, 1920.3·15발행) 291쪽. 한글 제목은 「쥴 베른느 식의 어떤 여행:10개월에 걸친 한국에서 파리로의 여정」이다. 1975년 4월 9일자 조선일보 두 한인밀사 시베리아황단 10개월(상) 참조. 조선일보 1975년 4월 9일, 11일, 13일자에서는 한국방송공사 국제국장인 한숙씨가 파리 고서점가에서 발굴한 잡지 Je sais tout(1920년 3월호, No.172, 1920.3·15발행)에 게재된 러시아한인대표 고창일과 윤해의 글 「서울에서 파리까지-주르 베르느식 대륙횡단 영행 10개월」을 3회에 걸쳐 독점 연재하고 있다. 이 글에는 윤해와 고창일의 파리로 출발이전

2) 신한촌 민회세력의 파리강회회의 대표 파견 논의

1911년 이후 신한촌에서 한인들의 대표적인 단체로 활동하던 신한촌 민회는[32] 제1차 세계대전의 발발과 더불어 1914년 권업회(勸業會)와 함께 해산된 이후 이름을 위생부(衛生部)로 고치고 별도의 규칙 등을 만들어서 활동하여 왔다. 그러나 위생부는 실질적으로는 민회의 역할을 담당하였다. 러시아혁명 발발 이후 신한촌 민회는 비로소 공공연히 「해항(海港) 신한촌민회」라는 정식명칭을 갖고 새로이 회칙을 정하고, 새 회장으로 김 루가를 선출하여 활동을 재개하였다. [33] 신한촌민회에서는 블라디보스토크시와 그 부근에 거주하는 조선인의 생활상태를 각종의 방법으로 개선하고 또한 신한촌 정비를 촉진하는 것을 그 목적으로 하고 있었으며, 회칙을 새로이 마련하였다.[34] 그 중 주목되는 것은 회원의 자격문제였다. 신한촌 민회에서는 러시아인의 권리가 있는 정년(丁年)이상의 공민(公民)인 조선인으로서 블라디보스토크 시와 그 부근과 신한촌에 거주하는 자는 남녀를 구분하지 않고 회원으로 한다[35] 라고 하여 귀화한 인중심의 민회를 구성하고자 하였던 것이다.

1917년 10월 혁명이 닦아올 무렵 신한촌 민회는[36] 그 성격이 변화하는 모습을 보여주고 있다. 러시아에 귀화한 조선인 병사들은[37] 신한촌의 일부 젊은이

상황과 파리로의 여정, 그리고 대한국민의회에서 발행한 한국민 해외여행권 등이 실려 있어 대한국민의회의 성립 시기와 파리로의 여정 등을 이해하는 데 큰 도움을 주고 있다.

32 윤병석, 「연해주에서의 민족운동과 신한촌」, 『한국민족운동사연구』3, 한국민족운동사연구회, 1989, 171쪽.

33 1917년 7월 27일 조선인의 근상에 관한 보고의 건. 회장인 김 루가가 곧 사임하여 채성하가 대리로 일을 맡아보았다. 이어 일부 규칙을 개정하였다.

34 1917년 7월 26일 浦潮斯德 조선인회에 관한 건.

35 1917년 7월 26일 포조사덕 조선인회에 관한 건.

36 『한인신보』 창간호(1917.7.8, 국사편찬위원회 소장) 잡보에 따르면 1917년 7월 6일 회장이하 개선한 임원은 다음과 같다. 회장 김치보, 부회장 채성하, 의사원 김병흡, 홍명환, 오성문, 김학준, 이형욱, 김형권, 조영진(겸 한문서기), 한 안드레이(겸 러시아문 서기), 윤 니꼴라이(겸 위생부장), 윤능효(겸 재무), 경찰부원 오성문, 윤능효, 김학준, 채성하, 조영진, 박원세, 서자범, 현기환, 수전위원 주우짐, 현기환, 김일천 등이다.

37 귀화조선인으로서 군인들의 명단은 1918년 4월 20일 신한촌 배일선인의 경비단 조직에 관한

들과 함께 「민정개혁과 노인배척」을 표어로 내걸고 신한촌 민회의 주도권을 장악하고자 하였다. 즉, 9월 2일 그리고 9월 9일, 10일 양일간에 걸쳐 신한촌 한민학교에 모여 회장 이하 10명의 임원과 21명의 평의원을 새로이 선출하여 신한촌의 행정을 담당하게 하고, 새로운 민회 회칙을 제정하였다. 이에 그들 병사들은 전적으로 민회의 실권을 장악하였다. 당시 새로이 선출된 신한촌 민회의 회장이하 임원은 다음과 같다. 회장 이형욱(李亨郁), 부회장 최 니꼴라이(726연대 소속), 재무 윤능효(尹能孝), 서기 조장원(趙璋元, 726연대 소속), 서기(러시아어) 박 이완(우수리스크 출신의 병사), 경찰부장 박 세미욘, 위생부장 채성하(蔡成河), 교육부장(겸) 최 니꼴라이, 심사부장 한 안드레이, 검사부장 이가순(李可順), 평의원 최 니꼴라이, 강양오(姜揚吾, 군인), 한용현(韓龍鉉), 김진(金震), 윤능효, 조장원, 김철훈(金喆訓), 이가순, 박 이완, 김병흡(金秉哈), 김태봉(金泰奉), 이형욱, 양(梁) 야코프, 엄인섭(嚴仁燮), 채성하 등이었다.[38] 한편 한족상설의회와 일정한 협조관계를 유지하고 있던 신한촌 민회세력들도 파리강회회의와 약소국동맹회의 개최사실들을 일본신문을 통하여 파악하게 되었고, 이들은 니코리스크에 있는 한족상설의회와의 상호 협조하에 대표 파견 등을 논의하고자 하였다. 즉, 신한촌 민회에서 간행되고 있는 한인신보의 주필인 김하구(金河球)가 오사카(大阪) 조일신문(朝日新聞) 1918년 12월 18일, 19일자를 통하여 미국에서의 재미동포들의 활동 사실을 알게 되었다. 즉, 대판조일신문에,

〈1918년 12월 18일 발행 대판 조일신문 제1항(뉴욕15일전보)〉

민족자결을 인정하라는 小弱隷屬國民聯盟의 결의

뉴욕에서 개최된 소국 및 예속국민연맹 제2차 회의는 파리에 있는 윌슨대통령에게

건에서 살펴볼 수 있다. 신한촌에 있는 귀화조선인 군인들은 일본군대가 블라디보스토크에 상륙하자 신한촌을 지키기 위하여 경비단을 조직하였다. 이 경비단은 김하구가 조장원, 강양오 등 군인들에게 권유하여 만든 조직이다. 당시 참여한 귀화조선인 군인들은 51명인데, 주요 명단을 보면, 金濂源, 강양오, 조장원, 李興雲, 채 니꼴라이 등을 들 수 있다.

38 1917년 10월 8일 조선인근상 관한 보고의 건–신한촌에 있는 선인 병졸의 발호.

전보를 보내어 강화회의에서 어떤 국민에게 영향을 주는 어떤 협약도 체결하려고 하는 때에는 그 협약에 찬성 또는 반대하던 간에 그 국민에게 제시해야함을 요구하고, 또한 국제연맹에서 필요로 하는 예비수단의 하나는 민족자결의 원칙을 충분히 승인하고, 또 이와 같은 민중을 연맹의 正員으로서 그 권리를 승인함에 있다고 하는 결의를 발표하고, 이 회의에 출석한 위원은 조선, 에스토니아, 네덜란드, 알바니아 등 여러 나라의 대표자들이 참석하였다.

〈1918년 12월 19일 대판조일신문 評壇〉

요즈음 뉴욕에서 개최된 소국 및 예속 국민연맹의 회합에서 프랑스에 있는 미국대통령에 대해서 강화회의에 있어서 이들의 예속국민에 영향을 주는 협약 등에 대해서 贊否를 결정하는 경우에는 그 국민에게 의지를 제시하게 하고, 민족자결주의를 충분히 승인한다는 내용을 전보로 청하는 결의를 했다고 하는 그들의 동류에 우리 조선이 속해 있다는 것에 주의를 해야한다. 더욱이 그 결의도 요령을 얻지 못하고 있고, 그 회합의 그 자체가 하등의 가치가 없습니다만, (중략) 새로 부속된 국민에 대한 태도와 施문은 장래 일층 신중과 연구를 요한다.[39]

라고 하여, 뉴욕에서 개최된 약소국 동맹회의에 한인대표자가 참석하였음을 보여주고 있는 것이다.[40] 이 신문을 본 김하구는 1918년 12월 24일 블라디보스토크 신한촌 민회에서 민회집행위원 선거후 27명의 의사원과 함께 한 회의 석상에서 대판조일신문 기사를 인용하여 미국에서 활동 중인 동지들이 소약속국 회의에 한인대표들을 파견해서 민족자결주의에 분투하고 있는 이때에 우리도 이를 좌시할 수 없다고 하면서 의당 일치합동하여 재미한인들을 후원해야 한다고 제의하자 모두 이에 찬성하였다.[41]

39 1919년 1월 7일 강화회의에 대한 선인운동에 관한 건.

40 이 신문에 앞서 한인신보 21호(1917년 11월 26일자)는 「큰소식」이라는 제목하에 미국 하와이에서 발행되는 국민보에 의거하여 미국 뉴욕에서 개최되는 25 약소국회의에 한인대표자로서 박용만이 참석하기 위해 출발할 때 발표한 전문인 〈나의 여행과 나의 사명〉 전문을 실어 러시아 지역 한인들에게 큰 영향을 주었다(1917년 11월 20일 뉴욕에 있어서 각국 대표자회의에 관한 건)

41 1919년 1월 7일 강화회의에 대한 선인운동에 관한 건.

신한촌 민회 집행위원회에서는 이 문제는 블라디보스토크 신한촌 민회가 단독으로 처리할 일이 아니므로 니코리스크에 있는 한족상설위원회에 제의하여 동회의 명의로 러시아지역에 거주하는 동포들의 단합을 기획하고, 전러시아 한민족이 모두 단합하여 미국에 있는 동포들을 원조하여 한국의 독립을 달성하고자 하였다. 그리고 니코리스크에 파견할 대표 2명을 선출하되 그 권한은 민회 중앙위원회에 일임하였다.[42]

신한촌 민회에서는 대표로 김진을 선정하고, 그를 니코리스크로 파견하였다.[43] 김진은 함경남도 출신의 27세 청년으로 성품이 강담(剛膽)하고 민족의식이 강한 청년 독립운동가였다. 특히 그는 청년들 사이에 신망이 두터운 인물로 신한촌 하바롭스크거리 강양오의 집에서 살고 있었다. 1909년 간도를 경유하여 블라디보스토크로와 신한촌에 있는 민족학교인 한민학교 교사, 1910년대 대표적 민족운동단체인 권업회 서기 등을 역임한 인물이었다[44] 즉 함경도에 연고를 갖고 있는 항일경력이 있는 젊은이로서 니코리스크 한족상설위원회의 신임도 받을 만한 인물이었던 것 같다. 김진은 1918년 12월 하순부터 약 1주일간 니코리스크에 가서 함경도 출신인 문창범, 윤해 등 회장, 부회장과 김 츄프로프, 김 야코프, 원세훈(元世勳), 한여결(韓汝潔) 등 한족상설위원회 중앙위원회의 임원사이를 오가며 설득하여 이에 동참하게 하였다. 처음에는 신한촌 민회 세력에게 주도권을 빼앗긴 것을 서운하게 생각하여 반대하는 경향이 있었으나 김진이 진력하여 이 문제는 어느 정도 해소되었던 것 같다.[45] 한편 신한촌 민회에서 이처럼 활발한 활동을 하는 가운데 러시아신문에서도 미주에

42 1919년 1월 7일 강화회의에 대한 선인운동에 관한 건.

43 1919년 1월 20일 강화회의에 대한 선인운동에 관한 건.

44 국가보훈처, 「러시아극동 및 북만주지역 배일선인 유력자명부」(이하 『배일선인유력자명부』로 약함), 1997, 245-246쪽.

45 1919년 1월 7일, 1919년 1월 20일 강화회의에 대한 선인운동에 관한 건.

서의 한인동포들의 활동을 기사화하였으며, 신한촌 민회의 김진이 니코리스크의 한족상설위원회와 협조를 이룬 직후인 1918년 12월 29일자 한인신보에서도 일본 대판조일신문 12월 18일자, 19일자를 인용하여 미주동포들의 활동을 알리게 되었다.[46] 이에 한인사회는 파리강화회의와 미국 뉴욕에서 개최된 약소국동맹회의에 대한 기대와 미국대통령에 의해서 한국의 독립을 회복하고자 하는 기대로 들떠 있었던 것은 자연스러운 일일 것이다.

한편 앞서 살펴본 바와 같이 1919년 1월 초순 니코리스크에서 개최되었던 비밀회합에서는 미주지역 대표가 안창호, 이승만 등 그 지역의 대표적인 인물인 점을 고려하여, 노령지역의 대표로도 전로한족회 중앙총회 고문인 이동휘와 최재형을 대표로 선임하였다.[47] 그러나 신한촌 민회에서는 니코리스크에서의 파리강화회의 대표 선정에 관하여 잘 모르고 있었던 것 같다. 대표 파견은 워낙 극비로 진행된 문제이므로 비밀리에 몇몇 인사들을 중심으로 이루어졌을 것이기 때문이다.

한편 니코리스크 회의에서의 대표 선정과는 별도로 블라디보스토크 신한촌에 있는 독립운동가들은 1919년 1월 10일 신한촌의 한민학교, 민회, 한인신보 등 학교, 민회, 신문사 등에서 활동하고 있던 중심인물인 한용헌(韓容憲), 김치보(金致甫), 조장원(趙璋元), 지건(池健), 이범석(李範錫), 김하구 등 10여명이 모인 가운데 이형욱(윤능효)집에서 모임을 개최하였다. 이들은 신한촌의 중심세력으로서 출신지역과 경력이 다양하였다.[48] 한용헌은 원적이 연추이며, 러시아 중학교 출신으로서 일반청년들의 신뢰를 받고 있는 당시 31세의 귀화한인이었다. 신한촌에 사무소를 두고 있던 한인신보의 발행인이며, 잡지 『애국혼』의 발행인이기도 하였다. 그는 전로한족대표자회의 부의장과 연추촌 회장의 경력

---

46 1919년 1월 7일 강화회의에 대한 선인운동에 관한 건.
47 1919년 1월 20일 松島총영사대리가 외무대신에게 보낸 제 334호에 관한 건.
48 『배일선인유력자명부』, 윤능효조, 한용헌조 참조.

을 갖고 있는 유력자였다.[49] 1919년 9월에 한용헌은 한민회 회장이며 블라디보스토크시 의회 의원, 한민학교 교장 등이었다. 그는 노령에서 태어나 한번도 한국에 갔다온 적이 없음에도 불구하고 일본에 대한 강한 항일의식을 갖고 있던 인물이다.[50] 이형욱은 러일전쟁 당시 세관 통역으로 일하였으며, 1910년대에는 신한촌 민회 평의원으로 활동하였고,[51] 1917년 10월경에는 한인신보 고본단 부단장이었다.[52] 윤능효는 함남 함흥출신의 귀화인으로 당시 36세였으며 약 20년전에 노령으로 이주하여 한인신보 재무, 신한촌 민회 재무, 동 심사부원 등으로 일하였고, 일찍이 기독교청년회 총무를 역임하였다. 김치보는 평남 평성平城 출신으로 귀화인이며 당시 60세였다. 일찍이 신한촌 신문인 정교보의 발기인이었으며, 개척리 위생조합 위원장을 역임하였다. 신한촌에 덕창호(德昌號)라는 약점(藥店)을 경영하고 있는 한편 한인신보사 주식단(株式團)으로 활동하고 있는 인물이다. 조장원은 평북출신으로 귀화인이며 당시 35세였다. 1915년 러시아 국민군으로 소집되어 출정하였으며, 1917년에 돌아와서 신한촌 민회 서기를 역임하였고, 1918년 8월 29일에는 민회 서기로서 임시회장으로 국치기념회를 개최하고, 또한 민회의 명의로서 항일전단을 배포하기도 하였다.[53] 지건은 함북출신으로 귀화인이며, 45세였다. 원래 연길현(延吉縣) 소영자(小營子) 광성(光成)중학교 교사로서 민족의식 고취에 노력, 한인신보사 기자 겸 서기로 일하였다. 이범석은 경성(京城)출생으로 비귀화인이며, 1919년 52세였다. 조선시대에 경무관(警務官) 참서(參書)를 역임하였으며, 한일합방에 반대하여 임금에게 상소를 올리기도 한 인사로서 성명회 선언시 서명하였고, 삼포오루(三浦

49 『배일선인유력자명부』, 한용헌 조.

50 국회 2, 345쪽.

51 정태수, 「국치직후의 신한촌과 한민학교 연구(1910-1914)」, 『박영석교수화갑기념논총』, 1190쪽.

52 박환, 『재소한인민족운동사』, 국학자료원, 1998, 184쪽.

53 『배일선인유력자명부』 조장원조, 1918년 9월 12일 일한병합기념일에 관한 건.

梧樓)를 암살하고자 하기도 하였으며, 신한촌위생조합 제1구 위원, 선휼병회(鮮恤兵會) 평의원 등으로 활동하였다. 김하구는 함북 명천 출신 귀화한인으로 한인신보 주필로 활동하였으며, 당시 37세였다. 1911년 조도전(早稻田)대학 정치경제과 졸업한 지식인이었다.[54] 그는 이동휘파로 분류될 수 있는 인물이다.[55]

지금까지 살펴본 바와 같이 민회에는 함경도, 평안도, 경기도 등 다양한 지역의 출신들이 참여하고 있으며, 연령 또한 30세부터 60세까지 다양하게 분포되어 있었다. 또한 한용헌처럼 한인 2세가 있는가 하면 비귀화인 또는 귀화한인 1세도 있었다. 즉, 이 회의에는 민회의 구성 성격처럼 다양한 세력이 참여하고 있는 것이다. 그러나 이들의 공통점은 제1차 세계대전에 참전했다 러시아로 돌아온 군인들이 선출한 주요 간부들이라는 점이다. 즉, 이들은 노동자 병사 소베이트에 보다 근접한 성향을 갖고 있던 인물들이라고 할 수 있고 이점이 니코리스크 한족상설회의와의 차이점이라고 할 수 있다.

이들이 모인 가운데 회의에서는 평화회의에 파견할 대표자 2명을 선출할 것을 계획하였다. 이 회의에서 파견위원은 니코리스크에 있는 한족상설위원회에서 전고(詮考)하기로 하고, 다만 파견될 인물은 프랑스어를 해독할 줄 아는 실무형의 인물을 파견하기로 결정하였다.[56] 이처럼 신한촌 민회 세력이 결정한 것은 비중있는 인물을 파견하는 것도 물론 중요한 일이나 프랑스어를 해독할 줄 모르는 인물이 파견될 경우 프랑스 파리 회의에서 실질적인 역할을 담당할 수 없을 것으로 판단하였기 때문일 것이다. 즉, 현장에서 외교활동을 전개할 수 있는 인물을 선정하고자 하였던 것이다. 이 회의에서 6명의 후보가 선정되었는데 득표순으로 보면, 김보(金甫), 최재형, 한용헌, 최만학(崔萬學), 이동휘, 서오성(徐五星) 등이었다. 그 중 가장 많은 표를 얻은 김보는 모스크바 문과대 출신

---

54 『배일선인유력자명부』 해당 인물조 참조.
55 국회 중국편, 357쪽.
56 1919년 1월 27일 한국독립운동에 관한 건.

으로, 1918년 당시 알렉끼세프스크 관립중학교 교사 겸 동지역 한족회 회장으로서 이만 방면에서 의병모집활동을 하고 있었다.[57]

신한촌 회의에서는 이들 중 누구를 파견할 것인가는 니코리스크 한족상설위원회에 맡기기로 하였다. 아울러 신한촌 민회에서는 여하한 경로를 통하여 대표자를 파견할 것인가에 대하여도 고심하였다. 첫째 안은 미국을 경유하여 파견하는 것이고, 둘째 안은 시베리아 철도를 통하여 파견하는 것이었다. 전자는 일본을 경유해야 하므로 일본관헌에게 체포될 염려가 있었다, 후자의 경우는 러시아와 유럽을 연결하는 철도가 막혀 있어 통과할 수 없을까 염려되었다.[58] 아울러 약소국회의에 참여하여 한국의 독립을 주장하였던 미국거주 박용만을 돕기로 하는 한편 열국평화회의에서 한국독립에 힘쓸 것을 결의하였다. 또한 그 여비를 준비함에 있어서 블라디보스토크와 니코리스크 측에서 분담하기로 하고, 블라디보스토크의 경우 조장원이 이를 담당하되 2만 5찬루블을 모금하기로 하였다.[59]

한편 1월 19일 신한촌 민회세력은 신한촌 조장원의 집에서 김하구, 김진, 장기영, 전일, 강양오, 김철훈, 지건, 엄인섭, 조장원 등 9명이 모인 가운데 회의를 개최하였다.[60] 이 회의에 참여한 장기영(張基永)은 서울 출신으로 일본 조도전대학을 졸업한 후 간도 소영자 중학교 및 나자구(羅子溝) 무관학교 교사, 신한촌 한족중앙회의 서기로 일한 인물이었다. 강양오(姜揚吾)는 함북 길주(吉州) 출신으로 신한촌의 유력자의 1인으로서 민회 회장, 임시재판소 소장 등을 역임하였다. 김철훈은 함북 명천(明川) 출신으로 권업회 연론부장, 한민학교 조선어교사 등의 경력을 갖고 있던 인물이다. 전일(全一)은 함북 길주 출신으로 한인

57 1918년 10월 1일 재러불령선인의 현황에 관한 보고의 건.
58 1919년 1월 7일 평화회의와 한국독립문제에 관한 건.
59 1919년 1월 27일 한국독립운동에 관한 건.
60 1919년 1월 27일 한국독립에 관한 건.

신보사 총무 및 서기로 일하고 있던 인물이다.[61] 엄인섭은 함북 경성출신으로 러일전쟁시 러시아군 통역으로 활동하였고, 육의형제(六義兄弟), 21형제(兄弟) 등 독립운동조직의 1인으로서 활동하는 한편 권업회에서도 일한 인물이다.[62]

본 회의에서는 파리강화회의 전권위원이 블라디보스토크를 출발함과 동시에 일반 조선국민의 명의로 선언서를 발표하여 한국의 독립을 전 세계에 선포하며 일본의 조선으로부터의 철퇴를 요구하고자 하였다. 또한 만약 일정한 기간내에 일본의 철수가 이루어지지 않으면 일본에 대한 선전포고를 행하고 군부(軍部)를 설립해서 기회를 봐서 군대를 편성해서 개전을 준비하고자 하였다. 의병장으로서는 안중근 의사와 의형제이고, 재러조선인 사이에 널리 알려진 엄인섭을 추대하기로 하였다.[63]

3) 니코리스크회의 회의 개최와 파리강화회의 대표 파견

(1) 1919년 1월 29일 한족중앙회 상설위원회 개최

한편 니코리스크 한족상설위원회에서는 1월 29일 상설위원회를 개최하고 파리강화회의 대표를 최종적으로 확정하고자 하였다. 1월 초순 비밀리에 이동휘, 최재형 등을 선출한 후에 신한촌 민회로부터 김보, 최재형, 한용헌, 최만학, 이동휘, 서오성 등 중에 대표로 선정하자는 의뢰도 있었다. 이러한 가운데 상설위원회에서는 표면적으로 이동휘, 최재형, 유동열(柳東說) 등을 파견대표로 고려하였다.[64] 유동열은 평북 박천출신이며 대한제국 육군참령출신으로 신민회 등에서 활동하였으며, 1911년 105인 사건으로 연류되어 옥고를 치루고

61 『배일선인유력자명부』, 장기영, 강양오, 김철훈, 전일 인물조 참조.
62 정태수, 앞의 논문, 1194쪽.
63 1919년 1월 27일 한국독립운동에 관한 건.
64 1919년 2월 18일 강화회의와 조선독립운동에 관한 건.

1913년 출옥 후 만주로 망명하여[65] 1918년말에는 하바롭스크에서 활동하고 있었다.[66] 그의 출신지가 평안도인 것으로 보아서 안정근 등 평안도파가 추천한 것이 아닌가 한다. 그러나 위원들 가운데에는 귀화인 중 젊고 능력있는 인물인 김보와 김 알렉세이를 파견하자는 제의도 있었다.[67] 김보는 앞서 언급한 바와 같은 인물이며, 김 알렉세이는 아지미 출신으로 1899년 카잔대학에 입학하여 졸업한 후 연해주에서 구(區) 재판소 판사로 있다가 현재 옴스크재판소에서 일하고 있던 인물이었다.[68]

그러나 회의에서는 젊은 사람은 일본측이 거금으로 매수할 경우 매수당할 가능성이 크므로 항일경력도 있고 연배로 있는 사람이 바람직하다는 견해가 우세하여 이동휘, 최재형, 유동열 등을 예비적으로 선출되었다. 그러나 이들이 대체로 함경도출신이므로 평안도파인 안정근은 평안도 파 1인을 더 선정하자고 주장하였다. 이에 대해 문창범과 안정근 사이에 논전이 벌어졌으며, 최재형의 중재로 원만히 해결되는 듯하였다.[69]

그러나 주지하는 바와 같이 1919년 1월 15일 경 파리강화회의 대표에는 윤해와 고창일 등 함경도파가 선출되었으며, 2월 5일 이전에 파견되었다.[70] 윤해는 함남 영흥(永興) 출신으로[71] 1910년 초에 러시아 연해주로 망명하여 권업회 총무로 일한 인물이며, 1917년 3월에는 니코리스크로 이주하여 한족중앙회 위원과 그 기관지 청구신보의 주필로 활동한 인물이다.[72] 고창일은 원적이 함

65 국가보훈처, 『독립유공자공훈록』 8, 1990. 441-442쪽.

66 독립운동사편찬위원회, 『독립운동사』4, 1983, 178쪽.

67 1919년 2월 18일 강화회의와 조선독립운동에 관한 건.

68 1919년 2월 7일 강화회의와 조선독립운동에 관한 건.

69 1919년 2월 18일 강화회의와 조선독립운동에 관한 건, 1919년 3월 13일 이강이 미국에 있는 송종익과 안창호에게 보낸 편지에서도 파리파견 인물선정에 있어서 함북인과 평안도인 사이에 암투가 있었다고 언급하고 있다.

70 1919년 2월 10일 블라디보스토크로부터의 전보, 『현대사자료』 27, 173쪽.

71 윤해 공적조서참조(국가보훈처 소장)

72 『배일선인유력명부』, 윤해조.

북 경원(慶源)이며, 러시아에서 출생한 한인 2세이다. 1918년부터 니코리스크 한족중앙회 부회장으로 일하고 있던 인물이다.[73]

이들을 파리대표로 선정함에 있어서 한족중앙회 상설위원회의 중심인물인 문창범, 최재형 등 함경도파들은 평안도파에게 이 사실을 알리지 않고 비밀리에 일을 추진하였다. 이 결정에 참여한 인물은 문창범, 최재형, 엄주필, 김 야코프, 한 아나토리, 김 알렉산드라 등 함경도출신 귀화인들이 중심이 되어[74] 평안도파를 배제하고 결정하였던 것이다. 윤해와 고창일이 파견자로 결정되었다는 사실을 평안도파인 안정근은 뒤늦게 우연히 알게 되었다. 즉 , 안정근의 어며니가 고상준(高尙俊)의 처로부터 고창일이 6개월간 원방(遠方)에 다녀온다는 사실을 듣고 이를 아들인 안정근에게 말하여 알게 되었던 것이다. 그리하여 2월 5일 안정근은 최재형을 만나 이에 대하여 항의하였다.[75] 이 사건으로 인하여 함북파와 평안도파 사이에 갈등은 더욱 깊어 졌을 것으로 추정된다.

이처럼 파리강화회의대표 선출에 있어서 니코리스크 한족상설회는 비밀리에 신중에 신중을 기하였던 것이다. 그리하여 같은 한국인끼리도 믿지 못하고 비밀리에 대표를 선정하여 파견하였던 것이다. 이처럼 니코리스크 한족상설의회가 최재형, 이동휘 등 대신 윤해, 고창일 등을 파견한 이유는 무엇일까. 물론 이것은 파리강화회의에 대한 전망과 관련이 있던 것 같다.[76] 전로한족회 중앙총회회장이었던 문창범의 언급에서 알 수 있는 바와 같이 당시 파리에는 세계 각 지역에서 조선인 대표를 파견하고 있는 상황이었기 때문에 노령에서의 파견자도 다만 그들간에 끼여 일을 함께 할 수 있으면 되는 것으로 인식하였던 것이다. 따라서 영어와 프랑스어 등 외국어를 해득하고 다소 교육이 있어 세계

---

73 『배일선인유력자명부』, 고창일조.

74 1919년 2월 12일 한국독립운동에 관한 건..

75 1919년 2월 12일 한국독립운동에 관한 건.

76 반병률, 「대한국민의회의 성립과 조직」, 144쪽.

정세에 통하면 된다는 입장이었다.[77] 이러한 문창범 등 니코리스크 한족회의 중심인물인 함북파의 인식은 당시 러시아에서 간행되는 각종 신문들과 미주 동포들과의 교신 등에서 얻은 정보에 바탕을 둔 것이 아닌가 한다. 이것은 1월 20일 상해를 출발하여 연해주에 온 신한청년당의 여운형을 통하여[78] 더욱 굳어진 것이 아닌가 추측된다. 여운형은 김규식을 파리강화회의에 파견하였음을 문창범 등에게 언급하였고, 파견비용과 상해에서 독립운동 전개를 위한 자금의 제공을 요청하였던 것이다.[79] 두 번째는 이동휘, 최재형 등 거물급 인사는 너무 알려져 체포의 위험이 있기 때문일 것으로 추정된다. 이에 일을 비밀리에 성공적으로 추진하기 위하여 한족회 상설위원회에서는 윤해, 고창일 등을 대표로서 파견한 것이 아닌가 한다.[80] 아울러 이들의 파견을 통하여 강화회의에서 미국의 후원에 의해 독립할 목적을 달성할 것을 기대하였던 것이다.[81]

(2) 전러한족회 지방대표회의

니코리스크 한족상설회의에서는 2월 7일부터 11일까지 5일간 회의를 개최하여 회의에서 파리대표파견을 공식화하고 이들의 여비 마련을 위해 노력하고자 하였다. 이에 2월 7일 오전 10시를 기하여 니코리스크에서 각 지방 한족회대표회의를 개최하고자 하였다. 그리하여 1919년 1월 30일자 한족상설회 회장 문창범과 서기 이춘평(李春平)의 명의로 각 지방회에 대표파견을 요청하였다.[82] 이 문안을 보면 다음과 같다.

77 『현대사자료』 27, 205쪽.
78 「여운형 검찰조서」, 『몽양여운형전집』 1, 몽양여운형선생전집발간위원회, 한울, 1991, 509쪽.
79 이만규, 「여운형투쟁사」, 『몽양여운형전집』 2, 몽양여운형선생전집발간위원회, 1993, 259-260쪽; 「여운형검찰조서」, 『몽양여운형전집』 1, 510쪽.
80 1919년 2월 12일 한국독립운동에 관한 건.
81 국회 2, 344쪽.
82 1919년 2월 18일 강화회의와 조선독립운동에 관한 건.

단난스 한족회 앞

만고 희유稀有의 대전란은 마침을 고하고, 전 세계의 평화의 상서로운 구름이 퍼지고, 국가의 대소와 민족의 강약에 구별됨이 없이 세계의 인류는 행복을 함께 하는 것을 얻음에 이르러 그와 동시에 오인吾人 민족자결주의 실행시키는 시국과 우리 민족의 관계는 다시 긴급이 된다. 이에 본회는 지난 1월 29일 한족상설위원회를 열고 식구의 긴급 중대함을 느끼고, 양력 2월 7일 (음력 1월 7일)오전 10시 각 지방 한족회를 특별히 개최하고자 하오니 귀호로부터 대표자를 보내주십시오.

기원 4252년 1월 30일

한족상설회의 의장 문창범

서기 이춘평李春平

의안

1) 한족상설회 보고

2) 시국에 대한 파리에서 개최되는 평화회의 대표자 파견의 건

3) 한족상설회의 장래에 관한 건

4) 한족공보사 유지법에 관한 건

5) 사범학교 유지법에 관한 건

6) 新議案[83]

위에서 보는 바와 같이 의안으로서 한족상설회 보고, 시국에 대한 파리에서 개최되는 평화회의 대표자 파견의 건, 한족상설회의 장래에 관한 건, 한족공보사 유지법에 관한 건, 사범학교 유지법에 관한 건, 새로운 의안 등을 제시하였다.

니코리스크 한족상설회에서는 1월 29일 파리대표파견문제와 관련된 문제들을 최종적 마감하고 대표를 파견하는 한편 2월 7일 각 지방 대표자회의를 개최하고 최후 통고 승인을 받을 예정이었다. 아울러 본회에서는 파리 파견자

83 1919년 2월 18일 강화회의와 조선독립운동에 관한 건.

의 여비 모금에 큰 뜻이 있었다.[84] 이 회의에 참석을 요구한 지역은 모두 107 지역이었다. 그러나 처음에는 많은 지역에서 참석하지 못하였다. 즉 2월 7일까지 24명이 참석하였으며, 2월 8일까지는 44명이 참석하는데 그러므로 회의는 활성화되지 못하였다.[85] 그러나 마감일까지는 회원 130여명이 참가하였다.[86]

니코리스크 회에 참가한 중심지역과 그 대표를 보면, 지신허 대표는 한 안드레이, 김 알렉산드르, 스라비얀카대표는 박 알렉산드르, 노우끼에프스크 대표는 최재형, 바라바시대표는 강 야코프, 블라디보스토크대표는 한용헌, 윤 니꼴라이 등이었다. 그 밖에 치타, 이르크츠크, 니꼴라예프스크 등에서는 전보를 보내왔다.[87] 이들 참석자 가운데 최재형은 노우끼예프스크의 대표적 인물이며, 스라비얀카의 박 알렉산드르는 15세시 아버지와 함께 러시아로 망명하여 그후 노우끼예브스크에서 의병대장 이범합(李範合)과 함께 항일단체를 조직하여 활동하였다. 1918년 9월 스라비얀카에 이주하여 42세시 이 지방 한족회 지회장으로 활동하였다.[88] 바라바시 대표 강 야코프는 함북 경성출신으로 귀화인이다. 1919년 당시 39세인 그는 노우끼예프스크에서 출생하여 10여년전에 바라바시로 이주하여 그 지역 한족회 부회장으로 활동하였으며, 항일의식이 투철한 인물이었다.[89]

결국 2월 7일 회의를 통하여 윤해와 고창일이 노령대표로 파리로 파견되었음이 밝혀졌다. 이들은 러시아어와 프랑스어로 조선인총대표라고 쓴 문서를 갖고[90] 2월 5일 경에 니코리스크를 출발하여 2월 10일 배를 타고 출발하여 고

84 1919년 2월 18일 강화회의와 조선독립운동에 관한 건.
85 1919년 2월 12일 한국독립운동에 관한 건.
86 1919년 3월 6일 재니코리스크 한족중앙총회에 관한 건.
87 1919년 2월 12일 한국독립운동에 관한 건.
88 『배일선인유력자명부』, 박 알렉산드라조.
89 『배일선인유력자명부』, 강 야코프 조.
90 국회 3, 107-108쪽.

오베(神戶)에 기항하는 오뎃사호의 의용함대 톰스크호를 출발하였다고 발표되었다.[91] 그리고 이 사실에 대하여 각 지역 대표들에게 승낙을 구하고 각 지방회에서 비용을 부담해줄 것을 요청하였다.[92] 그러나 이러한 한족중앙위원회의 발표는 사실이 아니고 연막전술이었다. 고오베에 기항할 경우 대표가 체포될 것은 명약관야한 사실이기 때문이다. 그들은 3월 2일 한인신보가 발표한 것처럼 철로를 통하여 파리로 향하였던 것이다. 그리고 3월 2일 옴스크를 무사히 통과했다고 하는 전보가 있었다고 한다.[93] 이처럼 러시아 지역 한인등은 대표파견문제와 그들의 안위에 있어서 주도면밀함을 보여주고 있다. 결국 이러한 면모는 러시아한인사회에 있어서 평안도파가 러시아지역 독립운동계를 떠나 상해로 가게되는 배경이 되었다고 할 수 있다.

한편 니코리스크 한족중앙위원회 회의에서 프랑스 대표파견자의 결정과정을 극히 비밀로 붙였기 때문에,[94] 윤해, 고창일의 파견에 대하여 이의를 제기하는 경우도 종종 있었던 것이다. 2월 간도조선인 대표자 김약연(金躍淵), 정재면(鄭載冕), 일본유학생대표자, 상해재류대표자는 모두 니코리스크시에 와서 중앙총회장 문창범에 대해 파리대표 선발상황에 대하여 선거한 형식이 중앙총회의 결의인가, 또는 피선된 자의 씨명, 인격 또는 대표자의 외교상 증명을 어떠한 문서인가를 질문하였다.[95]

한편 대한국민의회에서 파견한 윤해와 고창일 등은 2월 5일 경 블라디보스토크를 출발하여 남 러시아를 통과하려다가 교통의 두절로 러시아국내의 내전지역을 통과해야만 하였다. 이 지역을 두 번 이나 통과하려다가 실패하고, 6

91 1919년 2월 12일 한국독립운동에 관한 건.
92 1919년 2월 12일 한국독립운동에 관한 건.
93 1919년 3월 7일 윤해 고창일 출발의 건.
94 국회 3, 107-108쪽.
95 국회 3, 107-108쪽.

월 음력보름에 잠시 개통된 북러시아지방으로 북빙양北氷洋을 통과하여 아르한겔쓰크에 도착하여 1달만에 대한국민의회에서 발행한 여권이 연합국으로 인준되어 영국을 지나 9월 26일에 파리에 도착하였다.[96]파리에 도착한 윤해 등은 대한국민의회의 평화회의 국제연맹 소약민족회의에 참여하되, 각처에서 온 국민대표와 합동동작하란 출발 당시의 명령에 따라 파리위원부와 시베리아대표는 피차 합동집무할 것을 선언하였다. 그리고 이 사실을 워싱톤에 주재한 이승만대통령과 상해, 시베리아 각처에 전보로 보내는 동시에 또 상해에 있는 대한민국임시정부와 시베리아에 있는 대한국민의회가 속히 합동하여 활동할 것을 희망한다는 취지의 전보를 수차 상해와 시베리아로 발송하였다.[97]

한편 니코리스크 한족상설회에서는 늦어도 1월 29일 회의에서 윤해의 주장에 따라 대한국민의회라는 정부를 조직하고자 하였던 것 같다. 그리고 윤해는 이를 상설위원장 원세훈에게 2월 25일 경 개최될 회의에서 공식화할 것을 부탁하였던 것이다.[98]

니코리스크 상설위원회에서는 1919년 2월 5일 경 윤해 등이 블라디보스토크를 떠나기전에 대한국민의회라는 정부 명칭과 주요 간부를 확정하였다. 윤해가 지니고 있던 『한국민 해외여행권』이 대한국민의회 의장 문창범과 서기 오창환의 명의로 대한국민의회 의원 윤해에게 발행되고 있는 것이다. 또한 그 여행권의 내용에 「우원(右員)을 대한국민의회에서 프랑스(法蘭西國) 파리로 파견하옵는 바 어떤나라(何國)이든지 여행할 예정이옵기 대한국민의회는 우리(我)이천만국민을 대표하여 우원(右員)이 통로에 지장이 없이 여행하며 또필요(又必要)의 보호를 특여(特與)하여 주기를 각국 집정관헌(執政官憲)에게 희망(希

96 국회 중국, 194쪽.
97 국회 중국, 194-195쪽.
98 국회 3. 108쪽.

望)함」라고 하여 윤해 등이 대한국민의회의 대표임을 보여주고 있는 것이다.[99] 즉, 대한국민의회의 기본 구조는 윤해가 출발하는 2월 5일경 이전에 갖추었다고 볼 수 있다. 다만 이를 2월 25일 회의를 통하여 만주, 국내, 러시아 등 전체 국내외 한인들의 대표기구로 공식 승인을 받고자 하였으며, 3월 17일 독립선언서를 통하여 그 이름을 세계에 공포하였던 것이다.

한편 니코리스크 한족상설회에서는 대한국민의회를 조직하는 한편 이 정부의 입지를 보다 강화하기 위하야 만주지역 동포들의 지지를 얻고자 하였다. 그리하여 이 사실을 만주지역에 통고하였던 것이다. 이에 북간도지역의 독립운동단체들은 2월 4일 북간도 명동촌(明東村)에서 개최된 회의에서 임시정부를 조직하여, 러시아에 두고, 러시아에서 먼저 독립을 선언하되 그 당일에 내외지 동포가 한 목소리로 독립만세를 부르기로 결정하였던 것이다. 그리고 이것을 실행하기 위하여 간도의 중요인물을 다수 러시아에 파견하고자 하였다. 그리고 이 내용을 간도지역의 주요 인물의 동의를 얻기 위하여 2월 10일 용정시(龍井市)에서 회의를 개최하였다. 그리고 명동회의의 의결안을 찬성하고 다만 임시정부는 국민의회로 인증하였다.[100]

2. 3·1운동의 준비와 대한국민의회

1) 3·1운동 준비와 러시아 지역 한인들의 민족의식 고취

(1) 언론활동을 통한 민족의식 고취

3·1운동 이전 러시아지역 한인들의 민족의식 고취에 연해주 지역에서 발행

99 "DE COREE A PARIS EN DIX MOIS, par GO-TCHANR et YOUN-HAI, UN VOYAGE A LA JULES VERNE de Corée a Paris en Dioc Mois", Je sais tout(1920년 3월호, No.172, 1920.3·15발행) 299쪽.

100 동아공산 14호 1921년 5월 10일자 김규찬이 쓴 〈북간도고려인 혁명운동략사〉.

되는 한글 신문인 한인신보와 한족공보[101], 그리고 러시아어 신문인 고오로스 우차야시치후샤야(니코리스크발행) 등이 그 중심적인 역할을 하였다.[102]

한인신보는 주간지로 1917년 7월 8일 첫 창간호를 간행하였다. 당시 주필 겸 편집인은 한 안드레이(아.크. 한)였고, 인쇄인은 주용윤이었으며, 발행지는 블라디보스토크 신한촌 니꼴리스카야 울리차 21호였다. 창간호에는 김치보, 윤능효, 유진률 등 블라디보스토크 신한촌의 중심인물들의 축하문이 게재되어 있다.[103] 이 신문은 신한촌에 있는 권업회 사무소 내에 신문사를 차리고, 이형욱을 사장, 김하구를 주필, 한 안드레이를 발행인으로 하고 처음에는 주간으로 하다가 안정되면 일간으로 하고자 계획하였다. 그리고 계획 단계에서는 청구신보와 합병하고자 하는 논의도 있었다. 그러나 전로한족회 총회 개최시 동대회에서 귀화하지 않은 한인들을 참가시키지 않자 이에 분개하여 합병 논의가 이루어지지 않았을 정도로[104] 청구신보와는 약간 의견이 다른 신문이라고 할 수 있다.

한인신보는 일본측이 러시아당국에게 "현하 구주전 개전 당시 제국정부의 요구에 따라 연해주 군무지사로부터 금지명령을 받은 신문인 권업신문의 후신이며, 한일합방전부터 계통적으로 계속되어온 배일선인의 기관지이다"라고 지적하고 있는 것처럼[105] 민족의식 고취에 기여하였던 신문인 것이다. 한인신보에서는 창간 당시에는 국제정세를 고려하여 항일적인 기사를 실지 않았으나

---

101 한인신보와 한족공보는 약간 성격이 다른 신문인 것으로 추정된다. 1917년 겨울 한족공보와 한인신보는 관계자들 사이에 합체의 의논이 있었으나 블라디보스토크에 있는 한인신보 주주들의 이의가 있어 이루어지지 못하였다. 그러나 최근 경상비의 관계상 서로 합병할 필요를 느끼고 있다고 한다(1918년 9월 調 재노령불령선인의 현황)

102 국회 3, 55-56쪽.

103 『한인신보』 창간호(국사편찬위원회 소장), 1917년 7월 12일 조선인의 근상에 관한 보고의 건, 1917년 7월 19일 재로조선인신문간행에 관한 건.

104 1917년 7월 7일 조선인의 근상에 관한 보고의 건.

105 국회 3, 55쪽.

1917년 8월 29일 국치일을 맞이하여 〈우리들의 편지〉라는 제목하에 임시 특집호를 간행하여 민족의식 고취에 기여하였다.[106] 한인신보는 1918년 10월 경 사장에 김병흡(金秉洽)을 대신하여 정재관이 취임하였고,[107] 총무에는 조상원이, 서기에는 지건(池健)이 활동하였다.[108] 그리고 정재관은 사장에 취임한 후 가옥 건축과 활자구입을 목적으로 러시아돈 2만여원을 모집하여 우선 가옥 건축에 착수하고, 또한 각 지방에 의원을 파송하여 3만여원의 예산을 모집하고자 하였다.[109]

1918년 이후 발전을 도모하고 있던 한인신보는 1918년 윌슨의 민족자결주의 소식과 약소국동맹회의 소식 등을 동포사회에 알리는 등 민족의식 고취에 크게 기여하였다. 즉, 한인신보 1918년 12월 29일자에서는 대판조일신문(大阪朝日新聞) 12월 18일, 19일자에 실린 내용을 동포들에게 알림으로서 미주 동포들이 한국의 독립을 위하여 벌리고 있는 사업을 적극 홍보하고자 하였던 것이다. 또한 1919년 1월 12일 발간 한인신보에서는 〈자유의 신년〉이라는 제하(題下)의 김하구(金河球)의 글을 실어 평화회의에서 한국은 반드시 독립한다고 주장하였다.[110] 아울러 동년 3월 2일자 한인신보에서는 파리로 향한 윤해와 고창일이 기차로 파리로 향했는데 옴스크를 무사히 통과하였다는 전보가 있었음을 동포들에게 전하기도 하였다.[111]

아울러 한인신보사에서는 1919년 1월 하순 전로한족회 중앙총회의 지시에 따라 한인신보 기자인 이흥삼(李興三)을 서울에 파견하여 한일합방후 노령과

106 1917년 9월 13일 일한병합 기념일의 상황.
107 김하구는 윤해에게 편지를 보내어 정재관을 한인신보사 사장으로 추대하는 것과 관련하여 정재관이 자금 3만원을 얻어서 크게 활동한다는 조건으로 사장 취임을 승낙했다고 밝히고 있다.(1918년 10월 16일 한인신보에 관한 건)
108 신한민보 1918년 12월 5일.
109 신한민보 1919년 1월 16일.
110 1919년 2월 7일 강화회의와 조선독립에 관한 건.
111 1919년 3월 7일 윤해 고창일 출발의 건.

간도에서 이동휘 등과 맹렬한 독립운동을 전개한 바 있는 경성의 이종호(李鍾浩), 김하석(金河錫) 등과 접촉하여 독립운동 방안을 논의케하였다.[112] 한편 한인신보는 해외에 있는 동포들에게도 항일운동의 선전지로서 널리 인식되었던 것 같다. 일본 동경에서 김항복(金恒福)이 블라디보스토크 신한촌 민회장 한용헌(韓容憲)에게 보낸 편지에서도, 독립운동과 관련된 내용이 혹 한용헌에게 배달되지 못하더라도 자세한 내용을 신문사로 보낼 것이라고 밝히고 있는 것이다. 이러한 점을 통해서 볼 때 한인신보는 항일운동지로 널리 인식되었음을 알 수 있다.[113]

한편 1919년 1월 10일 신한촌 이형욱의 집에서 한인신보사측 인사들은 학교, 민회 등 유력자 10여명과 함께 노령에서도 파리강화회의에 대표자를 파견하자고 의논하기도 하였던 것이다.[114]

1917년 7월 7일 처음 간행된 청구신보의[115] 후신인 한족공보(韓族公報)는 전로한족회의 기관지로서 전로한족회의 주요 사항을 주로 기재하였다. 그리하여 한족공보는 제2회 전로한족대표회의 중요한 결의안과 기타 시국에 관한 소식을 많이 게재하는 경향을 보이고 있었다.[116] 그러나 한족공보는 항일적인 기사도 다수 수록하였다. 그러므로 일본측은 러시아당국에 한족공보에 대하여 다음과 같이 평가하고 있다.

> 한족공보는 한족중앙총회의 기관지로서 표면으로는 노국귀화선인의 기관지인데도 집필자는 모두 비귀화의 항일선인이며 더구나 최근까지의 주필은 배일선인 중 유력한 배일선인인 수령급이었다. 한족중앙위원회는 귀화선인이 소위 민족주의를 근간

112 1919년 1월 7일 강화회의에 대한 선인운동에 관한 건.
113 국회 3, 25-26쪽.
114 1919년 1월 7일 강화회의에 대한 선인운동에 관한 건.
115 1917년 7월 19일 재로조선인신문 간행에 관한 건.
116 신한민보 1918년 10월 10일자.

으로 하여 선인의 자유와 권리의 확장 및 옹호를 도모함을 목적으로 하는 것이나 사실에 있어서는 전연 한국독립운동의 중심기관이 된다.[117]

이처럼 항일운동을 전개하던 한족공보는 경제적인 어려움을 겪고 있었다. 그러므로 한족상설위원회에서는 2월 7일 개최되는 회의에서 의안으로서 한족공보의 유지법에 관한 것을 제시하기도 하였던 것이다.[118]

한편 러시아어로 간행되는 신문들도 배일적인 내용을 기고하기도 하였다. 러시아어신문 고오로스 우챠야시치후샤야은 항일적인 기사를 다수 기재하였으며,[119] 니코리스크에서 발행되는 러시아어신문「학생의 소리(聲)」제5호에서는 〈배일선인의 일본에 대한 공개장〉을 발표하는 등 매호마다 항일적인 기사를 싣고 있다.[120] 러시아어 신문들은 귀화한인 중 한국어를 모르는 사람들이나 러시아인들에게 일본의 만행을 알리는데 기여하였을 것으로 짐작된다.

(2) 고종 추도회, 연극 공연 등을 통한 민족의식 고취

3·1운동이 발발하기 전 재러한인들은 국치일 집회, 종교집회, 고종의 추도식, 연극공연 등을 통하여 민족의식이 크게 고양되었다. 우선 국치일과 관련된 집회를 보면 블라디보스토크 신한촌의 경우와 연추지역의 경우를 들 수 있다. 신한촌에서는 1918년 8월 29일 아침 일찍 민회의 명의로 인쇄문을 배포하고, 동포들에게 밥짓는 것을 금지하고 각 구장에게 엄중히 감시하라고 하고, 만약 밥을 지을 경우 그 집에 가서 조서(調書)를 작성하고, 25루불의 벌금을 부과하기로 하였다. 그리고 동일 오전 9시 한민학교 학생 수십명은 학교기를 선두에 세우고, 애국가를 부르고, 신한촌을 행진하였다. 동일 10시에 민회와 한민학교

---

117 국회 3, 55-56쪽.
118 1919년 2월 18일 강화회의와 조선독립운동에 관한 건.
119 국회 3, 55-56쪽.
120 1919년 2월 21일 강화회의와 조선독립운동에 관한 건.

문 앞에서 태극기를 게양하고, 오전 11시에 한민학교 학생 수십명은 태극기를 게양하고 신한촌을 순회하고, 인솔자 이봉극(李鳳極)은 수시로 길가에서 연설을 시도하였다. 오후 7시부터는 한민학교 운동장에서 신한촌 민회 주최로 천여명이 참석한 가운데 국치일 기념행사를 거행하였다. 임시회장인 민회 서기 조장원의 개회사에 이어 한민학교 여학생들의 창가, 이의순(李義橓, 이동휘의 차녀, 吳永善의 처)의 역사에 관한 연설, 정청빈(鄭昌斌, 이동휘의 큰 사위)의 지리에 관한 연설, 윤능효, 이봉극(李鳳極), 이인찬(李仁贊) 외 3인의 기념사, 남녀학생일동의 애국가, 조장원의 폐회사 등의 순서로 이어졌다. 그리고 오후 10시 30분 해산하였다.[121]

특히 연추지역은 항일운동의 중심지로 1918년 8월 29일 국치일에는 이 지역의 민회회장인 최재형과 학교교사인 정남수(鄭南洙), 니코리스크 청구신보 기자인 정안선(鄭安善) 등이 중심이 되어 학교에서 연극회를 개최하여 이 지역 및 인근 주민들의 민족의식 고취에 크게 기여하였던 것이다. 즉, 8월 28일 밤부터 4일동안 오후 5시부터 밤 11시까지 개최된 연극에서는 안중근의 이등박문의 저격을 주로 하여, 소위 을사 5적, 7적의 행동과 아울러 당시에 있어서 일본 고관의 언동 등을 풍자하였다. 29일 밤에는 부근에 살고 있는 동포는 물론 수청지방으로부터 온 사람도 적지 않았다. 총 관객 수는 약 1천 2백명 이상이나 되었다.[122] 이처럼 3·1운동 이전에 활발히 전개된 민족의식 고취는 이 지역에서의 3·1운동 전개에 기여한 바 크리라 생각된다.

종교 집회를 보면 1918년 12월 1일 니코리스크시 한족공보사원의 발기로 조선인 희랍교 신부의 지도하에 20여명이 러시아사원에 모여 조선독립기도회를 개최하고 민족의식 고취에 크게 기여하였다.[123] 또한 1918년 12월 22일에는 이

121 1918년 9월 20일 일한합병기념일에 관한 건.
122 1918년 8월 31일 연추재주선인의 배일연극거행의 건.
123 1918년 12월 11일 니코리스크 배일선인 조선독립기도회 개최에 관한 건.

강(李剛)의 주도하에 오전 11시 기독교 예배당에서 민족의식 고취 강연이 개최되었다. 이강은 오랫동안 치타에 있다가 1918년 12월 중순 블라디보스토크에 와서 신한촌 서울 거리 9호 채성하의 집에 거주하고 있었다. 그는 일요일 기타 기독교 재일祭日에 매번 예배당에 가서 종교 강연을 하였고 그 가운데 종종 격렬한 언어를 사용하여 민족의식을 고취시켰다. 12월 22일 오전 11시 기독교 예배당에서 이강은 기독교를 믿지 않는 나라는 점차 쇄망할 것이라고 하고, 동양에 있어서 중국, 일본과 같은 나라는 유교를 존봉(尊奉)하고 있기 때문에 점차 종교상의 분쟁이 일어나서 드디어 기독교 나라의 제재를 받을 것이라고 주장하면서, 기독교를 믿어야 함을 강조하고 있다. 기독교를 진실로 믿으면 나라가 부강해진다고 하고 저 구미 각국을 돌아보면 기독교를 진실로 신앙한 나라는 강국이 된다고 주장하였던 것이다.[124]

한편 1919년 1월 고종의 흉거 소식이 조선에서 전해지자 재러동포들은 깊이 애도하는 뜻을 표하기 위하여 스스로 추도회 또는 방배식(望拜式, 遙拜式)을 준비하는 한편, 재러동포들은 고종의 죽음이 범상한 죽음이 아니라고 인식하고 있었다. 그들은 과거 헤이그평화회의시 고종이 중심이 되어 이준, 이상설 양인을 파견하였던 일을 상기하면서, 이번에 파리에서 개최되는 평화회의에도 고종이 몰래 밀사를 파견하고자 하다가 일본 정부가 이를 염려하여 독살시킨 것이 아닌가 하고 추측하였다. 혹은 고종이 오랜 일본 정부의 압박하에서 굴욕을 당하다 이에 천재일우의 호기를 맞아 한국독립부흥의 소지를 달성하지 못하는 것을 분개하여 병을 얻어 갑자기 죽음에 이르렀다고 생각하는 등 고종의 죽음을 애국적인 차원과 일제의 탄압이라는 두 측면에서 파악하고자 하였던 것이다. 이러한 인식하에 동포들은 고종의 죽음을 애도하면서 곳곳에서 고

124 1919년 1월 7일 李剛來浦에 관한 건.

종에 대한 추도회를 개최하였던 것이다.[125]

즉, 1919년 1월 27일에는 해성의원(海星醫院) 의사 곽병규의 발기로 오후 7시부터 한민학교에서 이태왕 추도회가 약 300명이 참석한 가운데 개최되었다. 이 자리에서 장기영(張基永)은 이태왕에 대한 역사를 강의하였으며, 함경도 영흥 출신 기독교인으로서 하얼빈에서 활약하다 블라디보스토크로 온 김일(金逸(一)은 연설을 통하여 재러동포들의 민족의식을 고취시키고자 하였다. 또한 1월 28일에는 기독교 교회에서 고종에 대한 망배식이 거행되었다. 발기인인 김목사는 이태왕의 죽음에 대해서 깊이 동정하였다. 특히 일본의 압제하에서 오늘날과 같은 독립을 위한 좋은 기회를 맞이하여 한국의 부흥을 보지 못하고 영면하는 이태왕에 대해서 진실로 애뜻함을 나타내었다.[126]

한편 1919년 2월 20일에는 니코리스크시 한족중앙총회 및 조선인 민회의 간부와 유지 조선인들을 중심으로 이태왕 추도회가 거행되었다. 지금까지의 추도회가 개인 또는 교회 등 일정한 기관 중심이었는데 반하여 이번 추도회는 니코리스크 한족중앙총회라는 러시아한인의 대표기관이 주관하였다는 점에서 일정한 차별성이 있다고 생각된다. 이 추도회는 중앙총회관 내에서 거행되었는데, 관내에 태극기를 게양하고 동벽 한 귀퉁이에 이태왕의 사진을 봉안하였으며 참석자는 30여명이었다. 먼저 부회장 김철훈(金喆訓)이 등단하여 이태왕의 역사에 대하여 말하였다. 즉 이태왕은 7월 25일 대원군 사저에서 탄생하여 본년으로 67세이다. 품질(稟質)이 영준(英俊)하고, 열성(列聖) 중에도 뛰어나서 12세로 등단(登壇)한 이래 국가의 안강(安康), 민서(民庶)의 복리(福利)를 도모하고 있었는데 만년(晩年)에 이르러 난신국적(亂臣國賊) 때문에 5조약, 7조약의 참변을 당하여 드디어 일한합병에 이르러 4천년의 역사가 있는 한국이 멸망

125 1919년 2월 24일 이태왕 흉거에 대한 재러선인의 언동.
126 1919년 2월 24일 이태왕 흉거에 대한 재러선인의 언동.

하여 태왕은 망국(亡國)의 폐제(廢帝)라는 역사를 남기고 금일 등천(登天)하였다. 우리 등 한족 신민인자는 이 비분과 비참을 여하히 인내할 것인가라고 하여 비분 강개하였다.[127] 이어서 김일(金逸)이 등단하여 다음과 같이 연설하였다

> 이태왕은 廢帝된 이래 태왕은 일상생활의 일거일동도 모두 일본 군무관 혹은 贊侍 등에게 감시, 간섭당하여 자유를 얻지 못하고 생활비 조차 궁핍하여 그 送光은 실로 강금 중의 죄인과 동일하였다. 지근한 정세 따위도 알길이 없으며, 단지 가까이서 모시는 궁녀들로부터 약간의 전문을 얻어들었을 뿐, 민간의 사정, 왕세자의 유학 사정 등을 일일이 軫念 또는 노심하고 시종 근심에 쌓여 있다. 그의 梨本 王女와의 결혼 따위도 태왕의 쾌락으로는 생각하지 않는 일이다. 태왕은 이와 같으므로 그 신심의 憂苦도 인내하며, 민중의 前途를 염려하고 한국독립의 기회를 기다리고 있었다. 그런데 지금 한국독립설이 세계를 움직이게 하고 국권이 바야흐로 회복을 보게 하는데 즈음하여 태왕은 亡國廢帝의 원한을 품고 登天하여 무한한 天鄕에서 울고 있다. 이것은 아등 한족의 불행으로서 비분하지 않을 수 있겠는가.

김철훈과 김일의 연설은 당시 참석한 동포들에게 큰 감동을 주었다. 그리하여 만당(滿堂)에 곡성이 가득찰 정도였다.[128]

한편 1919년 2월 1일 밤 신한촌 거주 독립운동가들은 민족의식 고취와 파리 파견 대표의 비용을 마련하기 위해 한민학교에서 연극과 무도회를 개최하였다. 이 연극은 함북 명천明川 출신으로 명치대학(明治大學)을 졸업한 동림(董林)이 제작한 것으로, 총무로서 김필수(金弼手) 등이 활약하였고, 이 연극에서 중심인물인 사내총독과 윤치호역할은 이희수(李喜洙)가 담당하였다. 이 모임은 오후 8시부터 시작되었는데, 약 300명의 관객이 참여한 가운데 성대히 배풀어졌다. 애국가를 시작으로 연극이 시작되었는데 연극 내용은 105인 사건에 대한 것이었다. 윤치호집의 가택 수색, 애국당의 포박, 공판 등의 순서로 전개되

127 국회 3, 108-109쪽.
128 국회 3, 109쪽.

었으며 많은 사람들의 애국심을 고취하는 데 기여하였다. 연극을 마친후 이희수가 일어나 연극개최 목적을 밝히고 파리강화회의 대표자 파견 여비 약 800 루불을 걷어 제공하였다.[129]

2) 전로국내조선인 대회 개최와 3·1운동 계획

(1) 전로국내조선인대회 개최

1919년 1월 경 대한국민의회의 조직과 그 구성에 대하여 합의를 본 문창범 등 니코리스크 한족상설위원회는 2월 7일부터 개최된 회의에서 윤해와 고창일을 파리대표로 파견하였음을 알리는 한편 파리대표파견 비용을 마련하기 위하여 노력하였다. 또한 한족상설회 상황에 대한 보고와 아울러 한족공보사의 유지법, 사범학교 유지 방안 등을 논의하였다. 특히 이 자리에서는 한족상설회의 장래에 관하여도 논의하고자 하였을 것이다. 이에 대한 논의에서 한족상설회에서는 한족상설회를 개편하여 대한국민의회를 만들고자 합의하여 재러동포들로부터 승인을 받았을 것이다. 그리고 대한국민의회의 정당성과 지지세력을 보다 확보하기 위하어 2월 말경 국내, 만주, 리시아 대표들이 참식한 가운데 대한국민의회를 재신임받고자 하였던 것으로 생각된다. 그리고 정부당국자의 인선을 하는 한편, 대한국민의회 정부의 이름으로 일본 정부에 한국독립승인의 최후 통첩을 발송하고자 하였다. 그리고 만약 하등의 회답을 얻지 못할 경우 중국령 및 노령에 재주하는 조선인, 그리고 조선내지에 있는 조선인 일반의 명의로써 영구적인 혈전을 선언할 것을 비밀리에 결정하였다.[130] 이를 위하여 블라디보스토크에서 2월 말경 중국령 및 노령선인 대표자회의를 개최

129 1919년 2월 21일 강화회의와 조선독립운동에 관한 건.
130 국회 3, 37쪽.

하고자 하였던 것이다.[131]

이점은 선언대회를 추진한 재블라디보스토크 김진이 추풍 쓰거뎡자 희동학교 한강일(韓强一(康逸)에게 보낸 2월 20일자 편지 내용에서도 짐작해 볼 수 있다고 생각된다. [132] 즉,

我兄이여!

前年 梁山伯시대의 일을 회상하면 할수록 형을 사모하는 정이 간절함을 느낍니다. 시국에 관한 소식은 전해 들었습니까. 我 한국이 독립한다는 일입니다. 더욱이 吾人의 鐵拳으로써 진로를 개척하지 않는다면 여하히 되어 갈 지를 알 수 없습니다.

그런 까닭에 만국평회회의에 대해 미국에서는 2인을 보낸다는 사실입니다. 그리고 전일 노령에서도 2인이 출발했을 것입니다. 그리고 현금 일본에 유학하는 我同志 수백명이 일본정부에 한국을 반환하라는 항의를 하고 또 동지에서 수천명의 청년들이 치열하게 활동 중이라는 사실입니다. 그런데 저 奸毒한 소위 총독부(원문에는 총독부로 되어 있다)에서는 합병, 합방, 독립의 3개를 가지고 투표를 하게 하되 만일 독립에 투표한 자는 곧 포박한다는 것입니다. 또 서간도에서도 前日 대표원 3명이 본항(블라디보스토크)에 도착하였지만, 저 지방에서는 벌써부터 결사대 수천명을 모집해두고, 이에 대해 협의하기 위해 당지에 도착하였다는 것입니다. 이와 같은 사유인 까닭에 陽 2월 28일까지, 노령의 대표자를 소집하여 임시정부와 같은 중앙기관을 조직하기로 하고, 각지 동지(즉 우리단원)에게 통지하였사오니 급속히 參會하여 주시기 바랍니다.

재피거우夾皮溝에서 교편을 잡고 있는 李鐘熙군도 我단원이라면 彼地로 가서 동행하여 주시기 바라며, 번지가 불상함으로 이군에게는 통지할 수가 없습니다. 본건은 어디까지나 비밀로 하십시오.

19191년 2월 20일(양)
신한촌 김진(인)

131 국회 3, 55쪽.
132 국회 3, 28-29쪽.

라고 있듯이, 김진 등 재노령독립운동가들은 미국, 러시아 등지에서 파리에 대표를 파견하였고, 일본유학생들이 한국의 반환을 요청하는 이때에 노령의 대표자 대회를 소집하여 임시정부와 같은 중앙기관을 조직하고자 하였던 것이다.[133]

그 결과 1919년 2월 25일 니코리스크 시에서 창립회의를 소집한 전로국내조선인대회는 국적에 차별없이 러시아내에 거주하는 모든 조선인들을 규합해서 전한국민의회(全韓國民議會)를 승인하였다.[134] 그리고 이 회의에 앞서 독립국인 조선의 국체를 군주제로 할 것인가, 대통령제로 할 것인가 하는 논의가 있기도 하였다.[135]

(2) 전로국내조선인대회 참석자

전로국내조선인대회의는 귀화여부에 상관없이 그 성격상 국적에 차별없이 러시아에 거주하는 모든 한인들이 참여하여 논의하는 회의였다. 그러므로 김진이 추풍의 한강일에게 보낸 편지에서도 짐작할 수 있는 바와 같이 러시아 각지에 있는 독립운동가들에게 참여를 요청하였다. 그러나 이 회의에는 원래부터 당시 러시아 지역 외에 중국에서 활동하던 독립운동가들도 참여하게 되어 있었다. 1919년 2월 22일 한인단속을 위하여 일본 측이 러시아관헌에게 제시한 조선인단속에 대한 신청요지에,

> 평화회의 기회를 이용하여 한국독립운동을 시도함과 동시에 블라디보스토크 또는 니코리스크에 임시정부와 같은 것을 조직하기 위해 2월 말일 블라디보스토크에서 중국령 및 노령재주선인 대표자회를 개최하고 본건을 협의할 예정으로 간도에서는 이미 3인의 대표자가 블라디보스토크에 도착하고 있다는 취지의 확실한 정보가 있

---

133 국회 3, 28-29쪽.

134 강덕상편, 『현대사자료』27, 30-31쪽.

135 1919년 2월 21일 강화회의와 조선독립운동에 관한 건.

다.[136]

라고 있는 점을 통하여도 이 회의에 중국지역에서도 독립운동가들의 참여하게 되어 있었던 것 같다. 그러므로 우선 2월 25일 회의에는 노령지역의 대표가 참여하였다. 아울러 서간도지역에서 온 3명의 대표가 참여하였다.[137] 그들은 2월 20일 김하구와 동행하여 니코리스크에 갔다가 24일 블라디보스토크로 돌아왔다. 그리고 니코리스크에서 한군명(韓君明)과 함께 활동하였으며, 블라디보스토크에서는 함경북도 출신들과 빈번히 함께 하였다.[138] 이런 점을 통해서 볼 때, 서간도에서 파견되어 온 인물들은 함경도 출신들이 아닌가 추측된다.

한편 북간도 지역에서도 대표들이 파견되어 왔다. 러시아지역 독립운동가들은 1919년 1월 경 한족독립선언서 제작과 공식발표에 대한 사전 논의를 전개하기 위하여 노령지역과 국경을 접하고 있는 간도지역에 간도대표자를 파견해 달라고 요청하였다. 이때 러사아지역 독립운동가들은 한족독립선언서를 발표할 주체로서 임시정부로서 대한국민의회를 염두에 두고 있었으므로 대한국민의회와 관련된 내용을 만주지역에도 통고하였을 것으로 생각된다.

그리하여 간도지역에서는 1월 25일 국가가 소영자에서 약 20여명이 비밀회의를 개최하고 러시아에 파견할 대표자를 선정하는 논의를 하였다. 이에 명동기독교학교장 김약연, 용정촌 기독교 전도사 정재면, 국자가 중국권학소(中國勸學所) 학무원(學務員) 이중집(李仲執) 등 3명을 선정하고 수행원으로는 국자가 와룡동 교사 정기영(鄭基英)을 선출하였다.[139] 한편 2월 4일 명동에서 개최된 회의에서는 임시정부를 조직하여 본부를 노령에 두고, 노령에서 먼저 독립을 선

136 국회 3, 28-29쪽.
137 국회 3, 28-29쪽.
138 국회 3, 36쪽.
139 국회 3, 50-51쪽.

언하되 그 당일로 내외지 동포가 한 목소리로 독립만세를 부르기로 결정하였다. 아울러 2월 10일에 용정시에서 회의를 재차 개최하여 명동회의의 의결안을 찬성하고 다만 임시정부는 국민의회로 인증하였다.[140]

이에 대표로 선출된 김약연, 정재면, 정기영 등 3명은 2월 11일에, 이중집은 2월 13일 노령으로 출발하였다. [141] 한편 훈춘지역 대표로는 훈춘현 소구(蘇溝) 거주 양하구(梁河龜), 훈춘 기독교 전도사 박태환(朴兌桓) 등이 선출되었으나 2월 18일 훈춘 각지의 유력자가 훈춘 동문 안에 거주하는 박태환의 집에서 모여 훈춘 동문(東門) 내(內) 문병호(文秉浩), 윤동철(尹東喆) 등으로 대표를 변경 선정되었다. 이들은 2월 20일 니코리스크로 출발하였다.[142]

한편 재간도 조선인사립학교 및 중국학교에 통학하는 학생들은 한족독립운동을 원조하려고 행동을 개시하였다. 최근 이 지역의 학생대표인 명동학교 학생 유익현(劉益賢), 국가가 도립(道立)중학교 학생 최웅열(崔雄烈), 동 김필수(金弼守), 소영자(小營子) 광성(光成)학교 학생 김호(金豪), 정동(正東)중학교 학생 송창문(宋昌文) 등은 서로 의논하여 교내에서 한국독립운동에 대한 연설을 하고 학생들에게 민족의식을 고취시켰다. 명동학교 학생 유익현은 간도조선인학교의 대표자로서 노령에 있어서의 한족독립선언회의에 참석하려고 2월 16일 니코리스크로 향했다.[143] 2월 24일 용정촌 기독교 신자 임국정(林國貞)은 재노령독립선언 회의에 참석하기 위하여 니코리스크로 향했다.[144]

한편 국내에서는 김하석(金河錫)이 1919년 3월 8일 니코리스크에 갔다가 간도를 경유하여 블라디보스토크에 도착하였다.[145] 김하석은 함북 성진출생으로

140 동아공산 14호 1921년 5월 10일자 김규찬이 쓴 〈북간도고려인혁명운동 략사〉
141 국회 3, 51쪽.
142 국회 3, . 51쪽.
143 국회 3, 53쪽.
144 국회 3, . 92쪽.
145 국회 3, 47쪽.

1919년 당시 38세였다. 1918년 간도에서 체포되어 국내로 압송되어 성진 경찰서에서 거류제한 처분을 받았던 인물이었다.[146] 이들 가운데 창립대회에 참여한 대표는 북간도, 서간도, 그리고 노령지역 대표들이었다고 생각된다. 이들 대표들은 대회의 취지에 따라 임시정부 조직에 대하여 검토하였을 것이다. 아울러 독립선언서의 제작, 공포, 그 이후의 시위운동, 시위 이후의 행동, 임시정부 조직 등에 대한 논의를 전개하였을 것으로 짐작된다. 아울러 주요 간부의 임명에 대하여도 논의가 전개하였을 것이다.

3) 대한국민의회와 3·1운동 계획

1919년 2월 25일 개최된 창립대회에서 상설위원장 원세훈은[147] 대한국민의회의 취지서를 발표하였다. [148] 중앙총회 상설위원 15명으로써 장래 한국이 독립할 것에 대비하여 임시대통령의 선거, 대외문제 등 일반의 정무를 장악할 기관으로서 대한국민의회를 설립하고자 하였던 것이다.[149] 즉, 본 회의에서는 현재 여러 사정에 따라 전국민을 대표하는 국민의회를 조직할 수 없으므로 상설위원회를 임시국민의회로 하기로 하였다. 그리고 이 임시국민의회의 역할은 장래 한국이 독립하는 날을 당하여 임시 대통령을 선거하여 대외의 문제, 기타 내정, 외교의 일반을 처리할 임시정부로 하는데 있다고 하였다. 이러한 국민의회의 설립 계획은 앞서 언급한 바와 같이 파리강회회의 대표로 파견되는 윤해와 미리 상의되었던 부분이었다. 그리고 그 중심적인 생각은 윤해에 의해 작성되었으며, 윤해는 이를 상설위원장 원세훈에게 의탁하였던 것이다.[150]

146 보훈처, 김하석조

147 원세훈은 함남 정평출신으로 1913년 간도에서 일본영사관의 체포를 피해 1915년 노령으로 망명하였다(국가보훈처, 『독립유공자공훈록』 8, 439쪽)

148 국회 3, 108쪽.

149 1919년 3월 4일 전보 浦潮 제439호

150 국회 3, 108쪽.

전로국내조선인회의에서는 블라디보스토크에서 모여 국내외 국민들로부터 지지를 받는 임시정부적인 중앙기관을 니코리스크에 창설하는 한편 정부당국자를 인선하고자 하였다. 아울러 그들의 이름으로 일본 정부에 한국독립승인의 최후 통첩을 발송하고자 하였다. 그리고 만약 하등의 회답을 얻지 못할 경우 중국령 및 노령에 재주하는 조선인, 그리고 조선내지에 있는 조선인 일반의 명의로써 영구적인 혈전을 선언할 것을 결정하였다.[151]

또한 전로국내조선인회의에서는 중앙기관을 설치하는 전후에 독립운동가들의 발기에 따라 블라디보스토크에서 일대 시위운동을 전개하고자 계획하였다. 즉, 니코리스크 및 블라디보스토크의 보이스카웃트들이 독립기를 앞세우고 시중의 중요한 가로(街路)를 돌아다니며, 연합국인사의 면전에서 한국인의 의기를 보임으로써 연합국의 공감을 구하고자 하였던 것이다. 이 시위운동 당일에는 조선인 상점 및 학교가 모두 휴업할 예정이며, 니코리스크에서 300명, 블라디보스토크에서 약 200명의 보이숫카우트가 참여할 예정이었다. 이 일을 추진하기 위하여 2월 24일 니코리스크에서 동 지역의 보이스카우트를 대표하여 김 아파나시가 블라디보스토크로 가서 블라디보스토크 청년대표자와 협의하였다. 그리고 시위운동에 참가하는 청년은 이날 몸을 희생하여 한국독립을 위해 진력할 것을 맹세하였다.[152]

니코리스크에서는 군부(軍部)를 중앙위원회 내에 조직하고, 집행위원을 선정하여 독립군을 편성하려고 하였다. 그런데 독립군 조직에 관하여 중앙위원회 간부들 사이에 의견이 둘로 나뉘었다. 하나는 미하일 원(元)의 조선인 특별대대에 병합시켜야 한다는 것이고, 하나는 미하일 원의 부대와는 전혀 별개의 편성을 해야 한다는 주장이었다. 이 두 가지 주장 외에 일부 독립운동가들은 군

151 국회 3, 37쪽.
152 국회 3, 37쪽.

대조직은 불가능한 일이라고 하고 오히려 다수의 선발대를 조선국내에 파견하여 분쟁을 야기시킴으로써 평화회의의 주의를 야기시키느니 못하다는 논의를 제시하는 인사들도 있었다.[153]

한편 3월 초순 서울에서 노령으로 온 김하석은 블라디보스토크 및 니코리스크 한족회와 상호 연결하여 한족독립기성회라는 것을 조직하고, 한족독립운동 계획을 수립하였다. 그 계획안은 노령 동청철도연선지방, 간도 훈춘 및 서간도 지방에 산재한 동지 중에서 1만명을 모집하여 조선국내로 진공작전을 전개하여 무력시위운동을 개시한다는 것이었다. 그리고 한국민의 자결운동을 프랑스에서 개최되는 만국강화회의의 의제로 삼고자 하였다.

아울러 김하석은 무력시위운동을 전개할 방법으로 2가지 안을 제시하였다. 첫째는, 모집한 일만명의 동지를 두 부대로 나누어 제1대 5천명을 선발대로 하되, 무기는 휴대하지 말고, 도문강 국경에서 함경북도로 침임하여 각자 태극기를 흔들며 만세를 고창하면서, 서울로 진출하는 도중에 일본관헌에게 저지당하고 체포 혹은 구속 당하는 자는 그대로 두고, 그 나머지는 경성을 향해 매진한다. 일면 후방 제2대 5천명은 무기를 휴대하고 간도 및 훈춘 각 지방에서 함경북도 국경지대를 습격하여 한 지점을 점령하여 한족공화 임시정부의 소재지로 하든가, 혹은 간도에 임시정부를 조직하는 방안이다. 두번째는, 동지 1만명이 일단이 되어 무기를 휴대하고 함경북도를 습격하여 한 지점을 점령하고 한족공화정부를 설치하는 동시에 조선 각지에서 의병을 봉기시켜 일본군경과 대항하는 것이다. 제1설과 2설의 목적은 기본적으로 승패에 구애됨이 없이 조선 각지를 병란지로 만들어 미국, 기타 열강의 간섭을 유치함으로써 한족자결문제를 강화회의의 의제로 상정하는데 있었다.[154]

153 국회 3, 37쪽.
154 국회 3, 163쪽.

김하석은 서울에서 노령으로 동행한 수명의 동지와 함께 노령한족회와 협력하여 이 계획을 수행하기 위해 의병규합, 의연금 모집 및 무기류 모집에 진력하였다. 그 중 노령귀화선인 군인파 규합은 연추 거주 최재형 및 하바롭스크 거주 김인수(金仁洙) 등이 담당하였으며, 노령거주 한인들은 대대적으로 군자금 모집 및 총기모집에 노력하였다. 그리고 총기는 1호에 총 1자루씩을 제공하고자 하였다. 의병들의 규합은 이범윤이 이를 담당하였다. 그는 훈춘 및 안동현(安圖縣), 무순현(撫松縣) 방면으로 밀사를 파견하여 옛 부하의 규합에 노력하였다. 김약연은 한 알렉산드르, 최 니꼴라이 양인을 대동하고 간도로 돌아와 간도 동지와의 연락, 독립군규합 등의 임무를 띠었다. 국자가 이홍준(李弘俊)은 나자구 및 무산, 간도 방면으로 가서 독립군 모집에 노력하였다.[155]

한편 대한국민의회는 대한국민의회라는 정식 명칭으로 회장에 문창범, 부회장에 김철훈, 서기에 오창환 등의 명의로 3월 17일 독립선언서를 배포하였다.[156] 또한 3월 중순, 국민의회는 최재형을 외교부장에, 이동휘를 선전부장에, 김립(金立)을 이동휘의 부관에 선임해서 이동휘를 간도방면에 파견해서 독립운동의 선전 선동에 종사하게 하였다.[157] 처음에 국민의회에서는 이범윤을 선전부장에 임명하여 옛 부하들을 모으려 하였으나 그가 노인으로 도저히 어려울 것 같아 협의한 결과 이범윤, 홍범도의 옛 부하를 소집해서 이동휘가 지도하게 하고자 하였다.[158] 또한 대한국민의회는 이 두부 장관외에 재무부장을 두고, 한 아나토리 아프라모우와치를 임명했다. 한 아나토리는 3월말 니코리스크에서 블라디보스토크로 와서 최재형의 처형 김 콘스딴진 집에 있으면서 4월 2

155 국회 3, 163쪽.
156 『현대사자료』 26, 45쪽.
157 1919년 4월 1일 선인의 행동에 관한 건.
158 1919년 4월 17일 불령선인에 관한 건.

일 기선을 타고 연추로 돌아갔다고 한다.[159]

선전부장에 임명된 이동휘는 나자구로 가서 부하들을 모아 만일의 경우 파리강화회의 결과를 기다려 공격을 진행할 계획이었다[160] 즉 대한국민의회에서는 동경유학생의 선언서 결의문 최후 조항에 있는 바와 같이 파리강화회의에 있어서 한국의 독립을 인정하지 않을 경우 한민족은 영구적인 혈전을 전개해야 한다고 하였다.[161]

대한국민의회는 조직 당시 함경북도 출신 중심으로 조직되었다.[162] 이에 김하석은 국민의회 상설위원 중에 평안도파로부터 5명(김치보, 김이직, 정재관, 이강, 안정근), 경파(京派)로부터 5명(이동녕, 조완구, 조승환(趙昇煥) 외 2명)을 추가하여 함북중심의 구조를 개편하고자 하였다. 그럼에도 불구하고 함북 중심은 여전하였고, 이에 상해에서 대한민국 임시정부가 조직되자 이동녕은 니코리스크를 출발하여 상해로 가면서도 국민의회에 자문하는 바 없이 동회를 떠나갔다. 이에 대한국민의회에서는 이동녕, 조완구를 제명하였으며, 김이직은 자진 사퇴하였다.[163]

대한국민의회가 조직되자 옴스크 정부에서는 3월 14일 한족중앙위원회의 해산을 명령하였다. 이에 18일경 니코리스크 거주 조선인 가운데 중진 인물들은 러시아관헌의 검거를 피하여 일시 모습을 감추었다. 그러나 문창범, 김철훈 등은 18일 니코리스크에 돌아왔고, 홍범도 등은 국민의회의 명령에 따라 국내진공작전, 무장투쟁을 준비하였다.[164]

159 1919년 4월 1일 선인의 행동에 관한 건.
160 1919년 4월 17일 불령선인 동정에 관한 건.
161 1919년 4월 17일 불령선인 동정에 관한 건.
162 『현대사자료』 27, 173쪽.
163 『현대사자료』27, 174쪽.
164 국회 3, 112-113쪽.

3. 3·1운동의 전개

노령지역의 독립운동가들은 2월 25일 전로국내조선인대회를 개최하여 독립선언서 제작 및 선포에 관한 준비를 하는 가운데 3월 8일 육로로 러시아에 온 다수의 조선인들로부터 조선에서 3·1운동이 발발하였다는 소식을 듣게 되었다. 이에 당일 블라디보스토크 신한촌 한민학교에서 개최된 기독청년회 석상에서 김하구는 국내에서의 만세소식을 설명하고, 한국의 독립을 선언하며, 동포들에게 민족의식을 크게 고양시켰다. 이에 흥분의 도가니에 들어선 동포들은 친일조선인을 처벌하고자 하였다. 이에 친일조선인 박용환(朴容煥)은 큰 위험에 처하였고 일본헌병에 의하여 간신히 구출되는 일도 있었다. 또한 국내에서 3·1운동이 전개되었다는 소식이 전해지자 3월 8일 신한촌에는 한국이 독립되었다는 장지(張紙)가 붙기도 하였다. 그러한 가운데 3월 10일을 전후하여 러시아 볼세비키가 궐기한다는 항설(巷說)도 나돌아 신한촌은 술렁거렸으며, 일본과 러시아 당국의 경계가 삼엄하였다.[165]

국내에서의 만세운동 소식에 접한 대한국민의회에서는 만세운동을 전개하기 위하여 독립선언서를 작성하고자 하였다. 이 독립선언서는 박은식(朴殷植)에 의하여 처음에 작성되었다. 그러나 그 내용이 온화하다고 하여 남공선(南公善), 김철훈(金喆訓) 등이 좀더 과격한 표현으로 수정하였다. 그리고 독립선언서의 러시아 번역본은 러시아 정교회 목사 강한택(姜漢澤)이 담당하였다. 그는 서울에서 블라디보스토크로 와 교회 활동을 하고 있던 인물이었다. 그리고 러시아어 선언서의 교정 등은 러시아어 익숙한 김만겸(金萬謙)이 하였다.[166]

대한국민의회에서는 블라디보스토크에서 3월 15일 선언서를 발표하여, 한

165 국회 3, 37쪽.
166 1919년 4월 1일 선인의 행동에 관한 건.

국의 독립을 만국에 선포하고자 하였다. 이어서 자동차 20대에 부녀자를 분승시켜 이들을 선두로 하여 시중을 돌아 다니는 등 일대 시위운동을 전개하고자 하였다. 그러므로 이를 위한 준비로 14일 집집마다 태극기를 배부하고 경비로 5루불씩 징수하였다 또한 블라디보스토크에서 학생, 청년 1천명을 간도로 보내어 동지 청년 8, 9천명과 회합하여 국내로 진공하려는 계획을 짜고 있었다.[167]

그러나 3월 15일을 기해 블라디보스토크에서 전개할 예정이었던 만세운동은 계획대로 추진될 수 없었다. 우선 외국 영사관 등에 배포할 러시아어와 영문으로 된 독립선언서가 완성되지 못하였던 것이다. 다음으로는 운동을 전개하고자 한 블라디보스토크에 계엄령이 선포되어 있어 만세운동이 전개될 경우 심한 탄압과 더불어 한인들의 희생이 예상되었기 때문이었다. 또한 러시아 당국이 한인들의 집회를 허락하지 않았을 뿐만 아니라 한인독립운동의 중심이었던 신한촌 민회를 러시아관헌들이 패쇄시켰던 것이다. 이에 대한국민의회에서는 니코리스크 등 계엄령이 시행되지 않는 지역에서 만세운동을 전개하고자 하였다. [168]

결국 러시아지역에서의 3·1운동은 블라디보스토크에서 열리지 못하고 니코리스크에서 개최되었다. 3월 17일 오전 아침 일찍 조선독립선언서가 각 조선인의 집에 투입되었다. 그리하여 오전 9시경 다수의 조선인이 참가한 가운데 코리사코프가 거리에 있는 동흥학교(東興學校) 앞 광장에서 만세운동이 전개되었다.[169] 이에 놀란 일본 헌병대는 물론 수비대가 바로 취체를 러시아관헌에게 요청하여 러시아관헌은 공포 50발을 발사하여 오전 11시 20분경 참여한 군중들을 해산시켰다. 아울러 이때 러시아 당국도 당시 독립선언서를 배포한 조선

167 국회 3, 69쪽.
168 국회 3, 73쪽.
169 1919년 3월 니시와 스파스크 선인 독립운동에 관한 건.

인 사범학교 학생 4명을 체포하였다.[170]

블라디보스토크에서는 니코리스크로부터 문창범이 오면서 적극적인 운동을 시작하였다.[171] 3월 17일 오후 3시 조선인 2명이 한글과 러시아어로 된 독립선언서를 블라디보스토크 일본총영사관에 전달하였다.[172] 이일을 담당한 인물은 오성묵(吳成黙)과 김 아파나시였다.[173] 오성묵은 독립선언서를 우스리스크에서 인쇄하여 그의 처 신혜가 문건을 옷속에 숨기고 어린아이의 손을 잡고 블라디보스토크에 도착하였다. 그리고 시위운동가들은 18일 아침에 시위 문건을 전달받았다.[174]

오후 4시경 신한촌에서 학생 등 다수의 조선인이 모여서 큰길(大道)에서 연설을 하고, 독립선언서를 배포하고 집집마다 국기를 게양하고 만세를 불렀다. 이에 일본측이 러시아관헌에게 제제를 요구하자 학생들은 집회 장소를 신한촌에서 시내로 변경하였다. 학생들은 점차 어두워져 안면을 식별할 수 없는 틈을 타서 시중에서 자동차 3대, 마차 2대에 나누어 타고 가도를 달리며, 구한 국기를 차위에서 흔들며 만세를 불렀다. 아울러 차위에서 독립선언서를 배포히는 등의 행동을 전개히지 일본측은 러시이요세시령관에게 엄히 취재를 요구하였다. 한편 17일밤 자동차로 시위를 전개할 때 자동차에 이양록(李陽祿), 이종일(李鍾一), 방원병(方元炳) 등이 탑승하였는데 이종일과 방원병이 러시아관헌에게 연행되었다가 새벽 4시에 방면되었다.[175] 한편 재러동포들은 의도적으

170 1919년 3월 우수리스크와 스파스크 선인 독립선언에 관한 건; 『배일선인유력자명부』, 문창범 조; 국회 3, 98쪽.
171 1919년 3월 19일 블라디보스토크로부터의 전보.
172 1919년 3월 18일 한국독립운동에 관한 건.
173 김 블라지미르 저, 박환편, 『재소한인의 항일투쟁고 수난사』, 국학자료원, 1997, 173쪽; 마트베이저 이준형역, 『일제하 시베리아의 한인사회주의자들』, 역사바평사, 1990, 140쪽, 144쪽.
174 김 마트베이, 앞의 책, 144쪽.
175 국회 3, 240쪽; 1919년 3월 18일 한국독립운동에 관한 건.

로 일본군사령부 앞에서 독립만세를 고창하기도 하였다.[176]

한편 재러동포들은 시위운동을 전개하는 외에 3월 17일 블라디보스토크에 있는 11개국 영사관과 6개의 러시아 관청에도 선언서를 배포하였다. 그 중 각국 영사관에 선언서를 배포할 때에는 영사에게 면회를 요구하였으며, 본국 정부에 전달해줄 것을 요청하였다.[177] 그런데 영국영사는 부재중이라고 하여 면회를 거절하였고, 미국 및 중국 영사는 재러동포들을 크게 환대하고 그 뜻을 본국정부에 전문(電文) 정보(情報)로 보내겠다고 하였다.[178]

18일 다시 시위가 일어날 기세가 있자 산구(山口) 일본부영사는 러시아 요새사령관을 찾아가서 17일 사건에 대해 이야기하고 보다 강력한 진압을 요구하였다. 아울러 대한국민의회 의장 문창범의 체포를 요구하고 모든 종류의 불온한 집회가 항상 조선인 학교 내에서 이루어지고 있다고 지적하고 학교에 대한 충분한 주의를 요구하였다. 이에 러시아요새사령관은 이를 허락하였다.[179] 한편 3월 18일 국민의회의 명령에 따라 조선인노동자들이 모두 휴업하고 신한촌에 집결하였다.[180]

러시아지역의 3·1운동은 블라디보스토크와 니코리스크 외에 다른 지역에서도 활발히 전개되었다. 니코리스크와 블라디보스토크 중간지점에 위치한 라즈돌리노예의 경우 니코리스크에서 만세운동에 참여한 약 100명이 라즈돌리노예에 도착하여 운동을 전개하려고 계획하였다.[181] 그리고 3월 21일에는 재러동포 약 300명이 모여 일본군대를 습격하고자 하였다. 이에 놀란 이 지역의 분견대장은 러시아 위수 사령관에게 이를 통보했고, 재러동포들은 러시아민병

176 국회 2, 343쪽.
177 1919년 3월 18일 한국독립운동에 관한 건. 국회2, 343쪽.
178 1919년 3월 18일 한국독립운동에 관한 건.
179 1919년 3월 18일 한국독립운동에 관한 건.
180 국회 3, 98쪽.
181 국회 3, 98쪽.

에 의해 해산당하였다.[182] 한편 하바롭스크 청년회장 오성묵은 3월 27일 라즈도리노예에 와서 이 지역 한족회 사무실에 조선인청년 3천여명을 소집하여 결사대 가입을 권유하였다. 이에 가입한 자가 약 400명에 달하였다고 한다.[183]

3월 18일 스파스크에서도 독립선언서의 배포와 동시에 재러동포 500여명이 모여 만세운동을 전개하였다. 이에 놀란 러시아관헌은 일본군 약 20명의 도움을 받고서야 동포들을 해산시킬 수 있을 정도로 만세운동이 활발히 전개되었다. 한편 진압과정에서 동포 수명이 경상을 입는 사태가 발생하였다.[184]

국경지대인 연추 및 포시에트 지역에서도 만세운동을 전개하고자 하였다. 그리하여 각지방에서 수백명의 항일운동가들이 모여들고 있었으므로, 이 지역에 주둔하고 있는 일본수비대와 헌병들이 주야로 엄중한 경계를 하였다. 그러한 가운데 독립운동가들은 연추시와 상소(上所), 중소(中所), 하소(下所)의 남녀노소들에게 조선이 미국과 프랑스 양국의 원조에 의하여 독립을 승인받는다고 선전하였다. 그리고 연추조선인민회장 한(韓) 안찐, 부회장과 동지 유력자인 정(鄭) 표토르, 채(蔡) 노야 등은 3월 초순부터 1만 700루불의 기부금을 거두어 한족상설위원회 위원 엄인섭에게 기탁해서 중앙상설회장에게 송금하게 하였다.[185] 그리고 연추에서는 3월 30일 오전 10시 경부터 오후 2시까지 약 100여명의 동포들이 한용택(韓龍宅)의 주도하에 만세운동을 전개하였다. 이 운동은 연추의 하별리(下別里) 사람들과 학생들이 중심이 되었다.[186]

한편 조선과 중국과 국경을 연하고 있는 녹도(鹿島)지역에서도 만세운동이 전개되었다. 4월 3일 10리(十里) 대안 녹도(鹿島)에는 연추에 있는 조선인자치단

182 국회 3, 121쪽, 358쪽.

183 국회 3, 474쪽.

184 1919년 3월 19일 우수리스크와 스파스카크 선인독립선언에 관한 건.

185 1919년 3월 19일 연추지방 선인 상황보고의 건.

186 1919년 4월 25일 불령선인의 상황-노우끼예브스코예 선인시위운동 상황.

체로부터 조선독립선언식을 거행한다는 소식이 전해졌다. 이에 녹도 러시아학교 학생들과[187] 학부형, 그리고 이 지역의 유력자 약 40명은 학교에 모여 독립운동을 전개할 방법을 모색하였다. 특히 이들은 북한지역과 국경을 접하고 있었으므로 국내의 청진, 웅기(雄基) 지방과 서로 호응하여 만세운동을 전개하고자 하였다.[188] 이어 4월 6일 블라디보스토크에서 온 김(金)모, 이(李)모 등이 말을 타고 각부락 유력자 및 각 학교를 방문하고 선언서를 배부하였다. 이에 4월 7일 시위운동을 전개하기로 결정하고 4월 7일 오전에 녹둔지방 주민들은 태극기를 게양하고 만세운동을 전개하였는데, 그 중 특히 학생들은 열광적으로 만세를 불렀다. 오후부터는 노령 및 중국령 각지로부터 학생들이 몰려 왔으며, 이날 중국령 방천동(防川洞) 서당교사는 약 30명의 학생들을 지휘하여 나팔을 불고 만세를 고창하여 더욱 분위기를 복돋우었다. 오후 3시경에는 녹도부근 고지(高地)에서 약 1천명이 모여 독립만세를 높이 부른 후 해산하였다.[189] 이처럼 녹도지역은 중국지역과 국경을 접하고 있었으므로 중국동포들과 러시아지역 동포들이 함께 만세운동을 전개한 특징을 보이고 있다.

1919년 4월 경 경흥군 고읍(古邑)대안 향산동(香山洞)에서도 각 학교 생도가 중심이 되어 만세운동을 계획하였으며 이 비용을 충당하기 위해 김병완(金秉完)외 2명(모두 원래 러시아군인)은 기부금 모집에 종사하였다..[190]

한편 블라디보스토크와 니코리스크에서 전개된 3·1운동은 러시아의 오지에도 전달되어 3·1운동을 준비하거나 또는 구체적으로 실행되는 등 활발한 모습을 보여주고 있다. 귀화한인이 다수 거주하는 니콜라예프스크에서 재러동

187 1916년 당시 녹도에 있는 보통학교의 경우 조선인 교사 2명, 남학생 110명, 여학생 40명 등이었다(『현대사자료』 27, 167쪽)

188 국회 3, 294쪽.

189 국회 3, 341쪽.

190 국회 3, 306쪽.

포들은 러시아관청에 선언서를 제출하고 4월 2일 블라디보스토크의 예를 모방해서 만세운동을 전개하였던 것이다.[191] 또한 하바롭스크에서도 만세운동이 전개되었다. 이곳 하바롭스크에서는 3월 초순 이래 하바롭스크시 부근 조선인부락에 블라디보스토크로부터 한국독립운동 자금 모금을 위해 다수의 권유원이 파견되어 자금 모금을 위하여 노력하였다. 하바롭스크에서는 3월 15-16일 경에는 조선인 청년회원 약 7-8천명이 정거장 북방의 부락에 모여서 항일시위를 전개하였다.[192]

또한 이르크츠크 동포들도 남창식(南昌植), 김남묵(金南默), 조도선(趙道善) 등이 중심이 되어 4월 7일 재류민총회를 개최하고 동포 각 집에 구한국기를 게양하는 한편 만세운동을 전개하였다. 이때 참석한 동포수는 700여명에 이르렀다.[193] 또한 치타에 거주하는 동포 약 800여명도 김창원(金昌元), 이군태(李君泰), 김현보(金玄甫), 김원현(金元玄), 김한명(金漢明) 등이 중심이 되어 4월 20일 독립선언을 추진하였다.[194]

맺음말

지금까지 3·1운동을 전후한 시기에 러시아지역에서 전개된 대한국민의회의 파리대표 파견문제와 대한국민의회의 성립, 그리고 3·1운동 등에 대하여 살펴

---

191 1919년 4월 3일 니콜라예브스크 발. 『國民聲』(1919년 4월 2일 창간, 주간, 한족연합회 발행, 니꼴라예프스크)7호(1919년 5월 11일발행)에는 장달현의 〈기서〉 대한독립소식에 대하여가, 그리고 『국민성』8호(1919년 5월 18일)에는 대한독립선언에 대하여(속)가, 그리고 9호(1919년 5월 25일)에는 한인신보를 번역하여 국내 및 간도, 훈춘의 3·1운동을 소개하고 있다. 『국민성』 3호-9호, 11-12호는 국사편찬위원회에 소장되어 있다.

192 1919년 3월 22일 하바롭스크로부터의 전보.

193 1919년 4월 19일 재시베리아 선인의 행동에 관한 건:이르크츠크에서는 1919년 5월 1일 대한국민의회 명의로 러시아어로 독립선언서를 발표하였고(러시아연방국립문서보관소 문서번호 200-1-535), 이 문서는 현재 독립기념관에 소장되어 있다.

194 1919년 4월 19일 재시베리아 선인의 행동에 관한 건.

보았다. 이중 지금까지 연구성과와 다른 내용들을 간단히 정리함으로써 결어에 대신하고자 한다.

첫째, 파리강화회의 대표 파견 문제이다. 파라강화회의 대표로 윤해와 고창일을 파견한 것은 문창범을 중심으로한 니코리스크 한족상설회의 함경북도파 중심으로 비밀리에 추진된 것이다. 그들은 신한촌 민회 세력, 평안도파, 경성파 등 다양한 한인세력들을 속이면서까지 은밀히 대표파견을 추진하였던 것이다. 그러므로 파라강화회의 대표 파견 문제와 더불어 언급되는 일본 밀정들의 기록은 재검토가 필요하다고 생각된다.

둘째, 대한국민의회의 성립시기에 관한 문제이다. 대한국민의회에 대한 공개적인 언급은 1919년 2월 25일 경 전로국내조선인대회시 만주 러시아 지역의 대표들이 참석한 가운데 있었다고 생각된다. 그러나 대한국민의회라는 명칭과 주요 간부인 회장, 서기, 의원 등 대체적인 조직은 윤해, 고창일 등이 블라디보스토크를 출발하는 2월 5일 이전에 있었으며, 특히 윤해의 주장이 많이 반영되었다고 할 수 있다. 즉 대한국민의회는 1월 29일 경 한족상설회 회의에서 그 구체적인 모습이 이루어졌으며, 2월 7일 회의에서 러시아지역 대표들로부터 인정받고, 2월 25일 개최된 전로국내조선인대회에서 만주, 러시아, 국내 대표들로부터 인정받는 절차를 받고자 하였다고 생각된다. 그리고 대외적인 공포는 1919년 3월 17일 독립선언서 반포에서 이루어졌다고 할 수 있겠다.

셋째, 러시아지역의 3·1운동 발발에는 한인신보, 한족공보 등 한인신문들의 역할이 컸으며, 또한 고종추도회, 연극활동 등 다양한 활동이 3·1운동 전개에 기여한 바 크다.

넷째, 러시아지역의 3·1운동의 경우 지금까지 연해주 지역을 중심으로 전개된 부분에 주로 초점이 맞추어져 왔다. 그런데 본 논문을 통하여 러시아 지역에서의 3·1운동은 연해주 지역 뿐만아니라 니꼴라예프스크, 하바롭스크, 이르크츠크, 치타 등 아무르주, 자바이칼주, 동시베리아 등 한인이 거주하는 대부분의 지역에서 3·1운동이 전개되었음을 알 수 있었다. 이점은 러시아지역 교포들의 3·1운동에 대한 참여정도가 지금까지 연구결과보다 훨씬 광범위하였음과 더불어 독립에 대한 열기가 대단하였음을 반증해주는 것이라고 할 수 있다. 앞으로 새로운 자료 발굴을 통하여 한인들이 거주하는 러시아 각 지역의 한인들의 동향에 대하여 살펴볼 필요가 있다고 생각된다.

『애국혼』의 간행과 내용: 역사교재

머리말

『애국혼』이란 책자에 대하여는 일본 외무성에 있는 불령단관계잡건, 조선인의부 신문잡지에서 찾아볼 수 있다.『애국혼』은 일본측 기록에,

> 재블라디보스토크 『한인신보』 주필 김하구(金河球)는 금년(1918년-필자주) 8월 『애국혼(愛國魂)』이라는 서적 약 800권을 발간하여 각 지방의 예약자들에게 배포하였다. 이 책은 안중근(安重根), 민영환(閔永煥), 이재명(李在明) 및 이준(李儁) 등의 경력을 편찬하여 그 행동을 칭찬함으로써 배일사상을 선동하려는 기사들로 가득 차 있다.[1]

라고 있듯이, 러시아 블라디보스토크에서 『한인신보』 주필 김하구가 편집한 책으로 "배일사상을 선동하려는 기사들로 가득 차 있는" 역사책이다. 이『애국혼』에 대하여,『한국독립운동사 자료』 37권 해외언론운동편에,[2] 훈춘지역의 오지 사립학교와 서당 등에서 불온교과서 및 위험한 교재로서 사용되고 있다고 보고되어 있다. 이로 보아 러시아 연해주 및 만주 일대에서 이 책은 학교에서 민족의식을 고취시키기 위한 역사교재로서 활용된 것으로 보인다. 특히 이 책은 순 한글로 되어 있어, 다수의 학생들에게 민족의식을 고취시키는데 크게

1 불령단관계잡건 재시베리아 7, 〈재러시아 불령 조선인 수모자(首謀者) 중 일본관헌에 대한 태도의 변화〉, 1918년 10월 1일.

2 제Ⅲ장 중국동북지역〉 不穩出版物(愛國魂)送付ニ關スル件에, 1919년 3월 15일자로, 훈춘 副領事 秋洲郁三郎가 外務大臣 子爵 內田康哉에게 보낸 문서.

기여한 것으로 보인다.

『애국혼』은 초판본과 재판본이 있는 것으로 보인다. 1917년 12월에 간행된 초판본의 경우 일본측 기록에 그 내용이 수록되어 있는데, 아래 아 한글을 사용하여 기록되어 있다. 이에 반하여 1918년 7월에 간행된 재판본에는 아래아를 사용하지 않고 있다. 좀 더 젊은 세대들에게 많이 읽도록 하기 위한 조치가 아닌가 생각된다.

학계에서는 지금까지 『애국혼』을 주목한 바 없다. 다만 러시아지역의 한인 민족주의교육에 대하여만 개괄적으로 검토된 바가 있는 정도이다.[3] 아울러 러시아지역의 대표적인 역사학자 계봉우에 대하여만 주목한 바 있다.[4] 이에 본고에서는 『애국혼』의 간행과 내용을 통하여, 러시아 연해주 및 만주 일대에서 사용되었던 역사교재 『애국혼』에 대하여 깊이 있게 알아보고자 한다.

1. 『한인신보』와 『애국혼』의 간행

1) 한인신보

1917년 러시아 2월 혁명 이후 동년 6월 4일 니꼴리스크-우스리스크에서 이르쿠츠크 이동의 각 지 대표 96명이 참가한 가운데 전로한족대표자회(한족대회, 대회장 최만학)가 개최되었다. 원호인(입적한인)이 중심이 된 이 대회에서는 러시아 임시정부의 지지를 결정하였다. 그리고 정기간행물을 출판할 것(니코리스크, 청구신보, 블라디보스토크 한인신보) 등을 결의하였다. 이 결정에 따라 니코리스크에서는 7월 5일부터 그리고 블라디보스토크에서는 7월 8일부터 청구신보와

3 이명화, 「노령지방에서의 한인민족주의 교육운동」, 『한국독립운동사연구』 3, 1989; 김형목, 「러시아 연해주 계동학교의 민족교육사에서 위상」, 『한국민족운동사연구』74, 2013; 방일권, 「제정러시아 한인 사회와 정교학교 교육」, 『재외한인연구』 36, 2015.6

4 조동걸, 윤병석, 이영호 등의 연구가 대표적이다.

한인신보가 각각 창간되었던 것이다.[5]

『한인신보』는 신한촌 민회의 기관지로 창간되어[6] 매주 1회 한글로 간행되었으며, 발행인 겸 편집인(편집 겸 주필)은 한 안드레이(아크 한, 한용헌)였고, 인쇄인은 주용윤(朱龍潤), 발행소는 블라디보스토크 신한촌 니꼴리스카야 울리차 21호였다.[7]

『한인신보』의 주필은 창간 당시 장기영(張基永)[8], 이어서 김하구 등이 담당하였다.[9] 장기영은 서울출신으로 일본 조도전 대학을 졸업하였으며, 간도 소영자(小營子) 중학교와 나자구(羅子溝) 무관학교 교사로 활동한 인물로 이동휘와 깊은 관련을 갖고 있던 인물이었다.[10] 그리고 김하구는 함북 명천출신의 귀화한인으로 역시 조도전 대학 출신이며, 권업신문 주필에 이어, 1917년 7월 『한인신보』 주필로 활동하였던 것이다.[11] 호는 백산청년(白山靑年). 러시아, 영어, 독어, 중국어, 일어에 능통하였다. 구한국시대에 궁내부 주사로서 기독교를 신앙하였다. 신한촌 한민학교 교사, 만주 화룡현 명동학교 교사 등을 역임하였다.[12]

『한인신보』는 러시아 연흑룡주, 간도 훈춘지방, 상해 북경지방, 미국 샌프란시스코, 하와이 등지에 1,400부를 배포하였다.[13] 신한민보 1918년 3월 21일자와 동년 9월 5일자에는 〈해삼위 한인신보를 사보시오〉라는 광고가 나와 있어 그 구독 범위를 짐작하게 해주고 있다. 『한인신보』의 구독범위는 곧 『애국혼』의 배포 범주와도 그 궤를 같이 한다고 할 수 있을 것 같다.

---

5 반병률, 「이동휘와 1910년대 해외민족운동-만주·노령연해주 지역에서의 활동(1913-1918)-」, 『한국사론』 33, 1995, 245-256쪽.

6 신한민보 1917년 8월 9일 「해삼위 한인신보가 출현하였다」

7 『한인신보』 1호 1917년 7월 8일자, 『한인신보』 10호 1917년 9월 23일자 참조.

8 뒤바보, 「아령실기(12)」, 『독립신문』 1920년 4월 8일자.

9 「아령실기」, 『독립신문』 1920년 4월 8일자.

10 국가보훈처, 「장기영」, 앞의 책, 88-89쪽.

11 국가보훈처, 「김하구」, 앞의 책, 259쪽.

12 「배일신문에 관한 조사」, 『한국독립운동사』 자료 37, 41쪽.

13 「배일신문에 관한 조사」, 『한국독립운동사』자료 37, 국사편찬위원회, 2001, 44쪽.

『한인신보』는 기본적으로 항일적인 신문이었다. 그러므로 1917년 8월 29일 국치일을 맞이하여 『국치기념호』를 발간하였다. 특히 신문사에서는 『吾人의 書信』이라는 4면짜리 붉은색 인쇄물을 부록 모양으로 400부를 발간하여 무료로 배부하였다. 1면 상단에는 태극기를 교차하게 하고, 중앙에는 「國恥無忘」라고 크게 쓰고 조선 지도를 그려 넣었다. 2면에는 태극 모양을 인쇄하고 대한혼(大韓魂)이라고 크게 썼다. 3면에는 일본지도를 그리고 일본의 주요 지역에 여러 대의 비행기가 공중에서 폭격하고, 해상에서는 전함들이 폭격하는 모습을 그려 넣었다.[14]

또한 『한인신보』에서는 민족의식 고취에도 깊은 관심을 기울였다. 즉, 『애국혼』을 간행하고자 하였으며, 이에 대한 선전 내용에서도 그러한 사정을 잘 이해할 수 있다.

> 한인신보사에서는 『애국혼』 상하권을 나누어 편집하여 상권은 민충정공 소전, 附 혈죽가, 조보국병세유서, 최면암유서, 이준공, 장전량의사, 하권은 안의사전, 附 열사행, 추도가: 우덕순, 이재명, 김정익, 안명근, 이범진 유서, 그리고 이 책 끝에 강동쉰해를 부록함. 그리고 이 책의 편집을 보면 1) 이 책은 우리가 한권씩 책상에 두고 안이 볼 수 없는 글이오, 2) 이 책은 각 력사와 신문에서 추려서 순국문으로 저술한 것이요. 3) 이 책은 각 지방에 위원을 선정하여 원하는 자를 모집함. 발행인 김병흡, 편집자 한용헌, 글쓴 사람 玉史, 발행소 한인신보사[15]

라고 하고 있는 것이다.

또한 단군 탄신일을 맞이하여 단군에 대한 내용과 그 행사에 대하여 다수 보도하고 있다. 18호(1917년 11월 17일)에서는 1면 전체를 할애하여 단군대황조 성탄기원절에 대한 기사를 게재하고 있다. 그리고 이글에서 단군대황조의 건

---

14 「국치기념회와 한인신보 국치기념호 발행에 관한 건」, 『한국독립운동사』자료 37, 2001, 39-40쪽.

15 『한인신보』 15호 1917년 10월 28일자.

국, 영도, 역사, 종교, 계명 등과 아울러 기념노래 또한 싣고 있다.

또한 19호(1917년 11월 25일)에서도 〈잡보 단군대황조 셩탄기원절 기념식 성황〉이라고 하여 블라디보스토크에서의 행사 내용을 집중 보도하고 있으며, 〈각처에 단군성탄절〉에서는 우수리스크의 청구신보사 안에서 이동녕, 박상환, 윤해, 박인원, 김성무를 중심으로 행사를 거행하였음을 알려주고 있다.

아울러 재러한인의 이주의 역사를 연재하고 있어 민족적 정체성 고취에도 일익을 담당하고 있다. 즉 계봉우의 〈강동쉰해〉란 글을 통하여 1860년대부터 1914년까지 한인이주의 역사를 상세히 소개하고 있다. 또한 재러한인의 계몽과 간도, 러시아 한인사회의 동향에 대하여 자세히 기록하고 있어 이 지역사 연구에도 많은 도움을 주고 있다.

2) 『애국혼』의 간행과 내용

(1) 『애국혼』의 체제

『애국혼』은 한인신보사에서 책자 형태로 간행되었다. 이 책의 초판본은 1917년 12월 블라디보스토크 신한촌에서 간행되었다. 책자에는 단기로 4250년 12월로 되어 있다. 발행인은 한용헌(韓容憲), 편서자(編書者)는 옥사생(玉史生), 발행소는 해삼항 신한촌, 한인신보사, 인쇄소는 노인(魯人) 해항(海港) 석인국(石印局)으로 되어 있다. 재판은 단기 4251년 7월로 되어 있다.

책자는 상권과 하권으로 되어 있으며, 상권은 34면, 하권은 35면 등으로 이루어져 있다. 표지에 한글과 한문으로 애국혼이라고 적혀 있다. 상권 1면에는 애국혼 목록이라는 제목 하에 상권 목차는 민충정공 소전, 조보국병세 유서, 최면암공 유소, 이준공, 이범진공, 민충정공 추도가, 우덕순가, 안의사추도가 등으로 구성되어 있다. 하권은 안중근전, 부 열사행, 이재명의 의협, 안명근 등으로 되어 있다.

재판 2면에는 다음과 같은 머리말이 적혀 있다. 이를 보면 다음과 같다.

> 1. 이 책은 애국자의 정신을 사모하며 이름이나 기억하기 위하여 각 역사와 전기에서 조금씩 추려 편집함
> 1. 이 책은 남이 편술한 것을 그대로 옮긴 것이니, 곧 민충전공전은 소년잡지에서, 안중근전은 겸곡선생이 편술한 전기에서 간단하게 추리고, 기타는 역사와 신문에서 모은 것이오.
> 1. 이책의 체제라든지 문장은 더볼 것 없거니와 더군다나 인쇄와 제책이 정미치 못함은 부득이한 사정이며, 다만 강동쉰해의 책으로는 처음 출판된 것이오, 안이볼 수 없는 일이니, 이것 곧 저자의 목적한 바며, 장쾌한 소원인 듯 합니다.
>
> 기원 4251년 무오 6월 일 *於海港 大砲聲中*
>
> 檀玉生 씀

3면에는 민충정공과 이준공, 안중근공의 초상이 그려져 있다. 상단에는 민충정공과 혈죽이, 하단에는 이준공과 안중근공의 모습이 있다.

상권의 분량을 보면, 민충정공 소전(5-13쪽), 조보국병세 유서(14), 최면암공 유소(14-15), 이준공(16-22), 장인환(23-26) 이범진공(27-30), 민충정공 추도가(31), 우넉순가(31-32), 안의사추도가(33-34) 등으로 구성되어 있다. 위의 내용은 목차와는 약간 변동이 있음을 짐작해 볼 수 있다. 아울러 26쪽에는 장인환의사 의거 관련 그림이 있다. 미주 옥란 정거장, 장의사, 스티븐슨 자동차 등이 그것이다.

하권은 만고의사 안중근전(1-24), 부 열사행(25-28), 이재명과 김정익의 의협(29-31), 안명근 의 의협(32-34), 마감에 부치는 말(34), 판권(35) 등으로 되어 있다.

상하권의 각 목차의 분량을 보면, 민충정공이 14쪽, 이준공이 7쪽, 장인환 4쪽, 이범진공 4쪽, 안중근이 추도가를 포하하여 27쪽을 차지하고 있어, 애국심의 중심이 안중근에 가 있음을 짐작해 볼 수 있다.

(2) 『애국혼』의 간행

『애국혼』은 머리말에서,

> 이 책은 애국자의 정신을 사모하며, 이름이나 기억을 위하여 각국사와 전기에서 조금씩 추려 편집함

이라고 하여, 애국자의 정신을 사모하기 위하여 만들어진 책임을 우선 밝히고 있다. 아울러 〈각국사와 전기〉에서 조금씩 추려 편집하였음을 밝히고, 이어서 보다 구체적으로 인용서적에 대하여 언급하고 있다. 즉,

> 이 책은 남이 편집한 것을 그대로 옮긴 것이니, 곧 민 충정공전은 소년 잡지에서, 안중근전은 겸곡 선생이 편술한 전기에서 간단하게 추리고, 그 외 다른 역사와 신문에서 모은 것이요

라고 밝히고 있다.

책의 내용을 통해 보면, 신문의 경우 권업신문, 신한민보, 역사책의 경우 『대한역사』와 『동국사략』 등을 인용하고 있다. 민영환의 〈청청혈죽(靑靑血竹)〉은 『초등대한역사』(鄭寅虎, 1908 玉虎書林)에서, 면암 최익현의 상소는 현채(玄采)의 『동국사략』에서 인용한 것이다.

책의 간행 시기는 편자의 〈마감에 부치난 말삼에서〉,

> 國恥七年之冬 於興凱湖 檀玉述

이라고 하고 있음을 통하여, 1917년 겨울로 추정하고 있다. 그러나 일본측 기록에서는 앞서 언급한 바와 같이 1918년 8월에 간행한 것으로 되어 있다. 아마도 재판을 찍은 것으로 보인다. 필자는 "단옥"으로 생각된다. 단옥인 김하구는

이 책이 많이 읽혀 역사교육과 민족의식 고취에 크게 기여하기를 기대하고 있다. 즉,

> 이 책 이름은 애국혼이니, 곧 나라를 사랑하여 몸을 바치고, 죽은 혼이다. 우리 살아 있는 사람들은 한우라도 손에 때울 수가 없나니라. 그럼 간단하게 두권을 만들었으니, 무릇 우리형제들은 이 책을 책상머리에 두고, 밤낮 애국혼을 부를 지어다

라고 하여, 독자들이 열심히 읽기를 간곡하게 권유하고 있다. 그러므로 김하구는『애국혼』을 한글로 저술하였던 것이다. 이에 박은식이 저술한 안중근전도 한글로 번역하였던 것이다.

김하구는 러시아지역을 대표하는 언론인이라고 볼 수 있다. 그는 1910년대의 대표적인 신문인『권업신문』의 주필을 역임한 인물이다. 1920년대에는 한인들의 대표적인 신문인『선봉』의 주필로 활동하기도 하였다.

3.『애국혼』의 내용

『애국혼』에서는 민족의식을 고취시키기에 중요하다고 판단되는 인물들을 선정하여, 그들의 전기 등에서 민족혼을 불러일으키기 적합한 내용들을 발췌하여 수록하고 있다.『애국혼』은 상 하권 두권으로 이루어져 있다. 상권 목차는 민충정공 소전, 조보국병세 유서, 최면암공 유소, 리준공, (장의사 인환), 리범진공, 민충정공 추도사, 우덕순가, 안의사추도가 등이고, 하권목차는 만고의사 안중근전, 부(록-필자주) 열사행, 리재명의 의협, 안명근 등이다. 즉, 상권에 민영환, 조병세, 최익현, 이준, 장인환, 이범진, 하권에 안중근, 이재명과 김정익, 안명근 등을 들 수 있다. 이 가운데 편자는 특히 안중근의사에 대하여 많은 분량을 할애하고 있다.

안중근의사의 경우, 〈만고의사 안중근〉, 안의사 추도가, 우덕순가 등을 수록하고 이 가운데. 〈만고의사 안중근〉의 경우, 백암 박은식이 상해에서 한문으로 지은 안중근전을 한글로 초역한 것으로 주목된다. 안중근 전기의 경우 총 15개 장으로 구성되어 있다. 이를 보면 다음과 같다.

> 1. 안의사의 성장, 2. 의사의 무협, 3. 의사의 義勇, 4. 의사의 나라근심
> 5. 의사가 고국을 떠남, 6. 해삼위에 왔음, 7. 의사가 의병을 일으킴,
> 8. 의사의 활동, 9. 의사가 이등을 쏨, 10. 연루의 형편, 11. 의사를 심문함
> 12. 의사의 두아우와 변호사, 13. 의사가 감옥에서 從容함, 14. 의사가 공판을 당함, 15. 의사의 최종

『애국혼』에 실린 안중근전기는 러시아 일대 한인들 및 학생들에게 항일운동의 큰 원동력이 되었을 것으로 보인다. 당시 러시아지역에는 계봉우가 권업신문에 기고한 〈만고의사 안중근〉이 널리 알려져 있었다. 아울러 김택영(金澤榮)이 작성한 『안중근전』도 있었을 것이다.

안중근의사 다음으로 『애국혼』에서 중점적으로 다루고 있는 인물이 민영환과 이준이다. 민충정공의 경우 육당 최남선이 발행한 『소년』에 실린 내용을 모두 등재하고 있다. 아울러 『대한역사』에 실린 〈청청죽죽〉을 그대로 전제하여, 학생들이 민영환의 정신을 그대로 계승할 것을 기대하고 있다.

이준에 대하여는 그의 전기와 더불어 〈리준공의 피흘린날〉이라는 권업신문 1919년 7월 19일자에 실린 논설을 그대로 전제하고 있다. 민영환과 이준의 경우 을사늑약 체결과 헤이그밀사 파견 등과 관련하여 순국한 인물들로서 독자들의 애국심을 고양하는데 충분한 사례들이라고 판단하였던 것으로 보인다. 특히 이준의 경우 함경도 북청 출신으로서, 헤이그에 가기 전 블라디보스토크에 머물렀으므로 재러동포들에게는 더욱 감동으로 생동감 있게 다가왔을 것

으로 보인다. 즉,

> 공은 정미년 봄에 한성을 표연히 떠날 때 마침 고 군부대신 이용익공의 추도회에 연설하되 우리는 일후에 큰 사업을 하여 동향인의 추도회만 받지말고 온세계 사람의 추도회를 받으리라는 말씀이 이글 기록하는 사람의 귀에 지금도 쟁쟁하도다. 공이 해삼위에 와서 장차 헤아로 떠날적에 주먹으로 책상을 치면서 글을 읇허 갈오되, 장사일거혜여 불부환이라는 글귀로 그 마음을 미리 경계하였더라.
> 공의 거룩한 역사는 이미 맡은 이가 있고, 자세한 자료를 얻지 못하였음으로 대강을 소개하노라

라고 있다.

특히 연해주와 북간도지역에는 함경도 출신들이 다수 거주하고 있었다. 더욱이 이준열사의 아들 이용(李鏞)이 연해주 일대에서 항일투쟁을 전개하고 있었기 때문에[16] 더욱 그러하였을 것으로 보인다.

다음으로 주목되는 인물은 이범진(李範晉)이다.[17] 『애국혼』에서는 동포들에게 감동을 주기 위하여 원동지역에서 활동한 인물들에 비중을 둔 것으로 보인다. 앞서 살펴본 안중근과 이준 등이 그러하다. 이범진 또한 그와 궤를 같이 한다고 볼 수 있다. 이범진은 헤이그 밀사인 이위종의 아버지로 주러시아 한국공사를 역임하였고, 구한말 러시아 연해주의 대표적인 의병조직인 동의회를 후원한 인물이다. 특히 그는 1911년 순국 당시 자신의 재산 일부를 러시아 동포들을 위하여 희사하기도 하여, 동포들의 교육 교재로서 더욱 의미가 있었을 것으로 보인다. 그러므로 『애국혼』에서는 이범진에 대한 부제로 〈생명을 충성으로 버리고, 재산을 의로 씀〉라고 하고 있다.

『애국혼』에서는 순국한 인물, 의열투쟁을 전개한 인물 등에 관심을 기울인

16 주미희, 「이용, 중국혁명기(1924-1927)의 한인지도자」, 『역사연구』 19, 역사학연구소, 2014.
17 박환, 「이범진」, 『대륙으로 간 혁명가들』, 국학자료원, 2003.

것으로 보인다. 전자로는 민영환, 조병세, 최익현을, 후자로는 안중근, 장인환, 이재명과 김정익, 안명근을 들 수 있다. 그리고 『애국혼』에서 특별히 주목되는 것 중 하나는, 조병세, 최익현 등의 인물을 다루고 있는 점이다. 이들은 전통유학에 바탕을 둔 인물들이나 그들의 애국심과 기상을 높이 평가한 것이 아닌가 보여진다.

『애국혼』에서는 특히 민족의식을 고취시키기 위하여 노래에 주목한 것 같다. 이것은 학생들에게 민족의식을 고취시킬 수 있는 좋은 방안이라고 생각된다. 대표적인 것으로는 민영환의 〈청청죽죽〉, 민충정공 추도가, 우덕순가, 안의사추도가 등을 들 수 있다. 바로 이들 추도가 등이 많은 동포 및 학생들을 항일투쟁에 나서도록 하였을 것으로 보인다. 그 중 특히 안중근의사의 추도가는 우리의 가슴에 뜨겁게 다가온다.

맺음말: 러시아 한인의 역사교육과 『애국혼』

러시아 연해주지역에서 한인들에 대한 민족주의교육이 실시된 것은 1905년 을시늑약 이후 1907년부터로 보여지고 있다. 이 시기에 연해주 수청지방에서 청년교육의 필요성을 깨닫고, 이를 실천하고자 대한청년교육회가 조직되었던 것이다.[18] 블라디보스토크에서는 주민들의 의연금으로 계동학교(啓東學校), 세동학교(世東學校), 신동학교(新東學校)가 각각 설립되어 운영되다가 1909년 10월 이들 학교들을 병합하여 새로이 한민학교가 탄생하였다. 이 학교가 러시아 연해주지역에 설립되면서 민족주의 교육도 본격화 되었다고 볼 수 있다. 그러나 이러한 민족주의 교육은 1914년 1차세계대전의 발발로 다시 약화되었다가, 1917년 러시아혁명 발발이후 전로한족회대표자회 등이 조직되면서 새로이 부

18 뒤바보, 『아령실기』

활하게 된다.[19]

당시 역사교과서로는 계봉우의 저서인 『본국역사』, 『최신동국사』 등이 러시아지역뿐만 아니라 만주지역에서도 사용된 것으로 알려지고 있다. 전자는 『조선역사』를 말하는 것으로, 1912년에 간행되었으며, 한국역사 전반을 다루었을 것으로 짐작된다. 후자는 하바롭스크 보문사에서 1917년 음력 11월 간행되었고,[20] 일제의 국권침탈에 맞서온 독립투쟁의 역사를 가르친 것으로 보인다.[21] 특히 여기서 주목되는 것은 계봉우의 저서인 『최신동국사』[22]이다. 이 책은 노령지역 뿐만 아니라. 북간도의 덕흥학교, 영신학교 등 만주 각지의 민족주의 학교에서도 교과서로 채택되었고,[23] 전체 내용이 일제 침략을 폭로하고 민족의식이 투철한 애국청년을 양성하려는 뚜렷한 의도를 담고 있으므로 일제가 가장 위험시하였기 때문이다.[24] 현재 이 책은 남아있지 않으나, 일제의 정보보고를 통하여[25] 그 대강을 짐작해 볼 수 있다.

『최신동국사』는 1920년 간도 용정의 영신학교 학생들이 체포되면서 알려지게 되었다. 그 내용은 네덜란드 헤이그 만국평화회의의 밀사 파견, 1895년 이후 의병의 봉기, 매국당 일진회 비판, 장인환, 이재명의 매국적 공격, 안중근의 이등박문 포살, 합병조약의 강제와 조선총독부 설치 등에 관한 것이었다. 이를 통해 보면, 『애국혼』은 『최신동국사』의 특정부분, 즉 의열투쟁 등 민족의식을 고양할 수 있는 선열들에 대한 내용을 특별히 강조한 인물 중심의 역사서라고

19 이명화, 위의 논문, 120-143쪽.

20 윤병석, 「이동휘와 계봉우의 민족운동」, 『한국학연구』6,7합집, 1996, 305쪽.

21 이영호, 「계봉우의 한국역사 인식과 역사관」, 『한국학연구』, 인하대학교 한국학연구소, 25, 2011, 94쪽.

22 조동걸의 논문(「북우 계봉우의 생애 및 연보와 저술」, 『한국학논총』 19, 국민대 한국학연구소, 1997) 157쪽에 따르면, 계봉우는 1912년 길동기독학관(광성학교 전신)의 중등부 교재로 『조선역사』를, 그리고 동년 『新韓獨立史』를 각각 간행한 것으로 되어 있다.

23 윤병석, 「이동휘와 계봉우의 민족운동」, 『한국학연구』6,7합집, 1996, 305쪽.

24 이명화, 앞의 논문, 145쪽.

25 金正明, 『朝鮮獨立運動』 Ⅲ , 原書房, 1968, 285-289쪽.

할 수 있을 것 같다.

결국 1917년 겨울에 간행된 『애국혼』은 동년 음력 11월에 간행된 『최신동국사』 등과 더불어 러시아 혁명 후 러시아 및 만주지역 한인의 역사교재로서, 특히 근대사 및 동시대의 역사책으로서 큰 역사적 의미를 갖는 것이라고 하겠다.

제5장

일제의 탄압
-4월 참변과 엇갈린 선택

기록을 통해 보는 러시아 연해주 4월참변

-최재형을 중심으로-

1. 니항사건과 4월참변

1917년 러시아에 볼셰비키 혁명이 일어나자 러시아 내에는 레닌의 볼셰비키파와 반볼셰비키 백위파 사이에 내전 상황이 벌어졌다. 수십 만 명의 한인들이 거주하고 있던 연해주 지역 역시 이 혼돈을 피하기 어려웠다. 1918년 4월 일본은 러시아 내의 자국민을 보호한다는 명목으로 블라디보스토크 항구에 군함을 상륙시켜 시베리아 출정을 단행했다. 일본의 숨겨진 의도는 이 군대를 통해 백위파 군대를 지원하여 시베리아 극동 지역에 대한 장악력을 확고히 하겠다는 것이었다.

일본 군대가 출병한 만큼 무력 충돌은 불가피한 상황이 되었다. 만주와 연해주 및 조선의 국경지대에서 활동하던 한인 무장 빨치산들은 볼셰비키파의 러시아 빨치산 부대와 연합하여 일본 및 백위파 군대들을 상대로 끈질긴 투쟁을 전개했다. 이 과정에서 1920년 3월 5일 아무르 강 하구인 니콜라예프스크(니항, 尼港)에서 한·러 빨치산 연합부대가 일본군을 섬멸하고, 일본 영사 등을 살해하는 소위 '니항사건'이 발생했다.

이 사건은 시베리아를 장악하려는 일본 내 강경파에게 본격적인 군대 증파를 위한 좋은 구실을 제공하였다. 일본은 연해주에 즉각 군대를 증파하는 한편, 블라디보스토크, 하바롭스크, 기타 연해주 도시에 있는 적위군 빨치산 부대에 대한 전면 공세를 준비하도록 비밀리에 명령하였다. 그리고 1920년 3월

31일 일본 정부 명의로 “일본 신민의 생명 재산에 대한 위협”과 “만주 및 조선에 대한 위협”이 엄존한다는 내용의 성명서를 발표하였다. 본격적인 공격 개시를 위한 대외적인 명분 쌓기이자 임박한 보복의 신호였다. 문제는 일본군의 보복 대상이 그들을 공격했던 빨치산 부대에 국한되지 않고, 재러 한인사회에 대한 무차별적 학살과 파괴를 목적으로 하고 있다는 점이었다.

마침내 4월 4일이 되었다. 그날 밤 일본군 블라디보스토크 주재 사령관 촌전(村田信乃) 소장은 대정((大井) 군사령관의 지시를 받아 블라디보스토크의 혁명군(연해주 정부군이라고 칭한다)에 대해서 무장해제를 단행하고, 또 5일 새벽에 군사령관은 제13, 14 사단장, 남부우수리(南部烏蘇里) 파견대장에게 각지의 혁명군 무장해제를 명령했다. 우수리철도 연선(沿線)을 중심으로 일본군 주둔 지점에서 총공격을 행하였다. 일본군의 전투 행동은 4일 밤에 시작해서 5일, 6일, 스파스크의 경우는 8일까지 계속되었다.

일본군은 블라디보스토크의 신한촌(新韓村)을 기습하여 한민학교(韓民學校)와 한민보관(韓民報館) 등 주요 건물을 불태우고 무고한 한인을 학살하는 한편, 니콜스크-우수리스크와 스파스크 등지에서 학살과 검거를 자행하였다. 정작 그들이 척결 대상으로 내세웠던 빨치산 대원들은 산에 들어가 있었지만 일본군의 소탕 대상은 민간인 주거지역, 특히 한인들의 촌락에 집중되었다. 한인학교들을 보이는 대로 불질러버리고 교사들을 잡히는 대로 살해하거나 구금했다는 점에 비춰볼 때, 이들의 작전계획에는 본래부터 향후 조선 독립의 근거지가 될 수 있는 연해주 한인세력을 이번 기회에 뿌리를 뽑겠다는 의도가 명백히 깔려있었다고 할 수 있다.

최재형이 거주하고 있던 니코리스크의 경우, 일본 헌병대는 보병 1개 소대의 후원을 받아 4월 5일과 6일에 걸쳐서 독립운동가 집에 대해 가택수색을 하고, 76명을 체포했다. 최재형은 4월 5일 새벽 자택에서 일본군에 의해 체포되었다.

그 중 72명은 방면되었으나 최재형, 김이직, 엄주필, 황 카피톤, 이경수 등은 계속 구금되었다. 그리고 이들 독립운동가들의 운명은 일본군이 미리 계획하던 바에 따라 결정되었다.

일본 측이 남긴 기록에 의하면, 최재형 등은 4월 7일 취조를 위해 압송 중, 탈출을 시도하다가 사살되었다[1]고 주장하며 살해의 불가피성을 강조하고 있지만, 이는 그대로 받아들이기 어려운 사실이다. 최재형 등이 어떤 과정을 거쳐 살해되었는지에 대해서는 그 후에도 정확히 알려지지 않았다. 훗날 최재형의 유족들이 유해라도 돌려받길 여러 차례에 걸쳐 요청했지만 일본 측은 여러 이유를 들어 이를 끝내 거절하였다. 매장 장소 역시 끝내 알려지지 않았다. 최재형을 비롯한 이들 독립운동가들이 맞은 최후의 시간은 가장 비인간적인 방식으로 함부로 처리되었음을 추정할 수밖에 없는 일이 되어버렸다.

이렇게 최재형은 조국 독립의 뜻을 꺾인 채 순국하였다. 두만강 너머 이국땅 러시아로 건너온 이래 수십 년 동안, 재러 한인들의 기둥이 되어 자립역량을 키우고 언젠가는 이루어질 독립 조국의 꿈을 놓지 않으며 혼신의 힘을 다했던 연해주의 최재형은 사라졌다. 소위 '4월참변'이라 일컬어지는 연해주 한인에 대한 토벌은 그해 5월까지 계속되었다. 일제의 보복은 집요했고, 최재형을 비롯한 독립운동가들이 목숨을 다해 이루지 못했던 조선 독립의 꿈은 그 후로도 이십여 년이 더 지나야 했다.

2. 독립운동가들의 최재형에 대한 추모

최재형(崔才亨)은 한자로 최재형(崔在亨)이라고도 하며, 그의 러시아 이름은

1 반병률, 「4월참변 당시 희생된 한인 애국자들: 최재형 김이직 엄주필 황경섭」, 『역사문화연구』 26, 2007.

최 뽀또르 세메노비치이다. 그는 함경북도 경원(慶源)의 노비 출신으로 1860년대에 경제적인 이유로 러시아 연해주로 도주하여 1880년대 러시아에 귀화한 뒤, 그 지역의 도헌(都憲) 및 자산가로 성장하여 재러 한인사회를 이끈 대표적인 지도자였으며, 러시아 당국으로부터 가장 신망 받는 친러적인 인사였다.

그는 1905년 이후 적극적으로 항일투쟁에 참여하여 1920년에 시베리아에 출병한 일본군에게 처형될 때까지 독립운동을 전개하였다. 최재형은 1900년대 초반 러시아 지역의 가장 대표적인 의병조직인 동의회의 총재로서 뿐만 아니라, 블라디보스토크에서 발행된 민족언론인 『대동공보』와 『대양보』의 사장을 역임했으며, 1910년대 초반에는 권업회의 총재, 1919년 3·1운동 이후에는 대한국민의회의 명예회장으로 선임되는 등 1900년대부터 1920년까지 러시아 지역에서 조직된 주요 단체의 책임자로 막중한 역할을 다했다.

최재형은 3·1운동 이후 상해에서 성립된 대한민국 임시정부의 초대 재무총장에 임명될 정도로 독립운동사에 있어 중심적인 인물이었다. 최근에는 대한민국임시정부 재무총장 최재형의 이름으로 발행된 대한민국임시정부의 애국금모집영수증 등이 발견되고 있다. 1920년 4월 연해주 우수리스크에서 일제에 의해 총살되자 대한민국 임시정부 국무총리였던 이동휘는 다음과 같이 그의 활동을 칭송하며 죽음을 슬퍼하였다.

> 상해 거류민단 주최로 고 최재형, 양한묵 양 선생 및 순국 제열사의 추도회가 지난 22일 오후 8시에 동단에서 거행되다. 고 최재형 씨의 역사를 이동휘 씨가 술하다.
>
> "최재형 선생의 역사를 말하자면 한이 없겠소. 선생은 원래 빈한한 집에 생하야 학교에 다닐 때는 설상에 맨발로 다닌 일까지 있소. 선생이 12세시에 기근으로 인하여 고향인 함경북도 경원에서 도아(渡俄)하야 사업에 착수하여 크게, 교육에 진력하였소. 학생에게 학비를 주며 유학생을 연연히 파견하였소. 선생은 실로 아령의 개척자이었소. 선생의 이름은 아국인(俄國人)이라도 모르는 자가 없었소.

또한 당시에 군자치회 부회장이 되며, 다대한 노력이 있었소. 또한 연전 한일조약의 수치를 참지 못하고 안중근 씨와 합력하야 한 단체를 조직해 가지고 희뢰 등지에서 왜적을 토벌한 사실이 있소. 그리고는 작년 3월 이후에 임시정부 재무총장에 피임 되었섰소.

여사(如斯)한 위대한 노력을 하다가 지난 4월 5일에 불행히 적에게 포박되어 적은 야만적 행동으로 공판도 없시 씨를 총살하였소.[2]

이동휘는 추도회에서, 최재형이 아령(俄領)의 개척자로서 항일투쟁에 적극 동참하였음을 밝히고 있다. 국내에서 발행되던 동아일보에서도 그의 죽음을 대서특필하였다. 동아일보 1920년 5월 9일자에는 다음과 같이 최재형의 죽음을 소개하고 있다.

지난 4월 4일에 해삼위에서 로군 군대와 일본 군대가 교전하게 된 이래로 신한촌에 있던 일본을 배척하는 조선 사람들은 형태가 위태함으로 니코리스크로 몸을 피하여 로서아 과격파와 연락을 하여 가지고 일본군에게 반항하다가 육십칠 명이 체포되여 그 중에 원 상해가정부 재무총장 최재형 외 3명은 일본군에게 총살당하였다 함은 작지에 이미 보도하였거니와 최재형은 금년 63세의 노인이요, 함북 경흥 태생이니 어려서부터 가세가 매우 곤궁하야 그가 열 살 되었을 때에 할 일 없이 그 부모를 따라 멀리 두만강을 건너 로시아 지방으로 건너가게 되었다.

그곳으로 건너간 뒤에도 몇 해 동안은 또한 로국인의 고용이 되어 그 주인에게 충실하게 뵈었음으로 열다섯 살 되는 봄에는 주인의 보조를 받아 소학교를 다니게 되었고, 재학 중에도 교장의 사랑을 받아서 졸업 후에는 로국 경무청 통역관이 되었는데, 원래 인격이 있음으로 만인이 신망하게 되어 25세 때에는 수백 호를 거느리는 노야라는 벼슬을 하게 되었고, 그는 다시 한푼 돈이라도 생기기만 하면 공익에 쓰고 사람을 사랑하므로 일반 인민의 신망은 나날이 두터워져 마침내 도노야(都老爺)로 승차하게 되야 수십 만인의 인민(로국인이 대부분)을 거느리게 되여 로국의 극동 정치에도 손을 내미러 적지 안이한 권리를 가지고 지냈다.

글하여 그는 마침내 로시아에 입적까지 하였었고, 작년에 과격파의 손에 총살당한

2 『독립신문』 1920년 5월 27일자

> 니콜라이 2세가 대관식을 거행할 때에 수십 만의 로국 인민을 대표하여 상트페트로그라드에 가서 황제가 하사하시는 화려한 예복까지 받은 적이 있으며, 리태왕 전하께서 을미년에 로국 영사관으로 파천하신 후 널리 로만국경에 정통한 인재를 가르실세 최씨가 뽑히어서 하루 빨리 귀국하여 국사를 도우시라는 조서가 수참차나 나리셨으나 무순 생각이 있었던지 굳게 움직이지 아니하였으며, 이래로 그 지방에 있어서 배일사상을 선전하고 작년에 상해 가정부 재무총장까지 되었었는데, 이번에 총살을 당한 것이오.

이처럼 동아일보는 최재형이 어린 나이에 곤궁을 피해 러시아에 간 뒤 자수성가하여 자리를 잡고 돈 한푼이라도 생기면 공익을 위해 쓰면서 한인뿐만 아니라 러시아인들에게도 신망을 받는 인물이 되었고, 항일운동에 힘을 쏟아 대한민국 임시정부의 재무총장으로까지 올랐던 과정을 돌아보며 그의 죽음을 애도하고 있다.

또한 박은식도 그의 저서 『한국독립운동지혈사』에서[3] 특히 최재형의 교육활동과 의병활동을 높이 평가하고 있다. 박은식은 최재형이 러시아 국적을 갖기는 했으나 늘 조국을 그리워했고, 러시아의 글과 실정에 익숙하여 우리 동포 노동자들을 위해 많은 비호를 했음은 물론, 많은 동포 젊은이들을 유학시켜 인재 양성에 공로가 컸음을 돌아보았다. 아울러 연해주에서 두만강을 건너 국내 진공작전을 벌였던 의병투쟁의 후원자로서의 그의 발걸음을 의미 있게 평가하고, 상해 임시정부의 재무총장으로 임명된 사실과 그 이듬해 일제에 의해 체포되어 살해당한 독립운동가의 삶을 기록해 놓고 있다. 아래는 『한국독립운동지혈사』에 기록된 최재형 관련 내용이다.

> 최재형은 함경도 경원사람으로 9살 때에 러시아의 연추로 옮겨가서 살았다. 사람됨

3 박은식, 「한국독립운동지혈사」, 『박은식전서』 상권, 단국대학교부설 동양학연구소, 1975, 470쪽.

> 이 침착하고 강인하고 날쌔고 씩씩하여 모험을 감행하였다. 러시아의 글과 실정에 익숙하여 러시아 관원의 신임을 얻었으므로 우리 겨레의 노동자를 위하여 비호한 일이 매우 많았다. 두 번이나 러시아의 수도 페테르부르크에 가서 러시아 황제를 뵙고 훈장을 받고, 연추 도헌의 관직을 받으니 연봉이 3,000원이었다. 이것을 은행에 저축하여 두고 그 이자를 받아 해마다 학생 1명을 러시아의 서울에 보내어 유학하게 하였다. 우리 겨레 학생 중 러시아 유학 출신이 많은 것은 다 그의 힘이었다. 그는 비록 어린 나이로 떠돌아다니며 러시아의 국적을 갖기는 하였으나 조국을 그리워하였으며, 박영효를 만나보기 위하여 일본에 간 일도 있다.
> 1908년에 이범윤이 거의를 모의하고 최재형을 대장에 추대하니 주 러시아 공사 이범진이 3만 원을 보내어 자금으로 삼게 하였다. 이에 안중근, 장봉한(張鳳翰), 최병준(崔丙俊), 강만국(姜晩菊), 조항식(曺恒植), 백규삼(白圭三), 오하영(吳河泳) 등이 군무를 분담하여, 그 해 7월에 군사를 거느리고 강을 건너 경원의 신안산(新牙山)에서 싸워 승리하였다. 전진하여 회령의 영산(永山)에서 크게 전투를 벌였으나 중과부적으로 패전하고 로령으로 돌아갔다. 오랜 후에 군자치회의 부회장이 되었으며, 맏아들 운학(雲鶴)은 러시아군의 장교가 되었다.
> 1919년 3월 1일 우리나라 국민들이 독립운동을 전개하여 임시정부를 수립하자 그는 재무총장에 임명되었으나 사퇴하고 취임하지 않았다. 이듬해 4월 일본병이 러시아의 신당과 싸워 쌍성(雙城)을 습격 파괴하고 죄 없는 수많은 우리 겨레들을 함부로 체포하였다. 그래서 최재형은 김이직(金理直), 황경섭(黃景燮), 엄주필(嚴柱弼) 등과 함께 모두 총에 맞아 사망하였다.

위의 기록에 따르면, 최재형은 취임하지 않은 것으로 되어 있으나, 그럼에도 불구하고 임시정부에서는 1919년 6월 새로이 재무총장이 임명될 때까지 최재형의 이름으로 애국금영수증을 발행하는 등 재무총장의 직무를 실질적으로 인정하고 있다.

3. 4월참변에 관한 기록들

1) 일본 측 기록

일본 측은 최재형의 사망에 대하여 다음과 같이 기록하고 있다.

> (金正明 3, 482-483쪽) 1920년 5월 1일 고경 제 12829호, 국외정보, 노령 니꼴리스크에 있어서 不逞鮮人의 상황(조선군사령부 통보 요지)
>
> 니꼴리스크 파견 足立 포병대위의 보고에 의하면, 동 지역 주둔의 우리 헌병은 수비보병대와 협력해서 4월 5일, 6일 양일에 걸쳐서 동지 주재 배일선인의 가택수색을 행하고, 최재형 이하 76명을 체포 취조함에 동인과 김이직, 황경섭, 엄주필 등 4명은 유력한 배일선인으로서, 특히 최재형은 원래 상해 임시정부의 재무총장이었고, 또 니코리스크 부시장의 위치에 있는 것을 기화로 다른 3명과 모의해서, 혁명군 원조의 주모자가 되어서, 배일선인을 선동하고, 아군을 습격하는 등 무기를 가지고 반항적 행동을 하는 것으로 판단되어서, 전기 4명을 잡아 취조하고, 다른 사람들은 특히 체포할 근거가 없고, 또 유력자도 아니어서 장래를 엄히 경계해서 석방하였다. 그러다 우연히 동 지역 주둔 흑룡 헌병대본부와 니코리스크 헌병분대가 4월 7일 청사의 이전을 행하는 일을 하고, 동일 오후 6시경 전기 4명을 신청사로 호송 중 감수인의 틈을 엿보아 도주함에 있어서 헌병은 추적 체포하려고 노력하였으나 그들은 지역을 잘 알고 있어서 교묘히 질주를 계속해 사살했다.

위의 기록을 통하여 최재형이 상해 임시정부의 재무총장이었음과 1920년 4월 7일 오후 6시경 순국하였음을 짐작해 볼 수 있다.

2) 동아일보

최재형의 순국은 동아일보 1920년 5월 7일자를 통하여 국내에도 전해졌다. 기사를 보면 다음과 같다.

향자 신한촌에 있는 일본을 배척하는 조선 사람의 부락이 일본 군사에게 점령되매, 그곳에서 다라난 조선인들은 니코리스크로 도망하여 그곳에 있는 조선 사람과 한 단체가 되어 불온한 상태가 있슴으로 일본 군사는 헌병과 협력하여 수일 전에 그들 조선 사람의 근거지를 습격하고 원 상해 가정부 재무총장으로 작년 10월에 니코리스크에 와 있는 최재형 일명 최시형 이하 70명을 체포하여 취조한 결과 다른 사람은 다 방송시키고 두목된, 최재형 등 4명은 총살하였다더라.

최재형은 러시아 지역의 대표적인 의병조직인 동의회 총재, 대동공보 사장, 권업회 총재, 1918년 6월의 전로 한족대표자회의 제2회 총회에서 이동휘와 함께 동회의 명예회장으로 선출되었고, 상해 임시정부의 재무총장에 추천된 유력자였다.

3)『老兵 金規勉의 備忘錄』

당시의 참상에 대하여 대한신민단 단장을 역임한 독립운동가 김규면은 자신의 비망록『老兵 金規勉의 備忘錄』에서 다음과 같이 서술하고 있다.

1920년 4월 4~5일, 일본 침략군대의 정변은 라조 동무의 희생을 준비하는 사변이었고 동시에 특별히 고려인에게 대하여서 참혹한 토벌과 박해를 주었다. 하바롭스크부터 포시에트 구역까지 도시와 도시 부근에 거주하는 고려인촌에 학교는 보는 대로 다 불 질러 버리고, 교사들은 붙드는 대로 학살하였고, 곳곳에 수백 인, 수십 인씩 붙잡아 놓고 며칠씩 구타하며, 볼셰비키, 빨치산과 연락하면 죽는다고 호통하는 일, 1) 포시에트 구역에서는 교사 세 사람을 죽이었고 수십 인을 구금하였으며 2) 쓰꼬따워에서는 빨치산 유여균 등 십여 인은 부상당하고 빨치산 이춘삼 동무는 총살당하였다. 3) 해삼위(블라디보스토크)에서는 신한촌을 포위하고 학교, 신문사, 구락부를 불 지르고 수삼백 호를 일시에 수색하였고, 삼사백여 명 사람을 체포하여 일본 헌병대로 끌려갔다. 그러나 그놈들의 말대로『폭도를 붙잡자고 한 것인데, 양민들을 붙잡았다』왜냐하면 폭도들은 집에서 밤잠을 평안히 자는 사람들이 아니고, 산에서 사는 까닭에 그러하다. 신한촌을 뒤져서는 빨치산은 없다. 4) 니코리스크-우수리스크에서는 최재형, 김리직, 엄주필, 황 거삐뜬 등을 일본 토벌군이 붙잡아 실어다가 학살하였다. 그뿐인가. 우리의 통신원 최위진도 죽였다. 5) 하바롭스크에서는 이경수 등 수십 인을 붙잡아 가두었다. 이경수는 다반 지방 빨치산 이성천의 부친이다.(한인사회당 군대)

연해주는 간접으론 조선 독립운동의 후비 지대이고, 직접으론 붉은 빨치산 활동 지대이기 때문에 일본 침략 정책은 연해주 고려인에게 한하여 그렇게 특별히 악독, 주밀하였다. 예를 들면 로서아(러시아)에 입적한 고려인 촌마다는 친목한다는 구실로 간화회를 설립하고, 생명재산을 보호한다는 구실로 지방 자위단 무장대를 설치하였고, 문화교육을 장려한다는 구실로 연해주 『한인교육회』를 설립하였다. 이것은 회유정책, 다시 말하면 매수정책이었고. 다른 편으로, 소작인 고려 농촌들에는 마적(홍후적)들을 파견하여 농민 촌락들을 약탈, 파멸하게 하였다

즉, 러시아에서 활동한 독립운동가인 김규면도 최재형이 우수리스크에서 일본토벌군에 의해 학살되었음을 증언하고 있는 것이다.

〈별첨〉 독립운동가 이인섭의 최재형에 대한 기록

이인섭의 기록은 최재형에 대한 몇가지 새로운 사실을 알려주고, 있다는 점에서 특별한 의미가 있다.

첫째는 최재형이 함경북도 오가인 부자집 종으로 태어났다는 점, 둘째는 안중근 의사의 단지동맹이 최재형의 집 창고에서 이루어진 점, 셋째는 안중근의거의 재정 및 권총과 같은 무기들이 모두 최재형의 후원에 의한 것이라는 점이다. 한편 이인섭은 〈김이직〉에 관해 언급하면서 최재형 등이 학살된 곳이 우수리스크 감옥 근처 왕바산재라는 산기슭이라고 언급하고 있어 주목된다. 아울러 이인섭은 최재형, 엄주필 등 독립운동가들의 사진에도 깊은 관심을 보이고 있다.

저명한 애국자들인 최재형, 김이직, 엄주필 동지들을 추억하면서

- 조선민족해방을 위하여 백절불구하고 투쟁하다가 왜적들에게 학살을 당한 40주년을 제하여(1920년-1960년)
- 소련 중아시아에서 이인섭 1960년 조선해방 15주년을 맞으면서
- 조선민족 해방투쟁에서 열렬한 애국 열사이던 김이직·최재형·엄주필 동지들을 추억하면서. 잔인무도하게 일본군벌들에게 그들이 학살당한 40주년을 제하여 (1920-1960년)

Ⅰ.

1917년 10월 25일 (양 11월 7일)에 소련 공산당 영도 하에서 위대한 사회주의 10월혁명이 성공되자 이 지도상에는 무산자 독재주권인 소비에트 국가가 성립되었다.

1918년 4월 5일이었다. 미제국주의자들을 선두로 한 영국·불란서(프랑스)·이태리(이탈리아)·일본 기타 외국 무장 간섭자들이 원동 해삼블라디보스토크)항을 강점함으로써 원동에서도 국민전쟁(러시아 내전)이 시작되었다.

제1차 세계 침략전쟁(제1차 세계대전) 당시에 러시아 군대들에게 포로 되었던 체코슬로바키아 군인들이 흰파[백파(백위파)]들과 같이 무기를 들고 소비에트 주권을 반

하여서 외국 무장 간섭군 선두에서 왜군들과 같이 발악하여 나섰다.
볼셰비크당 호소에 응하여 노동자·농민 대중은 소비에트 조국을 옹호하기 위하여 적위군 대열에 자원적으로 참가하여 외국 무장 간섭자들과 반역적 흰파(백위파)들에 반항하여 싸우게 되어 국민전쟁(러시아 내전)이 시작되었다. 당시 소련지대에 거주하던 조선인·중국인·마쟈리인·셀비인 기타 소수민족들도 합동 민족부대를 조직하여 가지고 러시아 적위군들과 어깨를 같이 하고 우수리 전선에서 소비에트 주권을 옹호하여 전투에 참가하였다. 수효 상으로 많지 못하고 중앙과 연락을 잃은 우리 적위군들은 수효 상으로 초월한 적군들과 방어전을 계속하며 차츰 하바롭스크 방향으로 퇴각하게 되었다.
1918년 9월 5일이었다. 우리는 군사혁명위원회 명령에 의하여 빨치산 전투로 넘어갔다. 필자는 당시 원동 소비에트 인민위원회 외교부장이며 하바롭스크시 볼셰비크당 비서인 알렉산드라 페트로브나 김 스탄케비치 지도하에서 흑룡강 기선 "바론-코르프"에 당 정부 주요 문건을 가지고 블라고베쉔스크로 향하다가 중로에서 흰파(백위파)들에게 포로 되었다. 그러나 포로 시에 우리는 중요 문부들을 강물에 던지어서 원수들의 손에 아니 가게 되었다.
1918년 9월 25일 (음력 8월 15일)에 당 소비에트 기관 지도간부들은 흰파(백위파) 칼미코프 악당들에게 희생을 당하였는데 그 중에는 А.П.김 Стакевич(김 알렉산드라 페트로브나 스탄케비치)도 있다. 그는 당시 33년인 청춘 여사였다. 이 사변은 당시 러시아 볼셰비크당과 나 어린 한인사회당에 막대한 손실이었다.
이와 같은 만행으로써 외국 무장 간섭자들은 나 어린 소비에트 주권을 없애려고 공산주의를 무장으로 탄압하려고 망상하고 발광하였다. 그러나 미제국주의자들과 영·일(영국·일본) 기타 제국주의자들은 엄청나게도 오산하였었다. 공산당 지도 아래서 각 전선에서 공작하던 적위군들은 시비리(시베리아)와 원동 산간 계곡들을 차지하고 빨치산 요새를 창설하고 전투를 계속하였다. 처음 100명에 지나지 아니하게 우수리 전선에서 전투에 참여하였던 조선인 빨치산대들 외에도 연해주 수이푼 계곡, 수청 기타 지대에서 수많은 빨치산들이 공작하게 되었다.
1919년 3·1운동 후에 조선에서와 중령(중국령)에서 조선 애국자들이 찾아와서 어느 조선 빨치산부대에든지 조선과 중국에서 싸우는 빨치산들이 여러 천명으로 계산되었다. 원동과 시비리(시베리아) 방방곡곡에서는 밤이나 낮이나 전투가 맹렬히 계속되었다. 외국 무장 간섭자들과 흰파(백위파)들은 단지 철도변을 차지하였고 기타 지방 농촌, 삼림 계곡은 빨치산들이 비밀리에서 공작하는 군사혁명위원회 유일한 지시에 의하여 전투하였다.

1919년 11월 14일이었다. 시비리(시베리아) 옴스크 도시에 소위 중앙정부라고 자칭하던 흰파(백위파) 콜차크 무리는 외국 무장 간섭자들 총창에 의하여 잔인무도하게 발악하던 괴뢰가 붉은 군대 진공에 의하여 붕괴되고 옴스크는 해방되었다.

콜차크 대장은 달아나다가 1920년 초에 이르쿠츠크에서 우리 빨치산 부대들에게 포로가 되어서 혁명재판의 결정에 의하여 사형을 당함으로써 흰파(백위파) 콜차크 정부는 종말을 고하게 되었다.

이에 창황망조한 미국·영국·프랑스·이탈리아·캐나다 등 무장 간섭군들은 창피스럽게도 철병하기 시작하여서 1920년 1월에서 4월 7일까지 체코슬로바키아 포로병들을 포함하여서 모두 철병하여 달아나고 다만 왜병들만 남아있었다.

일본 군벌들은 "소비에트 주권은 공산주의니 원동에 그를 허용할 수 없어 아니 철병하겠다"고 선포하였다. 소련 공산당에서는 일본과 직접 전쟁을 회피하기 위하여서 원동공화국(완충정부)을 조직하고 일본과 강화조약을 체결하기로 착수하였다. 왜군 당국은 중립을 선언하였고, 우리 빨치산들은 각 도시에 들어와서 병영에 배치되었다. 왜군 당국은 강화조약에 서명하겠노라고 선언하였다.

II.

1920년 4월 5일이었다. 이 날은 원동에서 국민전쟁(러시아 내전)이 시작된 지 만 2주년이 되는 날이었고, 또는 왜적들이 강화조약에 서명하겠노라고 약속한 날이었다. 그래서 우리 당국에서는 놈들이 배신하고 반란을 하리라고 생각지 아니하고 안전 상태에 처하여 있었다.

아침 9시 30분에 왜병들은 대포·기관포로 도시를 향하여 사격을 시작하여 전 시가는 불에 타기 시작하였고, 노인이나 여자나 심지어 아이들까지도 집에서 밖으로 나오는 사람들은 왜군들 총창에 맞아 쓰러졌다. 감옥에 갇히었던 흰파(백위파) 반역자들은 모두 석방되어서 전 시가는 혼란 상태에 처하였다. 블라디보스토크·보로쉴로프·스바스크·이만·하바롭스크 도시들에 거주하던 조선 남자들은 전부 왜놈들에게 체포되어 감옥에 차고 넘었다.

블라디보스토크 신한촌 한민학교는 불에 타서 재무지로 변하였는데, 그 가운데는 수십 명 조선 빨치산들이 있었다. 체포되었던 조선인 애국지사들이나 놈들이 빨치산이라고, 공산주의자라고, 반일 운동자라고 의심하는 인사들은 모두 비밀리에서 잔인무도하게 학살을 당하였는데 그 가운데는 한 평생을 직업적으로 조선을 해방하기 위하여 분투 공작하던 직업적 혁명 열사들인 최재형·엄주필·김이직 선진들이 계신 것이다. 그리하여 왜병들은 연해주에서 1922년 10월까지 소비에트 주권에 반항하여 만행을 계속하여 무수한 혁명자를 계속 학살하였다. 그래서 4월 5일은 언제든지 잊을 수 없는 날로 기억에 남아있다.

필자가 최재형·엄주필·김이직 선진을 직접 상대하여서 체험하던 사실, 그들의 친족들과 친우들 회상기에서 수집한 자료들을 이에 간단히 기록하려고 한다.

최재형

그는 조선 함경북도 온성군 오가인 부잣집 종의 가정에 탄생하여 어려서부터 조선 봉건사회 종의 가정에서 자라났다. 그는 차츰 자라면서 자자손손이 남의 종노릇을 하면서 살아갈 것을 알게 되자 하룻밤에는 자기 가솔을 데리고 도주하여 두만강을 건너서 원동 변강 당시 포시예트 연추지방에 와서 황무지를 개간하고 생활을 시작하였다.

그는 차츰 러시아 말을 배우고 황제 러시아에 입적하였다. 그는 러시아 황제 주권 군대에 소고기를 공급하는 일을 시작하여서 몇 해 어간에 조선 사람 가운데는 큰 부자가 되었고, 포시예트면 면장으로 사업하게 되어서 상당한 권리와 신임을 일반 군중에게서 얻게 되었다.

최재형 그를 최동운이라고 칭하고, 최도노예(면장이라는 뜻)라고도 하고, 최뻬찌카라고 조선 사람들이 칭하였다. 러시아 당시 문부고에 있는 자료에는 최빠벨이라고 기록되었다.

1904~1905년 로일전쟁(러일전쟁, 1904) 후 1905~1907년 러시아 제1차 혁명 영향으로 원동에 거주하던 조선 노력자들 가운데는 조선에 침입하는 일본 군국주의를 반항하여 의병운동이 일어났다.

이때 의병운동에 최재형은 조직지도자로서 의병대를 조직하고 무기를 준비하는 데 열성으로 참가하였다. 당시 연해 변강에서 조직된 조선 의병들은 두만강을 건너서 조선 땅에 나가서 왜적들에게 반항하여서 1909~1910년까지 전투를 계속하였다.

동시에 함경북도 회령에 살던 유지인 애국자 허영장(허재욱) 대장은 간도 방면에서 의병을 발기·조직하여 최재형 선진과 연계를 가지고서 계속 투쟁하여 최재형·허영장은 지금까지 조선 노력 군중에게 전설적 의병대 조직지도의 선진자로 된다.
최재형 선진께서는 단지 의병운동만 지도하였던 것이 아니라 다른 방면으로도 일본 침략자들을 살해하거나 박멸한다면 모두 실행하였다. 예하면 그 집 창고에서 8인 단지동맹을 하고서 떠난 안중근 의사는 합이빈(하얼빈) 정거장에서 일본 군벌의 시조인 이등박문(이토 히로부미)을 총살하여서 세계 안목을 놀라게 하였다. 이 사변에 대한 재정·권총 기타가 모두 최재형의 재정이었다. 그 집에 몇 해를 두고 수많은 애국자들이 실행하는 경비는 모두 그가 지불한 것이었다.
조선 사람들 가운데서 제일 큰 부자라고 소문이 자자하던 그는 1917년 당시에는 온전한 집 한 채도 없는 빈천자였다. 이것은 그가 혁명사업에서 부자에서 빈천자로 되었다는 것을 넉넉히 말하여 주는 것이다.
그는 동시에 조선 인민들 가운데서 조선말로써 후진들을 교양하는 사업을 적극 지지하고 장려하였다. 지금도 그를 회상하는 당시 교육사업에 헌신하던 동지들은 이와 같은 사변들을 회상하고 있다. 당시 러시아에 입적한 조선 청년들 가운데는 조선말로 사립학교를 설하고 아동들을 모국어로 교육하는 것을 절대로 반대하고 억압하는 자들이 많아서 큰 곤란을 당하게 되었다.
그가 포시예트 면장으로 시무할 때였다. 어떤 얼마우재(입적자)가 와서 "우리 촌에는 조선 사람 교사가 와서 조선 학교를 설하고 아동들을 조선 글을 가르쳐 주어서 양서재(로어(러시아어)학교)에 방해되니, 그것을 금지하여 주오"하고 고발하면 그(최재형)는 별 말없이 그 얼마우재 귀싼을 후려치면서 "아 이놈아! 너는 조선 놈이 아니고 마우재(러시아인)가 다 된 줄로 알고서 얼마우재 행세를 할 터이냐? 아무리 러시아에 입적하여서도 조선 민족이니 조선 말로 공부하여서 조선 예절, 조선 역사를 알아야 되고, 또한 러시아에 입적하였으니 러시아 공부도 하여야 되는 것이다. 그러니 다시는 집에 돌아가서 조선 사립학교를 반대하여 불량한 행동을 하지 말라"고 하여서 얼마우재들을 훈계하였다.
그와 반대로 어느 농촌에서 조선 사립학교 교수로 사업하던 교원이 그 지방 얼마우재들한테서 괄시를 당하고 와서 "자기는 그 곳에서 교사 노릇을 할 수 없어 학교 문을 닫고 왔노라"고 말하면 그는 또한 그 청년교사의 뺨을 쥐여 부치고 책망하기를 "너는 소위 애국자노라고 하면서 그만한 난관도 극복하거나 참지 못하고 돌아다니는 처지에 독립을 어찌 할 수 있는가"고 견책하고 설유하여서 다시 그 지방으로 돌아가서 교수를 계속하게 하였다.

그래서 최도노예(최재형)는 조선학교를 못하게 방해하는 얼마우재 놈도 때려주고, 학교 교수를 못하겠다는 교사도 때려주어서 "이놈을 치고, 저 놈을 쳐서 학교를 유지하였다"는 전설이 당시 유행되어서 조선 민족 교육사업에 큰 영향을 주었던 것이다.

그는 열성적으로 조선 민족 어간에 교육사업을 장려한 결과에 조선인 후진들에게 애국적 열성자들이 자라나게 되던 사실은 그의 특이한 사실적 업적인 것이었다. 그는 허영심이나 명예를 알려고도 아니하고 조선 독립은 다만 무장운동이라야만 실천된다는 것을 절실히 감각하고 희생을 당하는 시기까지 실현하였다. 그것은 아래와 같은 사실이 웅변으로 말하여 준다.

1919년 3·1운동 후에 해외에서 조직되었던 상해 조선 임시정부에서는 최재형을 재무총장으로 선거하였으니 취임하라는 통지를 그에게 보내었었다. 그는 말하기를 "조선 해방은 임시정부를 조직하는 데 있는 것이 아니라 조선인 해방 군대를 조직·양성하는 데 있는 것이다. 나는 본시 조선의병대에 종사하였고 지금도 종사하고 있다. 만일 상해로 가는 여비가 있다면 나는 그 돈을 총을 사서 우리 독립군대로 보내겠다"고 하였다. 이 얼마나 가짜 애국자들이 허영에 취해서 상해로, 이르쿠츠크로 들이뛰고 내뛰면서 빨치산 운동과는 본체만체하는 판국에 진정한 고백이 아닌가 말이다.

그는 국민전쟁(러시아 내전) 당시에 당시 간도에서 공작하는 그의 전우들인 홍범도·허재욱 독립군들과 연계를 가졌고, 소황령(소왕령, 니콜스크 우수리스크)에 있으면서 김이직·엄주필 기타 동지들과 연계를 가지고서 비밀리에서 군자금을 모집하여서 빨치산 부대를 후원하며, 선포문을 인쇄하여 산포하며, 군중들을 동원하여 3·1운동(1919) 기념일에 시위운동을 조직·진행하였다.

"싸리끝에서 싸리가 난다"고 그가 왜적들에게 희생을 당한 후에 그의 아들 최빠싸는 "독립단"이라고 명칭한 조선 빨치산 부대를 영솔하여 가지고서 이만-하바롭스크 사이 우수리 전선에서 악전고투하였다.

그는 관후하고, 인내성 있고도 쾌활한 혁명투사였다. 왜적들이 비록 그의 생명은 앗아갔지만 그가 진행하던 혁명사업은 계속 전진하고 있다. 필자는 그의 사진을 구하여서 조선혁명박물관에 전하려고 수년을 두고 심방하였으나 오늘까지 실행치 못하고 있는 것이 유감천만이다.

엄주필

그는 1871년 조선 함경북도 성진에서 출생하였다. 그는 젊어서 조선 군대에서 복무하다가 조선이 일본 군국주의자들에게 강점을 당한 후에는 장로교 전도사의 탈을 쓰고 반일운동을 하다가 1914년경에 소련 원동 연해주로 피신하여 오게 되었다.
해삼(블라디보스토크)을 경유하여 소황령[소왕령, Ворошилов(보로쉴로프)]에 당도하여 김이직·이갑·최재형·이동휘 기타 애국지사들을 만나서 조국 해방사업을 계속하게 되었다. 소황령(소왕령, 니콜스크 우수리스크) 시내 장로교 교회에서 집사의 책임으로 일하면서 혼자 어린 아이들을 데리고 있는 이문숙 모친과 살림하면서 바래미 정거장 방면에서 농사를 지어 생계를 하였다.
1917년 10월혁명 후에는 소황령(소왕령, 니콜스크 우수리스크) 시내 조선인민회 회장으로 피선되어서 왜적들에게 희생을 당할 시까지 사업하였다. 당시 민회 서기는 중령(중국령) 나재거우 비밀사관학교 학생이던 이춘갑이었다. 1919년 3·1 운동 후에는 오성묵·한예골(창해) 기타들과 결탁하여서 선포문을 석판으로 한예골네 집에서 인쇄하고, (한에네나 회상) 태극기를 만들어서 조선 민중에게 분전하면서 1919년 3월 17일에는 전 시가 조선 주민들을 동원하여 시위운동을 개시하고 조선 만세를 부르고 선포문을 산포하는 등 혁명사업을 진행하는 데 주동적 역할을 실행하였다.
지금까지도 필자의 기억에 자세히 남아있는 것은 당시 소황령(소왕령, 니콜스크 우수리스크)에서 발행하던 흰파(백위파) 소수파들 기관지에는 우리가 독립선언을 하는 것을 비소하여서 "일이보 만만지"라는 제목으로 그 사실을 기재하였고, 유정커우라는 러시아 농민들은 "떡과 소금"을 가지고서 우리 독립선언 시위자들을 환영하였던 것이다.
연해도에서와 간도에서 조선인 빨치산 부대들이 공작을 시작하자 엄주필 동지는 시내에서 비밀 공작하는 최재형·김이직 기타 동지들과 같이 군자금을 모집하고, 선포문을 인쇄·분전하는 공작을 적극 진행하였다. 오성묵 회상에 의하면 엄주필 동지는 자주 시내 靑島(청도) 공원 버드나무 밭 속에서 동지들과 만나서 비밀공작에 대한 설계를 토론하였다고 한다.
그의 의딸 이문숙웨라(지금 알마-아타에 있는)의 회상에 의하면 엄주필 동지가 체포되던 사변은 이러하였다. 1920년 4월 5일 아침에 금방 날이 밝게 되자 천만 뜻밖에 원세훈이라는 사람이 와서 우리 집 유리창 문을 뚝뚝 두드리면서 "형님 전쟁이

났으니 속히 피신하시오"하고서 그는 종적을 감추었다.
그러자 왜놈 헌병 7~8명이 집안에 달려들었다. 방금 변소에 갔다 들어오는 엄주필을 결박하고서 "독립운동을 하기 위하여 민간에서 모집한 돈을 어디에 두었으며, 선포문을 어디 두었는가?"고 문초하면서 온 집안을 모조리 수색하였으나 아무런 증거물도 얻어 보지 못하였다.
당시 원세훈네 집에는 그의 친족 원용건이라는 자가 있었는데, 원용건은 당시 흑룡주(Амур(아무르)주)에 주둔하고 있던 왜병 용달을 하던 자이었다. 그리고 원용건의 처는 엄주필 본처에서 탄생된 딸이었는데 자기 부친한테 찾아왔다가 엄주필이 말하기를 "만일 그 남편과 이혼을 아니하겠으면 내 집에서 떠나라"고 하여서 원세훈네 집에 가서 있었다고 한다. 그리고 이문숙이는 말하기를 자기는 당시 어려서 지낸 사변이지만 원세훈이가 자기 집에 와서 문창을 두드리면서 자유스럽게 다니던 사실은 지금에 생각하여도 참 이상하다고 한다. 남은 모두 왜놈들에게 잡히던 때인데 하고 의아해 한다.
원세훈은 오랫동안 소황령(소왕령, 니콜스크 우수리스크)에서 소상업을 하고 있던 사람이고, 문창범 악당들이 조직 발악하던 악명 높은 "대한국민의회" 열성자 가운데 한 사람이었다. 왜병들이 연해도에 주둔할 시에 "국민의회"는 공개적으로 행사하고 있었으며 예호 정거장에 소비에트 주권을 반항하던 "토벌대"까지 조직하고 발악하였으니 당시 4·5정변에 국민의회 간부들이 한 사람도 왜병들에게 희생은 고사하고 체포도 아니 당하였던 괴변은 당연한 괴변인 것이다.
엄주필 동지는 당시 49세였다. 그의 부인은 지금 당년 80으로 자기 손자와 같이 있다. 필자는 엄주필 사진을 얻어 보려고 수년을 두고 탐문하나 목적을 달하지 못하고 이 회상기를 쓰게 되는 것이 유감천만이다.

김이직(김정일)

그는 1870년에 조선 평안남도 용강군 알메골에서 탄생하였다. 그는 이조 말엽에 그 지방에서 학민하는 군수와 관료배들을 반항하여 민요를 일으켜서 민란 장도로써 봉건 관리들을 잡아서 처단하고 망명도주하여 자기 본명 정일(김정일)을 고쳐서 이직(김이직)이라고 칭하게 되었다.
그는 처음 연해주 해삼(블라디보스토크) 신한촌에 당도하여 평양 사람 김치보(3·1운동(1919) 당시 아령(러시아령) 노인단 소장)가 경영하는 "德昌局(덕창국)"이라는 건재약국에서 사업하면서 생계를 시작하였다.

얼마 후에는 "덕창국" 지점을 소황령(소왕령, 니콜스크 우수리스크) 도시에 열고서 김이직 동지가 주임으로 사업하게 되었다. 그곳에서 정치적 망명자들인 이동휘·장기영·이갑 기타들을 만나서 조선 민족 해방운동에 참가하게 되었다. 그리하여 "덕창국"은 표면적으로는 실업기관인 동시에 민족해방 투쟁을 준비하는 비밀장소로 되었다.

당시 중·아(중국·러시아) 양 영에서 공작하던 정치 망명자들이 서신연락을 하거나 며칠씩 유숙(留宿)하는 장소는 "덕창국"이었고, 경제적 방조도 받게 되었다. 덕창국 안에는 조선문으로 출판된 서적을 판매하는 "덕창서점"이 있어서 조선 농촌에 설립된 사립학교들에 교과서를 배급하여서 당시 조선인 교육자들이 집중하는 장소로도 되었다. 약을 지으러 오는 농민들, 서적을 사러오는 교육자들 어간에는 혁명기관 연락원들도 적지 아니하게 끼어 다니었다.

국민전쟁(러시아 내전) 당시, 3·1운동(1919) 후에는 덕창국을 중심하고, 최재형·엄주필 기타들이 빨치산부대에 식량·신발·의복 기타 군수품을 준비·공급하는 사업이 실행되었다.

그의 매부 김달하 동지 회상이나 이전 솔밭관 공산당 류진규·허성황(허성환) 군대 대원들 회상에 의하면 당시 덕창국을 중심하고 빨치산 부대로 전달되던 물재 운반은 극비밀이고서도 깊이 연구하여 작성된 계책이었다. 예하면 식료는 중국 지대에서 운반하여서 소황령(소왕령, 니콜스크 우수리스크) 어떤 중국 상점으로 운반하는 모양으로 오다가 중도 무인지경에서 빨치산 부대로 전달되었고, 의복·신발·모자 기타는 소황령(소왕령, 니콜스크 우수리스크)에서 싣고서 중령(중국령) 수이푼 구역 중국인 농촌으로 운반하는 모양으로 운반되었는데 전부 운반대원들은 조선 사람은 볼 수 없고 머리채를 드리우고 다부산재를 입은 중국 사람들이었다.

이것을 보아 그들은 당시 중국인 혁명자들과도 관계를 지어가지고서 공작하던 것이 사실이다. 김이직 동지가 희생된 후에도 빨치산부대로 식료와 기타 물질 공급은 계속되었는데 그것은 그의 매부되는 김달하 동지가 자기에게 있는 재정을 모두 소비하여서 공급하다가 금전이 없이 되니 나종에는 중국 상점 "慶發福"에서 천여 원 외상을 져서까지 공급을 계속하였다.

김달하 동지 회상에 의하면 4월 5일에 왜놈 헌병 10여 명이 덕창국에 들어와서 김이직 동지를 체포하여 손과 발에 쇠로 만든 철갑을 채워서 가지어 갔고, 자기는 결박을 당하여 헌병대로 안내되었으나 자기들이 갇히었던 감옥에는 김이직·최재형·엄주필들은 없었다고 한다. 당시 덕창국에는 함동철이라는 자가 고금을 같이 내고 약국을 종사하였는데 그 자도 왜놈들한테 체포되었다가 인차 석방되었다고 한다.

필자는 1922년 10월 말에 인민혁명군들과 같이 연해주에 남아있던 흰파(백위파) 잔당과 왜군들을 내쫓아내고 원동 전체를 해방시킨 후에 당의 지시에 의하여 소황령(소왕령, 니콜스크 우수리스크) 당시 Никольск-Уссурийск(니콜스크-우수리스크)군에서 당 기관과 소비에트 기관들을 조직하는 데 참가하였다.

소황령(소왕령, 니콜스크 우수리스크) 시에서 김이직 동지의 매부 김달하, 그의 부인 김마리야(김이직 누이동생) 두 동지를 만났고, 기타 방면으로 김이직 동지가 희생되던 사변들을 오래두고 사실하고 연구하던 자료들이 지금까지도 내 기억에 남아 있는 것은 이러하다.

덕창국은 당시 니콜스크 우수리스크-소황령(소왕령)도시 알항겔쓰크 거리 10호에 있었다. 그 집 맞은편 집에는 일본 의사 노라는 조선놈 현용주가 있었고, 그 집에서 멀지 않는 집에는 왜놈 거류민회 회장 기타 여러 왜놈들이 유(留)하고 있었는데 그들은 모두 왜놈들 정탐배였다.

그리고 덕창국에서 같이 종사하였다는 함동철, 의사 현용주라는 자는 1920년 4월 정변 후에 소황령(소왕령, 니콜스크 우수리스크)에서 노골적으로 일본 헌병대 지도하에서 조직되었던 "간화회" 간부들이었는데 놈들은 우리가 그 도시를 해방하니 중국 지방으로 도망하고 없었다.

당시 일반 여론은 함가(함동철) 놈이 김이직 선생을 없애고서 덕창국 재정을 잠식하려고 왜놈들에게 그를 무고하여서 김이직은 희생되었다고 하였다. 그런데 진정한 내막은 사실이 좀 더 복잡하였다. 왜놈들은 당시 덕창국을 근거하고 공작하는 반일 기관을 연구하기 위하여서 덕창국 근방에다가 여러 가지 이상에 간단히 지적한 바와 같이 정탐망을 벌려 놓았으나 자세한 사정을 알기 위하여서는 평양에서 많은 금전을 주어서 함가(함동철)를 덕창국의 주인으로까지 만들었던 것이다. 이와 같이 왜병들은 발광하였던 것이다.

김마리야 회상에 의하면 김이직 동지가 왜병들에게 희생되자 그는 왜놈의 헌병대를 찾아가서 자기 오빠 죽은 시체를 내어달라고 강경히 요구하였다. 헌병대장 놈은 시체를 못 내어준다고 거절하였다. 그 후에는 자기 혼자만 가는 것이 아니라 수다한 조선 여자들을 동원하여 가지고서 헌병대에 매일 가서 질문하고 강경히 시체들을 내어 놓으라고 강요하였다.

왜놈 헌병 놈은 할 수 없으니 시체는 이미 불에 태웠으니 재가 된 해골밖에 없다고 하였다. 그 말은 들은 김마리야는 그러면 화장한 곳을 알려달라고 강요하며 여러 날을 계속하여 헌병대에 가서 종일토록 항의하였다.

왜 헌병 놈은 야만적 행동을 하지 말고서 빨리들 물러가라고 호통하자, 김마리야는 항의하기를 일본은 소위 문명국가라고 당신이 매일 말하면서 자기 조국을 사랑하는 조선 사람들을 학살하니 당신도 만일 일본 애국자이라면 우리 조선 사람들에게 학살을 당하여야 된다고 하며 함성을 치며 대어들자 수다한 놈들이 달려들어 조선 여자들을 밖으로 밀어내었다.

그 이튿날 다시 헌병대로 가니 어제까지 있던 왜 헌병대장 놈은 없고 다른 놈이 나타났는데 자기는 처음으로 왔으므로 이전에 진행된 사변들은 알지 못하노라고 하여, 이전 있던 헌병 놈은 어디로 가고 없어진 것으로 끝을 맺고 말았다.

그 후에 알려진 것은 당시 김이직·최재형·엄주필 기타 지도자들을 소황령(소왕령, 니콜스크 우수리스크) 감옥이 있는 데서 멀지 아니한 왕바산재라는 산기슭에서 학살하고 땅에 묻은 후에 종적을 감추기 위하여 평토를 만들었다고 하였다.

김마리야는 자기 오빠의 복수를 하겠다고 결심하고 어린아이를 업고 조선 의복을 하여 입고 집에서 떠났다. 그는 얼마 후에 조선 평남 용강 자기 고향에 있는 자기의 조카 김인성·김남성 형제(김이직의 아들)를 만나서 일화 5천 원을 장만하여 가지고서 조선에서 떠나서 한이빈(하얼빈)에 당도하자 왜놈 헌병들에게 수색을 당하여서 금전을 압수당하였다.

김마리야는 조선 평양에 가서 자기 시어머니 있는 데 가서 은신하고 오래 있었다. 몇 달 어간에 김인성·김남성 형제는 비밀리에서 자기 토지 며칠 갈이 있던 것을 팔아서 가지고 고모 김마리야에게 전하였다. 그 후에 중국 길림성 東寧현 산채거우에는 평양에서 고무신발 수백 켤레를 가지고 고무상점을 하는 여자가 나타났다.

그런지 불과 한 달도 아니 되어서 합이빈(하얼빈)에 가서 상업하고 있던 이전 "덕창국" 주인 함동철이는 밤에 자다가 도끼에 목이 떨어졌다는 소문이 나기 시작하였다. 산채거우에 있는 고무상점은 밤새에 없어졌고, 소황령(소왕령, 니콜스크 우수리스크)에는 흥분에 넘친 기세로 김마리야가 나타났다. 그러나 그가 모험한 사변, 자기 오빠 복수를 한 것은 극비밀이었다. 필자가 오늘 그 사변을 세상에 알리게 된 것은 참말 상상하기 어려운 회상 중 한 토막이다.

김마리야는 이미 미국 목사 놈을 평양에서 기묘하게 내쫓은 여자였다. 그는 평양으로 김달하 동지에게로 시집을 와서 예수교 예배당으로 다니기 시작하였다. 그런데 목사의 계집년은 예배당으로 다닐 적에 조선 보교에 앉아서 다니는 것이 대단히 밉살스레 보이었다. 그리고 목사가 늘 기도를 드리거나 성경을 가지고 설명할 적이면 좋지 아니한 행사(당시 의병운동)를 하지 말고 이 세상에서 순종하다가 죽어서 극락세계로 간다는 설명을 들을 적마다 목사 놈의 흉계를 알아차리고 그 놈을 내쫓을 묘책을 강구하였다.

매년 봄철이면 한 번씩 일반 교인들이 모여서 모두 자기 죄를 자백하고 심지어 목사의 죄행까지도 비판하고 그 사실들을 미국에 있는 종교 본부에까지 알릴 권리가 있다는 사실을 이용하기로 작정하였다.

기다리던 그 교회 기념날이 당도하였다. 김마리야는 미국 목사에게 질문하기를, 미국에서는 일요일을 당하면 사람은 물론이고 심지어 새나 개도 모두 휴식한다는 것이 사실이며, 교인들 가운데는 모두 평등이라는 것이 사실입니까? 하였다. 남녀 교인들을 모두 침묵에 잠기었다.

미국 목사는 "마리야 누님! 그것은 물론입니다. 미국에서는 매 주일이면 하나님 아버지께서 정해주신 대로 남녀가 모두 주일이면 휴식합니다. 그리고 거역하는 자는 하나님에게서 처벌을 받습니다."

김마리야는 자리에서 일어서서 정중히 말하기를 "만일 그렇다면 미국 사람들은 조선 사람들을 자기네 개만치도 대지하는 것이 사실입니다. 어찌 되어서 매 주일마다 목사님 부인은 보교에 앉아서 이 예배당으로 다니고 우리 조선 사람들은 그를 메고 다닙니까? 그러니 만일 하나님이 처벌을 한다면 당신부터 처벌할 것입니다"하고 철두철미하게 성토하였다. 그러니 나는 다시는 예수를 아니 믿겠노라고 선언하자, 당황한 목사 놈은 자기 잘못을 자백하였고 보교를 부숴서 던지었다.

그러나 그 사실은 당시 미국 교회 출판물에 게재되었고, 그 목사는 평양에서 간다온다는 말도 없이 종적을 감추었다. 김마리야 여사는 몇 해 전에 세상을 떠났고, 김달하 동지는 지금 치도라고 변명하고 카자흐스탄공화국 Кызылорда(크즐오르다)에서 사업하고 있다.

4) 4월참변에 대한 자식들의 기억

(1) 5녀 최 올가의 회고-『나의 삶』에서

1920년 4월 5일이 시작되며

앞에서 언급했던 것처럼, 아버지와 파벨은 일본 간섭군들로부터 몸을 숨기기 위해 집을 떠나 있었다. 4월 4일 저녁에 아버지는 집에 돌아오셨는데, 우리 모두는 놀랐고, 아버지를 걱정했다. 거리에는 이미 어둠이 내렸다. 저녁 식사 후에 아버지는 엄마를 포함해서 우리 모두를 불러 모아놓고 말씀하셨다.

"내가 떠나면 일본인들이 엄마와 너희 모두를 체포해 갈 것이고, 때리고 고문을 하면서 나를 내어 달라고 요구할 거야. 나는 이미 늙었고, 살아갈 날이 조금 남았기에 죽어도 좋단다. 하지만 너희들은 더 살아가야 하고, 일을 해야 하잖니. 차라리 나 혼자 죽는 편이 더 낫단다."

우리 모두는 울었다. 우리는 다시 한 번 그와 작별을 나누었고, 잠자리에 들었다. 아마도 아버지는 잠을 이루지 못하셨을 것이다. 아직은 어둠이 채 가시지 않은 이른 아침에 그는 우리 방의 창 덧문을 열고 계셨다. 그 바람에 나는 누운 채로 잠에서 깨었다. 약 5분쯤 지난 후에 우리 방 쪽으로 문이 열렸고, 그 때 총을 든 일본군이 나타났다. 우리는 무슨 일인지를 알아채고 옷을 걸치고 밖으로 뛰쳐나갔다. 우리는 밖의 현관계단 쪽으로 나갔다. 그곳에서 우리는 아버지의 뒷모습과 뒤로 묶인 아버지의 손을 볼 수 있었다. 이는 1920년 4월 5일 아침에 있었던 사건이다.
우리는 이 끔찍한 경험을 했다. 잡지에서 죽은 자를 보기라도 하는 경우에는 나는 울기 시작했고, 히스테리 발작을 일으키거나 졸도를 한 적도 있었다. 일본 놈들이 아버지를 고문하고 죽였다는 생각은 평생 동안 나의 가슴을 찢어놓고 있었다. 나의 신경은 약해졌고, 신경성으로 평생 고생하며 지내고 있다. 하지만 살아야 했다. 아버지는 홀로 우리 가정의 부양자이셨고, 엄마는 8명의 아이들이 있는 대가족을 돌보고, 항상 있던 아버지의 손님들을 신경 써야 했기 때문에 경제적인 활동을 할 수가 없었다. 엄마는 좋은 주부였고 음식을 잘 만들었으며 바느질(뜨개질)을 아주 잘 하셨다. 아버지가 돌아가신 이후에 나는 엄마와 같이 살며 맏이 역할을 했는데, 아래로 4명의 동생들을 돌보았다. 우리는 먹어야 했고 배워야 했으며, 우리는 먹을거리를 위해 돈을 벌어야 했다.

나는 15세가 되었다. 나는 뜨개질을 할 줄 알았고, 바느질도 조금 했다. 나는 상점에 가서 베레모와 샤프카(шапка)를 뜰 줄 안다며 설득해서 일거리를 받기도 했다. 상점에서는 나에게 좋은 실을 제공했다. 나는 여러 가지 형태의 샤프카를 생각해 내기도 했는데, 주로 베레모를 만들었다. 상점에서는 나에게 수고비를 주었고, 이 돈은 적게나마 가정에 보탬이 되었다. 심지어는 돈을 아껴서 인민궁전의 극장에서 공연을 보기까지 했다.

우리와 함께 친언니 류바(3녀, Л.П.Цой(Ни))가 살았다. 그녀에게는 2명의 아이들이 있었다. 그녀는 물론 우리가 살아가도록 돕고 가르쳐 주었다. 그녀는 평생 교사로 활동했다. 남은 우리들은 배우고 노동을 했다. 아무도 제명에 죽지 못했다. 하지만 살아남은 사람은 지금까지 살아오고 있다. 우리 가문은 강하고 생명력이 강한 집안이다. 우리는 엘. 차르스카야(Л.Чарская)의 작품과 고전문학 작품들을 많이 읽었다. 그래서 가능한 한, 그리고 삶이 허용하는 한 스스로를 돌보며 살아갈 수 있었다. 스스로 조금이라도 바느질을 할 줄 알았고, 당시의 상황에 맞춰 빠지지 않게 옷을 입고 살아가려 노력했다.

언제인가 나는 류바와 인민궁전에 있는 도서관에 가서 보던 책을 교환하고 나온 적이 있었다. 그때 류바가 지체되어 도서관 사서와 이야기를 나누고 있었는데, 나는 "왜 올랴(5녀, О.П.Цой)는 이마를 머리카락으로 가리고 다녀요? 올랴는 예쁘잖아요. 고수머리를 뒤로 빗어 넘기라고 해요"라고 사서가 류바에게 하는 소리를 들었다. 우리는 집에 돌아와서 머리 모양을 바꾸기로 했다. 나는 '앞머리'를 뒤로 넘기고 핀으로 머리를 고정시켰으며, 이후 두 가닥으로 머리를 땋았다. 머리카락은 숱이 많고 화사했으며, 예쁘게 머리카락은 땋아졌다. 하지만 뒷모습을 보니 매우 평평하게 되어 있었다. 그래서 20cm 길이의 검은 호박단(琥珀緞, 광택이 있는 얇은 평직 견직물)을 샀으며, 호박단 양 끝에 나비 모양의 댕기를 만들어 달라고 한 후 잘랐다. 이후 나는 큰 댕기를 핀에 묶었다. 평평했던 나의 뒷모습은 예쁜 댕기로 덮여지게 되었다.

나의 머리 모양은 아마도 주변의 여자 아이들의 마음에도 들었던 것 같다. 그들 또한 댕기머리를 하고 다니기 시작했다. 이후 러시아인 아이들도 그런 댕기머리를 하고 다니기 시작했다. 아마도 이것이 유행이라고 생각했던 것 같다.

아버지께서 돌아가신 후 우리 모든 딸들은 3개월 동안 검은 옷을 입고 다녔다. 엄마는 1년 동안을 그렇게 입고 다니셨다. 어느 날 거리에는 그러한 스타일의 검은 옷을 입은 소녀들이 등장하기 시작했다. 당시 우리 가족은 도시에서 눈에 띄는 가정이었는데, 나는 이를 자랑스럽게 생각한다. 우리는 분을 바르지 않았으며, 물을 들이지도 않았다. 어느 날 우리가 알고 지내는 친구인 김 토냐(Ким Тоня)가 언니 소냐(4녀, С.П.Цой)에게, "소냐, 너는 왜 분을 바르고 다니지 않니, 돈이 없니?"라고 물었다. 물론 돈이 많지는 않았지만, 그렇다고 아편을 팔수는 없는 노릇이었다. 하지만 분을 살 수 있는 돈을 벌을 수는 있었다.

1922년 경 쯤에

나는 아버지의 적극적인 개입으로 니콜스크-우수리스크에 문을 연 한인 교사 양성학교를 졸업했다. 졸업생들을 중심으로 한인학교의 교사진을 준비했기 때문에 나는 졸업 직후에 한인마을인 코르사코프카(с.Корсаковка, 우수리스크 서쪽에 있는 부유한 4개 한인마을 중의 하나)로 파견되었다.
그곳은 교회 교구학교였는데 세 그룹에 교사 1명이 감당을 했다. 학기가 시작되었다. 학교에 와보니 교실은 수업을 할 수 있도록 준비가 되어 있지 못했다. 우리는 청소를 시작했다. 물통은 찾았는데 걸레는 없었다. 나는 흰색의 하의 치마를 벗었다(전에는 그런 옷을 입었었다). 그리고 이를 세 조각으로 나누어서 창문, 책상, 교실 바닥을 닦기 시작했다. 이윽고 수업이 시작되었다. 나는 아이들을 좋아했고 노력을 많이 했으며, 근무 또한 잘했다. 수업 중에는 복도에 있는 문틈을 통해서 젊은 사람들이 교실을 기웃거렸다. 아마도 그들에게 젊은 여선생이 마음에 들었던 모양이다. 이윽고 교실 문이 열리면 그들은 급히 옆으로 물러섰으며, 미처 피할 사이도 없이 다시 주변에 모여들었다.
물론 나의 신랑감은 다른 마을에서 나타났는데, 그는 내가 있던 코르사코프 마을로 오기 시작했다. 그는 멋진 젊은이였고, 바이올린을 연주했다. 그의 이름은 김 세르게이 표도로비치(Ким Сергей Фёдорович)이고 니콜스크-우수리스크 김나지야를 졸업했다. 같은 도시에서 공부를 했기 때문에 나는 그를 잘 알고 있었다. 김 세르게이는 독학으로 공부한 김 니콜라이가 조직한 심포니 오케스트라에서 바이올린을 연주했는데, 주로 중등학교 학생들이 오케스트라 단원으로 활동하고 있었다.
그들 모두가 음악 교육을 받지 않은 사람들이었다. 당시 우리가 살던 도시에는 음악학교가 없었다. 그래서 보다 부유한 사람들은 피아노를 보유하고 있거나 그러한 가정의 아이들은 개인적으로 음악 교습을 받았다. 우리 모두는 음악을 좋아했다. 전에 우리가 노보키예프스크에서 살았을 때, 우리 집에는 음악과 춤, 클래식 음악이 수록된 레코드판이 딸린 축음기가 있었다. 우리는 무도 춤을 좋아했는데, 요즘 젊은이들은 잘 모른다. 이후에는 우리의 취향이 록음악으로 옮겨갔다. 우리 때에는 춤이나 노래 앙상블도 없었다.

교사 양성학교에서 공부하던 때에 인민궁전에서는 저녁에 자선행사가 종종 열렸다. 볼체크(Волчек)' 음악 선생님이 계셨는데, 그는 우리에게 노래와 바이올린을 가르쳐 주셨다. 교사 양성학교에는 바이올린이 있었다. 학교 당국은 우리를 통해서 농촌의 한인학교를 위한 문화예술 교사를 양성하고자 했던 것이다. 자선행사 모임에서는 우리 학교 학생들로 구성된 합창단과 바이올린 앙상블이 각각 노래하고 바이올린을 연주했다. 물론 한민족(조선) 노래도 불렀다.

어느 날 나는 볼체크 선생님께 한민족 노래를 찾아서 드린 적이 있는데, 그는 이 노래를 포함시켜 합창단을 준비시켰다. 인민궁전에서 자선행사가 있었는데, 우리는 인민궁전 무대에서 이 노래를 불렀다. 이 노래는 혁명적인 성격의 노래였다.

이 일은 1921년에 있었던 일인데, 무대 맨 앞줄에는 일본 고관들이 앉아있었다. 그런데 합창을 듣고 있던 일본인들은 갑자기 일서서 홀에서 나가버렸다. 우리 모두는 당황스러워했다. 그들은 ●●을 통해 인민궁전 도서관 방으로 들어갔고, 그곳에서 소리를 지르고, 주먹으로 책상을 치기 시작했다. 행사 주관자들은 일본인들이 모두를 체포할 것이라 생각하고 급히 서로 작별인사를 나누었다. 합창단에서 나이가 많은 고 학년생들은 크게 걱정을 했다. 고학년생들은 웅성거리다가 모두 떠났다. 하지만 우리들은 계속했다. 자선행사 공연용 곡목은 할 수 있는 대로 우리가 스스로 생각해 내 곤 했다.

나의 여동생들(6녀-류드밀라, 7녀-엘리자베타)은 나보다 각각 5살, 7살씩 어렸다. 나는 동생들에게 공연복을 만들어 주거나 트리 장난감으로 장식된 두건을 만들어 주기도 했다. 또한 나는 그들에게 노래를 불러주고 직접 생각해 낸 춤을 가르쳐 주었다. 나는 멜로디 '정원에서인가, 텃밭에서인가'를 불렀는데, 나는 이 춤을 '바야르이쉬냐'(대귀족의 딸)라고 불렀다. 무도춤곡-헝가리 무용곡 하에서 추는 다른 춤도 있었는데, 나는 이 춤은 '차르다쉬'(헝가리 국민무용곡)라고 불렀다.

나는 직접 작은 손북을 만들었고, 동생들에게 공연 복을 만들어 주었다. 물론 새 것이 아니라 기존에 있던 옷들로 만든 것이다. 공연 전에는 청년심포니 오케스트라 연주에 맞춰 연습을 했다. 내가 만든 '발레곡' 춤들은 모두가 마음에 들어 했다. 여동생 리자(7녀, Цой Елизавета Петровна/Е.П.Цой)는 승마복 바지를 입고 멋지게 고파크(гопак, 우크라이나 민속무용) 춤을 추었다. 나와 함께 준비한 동생들의 공연은 큰 성공을 거두었다. 교사 양성학교에는 군 포로 출신의 헝가리인 춤 교사가 있었다. 그는 우리에게 마주르카 춤을 가르쳐 주었다. 다른 춤들은 그 선생님 전에 이미 알고 있었다.

당시에 중등교육을 받은 우리의 젊은이들은 한반도가 '일본의 지배하에' 놓여있고, 그리고 한반도가 식민지화되었다는 것을 알고 한반도로 들어갔다. 우리들은 한 번도 본 적이 없는 조국을 해방시키기 위해 도우러 가기를 매우 원했다. 우리는 교사 양성학교에서 한글을 배우고 한자를 배웠다. 나에게는 '높은 소나무에 앉아있는 학'이라는 의미의 최송학(Цхя Сон Хак)이라는 이름이 생겨났다. 여동생은 '조용한 학'이라는 의미로 최수학(Цхя Су Хак)이라고 불렀다. 하지만 동생은 학교를 그만두고 형편상 일을 하러 떠났다. 여름에 나는 쉬는 대신에 줄쳐진 공책에 써넣으며 확고하게 한자를 공부했다.

니콜스크-우수리스크에는 큰 상점들인 '쿤스트와 알베르스', '추린', 그 밖에 몇 개의 중국 포목점이 있었다. 그리고 거리의 한 편에는 통나무 상점들도 있었는데, 그곳에서는 설탕이나 작은 물품들을 팔았다. 우리는 집 근처에 있는 한 작은 상점을 자주 출입했다. 그 상점에는 작은 공책(외상장부)이 놓여있었는데, 우리는 그 공책에 구입한 물품을 기록했고, 한 달에 한 번이나 두 번씩 계산을 해주었다. 어느 날 나는 초콜릿이 매우 먹고 싶어 그 상점에 갔다. 그리고 초콜릿 판을 든 다음 외상장부에는 설탕 1킬로그램이라고 기록했다. 나는 그렇게 한 번 식구들을 속인 적이 있다. 나는 집에 돌아와 자매들과 초콜릿을 나누어 먹었다. 때로는 그 상점에 출입하며 한자로 묻곤 했는데, 그들 또한 한자로 대답을 해주었다. 사실 나에게는 실습이 필요했다.

한반도를 '해방시키기 위해' 떠날 준비가 되자, 우리 도시의 많은 젊은이들이 한반도로 들어갔는데, 거의 모든 젊은이들이 사망했다. 그들은 전투에서 사망을 했다. 지금까지도 사망한 많은 이들을 기억하고 있다. 젊은이들은 모두가 배움이 있었고 총명했다. 그들이 살아있다면 북한은 아무 것에도 남한에 뒤지지 않는 완전히 다른 나라가 되어 있었을 것이다. 나는 모국어를 잘 구사하지 못한다. 소련방에서 주로 러시아인들 사이에서 살아오며 읽고 쓰기와 한자를 잊었다. 북한이 한자(사용)를 거부한 것은 슬프다. 한자는 지구 인구의 1/30이 사용하고 있지만, 한글 알파벳은 한민족만 알고 있다.

(중략)

1990년의 봄

나는 다시 모스크바에 갔다. 금년은 나의 아버지 최 표트르 세묘노비치(최재형-П.С.Цой)의 탄생 130주년이 되는 해이다. 그리고 4월 5일이면 그가 고인이 된지 70주년이 된다. 1920년 일본 간섭군들은 아버지를 니콜스크-우수리스크에서 민족혁명가로 총살을 시켰다. 우리는 이 사실을 항상 기억하고 있다. 옛 세대는 이제 세상을 떠나고 있다. 우리 전체 가족 내에도 이제 모스크바에서 자리에만 누워있는 언니 소피야(4녀, С.П.Цой)가 있고, 나는 민스크에서 아직은 걸어 다니며 살아가고 있다. 남동생 왈렌찐(3남, В.П.Цой)과 여동생 리자(7녀, Е.П.Цой)는 알마타에서 살고 있고, 여동생 밀라(6녀, Л.П.Цой)는 프르줴발스크에서 살고 있다.

모스크바에는 우리 최 씨 가문의 식구친지들이 많이 거주하고 있다. 또한 이곳에는 고려인 기성세대들이 많이 있다. 그들 모두는 최 표트르 세묘노비치(최재형)에 대해서 들었고 알고 있다. 나는 가족끼리 아버지 추도식을 갖기 위해서 모스크바에 왔다. 우리는 남동생 왈렌찐(3남, В.П.Цой)의 아파트에 모였고, 아늑하고 좋은 자리가 만들어 졌다. 나는 가지고 온 액자에 끼워진 아버지의 초상을 세웠고, 다른 형제들은 초에 불을 붙이고 꽃을 가져와 액자 옆에 놓았다. 추모 식탁은 만족할만하게 잘 준비가 되었고, 모두가 앉아서 대화를 나누며 아버지를 기억하고 회상하는 시간을 가졌다. 또한 모두가 차례대로 좋은 말들을 한 마디씩 하는 시간도 가졌다. 이 추도식은 아버지가 잊혀 지지 않는 것처럼 오랫동안 기억에 남을 것이다.(번역 이병조 교수)

(2) 3남 최 발렌찐의 기억

-「우리 가족에 대한 짧은 수기」(1990년 6월. 알마타)에서

1920년 4월 4일 저녁에서 5일 새벽에 그토록 우려했던 비극이 발생하고 말았다. 즉 새벽에 일본군들이 불시에 자고 있는 빨치산들을 기습했으며, 온 도시는 포 소리와 기관총 탄환 발사되는 소리에 휩싸였다. 일본군들은 정기적인 군사훈련이라는 구실 하에 낮에 이미 3-4명의 군인들이 전략적인 지점들을 차지하고 있었다. 이는 일본군들로 하여금 빠르게 빨치산의 병영을 포위하고 자고 있는 빨치산들에게 복수를 할 수 있도록 만들어 주었다.

단지 하나의 부대인 공병부대만이 강한 저항을 할 수 있었다. 이 공병부대는 주로 도시와 주변 마을들의 젊은이들로 구성되어 있었다. 4월 4일 저녁에 어떤 이유에서인지 부대 클럽에서는 도시의 젊은이들이 참석하는 저녁 모임이 열리고 있었다. 그런데 도시에서 첫 총소리가 들리기 시작했을 때, 공병대대 전사들은 곧바로 병영 쪽으로 넘어갔으며, 사방 방어태세를 구축했다. 이것은 일본군들의 진격을 염두에 두고 준비된 것이었다.

기습해 들어 온 일본군의 첫 종대(부대)는 거의 완전히 궤멸을 당했다. 얼마 안 있어 일본군들은 빨치산들의 병영을 강습하기 위해 더 강한 부대를 급파했다. 하지만 이 부대 또한 많은 손실을 입고 물러서야 했다. 새벽녘에 일본군들은 포를 한 곳에 집결시키고 빨치산들의 병영을 향해 직접 조준포격을 가했고, 이로 인해 빨치산들의 사격을 멈추게 만들었다.

이른 아침 아버지는 집을 나가셨다. 우리는 그가 동지들과 만나서 그들과 함께 가까운 마을로 들어갔을 것으로 확신했다. 형 파벨(2남, П.П.Цой) 또한 집으로 돌아오지 않고 있었다. 그 또한 아침 일찍 빨치산 부대와 함께 도시를 벗어난 상태였다.

나는 그날 이웃하고 있는 텃밭을 지나 바라노프스카야 거리 쪽으로 나가 보았다. 거리에는 일본군들과 장갑차 같은 전투 기계장비들이 활발하게 거리를 오가고 있었다.

그때 일단의 병사 무리가 수레에서 자신들의 부상병이나 죽은 병사들을 골라내었고, 다른 병사들은 총검으로 때리고 숨통을 끊어 놓으며 부상당한 빨치산들을 잔인하게 죽였다. 아마도 일본군 지휘부는 자신의 병사들의 완전한 사살 시행 여부를 확신하지 못하고 있었던 것 같았다. 이는 일본군 지휘부로 하여금 자신의 병사들을 쇠사슬로 기관총에 묶도록 만들었다. 다리 옆 구석에는 기관총이 설치되어 있었는데, 그 옆에 두 명의 일본군 병사가 기관총에 쇠사슬로 묶여 있었다. 인민궁전의 공원에서는 일본군 병사들이 어떤 협의회나 대회(съезд) 참석을 위해 모인 대표단들을 잔인하게 다루고 있었다.

전혀 예상하고 있지 않은 가운데 저녁 늦게 아버지께서 집으로 돌아오셨다. 아버지의 말에 따르면 도시 외곽에 주둔하고 있는 빨치산들에게 즉시 떠나도록 엄마와 누나들은 아버지를 설득했다. 하지만 아버지는 단호하게 집을 떠나 몸을 숨기는 것을 거부하셨다. 그는 우리에게 말했다.

"만일 내가 몸을 숨기면 일본군들은 엄마와 너희들에게 잔인한 징벌을 가할 거야. 나는 일본군들이 어떻게 아이들을 가혹하게 다루었는지 보았고, 그들의 규율을 알고 있단다. 나 자신을 구하기 위해서 위험 속에 너희들의 목숨을 내 맡길 수는 없다. 나는 오래 살았고(그는 당시 60세였다), 이제 나는 너희들을 위해서 목숨을 바칠 수가 있단다."

아버지와의 대화는 거의 밤새도록 계속되었다. 엄마는 우셨고, 우리 어린 자식들도 엄마와 함께 울었다. 이른 아침에 아이들은 이미 잠이 들어 있었고, 엄마는 마당으로 나가셨다. 얼마간의 시간이 지났을까. 비명 소리와 함께 이웃 여인이 우리 집 쪽으로 뛰어왔다. 그녀는 "일본군들이 할아버지(나의 아버지)를 잡아 갔어요"라고 말해 주었다. 큰누나가 밖으로 뛰쳐나갔을 때, 일본군 헌병들은 이미 자동차에 아버지를 싣고 떠나고 있었다.

이날 200명이 넘는 한인들이 체포가 되었다. 저녁 무렵에 최 표트르 세묘노비치(최재형–П.С.Цой), 김이직(Ким Ли Тик), 엄주필(Эм Дю Фир), 황 카피톤 니콜라에비치(Хван Капитон Николавич)를 제외하고 심문 후에 대부분의 한인들은 석방되었다. 이 비극적인 4월참변 시기 동안에 연해주에서는 많은 러시아 국적의 한인들이 죽음을 당했다. 그들은 러시아인들과 함께 소비에트 권력을 위해서 외국 간섭군(иностранный интервент)들에 대항해 투쟁을 했던 사람들이었다.

어머니와 여자형제들은 거의 반년 동안 아버지의 생사 여부를 알아내기 위해 일본군 헌병대를 출입했다. 일본 헌병대는 우리 가족의 예를 통해서 자신들의 잔인성을 보여주었다. 처음에 일본군들은 자신들은 최 표트르 세묘노비치(최재형–П.С.Цой)를 모르고, 그를 체포하지 않았다고 말하며 아버지의 존재를 부정했다. 그리고 얼마 후에 그들은 다시 최 표트르 세묘노비치(최재형)가 사실은 체포되었고, 일본으로 압송되었으며, 그곳에서 일본 법정의 재판을 받을 것이라고 알렸다. 1920년 가을에 일본군들은 아버지께서 이미 그해 봄에 재판 후에 총살되었고, 아버지의 시신은 내어줄 수 없다고 답해주었다.

1922년 여름에 인민혁명군 정규부대의 공격으로 일본군들이 철수하기 시작했을 때, 일본군 헌병대 관리국은 엄마를 불렀다. 그들은 아버지의 유해를 가져가라고 제의를 했다. 우리 아버지에게 원한을 품은 일본군 첩보기관은 (거짓술수로) 우리 가족에게 다시 한 번 일격을 가하고자 했던 것이다. 하지만 엄마는 일본인들의 비겁한 행동을 간파하셨기 때문에, 그들의 제의를 분명하게 거절했다.

이 일이 있은 후 우리 가족은 결과적으로 아직까지도 아버지가 매장된 장소를 알지 못하고 있다. 나중에 알게 된 사실은, 일본군들은 체포된 사람들을 잔인하게 다루었었으며, 죽음에 이를 정도의 고문과 조롱 후에 체포된 이튿날 아버지와 그 동지들은 불행하게도 총살을 당했다고 한다.

4. 최재형의 4녀 소피아의 분노

최재형이 순국하자 딸들은 3개월간 검은 옷을 입고 다녔다. 아내는 1년간 검은 옷을 입었다. 딸 올가는 말할 수 없는 충격을 받았다.

일본 외무성 사료관에 연해주 한인사회에 관해 일본인과 한국인 밀정을 통해 수집한 자료가 44권 남아 있다. 이 자료를 보면, 일본 총영사관이 정보수집뿐 아니라 독립투쟁 단체들의 분열, 독립투사 간의 이간, 러시아 정부에 대한 역정보 제공으로 러시아 정부가 독립투사를 불량분자로 체포케 하는 공작도 맡고 있었음을 알 수 있는데, 그 중에는 다음과 같은 편지도 들어 있다.

이 편지는 1920년 4월 5일 러시아 연해주 우수리스크에서 일본군에게 처형당한 대한민국 임시정부 초대 재무총장 최재형의 딸 최 소피아가 쓴 것이다. 편지의 내용에는 아버지를 죽인 원수 키토(木藤克己)에 대한 딸의 분노가 사실적으로 드러나 있다.

1920년 당시 블라디보스토크 일본 총영사관에서 한국 사람을 주로 담당한 자가 바로 키토(木藤克己)였다. 그는 수많은 한국인들을 영어(囹圄)의 몸이 되게 하고 연해주 한인사회를 분열시키는 공작 책임자로 많은 밀정을 거느리고 있었는데, 어느 날 고등 밀정을 우수리스크에 있는 최재형의 딸 집에 밀파했다.

그는 최재형의 4녀 최 소피아 뻬뜨로브나(1902-1993)의 집에서 3일 간이나 머물 수 있었을 만큼 집요하고 대단한 자로서, 묵고 있는 동안 틈을 타서 그녀의 수기를 발견하고 몰래 이를 필사하여 가져왔다. 이 밀정이 필사한 수기는 일본외무성 사료관에 소장되어 있는 〈불령단 관계 잡건 조선인부 재시베리아〉에 1920년 7월 13일부로 블라디보스토크 일본 총영사 국지의랑(菊池義郎)이 외무대신 내전강(內田康)에게 보낸 보고서에 첨부되어 있다.

경애하는 페챠!
참기 힘든 정을 억누르다 벌써 8월이 되었습니다.
이제는 더 참기 힘듭니다.
아버님께서는 낮이나 밤이나 저승에서
애비 죽인 놈은 살아서 활개를 치고 있는데
왜 원수를 갚지 못하느냐고 울고 계실 것만 같습니다.

악마같은 키토(목등)야!
사람 탈을 쓴 키토(목등)야!
너는 어찌하여 우리 아버지를 죽였느냐.
너는 어찌하여 죄 없는 한국 사람을 그렇게 많이 죽였느냐.
어떤 일이 있어도 네 죄는 용서할 수 없다.
네가 제 나라를 지킨다는 것이 지나쳐 불쌍한 한국 사람만 죽이고 있는 것이다.
이제 네 나라도 너를 못 지켜주게 되었다.
네가 좋아하는 한국 사람 죽이는 일도 마지막을 고한다.
네가 우리 동포를 지배하는 일도 끝이 난다.
네가 이 세상에서 더 살 수 있는 것도 막을 내린다.

키토(목등)야!
너 죽고 나죽자!
너 죽인 뒤에 나도 세상을 떠난다.
사람이 두 번 죽은 것 보았느냐.
사람 목숨은 한 번 밖에 없는 생명이다.

사랑하는 아버님!
당신의 딸을 잊지 마세요
당신의 열녀는 이제 아버지의 원수를 갚습니다.
잊지 마소서!

블라디보스토크 조선인거류민회의 조직과 활동

머리말

블라디보스토크는 러시아지역의 항일운동의 중심지일 뿐만 아니라 해외독립운동의 중요기지로서 널리 알려져 왔다. 구한말에는 해조신문, 대동공보의 발행지로서, 그리고 1910년대에는 권업회, 대한국민의회, 노인동맹단 등 수많은 항일운동의 중심지였다. 이에 일제는 1917년 러시아 혁명발발 이후 제정러시아를 원조하고 혁명군을 진압한다는 명분아래 시베리아에 군대를 출병시켜 한인독립운동을 철저히 탄압하고자 하였다. 이에 1920년 4월에는 4월 참변을 일으켜 수많은 독립운동가들을 체포하는 한편 민간인들을 학살하기도 하였다. 아울러 공포에 싸인 동포들을 회유하기 위하여 연해주 여러 지역에 친일조직을 만들기 시작하였다.

그중 1920년 4월 신한촌 지역에 설립된 것이 블라디보스토크 조선인거류민회이다. 이 민회는 타지역과는 달리 특히 독립운동가들이 주로 민회의 주요 구성원을 차지하고 있다. 일제가 영향력이 있는 인물들을 주요 간부로 함으로써 한인들을 보다 적극적으로 회유하고자 하였던 것이다. 그러나 이들 주요 간부들은 독립운동가 출신들이라 우수리스크의 친일조직인 간화회[1]처럼 적극적인 친일행동을 한 것 같지는 않다. 이에 일제는 한인들의 식량공급. 병원설치, 학

---

1 박환, 「러시아지역 한인민족운동과 일제의 회유정책:니코리스크 지역 간화회를 중심으로」, 『한국민족운동사연구』69, 2011.

교 재건축 등 한인들의 생존에 관한 편의 제공을 통하여 회유하는 정책을 추진하는 모습을 보이고 있다.

본고는 1920년 4월 참변 이후 일본의 조선인 회유정책과 그에 대한 블라디보스토크 조선인들의 대응에 대하여 살펴봄으로써 러시아혁명이후 한인사회의 동향에 대하여 알아보는 것을 목적으로 하고 있다. 이를 위하여 필자는 블라디보스토크 조선인거류민회의 성립 배경과 주요 간부, 활동 등을 알아보고자 하는 것이다.

1. 블라디보스토크 조선인거류민회의 조직 배경

1) 1920년 4월 신한촌 참변

국내에서 전개된 3·1운동은 러시아지역의 3·1운동 발발에도 많은 영향을 끼쳤을 뿐만 아니라 동포들의 민족의식 고양에도 큰 기여를 하였다. 아울러 3·1운동 전개이후 러시아지역의 한인들은 국내와 밀접한 연락관계를 맺으면서 국내진공 작전을 추진하기도 하였다.[2] 이에 놀란 일제는 러시아 및 해외지역의 항일운동을 철저히 탄압하고자 하였다. 해외항일운동 세력의 성장은 조선 국내의 통치에 큰 영향을 줄 뿐만 아니라 일본의 국권에도 영향을 줄 수 있을 것으로 판단하였기 때문이었다. 이에 일제는 당면한 시국을 수습하고 또한 화근을 미리 제거하기 위하여 심사숙고할 필요성을 느꼈던 것이다.

이에 조선총독부에서는 3·1운동 이후 시베리아 방면의 조선인 사정을 조사함과 아울러 단속을 목적으로 시노다(篠田) 사무관과 청수군(清水郡) 서기를 블라디보스토크에 파견하였다. 그리고 이들로 하여금 시베리아 파견군 촉탁

2 박환, 「대한국민의회와 연해주지역 3·1운동의 전개」, 『산운사학』 9, 2000.

으로서 외무부 당국자 및 파견군 당국자와 연락을 갖고 조치를 취하게 하였다. 아울러 시베리아에 일본군이 파견된 것을 절호의 기호로 삼아 시노다(篠田)사무관에게 한인들을 회유하도록 하였던 것이다.[3] 이것이 3·1운동 이후 조선총독부의 러시아 연해주지역 거주 한인들에 대한 회유정책의 첫걸음이라고 볼 수 있다. 이러한 조선총독부의 회유정책은 시베리아에 파견된 일본군 및 블라디보스토크 주재 일본총영사관과 일정한 차별성을 보이는 것이기도 하다.

한편 민족의식이 고양된 한인들은 러시아혁명 발발 이후 러시아 혁명군에 적극적으로 참여하는 모습을 보이고 있다. 1917년 러시아혁명발발 이후 한인들은 혁명군을 지지하고 혁명군을 통하여 한국독립에 대한 기대를 갖게 되었다. 1914년 1차세계대전 발발이후 제정러시아당국에서는 러시아에서의 한인 독립운동을 저지하고 있었기 때문이었다. 더구나 러시아혁명 발발 이후 일본군이 시베리아에 출병하여 제정러시아를 원조하고 있는 상황이었으므로 한인들은 러시아 혁명군과의 연대를 통하여 조국의 독립을 추구하고자 하였던 것이다. 따라서 한인청년들의 러시아혁명군 참여는 자연스러운 귀결이라고 볼 수 있다. 한 일본 측 기록에 따르면, 1920년 3월 17일 이후 매일 평균 100여명, 적어도 4-50명의 조선청년과 노동자들이 러시아 혁명군에 참여하였으며, 조선인은 러시아군인이 되는 것을 영예로 알고 있다고 보고하고 있을 정도였다.[4]

1920년 1월 하순 블라디보스토크가 전부 혁명군의 수중에 들어가자 일세당은 한인사회당이라고 개칭하고 장도정(張道定)을 회장으로 해서 블라디보스토크 대한국민의회와 연해주 임시정부의 양해 하에 한인장정들을 모집해서

3 김정주, 『조선통치사료』10, 한국사료연구소, 동경, 1970, 100쪽.
4 위의 책, 113쪽.

[5] 그들을 혁명군 군에 입영시키고 훈련을 하도록 하기도 하였다. 또한 1920년 3월 1일 3·1운동 1주년을 맞이하여 한인 독립운동가들은 그날 오후부터 혁명군 관헌들을 초대해서 성대히 축하식을 거행하였다. 아울러 러시아 혁명정부는 "모스크바는 조선혁명당원을 위한 유일의 안전한 피난소이다. 우리는 조선의 민족적 운동을 총체적으로 원조해 줄 것이다. 정치적 망명 조선인이 시베리아를 경유하여 무사히 본국으로 귀환할 날이 멀지 않았다. 조선인은 혁명정부와 협동해서 일본인을 구축할 기회를 일치 않도록 하기 위해서 조선인혁명당원으로 조선인특별연대를 편성중이다"고 성명서를 발표하였다.[6]

이처럼 러시아 혁명군이 한국독립운동을 지원하는 가운데 일본군은 한인 독립운동에 대한 단속을 러시아 관헌의 손에 두고 있었고, 러시아 당국은 한인독립운동을 통제하기보다는 오히려 한인독립운동을 인정, 묵인하는 입장이었다. 이에 일본당국은 한인독립운동세력에게 일본군의 위력을 보일 필요성을 절감하고 그 기회를 기다리고 있었던 것이다. 그러던 중 1920년 4월 1일 시베리아에 출병했던 미군이 블라디보스토크를 떠나는 것을 기화로 해서 러시아와 일본 간에 충돌이 일어날 것이라는 풍설이 나돌고 있었다.[7]

한편 조선인들 사이에는 일본이 러시아를 위협하여 경찰권을 장악할 것이라는 소식이 전해졌다. 그리하여 1920년 3월 말경부터 독립운동가들 가운데 블라디보스토크를 떠나는 인사들이 생겨났다. 이에 조선총독부에서 파견된 관리들은 일본군 당국에 4월 2일 한인에 대한 공격을 단행할 것을 요청하였다. 그러던 중 4월 4일 러시아군의 일본군 공격을 발단으로 하여 일본군 헌병대사령부는 한인에 대한 공격을 단행하였다.[8] 즉 1920년 4월 5일 오전 4시 30

5 〈조선치안상황 대정 11년〉 27쪽.
6 〈조선치안상황 대정 11년〉 27-29쪽.
7 김정주, 위의 책, 116쪽.
8 이양희, 「일본 헌병대의 시베리아 파병시기 한국인정책」, 충남대학교 국사학과 제18회 학술발

분 블라디보스토크 헌병대 헌병 7명은 보병 1개 중대의 지원 하에 신한촌에 이르러서 가택수색을 행하였다. 그리고 혐의자 53명을 체포하고 또 신한촌에 주둔하고 있던 러시아 민병을 포로로 하였다. 오전 11시에는 시내 한인 집단 거주지를 수색하고 한인 4명을 체포하였다. 또한 4월 6일, 신한촌을 다시 수색하여 조선인 5명을 체포하였다. 한편 일본군은 4월 4일 1차 신한촌 수사 때 러시아 병사들의 숙소로 사용되던 한민학교 건물(청년단 사무소, 한인신문사, 기타 독립운동가들의 집회소로 이용되던 곳)을 전소시키는 만행을 자행하였다.[9]

2) 신한촌 참변 이전 일본파견군의 조선인 단속규정

1920년 3월 당시 일본 블라디보스토크 파견군이 관할하고 있던 구역 내에 한인들이 다수 거주하고 있었다. 이들 한인들은 국내, 만주, 상해에 있는 독립운동가들과 연락관계를 맺고 있었다. 아울러 조선독립을 목적으로 여러 결사를 조직하고 신문도 발행하여 민족의식을 고취시키고 있었다. 또한 독립운동 자금을 모금, 무기와 탄약을 구입하여 국경지대의 독립운동단체들에게 보내고 있었고, 또한 러시아 혁명군에 입대하여 일본군에 저항하고 있었다.[10]

한인들의 이러한 태도에 대하여 일본은 심각한 위기의식을 느끼고 있었다. 이에 1920년 3월 경 블라디보스토크 일본파견 군당국에서는 조선인 단속과 회유방침을 결정하였다. 파견군에서는 현재 블라디보스토크 일대의 독립운동가들의 항일 열기가 상당한 수준에 이르렀으므로 우선 일격을 가해서 일본군대의 위신을 보이고 그들에게 외경(畏敬)의 마음이 생기게 한 후 회유의 길로 나아가도록 하고자 결정하였다. 이러한 결정에는 조선총독부 파견 산기진웅

표회(2014.3.28.).

9 김정주, 위의 책, 117쪽.

10 위의 책, 109쪽.

(山崎眞雄)이 군 당국과 관계 부처에 의견을 제출해서 대체로 동의를 얻었기 때문이었다. 일본군으로서는 이를 추진할 적절한 시기를 기다리고 있는 상황이었다.[11]

1920년 3월 24일 블라디보스토크 일본군 파견 사령관 대정성원大井成元은 조선인단속에 대한 규정을 마련하였다. 이를 보면 다음과 같다.[12]

제1. 조선인 단속은 군사령관의 명령을 받아서 군참모장이 그 업무를 총괄하고, 이에 대한 처리는 참모부 제2과가 담당한다.
제2. 조선인 단속의 실행은 블라디보스토크 파견군 헌병대사령관이 담당하고, 헌병대사령관은 본업무 실행에 관한 기획을 세우고 군 참모장의 승인을 받고 또 그 실행을 보고한다.
제3. 군 예하 부대 및 특무기관은 조선인 단속관계 여러 기관으로부터 원조를 요청받았을 때에는 사정이 허락하는 한 그곳에 원조를 하고, 정무부장은 조선파견관으로서 본 업무에 대한 의견을 군참모장에게 상세히 전하도록 하고, 또 정황을 조선총독부에 통보한다.
제4. 본 업무에 관해서 수시로 군의 행동 지역에 駐留하는 조선파견관은 소재 헌병대장과 협동해서 그 임무에 종사한다.
제5. 조선인 단속에 관해서는 현지 주재 총영사 및 영사와 협동한다.

한편 1920년 3월 24일 블라디보스토크 파견군 참모장 도환삼랑稻垣三郎은 조선인단속에 관하여 사령관, 헌병대장, 파견군영사관 등에 다음 사항을 통고하였다.

제1. 愛撫

1. 종래 조선인에 대해서는 항상 그들을 열등시하는 관습이 있다. 이 심리상태가 조

11 위의 책, 108쪽.
12 위의 책, 110쪽.

선인을 統御上 큰 장애를 일으킨다는 것은 논할 여지가 없기 때문에 군대 군인 및 일반 內地人은 조선인을 볼 때, 우리 내지인과 同樣의 관념으로써 진실로 輕侮하는 마음이 있어서는 안된다. 조선인이 우리 신민임을 기뻐하는 감정이 야기 시키도록 한다.

2. 군의 의료 업무에 차질이 없는 한 널리 치료를 실시한다.
3. 경제상의 이익을 증진시키기 위해서 노력하고 그것을 예로 들면 다음과 같다.[13]
ㄱ. 부족한 일용생활품을 구입할 수 있도록 편리를 제공한다.
ㄴ. 장소에 따라서는 소비조합 또는 구매조합을 설치하도록 한다.
ㄷ. 각종의 商행위에 대해서 조선인의 이익을 증진한다.
ㄹ. 조선에는 예로부터 이웃이 서로 돕는(隣保扶助)의 아름다운 풍속이 있다. 이 良俗을 이용해서 오늘날 조선 내지에는 이르는 곳마다 금융조합이 조직되고 있다. 이 방법 또는 유사한 방법에 의해서 금융상의 편리를 제공한다.
4. 조선인들은 거주하는 곳에 서당 또는 사립학교 등을 설치하고 있으나, 그 규모와 아울러 유지 방법 등이 극히 불완전하다. 학교를 성장시키기 위하여 교과학용품 구입의 알선, 기타에 관해서 가능한 한 진력한다.
5. 조선인과 외국인의 관계에 있어서는 항상 적극적으로 조선인의 권리를 보호한다.

제2. 회유

1. 친일적 경향이 있는 자를 규합해서 1개의 단체를 설치하고, 이 단체에 특권을 주는 방법을 강구한다.
2. 조선과 일본에 있는 진보적인 각종의 시설과 방법을 이용한다.
   1) 환등기와 사진 등을 사용한다.
   2) 속담 또는 한문으로 비교적 용이하게 기술한 소책자를 만들어 그것을 배포한다.
   3) 카드식 삽화를 만들어 배포한다.
3. 조선 또는 일본의 관광을 추진한다.
4. 원래 조선인은 언론 집회 등을 좋아하기 때문에 각지에 懇親會 또는 講話會 등을 개최하고 일본인 조선인 상호의사의 소통을 도모하고 세계 대세를 熟知하게 한다.
5. 이상 외에 특별수단으로서 각지에 유력인물(巨魁)로 지목되는 자들을 물색해서

13 위의 책, 111쪽.

몇명을 목표로 해서 그것에 대한 본 항목 각호에 준거해서 회유를 시도한다[14]

제3. 단속

제1과 제2의 수단을 다해서도 고지식하고 불온한 무리(頑迷不靈)로서 감히 國法과 朝憲을 문란케 하는 언동을 하는 자에 대해서는 우선 러시아 각 지방에 있는 사실상의 政務당국에 교섭해서 단속하게 하는 것이 진실로 당연한 일이다. 그렇지만 러시아당국이 그들을 단속할 의사가 없기 때문에 실체 단속의 경우 그 효과가 없기 때문에 우리 군은 국가자위상의 수단으로서 마땅히 군법이 명하는 바에 따라서 단호하게 제재를 가해야 한다.

본디 조선인은 가까워지면 이내 무례해지고, 무례해지면 곧바로 교만해지는 경향이 있다. 따라서 그들이 무례하게 되었을 때에는 함부로 날뛰는 말과 같아서 이를 제어하기가 매우 어려워진다. 그렇지만 적당한 권위를 내세워 대하면서 그들이 외경심을 갖도록 한 뒤 은혜와 사랑을 베푼다면 그들은 실로 다루기 쉬운 민족이 되고 조선인이 從順한 종족이라고 한다. 생각건대, 후자의 경우에 있어서 비로소 경험하는 자들이기에 조선인에 대해서는 恩威를 병행하는 방법으로 적당하게 대처할 것을 잊어서는 안된다.[15]

조선인 단속규정 제1조에서 보는 바와 같이, 조선인단속은 표면적으로는 군사령관이 담당하고 있다. 그러나 그 실행은 블라디보스토크 파견군 헌병대사령관이 담당하고 있다. 이는 군을 통하여 한인들을 철저히 감시하고 통제하겠다는 일본측의 강한 의지를 보여 주고 있는 것이다. 그런데 일반 단속의 경우 〈애무, 회유〉에 있어서 헌병이 직접 관여하다보니 종종 불미스러운 일들이 생겨나곤 하여 한인들의 반발이 심하였다. 이에 1920년 5월 6일에 군사령관은 〈회유와 애무〉는 조선총독부에서 파견된 인물들과 특무기관 등이 담당하도록 위촉하였다.[16]

14 위의 책, 112쪽.
15 위의 책, 110-113쪽.
16 위의 책, 170쪽.

2. 신한촌 조선인거류민회의 조직과 조선총독부와 블라디보스토크 헌병대의 갈등

일제는 4월 참변에 대한 조선인의 인식은 크게 3가지로 나누어 볼 수 있다고 파악하고 있다. 격앙, 환희, 공포 등이 그것이다. 두려워하는 주민이 제일 많고, 격앙하는 자가 그 다음이며, 환희하는 자는 전체의 1할 내지 2할에 불과하다는 것이다.[17]) 이에 일본 측에서는 제일 많은 부분을 차지하는 두려워하는 한인들을 적극 회유하고자 하였을 것이다.

4월 참변이후 한인들은 러시아 연해주지역에서의 한인독립운동에 대한 일본의 입장이 단호하다는 것을 피부로 느끼게 되었다. 그리하여 신한촌 참변이후 일부 조선인들은 일본관헌에 접근하는 경향을 보이고 있었다. 이에 조선총독부에서 파견된 일본 관리들은 이 기회를 이용하여 영사관을 중심으로 해서 급히 조선인거류민회를 조직하여 한인들을 회유하는 첫걸음을 내딛고자 하였다.[18]

이러한 일본의 회유정책에 따라서 일본은 체포된 한인들의 석방을 통하여 한인들을 회유하고자 하였다. 즉 단속이라는 강공책과 회유라는 유화책 등 양면 작전을 전개하고자 하였던 것이다. 당시 체포된 한인 중 일부는 석방되었다.[19] 그 후 61명의 한인들이 유치되어있지만 이들은 항일운동의 중심인물이 아니었다. 그러므로 당시 블라디보스토크에 거주하고 있는 한인들은 이들 인사의 석방을 적극적으로 바라고 있었다.[20]

한편 박병일(朴炳一)은 독립운동가 이동환(李東煥)이 최근 독립운동에 대하여 회의를 느끼고 경제적으로 어려운 상황에 놓여있다는 것을 알고 이동환에게

17 위의 책, 119쪽.
18 위의 책, 117쪽.
19 위와 같음.
20 위와 같음.

접근하여 일본 조선총독부 파견 산기山崎 사무관과 교류할 것을 권유하였다. 그러나 이것이 실현되기 전에 1920년 4월 참변이 발생하였다. 참변이 발생하자 십수 명의 항일운동가를 제외하고는 대부분이 독립운동을 단념하고, 유식계급은 특히 이를 기회로 일본관헌의 보호에 의지하여 안전한 길을 택하고자 하였다. 이에 조영진(趙永晉)[21]과 해조신문 사장이었던 최봉준은 이동환이 산기사무관과 면회할 것이라는 약속을 듣고 박병일에게 알선을 부탁해서 산기사무관의 힘을 빌어 자신들과 일반조선인들의 구조를 신청하면서, 전력을 다하여 항일적인 활동 방지에 노력하겠다고 약속하였다..[22]

이에 박병일 외 7명은 1920년 4월 9일 탄원서를 제출하고 70명의 체포자 석방을 요구하였다. 그리고 항일운동가인 조영진, 최봉준, 이동환 등 3명은 4월 6일 이래 수차에 걸쳐 조선총독부에서 파견된 관리인 판본(坂本)사무관의 처소를 찾아가 석방을 거듭 요청하였다. 조선총독부에서 파견된 관리들은 이를 적극 이용하고자 하였다. 이에 판본(坂本)사무관은 비록 자신이 일본군대의 촉탁으로 있지만, 조선총독부관리로서 조선인보호의 책무가 있다고 하고 헌병대사령관과 대장, 분대에 간청하여 일부 죄질이 나쁜 사람을 제외하고 그들을 석방하도록 하겠다고 하였다. 그러나 당시 한인들의 일반 분위기는 항일적이었다. 4월 8일 등정(藤井) 헌병대장, 키토(木藤) 통역관 및 판본(坂本) 촉탁등이 신한촌을 정찰하였는데, 청년들의 항일의식은 여전하였다.[23]

사실상 산기사무관도 조선인들의 항일활동과 그들이 성향을 알고 있었다. 그러나 항일독립운동가 가운데 유력자인 이들을 통하여 장래에 여러 명의 독립운동가를 회유할 수 있다고 판단하여 그들의 요구를 받아들였던 것이다. 그

21 조영진은 권업회 경용부장을 지낸 독립운동가이다(백원보가 안창호에게 보낸 편지, 1911년 12월 29일).

22 위의 책, 123쪽.

23 김정주, 118쪽.

리하여 산기사무관이 구금자 석방을 위하여 노력한 결과 70명 중 약 50명이 석방되고, 나머지 20명도 곧 석방되기에 이르렀다. 석방된 자의 기쁨은 말로 표현할 수 없을 정도였다. 한인들은 모두 산기사무관에 감사를 표하였다. 한편 박병일, 조영진, 이동환, 최봉준 등은 이 일과 관련하여 한인들 사이에 신용과 세력을 얻게 되었다.

한편 한인들은 산기사무관과 판본(坂本)촉탁의 노력에 보답하기 위하여 공덕비(公德碑)건립, 만인솔(萬人傘) 기증 등에 관하여 논의하기도 하였다. 그리고 이어서 종래에 일본인들이 전혀 발을 들일 수 없었던 한인촌의 문호를 개방하였다. 이 기회를 이용하여 산기사무관은 회유의 제1보로서 조선인민회를 설립하고자 하였다. 그리하여 헌병대사령부, 헌병대동분대(憲兵隊同分隊), 영사관 등과 협의한 후 영사관이 주로 이 임무를 맡기로 하였다. 민회는 결국 이러한 경위를 통하여 1920년 4월 13일 설립되었다.[24]

1920년 4월 13일 가주(家主) 64인이 모인 가운데 신한촌거류민회가 조직되었고, 그 임원은 다음과 같다.

회장 趙永晉(임시)
의사원 朴大成, 李卨, 咸世仁, 李東煥, 李郭郁
재무 이설
서기 이설
통역 安仁鍾(일어), 박대성(러시아어)[25]

신한촌거류민회에서는 위에서 보는 바와 같이, 민회장 이하 간부를 결정하고 임원을 영사관에 제출하였다. 그러나 영사관에서는 임원 중에 조영진, 이동환 같은 항일적인 인물이 있는 것을 부담스러워 하였다. 그리하여 블라디보스

24 위의 책, 123쪽.
25 위의 책, 123쪽.

토크 신한촌에 민회를 설립하는 것은 거절하고, 중국인마을 조선인 민회 설립을 위한 제출 서류는 허가하였다.[26]

이에 블라디보스토크 일본군 헌병분대는 1920년 4월 21일 갑자기 신한촌의 독립운동가들에 대한 재검거를 시행하고 새로 임명된 거류민회장 조영진과 그의 아들 조윤실(趙允實), 거류민회 의원 이동환과 그의 아들 이재익(李在益), 그리고 김신길(金信吉), 고영호(高永鎬), 윤능효(尹能孝) 외 1명 등 총 8명을 포박 구금하였다. 이들은 모두 독립운동가들이며, 특히 조영진, 이동환, 이재익 등은 독립운동가 중 상당히 명성이 있는 항일운동가들이었다.

조영진 등 8명이 체포되자 다수의 한인들이 박병일과 산기사무관을 찾아가서 항의하였다. 그리고 산기사무관이 추진하고자 하였던 회유정책은 실행되기 어려웠다. 이에 산기사무관은 헌병분대장을 방문하여 이의 시정을 요청하였다. 그러나 분대장은 조영진 등이 독립군을 모집해서 1.2일 사이에 우수리스크 방면으로 도주할 계획을 탐지하였다고 하고 이에 응하지 않았다. 이에 산기사무관은 참모부에 찾아가서 조영진의 석방을 요청하였으며, 山本 참모가 분대장에게 지시를 하여 조영진, 이동환 등 2명을 석방하기에 이르렀다. 이에 한인들의 일본에 대한 감정은 다소 완화되었다.[27]

3. 블라디보스토크 조선인거류민회의 설립

1) 설립배경

블라디보스토크에서는 4월 4일, 5일 신한촌 참변이후 4월 13일 우선 신한촌 거류민회를 조직하고자 하였으나, 순조롭지 못하였다. 이에 일본 측에서는

26 위의 책, 129-131쪽.
27 위의 책, 129-131쪽.

1920년 5월 23일 블라디보스토크 시 전체를 대상으로 블라디보스토크 조선인거류민회를 조직하고자 하였다. 그 배경을 일본 측 기록을 통하여 살펴보면 다음과 같다.[28]

1. 블라디보스토크 재류 조선인 민회 설립에 관한 건

4월 4, 5일 사변 이래 블라디보스토크에 친일적 조선인 민회 설립에 관해서는 지금까지 사정을 보아 간섭이 필요 없을 정도로 진척되고 있으나, 블라디보스토크에서는 신한촌 뿐만 아니라 시내, 동령(東嶺), 삼류애(三流涯), 마상토애(麻上土涯), 시화현(時化峴), 소친거우(小親巨隅) 등 각 방면으로 분리된 부락이 있어 종래 일이 있을 때에는 모두 신한촌 민회의 명을 받은 경향이 있었는데 신한촌 민회가 홀로 전횡을 일삼아 재정, 기타 모두 부정이 많았다.

신한촌 조차도 작년 7월 콜레라가 발생할 당시 이후로 동남으로 분리하여 소위 동촌(東村)은 한민학교를 경계로 하여 약 200여 호가 별도로 민회를 설립하여 청렴하게 사무를 보아 왔다. 또 동령 즉 시의 동쪽 끝에 있는 마트로스카야 스라호로카방면의 조선인은 물론 삼류애(三流涯) 방면도 따로 민회를 만들고 있었다. 이들 독립 단체는 이때 신한촌 남촌의 것과 합병하여 한 단체를 만드는 것을 좋아하지 않아 특히 동촌은 이 건에 대해 당 관으로 출원해 온 것이다. 따라서 4월 4, 5일 사건 후 임시로 보내온다.

회장(4월 17일자 기밀 제20호 참조) 이하 간부를 바꾸지 않으면 도저히 원만히 해결되지 않을 것으로 생각되어 현재의 각 단체는 그대로 위생부(즉 청결사무를 취급하는 부)로서 이를 존치시켜 이들을 모두 망라할 수 있는 총회라 할 만한 것을 조직하는 의미에서 키토 통역관으로부터 때때로 각 부락 사람을 설득하여 점차 합병을 진행시켜 5월 16일에 이르러 각 부락은 대표 의원을 보내게 되었는데 오직 신한촌 동촌만은 여전히 이를 보내지 않았다. 이에 키토 통역관은 현 동촌회장 주임선(朱任善), 이동준(李東濬), 이상운(李尙雲)을 당 회로 초대하여 이번에 설립하는 조선인 민회는 총영사관의 감독하에 있고 또 각 부락이 대표자를 내어 스스로 감독의 임무를 수행하는 것이고, 현재 각 구에 있는 민회 즉 위생부는 이를 잔존시켜 종래대로

28 불령단관계잡건 재시베리아부 1920년 5월 26일 블라디보스토크 총영사가 외무대신에게 올린 보고 〈선인행동에 관한 건〉.

사무를 수행하는 데 전혀 지장이 없음을 설득하자, 그들도 겨우 납득하여 5월 22일까지 대표자를 보냈다. 대개 신한촌 동촌과 남촌 사이에는 재정상의 관계뿐 아니라 적지 않은 감정 충돌이 있어 새로운 민회조직에서도 동촌 사람들이나 남촌 사람들이 필시 민회를 독점할 것이 예상되어 새 민회가입을 꺼려하는 일이 있었다.

위의 보고기록에서 보듯이, 신한촌을 중심으로 한 블라디보스토크의 한인 거류민회 등간의 갈등 및 일본에 대한 적대적 태도 등을 고려하여 일본측은 블라디보스토크 시내 전체를 통괄하는 조직체를 만들고자 하였던 것 같다.

2) 설립 및 주요 인물

블라디보스토크에서는 4월 4일, 5일 신한촌 참변이후 4월 13일 우선 신한촌 거류민회를 조직하고자 하였으나, 순조롭지 못하였다. 이어 5월 23일 대표의원의 총회를 열고 블라디보스토크 전시가의 조선인을 망라한 조선인거류민회를 조직하였다.[29] 본 총회에서는 다음과 같이 임원을 선거하는 한편 규칙을 제정하였다.

회장 李尙雲
부회장 仝(金)秉禧
의사원 尹能孝, 趙永晉, 李禹, 崔萬學, 吳聖文, 朱四(任)善, 李東俊(濬), 咸世仁, 池龍雲, 崔英鳳, 李敏禹, 張吉煥, 鄭致文, 朴楊涉, 金敬載
학무원 채성하
검사원 조영진, 金鍾喆
仲載員 조영진, 채성하
재무원 李禹
*區長은 각구에서 선거(기타 未選)[30]

29 불령단관계잡건 재시베리아 1920년 5월 26일 블라디보스토크 총영사가 외무대신에게 올린 보고 〈선인행동에 관한 건〉.

30 불령단관계잡건 재시베리아 1920년 6월 4일 블라디보스토크 조선인민회 설립의 건.

위에서 살펴볼 수 있는 바와 같이, 대표의원 총회에서는 회장에 이상운, 부회장에 전(김)병희를 선출하고 상의원(常議員) 15명, 기타 임원도 선출하였다. 회장으로 선출된 이상운은 함북 길주 출생이다. 1920년 당시 43세이다. 일찍이 노령으로 이주하여 노력한 결과 큰 자산가가 되었다. 그는 블라디보스토크 일번천(一番川, 뻬르바야레치카)에 연와조(煙瓦造)와 목조의 가옥 그리고 2개 장소에 택지를 소유하고 있었다. 또한 신한촌내에도 2채의 가옥(家屋)을 소유하고 있었다. 성품은 강직하였다고 전해진다. 학력은 무학으로서 한글은 겨우 이름을 쓸 정도이나, 러시아어는 어느 정도 자유롭게 구사한다고 한다. 이상운은 회장 월급 월액 50원을 받지 않았다.[31] 부회장 전(김)병희는 원래 경흥군 서기였다. 직무상 문제가 있어서 형을 받는 바 있다고 한다. 블라디보스토크로 이주해 온 이후에는 상업에만 종사하여 왔다. 당시 의용선대(義勇艦隊), 걸선(汽船), 조선항로(朝鮮航路) 영업점을 경영하고 있다.[32]

회장, 부회장의 경력에서 보는 바와 같이 이들은 조영진과는 달리 항일적인 인물이 아니고 자산가 또는 상업에 종사하는 인물들로서 비정치적인 인물들이었다. 일본 영사관이 바라던 바가 바로 이러한 유형의 인물들이었지 않았나 짐작된다. 즉, 일본 측에서는 블라디보스토크 조선인거류민회의 임원 선출에 대하여 다음과 같이 보고하고 있는 것을 통해 짐작해 볼 수 있다.[33]

> 한편, 4월 4, 5일 사건 후에 임시로 신한촌민회장으로 추대된 조영진과 같은 사람은 일반 조선인들 사이에서도 정평이 나 있는 배일 조선인일 뿐 아니라 종래 여러 번 신한촌 민회와 관계하여 재정상 불신용을 받은 행위가 있어 그 사람에 대한 일반 사

31 불령단관계잡건 재시베리아 1920년 5월 26일 블라디보스토크 총영사가 외무대신에게 올린 보고 ,〈선인행동에 관한 건〉.

32 불령단관계잡건 재시베리아 1920년 5월 26일 블라디보스토크 총영사가 외무대신에게 올린 보고, 〈선인행동에 관한 건〉.

33 불령단관계잡건 재시베리아 1920년 5월 26일 블라디보스토크 총영사가 외무대신에게 올린 보고 〈선인행동에 관한 건〉.

람들의 불평도 완화되지 않으면 안 되었다.
따라서 새롭게 민회를 조직함과 동시에 일반 조선인 사이에 신망 있고 배일주의가 아닌 적당한 인물을 회장으로 보냄과 동시에 일본 관헌의 간섭의 흔적을 알지 못하게 하는 것이 필요하므로, 이런 조건에 적당한 인물을 찾는 것이 쉽지는 않았으나 드디어 5월 23일자로 대표의원의 총회를 열어 회칙을 논의하고 회장 이하의 간부를 선거한바 회장에 이상운, 부회장에 김병희(金秉熙)가 당선되고 의원 15명, 기타 임원도 선출되어 겨우 블라디보스토크 조선인 민회가 성립되었고 회칙은 아직 개정해야 할 점이 조금 있으나 점차 적절한 안으로 만들어가고 있다.

일본 측 기록은 블라디보스토크 조선인거류민회에 대한 일본 측의 접근방법과 태도에 대하여 다음과 같이 언급하고 있다.[34]

또 민회 간부 중에는 채성하, 조영진 등의 인물도 있고 의사원 중에는 비교적 분자도 적지 않으나 이를 지도, 감독하여 점차 개선하고 있는 중이다. 요컨대 이곳 조선인의 상황은 4월 4,5일 사건 이래 신한촌에서 민회, 기타 일에 간섭하며 재주 조선인의 의사를 좌우하고 있는 불령의 무리는 급히 도망하여 자취를 감추었고, 잔류 조선인 중 학식이 좀 있는 자도 한때 검거되는 등의 일도 있어 민심이 안정되지 못한 형편이다.
나아가 민회조직도 표면적으로는 일본에 대해 충의를 보여주려는 무리는 거의 없고, 있다면 우리 관헌을 이용하여 사리를 채우려 하거나 또는 우리의 지금까지의 허물을 찾으려는 무리에 지나지 않는 사람들이다. 혹은 시국에 편승하여 표면으로는 일본에 접근하는 것을 사람들이 알까봐 걱정하는 등의 무리이다. 요즘은 완전한 친일적 단체인 민회 조직을 보기가 자못 어려운 일이 아닐 수 없다. 따라서 이번의 민회는 비교적 양호하고 오직 앞으로 이의 지도 감독에 깊은 주의를 기울여야 할 것이다.

한편 조선인거류민회에서 민회규칙 제33조에 의거하여 공선(公選)한 지역 대표자는 다음과 같다.

34 불령단관계잡건 재시베리아 1920년 5월 26일 블라디보스토크 총영사가 외무대신에게 올린 보고 〈선인행동에 관한 건〉.

1) 麻土涯(유토와이라고 부르는 호산포대 해안에 있음): 李敏禹, 韓汝天, 韓俞淵.

2) 時化峴(시와이자는 에게르시에드): 張吉煥

3) 東嶺(시 동쪽 끝 마트로스스카야 스라키):金基屹, 鄭致文, 延昌健

4) 山流涯(시 코마로프스카야의 서쪽 해안에 있움, 사뉴와이라고 함) : 韓乃善, 朴楊涉(陽燮), 金德基

5) 小親巨隅峴(친고차이 즉 뻬르바야 레치카): 李元俊, 金龍俊, 金龍守, 金敬載

6) 開里城(市中 카이레요니): 全(金)秉禧, 朴炳一, 李泰賢

7) 신한촌 南村 대표자(한민학교 이남)

崔秉周, 蔡聖河, 金益智, 許良賢, 金鍾喆, 趙永晉, 李卨, 李亨郁, 李行植, 劉世五, 崔萬學, 徐禹根, 咸世仁, 李範錫, 李東煥, 高明昊, 吳聖文, 尹能孝, 朴熙平, 朴元世

8) 신한촌 東村 대표자(한민학교 동쪽).

池龍雲, 李東濬, 徐子範, 金秉亮, 姜錫璡, 崔萬學(徐相律), 李尙雲, 張鴨翼, 崔鎭國, 金公臣(信), 崔英鳳, 崔在衡, 崔德松[35]

위에서 보는 바와 같이, 지역대표자들 역시 면면으로 보아 각 지역의 유력자들로 판단된다. 조영진, 채성하, 이동환, 윤능효 등과 같이 항일운동 경력이 있는 인물과 이상운, 전(김)병희 등과 같이 자산가 등으로 나누어 볼 수 있지 않을까 판단된다.

이상운, 전(김)병희 등을 중심으로 한 조선인거류민회는 1921년 1월 23일 총회를 개최하고 임원을 개선한 결과 회장에 조영진, 부회장에 박병일을 선출하였다.[36] 이는 자산가 중심의 회장 체제에서 독립운동가 출신 회장단으로 변화된 것을 의미하는 것이 아닌가 조심스럽게 추정해 보게 한다. 주요 간부를 도표로서 살펴보면 다음과 같다.

35 불령단관계잡건 재시베리아 1920년 6월 4일 블라디보스토크 조선인민회 설립의 건.

36 불령단관계잡건, 재시베리아 11, 1921년 1월 26일, 블라디보스토크 총영사가 외무대신에게 보낸 올린 보고, 〈선인의 행동에 관한 건〉, 〈블라디보스토크 조선인거류민회 역원 개선의 건〉.

〈표 1〉『블라디보스토크 조선인거류민회 주요 간부 일람표』(1921년 기준)

직명	성명	연령	직업	원적지	비고
회장	趙永晉	45	민회 역원	강원도 통천	권업회 經用부장, 4월 사변까지 암살단 참모, 1920년 9월 관광단장으로서 국내를 다녀옴.
부회장	朴炳一(본명 朴容煥)	44	상업	경기도 광주	
노문서기	金明極	23	민회역원	함남 단천	
한문서기	李寅奎	36	민회역원	함남 원산	
재무원	許良賢	45	객주	함북 성진	
검사원	金鍾哲	37	상업	경기도 경성	
검사원	尹能孝	40	상업	함남 함흥	
학무원	蔡聖河	49	상업	함남 문천(文川)	독립운동가
	崔萬學	43	상업	함북 경원	
중재원	姜楊五	45	상업	함남	전 민회회장,
	李興云	41	상업	함북 성진	전 민회경찰부장, 독립운동가 李禼(可順)의 동생
의사원	姜楊五	45	상업	함남 이원	신한촌
	尹能孝	40	상업	한남 함흥	신한촌
	蔡聖河	49	상업	함남 문천	신한촌
	金致甫	63	상업	평남 평양	신한촌, 노인단장
	許良賢	45	객주	함북 성진	신한촌
	崔秉周	50	상업	함북 명천	신한촌
	姜錫璡	45	상업	함남 이원	신한촌
	金炳亮	49	농업	평남 평양	東村
	金公信	42	농업	함북 길주	신한촌
	李芝松	34	상업	평북 강계	山流涯
	李敏禹	38	상업	함북 명천	麻土涯
	趙奉祐	60	노동	함북 길주	時化峴
	朱干漸(朱宇點)	48	위생부장	함남 신흥(新興)	노인단 재무
	車元軾	24	상업	평남 평양	

**불령단관계잡건, 재시베리아, 1921년 1월 26일, 블라디보스토크 총영사가 외무대신에게 보낸 선인의 행동에 관한 건, 블라디보스토크 조선인거류민회 역원 개선의 건

〈표1〉에서 보는 바와 같이, 회장에 조영진, 부회장에 박병일, 재무원에 허양현, 검사원 윤능효, 학무원 채성하, 최만학, 중재원 강양오, 의사원 김치보, 주간점 등이다. 이들은 전직 항일운동가들인 점으로 보아, 일제의 독립운동가들에 대한 회유정도를 파악할 수 있는 부분들이다. 아울러 민회 임원들의 직업을 보면, 대부분이 객주와 상업으로 되어 있다. 이점은 직업과 관련하여 그들이 생존을 위해 일제에 어느 정도 타협하지 않았나 추측케 한다.

조선인 민회에서는 회장, 부회장 아래 러시아어 서기, 한문 서기, 재무원, 검사원(2명), 학무원(2명), 중재원(2명), 의사원(14명) 등을 두었다. 아울러 하부조직으로 구장과 통의원을 두고 있다. 구장은 총 7명이며, 통의원은 44명이다. 구장 7명 중 4명은 노동, 2명은 상업에 종사하고 있다.[37]

4. 블라디보스토크 조선인거류민회 규칙 제정과 그 변화

1920년 5월 23일 대표의원의 총회를 열고 블라디보스토크 전시가의 조선인을 망라하여 블라디보스토크 조선인거류민회를 조직하였다.[38] 그리고 본 총회에서는 민회 규칙을 정하였다(별첨1 참조) [39]

〈별첨1〉의 규칙에서 볼 수 있는 바와 같이, 본회는 블라디보스토크 조선인거류민회라 칭한다고 한다. 사무소는 신한촌에 두며, 설립목적은 교육과 실업을 장려하며 친목을 도모하고 문명적 발전을 목적으로 한다고 밝히고 있다. 아울러 본회는 제국 총영사의 감독 및 러시아 소관 관헌의 지휘를 받는다고

37 1921년 11월 8일 블라디보스토크 조선인거류민회장 조영진이 블라디보스토크 총영사에게 올린 보고.

38 불령단관계잡건 재시베리아 1920년 5월 26일 블라디보스토크 총영사 가 외무대신에게 올린 보고 〈선인행동에 관한 건〉.

39 국회도서관, 『한국민족운동사료』3, 671-672쪽. 1921년 11월 8일 블라디보스토크 조선인거류민회장 조영진이 블라디보스토크 총영사에게 올린 보고.

하고 있다. 즉 설립 당시 조선인거류민회는 일본과 러시아의 지휘를 받고 있었던 것이다. 이에 제37조에서 총회에서 결정한 사항은 제국총영사관과 러시아 소관 관청에 보고한다고 되어 있는 것이다. 또한 본회는 교육권념 및 실업지도에 관한 사항, 통신에 관한 사항, 자선에 관한 사항, 위생에 관한 사항, 민형소송(民刑訴訟)일절, 비송(非訟)사건에 관하여 화해 중재 및 소개에 관한 사항, 기타 공공사업에 관한 사항 등을 추진함을 밝히고 있다.

그러나 조선인거류민회 규칙은 러시아의 영향력을 배제하고 완전히 친일적인 형태로 변화한다. 1921년 11월 8일 블라디보스토크 조선인거류민회장 조영진이 블라디보스토크 일본총영사 송촌정웅松村貞雄에게 보낸 글에 다음과 같이 그 내용이 첨부되어 있다.(별첨2) 즉, 1921년 1월 23일 조선인거류민회 총회를 개최하고 회장에 조영진, 부회장에 박병일이 선출된 다음[40] 이 같은 변화가 이루어진 것으로 보인다.

블라디보스토크 조선인거류민회 규칙(1921.1.23.)

제1장 총칙
제1조 본회는 블라디보스토크 조선인거류민회라고 칭하고 사무소를 블라디보스토크 조선부락에 둔다.
제2조 본회는 블라디보스토크시 구역내에 거류하는 조선인으로써 조직한다.
제3조 본 회는 대일본제국 신민인 조선인의 本分과 品性을 保持하는 것으로 목적으로 하고, 겸해서 재류민의 교육과 실업을 장려하고, 친목을 도모해서 공동이익의 증진을 도모한다.
제4조 본회는 일본 제국 총영사관의 감독을 받는다.

위에서 보는 바와 같이 블라디보스토크 거류민회는 일본총영사관의 감독

40 불령단관계잡건 재시베리아, 1921년 1월 26일, 블라디보스토크 총영사가 외무대신에게 보낸 〈선인의 행동에 관한 건〉, 〈블라디보스토크 조선인거류민회 역원 개선의 건〉.

을 받는 기구인 것이다. 아울러 이 단체의 친일적인 요소들을 다른 항목들에서도 찾아볼 수 있다.

제40조 총회와 의사회에서 결정한 사항은 모두 제국총영사관에 보고하고 그 승인을 받을 것
제41조 의사회와 총회를 개최할 때에는 미리 議案과 時日등을 제국총영사관에 제출해야 한다.
제6장 의사회와 총회 제40조와 41조를 보면 역시 친일적인 측면을 찾아볼 수 있다. 즉, 총회와 의사회에서 결정한 사항은 모두 일본영사관에 보고하고 승인을 받아야 했으며, 의사회와 총회를 개최할 때에도 미리 보고해야 했던 것이다.

5. 블라디보스토크 조선인거류민회의 재정과 활동

1) 재정

블라디보스토크 조선인거류민회의 재정운영에 대하여 민회규칙(1921년)에서는 다음과 같이 밝히고 있다.

제5장 재정
제26조 본회의 경비는 左의 課金과 收入金으로써 충당한다.
1. 회원의 의무금
2. 수수료
3. 청결비
4. 의연금
5. 기부금
6. 잡수입
제27조 3개월 이상 당 구역내에 滯在하는 자는 그 체재의 초에 課金을 납부하도록 한다. 단 과금은 月로써 계산한다.
제 28조 본회의 수수료 기타 과금에 관한 규정은 의원총회의 논의를 거쳐 정한다.
제29조 본회의 재정 계산은 매년 1월 1일부터 연말까지로 한다.

제30조 예산외에 있어서 1인당 50원 이상의 지출을 할 때에는 의사회의 의결을 거처야 한다.[41]

규칙에서 보는 바와 같이, 조선인거류민회는 회원의 의무금, 수수료, 청결비, 의연금, 기부금, 잡수입 등으로 운영되게 되어 있다. 그러나 예산표를 통해서 볼 때 수입부에는 각 의무금과 기타 수수료금 등이 기록되어 있으나 실제 수입금은 예산의 1/3정도이고, 서기와 급사 등의 급료는 매월 지불이 곤란한 형편이었다. 따라서 일본의 보조가 필요한 상황이었다.[42]

조선인거류민회 회장인 조영진이 보고한 바에 따르면, 회원들의 호수 및 인구 직업은 다음과 같다.

〈표 2〉『블라디보스토크 조선인거류민회 회원의 직업, 호수, 인구 일람표』(1921년)

직업	호수	인구
농업	5	16
잡화상	13	25
학교교사	15	45
이발사	3	5
조선신발 만드는 일	3	8
한약상	13	25
치료업	2	4
요리점	8	41
조선 소면(素緬)	7	28
우육판매	3	7
육군 용달(陸軍 用達)	6	6
러시아군 용달	5	5
두부제조	1	3

41 1921년 11월 8일 블라디보스토크 조선인거류민회장 조영진이 블라디보스토크 총영사에게 올린 보고.

42 1921년 11월 8일 블라디보스토크 조선인거류민회장 조영진이 블라디보스토크 총영사에게 올린 보고.

직업	호수	인구
어업	2	7
물산객주(숙박업)	6	15
무직업	850	9,260
계	942	9,500

〈표2〉에서 보는 바와 같이 블라디보스토크에 거주하는 한인 9,500명 중 9,260명이 무직상태인 것이다. 호수로는 총 942호 가운데 850호가 무직상태이다. 이를 통하여 당시 한인 사회의 경제상황이 얼마나 어려웠는지를 짐작해 볼 수 있다.

이러한 열악한 상황 속에서 조선인거류민회에서는 1921년 예산으로서 수입을 총 9,620으로 책정하였는데 그 구체적인 내역을 살펴보면 다음 〈표3〉과 같다.[43]

〈표 3〉 조선인거류민회 예산 수입예상내역 일람표(1921)

종류	금액	비고
각구 의무금	3,000.	각 호주에게 년 2번 2원
선객 부과금	3,660	귀국조선인에 대해 1인 당 50전
수수료	1,000.	1인 매번 1원
영업세금	600.	1개월 1등은 2원, 2등은 1원
단기거류 의무금	600.	1인 매번 20전
장기거류 위무금	560.	1년에 2번 각 50전
합계	9,620	

조선인거류민회에서는 재정을 확보하기 위하여 한인들에게 적극적으로 행동한 것으로 보인다. 1920년 4월 13일에 조직된 블라디보스토크에 신한촌 거류민회 등의 경우에서 이를 짐작해 볼 수 있다. 신한촌 거류민회의 경우, 조직

43 1921년 11월 8일 블라디보스토크 조선인거류민회장 조영진이 블라디보스토크 총영사에게 올린 보고.

의 유지방법 및 예산 개요를 보면, 호별 의무금 3,200원圓, 선객의무금 3,660원, 증명수수료 1,000원, 영업세 600원, 여객 수수료 600원, 체류객 의무금 500원으로 나타나 있다. 조선인거류민회에서는 한인이면 누구나 조선인거류민회에 호별 등록을 하고, 호별세를 납부해야 하며, 잠시 상륙한 선원들도 즉각 이 민회에 출두하여 상륙신고를 마치고 체류세를 내야하며, 신분증 및 그 밖의 모든 양민 증명에 필요한 서류는 민회에서 발급하되 수수료를 받으며, 누가 무슨 사업을 하는 가의 등록도 반드시 민회에서 관장하되 영업세를 받으며, 외지에서 여행하기 위하여 들어온 사람들도 민회에 출두하여 등록을 마치고, 하루 얼마의 체류비를 바쳐야 했으므로 이것은 정보정치의 하청작업이었다. 이상의 조치들을 위반하거나 부주의한 사람들은 영락없이 "불령의 무리배"로 검거되어 고문을 당하게 되었으므로 이 보다 더 혹독한 조직은 없었을 것이다.[44]

다음으로 블라디보스토크 조선인거류민회 예산 지출예산 내역을 보면 다음과 같다.

〈표 4〉 조선인거류민회 예산 지출예상 내역(1921)[45]

종류	금액(원, 전)	비고
월봉(月俸)	960.00	정부회장(正副會長)
급료	2040.00	서기 2인, 사정(使丁) 2인
보조금	4900.00	8학교의 경비 보조
문방구비	78.00	
수리비	110.00	
잡비	200.00	
비품비	50.00	
교통비	50.00	

44 김창순 김준엽, 『한국공산주의운동사』 1권, 청계연구소, 1986, 128쪽.

45 1921년 11월 8일 블라디보스토크 조선인거류민회장 조영진이 블라디보스토크 총영사에게 올린 보고.

종류	금액(원, 전)	비고
연료비	120.00	
전화비	150.00	
수전(收錢)수수료	962.00	수전 금액에 대해 1할을 지급
합계	9,620.00	

1921년도 블라디보스토크 조선인거류민회의 수입예상금액은 9,620원이었으나 실제 수입 금액은 3,220원으로, 부족금 총액은 6,400원에 달하였다. 이에 부족액에 대하여 거류민회 부회장인 박병일이 140원을 제공하였다. 이에 더하여 총독부 사무관(山奇眞雄)이 800원, 총영사관에서 방역비로 149원 65전 등 보조금으로 1,089원 65전이 제공되었으나 부족액이 5,310원 35전에 이르렀다.[46]

1921년 당시 블라디보스토크 총영사관내에 있어서 설치되어 있는 조선인 단체는 블라디보스토크, 포시에트, 쉬고토보, 오케얀스카야, 바라바시, 노우끼예프스코에 등 8개 민회였다. 그리고 1921년도에 있어서 보조를 필요로 하는 금액은 합계 14,091원 20전이었다.[47] 일본은 토지의 상황, 빈부의 정도, 생활상태 등을 고려해서 다음과 같이 보조금을 지급하였다.[48]

〈표 5〉 1921년 연해주지역 주요 민회에 대한 블라디보스토크 총영사관의 보조액 일람표[49]

단체명	경비부족액	보조 금액
블라디보스토크	6400.00	3,000.00
쉬코토보	7032.60	2,100.00

46 1921년 11월 8일 블라디보스토크 조선인거류민회장 조영진이 블라디보스토크 총영사에게 올린 보고.

47 1921년 12월 17일 블라디보스토크 총영사가 외무대신에게 보낸 문건, 〈조선인민회보조비에 관한 건〉.

48 1921년 12월 17일 블라디보스토크 총영사가 외무대신에게 보낸 문건, 〈조선인민회보조비에 관한 건〉.

49 1921년 12월 17일 블라디보스토크 총영사가 외무대신에게 보낸 문건, 〈선인민회 보조비에 관한 건〉.

단체명	경비부족액	보조 금액
찐부르	500.00	500.00
바라바시	0.00	800.00
오케안스카야	16.60	200.00
나데진스카야	70.00	200.00
포시에트	72.00	100.00
노우끼예브스꼬예	0.00	100.00
합계	14,091.20	7,000.00

〈표5〉에서 보는 바와 같이, 1921년 당시 블라디보스토크의 보조 신청액은 총 6,400원이었다. 이에 대하여 일본 측에서는 약 절반정도인 3,000원을 보조하였다. 아울러 쉬코토보의 경우는 2,100원을 지원하고 있다.

한편 1922년 경우, 블라디보스토크 총영사관 관내 조선인민회는 총영사관으로부터 총 7천원의 보조금을 수령하였다. 그 내역을 살펴보면, 블라디보스토크 조선인민회 3천원, 쉬코토보 금 2천 백원, 찐부르 2백원, 바라바시 금 4백원, 오케얀스카야 금 2백원, 나데진스카야 금 2백원, 포시에트 금 2백원, 슬라비얀카 금 5백원 등이다.[50] 블라디보스토크의 경우 1921년과 같은 수준임을 알 수 있다. 그리고 각 조선인민회는 금액을 수령하면서 다음과 같은 서약서를 블라디보스토크 총영사관에 제출하였다.[51]

〈서약서〉

대정11년(1922년-필자주) 3월 15일 민회장 성명
블라디보스토크 총영사 松村貞雄 殿

一金 圓

50 1922년 4월 21일 재블라디보스토크 총영사 松村貞雄이 외무대신 內田康哉에게 올린 보고서 〈선인민회 보조금에 관한 건〉.

51 1922년 4월 21일 재블라디보스토크 총영사 松村貞雄이 외무대신 內田康哉에게 올린 보고서 〈선인민회 보조금에 관한 건〉.

위 금액 금회 동경 외무성으로부터 본 민회경비보조로서 수령하였다. 본 보조금은 촌민 一統의 동의를 얻는 것을 주로해서 본회 관리의 조선인학교 신축, 증축 등에 충당하고 만일 여유가 있을 경우에는 학교 또는 민회 시설 사업의 기본금으로서 민회에 保留하고 촌민의 부담 등 곤란한 경우에는 학교 경비 중 필요 가장 유익한 시용처 에 지출하고, 재블라디보스토크 총영사의 승인이 없이는 결코 다른 곳에 사용하지 않을 것을 서약한다.

민회장 성명

한편 1922년 일본군이 시베리아에서 철수하자 조선인민회에 대한 보조도 자연히 중단되게 되었다.[52]

2) 조선인 회유활동

(1) 구매조합 조직을 통한 속(粟)의 염가 판매 추진

1920년 4월 참변이후 한인사회는 일본에 대한 두려움을 갖고 있었다. 이러한 상황 속에서 러시아화폐는 폭락하고 물건 값은 올라 한인들은 어려운 상황에 처해 있었다. 특히 시베리아철도가 제때 운행되지 않아 식료품들의 공급이 원활하지 못하였다. 이러한 시기에 일본은 한인들의 식생활의 중요부분을 차지하고 있는 조(粟)를 우수리스크로부터 저렴한 가격에 제공하여 블라디보스토크 한인들의 민심을 회유하고자 하였다[53]

당시 시베리아철도 노선 중 우수리스크와 블라디보스토크 구간만 기차가 운행되고 있었다. 그러나 군용품 이외의 다른 화물은 수송되지 않는 상황이었다. 그러므로 종래 쌀을 먹던 사람들은 쌀과 조를 섞어 먹는 상황이었고, 혼식을 하는 사람들은 조만으로 식사를 하는 어려움을 겪고 있었다. 특히 4월 중

52 1923년 3월 14일 재블라디보스토크 총영사 대리영사가 외무대신 内田康哉에게 올린 보고서, 〈1923년도 조선인민회 보조에 관한 건〉.

53 김정주, 위의 책, 133쪽.

순에 이르러서는 현물이 완전히 고갈되어서 가격이 폭등하고 있는 상황이었다. 조 일승(一升)에 60전으로 유래 없이 높은 가격을 유지하고 있었던 것이다.

조선총독부 파견 당국은 이를 한인들의 민심을 얻을 수 있는 좋은 기회로 판단하였다. 이에 조를 우수리스크에서 구입해서 우수리스크에서 블라디보스토크까지 운임비를 받지 않고 특별 수송하고자 하였다. 군참모부의 알선으로 교통부와 철도연대(우수리스크소재)와 교섭하여 승낙을 얻고자 하였던 것이다. 조선총복부 파견관리는 조선인구매조합을 만들어 이 사업을 추진하고자 계획하였다.[54]

일제는 신한촌에 일본인과 러시아인 구매조합은 있는데 한국인의 구매조합은 없으므로 이를 만들고자 하였다.[55] 또한 일제는 조선인소비조합도 만들고자 하였다. 이를 위하여 3만 3천원을 교부하여 민심을 수습하고자 하였던 것이다.[56]

일제는 조선인촌민들의 고통이 크므로 우선적으로 이 일을 추진하기로 하고, 그 임무를 박병일이 담당하도록 하였다. 그리고 조합이 생긴 다음에는 일체 사업을 박병일에게 인계하고자 하였다. 그리고 앞으로 구입물품은 조에 국한하지 않고 식료품과 땔감(薪炭), 기타의 생활필수품까지 그 범위를 확대하고자 하였다. 이러한 계획의 추진에 따라 박병일은 1920년 4월 27일 조 1천 푸드(약 110석)을 갖고 왔고, 1주일이내에 다시 또 들여올 예정이었다. 당시 1승에 40전 내외로 보통 가격보다 매우 저렴한 가격이었다.[57]

(2) 신한촌에 시료소 설치와 신한촌 한민학교 건축비 보조

1920년 5월 20일 일제는 신한촌 중앙 민회사무소로부터 약 1정丁의 지점에

54 위의 책, 134쪽.
55 위의 책, 174쪽.
56 위와 같음.
57 위의 책, 134쪽.

시료소를 설치하였다. 시료소는 군의 1명, 간호장(看護長) 1명, 간호졸(看護卒) 2명, 통역 2명으로 구성되어 있었다. 통역 중 1명은 세브란스 의학원을 졸업하였고, 1명은 대한의원부속 의학교를 졸업한 인물로 개업면허가 있는 인물들이었다. 그들은 그동안 신한촌 해성(海星)병원(안중근의 동생 안정근이 경영)의 의사로서 종사했다고 한다.[58]

한민학교는 한인독립운동의 중추적인 민족교육기관으로서, 1910년대 신한촌이 만들어진 이후 민족학교로서 중요한 역할을 하였다.[59] 이 학교에는 3·1여학교와 한인신보사도 아울러 설치되어 있었다. 한민학교는 원래 블라디보스토크 한인회에서 경영하고 있었다. 그런데 1919년 3·1운동 때문에 동회가 폐쇄를 당하자 그 이후 그 경영권이 블라디보스토크시로 넘어갔다. 그리고 학교명칭을 시립(市立)제28소학교라고 칭하였다. 1920년 1월 블라디보스토크에 혁명군이 주둔하게 되자 신한촌의 독립운동가들이 이 교사를 혁명군의 병사兵舍로 제공하였다. 그런데 1920년 4월 5일 참변에 의하여 한민학교가 전소되었다. 이 사건은 신한촌 한인들로 하여금 일제에 많은 불만을 가지게 되었다. 따라서 조선총독부 파견 관리들은 회유책의 일환으로 다액의 보조금을 얻어 급히 한민학교를 재건축할 것을 희망하였다. 그러나 일본 측에도 고민이 있었다. 만약 재건축을 도모함에 있어서 일본이 블라디보스토크 시에 다액의 건축비를 제공할 경우 직접 일본군의 폭행을 인정하는 것이 된다는 것이다. 이에 일본당국은 이 문제에 대해 쉽게 결정을 내릴 수 없었다.[60]

이와 관련하여 조선총독부 파견관리는 영사에게 총독부가 학교를 건축한다고 하지 말고, 신한촌 사람들이 건축한다고 말하는 것이 바람직하다고 조언하였다. 그리하여 조선총독부 관리는 신한촌 민회가 학교 건축의 말을 꺼내도

58 위의 책, 135-136쪽.
59 박환, 「신한촌과 한인독립운동」, 『한민족공영체』, 해외한민족연구소, 2000, 210-227쪽.
60 김정주, 위의 책, 142-144쪽.

록 하였다. 그리고 민회장 이상운에게 논의하였으나 이상운은 학교 재건축의 필요성을 느끼지 못하였다. 그는 임원회의도 개최하고자 하지 않았다. 항일독립운동가의 색출 및 체포에 혈안이 되어 있는 영사관의 목등 통역관은 학교 건축에 반대하는 입장을 표출하였다.[61]

1920년 9월 경 조선총독부는 1921년 예산에 신한촌 학교 경비를 포함시켜 제공하고자 하였다.[62] 그런데 당시 블라디보스토크 상황이 거의 혁명군의 수중에 들어가자 블라디보스토크시의 학무당국도 러시아 노동정부의 교육제도 규칙에 따라서 제정 러시아시대 때 재직한 교육자들을 배척하였다. 이에 시립 제28소학교(한민학교)의 경우도 당연히 그 영향을 받아 점차 공산주의 교육을 실시할 것이 분명하였다. 그럴 경우 종래 시의 보조기관인 조선인민회와 한민학교에 대해서 다액의 보조금을 지원하는 것이 오히려 화근이 되지 않을까 조선총독부는 걱정하였다. 조선총독부는 앞으로 일본군대의 철수 후 러시아가 자국의 영토 안에서 외국의 법령 하에 경영된 교육기관 특히 러시아 노동정부와 전혀 다른 조선교육령 하에서 학교의 존립을 인정하겠는가 하는 점에서 회의를 갖게 되었다. 그리고 한인학생들이 러시아에서 일본군이 철수한 후 생활상의 필요에 의해서 대부분 러시아 학교로 전학할 것이 예상된다고 판단하고 보조금 지불에 회의적인 태도를 보여 결국 지원이 이루어지지 않았다.[63]

결국 조선총독부는 일본 소학교를 원조해서 조선인 자제의 수용에 힘쓰고자 하였다. 아울러 따로 교사를 신축해서 일본인 소학교의 分校로서 전적으로 조선인자제의 교육에 임하고자 하였다. 또한 현재 일본인 민회에서 새로 교사를 건축할 것을 계획 중이므로 이를 좋은 기회로 삼아 이에 대한 보조금 내지

61 위의 책, 175-176쪽.
62 위의 책, 189쪽.
63 위의 책, 193쪽.

파견원의 증파(增派)를 행하는 것이 최선의 방안이라고 생각하였다.[64]

한편 일본 측은 1921년 12월 일본의 문화교육을 장려하기 위하여[65] 블라디보스토크 지역에서 시베리아조선인교육회의 조직을 추진하였다. 이들은 한인교육의 통일, 보통학교의 증설, 고등보통학교의 신설과 교육내용의 충실 등을 목적으로 하였다. 취지서에 첨부된 발기인 56명 가운데는 일본 세력 하에 블라디보스토크에 거주하고 있던 조선인민회의 중심인물인 조영진, 강양오 등을 비롯하여, 항일운동에 참여했던 김영학(金永學), 조장원(趙璋元), 임호(林虎), 김치보(金致甫), 이강(李剛), 한용헌(韓容憲), 이범석(李範錫), 최만학(崔萬學) 등 주요한 한인지도자들이 거의 망라되어있다.[66]

(3) 수전(水田) 개발지원, 신문 간행, 활동사진, 국내 관광

일제는 수전개발지원, 신문간행, 활동사진 활용, 국내관광 추진 등을 통하여 조선인을 회유하고자 하였다. 그런데 이 부분에 대한 자료가 거의 없어 이를 구체적으로 살펴보는 데는 일정한 한계가 있다. 제한된 범위내에서 이들에 대하여 밝혀보면 다음과 같다.

우선 블라디보스토크 조선민회에서는 우수리스크에 있는 일본 특무기관에서 발행하고 있는 신문을 블라디보스토크에도 널리 배포하고자 하였다. 아울러 일본은 조선인의 생활안정을 위해서 또는 일본인의 식량문제 해결에도 큰 효과가 있다고 생각하고, 수전을 적극적으로 개발하고자 하였다. 시베리아에는 수전으로 개발할 수 있는 가능한 경지가 무한히 많고 대지는 처녀지이며, 지하 6-7척이상의 부식토로서 몇 십년동안 비료가 없어도 잘 자랄 수 있는 상황이라고 판단하였다. 그리고 하바롭스크 하류에서도 시험 재배한 결과 1919

64 위의 책, 147쪽.

65 『노병 김규면 회고록』.

66 시베리아 13, 「浦潮 在住鮮人의 民心에 關한 件」(1921년 12월 21일자).

년 입파立派인 수도水稻를 얻은 경험이 있었다. 이에 시베리아는 실로 수전이 유망하다고 인식하였다. 특히 조선인들에게 유리하다고 판단한 것은 중국인들이 수전사업을 꺼려하고 있었기 때문이었다. 그러므로 중국과 러시아 국경지역인 그라데고보의 조선인이 러시아 관헌으로부터 1800정보(町步)의 수전허가지(水田可耕地)의 허가를 받아서 수전을 할 예정이라는 말과 [67] 일본의 북부지방인 북해도 종(種)의 수도(水稻)가 제일 좋다고 회자되고 있었다.[68]

또한 일본측에서는 조선인들을 회유하기 위해서 활동사진을 활용하고자 하기도 하였다. 주요 내용은 일본인과 조선인의 융화에 관한 것으로 유쾌한 희극본을 중심으로 하고자 하였다. [69] 한편 1921년 10월 중순에는 조선 국내에 관광단을 파견하고자 하기도 하였다.[70]

맺음말-일본군의 시베리아 철수와 블라디보스토크 조선인 거류민회의 해산

1917년 러시아혁명 이래 단절되었던 소련과 일본 간의 국교회복을 위한 회담이 하얼빈에서의 예비회담(1921년 7월 2-7일)을 거쳐 대련회의(1921년 8월 26일-1922년 4월 16일)가 극동공화국 외상 유린(I.L.Yourin)과 일본 측 대표 송도 조(松島 肇, 블라디보스토크 파견군 정무부장)간에 시작되었다.[71] 이 대련회의에서는

---

67 1919년에 안정근은 기후와 풍토가 벼농사에 적헙하지 않다고 알려진 우수리스크에서 처음으로 벼농사에 성공하였다(독립신문 1920년 1월 17일 서비리아의 稻農).

68 김정주, 위의 책, 175쪽, 177-178쪽.

69 위의 책, 179쪽.

70 위의 책, 186쪽. 한편 러시아 블라디보스토크 한인예술단이 1921년 4월, 1922년 4월, 1922년 7월 등 3차례에 걸쳐 국내에 방한하여 활동을 전개하기도 하였다(양민아, 「1920년대 러시아한인예술단 내한공연의 무용사적 의미」, 『무용역사기록학』34, 2014) 앞으로 한인예술단의 내한공연이 블라디보스토크 조선인거류민회와 어떤 관계를 갖고 있는 것인지에 대하여는 심도있는 검토가 요청된다.

71 김경태,「1925년의 소일협약과 소련의 조선정책」, 『한국사학』13, 한국정신문화연구원, 1993,

일본군의 시베리아철수문제를 논의하였다.[72]

일본과 원동공화국 간에 진행된 대련회의는 일본군의 시베리아철수문제를 둘러싼 협상이었고, 국제정세의 커다란 변화를 가져올 일본군의 철수문제는 한인들간에도 매우 첨예한 문제가 되었다. 노인동맹단 단장 등을 역임한 항일운동가이며 재산가로서 조선인민회에 참여한 김치보는 4월참변이후에도 신한촌에 계속 거주했다. 그는 "일본군 철병하면 정권은 과격파의 손에 옮겨지고 오지로부터 과격파의 한인들이 블라디보스토크로 내려와 폭학을 일삼는 일도 있을 것이다. 나 자신 바로 곤경에 처하겠지만, 이는 시세에 어쩔 수 없는 일이다. 나도 재산을 제공할 뿐 이에 이르러 일본측에 청원하는 등 후일 화를 입게 될 일은 하고 싶지 않다"고 말했다고 한다.[73]

물론 일본군의 철수를 가장 걱정했던 한인들은 4월 참변이후 한인사회의 전면에서 적극적인 친일적인 활동을 전개한 간화회(懇話會) 간부들이었다. 우수리스크의 간화회 간부들은 대련회의의 일본대표에게 일본군 철수 후에도 한인들의 생명과 재산 보호를 보장하여 달라는 청원운동을 시작했고, 신한촌의 조선인민회에 대표자들을 파견하여 공동보조를 취할 것을 요구했다. 간화회와 달리 종전의 반일적 인사들이 대거 참여하고 있던 신한촌의 조선인민회는 이에 대한 결정을 보류했고, 조영진, 강양오, 김영학 등은 치타와 블라고베시첸스크의 독립운동가들에게 대표1명을 파견하여 일본군철수 후의 대책을 강구하기로 했던 것이다.[74]

1922년 10월 25일 일본군이 철수하고 러시아 볼셰비키가 블라디보스토크에 입성하자 그동안 일본의 비호아래 있었던 조선인민회, 학교 등은 모두 폐쇄

195쪽.

72 시베리아부 12, 「鮮人의 行動에 關한 件」(1921년 9월 16일자).

73 시베리아부 12, 「鮮人의 行動에 關한 件」(1921년 9월 16일자).

74 시베리아부 12, 「鮮人의 行動에 關한 件」(1921년 9월 16일자).

되었다. 아울러 새로운 단체들이 조직되는 등 한인사회의 전면적인 개편이 이루어졌다. 즉, 친일적인 신한촌 조선인민회, 신한촌 동촌(東村) 조선인민회 등이 해체되고 공산당원들에 의해 새로운 '한인민회'가 조직되었다.[75]

또한 일본군 점령하에서 블라디보스토크에서 친일적인 조선인민회장을 역임한 조영진, 강양오와 학교에서 근무한 여성학(呂聖學) 또는 일본계은행에서 근무했던 위혜림(韋惠林) 등은 타도의 대상이 되었다.[76]

75 시베리아부 14, 「在露領朝鮮人民會 等 親日團體의 狀況」(1922년 12월 12일자).
76 시베리아부 14, 「高麗共産黨 幹部의 親日鮮人에 對한 迫害의 件」(1923년 4월 13일자).

〈별첨 1〉

블라디보스토크 조선인거류민회 규칙(1920년 5월 23일 제정)

제1장 총칙

제1조 본회는 블라디보스토크 조선인거류민회라 칭한다.
제2조 본회는 블라디보스토크 구역 내에 거류하는 조선인으로서 조직한다.
제3조 본회의 사무소는 신한촌에 둔다.
제4조 본회는 교육과 실업을 장려하며 친목을 도모하고 문명적 발전을 이루는데 목적을 둔다.
제5조 본회는 제국 총영사의 감독 및 러시아 所轄관헌의 지휘를 받는다.

제2장 사업

제6조 본회의 사업은 다음과 같다.
가. 교육독려 및 실업지도에 관한 사항
나. 통신에 관한 사항
다. 자선에 관한 사항
라. 위생에 관한 사항
마. 민사 형사소송, 일체 비송사사건에 관하여 화해 중재 및 招○에 관한 사항
바. 기타 공공사업에 관한 사항

제3장 회원의 권리 의무

제7조 본회는 당지에 거류하며 1개년간 회비의 의무를 이행한 만 20세 이상의 남자에 한하여 선거권과 피선거권을 갖는다.
제8조 일반 거류민에 있어서는 본회의 경비를 分擔할 의무가 있다.

제4장 임원 선거 및 권리

제9조 본회의 제반 사무를 집행하기 위해 다음의 임원을 둔다.
가. 회장 1인
나 부회장 1인
다. 의사원 15인 이상 20인 이하

라. 학무원 1인
마. 검사원 2인
바. 仲裁위원 2인
사. 재무원 1인
아. 區長 약간인
자. 한문 서기 1인
차. 러시아어 서기 1인
제10조 본회 임원의 임기는 각 1개년으로 정하고, 매년 1월에 선정한다.
제11조 회장과 부회장은 單記 무기명 투표로, 의사원 이하는 聯記 무기명 투표로 선거하고, 후보자는 각 임원에 대하여 3인씩 추천한다.
제12조 서기는 의사원회에서 선정한다.
제13조 회장은 會中 일체의 사무를 統管하고 본회를 대표한다.
제14조 부회장은 회장을 보조하고 회장 유고시는 그 사무를 대리한다(단 회자, 부회장 모두 유고시는 의사원회를 개최하여 임시대리를 선정한다)
제15조 의사원은 會事 중요사항을 협의처리하고 의안을 제출한다.
제16조 학무원은 회장의 지휘를 받아 일체의 교육에 관한 사무를 처리하고 학부형 회의에 출석하여 협의한다.
제17조 검사원은 하시일지라도 재정의 수지 기타의 文簿를 검사하고 의사원회에 보고한다.
제18조 중재위원은 民刑訴訟 및 일체 非訟사건을 조사하고 화해, 중재와 관청과의 조절에 관한 사무를 회장의 지휘를 받아 집행한다.
제19조 재무원은 회장의 명을 받아 會中 일체의 재정출납을 掌理한다.
제20조 구장은 각 구역에서 1인씩 선정하여 사건의 보고 또는 公布의 책임을 갖는다.
제21조 서기는 회장의 명을 받아 일체의 문서장부를 掌理한다.
제22조 임원중 사고를 당해 만 1개월 궐석한 경우는 회장은 의사원회를 소집하여 임시 보궐선거를 실시하고 보궐임원의 임기는 전 임원의 잔여기간으로 한다.
제23조 본 회는 사무 발전을 위해 명예고문 약간 명을 정한다.
제24조 본 회는 개인과 단체를 불문하고 매매용달 등의 계약이 있을 시에 증명 혹은 보증하는 권리를 갖는다.

제25조 본 회의 임원 중 정 부회장 및 서기는 유급으로 하고 그 외의 임원은 명예로 정한다.
단 외구역 임원의 차비 및 문구 잡비는 그 구역 내에서 분담한다.

제5장 재정

제26조 본회의 경비를 지불하기 위해 다음의 課金을 징수한다.
가. 全員의 의무금
나. 수수료
다. 의연금
라. 기부금
마. 잡 수입금
제27조 본회의 재정 계산은 매년 1월 1일부터 당해 년 마지막 날을 끝으로 한다.
제28조 예산안 외에 1구좌 5백元 이상의 지불은 의사원회의 의결을 요한다.

제6장 의사원회 및 총회

제29조 의사원회는 정기와 임시로 구분하며 정기회는 매월 제 1일요일, 임시회는 필요에 따라 이를 소집하고 의장은 매 회의에서 수시로 추천하여 정한다(단 의사원 3인 이상 연명으로 의사원회의 요구가 있을 때는 회장은 즉시 이를 소집한다)
제30조 의사원회의 처리사항은 다음과 같다.
가 임원의 사무 집행의 감독
나. 수지 예산 및 결산
다. 의사원의 제출한 議案
라. 거류민의 安寧방침
마. 총회소집
바. 기타 중요사항
제31조 의사원회는 의사원 과반수 이상의 출석으로 성립한다.
제32조 의사원회에서 의결된 중요사건은 총회에 보고하고 승인을 요한다.
제33조 총회는 매년 말에 블라디보스토크 내에 거주하는 호주 20명의 대표로 1인씩 公選한 의원으로써 성립한다.
제34조 총회는 의원 총수의 과반수이상 출석하지 않으면 개회할 수 없다.
제35조 총회는 정기와 임시로 구분하여 정기총회는 매년 1월 및 7월로 하고, 임시

총회는 필요에 따라 의사원회의 의결로써 소집한다.

제36조 총회에서 결재할 사항은 다음과 같다.

가. 집행임원선거

나. 집행임원의 사업성적 평가

다. 의서원회에서 보고된 일체의 사항

라. 기타 주요 사항

제37조 총회에서 결정한 사항은 제국총영사관과 러시아 소관 관청에 보고한다.

부칙

제38조 본 규칙은 총회에 출석한 회원 3분의 2이상의 동의로써 변경할 수 있다.

제39조 본 규칙은 대정 9년(1920년-필자주) 월 일부터 시행한다. 이상

〈별첨 2〉

블라디보스토크 조선인거류민회 규칙(1921년 1월 23일 제정.)

제1장 총칙

제1조 본회는 블라디보스토크 조선인거류민회라고 칭하고 사무소를 블라디보스토크 조선부락에 둔다.

제2조 본회는 블라디보스토크시 구역내에 거류하는 조선인으로써 조직한다.

제3조 본 회는 대일본제국 신민인 조선인의 本分과 品性을 保持하는 것으로 목적으로 하고, 겸해서 재류민의 교육과 실업을 장려하고, 친목을 도모해서 공동이익의 증진을 도모한다.

제4조 본회는 일본 제국 총영사관의 감독을 받는다.

제2장 사업

제5조 본회의 사업은 左와 같다.

1. 자제의 교육과 실업의 지도 장려에 관한 사항
2. 通信에 관한 사항
3. 慈善에 관한 사항
4. 衛生에 관한 사항
5. 화해중제와 소게에 관한 사항
6. 기타 공익 사업에 관한 사항

제3장 회원의 권리 의무

제6조 본회원으로서 만 1개년 이상 당 구역내에 거류하고 또한 본회 課金의 의무를 이행하는 만 30세 이상의 남자에 한해서 본회의 선거권과 피선거권을 享有한다.

제7조 일반 거류민은 본회의 경비를 분담한다.

제4장 임원 선거 및 권리

제8조 본회의 제반 사무를 집행하기 위해서 좌의 임원을 둔다.

1. 회장 1인
2. 부회장 1인

3. 議事員 15인
4. 學務員 5인
5. 檢査員 2인
6. 仲裁委員 2인
7. 재무원 1인
8. 위생원 1인(각 구에 둘 필요가 있ㄷ고 생각한다)
9. 한문서기 1인
10. 노문 서기 1인
11. 區長 각 區 1인

제9조 본회 임원의 임기는 각 1개년으로 정하고 매년 1월에 선정한다.

제10조 회장과 부회장은 單記 무기명투표로 하고, 의사원 이하는 聯記무기명투표로 총회에서 선정한다.

제11조 서기는 의사회에서 선정한다.

제12조 회장은 본회 일체의 사무를 통괄하고 본회를 대표한다.

제13조 부회장은 회장을 보좌하고 회장의 事故시에는 그 사무를 대리한다. 단 正副會長 모두 사고시에는 임시의사회를 개최하여 임시대리를 선정한다.

제14조 의사원은 會中 중요 사항을 협의 처리하고 議案을 제출한다.

제15조 학무원은 회장의 지휘를 받고 교육에 관한 일체 사무를 처리하고 아울러 학부형회의에 출석 협의한다.

제16조 검사원은 隨時 재정의 收支 기타 제반의 사무에 관한 장부 기타를 검사하고 의사회에 보고한다.

제17조 중재원은 화해중재와 아울러 소개에 관한 사무를 회장의 지도를 받아서 집행한다.

제18조 재무원은 회장의 지시를 받아서 會中 일체의 재정출납을 掌理한다.

제19조 위생원은 회장의 지휘를 받아서 위생에 관한 일체 사무를 처리한다.

제20조 서기는 회장의 명령을 받아서 일체의 帳簿를 掌理한다.

제21조 구장은 각 구역에 있어서 1인을 선거하고 회장의 명령을 받아서 본회의 결의사항 집행 및 課金의 징수, 아울러 관헌의 시달을 구민에게 告知한다.

제22조 임원 중 사고에 의해서 만 1개월 이상 缺席하는 경우는 회장은 의사회를 소집해서 臨時補缺선거를 시행한다. 단 缺任員의 임기는 前任者의 잔여 임기를 충

당한다.

제23조 본회는 會務 지도를 위해서 명예고문 약간인을 천거하여 정한다.

제24조 본회는 개인과 단체를 불문하고 매매 기타의 계약에 대한 보증을 구할 때, 그것에 보증을 해준다.

제25조 본회의 임원 중 正副會長과 위생원과 서기는 유급으로 하고 기타의 임원은 명예직으로 한다.

제5장 재정

제26조 본회의 경비는 左의 課金과 收入金으로써 충당한다.

1. 회원의 의무금
2. 수수료
3. 청결비
4. 의연금
5. 기부금
6. 잡수입

제27조 3개월 이상 당 구역내에 滯在하는 자는 그 체재의 초에 課金을 납부하도록 한다. 단 과금은 月로써 계산한다.

제 28조 본회의 수수료 기타 과금에 관한 규정은 의원총회의 논의를 거쳐 정한다.

제29조 본회의 재정 계산은 매년 1월 1일부터 연말까지로 한다.

제30조 예산외에 있어서 1인당 50원 이상의 지출을 할 때에는 의사회의 의결을 거쳐야 한다.

제6장 의사회와 총회

제31조 의사회는 정기와 임시로 나누고 정기회는 매월 첫 번째 일요일에, 임시회는 事故에 의해서 회장이 소집하고, 단 의사원 3인 이상 임시회를 요구할 때에는 회장은 임시의사회를 소집할 수 있다.

제32조 의사회의 처리 사항은 좌와 같다.

1. 임원의 사무 집행 감독
2. 수지 예산과 결산
3. 의사원이 제출한 議案
4. 거류민의 안녕 질서에 관한 건

5. 총회소집
6. 기타 중요 사항

제33조 의사회는 의원 과반수 이상의 출석으로 성립한다.

제34조 의사회에 있어서 의결된 중요 사항은 총회에 보고하고, 그 사후 승인을 구해야 한다.

제35조 총회는 정기와 임시로 나누고 정기총회는 매년 1월 7일에 개최하고 임시총회는 의사회의 의결로부터 임시로 소집한다.

제36조 의사원은 대표 의원중에서 互選한다.

제37조 대표의원은 선거권이 있는 호주 30명에 1명을 선출한다.

제38조 총회는 대표의원 3분의 2이상이 출석하여야 성립한다.

제39조 총회에서 裁決하는 사항은 左와 같다.

1. 임원의 선거
2. 임원사업 성적
3. 의사회에 보고한 일체의 사항
4. 기타 중요 사항

* 제40조 총회와 의사회에서 결정한 사항은 모두 제국총영사관에 보고하고 그 승인을 받을 것

* 제41조 의사회와 총회를 개최할 때에는 미리 議案과 時日등을 제국총영사관에 제출해야 한다.

제42조 본규칙은 총회에 출석한 회원 3분의 2이상의 동의를 얻어야만 변경할 수 있다.

제43조 본규칙은 1920년 월 일부터 시행한다.

일제의 회유정책
-니코리스크 지역 간화회를 중심으로-

머리말

1919년 3·1운동이후 러시아지역에 살고 있는 한인들은 민족의식이 고취되어 항일운동을 적극적으로 전개하였다. 이에 일본은 1920년 4월 신한촌 참변을 일으켜 한인들을 대량 학살하는 한편 친일조직을 만들어 일제의 통치를 효율적으로 전개하고자 하였다. 그리하여 일제는 1920년대 들어 연해주의 블라디보스토크, 노우끼예프스크(연추, 현재명 크라스키노), 포시에트, 쉬코또보, 니코리스크(우수리스크), 스파스크 등 다양한 지역에 조선인민회, 간화회 등 친일단체를 조직하여 민심을 회유하는 한편 보다 효과적으로 한인들을 지배하고사 하였다. 특히 일본군은 블라디보스토크, 니코리스크, 스파스크 등으로 크게 3 범주로 나누고, 그 내에 지부를 조직하여 관할하고자 활동하였다. 그러나 지금까지 러시아 지역에 대한 연구는 한인 이주, 독립운동, 사회주의운동의 기원, 사회주의운동 등에만 집중된 나머지[1] 일제의 회유정책, 친일조직 형성 등에 대하여는 관심을 기울이지 못하였다.

본고에서는 그 중에서 특히 니코리스크에 조직된 간화회(懇話會)에 주목하고자 한다. 이 지역은 중국과 통하는 교통의 중심지로 일찍부터 다수의 한인

1 러시아지역 한인민족운동의 연구동향에 대하여는 박환, 『20세기 한국근현대사연구동향과쟁점』(국학자료원, 2001) 참조. 한인이주에 대하여는 이상근, 독립운동에 대하여는 윤병석, 박환, 사회주의운동의 기원 등에 대하여는 권희영, 반병률, 임경석 등이 단행본을 간행하였다.

이 살고 있었으며, 전로한족대표자회(1917년 6월)가 개최되는 등 한인사회의 중심지였다. 아울러 『청구신보』의 간행, 대한국민의회의 조직, 러시아지역에서 최초로 3·1운동이 전개되는 등 항일독립운동의 중심지이기도 하였다. 특히 1920년 4월 신한촌 참변 때에는 대한민국 임시정부 재무총장이며 러시아지역 항일독립운동을 대표하는 최재형(崔在亨) 등 주요 인사가 체포, 처형되기도 한 곳으로 널리 알려져 있다. 그러므로 일제는 이곳에 간화회라는 친일조직을 만들어 한인사회를 회유하여 자신들의 지배를 공고히 하고자 하였던 것이다. 따라서 간화회에 대한 연구는 1920년 4월 참변 이후 일제의 한인 회유정책과 친일화 정책을 이해하는 데 큰 도움이 될 것이다. 아울러 이 지역의 한인민족운동과 한인사회를 파악하는 데도 도움을 줄 수 있을 것으로 기대된다.

이에 필자는 니코리스크의 간화회에 주목하면서 간화회의 설립배경, 목적, 주요 구성원과 조직, 활동 등에 대하여 살펴보고자 한다.

본고는 일본외무성사료관에 소장되어 있는 조선인민회관련 자료 중 러시아 부분을 주로 활용하여 작성되었다. 이 자료에는 블라디보스토크, 니코리스크, 스파스크 등의 친일조직에 대한 것과 재러선인거류민회 회장회의 등에 관한 것들이 들어 있다.

1. 간화회의 설립 배경

1920년 3월 아무르강 하구 니콜라예프스크(尼港)에서 한러 연합부대가 일본군을 섬멸하는 니항사건이 있었다. 이 사건은 시베리아를 장악하려는 강경파에게 좋은 구실을 주었으며, 일본은 이를 계기로 연해주에 군대를 증파하였다. 아울러 일본정부는 1920년 3월 31일 “일본신민의 생명 재산에 대한 위협”

과 "만주 및 조선에 대한 위협"이 엄존한다는 성명서를 발표하였다.[2]

아울러 일본군 사령부는 1920년 3월 중에 블라디보스토크, 하바롭스크, 기타 연해주 도시에 있는 적위군 빨치산부대에 대한 전면공세를 준비하도록 비밀리에 명령하였다. 물론 한인부대와 한인사회도 주요 공격대상으로 선정되었다.[3]

4월 4일 밤 일본군 블라디보스토크 주재사령관 촌전(村田信乃) 소장은 대정((大井) 군사령관의 지시를 받아 블라디보스토크의 혁명군(연해주 정부군이라고 칭한다)에 대해서 무장해제를 단행하고, 또 5일 새벽에 군사령관은 제 13, 14 사단장, 남부(南部) 오소리(烏蘇里) 파견대장에게 각지의 혁명군 무장해제를 명령했다. 우수리철도 연선(沿線)을 중심으로 해서 일본군 주둔 지점에서 총공격을 행하였다. 일본군의 전투행동은 4일 밤에 시작해서 5일, 6일, 스파스크의 경우는 8일까지 계속되었다.[4]

니코리스크 헌병대는 보병 1개 소대의 후원을 받아 4월 5일과 6일에 걸쳐서 독립운동가의 가택을 수색하고, 76명을 체포했다. 그 중 72명은 방면되었으나 최재형, 김이직(金利稷), 엄주필(嚴周弼), 황카피톤, 이경수 등은 계속 구금되었다. 최재형은 러시아지역의 대표적인 의병조직인 동의회 총재, 대동공보 사장, 권업회 총재, 1918년 6월의 전로한족회 제2회 총회에서 이동휘와 함께 동회의 명예회장으로 선출되었고, 상해 임정 재무총장에 임명된 유력자이다.[5] 최재형 등은 4월 7일 취조를 위해 압송 중, 탈출을 시도하다가 사살되어 순국하였다.[6]

일제의 전면적인 공격으로 연해주 연립정권은 붕괴되었으며, 일본군의 꼭두각시인 백위파 정부가 들어섰다.[7] 연해주 일대의 한인단체는 지하로 숨거나

2 한국독립유공자협회, 『러시아지역의 한인사회와 민족운동사』, 교문사, 1994, 196쪽.
3 위의 책, 196-197쪽.
4 原暉之, 『시베리아 출병 혁명과 간섭 1917-1922』, 축마서방, 동경, 1989, 529쪽.
5 박환, 『대륙으로 간 혁명가들』, 국학자료원, 2003에 있는 최재형 논문참조.
6 정태수역, 『소련한족사』, 대한교과서주식회사, 1989, 113쪽.
7 임경석, 『고려공산당연구』, 성균관대박사논문, 1993, 89쪽.

근거지를 옮기지 않을 수 없었다. 이러한 참변으로 한인사회가 엄청난 시련에 봉착한 것은 사실이지만 이로 인해 한인사회 내부에 존재하였던 일본에 대해 보였던 미온적 태도나 백위파에 걸었던 막연한 기대를 떨쳐 버리게 되었다. 니코리스크 우스리스크와 블라디보스토크 일대에 터 잡고 있던 대한국민의회는 이 사태 직후인 1920년 5월 아무르주 블라고베시첸스크로 옮겼다.[8] 국민회의는 4월 참변 이전까지만 하여도 반볼셰비키적 태토를 취하는 한편 일본군의 비호를 받던 백위파와 협조하는 태도를 보였었다. 그러나 블라고베시첸스크로 옮기고 나서부터는 백위파와 단절하였고, 볼셰비키와 소비에트 정부에로 완전히 기울었다. 이제 재러한인사회내부에서 백위파냐 적위파냐 하는 문제는 사라졌다.[9] 그리고 공산주의자들도 1920년 4월 이후 공공연한 공산주의운동은 불가능하게 되었다. 그러므로 연해주의 조선인공산주의자들은 새로운 방식으로 자신의 활동을 재개해야 했다.[10]

일제는 4월의 침공을 통해 연해주에서 한인독립단체를 몰아낸 다음 연해주를 장기적으로 지배하겠다는 구도 하에 각지에 친일단체를 결성하였다. 1920년 4월 13일 블라디보스토크에서는 조선인거류민회가 결성되었고, 같은 달 니코리스크와 부근의 한인촌락에 간회회가 조직되었으며, 5월에는 포시에트 일대에 조선인거류민회, 7월에는 슬라비얀카 일대에서 상신회(相信會)와 조선민회가 각각 조직되었다. 또 8월에는 라즈돌리노예 일대에서 전 촌락을 규합하여 간민회가, 같은 시기에 그라데고보에서는 조선인거류민회가, 베니야지일대에는 선민회(鮮民會)가 결성되었다. 그리고 바라바시 일대에는 조선인민회, 쉬코또보에서는 조선인거류민회, 무치나야, 스파스카야, 스니야기노, 노보기예브스크, 구노링그의 여러 곳에서는 조선인거류민회, 그리고 시코마후카에서는

8 김정명, 『한국민족운동』3, 원서방, 동경, 1966, 515쪽.
9 『러시아지역의 한인시회와 민족운동사』, 198쪽.
10 임경석, 위의 논문, 91쪽.

조선인 간화회라는 것이 일제히 조직되었다.[11] 이들은 명칭이야 무엇이든 간에 그것들은 블라디보스토크의 조선인거류민회를 모형으로 하여 만들어진 것이기 때문에 본질상으로는 하나도 다른 것이 없었다.[12]

4월 참변과 더불어 연해주 일대에 강제로 결성된 한인친일단체들은 시베리아 대륙에서의 일본의 철병과 운명을 같이 하였다. 즉 1922년 10월 말까지 존속하였을 뿐이다. 일본군의 철수와 동시에 이 단체들은 와해되고 말았다.[13] 일본군의 시베리아 철수와 더불어 약 5천 5백 명의 친일 인사들이 국내로 철수하였다고 전한다.[14]

2. 간화회의 설립과 목적

1920년 4월 참변 이후 4월경에 니코리스크에 간화회가 조직되었다. 간화회는 일본의 육군 특무기관에서 일본군 주둔지에 속해 있는 조선인 마을에 조직한 한인자치기관이다. 이 간화회의 특징은 간화회의 회칙을 통하여 잘 살펴볼 수 있다.〈별첨〉[15]

간화회 회칙에 따르면 간화회의 성격을 잘 파악할 수 있다. 제 1조를 보면 본회는 내지인 조선인의 친목융화를 주의로 하여 본회 소정의 규약을 준수하는 자로서 조직한다고 되어 있다. 즉 간화회는 일본인과 한국인의 융화를 그 주의로 하고 있는 친일적인 조직이었던 것이었다. 이러한 간화회의 목적은 제4조에 실려 있는 목적에 잘 나타나 있다.

---

11 김창순 김준엽, 『한국공산주의운동사』1, 청계연구소, 1986, 128쪽.
12 위의 책, 128-129쪽.
13 『한국공산주의운동사』 1, 129쪽.
14 『고등경찰관계연표』, 110쪽.
15 1922년 4월 25일 재니코리스크 영사가 외무대신에게 올린 〈조선인민회 보조비에 관한 건〉 중 간화회 회칙.

(가) 서백리아재주선인(귀화비귀화를 불문하고)의 행복증진
(나) 모국재주동포와 밀접의 제휴
(다) 내지인과 친목

그리고 이어서 제5조에서는 간화회의 주요 사업을 제시하고 있다.

(가) 학교 도서관의 개설
(나) 일어강습
(다) 공개강연
(라) 내지 및 모국에 견학
(마) 신문 기타 출판물의 간행
(바) 빈민구제
(사) 위생 保重에 관한 사항
(아) 선인사업 기타에 관한 제조사
(자) 내지인과 경제제휴에 관한 사항
(차) 화해중재 및 소개에 관한 사항
(카) 지부의 개설

한편 부칙에서는 간화회가 일본 육군의 특무기관의 명령과 감시의 대상임을 분명히 보여주고 있다. 즉,

부칙 제2호
간사중앙간부복무세칙
제2조
회장은 회무지도에 당하야 니시(니코리스크-필자주)특무기관 헌병수령사관과 특별 밀접함.
부칙 제3호
신문사에 관한규정
제1조
신문은 간화회의 기관지로하여 선인사상의 선도 및 세계의 사정에 通曉케 함으로써

목적함.

제5조

사장은 업무집행상 니코리스크 특무기관과 특히 밀접한 연계를 保함을 요함.

라고 있는 것이다.

3. 간화회의 조직과 인적구성의 특성

1920년 4월에 조직된 니코리스크 간화회 본부의 주요 간부는 다음 〈표1〉과 같다.

〈표 1〉 니코리스크 간화회 본부 주요 간부 일람표

직위	성명	원적	나이(1920년)	직업
회장	金萬建	니코리스크 우수리스크	39	상업
부회장	朴南圭	함북 부령	41	상업
역원	安仲鉉	함북 경흥	45	농업
	韓光叔	함북 경원	25	상업
	徐允哲	함북 명천	31	상업
	李明順	경북 청송	46	상업
	李亨洙	함남 북청	35	상업
회계계	金仁學	함북 경원	38	상업
교육계	金汝伯	함북 경원	25	상업
서무계	朴子君	함북 경원	45	貸家業
고문	朴儀鳳	함북 경원	60	임가업
	韓奎錫	함북 경흥	57	임가업
회계감사원	黃斗珍	함북 경흥	44	상업
	咸東哲	평안도	46	상업
	金圭煥	함북 경흥	35	임가업

*1921년 11월 19일 니코리스크 일본 영사가 외무대신에게 올린 보고서 〈조선인민회 보조비 기타에 관한 보고의 건〉 참조

회장인 김만건은 상업에 종사하는 인물로 러시아 한인 2세인 것 같다. 그의

원적은 니코리스크 우수리스크로 되어 있다. 그는 상인이다. 〈표 1〉에서 볼 수 있는 바와 같이 간화회에 참여한 인물은 주로 상업에 종사하는 인물로 원적은 함경북도 출신이 다수를 이루고 있으며, 그 중에서 특히 함북 경원, 경흥 등 출신이 다수임을 알 수 있다. 연령은 주로 30-40대가 그 중심을 이루고 있다. 그리고 직업은 대체로 상업, 임대업 등 상업에 종사하는 사람들이 주를 이루고 있음을 알 수 있다. 이러한 현상은 그들이 자신의 기득권을 지키기 위했기 때문이라고 생각된다.

간화회의 주요 간부 중 주목되는 인물은 함동철이다. 그는 일찍이 평안도파로서 권업회 등 독립운동에 참여했던 인물이었기 때문이다.[16] 함동철은 1920년 우수리스크의 건재약국 덕창국의 주임인 김이직과 함께 약국을 운영하였다. 당시 김이직이 수이픈 솔밭관 군대에 식료, 의료, 신발, 무기 등을 공급하고 있었으므로 일본인들은 함동철에게 자금을 제공하여 덕창국의 동업자로 만들어 정탐케 하였던 것이다. 함동철은 한인의사 현동주와 함께 간회회 간부로서 일본군 철수 이후 볼세비키가 정권을 장악하게 되자 하얼빈으로 도주하였다.[17]

다음에는 니코리스크 우수리스크시 간화회 지부에 대하여 알아보기로 하자. 니코리스크시에는 총 22개의 지부가 있었다. 각 지부의 한국 및 러시아 명칭, 중심인물의 성명, 연령, 직업, 원적, 인구수 등을 도표로서 작성하여 보면 다음과 같다.

---

16 〈불령단관계잡건 재시베리아 조선인부, 권 12, 1921년 7월 28일 블라디보스토크 총영사 가 외무대산내전강재에게 보낸 선인의 행동에 관한 건〉

17 반병률, 「4월 참변 당시 희생된 한인애국지사들-최재형, 김이직, 엄주필, 황경섭」, 『역사문화연구』 26, 2007, 275-276쪽.

〈표 2〉 니코리스크 간화회 지부 일람표

러시아지명	한국지명	성명	연령	직업	원적	호수	인구수
코르사코프카	河口社 開拓里	南鶴吉	42	상업	함북 경원	269	남 965,여 958
뿌찔로프카	柳市社 關所	金弘洙	50	농업	함북 경흥	258	남 843,여 785
시릴로프카	求安平社	李泳業	35	농업	함북 경흥	492	남1025,여 963
구로우푸카	閑山社	蔡丙憲	40	농업	함북 경원	182	남 526,여 467
	唐化嶺	金錫俊	53	농업	함북 경원	165	남 454,여 371
뿌질로프카 부근, 조선인부락	龍淵平	尹麒彬	36	상업	함북 회령	83	남 250,여 215
노오니코리스크구로우노프카와의 사이	龍井洞	徐炳謨	40	농업	함북 회령	43	남115, 여 100
위와 같음	唐於峴洞	全其禎	47	상업	평남 평양	78	남 247,여218
위와 같음	豊興洞	黃雲河	46	농업	함북 부령	50	남 145,여144
구로우노프카 부근	西楊子洞	黃河謙	43	농업	함북 부령	37	남 110, 여 91
노오니코리스크 남방	堯峰	朴汝正	45	농업	함북 길주	71	남 276,여 239
노오니코리스크 남방	島龍峰	姜致萬	52	농업	함북 부령	31	남 72 여 55
보리소프카	荒坪	崔商三	49	농업	함북 경원	178	남538 여 462
니코리스크 서방 부근	新興坪	崔旺衡	42	농업	함북 길주	69	남 130 여 115
노오니코리스크 부근	張財嶺	朴子政	40	농업	함북 경원	51	남 160,여143
노오니코리스크와 구로후스카야의 사이	二次嶺	鄭聖化	45	농업	함북 경원	76	남 76 여 60
니코리스크 정거장 동쪽 방면	東嶺	朱容浩	50	농업	함북 길주	88	남 228 여172
니코리스크 정거장 동쪽 방면 부근	六橋村	俞行之	58	농업	함북 경흥	39	남180 여 150
우수리스크 동쪽	梨浦	蔡明瑞	55	농업	함북 경원	96	남 346,여292
보리소프카 남방	遠浪土	安基烈	50	농업	함북 명천	61	남 185 여 148
오구로프카 부근	四峰坪	方瑞極	42	농업	함북 명천	177	남 475,여 410

러시아지명	한국지명	성명	연령	직업	원적	호수	인구수
구로우노프카 남방	大楊子洞	南周業	40	농업	함북 경성	31	남 180 여170
	계 22개 지부					계 2,625	계 남 7,526 여 6,728
							합계 14,254

*1921년 11월 19일 니코리스크 일본 영사가 외무대신에게 올린 보고서 〈조선인민회 보조비 기타에 관한 보고의 건〉 참조

〈표 2〉를 통하여 중소국경지대의 대표적인 한인마을이며, 독립운동기지였던 코르사코프카, 뿌찔로프카, 시릴로프카 등지에 간화회가 조직되어 있음을 알 수 있다. 이들 마을 사람들은 주로 농업에 종사하고 있다. 총 22개지부에 2,625호, 14,254명이 참여하고 있음을 알 수 있다.

한편 일본측 기록에서는 지부 조직의 구체적인 사례를 살펴볼 수 있다. 이를 보면 다음과 같다.

1921년 7월 10일 니코리스크 부근 승전촌(僧田村) 외 7개촌 조선인대표자가 모여서 민회를 조직하였다. 조직 장소는 승전촌 사립 양영어학교(養英語學校)였다. 개회사에서 승전촌에 살고 있는 이응필(李應弼)은 농번기임에도 불구하고 각 리, 동으로부터 다수의 사람이 참석해주어서 고맙다는 서두 인사를 하였다. 이어 각지에서 금일까지 민회가 조직되었고, 당 지방도 민회의 조직 필요성을 역설하였다. 아울러 오늘 제형들이 노력한 결과 니코리스크 특무기관의 후원을 얻어서 이제 민회를 설립하게 되었으며, 이제 제1회 총회를 개최하고, 장래 일본군헌의 보호아래 회원들의 본분을 지키고, 더욱 본회를 발전시키기 위해 함께 노력할 것을 부탁하였다. 창립 총회시 입회한 리동(里洞)의 호수와 대표자 씨명은 다음과 같다.

〈표 3〉 니코리스크 부근 승전촌 등 간민회 입회 호수, 대표자 성명 일람표

이동명	호수	대표자 성명
僧田村	27	李應弼 외 20명
防川洞	50	金洙用 金昆?成
酒幕洞	12	李昌允 李丙洙
岩浦口	35	金弼鉉
松田關	12	南相勳
龍浦洞	10	宋昌範
砲均橋	30	金益弘
鳳?峴	18	車文極
계	194	

창립총회에서는 회장 이응필, 부회장 김수용, 간사장 남상훈, 서기 유영철(劉永徹)을 선임하였다. 아울러 회비 징수와 정기회, 통상회(通常會), 회사무(會事務), 일본군헌에의 보고 등에 관한 사항에 대한 제의가 있어 당일 결정하고 폐회에 이르렀다.[18]

총회에 참여한 한인들은 간화회 가입을 통하여 일본의 도움으로 마적의 약탈로부터 벗어나고자 하는 기대감을 보이고 있다. 당시 마적은 러시아인 마을을 습격하는 경우는 드물고, 항상 조선인마을을 위협하였는데 아편 때문이었다. 러시아인 마을은 주로 곡류와 가축류를 갖고 있는데 비하여 한인마을의 경우는 그들의 최고 기호품인 아편을 보관하고 있었기 때문이었다. 1914년 제1차세계대전 발발 후 아편가격이 폭등하자 1915년부터 재배에 종사해서 니코리스크, 스파스크 부근의 평지는 물론 우수리 철도 이동의 산간벽지에 산재하는 한인마을에서 재배하였다. 니코리스크는 러시아 유일의 아편 집산지로 그 품질이 양호하여 중국 상해 시장에서도 유명하였다. 아편의 재배가 거의 공공연하게 행해지고, 그 산출액이 증대됨에 따라서 북만주 마적의 침입이 더욱 증

18 〈불령단 관계잡건 재시베리아 12권 조선인부〉1921년 7월 28일 선인행동의 건, 니시부근 선인거류민회 조직의 건〉〉

가하는 추세였다. 이들 마적들은 대개 그 활동 범위를 정해서 구역 내의 아편 재배 면적을 조사하고, 면적에 따라서 거의 조세처럼 아편의 징수를 강청強請하고, 그것에 응하지 않을 때에는 약탈을 행하는 것이 보통이었다.[19]

특히 비양고(飛陽庫, 일찌기 마적의 소굴이라고 하는 곳)부근에 살고 있는 조선인들은 그들을 전멸시켜 달라고 청원하기도 하였다. 그러나 일부 한인들은 일본 관헌의 보호를 받는 것은 곧 독립운동단체로부터 보복을 당하는 것을 의미하기 때문에 가입을 주저하기도 하였다.

한편 승전촌 사립 양영어학교 교사 김대환(金大煥)은 니코리스크 특무기관이 교부한 회칙을 설명하고 민회설립의 취지를 설명하였다.[20]

4. 간화회의 활동

1) 일제의 니코리스크 한인 회유

1921년 러시아 니코리스크 일대는 한발로 인해 쌀 생산량이 크게 줄어들었다. 그라데고보 지역의 경우 80만석을 예상하였으나 30만석에 불과하였다. 이에 대다수 농사에 종사하는 조선인들은 곤궁한 상태에 빠지게 되었다. 이에 간민회에서는 일본군 파견군의 도움으로 군용화물차(軍用貨車)를 빌려 하얼빈 지방으로부터 염가의 속류(粟類)를 구입해서 염가로 판매했다.[21]

일제는 또한 새벽에 일어나 별을 보고 고생하는 농민들에게 쌀 한톨 한톨은 오랜 고생의 결과임에도 불구하고 군자금이란 명목으로 빼앗아가는 독립군

19 현규환, 『한국유이민사』상, 1976, 861-863쪽.
20 〈불령단 관계잡건 재시베리아 12권 조선인부〉 1921년 7월 28일 선인행동의 건, 니시부근 선인 거류민회 조직의 건〉
21 1922년 1월 29일 재니코리스크 부영사가 일본 외무대신에게 보낸 보고서 〈조선인민회장 회의 상황에 관한 건〉

들을 비난하고, 이들은 군자금을 자신의 입과 배를 부르게 하는데 쓰고 있다고 비판하였다. 또한 조선농민들이 오늘날과 같은 문명한 세상에 무기를 들고 독립을 쟁취하고자 하는 것은 나무에서 고기를 잡으려 하는 것과 같은 일임을 강조하면서 독립의 소리에 귀를 기울이지 말 것을 강조하였다.[22]

2) 교육의 후원을 통한 회유

일제는 한인들이 후세의 교육에 깊은 관심을 기울이고 있음을 간파하고 아울러 교육을 통하여 민족의식을 고취시키고 있음에 착안하여 이에 대한 적극적인 대책을 추진하고자 하였다. 즉, 일제는 간화회를 통하여 조선인 학교들에 후원금을 제공함으로써 교육 내용에 깊이 관여하고자 하였던 것이다. 즉, 조선총독부에서 편찬한 교과서의 사용을 통하여 민족의식을 말살하고자 하였다.

1920년대 초 니코리스크지역에서 조선인을 위하여 만들어진 순수 조선인 교육기관을 보면 다음과 같다.

〈표 4〉 니코리스크 소재 조선인 학교 일람표

소재지명	학교수	학생수	비고
니코리스크시	2	230	1교는 서울 남감리교회 경영
遠浪土	1	17	
島龍峰	1	15	
堯峰	1	20	
河口社	2	80	
閑山社	1	47	
龍井洞	1	20	
龍淵坪	1	30	
梨浦	1	25	
柳市社	1	60	

22 1921년 11월 19일 니코리스크 일본 영사가 외무대신에게 올린 보고서 〈조선인민회 보조비 기타에 관한 보고의 건〉

소재지명	학교수	학생수	비고
四峰坪	1	14	
求安坪社	2	130	
新興坪	1	19	
唐化嶺	1	50	
大楊子洞	1	11	
唐於峴洞	1	18	
東嶺	1	12	
二次領	1	15	
長財嶺	1	17	
豊興洞	1	15	
荒坪	1	30	
六橋村	1	10	
西楊子洞	1	13	
계	26	898	

*1921년 11월 19일 니코리스크 일본 영사가 외무대신에게 올린 보고서 〈조선인민회 보조비 기타에 관한 보고의 건〉 참조

〈표 4〉에서 보는 바와 같이, 니코리스크 지역에는 조선인 학교가 총 26개교, 학생수는 총 898명있었다. 니코리스크 시내에 있는 1 개교는 서울에 있는 남감리교회 후원으로 운영되고 있다. 감독은 남감리교회 선교사 정재덕(鄭在德)이고, 전도사 10 수명을 조선인 부락에 파견해서 전도에 노력하는 한편, 교육을 권하고 있다.[23]

그 외 25개교는 모두 한인 부형 또는 유지의 출연에 의하여 운영되고 있는 학교이다. 1920년 4월 참변 이후 교과서는 모두 조선총독부가 편찬한 것을 사용하고 있으며, 한국어로서 강의하고 있다. 이들 학교들은 모두 재정상의 어려움을 느끼고 있다. 이에 일제는 1 학교당 백원의 보조금을 제공하여 학교교육을 장악하고자 하였다. 100원의 내역은 교사 수당 60원, 교과서 구입비 40원 등이었다.[24]

23 현규환, 『한국유이민사』 상, 921-927쪽.

24 1921년 11월 19일 니코리스크 일본 영사가 외무대신에게 올린 보고서 〈조선인민회 보조비 기

한편 니코리스크에는 러시아식 교육을 실시하는 학교들도 있었다. 이 학교들은 러시아정부 또는 니코리스크시의 후원으로 유지되고 있다. 조선인사범학교 1개교(니코리스크, 30명), 소학교 1개교(니코리스크, 100명, 시회에서 운영), 河口社 2개교(120명), 한산사(閑山社) 1개교(40명), 유시사(柳市社) 1개교 110명, 구안사(求安社) 1개교 60명 등 총 7개교, 460명의 학생이 러시아 식 교육을 받고 있었던 것이다. 이것은 조선식 학교 26개교, 학생 수 898명에 비하여 학교수는 1/4, 학생수는 약 반 정도에 해당된다. 즉 러시아교육기관은 그 수는 작고, 특정지역에 몰려 있으나 학생수는 다수를 형성하고 있다.[25]

3) 선전활동을 통한 회유

간화회 회칙에 따르면 신문사에 대한 규정이 있다. 이를 보면 다음과 같다.

> 제1조 신문은 간화회의 기관지로 하야 선인사상의 선도급세계의 사정에 通曉케 함으로써 목적함.
> 제2조 신문사는 간화회에서 受한 定額의 예산 내에서 업무를 시행하고 광고 기타의 수입은 회 본부에 납입할 자로 함,
> 제3조 신문사는 부칙 제1호 제3조 의 서류를 備하여 주임사원으로 회계를 掌理케 할 사
> 제4조 사장은 사장이하를 감독하며 신문사무에 관하여 회장에 대하여 그 責을 負할 자로 함.
> 제5조 사장은 업무집행상 니시(니코리스크-필자 주) 특무기관과 특히 밀접한 連繫를 保함을 要함

니코리스크 간화회에서는 기관지로서 순한글 신문인 『신시민보新時民報』를

타에 관한 보고의 건〉

25 1921년 11월 19일 니코리스크 일본 영사가 외무대신에게 올린 보고서 〈조선인민회 보조비 기타에 관한 보고의 건〉

간행하였다. 이 신문이 1920년 5월 간화회 조직이후 언제부터 간행되었는지는 정확히 알 수 없다. 다만 1922년 4월에는 휴간 중이었으며 그 이후에는 간행되지 못한 것 같다.[26]

신시민보는 간화회의 기관지였으므로 친일적인 내용을 담고 있음은 자연스러운 귀결일 것이다. 이 신문은 종래 일본 육군 특무기관으로부터 보조금 월 300원을 받고 간행되었으나 동기관 경비절감 취지상 중단되었다고 한다. 1922년에는 간회회에서 월 600원의 보조를 신청하고 있다[27]

4) 간화회의 재정

1920년 니코리스크 간화회의 총수입은 1, 450원이다. 각 호로부터 50전씩을 거두었는데 총호수가 2,900호였기 때문이다. 이 가운데 지출총액은 1,257원이다. 지출내역을 보면, 임대료(借家賃) 100원, 신탄(薪炭) 기타 67원, 문방구비 25원, 출장차비 50원, 교제비 50원, 예비비 100원, 조선인서기 급료 80원, 러시아인 서기 급료 70원, 번인(番人)급료 50원, 감리자 급료 50원 등 총계 642원이고, 친일신문인 신시민보(新時民報) 발간비로서 편집인 급료 85원, 기자급료 65원, 인쇄비 450원, 잡비 15원, 총계 615원으로 하여 총 지출액이 월 1,257원이고, 일년은 15,084원이다. 신문의 경우 우수리스크 지역 특무기관으로부터 월 300원의 보조비를 받았으나 회원 중 회비를 내지 않는 사람들이 있어 경영곤란이 있어 11월부터 폐간될 운명이었다. 이에 동포들은 신문은 친일문화의 좋은 기관이므로 600백원의 보조금을 지원해 줄 것을 일본 측에 요청하였다.[28]

26 1922년 4월 25일 재 니코리스크 영사 杉野鋒太郎이 외무대신 백작 內田康哉에게 올린 글

27 1921년 11월 19일 니코리스크 일본 영사가 외무대신에게 올린 보고서 〈조선인민회 보조비 기타에 관한 보고의 건〉, 1922년 4월 25일 재니코리스크 영사가 외무대신에게 올린 〈조선인민회 보조비에 관한 건〉

28 1921년 11월 19일 니코리스크 일본 영사가 외무대신에게 올린 보고서 〈조선인민회 보조비 기타에 관한 보고의 건〉, 1922년 4월 25일 재니코리스크 영사가 외무대신에게 올린 〈조선인민

맺음말

지금까지 러시아지역에서 1920년 신한촌 참변이후 니코리스크에서 조직된 친일단체인 간화회에 대하여 살펴보았다. 그 의미와 앞으로의 연구방향 등을 정리하면서 결어에 대신하고자 한다.

본 연구는 일차적으로 러시아지역의 친일단체를 처음으로 조망하고 있다는 점에서 일차적으로 의의가 있다고 생각된다. 왜냐하면 지금까지 학계에서는 국내, 만주, 중국본토, 일본 등지의 친일조직에 대하여는 주목한 바 있으나, 러시아지역의 친일조직의 유무에 대하여도 밝혀진바 없기 때문이다.

그러나 본고는 러시아지역의 친일조직을 다룸에 있어 한계를 지니고 있다. 러시아지역의 친일조직은 크게 블라디보스토크 일대, 니코리스크 일대, 스파스크 일대 등 3개 조직으로 나누고 있다. 그런데 이 가운데 가장 영향력 있고 큰 단체는 블라디보스토크의 경우이다. 따라서 이 조직에 대하여 일차적으로 검토할 필요가 있다고 생각된다. 그러나 이 단체의 경우 우리가 흔히 알고 있는 여러 독립운동가들이 친일조직에 참여하고 있는 모습을 보이고 있다. 그들의 참여가 일제의 강요에 의한 것인지, 자발적인 것인지에 대하여는 현재의 자료들로서는 파악하기 어려운 부분들이 많다. 앞으로 보다 많은 자료 수집 및 증언 청취들을 통하여 밝혀져야 할 것이다.

또한 러시아지역에서 활동한 독립운동가들 및 기타 인사들의 경우 대부분 북측지역 출신들이다. 앞으로 북측과의 공동 연구 및 현장 답사 등을 통하여 러시아지역의 한인 민족운동과 일제의 회유정책이 보다 입체적으로 이루어질 수 있기를 기대해본다.

회 보조비에 관한 건〉

〈별첨 1〉

懇話會 會則

第一條
본회는 내지인조선인의 親睦融和를 主義로 하야 本會所定규약을 遵守하난자로 써 조직함.
第二條
본회는 其名稱을 懇話會라 稱하고 本部은 尼市에 支部은 지방에 설함.
第三條
본부 및 지부은 호칭을 刻記한 會印을 유함.
第四條
본회의 이목적은 次와如함.
(가)西伯利亞在住鮮人(歸化非歸化를 불문하고)의 행복증진
(나)母國在住동포와 密接의 제휴
(다)내지인과 친목
第五條
본회는 前條에依하야 대개진행할 사업은 左와如함.
(가)학교도서관의 개설
(나)일어 강습
(다)공개강연
(라)내지 및 모국에견학
(마)신문기타출판물의 간행
(바)빈민구제
(사)衛生保重에 관한 사항
(아)선인사업기지에 관한 제조사
(자)내지인과 경제제휴에 관한 연구
(차)화해중재 및 소개
(카)지부의 개설
第六條
(가)회원일반회의

(나)대표자회의
(다)간사회의
第七條
회원은 何者를 물론하고 의결의 結果賦課된 의무을 부인할 事를 不得함.
第八條
일반 및 대표자회의는 定例及臨時의 이중으로함.
第九條
정례회의는 一年一回此를 소집하야 과거의 一期의 간부에서 처리한 사업의 조사와 중요사항의 의결 및 차기사업의 계획 및 예산을 하기 위하여 소집하는 동시에 간부의 개선을 행하기로함.
第十條
임시회의에는 중앙간부의 指定에 基하되 或指定에 依치 안일지라도 회원 백명이상의 요구에 의하여 소집함을 得함.
第十一條
간사회의는 일반, 혹은 대표자회의의 부탁사항 또는 輕易사항을 회의하기 위하여 회장이 此를 소집함.
第十二條
일반 및 대표자회의의 기일장소와 아울러 제출의안은 중앙간부에서 편성하여 이것을 회원에 통보하며 상히 의장에서 變更補足할 事를 得함.
第十三條
일반회의의 결정에는 출석회원의 반수이상 대표자 및 간사회의에서 삼분의 일 이상의 출석자가 無하면 不得함.
第十四條
대표자는 선거권이 있는 회원오십명에 一名武으로 한하야 선출한 事
第十五條
각종회의에 대한 採決은 다수결에 의하여 要數가 동등의 경우에는 의장이 결정권이 유함.
다만 직원선거의 투표는 已出席員 반수이상의 点을 취하여 가결하고 반수미만의 多点이라함은 무효로 인정함.
第十六條

간부를 分하야 중앙간부지부 간부병히 회계검사원으로함.
第十七條
회계검사원은 기정수를 삼명으로하되 중앙(지부)간부에 대하야 특수의 권한이 유함.
第十八條
중앙간부는 회장, 부회장, 신문사장 및 십명의 간사로 成하고 약천의 고문을 置함을 得함.
第十九條
지부간부는 부장 및 수명의 간사로 成하고 약천의 고문을 置함을 得함.
第二十條
尼市에 대한 會事業의 直接取扱은 중앙간부에 속하고 지방에 대해서는 지부간부에 속함.
第二十一條
간부는 일반 혹은 대표자회의에 의하여 결정한 예산의 범위내에서 지출을 행함.
第二十二條
긴급 또는 비상한 경우에 대하여는 간사회의결에 의하여 지출을 행함.
第二十三條
간부의 책정임기는 취임의 일로부터 만일년으로 함.
단, 회의의 결과에 의하여 期間내라도 사임함을 得함.
第二十四條
간부는 회장에 대하야 次의 책임을 負함.
(가)간부의 문서는 회장의 裁決을 요함.
(나)金盞의 수입 및 지출
第二十五條
회의 발행할 서류는 회장 혹은 간사장의 서명을 요함.
第二十六條
회의 사업에 要하는 차용은 일반 혹은 대표자회의의 결정에 의한 가격의 회비 및 寄附金其地의 수입으로써 此에 충함.
第二十七條
소원은 필히 회칙에 복종할자로 함.
第二十八條

정년에 達치못한 회원은 간부되거나 及此를 詮형하는 권한이 無함.
第二十九條
부덕적행위자 회칙위반자 및 회의 主旨에 유해될 줄 노認하는 자는 회에서 제명함.
第三十條
회원의 제명은 회의의 결과에 의함.
第三十一條
본부 및 지부는 본칙에 준거하여 업무집행상 필요한 부칙을 設할 事를 得함.

부칙 第一號 懇話會會計규정

第一章 총칙

第一條
본구정은 간화회회칙에 준거하여 간화회분부 및 新時民報社에 대한 쇠계에 관한 事項을 규정하는 자로함.
각지 지부에 대하여는 분규정에 준하여 회계규정을 정하고 회장에게 보고할 事.
第二條
금전은 재무간사 신문사장 및 회계검사원이 협의한 후 회장의 인가를 受하여 확실한 은행 또는 개인에게 예입하고 其證을 徵하야 확실한 此를 보관할 자로함.
第三條
직무간사는 좌의 장부 및 서류를 備하야 금전의 줄날이 有할시마다 此을 登記하고 정확히 정리하여 置할 事.
一, 현금출납부
二, 금전출납 증빙서

第二章 수입

第四條
회비를 징수한 시는 其送附證에 의하여 개부간사 또는 其指定한 役員이 이를 수령하고 수령중을 交付하며 현금출납부에 登記할 자로 함.
잡수입에 속한 수입의 취급도 또한 전항에 준함.

第三章 지출

第五條
恒例에 속한 경비는 간사가 확실한 證憑書 依하여 此를 지출하며 매월 ? 회장의 출납명령을 受한 자로함.
第六條
전후이외의 경비지출을 요할 때에는 간사로써 확실한 중빙서를 징한후 회장의 출납명령을 受하여 此을 지출할 事.
일이 급할 때는 간사가 이것을 결행하고 속히 회장에게 보고할 事.

第四章 결산

第七條
결산은 左의 이중에 分함.
정기결산 매년일회
임시결산 회계검사원의 요구 또는 회장이 필요로 認한 時.
第八條
정기결산의 보고서는 총회 또는 신문에 의하여 전회원에게 告知할 것으로 함.

第五章 감독

第九條
회계검사원은 결산의 際에 장부서류를 검사하여 정확하다고 인정할 때는 보고서에 裏書서명이나 印할 事.
第十條
회계검사원은 필요로 인정할 때는 미리 회장의 승인을 얻어 장부서류 및 금전의 검사를 실시하며 其결과 및 이에 관한 의견을 회장에게 신고할 事를 得함.

부칙 第二號 간사중앙간부복무세칙

第一條
회장은 간사장 신문사장이하의 役員을 지휘하여 사무의 정리에 임하며 會務全般의 감독에 임할 자로함.

第二條

회장은 會務指導에 당하야 尼市특무기관 헌병수령사관과 특별 밀접함.

第三條

회장은 필요에 응하여 간사회의를 소집함을 得함.

第四條

부회장은 회장을 보좌하여 회무의 처리에 임하며 회장부재 때는 此를 대리함.

第五條

간사장은 간사이하를 지휘하여 간사업무전반의 감독에 임하며 회장에 대하여 그 책임을 負함.

第六條

교육주임간사는 교육전반에 관한 件을 처리함.

第七條

재무주임간사는 附則제일호에준하여 본부직무의 처리에 임할자로 함.

第八條

서무주임간사는 서무전반에 관한 件을 처리하며 서기이하 사용인의 감독에 임할자로 함.

第九條

고문은 회장의 청구에 의하여 회무지도상 필요한 의견을 述할자로 함.

附則 第三號 신문사에 관한규정

第一條

신문은 간화회의 기관지로하여 鮮人思想의 善導 및 세계의 事情에 通曉케 함으로써 목적함.

第二條

신문사는 사화회에서 受한 정액의 예산내에서 업무를 시행하고 광고기타의 수입은 회본부에 납입할 자로 함.

第三條

신문사는 부칙제일호 제삼조의 서류를 備하야 주임사원으로 회계를 掌理케할 事.

第四條

사장은 사원이하를 감독하며 신문사무의 관하여 회장의 대하여 其責을 負할 자로 함.

第五條
사장은 업무집행상 尼市 특무기관과 특히 밀접한 연계를 保함을 요함.

부칙 第四號 회비징집에 관한 규정

第一條
회비징집을 위하야 시내 및 촌락을 적당한 數區에 분하여 각 區장으로써 회비의 징집을 회장 또는 지부장에 대하여 책임을 負케함.
第二條
회비 체납자는 시내의 구장은 직접 회장에게 촌락의 구장은 지부장을 經하여 회장에게 其氏名을 보고할 事.
第三條
회비체납자에 대하여는 次의 制裁를 가함.
(가)氏명을 신문지상에 광고함.
(나)간사회원을 서명함.

附則 第五號 총회명칭과 매년 會議定期

第一條
본 회는 연해주에 총회가 되었으니 其範圍가 광활함이라 총부를 尼市에 置하었으나 지휘 감독은 본연해주 일대에 亙할지라 총회가 尼市에 在하나 연해주 총회로 확인함.
第二條
본 회의 총회는 매년 사월 일일로 정기회의케하며 임원선거도 右總會日決義한 事.
第三條
본 규칙에 대하여 가감 또는 정정할 필요가 有한 時면 총회로써 처단할 事.
(*《1922년 4월 25일 재 니코리스크 영사 杉野鋒太郎이 외무대신 백작 內田康哉에게 올린 글》이하의 글임)

제6부

독립운동가 후손들과의 만남

우즈베키스탄 타슈켄트 한국교육원의 설립과 활동(1992-1994)

머리말

중앙아시아 지역의 경우 고려인들이 약 50 만 명 정도 거주하고 있는 것으로 알려져 있다. 그 가운데 특히 우즈베키스탄, 카자흐스탄, 키르키즈스탄 지역에는 다수의 고려인들이 살고 있다. 이들은 1860년대 러시아로 이주한 한인들의 후예로서, 1937년 중앙아시아로 이주된 이후 이 지역에 살고 있는 사람들이다. 이들 고려인들은 구소련의 지배 하에서 살고 있다가, 1991년 12월 구소련이 붕괴된 이후에는 중앙아시아 각 나라의 국민으로서 살고 있다.[1]

정부에서는 1990년대 전반기 우즈베키스탄과 카자흐스탄 등지에 한국교육원을 설립하여 한글교육에 정진하였다.[2] 이 가운데 특히 우즈베키스탄 타슈

---

*주가 없는 것은 우즈베키스탄 한국교육원 소장 앨범 및 내부문서에 기초한 것임을 밝혀둔다.

1 우즈베키스탄 한인의 언어와 민족정체성에 대하여는 다음의 논문이 참조된다.
윤인진, 「중앙아시아 한인의 언어와 민족정체성」, 『한국사회사학회 사회학대회논문집』, 1997; 전형권, 「우즈베키스탄의 민족정책과 고려인 디아스포라 정체성-고려인 설문조사 분석을 중심으로」, 『슬라브학보』21(2), 2006; 임영상·박마야, 「타슈켄트의 신코리아타운 〈시온고〉 고려인 마을과 한국문화」, 『글로벌문화콘텐츠』, 글로벌문화콘텐츠학회, 2010.12.
특히 우즈베키스탄 한인들의 당면과제와 현황에 대하여는 다음의 논문이 참조된다. 김문욱, 「우즈베키스탄 고려인들의 현황과 과제」, 『정신문화연구』22(1), 한국중앙연구원, 1999. 필자인 김문욱은 현지 수도인 타슈켄트 동방학대학 한국학과를 만든 장본인으로 현지사회에 정통한 인물로 평가된다. 최근 『중앙아시아와 한국문화』(좋은 땅, 2014)를 발행하였다.

2 우즈베키스탄 한국교육원에 대하여 간단히 언급하고 있는 논문으로는 다음을 들 수 있다.
윤인진, 「재외동포의 현황과 동포 청소년을 위한 한국어교육의 방향」, 『국어교육』 131, 2010; 정현근, 「독립국가연합지역 고려인 후속세대를 위한 모국수학과정 교육프로그램 개선방향」, 『한어문교육』 26, 2012; 모국연수과정에 대한 새로운 방안제시로는 다음의 논문이 참고된다.
정현근, 「독립국가연합지역 고려인 후속세대를 위한 모국수학과정 교육프로그램 개선방향」, 『한어문교육』26, 2012.

켄트 한국교육원의 경우 전 세계에서 가장 활발히 운영되고 있는 교육원으로 알려져 있어 주목된다. 이에 본고에서는 우즈베키스탄 한국교육원의 설립과 활동에 대하여 살펴보고자 하였다. 그 가운데 교육원이 설립된 1990년대 전반기에 주목한 것은 이 시기가 교육원의 개척기로서 중요한 의미가 있으며, 아울러 관련 자료 및 사진들도 다수 남아있기 때문이다.

먼저 한국교육원이 설립되기 이전의 한글교육에 대하여 알아보고자 한다. 당시에는 기독교의 선교활동으로 한글교육이 추진된 측면이 강하였다. 다음으로는 우즈베키스탄 정부로부터 기독교전도가 금지된 이후 한국정부 주도의 한국교육원의 설립과 교육원의 한글교육증진 방안에 대하여 알아보고자 한다. 끝으로 한국교육원의 활동에 대하여 살펴보고자 한다. 한글교사의 양성, 한글학교의 후원, 한글학교의 한글서적 보유현황, 한글학교 등록신고서를 통한 한글교육 등이 그것이다. 결국 본 논문은 우즈베키스탄 지역 한글교육의 현황과 발전에 대하여 살펴보고 나아가 고려인에 대한 보다 심층적인 이해를 위한 작업의 일환이라고 할 수 있겠다.[3] 본고는 우즈베키스탄 타슈켄트 한국교육원에 소장되어 있는 1990년대 전반기 자료를 중심으로 연구되었다. 자료가 중심이 되다 보니 소개적 성격이 강하다. 이들 자료들은 중앙아시아 지역 한글 교육을 연구하는데 소중한 기초적인 것이라고 생각된다. 그럼에도 불구하고 이 분야를 연구하는 분들이 그동안 주목하지 못하였다. 이에 본고를 통하여 이들 자료들이 널리 알려지는 계기가 되었으면 한다. 그러나 당시 우즈베키스탄에서 간행된 신문, 잡지 등에 보도된 교육원관련 자료들과 당시 교육원에 관련된 인사들에 대한 면담작업을 제대로 하지 못한 한계를 지니고 있다.

---

3 본고 작성에 도움을 주신 한국교육원 원장 김범수, 부원장 이순흠, 그리고 교사인 강 블라지미르, 김 나탈리아, 20 여 년 동안 한국교육원 설립과 운영, 교육 등의 내조자인 김 이리나 등 관계자 분들께 진심으로 감사를 드린다. 특히 김범수 원장은 모국연수과정 숫자를 획기적으로 증가시켜 한국어교육의 새로운 전기를 마련하였다.

1. 한국교육원의 설립과 한국어 진흥 방안

1) 기독교 선교사들을 중심으로 한 선교와 한글학교의 설립

1990년 한국은 소련과 국교를 수교하였다. 그러므로 그 이후 구소련의 일원이었던 우즈베키스탄과는 일정한 교류가 있었던 것으로 보인다. 특히 1991년 12월 구소련이 붕괴된 이후부터는 더욱 활발한 교류가 이루어졌다. 민간차원에서는 언론기관들이 고려인들에 대한 취재가 앞뒤를 다투어 이루어졌으며, 한국에서는 국사편찬위원회의 박영석 위원장이[4], 외국에 있는 한국학 연구자들, 특히 프랑스의 김필영 교수,[5] 노르웨이 헬싱키대학의 고송무 교수[6] 등도 활발히 움직이고 있었다. 또한 한국기독교에서도 이 지역을 선교의 중요한 지역으로 인식하고 선교를 시작하는 한편 이와 더불어 한글학교를 개설하여 목회가 있는 수요일과 일요일 등에 실시하고 있었다.[7] 특히 전라남도 광주지역의 경우 전남대학교 임채완교수의 노력으로 광주일보 등 언론사와 시민단체들이 연합하여 고려인돕기의 일환으로 한글학교를 적극적으로 개설하여 한글교육에 심혈을 기울이는 모습을 보여주기도 하였다.[8]

그 결과 1992년 정부차원에서 한국교육원이 설립되기 이전부터 우즈베키스탄에는 한국어교육을 위한 한글학교들이 설립되기 시작하였다.[9] 그 중 대

---

4 박영석, 『항일독립운동의 발자취』, 탐구당, 1990.

5 김필영, 『소비에트 중앙아시아 고려인문학사(1937-1991)』, 강남대학교출판부, 2004.

6 고송무, 『쏘련의 한인들:고려사람』, 이론과 실천사, 1990.

7 우즈베키스탄에 있는 고려인 콜호즈 등에서도 일찍부터 한글학교를 만들어 한글교육을 하고 있었다. 김 이리나의 경우도 콜호즈에서 어린 시절부터 한글교육을 받았다고 한다. 김 이리나 〈1966년생, 한국교육원에서 1992년 6월부터 2015년 12월까지 근무)와의 면담, 2016년 7월 7일, 경기도 평택. 김 이라나는 2011년 해외한인민족교육진흥상을 수상하였으며, 2012년에는 한국교육원 설립 20주년을 맞이하여 공로상을 수상하였다.

8 「임채완교수님과의 대담」, 『재외한인연구』39, 2016.6, 5-7쪽.

9 고려인의 한글 교육에 대한 논문으로는 다음의 것이 참조된다. 명월봉, 「재쏘 고려인 교육의 력사적 과정」, 『교육한글』4, 한글학회, 1991.12. 명월봉은 작가이자, 소련파인물이며, 그의 아들 명 드미트리가 현재 카자흐국립대학 한국학과 교수로 활동 중이다. 그의 친족 명 스베틀라나 교수 역시 우즈베키스탄의 니자미사범대학 한국학과 교수로 활발한 학술활동을 하고 있다.

부분은 기독교 선교 차원에서 이루어졌다. 1992년도 당시 교회의 한글학교 상황을 살펴보면 다음과 같다.

〈표 1〉 타슈켄트시 한국인 교회 현황 일람표(1992년)

교회명	목사명	신도 수	한글학교현황(학생수, 기타)
타슈켄트 제일침례	문대규(미국)	350	70명, 재미교포
타슈켄트 중앙	윤태영	20	
타슈켄트 경향	김수복	150	30명, 김성자(학생)
타슈켄트 중앙장로	심윤섭		
타슈켄트 순복음	최상호	400	30명, 목사, 현지인
타슈켄트 영광	한성수	20	10명, 목사
고려한인제일침례	최장규 (미국, 전도사)	30	60명, 최주영(미국)
레닌스키 뿌찌	권영인 (미국, 나타샤)	70	9월 개설
칠란자르장로	김종화	60	25명, 목사
아가페	박개훈(미국)	150	
그레이스	이춘환(미국)	150	25명, 김비따

1990년초 타슈켄트시내에는 총 11개의 교회가 있었다. 1992년 말 현재 우즈베키스탄 타슈켄트시에는 11개교의 교회가 운영하는 한글학교가 있는 것으로 파악된다. 그 중 6개는 한국에서 파견된 선교사들이, 5개는 미국에서 파견된 선교사들이 운영하고 있다.

이들 교회는 선교의 한 수단으로 한글학교를 열어 한글교육을 실시하였다. 그 중 재미교포 문대규가 운영하는 타슈켄트 제일침례교회는 신도가 350명이며, 한글학교 재학생은 70명이었다. 재미교포 최장규 전도사가 목회하는 고려한인제일침례교회의 경우 신도는 30명이나, 한글학교 학생수는 60명이다. 한

2016년 6월 카자흐스탄 알마티에서 이들과 만날 수 있었다. 아울러 고송무의 위의 책, 138-140쪽도 참조된다.

글학교는 재미교포인 최주영이 운영한다. 교회들의 경우 재미교포 및 제일침례교회가 강세를 보이고 있다. 최상호가 운영하는 순복음교회의 경우 신도수가 400명이며, 한글학교 학생은 30명이었다. 학생수가 제일 많은 경우는 60-70명 정도 적은 경우는 20-30명 수준임을 알 수 있다.

한편 〈한글학교등록철〉에 따르면, 제21 중학한글학교, 1991년 10월 9일 개교, 소재지, 드주마시, 사마르칸트주, 설립자 교회 대표 이성윤, 직업 목사, 교장: 황 나제스다, 학생수 25명. 교원수 1명, 무급교원, 일요일 4시간, 교육과목: 기초한국어, 사용교재명: 한국어, 한국어 읽기 (1993년 1월 보고) 등의 기록이 있다. 이를 통해 볼 때, 1992년 교육원이 설립되기 이전 목사들에 의하여 설립된 한글학교들은 더 있었을 것으로 보인다. 광주한글학교의 경우 타슈켄트 한글학교가 1992년 10월에, 타슈켄트에서 동쪽으로 65km떨어진 알마니크에는 타슈켄트 한겨레 한글학교가 역시 1992년 10월에 개교하였다.[10]

1990년대 전반기 만들어진 한글학교들은 기독교의 경우, 우즈베키스탄의 종교정책에 의하여 점차 교회가 없어지면서, 개척기로서의 그 역할을 다하였으며,[11] 정부 지원의 한국교육원이 그 역할을 대신하게 되었다. 민간차원의 광주한글학교의[12] 경우는 현재 세종학당이란 이름으로 변신하여 오늘날까지 그 명맥을 유지 발전시키고 있다.[13]

---

10 지충남, 양만호, 「소련지역 고려인 한글학교 설립과 운영-광주한글학교를 중심으로 」, 『한국민족문화』58, 부산대학교 한국민족문화연구소, 2016.

11 기독교에서 한글학교를 운영하였지만 우즈베키스탄의 종교정책에 따라 처음부터 일정한 한계가 있었다고 한다. 2000년 초에 기독교 목사들을 우즈베키스탄에서 많이 내보냈다고 한다. 현재 고려인이 많이 살고 있는 세르게이 구역에 순복음교회가 있다고 한다.(김 이리나(1966년생, 한국교육원에서 1992년 6월부터 2015년 12월까지 근무)와 2016년 7월 7일, 경기도 평택에서 면담). 김 이라나는 니자미사범대학 한국학과를 졸업하였다.

12 위의 논문, 23쪽.

13 광주한글학교 교사로 1990년대 초 우즈베키스탄에 파견된 허선행에 대하여는 연합뉴스 2015년 8월 23일자 〈인터뷰〉 우즈베키스탄 세종학당 허선행 학당장에서 잘 살펴 볼 수 있다.

2) 한국교육원의 설립과 정부주도의 한글교육지원

(1) 한국교육원의 설립

우즈베키스탄 한국교육원은 1992년 5월 27일에 설립되었다. 1991년 12월 구소련이 붕괴된 것을 상기한다면 아주 빨리 설립되었음을 알 수 있다. 정부에서 일찍부터 중앙아시아의 고려인들에 대하여 주목한 덕분이 아닌가 한다. 아울러 이 지역에 주목한 한국의 언론기관 등의 보도 역시 중앙아시아의 한인들에 대한 관심을 증대시키는데 기여하였을 것이다. 필자가 1992년 1월 카자흐스탄 알마티를 방문하였을 당시 그곳에는 1991년 8월 벌써 한국교육원이 설립되어 있었다. 당시 교육원장은 신계철이었다.[14]

1992년 5월 우즈베키스탄과 한국교육원을 개설한 계약서는 다음과 같다. 이를 보면 한국교육원의 설립에 대하여 그 일단을 살펴볼 수 있다.

교육 및 문화분야 협력에 관한 계약서

아래에 날인한대, 루지바예프 우즈베키스탄 국립미술박물관장은 우즈베키스탄 법률에 부합되게 행동하며, 이중석 주모스크바 대한민국대사관 교육관은 대한민국 법률에 부합되게 행동하면서, 양국간 교육문화분야의 우호관계 창달에 조력하려는 일념으로 아래와 같이 계약을 체결한다.

1. 타슈켄트시에 한국교육원을 설치한다. 교육원은 향후 교육기관에서 근무할 한글교사들을 양성하며, 한국의 문화전통 풍속을 소개할 것이다.
2. 우즈베키스탄 국립미술관은 교육원 설치를 위하여 타슈켄트시 프롤레타르스카야 16번지 박물관 건물 내부에 234M2의 교실을 제공하며 교육원의 정상적인 활동을 각 방면으로 조력한다.
3. 한국 측은 우즈베키스탄 측과의 합의로 교실임차에 대한 보상액으로 4천미화달

---

14 필자는 1992년 1월 알마티 한국교육원을 방문하여 신계철 원장을 직접 만나 한국교육원의 현황에 대하여 들은 바 있다. 이후 심계철 원장은 충북대에 근무한 것으로 기억된다.

러 혹은 이에 상응하는 소련화폐로 지불하며 , 입주 전 수리비영으로 500달러 (미화) 혹은 이에 상응한 소련 화폐로 지불하며 , 교실을 깨끗하게 유지하며, 통신기기 및 사무비품을 박물관측과 공동으로 사용한다.

4. 박물관은 교육원을 위하여 초기에 필요한 가구와 기타 비품을 제공한다.
5. 쌍방은 우호와 성의의 분위기를 조성하기 위하여 노력한다. 쟁의가 생기는 경우 평화적으로 하결한다. 해결치 못할 문제점이 발생할 경우에는 우즈베키스탄 법률과 국제무역협정에 따라 해결한다.
6. 계약기간은 2년이다. 계약 파기 경우 일방은 이에 관해 1개월 전 다른 일방에 통고한다. 해지 통고가 없는 경우 계약은 자동적으로 다음해로 연장된다.
7. 계약쌍방은 한국교육원을 우즈베키스탄 법률에 따라 법인으로 등록한다. 교육원 주소는 700061, 타슈켄트시, 프롤레타르스카야가 16번지이다.
8. 계약서는 러시아어와 한국어로 작성됐으며, 두 원문에 같은 효력을 발생한다. 타슈켄트시에서 1992년 5월 4일에 조인되었으며, 1992년 5월 15일부터 효력을 발생한다. 한국측은 1992년 5월 15일에 미화로 2,5천달러 혹은 이에 상응한 소련화폐로 지불하며, 2천달러 혹은 소련화 액수를 1993년 3월까지 지불한다.

우즈베키스탄 국립미술관장 대한민국대사관 교육관
데. 루지바예프 이종석[15]

위의 계약서를 통해 볼 때, 1992년 5월 타슈켄트시에 한국교육원을 설치하며, 그 목적은 향후 교육기관에서 근무할 한글교사들을 양성하며, 한국의 문화전통 풍속을 소개하는 것임을 알 수 있다. 위의 계약에 따라, 한국교육원은 1992년 5월 27일 타슈켄트시, 프롤레타르스카야가 16번지, 우즈베키스탄 국립미술관 건물 내부에 설치되었다. 초대 교육원장은 교육부 장학관 안재식이었다.

초기 교육원은 지하실에 개설되었으며, 원장실, 비서실, 교사실 및 강의

15 교육 및 문화분야 협력에 관한 계약서

실 등으로 나누어져 있었다. 창문도 별로 없고 주변 환경은 열악한 편이었다. 1993년 타슈켄트 동방학대학에 한국학과를 설치한 김문욱이 최근 발행한 『중앙아시아의 한인문화』(좋은땅, 2014)에서[16] 초기 한국교육원의 상황을 짐작해 볼 수 있다.

> 1992년도의 타슈켄트 한국교육원은 오늘의 상황과 비교가 되지 않을 정도로 어려웠다. 필자가 처음 방문했던 최초의 타슈켄트 한국교육원 '건물'은 현재의 우즈베키스탄 국립미술박물관의 침침한 지하실이었다. 조명등은 주야로 켜 있었으며 낮게 드리워진 콘크리트 벽채는 마치 허술한 창고를 연상시켰다. 통풍이 거의 없어 숨이 막힐 듯한 2개의 교실과 사무실 하나로 구성된 교육원은 너무나 허전해 보였다. 바로 그런 사무실에서 안재식 원장이 필자를 반갑게 맞아 주었다. 안재식 원장과는 필자와 생각하는 바가 유사하여 밀착 교류관계가 자연스럽게 이루어져 상호부담 없이 모든 문제들을 공동으로 상의했으며 풀어나갔다. 안재식 원장이 우즈베키스탄 체류 초기에 가장 난감해했던 것은 일부 경찰관들의 부당한 행패였다. 무턱대고 달려들어 트집과 생떼를 부리는 꼴은 마치 "너희들은 부자나라 사람들이니 가난한 우리들도 좀 살아갈 수 있도록 도와주라!"는 식의 막무가내였다. 옆에서 그냥 보고 있기가 민망스러울 정도였지만 '벌금' 혹은 '세금'이란 명목으로 부당하게 뜯기면서도 깡패스러운 관료들의 행위에 낯을 붉히거나 난동에 휘말리는 것을 본 적이 없었다. 소련해체 후 우즈베키스탄이 독립한지가 얼마 되지 않은데다가 "자본주의 나라"들에 대한 적대적인 세뇌교육을 오랫동안 받아온 것 때문에 우즈베키스탄 경찰관이나 정보기관원들에게는 안재식 원장도 예외 없이 적성인물로 보였을 수 있었다.

이에 한국교육원은 1년 정도 있다가 1993년 6월 타슈켄트시 제14지구에 위치한 전 타슈켄트 도시설계연구소의 건물로 이사하였다.[17]

초창기 한국교육원의 주변 상황은 상당히 어려웠을 것으로 짐작된다. 구소련을 방문한 사람들이 흔히 하는 말로 되는 것도 없고, 되지 않는 것도 없는

16 김문욱, 『중앙아시아의 한인문화』, 좋은 땅, 2014, 202-203쪽.
17 김 이리나와의 면담. 김문욱, 위의 책, 204쪽.

한국인들의 상식으로는 쉽게 이해할 수 없는 상황들이 벌어지고 있기 때문이다. 그러한 역경 속에서 한국교육원은 나름대로 한국어교육에 진력한 것으로 보인다. 그러한 과정에서 안재식 원장은 부인과 사별하는 고통을 겪기도 하였다.[18] 이역만리에서의 부인과의 사별은 안재식 원장에게 고통 그 자체였을 것이다. 그러한 가운데 한국어교육은 점차 진행되어 갔다.

(2) 한국어교육 증진 방안

1990년대 전반기 안재식 교육원장[19]이 작성한 〈우즈베크공화국에 있어서의 한국어 교육문제〉를 통하여 한국어교육 증진 방안을 살펴보면 다음과 같다.

1. 교원의 자질을 높이는 일

가. 교원양성기관의 활성화 필요

공화국 사범교육에서의 한국어교육 수준 제고

공화국 교원재교육기관의 한국어교원 제교육의 교육과정 충실

교원교수 요원의 확보

교원 지망생의 유인책 홍보

나. 자기 수련 강화

수업준비의 철저

한시간 강의 중의 낱말은 30단어 내외일 것임. 최소한의 단어 완전 습득, -철자법 바음 뜻 문법(일기 쓰기 짓기) 습득-

다. 연수기회의 확대

지역별 연수에 적극 참여(수업참관, 한국어 활용기회 획득)

전국단위 연수 적극 참여

모국 수학 연수의 내실화

---

18 안재식의 부인은 암으로 국내에서 사망하였다고 한다.(김 이리나와의 면담)

19 시인이며, 타슈켄트에 대한 많은 시를 썼다고 한다.(김 이리나와의 면담)

2. 한국과의 협력강화

가. 펜팔 대상 확보

한국의 해당 수준(초등학교, 중고등학교)학교 선택, 편지 보내기 실시

한국의 명사들과의 편지 보내기 실시

나. 가능한 범위내에 자매결연 추진

한국의 해당 수준 학교와 자발적인 자매결연 추진

가급적이면 도시의 규모가 큰 학교와 결연

3. 우즈베크 국가기관의 협력을 얻는 일

교원 자신들이 한국어 교육의 필요성 인식

한국어 교육이 소일거리가 아니며 동포만을 위한 민족교육도 아님

한국과 우즈베크간의 문화 경제 등 다양한 교류증진을 도모하고, 우즈베크의 국가 이익에 이바지한다는 인식으로 임해야 함.

교육의 대상도 동포학생만이 아닌 다민족화 해야 함.

타슈켄트 한국교육원장 장학관 안재식

위의 문건은 1. 교원의 자질을 높이는 일과 2. 한국과의 협력 강화, 3. 우즈베크 국가기관의 협력을 얻는 일 등으로 크게 3부분으로 나누어져 있다. 특히 이 가운데 주목되는 부분은 교원의 자질을 높이기 위한 방안이다. 이에 대하여 안재식은 교원양성기관의 활성화, 자기수련강화, 연수기회의 확대 등을 제시하고 있다. 이는 주목되는 지적이라고 보여진다. 당시 우즈베키스탄에는 니자미 사범대학 한국어과만이 1956년에 개설되어 존재하고 있었던 것이다.[20] 안재식 교육원장의 통역 담당인 김 이리나의 경우도 이 학교 3회 졸업생이다. 그 후 1990년 한국과 우즈베키스탄이 국교를 수교한 이후 1993년 동방학대학에

20 니자미사범대학에 대하여는 2016년 6월 12일 타쉬켄트 한국교육원에서 박 박실리선생으로부터 들을 수 있는 기회가 있었다. 그는 다음과 같은 글을 필자에게 제공하였다. 박 바실리, 「고려인들의 삶과 타슈켄트 니자미사범대학」, 2007.

강 블라지미르, 김문욱 등이 중심이 되어 한국어과가 설립되었던 것이다.[21] 초창기 교육원의 설립과 발전에는 레닌기치 기자 등을 역임한 김용택(김 블라지미르)[22], 김문욱 학장, 니자마사범대학의 최 스베틀라나, 한국인으로서 러시아에 능통한 이춘식 등 여러 학자들과 언론인들이 도와주었다. 통역은 주로 박갈리나와 최 스베틀라나가 담당하였다.[23] 안재식 원장은 재직 기간 동안 교원의 자질을 높이기 위한 방안에 골몰했던 것으로 보인다.

두번째 한국과의 협력 강화부분의 경우도 참신하고 새로운 방안들로서 주목된다. 그러나 이러한 사업들이 어떻게 잘 이루어졌는지에 대하여는 기록이 남아 있지 않다.

세번째는 우즈베키스탄 국가기관의 협력을 얻는 일이다. 이는 현지에 한국어를 보다 잘 보급하기 위해서는 중요한 일이라고 생각된다. 특히 이 가운데, 〈한국어 교육이 소일거리가 아니며 동포만을 위한 민족교육도 아님〉, 〈한국과 우즈베크간의 문화 경제 등 다양한 교류증진을 도모하고, 우즈베크의 국가이익에 이바지한다는 인식으로 임해야 함〉, 〈교육의 대상도 동포학생만이 아닌 다민족화 해야 함〉 등은 매우 중요한 일들이 아닌가 판단된다.

한국어교육을 어떻게 진행할 것인가에 대하여는 안재식 원장뿐만 아니라, 타슈켄트주 한국어교원협의회 등에서도 많은 고민을 하였던 것 같다. 그러므로 이들은 1993년 3월 16일 우즈베키스탄의 대표적인 고려인 콜호즈인 김병화 콜호즈에서 안재식원장을 초청하여 회의를 개최하기도 하였다. 이 자리에서 안재식 원장은 〈한국어교육은 새로운 방법으로 가르쳐야 한다〉는 주제로 발표하였고, 이 협회 회장인 이봉엽은 〈타슈켄트주 한국어교원들의 1992-93학

21 당시 한국학과 설립 상황 등에 대하여는 김문욱의 저서가 참조된다. 김문욱, 『중앙아시아와 한국문화』, 좋은 땅, 2014.

22 김용택(1946년생)과 2016년 6월 17일 우즈베키스탄 타슈켄트 한국교육원에서 면담.

23 김 이리나와의 면담.

년도 활동성과 및 1993-94년의 교육과제〉라는 주제로 발표하였다. 아울러 연수 참가자의 발언으로 1) 한국어 교육에 있어서 중요한 문제들, 2. 한국어 교육에 있어서 실지 경험에 대하여 등에 대하여 집중적인 논의를 전개하기도 하였다.

아울러 이 회의 직후인 1993년 3월 23일에는 한국교육원과 우즈베크 고려문화협회가 공동으로 한국어교원연수회를 뽈리토젤 콜호즈[24] 19중학교(교장 김 빅토르 나우모빗치)에서 개최하였다. 이 회의 일정은 다음과 같다.

1. 수업 참관: 교사 김 아. 브.
2. 한국어교수법에 대하여(타슈켄트 한국교육원장)
3. 우즈베키스탄의 한국어 교육문제(공화국 고려문화협회장)
4. 동방학대학 한국학부 설립의의(동방학대학 한국학부장)
5. 타슈켄트 주의 학교 한국어 교육목적(주협의회장)
6. 우즈베크 공화국에서 개최할 독립국가연합 한국어교원 세미나문제
7. 우즈베키스탄 한국어 교육자 협의회 구성에 대하여

교통편: 타스셀마스, 고리고고 지하철역에서, 뽈리토젤행 버스
쓰끄외트에서 192번 버스. 꾸일룩에서 뽈리토젤까지

타슈켄트 한국교육원장 안재식
우즈베키스탄 고려문화협회장 김 뾰뜨르 게로노비치

위의 초청장을 통하여 당시 우즈베키스탄의 한글교육의 주요상황을 짐작해 볼 수 있다.

24 주강현, 「중앙아시아 옛 사회주의 협동농장에 관한 물질민속지-우즈베키스탄 폴리토젤 콜호즈를 중심으로」, 『통일문화』2, 2002.

2. 한국교육원의 활동

1) 한글학교 교사 양성

한국과 우즈베키스탄이 맺은 계약서 1조에,

> 1. 타슈켄트시에 한국교육원을 설치한다. 교육원은 향후 교육기관에서 근무할 한글 교사들을 양성하며, 한국의 문화전통 풍속을 소개할 것이다.

라고 있듯이, 교육원의 설립 목적은 "교육기관에서 근무할 한글교사들을 양성하며, 한국의 문화전통 풍속을 소개"하는 것이었다. 이에 초대 교육원장인 안재식은 이를 적극적으로 추진하였다. 특히 안재식은 한글교육의 효율을 높이기 위하여 한글교사들에게 다음과 같은 공문을 발송하기도 하였다.

> 안녕하십니까?
> 타슈켄트한국교육원은 정확한 통계자료를 얻어 , 우리 교육원이 한국말 교육에 관심을 가지고 있는 모든 분들과의 긴밀한 협조가 이루어져 훌륭하게 한국말 교육이 되도록 노력하고 있습니다.
> 한국말을 가르치고 있는 귀하께서는 별지에 언급한 자료를 보내주시는 것만으로도 한국교육원의 교육사업에 공헌하는 일이 되는 것입니다
> 서울에서 출판되어 무상으로 배부된 교과서들을 어떻게 전달받았으며, 어떻게 활용되고 있는지 등을 교육계획을 수립하는데 중요한 자료가 됩니다.
> 타슈켄트 한국교육원은 이 자료를 바탕으로 교원들에게 교육정보를 알려주고 또한 한국방문의 기회 등 한국말 교육을 성공적으로 추진할 응분의 원조를 할 것입니다.
> 첨부된 조사용지를 기입하신 후 1992년 11월 30일까지 도착되도록 보내주시기 바랍니다.
> 타슈켄트 한국교육원은 우리의 요청을 친절하게 들어주실 귀하에게 미리 감사의 뜻을 표합니다.
>
> 1992.10.17.
> 타슈켄트 한국교육원장 안재식

그리고 1992년 10월 20일 당시 배포된 〈한국말 교육을 위한 조사자료〉는 다음과 같다.

1. 선생님 이름:　　　　　생년월일
   선생님 주소:　　　　　전화번호
   가르치는 학교 또는 과정 이름
   학생수: (남: 여:)
   한국말 아는 정도
   학생들의 평균 나이:
   선생님의 출신학교 이름:
   선생님이 주로 근무하는 직장:
   한국에 다녀온 일이 있는지 여부:

2. 교과서를 지급받은 일이 있는가?
   누구에게 받았는가? 준 사람 이름
   받은 교과서 이름:
   몇 권 받았는가?

3. 지금까지 사용한 교과서의 이름과 교과서를 출판한 곳(서울, 평양, 우즈베크 등)을 모두 쓰시오
   교과서 이름---------------------------, 출판한 곳

4. 한국어교육을 위하여 교육원에 전하고 싶은 말을 쓰시오.

1992년 5월에 타슈켄트 한국교육원을 개설한 안재식(원장 재임기간 1992.5-1994.9)은 1992년 9월 19일 처음으로 한국어교원연수를 실시하였다. 이 연수회는 우즈베키스탄에서 한국교육원이 최초로 실시한 교원연수라는 측면에서 중요한 의미를 갖는 것이라고 볼 수 있다. 당시의 감동적인 모습들은 한국교육원의 앨범에 차곡차곡 잘 정리되어 있다. 안 에마 등 교원 연수에 참여한 사람들

은 30-40대, 그리고 낙동강의 저자 작가 조명희[25]의 딸인 조 발렌찌나(조선아) 등 중장년층들이었다.[26] 학교라는 단어를 한글, 영어, 한자로 써 보이며, 열정적으로 강의하는 안재식 원장의 모습과 최초의 한글연수를 듣는 중년들의 모습은 자유롭고도 진지하다. 당시 교재는 국제교육진흥원에서 발행한 것을 사용했다고 한다.[27]

아울러 1993년 3월 16일에는 김병화 콜호즈에서 한글교사관련회의를 개최하였다. 그리고 동년 3월 23일에는 뽈리토젤 학교에서 93년도 제2차 한국어교육자 전국연수회를 실시하였고, 동년 7월 12일부터 24일까지 한국어교육담당자 연수회를 실시하였다. 이때 강사는 한국에서 파견되었다. 그리고 동년 겨울에는 중등교원 동계 연수를 실시하였다. 당시 참여자는 총 16명이었다. 타슈켄트시 13명, 호레즘주 구르면시, 타슈켄트주, 지자크주가 각 1명 등이었다. 타슈켄트시의 경우 279, 260, 97, 180, 35, 140(120), 260, 260, 20 등 학교, 호레즘은 마까련꼬, 타슈켄트주는 김병화고려문화센터, 지자크주는 5번학교 등이 참여하였다. 이름이 확인되는 교원은 타슈켄트시의 황갈리나(97학교), 신미론(180), 강 발렌찌나(35), 김인자(260), 김아가피아(260), 최 알렉산드라(20), 안 엘라다, 김 스베틀라나 등이다.[28] 한편 한국교육원은 우즈베키스탄 TV채널에서 한국어강좌를 개설하기도 했다.[29]

1994년에는 부원장으로 박기선이 부임하여 활동하였으며, 1994년 전반기 교원연수는 6개월 과정으로 진행되었다. 1995년에는 한글교원양성반이 4월 10일부터 7월 10일까지 3개월 과정으로 개설되었으며, 총 37명이 공부하였다.

25 조명희 문학박물관은 현재에도 타쉬켄트시 나워이 명칭 문학박물관안에 있다고 한다(타쉬켄트에서 박 바실리와의 면담, 고송무, 위의 책, 23쪽)
26 연수회 사진 참조
27 김 이리나와의 면담.
28 우즈베키스탄 중등교원 연수원 동계(1993) 수강생 명단표
29 김문욱, 위의 책, 204쪽.

떼이 아가피아, 나 라이사, 박 류드밀라, 황 미라, 횡로라, 선 엘레나, 유 스웨들라나, 김 나다사, 정 블라디비르, 이 빨리나, 서 엘위라, 김 이리나, 박 까짜, 박 플로라, 염인나, 기가이 그랍지야, 이 이라나, 김 리지야, 김 알라, 김 아렐찌나, 유 유리이, 허 리지야, 박 윅또리야, 최 시나이다, 차 류드밀라, 림 로사, 허 니나, 최 나제스다, 안 엘레나, 유 바실리사, 강 알료나, 차 류드밀라, 안 이리나, 장 알례나, 김 류드밀라, 유 비카 등이다. 이들 가운데 이 빨리나는 7월 6일자 글에서 졸업 소감을 다음과 같이 적고 있다.

한국교육원 원장님, 선생님들 한테 아주 고마운 말씀 드립니다.
아프로서 우리는 한국어를 더 잘 배워가지고
꼭 아이들 한테 가르쳐 주겠습니다
그러면 우리말이 일어지지 않습니다.
감사합니다.
1997. 07.06
이빨리나

그리고 송 예례나는 다음과 같이 적고 있다.

우리 할아버지께서 한국어를 잘해서 노어를 말하지 않았습니다
우리 아버지께서 노어를 잘 말하며 한국어를 알고 있습니다. 그는 쓰기와 읽기를 잘 합니다.
지금까지 제가 노어를 잘 하지만, 문명(맹?)자로 있었습니다.
교육원의 그룹은 감사하는 말을 많이 듣겠습니다.
왜냐하면 한국어를 가르쳐주는 것은 훌륭한 목적입니다.
대단히 감사합니다.

그러나 여기서 우리가 주목할 점이 하나 있다. 37명의 졸업생 가운데 김 스웨들라나만이 아한가란시 제5학교에서 교사로 일하고 있다는 점이다.[30] 이점

30 김 이리나와의 면담

은 우리가 눈여겨 볼 점이 아닌가 생각된다.

1996년에는 9월 16일부터 12월 16일까지 3개월 과정의 한국교육원 교사양성반이 진행되었다. 당시 교사는 총 8명이며, 그 중 남자 교사는 1명이다.

1995년과 1996년의 경우 앨범이 남아 있어 교육과정의 전체적인 모습을 살펴볼 수 있다. 1998년 5월 26일에는 타슈켄트 한국교육원이 이전 개원하여 더욱 발전하는 모습을 보여주고 있다.

한편 1993년 4월 25일에는 중 치르치크 도이쭈바 음악학교[31]에서 타슈켄트주 한글 경연대회를 개최하여 한글 진흥에 노력하였다. 이 학교는 교장이 고려인이라 한국교육원의 행사에 강당 등 장소를 대여하여 주는 등 여러 가지 배려해 주었다.[32] 동년 9월 6일에는 한국어대학생반을 개강하였으며, 1993년 11월 29일에는 대학생반 2기 수료식을 거행하였다.

또한 1994년 행사들을 보다 다양하게 실시하였다. 우선 노인들을 대상으로 사랑방교실 월례강좌를 실시하였다. 이 강좌는 현재에도 조명희 문학박물관에서 시행되고 있다.[33] 아울러 조선일보 최준석기자를 초청하여 교육원 부설 학생 한글반에서 특강을 실시하였다. 그리고 타슈켄트 260학교에서는 한글학교 세미나 및 경연대회를 개최하였다. 아울러 재우즈베키스탄 한국유학생의 밤 및 개원 2주년기념 한국문화의 밤 등도 개최하여 유학생과 교육원의 유대 또한 공고히 하고자 하였다.

2) 한글학교의 후원

한국교육원에서는 자체 부설로 1993년 3월에 처음으로 북등대 콜호즈에[34]

31 김병화 콜호즈 인근에 위치하고 있음(김 이리나와의 면담)
32 김 이리나와의 면담
33 김 이리나와의 면담
34 북등대 콜호즈는 러시아 연해주 올가군에 있던 어업콜호즈 북등대 사람들이 1937년 이주후인

한글학교[35]를 개교하였다. 이 학교의 개교에는 당시 한국교육원에서 비서로 실무를 담당했던 니자미사범대학 한국학과 3회 졸업생인 김 이리나가 북등대 출신이라 큰 기여를 한 것으로 보인다.[36] 그리고 김 이리나가 처음으로 교사로 임명되어 파견되었다.[37] 당시의 초청장 및 회의 자료들을 통해 이를 살펴보면 다음과 같다.

북등대[38] 한글학교 개교식 순서

1. 개교식 10시-10시 50분
   기념사--타슈켄트 한국교육원장
   축사-꼴호즈 회장, 공화국 문회협회장, 구역 교육관계관
   교원소개
   학생인사
   학교 간판 게시
2. 학생놀이공연: 11시--11시 40분
3. 영화 상영: 11시 40분-13시 10분

초청장

----님께
타슈켄트한국교육원에서는 아래와 같이 세베르니마야크 꼴호즈지역을 중심으로 한국말교육을 하기 위하여 한글학교를 열고자 하오니 오셔서 축하해 주시기 바랍니다.

일시: 1993. 4.3. 10:00

1938년 봄에 우즈베키스탄 타슈켄트 치르치크강 유역에 조직한 것이다.

35 이 학교 명칭은 북등대 콜호즈 제 65번 학교(11년제 통합학교)라고도 한다.

36 북등대와 관련하여서는 임영상의 선구적인 연구가 있어 큰 도움이 된다. 임영상, 「 타슈켄트 주 〈북쪽등대〉 콜호즈의 김 게오르기, 문화일꾼에서 한국어교사로」, 『역사문화연구』37, 2010.

37 김 이리나와의 면담. 그러나 이 학교는 6개월 정도 유지되고 폐교되고 말았다고 한다.

38 임영상교수는 〈북쪽등대〉로 논문에서 표기하고 있다. 필자는 당시 문헌을 중심으로 〈북등대〉로 표현하고자 하였다.

장소: 세베르니미야크 꼴호즈 문회관

1993. 3. 29
타슈켄트한국교육원 원장 안재식

〈한글학교 등록철〉에 따라 북등대(세베르느 마야크) 한글학교를 보면, 1993년 3월 개교, 소재지;세베르느 마야크 콜호즈, 설립자: 한국교육원 원장 안재식, 교장: 이덴센, 1927년생 교원 대졸, 학생수 40명, 40학급, 교원수: 2명 교실: 2개: 35m2, 수업-월수금 14:00-16:00, 교육과목: 한국어 쓰기 일기 등으로 기록되어 있다.[39]

한편 제11중학 한글학교의 사례를 보면, 1992년 9월 개교, 소재지: 솔다뜨스끼 시, 갈라빈스끄구역, 설립자: 곤 지나이다(1941. 12. 24일생, 교원, 대졸), 교장: 곤 지나이다. 학생수 25명. 초등 25학급 유급교원 400불, 교실: 1개 25M2, 수업요일 매일 11시15분-12시로 되어 있다.

1992년 당시의 한글학교 현황을 보면 다음과 같다.

〈표 2〉 우즈베키스탄 한글학교 일람표(1992)

번호	학교명	설립자 이름	학생수	주소	기타
1	제 57 중학한글학교	이병걸	300	타슈켄트주.	
2	제 19 중학한글학교	김 안또니나	171	〃	
3	제 16 중학한글학교	이 이리나	239	〃	
4	제 19 중학한글학교	최 엘리자베따	830	〃	
5	제 65 중학한글학교	이 덴센 (이 니콜라이)	150	〃	
6	제 58 중학한글학교	이 따마라	77	〃	
7	제 1 중학한글학교	이 올리가	100	〃	
8	제 48 중학한글학교	허 미하일	24	〃	

39 북등대 한글학교의 경우 김이리나가 한국교육원으로 복귀하는 1993년부터 그의 아버지 김 게오르기가 한글학교 교사를 담당하였다.

번호	학교명	설립자 이름	학생수	주소	기타
9	제 11 중학한글학교	안 브라지밀	20	얀기윤 시	
10	제 23 중학한글학교	박 류보비	420	타슈켄트주, 갈라빈스크 구역	
11	제 11 중학한글학교	김조야	25	타슈켄트주 아꾸르간 구역	
12	제 14 중학한글학교	조 베라	37	타슈켄트주.	
13	제 6 중학한글학교	김 비오레따	38	타슈켄트주.	
14	제 5 중학한글학교	최 모대스트	20	지사크시	
15	펠가나 한글학교	박 다리야	50	펠가나시	
16	제 12 중학한글학교	박 드미뜨리	27	나보이시	
17	제 14 중학한글학교	김시동	18	지사크주.	
18	제 8 중학한글학교	필라도브	42	얀기-엘시	
19	제 49 중학한글학교	김석호	35	나만간시	
20	안지잔 한글학교	이 아파나시	16	안지잔시	
21	일요한글학교	주 지미뜨리	47	누꾸스시	
22	알말륵 광주한글학교	김중채(광주)	20	타슈켄트주 알말륵 시.	
23	타슈켄트 광주한글학교	허선행	170	타슈켄트시.	
24	교육원부설한글학교	안재식	80	타슈켄트시.	
25	제 61 중학한글학교	윤 류보비	20	〃	
26	제 260 중학한글학교	김인자	35	〃	
27	제 180 중학한글학교	신 미론	30	〃	
28	제 291 중학한글학교	문 갈리나	15	〃	
29	제 35 중학한글학교	강 발렌찌나	26	〃	
30	제 213 중학한글학교	이 나제스다	18	〃	
31	제 97 중학한글학교	황 갈리나	30	〃	
32	제 279 중학한글학교	김병걸	15	〃	
33	제 292 중학한글학교	이 마야	40	〃	
34	중앙한글학교	윤태영	30	〃	
35	칠란자르장로한글학교	김종화	30	〃	
36	중앙장로한글학교	신윤섭	30	〃	
37	제일침례한글학교	최강구	60	〃	
38	제일침례한글학교	문대규	70	〃	
39	순복음한글학교	최상호	100	〃	

번호	학교명	설립자 이름	학생수	주소	기타
40	영광한글학교	한성수	60	〃	
41	경향한글학교	김수복	50	〃	
42	그레이스 한글학교	이준환	25	타슈켄트시.	
43	아가페 한글학교	박개훈	50	〃	
44	일요한글학교	이성윤	25	까따-꿀간시	
45	레닌스키뿌찌한글학교	권영인	25	타슈켄트주.	
46	교회부설	고윤실	15	사마르칸트시	
47	교회부설	고윤실	20	드잠바이시	
48	일요한글학교	이성윤	43	사마르칸트시	
49	일요한글학교	이성윤	25	사마르칸트주	
50	일요한글학교	이성윤	20	사마르칸트주	
51	일요한글학교	이성윤	20	사마르칸트주 (참힌 부락)	
52	제 21 중학한글학교	이성윤	25	사마르칸트 주 (드주마 시)	
53	제 33 중학한글학교	채 올리가	200	타슈켄트주 야사비(세옹거) 콜호즈	
54	제 59 중학한글학교	이 알비나	270	타슈켄트주 김병화 콜호즈	
55	제 90 중학한글학교	최 알렉산드라	40	타슈켄트시	

〈표 2〉에 따르면, 한글학교 총수는 55개교이다. 그 가운데 중학교 한글학교는 31개교로서 다수를 차지하고 있다. 그 중 타슈켄트주의 경우, 23개로 다수를 차지하고 있다. 그 다음으로는 타슈켄트시 9개교, 사마르칸트 드주아시 1개교 등이다. 타슈켄트 지역이 거의 대부분을 차지하고 있음을 알 수 있다.

다음으로 주목되는 것은 일요한글학교이다. 뉴꾸스시, 까따-꿀간시, 사마르칸트시, 사마르칸트주(3개) 등을 들 수 있다. 아울러 관심을 끄는 것은 타슈켄트시의 교회부설 한글학교들이다. 칠란자르장로한글학교, 중앙장로한글학교, 제일침례한글학교(최강구), 제일침례한글학교(문대규), 순복음한글학교 등 5개교이다. 이들 학교의 학생수는 순복음은 100명, 장로학교의 경우 각각 30명씩 등이다. 사마르칸트의 경우도 교회부설학교가 있으며 학생수는 15명이고, 드잠바이시의 경우도 교회부설로 15명이다, 이곳은 둘 다 설립자가 고윤실이다. 한편 광주한글학교의 허선행은 전남대학교 임채완 교수가 파견한 인물로, 현재 세종학당 교장이며, 김중채는 현재 (사)임방울국악진흥회 이사장이다.

학생수를 보면, 타슈켄트주의 제19중학한글학교(830명), 23중학한글학교 420명, 제57중학한글학교(300명), 제59중학한글학교 270명, 제16중학 한글학교 239명, 제33중학한글학교 200명, 제19중학한글학교 171명, 제65중학한글학교 150명, 제1중학한글학교 100명, 타슈켄트시 광주한글학교 170명, 타슈켄트시 순복음한글학교 100명 등으로 다수를 이루고 있다. 이 가운데 타슈켄트주에 있는 중학교 한글학교에 학생들이 많으며, 기독교에서 세운 학교 중에는 순복음한글학교에 학생들이 다수 있는 것으로 파악되고 있다,

한편 1992년도 한글학교 교원명단은 다음과 같다.

〈표 3〉 우즈베키스탄 한글학교 교원일람표(1992)

이름	생년	학교명	학생수	주소
김 블라지미르	1923	중학256	23	타슈켄트주 타슈켄트시
최승동	1924	직업학교	20	〃
안 엠마	1951	중학51	35	〃
김 비따	1958	강습소	20	〃
현 에드아르뜨	1957	강습소	20	〃
강 류드밀라	1948	중학246	20	〃
김용택 (김 블라지미르)	1946	강습소	18	〃
서 바실리사		〃	19	〃
김 바실리사	1954	중학220	20	〃
손 나제스타	1969	중학35	17	〃
최 알렉산드라	1933	중학90	60	〃
이순찬	1921	강습소	20	〃
박 갈리나	1949	강습소	15	〃
임 스베뜰라나	1950	중학90	20	〃

이름	생년	학교명	학생수	주소
김 울리아나	1969	직업학교	70	〃
허태훈	1933	강습소	13	〃
문 갈리나	1936	〃	30	〃
이 나제스타	1938	〃	20	〃
최 스베뜰라나		광주학교	100	〃
이 에까쩨리나	1966	강습소	22	타슈켄트주 치르치크시
이 덴센 (이 니콜라이)	1927	중학65	115	타슈켄트주 세베르니마야크협동농장
박 니딸리야	1966	중학16	20	타슈켄트주 쁘라우다협동농장
자 올리가	1946	중학33	20	타슈켄트주 스베르드로브협동농장
김철수	1923	중학17	76	타슈켄트주 레닌협동농장
강 나딸리야	1943	중학45	15	타슈켄트주 레닌그라드협동농장
최 클라라	1943	중학23	25	타슈켄트주 자랴꼼무니즈마협동농장
방 호센	1919	직업학교	25	타슈켄트주 베까바드시
안 블라지미르		중학	36	타슈켄트주 얀기율
강 조야	1945	중학6	32	타슈켄트주 악구르간
이 니꼴라이	1928	중학57	195	타슈켄트주 또이쩨바시
조 베라	1940	중학14	36	타슈켄트주 치르치크시
최 엘리사베뜨		중학19	183	타슈켄트주 뽈리뜨오뜨젤협동농장
이 로베르트	1936	중학1	30	타슈켄트주 또아쩨바시
한 알라	1969	중학12	52	타슈켄트주 알마르크시
김 알렉산드라	1969	중학23	254	타슈켄트주 레닌스키쁘찌 협동농장
이 올리가	1937	중학1	30	타슈켄트주 또이제바시
이 아파나시	1936	강습소	28	안지잔주 안지잔시
박 드미뜨리	1917	〃	18	부하라주 나보이시
임시동	1944	중학14	21	지사크주 두스뜰리크시
임시화	1945	중학1	23	지사크주 가가린시
오 왈렌찌나		강습소	35	지사크주 두스뜰리크시
김석호	1932	중학49	40	나만간주 나만간시
김 레오니드	1936	강습소	60	페르가나주 페르가나시
박 다리야	1942	〃	32	〃
최 스베뜰라나	1965	중학	25	호레즘주 우르겐츠시
김 류드밀라	1940	중학10	22	〃
자 나제스타		중학	21	호레즘주 꼼무니즘협동농장

이름	생년	학교명	학생수	주소
허 류드밀라	1970	강습소	12	수루한다리야주 때르메즈시
한 에브게니야	1951	〃	20	따지키스딴 두산베시
주 알렉크세이	1928	직업학교	35	까라깔바끼야공화국
총 학생수			2,118	

〈표 3〉에 따르면, 알 수 있는 범위 내에서 교사들의 출생연도는 1910년대생이 2명, 1920년대생이 5명, 1930년대생이 9명, 1940년대생이 12명, 1950년대생이 7명, 1960년대생이 6명, 1970년대생이 1명 등이다. 위의 통계를 볼 때, 교원들은 1920년대생부터 1960년대생까지 다양한 분포를 보이고 있다. 교사 중 김용택(김블라지미르)은 『레닌기치』 기자출신으로 니자미 사범대학에서 가르쳤으며, 현재 우즈베키스탄 공훈기자이다.[40] 박갈리나는 한국교육원 초창기 통역으로 활동하였으며, 현재에는 모스크바에 살고 있다. 한 알라는 니자미 사범대학 한국학과 출신이다.[41]

1993년 중학교 병설 한글학교는 28개교, 강습소는 18개소, 직업학교 병설은 4개교로 총 50개교이다. 이들 중 중학교는 타슈켄트주의 경우 22개교, 지사크주 2개교, 나만간주 1개교, 호레즘주 3개교 등이다. 강습소는 타슈켄트주 10개, 안지잔주 1, 부하라주 1, 페르가나주 2개, 수루한다리야주 1개 등이다. 직업학교 병설은 타슈켄트 주 4개, 까라깔바끼야공화국 1개 등이다. 이 표는 1993년 1월 31일까지 한글학교 운영지원금을 주기 위하여 주러시아 교육관의 요청에 의하여 작성된 것이다.

총 50개교 가운데 타슈켄트시의 경우, 총 18개이다. 그 중 중학교는 7개교, 강습소는 6개교, 직업학교 병설은 2개교, 기타는 4개교인데 그 중 광주학교의 경우 학생수가 100명으로 가장 주목되는 학교이다. 교사는 최 스베뜰라나이다.

40 김용택과의 면담
41 김 이리나와의 면담.

학교가 설립된 주는 타슈켄트주가 총 35개교이고, 안지잔주, 부하라주 나만간주, 수루한다리야주 등이 1곳, 지사크주 3곳, 페르가나주 2곳, 호레즘주 3곳 등이다. 그 밖에 따지기스탄 두산베, 까라깔바끼야공화국 누꾸스시 등이 각각 1개교이다. 2곳 이상 학교가 있는 지역은 타슈켄트주의 경우 치르치크시, 페르가나주 페르가나시, 호레즘주 우르켄츠시 등이다.

학생수는 총 2,118명이다. 그 중 학생수가 200명이상인 곳은 타슈켄트 주 레닌스키쁘즈협동농장이 254명, 또이제바시가 195명, 뽈리뜨오뜨젤 협동농장이 183명으로 이들 학교는 모두 중학교들이다. 고려인들이 다수 거주하고 있는 타슈켄트주의 세베르니 마야크의 협동농장의 경우 115명, 연해주 신영동에서 온 사람들이 모여 사는 스베르드로브 협동농장의 경우 20명, 악구르간의 경우도 32명이다.

〈표3〉는 〈한글학교(토요학교)〉 등록신고서에 근거한 것이다. 등록 신고서의 작성에 대하여 의문을 제기하는 경우도 있었다. 까라깔빠크스딴 공화국 고려인문화협회 수네부 회장 주재석이 1992년 12월 14일에 보낸 다음의 편지가 그러한 경우이다.

> 존경하는 안선생! 안녕하십니까
> 선생에게서 온 편지와 앙케트를 감사히 받아보았습니다. 그러나 앙케트에 완전히 적지 못하였습니다. 앙케트는 우리에게 대하여 적당치 못합니다. 어째서 그런가하면 까라깔빠크스딴에는 고려학교가 없습니다. 그리하여 우리 일요일학교라는 것은 누꾸쓰시 일번 뿌스낀 명칭 중학교에 일요일마다 여러 중학교들 9-11학생들이 모여서 한국어를 배우는 학교입니다. 이 학교에서는 두(이)집단 학생들이 일요일에 2시씩 수업합니다. 그리하여 다른 교사들과 교장도 없습니다.
> 상술한 바와 같이 선생님에게 온 앙케트를 적을 것입니다. 실례합니다.
>
> 까라깔빠크스딴 공화국 고려인문화협회의 수내부 주재석으로부터 14. 12. 92.

까라깔빠크스딴 공화국 한글학교 등록신고서(1993년 1월 작성)를 보면 다음과 같다. 학교명, 일요한글학교, 개교일자는 1992년 11월, 소재지는 누꾸스시 부수기나 거리, 28번지. 설립자(주 드스, 대졸). 교장은 주 지미뜨리, 학생수는 47명 등으로 되어 있다.,

3) 한글학교의 한글 서적 보유 현황

한국교육원에서는 한글교육의 원활한 진행을 위하여 한글학교에 교재를 제공하고자 하였다. 이에 각 학교의 교재 보유현황을 파악하고자 하였다. 그러나 현재 관련 자료는 2건 정도 남아 있는 상황이어서 전체적인 경향은 파악하기 힘들다. 다만 제한된 범위 내에서 한글서적 보유현황을 살펴볼 수 있을 것 같다.

타슈켄트시에 김인자가 설립한 260중학한글학교(교장 김 갈리나)의[42] 경우 학생수는 35명이다. 이 학교에서 소장하고 있는 한글서적은 총 61권이다, 이를 보면 다음과 같다.

〈표 4〉 제260 중학 한글학교소장 서적일람표

1	재미있는 어린이 과학	10
2	새국어 사전	1
3	동물/곤충	5
4	유아교육 시리즈(5,7,10)	3
5	예림당(102,105,107,115,123)	11
6	당나귀와 말	1
7	콩 한톨로 부자된 머슴	1
8	고르바초프 "페레스트로이카"	1
9	만점 육아 시리즈	1
10	즐거운 365일	1
11	무지개 극장	18

42 김 이리나와의 면담.

12	모르그가의 과사건	1
13	북총 20일	1
14	총개구리문고	3
15	마른 장마	1
16	하늘 아래 나의 하늘	1
17	무지개 다리를 만든 꾀돌이	1
	총계	61

위의 서적 중 가장 눈에 띄는 책은 새국어사전이다. 그 외의 책들은 대부분 동화책으로 한국어교육과 관련이 있지만 직접적이지는 아닌 것 같다. 1990년대 전반기 한글학교들의 한국어 책자 보유 현황을 짐작해 볼 수 있다. 2016년 최근의 경우에도 대학 등에도 한국책자는 그리 많지는 않은 것 같다.

다음으로는 북등대(세베르느 마야크) 한글학교의 경우이다. 이 학교는 교육원에서 특별히 관심을 갖고 있는 학교로 주목된다. 앞서 살펴본 260중학한글학교보다 많은 책을 보유하고 있다. 구체적인 내역은 다음과 같다.

〈표 5〉 북등대(세베르느 마야크) 한글학교소장 서적일람표

1	만점 육아	1
2	예림당	18
3	무지개 극장	18
4	신혼 일기	3
5	아기 첫 그림책(예림당)	7
6	이야기샘 슬기샘	2
7	청개구리문고(1,5,7)	4
8	희망이 뭔지 아니?	1
9	예름을 보고 싶은 눈사람	1
10	재미있는 어린이과학	10
11	유아교육 시리즈	12
12	동물/곤충	5
13	자동차 과일	5
14	즐거운 365일	1

15	임춘애	1
16	무지개 다리를 만든 꾀돌이	1
17	북총 20일	1
18	하늘 아래 나의 하늘	1
19	마른 장마	1
20	고르바초프 "페레스트로이카"	1
21	영어 사전	1
22	로어 사전	1
23	새국어 사전	1
24	기초 회화	25
25	초급 회화	25
26	전화기	1
27	지도	1
	총계	97

한글 책자들은 한국과의 교류가 활발해 지면서 많이 제공되었던 것 같다. 광주한글학교가 개원하면서 재외국민교육원이 학술기자재 200권을 기증하였다는 1991년 8월 12일자 광주일보 「소련에 광주한글학교」 기사가 이를 반증해 주고 있다.

4) 한글학교(토요학교) 등록신고서를 통해본 한글교육

1993년 1월 한국교육원의 협조 요청으로 우즈베키스탄에 있는 한글학교들은 학교명, 개교일자, 소재지, 전화번호, 설립자(개인-성명, 생년월일, 직업, 학력, 단체-단체명, 대표자성명, 대표자 직업), 교장(성명, 생년월일, 직업, 학력, 교원자격증유무-있음, 없음, 근무형태-상근, 겸직), 학생수(유아, 초등, 중등, 고등, 성인), 학급수, 교원수(자격증 유무, 직업별, 보수지급여부 및 보수액수), 학교기설(확보방법-독립교사, 교회부설, 공관부속, 기타, 규모), 교육활동계획(수업요일, 교육과목-과목수, 과목명, 사용교재명-자체개발 기타) 등을 교육원에 제출하였다. 이들 자료들을 중심으로 주요 내용을 도표로서 제시하면 다음과 같다.

〈표 6〉 우즈베키스탄 한글학교일람표

	학교 명	개교일자	소재지	설립자	교장	학생수	교원수	교실	수업 일자
1	제일침례 한글학교	1991.02.	타슈켄트 시	제일침례교회 (최강구 목사)	최강구	60	1	1	수, 일
2	칠란자르 장로한글학교	1991.03.	〃	장로교회 (김종화 목사)	김종화	30	1	1	수, 일 (4시간)
3	순복음 한글학교	1991.04.	〃	순복음교회 (최상호 목사)	최상호	100	1	1	수, 일 (4시간)
4	그레이스 한글 학교	1991.04.	〃	그레이스교회 (이춘환 목사)	이아샤 (1951)	25	1	1	수, 일 (4시간)
5	중앙 한글학교	1991.04.	〃	윤태영(목사)	윤태영	30	1	1	수, 일 (4시간)
6	중앙장로 한글학교	1991.05.	〃	중앙장로교회 (신윤섭 목사)	신윤섭	30	1	1	수, 일 (4시간)
7	제일침례 한글학교	1991.10.	〃	제일침례한글학교 (문대규 목사)	문대규	70	1	1	수, 일 (4시간)
8	영광한글학교	1992.7.	〃	영광교회 (한성수 목사)	한성수	60	1	1	수, 일 (4시간)
9	경향한글학교	1991.7.	〃	경향교회 (김수복 목사)	김수복	50	2	1	수, 일 (4시간)
10	아가페 한글학교	1992.03.	〃	아가페 교회 (박개훈 목사)	환 갈리나 (1946)	50	1	1	수, 일 (4시간)
11	아동 가무당 '크반복'	1992.09.	타슈켄트 시 칠란자르	핸 에두알드 이바노빛	핸 에두알드	20	1	1	화, 금 (14:00~16:00)
12	제 97 중학한글학교	1992.10.	타슈켄트 시 크발딸	환 갈리나 (1946)	환 갈리나 (1946)	30	1	1	목, 토 (14:00~15:30)
13	제 213 중학한글학교	1992.09.	타슈켄트 시	이 나제스다 (1935)	이 나제스다 (1935)	18	1	1	월,화,목 (13:00~15:00)
14	제 58 중학한글학교	1992.09.	타슈켄트 시 '세밸느-마약'	이 따마라 (1948)	이 따마라 (1948)	77	1	1	화,수,목,토 (08:30~13:30)
15	교육원부설 한글학교	1992.09.	타슈켄트 시 한국교육원	한글교육원 (안재식 원장)	안재식 (1938)	80	2	1	화,수,목,금 (15:30~17:00)
16	제 291 중학한글학교	1992.09.	타슈켄트 시	문 갈리나 (1936)	문 갈리나 (1936)	15	1	1	화,목 (14:00~15:40)
17	제 61 중학한글학교	1992.10.	타슈켄트 시	윤 류보비	윤 류보비	20	1	1	화,목 (15:30~17:10)
18	제 260 중학한글학교	1992.02.	타슈겐트 시 유누스-아받	김인자 (1946)	김인자 (1946)	35	2	1	화,수,금 (15:00~16:30)
19	제 180 중학한글학교	1992.09.	타슈켄트 시		신미론 (1929)	30	1	1	월,수,토 (14:00~15:30)
20	광주한글학교	1991.09.	타슈켄트 시	광주한글학교 (김중채)	허선행 (1966)	170	6	3	매일 (10:00~18:00)

	학교 명	개교일자	소재지	설립자	교장	학생 수	교원 수	교실	수업 일자
21	제 90 중학한글학교	1991.09.	타슈켄트 시 드루스바 나로도브 거리	최 알렉산드라(1933)	최 알렉산드라(1933)	40	2	2	일요일(09:00~13:00)
22	제 90 중학한글학교	1992.10.	타슈켄트 시	찌 라리사	짜 라리사	–	1	–	일요일
23	제 279 중학한글학교	1992.11.	타슈켄트 시	김병걸(1923)	김병걸(1923)	15	1	1	화,금(15:00~16:45)
24	제 11 중학한글학교	1991.09.	타슈켄트 주 아꿀간 시	강조야(1945)	강조야(1945)	25	1	1	수요일(12:30~15:00)
25	레닌스키/뿌찌한글학교	1991.10.	타슈켄트 주	레닌스키뿌찌교회(권영인 목사)	권영인	25	1	1	수, 일 (4시간)
26	제 292 중학한글학교	1992.09.	타슈켄트 주 벡띠미르 구역	이 마야(1969)	이 마야(1969)	40	1	1	월요일(08:30~13:00)
27	제 35 중학한글학교	1992.02.	타슈켄트 주	강 발렌찌나(1947)	강 발렌찌나(1947)	26	1	1	화,수,목,금(16:00~18:00)
28	제 33 중학한글학교	1992.02.	'야사비' 꼴호즈	안 엘라다(1970)	안 엘라다(1970)	10	1	2	매일(08:30~13:00)
29	제 33 중학한글학교	1992.02.	'야사비' 꼴호즈	채 올 리가(1946)	채 올리가(1946)	200	1	2	매일(08:30~13:00)
30	제 11 중학한글학교	1992.01.	'두스트릭' 꼴호즈	최 올레그	안브라지미르(1936)	20	3		월,화,수,목(08:30~13:00)
31	제 6 중학한글학교	1992.09.	얀기울 시	김 비오레따(1970)	김 비오레따(1970)	38	1	1	매일(14:00~16:00)
32	제 14 중학한글학교	1991.09.	지사크 주 두스틀리크 시	김시동(1944)	김시동(1944)	18	1	1	목요일(16:00~18:00)
33	제 5 중학한글학교		지사크 시	문화센터(최 모대스트/1951)	최 모대스트(1951)	20	1	1	월, 수(14:00~15:30)
34	일요한글학교	1991.10.	사마르칸트 주 찰힌 부락	교회(이성윤 목사)	신 발렌진	20	2	1	일요일(4시간)
35	일요한글학교	1991.10.	사마르칸트 주 비오꼼비나르	교회(이성윤 목사)	윤 크라라	25	2	1	일요일(4시간)
36	일요한글학교	1991.10.	사마르칸트 주 아르힌 부락	교회(이성윤 목사)	환 올리가	20	2	1	일요일(4시간)
37	교회부설		사마르칸트 주 시스꼴나야	고윤실(목사)	고윤실	15	1	1	수, 금(13:00~14:00)
38	교회부설	1992.11.	사마르칸트 시	박그.브.(1939)	박그.브.(1939)	20	2	1	토요일
39	일요한글학교	1991.01.	사마르칸트 시 소벨스까야 거리	교회(이성윤 목사)	이덴숙	43	3	1	일요일(4시간)
40	제 23 중학한글학교	1992.02.	자랴꼬무니즈마 꼴호즈 갈라빈스크 구역	박 류보비(1950)	박 류보비(1950)	420	1	12	주 1회(15:00~16:30)

	학교 명	개교일자	소재지	설립자	교장	학생 수	교원 수	교실	수업 일자
41	세베르느 마야크 한글학교	1993.03.	세베르느 마야 꼴호즈	한국교육원 (안재식 원장)	이덴센 (1927)	40	1	2	월,수,금 (14:00~16:00)
42	제 19 중학한글학교	1992.09.	두스뜨리크 꼴호즈	최 엘리자베따 (1935)	김브.느.(1935)	830	2	1	매일 (08:30~13:30)
43	알말릭 광주한글학교	1992.04.	알말릭 시	김중채	박이다 (1950)	20	3	2	토, 일 (14:00~15:30)
44	제 11 중학한글학교	1992.09.	솔다뜨스끼 시 갈라빈스끄 구역	곤 지나이다 (1941)	곤 지나이다 (1941)	25	1	1	매일 (11:15~12:00)
45	제 19 중학한글학교	1992.10.	'뽈리올젤' 꼴호즈	김 안또니니 (1936)	김 브. (1935)	171	2	1	월,화,수,목,금 (08:30~13:00)
46	제 65 중학한글학교	1990.02.	'세베르느 마야' 꼴호즈	이덴센 (1927)	이덴센 (1927)	150	1	1	월,화,수,목,금 (08:30~14:00)
47	제 16 중학한글학교	1992.02.	'구리스탄' 꼴호즈 유꼬라-칠칙	제 16 중학한글학교 (이 이리나/1967)	이 이리나 (1967)	239	2	1	월,목 (14:00~15:30)
48	제 59 중학한글학교	1992.02.	'김벤화' 꼴호즈	이 니꼴라이	이 알비나 (1955)	270	3	1	매일 (08:30~13:30)
49	제 48 중학한글학교	1992.09.	'지미뜨로브' 꼴호즈	조 갈리나 (1955)	허 미하일 (1933)	24	1		화,수,금 (08:30~13:00)
50	제 57 중학한글학교	1991.02.	울따-칠칙스크 구역	이병결 (1928)	이병결 (1928)	25	1	1	화요일 (13:30~15:00)
51	제 1 중학한글학교	1992.02.	또이-때빠시	이 올 리가 (1935)	이 올리가 (1935)	100	1	1	매일 (08:30~13:00)
52	제 14 중학한글학교	1992.02.	치르치크 시	조베라 (1940)	조베라 (1940)	37	1	1	월,화,목,금 (08:30~13:00)
53	펠가나 한글학교	1992.09.	펠가나 시 문화회관	문화센터 (박다리야/1935)	박다리야 (1935)	50	1	1	화,목 (14:00~15:30)
54	제 12 중학한글학교	1992.10.	나보이 시	박 드미뜨리 (1917)	박 드미뜨리 (1917)	27	1	1	화,목,토 (16:00~18:00)
55	제 8 중학한글학교	1992.02.	얀기-엘시	필라또브므. (1926)	필라또브므.(1926)	42	2	2	화,금 (18:00~19:30)
56	제 49 중학한글학교	1990.09.	나만간 시	김석호(1932)	김석호 (1932)	35	1	2	화,수,목 (15:00~18:00)
57	안지잔 한글학교	1992.01.	안지잔 시	문화센터 (이 아파나시/1932)	이 아파나시 (1932)	16	1	1	화,목 (18:00~20:00)
58	일요한글학교	1992.11.	누꾸스시 부스키나거리	주 드.스.	주 지미뜨르	47	2	1	일,토 (14:00~16:00)
59	일요한글학교	1991.10.	까따-꿀간시	교회 (이성윤 목사)	유 꼰스따진	25	1	1	일요일 (4시간)
60	제 21 중학한글학교	1991.10.	사마르칸트 주 드주마 시	교회 (이성윤 목사)	환 나제스다	25	1	1	일요일 (4시간)
계						4,238	86	77	

위의 〈표6〉을 통하여 다음의 사실을 짐작해 볼 수 있다.

첫째, 1992년 5월 한국교육원이 설립되기 이전에 만들어진 학교들이 다수 있다는 사실이다. 제일침례한글학교, 칠란자르장로한글학교, 순복음한글학교, 그레이스한글학교, 중앙한글학교, 중앙장로한글학교, 제일침례한글학교, 영광한글학교, 경향한글학교, 아가페한글학교, 광주한글학교, 제90, 11(2개), 35, 33(2개), 33, 14(2개), 23 65, 16, 59, 57, 1, 8, 49, 21 중학한글학교, 레닌스키 쁘지 한글학교, 일요한글학교(5개), 알말릭광주한글학교, 안지잔 한글학교 등이 그들이다. 그 중 1990년에 세워진 학교로는 1990년 2월에 만들어진 제65중학한글학교(타슈켄트 세베르느 마약 콜호즈)와 1990년 9월에 만들어진 제49중학한글학교(나만간시) 등을 들 수 있다. 교회가 들어오기 전에도 고려인 콜호즈들에서는 일반적으로 한글을 가르치고 있었다.

둘째, 학교의 형태를 보면, 중학한글학교의 경우 총 60개중, 34개로 과반수 이상을 차지하고 있다. 다음으로는 교회에서 운영하는 학교는 총 18개로 다수를 차지하고 있다. 그 가운데 이성윤목사가 설립한 한글학교가 4개로 다수를 이루고 있는데, 모두 사마르칸트 지역에 위치하고 있다.[43] 설립자가 교회인 경우는 대부분 타슈켄트시에 위치하고 있다.

셋째, 학생수의 경우 100명이 넘은 학교는 순복음한글학교(100명), 광주한글학교(170명), 제33중학한글학교(200명), 제23중학한글학교(420명), 제19중학한글학교(830명, 두스뜨리크 콜호즈), 제19중학한글학교(171명, 뽈리토젤 콜호즈), 제65중학 한글학교(150명), 제16중학한글학교(239명), 제59중학한글학교(270명), 제1중학한글학교(100명) 등이다.

43 사마르칸트에서의 고려인의 학교생활 등에 대하여는 다음의 논문이 참조된다. 엄 안토니나, 「실크로드의 도시 사마르칸트에서 고려인으로 살아가기」, 『전남대학교 세계한상문화연구단 국내학술회의』, 2009.12, 10-11!쪽. 필자는 2007년 7월 사마르칸트에서 당시 사마르칸트 외대 교수인 엄 안토니나와 만나 대담을 나눈 적이 있다.

넷째, 교원수를 보면, 대부분 유급 교원이다. 숫자는 최소 1명에서 최대 3명 정도이다. 다만 광주한글학교의 경우 교원이 6명, 알말릭 광주한글학교 3명 등이다. 전남 광주에서 다수의 인원을 파견하였기 때문이다. 1992년 1월 임채희, 3월에 허선행, 이강희를 타슈켄트지역에, 알마니크지역에는 김현숙, 김수진 등을 보냈던 것이다.[44]

다섯째, 교실의 경우 대부분 1-2개정도이다. 수업일을 보면 교회의 경우 수요일과 목요일에 잡혀 있다. 광주한글학교, 제33중학한글학교, 제6중학한글학교, 제19중학한글학교, 제11중학한글학교, 제59중학한글학교, 제1중학한글학교 등은 매일 수업을 진행하고 있다.

여섯째, 교원들 가운데에는 1956년에 설립된 니자미 사범대학 출신들이 눈에 띤다. 안 엘레다. 김 비오레따, 이 이리나 등이 그들이다. 필라또브므는 노인으로 러시아인이나 한국어를 잘 했다고 한다.[45]

맺음말

한국교육원은 1992년 5월 27일 타슈켄트시, 프롤레타르스카야가 16번지, 우즈베키스탄 국립미술관 건물 내부에 설치되었다. 초대 교육원장은 교육부 장학관 안재식이었다. 초기 교육원은 지하실에 개설되었으며, 원장실, 비서실, 교사실 및 강의실 등으로 나누어져 있었다. 창문도 별로 없고 주변 환경은 열악한 편이었다. 이에 1년 정도 있다가 한국교육원은 딴 곳으로 이전하였다.

초창기 교육원의 설립과 발전에는 레닌기치 기자 등을 역임한 김용택(김 블라지미르), 동방학대학 김문욱 학장, 니자마시범대학의 최 스베틀라나, 한국인으

44 지충남, 양명호, 위의 논문, 25쪽.
45 김 이리나와의 면담.

로서 러시아에 능통한 이춘식 등 여러 학자들과 언론인들이 도와주었다. 통역은 주로 박갈리나와 최 스베틀라나가 담당하였고. 비서로 김 이리나가 일하였다.

1992년 5월에 타슈켄트 한국교육원을 개설한 안재식(원장 재임기간 1992.5-1994.9)은 한국교육원의 취지와 목적을 위해 1차적으로 한국어교원연수를 1992년 9월 19일 처음으로 실시하였다. 이 연수회는 우즈베키스탄에서 한국교육원이 최초로 실시한 교원연수라는 측면에서 중요한 의미를 갖는 것이라고 볼 수 있다. 당시의 감동적인 모습들은 한국교육원의 앨범에 차곡차곡 잘 정리되어 있다. 안 에마 등 교원 연수에 참여한 사람들은 30-40대, 그리고 작가 조명희의 딸인 조 발렌찌나 등 중장년층들이었다. 학교라는 단어를 한글, 영어, 한자로 써 보이며, 열정적으로 강의하는 안재식 원장의 모습과 최초의 한글연수를 듣는 중년들의 모습은 자유롭고도 진지하다. 당시 교재는 국제교육진흥원에서 발행한 것을 사용했다고 한다.

아울러 1993년 3월 16일에는 김병화 콜호즈에서 한글교사관련회의를 개최하였다. 그리고 동년 3월 23일에는 뽈리토젤 학교에서 93년도 제2차 한국어교육자 전국연수회를 실시하였고, 동년 7월 12일부터 24일까지 한국어교육담당자 연수회를 실시하였다. 이때 강사는 한국에서 파견되었다. 그리고 동년 겨울에는 중등교원 동계 연수를 실시하였다. 1994년에는 부원장으로 박기선이 부임하여 활동하였으며, 1994년 전반기 교원연수는 6개월 과정으로 진행되었다.

또한 교육원에서는 1994년 행사들을 보다 다양하게 실시하였다. 우선 노인들을 대상으로 사랑방교실 월례강좌를 실시하였다. 그리고 타슈켄트 260학교에서는 한글학교 세미나 및 경연대회를 개최하였다. 아울러 재우즈베키스탄 한국유학생의 밤 및 개원 2주년기념 한국문화의 밤 등도 개최하여 유학생과 교육원의 유대 또한 공고히 하고자 하였다.

한편 한국교육원에서는 우즈베키스탄에 있는 한글학교들을 재정적으로 후원하였다. 1993년 1월 당시 한글학교 총수는 55개교였다. 그 가운데 중학교 한글학교는 31개교로서 다수를 차지하고 있다. 그 중 타슈켄트주의 경우, 23개로 다수를 차지하고 있다. 그 다음으로는 타슈켄트시 9개교, 사마르칸트 드주아시 1개교 등이다. 타슈켄트 지역이 거의 대부분을 차지하고 있음을 알 수 있다. 다음으로 주목되는 것은 일요한글학교이다. 뉴꾸스시, 까따-꿀간시, 사마르칸트시, 사마르칸트주(3개) 등을 들 수 있다. 아울러 관심을 끄는 것은 타슈켄트시의 교회부설 한글학교들이다. 칠란자르장로한글학교, 중앙장로한글학교, 제일침례한글학교(최강구), 제일침례한글학교(문대규), 순복음한글학교 등 5개교이다. 이들 학교의 학생수는 순복음은 100명, 장로학교의 경우 각각 30명씩 등이다. 사마르칸트의 경우도 교회부설학교가 있으며 학생수는 15명이고, 드잠바이시의 경우도 교회부설로 15명이다, 이곳은 둘 다 설립자가 고윤실이다.

찾아보기

ㄱ

ㅊ

저자 **박 환** 朴 桓

경북 청도 출생
휘문고등학교 졸업
서강대학교 사학과 졸업(문학박사)
수원대학교 사학과 교수(1986~)
한국민족운동사학회 회장 역임
고려학술문화재단 이사장
hp2101@hanmail.net

■ 주요 저서

『신흥무관학교』, 선인, 2021.
『만주독립전쟁』, 선인, 2021.
『독립군과 무기』, 선인, 2020.
『독립운동과 대한적십자』, 민속원, 2020.
『한국전쟁과 국민방위군사건』, 민속원, 2020.
『블라디보스토크·하바롭스크』, 선인, 2019.
『사진으로 보는 3·1운동 현장과 혁명의 기억과 공간』, 민속원, 2019.
『페치카 최재형』, 선인, 2018.
『근대 해양인, 최봉준』, 민속원, 2017.
『간도의 기억』, 민속원, 2017.
『잊혀진 민족운동가의 새로운 부활』, 선인, 2016.
『사진으로 보는 만주지역 한인의 삶과 기억의 공간』, 민속원, 2016.
『만주벌의 항일영웅 김좌진』, 선인, 2016.
『만주지역 한인민족운동의 재발견』, 국학자료원, 2014.
『박환교수와 함께 걷다, 블라디보스토크』, 아라, 2014.
『잊혀진 혁명가 정이형』, 국학자료원, 2013.
『사진으로 보는 러시아지역 한인의 삶과 기억의 공간』, 민속원, 2013.
『민족의 영웅, 시대의 빛 안중근』, 선인, 2013.
『김좌진 평전』, 선인, 2010.
『강우규 의사 평전』, 선인, 2010.
『박환교수의 만주지역 한인 유적답사기』, 국학자료원, 2009.
『러시아지역 한인언론과 민족운동』, 경인문화사, 2008.
『박환교수의 러시아 한인 유적답사기』, 국학자료원, 2008.
『시베리아 한인 민족운동의 대부 최재형』, 역사공간, 2008.
『경기지역 3·1독립운동사 연구』, 선인, 2007.
『식민지시대 한인아나키즘운동사』, 선인, 2005.
『대륙으로 간 혁명가들』, 국학자료원, 2003.
『재소한인민족운동사』, 국학자료원, 1998.
『러시아 한인 민족운동사』, 탐구당, 1995.
『만주한인민족운동사연구』, 일조각, 1991.